Inhalt

Vorwort

Dieses Buch ist erwachsen aus einer seit etlichen Jahren betriebenen intensiven Tagungsarbeit mit Religionspädagoginnen und Religionspädagogen sowie Theologinnen und Theologen über biblische Symbole. Neben der Erschließung biblischer Texte unter symbolischen Aspekten war von vornherein breiter Raum dem Bewußtmachen jener Teile unserer Umgangssprache gewidmet, die – oft achtlos benutzt – geladen sind mit Bildern und übertragenen Bedeutungen. Sie erweisen sich als eine zuverlässige Brücke, die – einmal betreten – den Weg zur Symbolhaftigkeit biblischer Texte bahnten. Elemente gemeinsamen Feierns mit meditativem Charakter haben Veranstalter und Teilnehmer dieser Tagungen und Seminare Horizonte eröffnet, die über Wissensvermittlung weit hinausgingen. Die Auseinandersetzung mit der Sache und die vielfältigen Gespräche haben mich ermutigt, neben die fast uferlos gewordene Literatur über Symbole diesen Versuch zu stellen. Obwohl ich mich bemüht habe, jede Euphorie und jedes Pathos zu vermeiden, kann ich nicht verhehlen, daß die Freude von Kapitel zu Kapitel gewachsen ist; jede Entdeckung von Zusammenhängen, die vorher nie gesehen worden waren, jedes Quentchen "Sinn" von bislang nicht Verstandenem hat zu diesem Hochgefühl beigetragen.

Die kurze Darstellung der Genese dieses Buches zeigt zugleich das heuristische Prinzip an, das dieser Untersuchung zu Grunde gelegt wurde. Es ist meine feste Überzeugung, daß jede Religion, am allermeisten die biblische, eine unverwechselbare Rede von Gott und dem Menschen hat. Wer *eine* Rede darüber erkannt hat, kann sich anderen Redeweisen nähern, zu verstehen suchen und angemessen vergleichen. Der gesuchte Dialog, aber auch der Streit um die Wahrheit werden zu echten Begegnungen, zu akzeptierender Toleranz führen – ohne Identitätsverlust. Es kann nicht verheißungsvoll sein, den kleinsten gemeinsamen Nenner zu deklarieren, unter dem sich Mythen, Märchen, Religionen und biblische Überlieferung subsumieren lassen. Das Alte und Neue Testament und ihr Symbolschatz sind nicht jener Anteil, der sich – ohne daß ein Rest bleibt – hineinteilen läßt in jenen, angeblich allen gemeinsamen, Pool von Symbolen. Diese Untersuchung konzentriert sich deshalb auf *ein* "Feld", auf *ein* "System", auf die biblische Überlieferung.

Der Umgang mit den biblischen Überlieferungen unter dem Aspekt ihrer Symbole ist nicht ein exegetischer im herkömmlichen Sinn. Er fragt weniger nach dem, was objektiv war, und sucht nicht nach den "gesicherten Ergebnissen", welche auch immer dies sein mögen. Er möchte biblische Texte nicht so lange ihrer Sprache entkleiden, bis ein winziger Kern an Faktizität gefunden ist, der sich dann noch als kaum genießbar erweist – oder das Ganze als Phantomjagd erkennen muß. Der Umgang mit den biblischen Texten unter dem Aspekt ihrer Symbole möchte ein hermeneutischer sein. Er sieht die Texte in ihrem heutigen Zustand als Sinnganzes, das so gewollt war von seinen Verfassern, teilhaftig einer sinnhaften Logik, einer Logik, wie sie nur das Leben und die Erfahrungen mit ihm gebären können. Er sieht sie in ihrer Intention, die darauf hinausläuft, daß Menschen in der Sprache dieser Texte und ihrer Verfasser Sinn finden und ihnen Sinn entnehmen. Hermeneutik versucht, diese Intention mit der Suche und Sehnsucht von Menschen einer späteren Generation zu verknüpfen, eine Korrelation herzustellen. Neue Fragen können Türen zur Überlieferung aufstoßen, wo vorher nur Mauer und Wand waren. Biblische Rede kann unser Denken und Fragen anstoßen. Hermeneutik ist jenes Bemühen, das diese Prozesse initiiert oder in Gang hält. Symbole sind ein wichtiges Bindeglied zwischen heutigen und früheren Erfahrungen, zwischen heute aufbrechenden und längst gestellten Fragen, zwischen noch zu findenden Antworten und schon gefundenen. Aber was sage ich! Symbole sind wie ein Schlüssel mit doppeltem Bart, der sowohl unsere Wirklichkeit erhellen als auch die biblische Überlieferung erschließen will.

Meine ursprüngliche Absicht, mich mit der durchgearbeiteten Literatur über Symbole umfassend auseinanderzusetzen, mußte ich fallen lassen. Die Realisation dieser Absicht hätte Umfang und Rahmen dieser Arbeit gesprengt. Lesbarkeit und Handhabbarkeit hätten gelitten, vor allem für den Leserkreis, dem diese Symboluntersuchung gewidmet ist: den religionspädagogisch tätigen Praktikern. Nur gelegentlich gibt es direkte Bezüge oder Anspielungen. Ansonsten sind die Kapitel eine Kampfansage an die gängigen Symbolverständnisse und manche unterrichtlichen Konkretionen. So sei die ursprüngliche Absicht verschoben auf Vorträge und Publikationen in Zeitschriften.

Wichtiger war mir die Publikation derjenigen biblischen Texte, die Gegenstand der symbolischen Erschließung sind. Einige werden referiert, so daß dem Leser und der Leserin die Mühe, sich den Text daneben zu legen, nicht erspart werden kann. Die überwiegende Mehrzahl der Texte wird in Form von strukturierten Arbeitsblättern vorgelegt, die sowohl die symbolische Logik als auch die symbolischen Sprachsignale sichtbar zu machen versuchen. Viele Vorversuche gingen dieser Präsentation voraus, um das im Text Gemeinte hervorzuholen. Die Ergebnisse wurden wieder in die Gestaltung zurückprojiziert. Daß diese Textdarbietungen als Kopiervorlagen für Lernprozesse aller Art – am meisten aber für den konkreten Unterricht – geeignet sind, versteht sich von selbst. Sie mögen denen als Anreiz dienen, die sich um eine symbolische Erschließung biblischer Texte bemühen. Die Texte sind den jeweiligen Kapiteln als Anlage beigefügt!

Dank gebührt allen, die den Prozeß der Entstehung dieses Buches begleitet haben durch Anteilnahme ebenso wie durch skeptische oder kritische Rückfragen, aber auch durch ganz andere Gedankengänge. Besondere Verdienste haben sich die Pastoren i.H. Wolfram Eichler und Hans-Werner Büscher in dem oben beschriebenen Sinn erworben. Herr Büscher verantwortet zudem die Kapitel über "Das Symbol des Herzens" und "Das Symbol des Schiffes" sowie Teile des Kapitels über das "Symbol des Brotes". Dazu kommt seine tatkräftige Hilfe beim Korrekturlesen sowie bei der Erstellung des Bibelstellenregisters.

Dem Verlag sei gedankt für sein Engagement, dieses Buch zu unterstützen und herauszubringen.

Villigst im Juni 1991   Ursula Früchtel

Einleitung

Die Untersuchung der biblischen Überlieferung unter dem Aspekt seiner Symbole hat eine ihr vorausgehende Vermutung bestätigt:

Es gibt unterschiedliche Kategorien von Symbolen. Diese Kategorien resultieren aus dem Entstehungsprozeß der jeweiligen Symbole. Schließlich lassen die unterschiedlichen Kategorien auch Vermutungen hinsichtlich der Dauerhaftigkeit oder Vergänglichkeit einzelner Symbole zu.

Voran sei die These gestellt: Was nicht in der den Menschen umgebenden Realität, in der Objektwelt vorgekommen ist, kann nicht zum Symbol werden. Was nicht zuvor gesehen, beobachtet, erlebt worden ist, kann nicht zum inneren Bild, zur Vorstellung im Menschen werden. Nur wahrgenommene Phänomene hinterlassen Eindrücke in der Seele des Menschen und arbeiten dort weiter. Der Prozeß der Symbolbildung kann beginnen.

Welches sind die Realitäten, denen die Menschen der Bibel, vorzugsweise die Israeliten, begegnet sind? Es sind Erscheinungen der Natur, es sind Verhaltensweisen des Menschen, es sind Schöpfungen der Kultur.

Die erste Kategorie:

Symbole, die aus Phänomenen der Natur gewonnen wurden

Die Erscheinungen der Natur sind das, was die Menschen vorfinden, womit sie leben müssen – in allen Phasen ihrer Geschichte. Ob die Israeliten nun als Nomaden unterwegs waren, ob sie sich im Land niederließen, ob sie sich in der Fremde wiederfanden, Naturereignisse bestimmten ihr Leben: ob Tag oder Nacht, ob Berg oder Tal, ob Regen und bewässertes Land oder Trockenheit und unfruchtbare Wüste, ob das Firmament mit seinen Himmelskörpern für den Tag und die Nacht. Die Menschen haben diese Erscheinungen und Ereignisse mehr oder weniger als Widerfahrnisse erlebt, die kaum beeinflußbar waren; als Widerfahrnisse, deren Gewalt man ausgeliefert war, oder als Widerfahrnis, das man dankbar entgegennehmen konnte. Es wird sich in den folgenden vier Kapiteln zeigen, wofür diese Naturphänomene stehen, wenn sie symbolisch gebraucht werden. Die Symbole der ersten Kategorie sind von fundamentaler Bedeutung. Fast alle zentralen Texte über die Schöpfung der Welt (nach P), die Menschwerdung Jesu, die Auferstehung, die Theodizeefrage u.a.m. werden entfaltet mit einem der Symbole bzw. Symbolpaare aus den ersten vier Kapiteln.

Kapitel 1:

Das Kontrastsymbol
Mangel / Leere und Fülle

Wüste / Öde   und Weide / Aue
Dürre   und Wasser

1. Wo ist für uns Wüste – was ist für uns Wasser?

Wüstengebiete scheinen auf unserem Erdball exotische Überbleibsel vergangener Zeiten zu sein – beeindruckend. Motorisiert sind sie leicht zu überwinden, im Flugzeug allzumal. Wer käme auf die Idee, daß diese Quadratkilometer des Sandes eine ernsthafte Bedrohung darstellen? Es scheint nur eine Frage der Zeit zu sein, daß wir die letzten Wüsten bezwingen, bewässern, fruchtbar machen und Kulturen anlegen. Einige allerdings werden erhalten und attraktiv gemacht werden als lohnenswerte und profitable Ziele eines Wüstentourismus.

Und doch kommen uns immer wieder Bilder halbverhungerter Menschen, kranker Kinder aus Gebieten vor Augen, in denen Pflanzen verdorrt und Tiere verendet sind. Menschen, deren Lebensraum die Wüste, deren Lebenserfahrung Hunger und Durst sind, schieben sich in unseren, durch die Medien vermittelten Gesichtskreis; aus unserem Bewußtsein sind sie längst hinausgedrängt.

Nicht verschwunden ist die "Wüste" aus unserer Sprache. Betonwüsten gibt es unseren Großstädten, wo alles Grün zubetoniert wird, kein Bach mehr fließen kann und die Eintönigkeit der Architektur Phantasie und Kreativität ersticken. Wir kennen die Versteppung und Verödung ganzer Landstriche durch rücksichtsloses Abholzen der Wälder, durch den auf Profit ausgerichteten Anbau von Monokulturen. Es gibt die durch Drogen und Alkohol verwüsteten Gesichter, die es schwer machen, in ihnen Gottes Ebenbild wiederzuerkennen. Tief in uns sitzt die Angst vor der Ver-Wüstung durch Krieg und Vernichtung. "Ach, das ist öde", sagen Jugendliche und fühlen sich unendlich gelangweilt. Leere und Sinnlosigkeit erben sie von ihrer Umwelt.

"Wasser" ist der Ruf, der uns von den Verbandsplätzen und aus den Lazaretten beider Weltkriege überliefert ist. Zusammengeschossen, auf der Grenze zwischen Leben und Tod, wurde so geschrieen und geseufzt. Mancher hat so sein Leben ausgehaucht, mancher sich in die Gesundheit hinübergeschlafen. Noch immer hat die Welt ihre Kriegsschauplätze und ihre Folterkammern. Wenn viele Schreie anonym bleiben, so macht das die Qual nicht bedeutungslos.

Und wir? Wohl kennen wir das Bedürfnis nach einem Schluck zum Trinken und einem Bad zur Reinigung. Aber das reicht uns nicht. Wir müssen es verbessern. Durst? Dann doch wenigstens Sprudel, Limonaden mit Vitaminkonzentraten und anderen Aufbaustoffen! Kein Bad ohne Schaum und parfümierte Zusätze. Bloßes Wasser – nein danke! Wir verschwenden es gedankenlos, benutzen es als Waffe (Wasserwerfer). Unsere Sprache verrät uns. "Eine Sache verwässern" heißt, ihr den ursprünglichen Wert nehmen; wo "auch nur mit Wasser gekocht wird", bleibt das Niveau niedrig. Was nur "ein Schlag ins Wasser" war, kann man vergessen; was "ins Wasser gefallen ist", hat nicht stattgefunden. Wässrige Augen sind unsympathisch, und ein Kind mit Wasserkopf ist nicht bildungsfähig. Wer "mit allen Wassern gewaschen" ist, erfährt selten moralische Anerkennung. Sagt man von jemanden, "er habe am Wasser gebaut", dann nimmt man seine Tränen nicht ernst. "Wertlos", "dünn" soll Wasser sein? Haben wir es deshalb verunreinigt und vergiftet? Vielleicht wird der Tag kommen, an dem frisches, lebendiges, unverdorbenes Wasser für uns wieder etwas unendlich Kostbares wird.

2. Die Wüste als Lebensraum – das Wunder des sprudelnden Wassers

Die Menschen des Alten Testaments kannten das Urbedürfnis nach frischem Wasser. Über lange Zeiträume hinweg war ihr Lebensraum die Wüste (Jos 24,7), die sie als Nomaden durchwanderten.

Wüste – das kann unermeßliche Weite und Eintönigkeit sein. Wohin der Blick geht, Sandflächen und Sanddünen – alle zum Verwechseln ähnlich! Die Landschaft ist ohne besondere Merkmale, ohne Struktur oder Abwechslung.

Wüste – das kann Leere sein, in der höchstens kümmerliche Überreste einer Vegetation zu finden sind und selten Tiere – wovon sollten sie leben? Kaum eine Menschenseele ist anzutreffen (Hiob 24,5) – Einsamkeit ...!

Wüste – das kann Weglosigkeit sein. Tagelang konnten Viehherden und Menschen umherirren ohne Anhaltspunkte, ohne Flußlauf, ohne Ausweg (Ps 107,4).

Wüste – das kann Staub, Hitze und Sandsturm sein, in denen Menschen und Tieren das Atmen schwerfällt, die Zunge am Gaumen klebt, die Haut trocken und rissig wird.

Wüste – das kann Tod sein durch Verdursten und Verhungern; die Kreatur verdorrt wie das Gras (Hiob 30,30), und die Leiber verfallen in der Wüste; die Gerippe ragen aus dem Sand (Num 14,29).

Wüste ist keine Wohnstatt auf Dauer, worauf sollte man ein Haus bauen – auf Sand? Man mußte Ausschau halten nach frischem Wasser und weiterziehen von Station zu Station, die Zelte immer wieder abbrechen.

Wasser war ein Geschenk, wenn es vom Himmel kam oder gefunden wurde – unvorhergesehenerweise und nicht planbar.

Die Israeliten erlebten, wie der Regen die Wüste in kürzester Zeit grün werden ließ und mit einem wunderbaren Blütenmeer bedecken konnte. Das weckte ihre Lebensgeister und ließ sie physisch und psychisch aufleben.

Die Israeliten fanden Wasser in Oasen, z.B. in Elim, einer Oase, die sogar 12 Wasserbrunnen und 70 Palmen hatte (Num 33,9).

Sie fanden es als Grundwasser, wenn es aufstieg, oder wenn sie tiefe Brunnen gruben, so wie es von den Erzvätern immer wieder erzählt wird.

Sie genossen es, wenn sie am Rande des Kulturlandes entlangzogen und gelegentlich auf die grünen Weideplätze hineinwechselten. Lot entschied sich nach der Auseinandersetzung mit Abraham für die Jordanaue, die ihm "wie der Garten des Herrn" erschien. Aber sie konnten nicht bleiben, wo sie nicht willkommen waren und wo ihnen das Land nicht gehörte.

Dieser Kontrast "Wasser in der Wüste" wurde zum Bild und Gleichnis für das, was ihre Existenz bewegte: das Lebensbedrohende und inmitten der Bedrohung das Lebensgewährende. Die Menschen des Alten Testaments haben ihre Beobachtungen und Erfahrungen in Sprache gesetzt. Von dieser Überlieferung leben wir. Es geschah allerdings mehr als die Beschreibung von Existenz. Es wurde zurückgefragt nach dem Urgrund dieser Existenz und alles Leben in einem neuen Licht gedeutet.

Gott war für sie der, der sein Volk im wüsten Land, in der Öde, im Geheul der Wildnis fand, es schützte, in acht nahm und wie einen Augapfel hütete (Dtn 32,10).

Gott war für sie der, der sie durch die große, fruchtbare Wüste leitete (Dtn 8,15) und Bäche in der Wüste rieseln ließ (Ps 105,41).

Gott war für sie der, der die Luken des Himmels öffnete und Regen auf das Land gab (vgl. Hiob 5,10 und Ps 68,10).

3. Das biblische Wortfeld

3.1 Sprache um "Fülle und Leere"

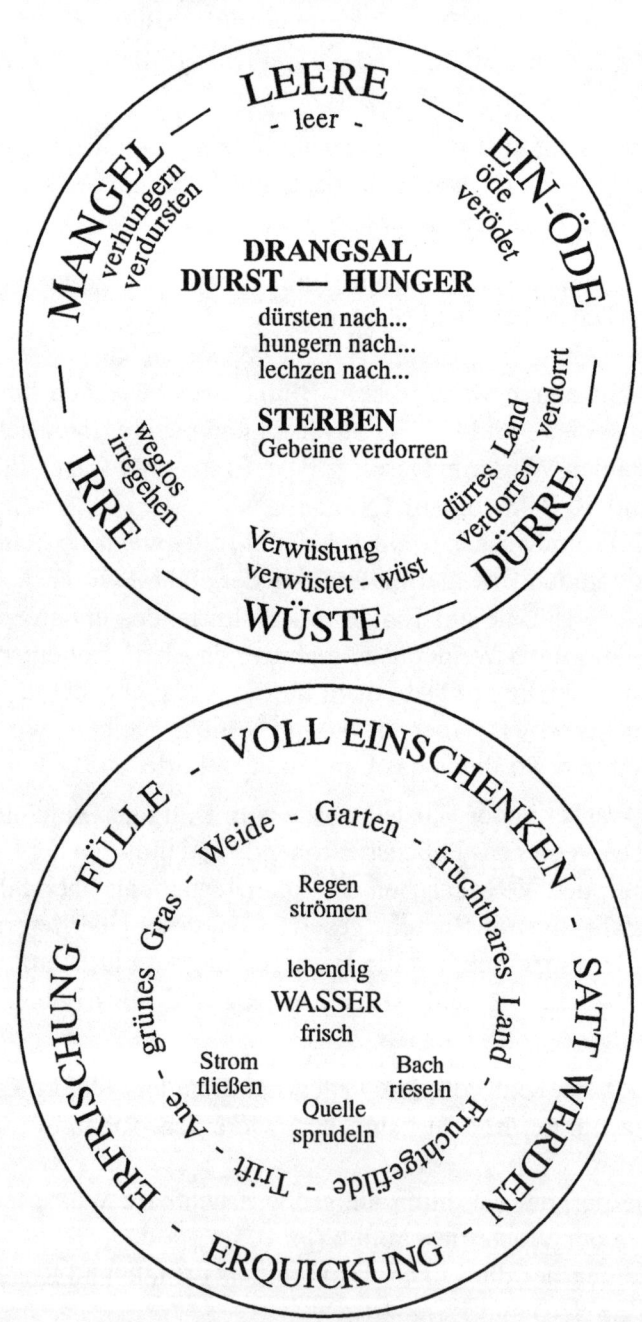

Aus Platzgründen werden die beiden Wortfelder mit Synonymen, Adjektiven und Verben nebeneinander gesetzt. Geht man von den Erfahrungen biblischer Menschen aus, müßten sie als konzentrische Kreise ineinanderliegen. *Inmitten* der Leere bzw. des Mangels wurden Fülle und Erquickung erfahren, *inmitten* der Wüste das sprudelnde Wasser und das sprießende Gras.

Immer wieder entstand für die Menschen in der Wüste die Frage: Wird es ausreichen, was wir haben? Versiegt der Brunnen? Bleibt der Regen aus? Es entsteht die Sehnsucht nach FÜLLE, das Verlangen nach DAUER.

Ex 16,3   In der Wüste jammern die Israeliten nach Ägypten, wo sie Brot in Fülle zu essen hatten.

Num 20,11 Als Mose mit seinem Stab auf den Felsen schlägt, quillt Wasser in Fülle heraus.

Hiob 36,31 ... Gott versorgt die Völker und gibt ihnen Speise in Fülle.

Aber auch:

Ps 37,11   Gebeugte werden Lust haben an der Fülle des Heils.

Ps 106,7   Die Fülle seiner Gnade hat Gott seinem Volk in Ägypten und am Schilfmeer zuteil werden lassen.

Nicht nur die elementaren Bedürfnisse werden gestillt; auch dafür ist zu danken, daß Gott die lechzende Seele gesättigt, die hungrige Seele mit Gutem gelabt hat.

Schlimmer als die Angst vor dem Mangel ist die Angst vor der Leere. Leer können Zisterne und Krug sein, leer aber auch menschliche Hoffnungen. Entsetzlich, wenn im Buch Nahum (2,11) ausgerufen wird: Leere, Entleerung und Verheerung! Welch ein Glück, daß das Wort des Herrn nicht leer zurückkehrt, sondern etwas bewirkt.

Kein Wunder, daß Israel sogar die Erschaffung der Welt als Wunder in der Wüste geschildert hat. Im priesterschriftlichen Schöpfungsbericht (Gen 1,1-2,4a) ist es die Wasserwüste, im jahwistischen die Sandwüste. "Wüst und leer" war es in beiden Fällen. Im jahwistischen Schöpfungsbericht (Gen 2,4 ff) kann Leben erst entstehen, nachdem Grundwasser hervorsprudelt und Feuchtigkeit sich ausbreitet.[1]

LEERE und FÜLLE sind die Oberbegriffe, die die lebensgefährdenden und lebensgewährenden Erfahrungen und Widerfahrnisse der Menschen des Alten Testaments zusammenfassen. Wüste und Aue mögen als Naturphänomen anschaulicher sein, aber begrenzter in ihrer Verstehbarkeit. Menschen aus anderen

---

1 Vgl. Das Symbol Garten, S. 457.

Lebensräumen und Lebenswirklichkeiten mögen FÜLLE und LEERE leichter mit neuen Inhalten zu füllen und ihnen neuen Sinn entnehmen.

3.2 Exemplarische Psalmen für das Kontrastsymbol Fülle – Leere/Mangel (Ps 78 und Ps 23)

Die beiden ausgewählten Psalmen sollen in anschaulicher Weise zeigen, wie das Wortfeld zu dem Kontrastsymbol LEERE/Mangel und FÜLLE einen Bedeutungshof entwickeln kann, wie die einzelnen Bilder sich gegenseitig ergänzen und doch nicht zufällig sind.

Zu Psalm 78:

In diesem Psalm wird uns eine kritische Frage der Israeliten, angeblich in der Wüstenzeit, überliefert.

V 19:   Vermag wohl Gott uns in der WÜSTE
               einen TISCH zu DECKEN?
               Darum, als der Herr das hörte, ward er entrüstet.

V 23-29:   *Es erfolgt die Antwort:*
               Er tat die Tore des Himmels auf,
               ließ Manna auf sie regnen, um sie zu speisen.
               Gab ihnen Himmelskorn.
               Menschen aßen Engelbrot,
               Zehrung sandte er ihnen in FÜLLE.
               ...
               Er ließ Fleisch auf sie regnen wie Staub,
               fliegende Vögel wie Sand am Meer;
               mitten in sein Lager ließ er sie fallen,
               rings um seine Wohnung her.
               Da aßen sie und wurden REICH GESÄTTIGT.

Mitten im Kontrast von Mangel und Fülle taucht ein anderes Bild auf: der gedeckte Tisch. Ein reich gedeckter Tisch in der Wüste – welch ein Wunder! Reich gedeckte Tische stehen allerdings in Häusern, und Reichtum gibt es erst im Kulturland. Die Kombination des Symbols "Gedeckter Tisch" mit dem alten Kontrastsymbol zeigt, daß der Psalm längst nach der Wüstenzeit entstanden ist. Erst wer Tische baut und kennt, kann sie zum Symbol werden lassen.

Zu Psalm 23:

Dieser bekannte Psalm soll grafisch dargestellt werden:

DER HERR
im Angesicht
meiner Feinde

IST MEIN HIRTE
im Angesicht
meiner Feinde

mein
STECKEN

mein
STAB

V 6: Ich werde bleiben im Hause des Herrn immerdar.

So schließt der Psalm ab. Der Bedeutungshof des Teilsymbols Aue/frisches Wasser wird ergänzt durch ein weiteres Teilsymbol "tiefes Tal" (vgl. TIEFE und HÖHE) und das Bild vom Hause des Herrn. Das Haus des Herrn ist der Tempel in Jerusalem. Ist die Fülle (voll einschenken) im Hause des Herrn zu finden, und zwar auf Dauer? Ist die grüne Aue das Land, in dem man sich niedergelassen hat? Und das Land herum – eine Bedrohung? Und wie steht es mit dem Beruf des Hirten; ihn gibt es sicher auch noch im Kulturland, aber später?[2]

---

2 Überholte Symbole, S. 558 f.

4. Ein Symbol und seine Geschichte

4.1 Die Wüste – eine Durststrecke?

Aufenthalt und Wanderschaft in der Wüste gehören zu den Urerfahrungen der Israeliten; sie sind älter als die Erfahrungen von Höhe und Tiefe/Berg und Tal (vgl. S. 76 f). Diese Erfahrungen bleiben aber nicht Teil einer umfassenderen Naturerfahrung. Sie wurden Teil der Geschichte Israels und als solche darge- stellt:

> "Durch die große, furchtbare Wüste zogen sie ..." (Dtn 1,19)

Die Darstellung dieser Zeit gehört zum ältesten Teil eines Credos, das Gottes Handeln mit Israel zum Gegenstand hat. Er ist nicht nur vor ihnen hergezogen:

> "Der Herr, euer Gott, hat euch geholfen ... in der Wüste, wo dich der Herr, dein Gott, getragen hat, auf dem ganzen Weg, den ihr gewandert ... seid" (Dtn 1,31)

Dieses Credo ist das Ergebnis eines langen Erkenntnis- und Überlieferungspro- zesses. Es ist das Verdienst der historisch-kritischen Forschung, daß sie diesen Weg zurückverfolgt und aufgezeigt hat, aus wie vielen Einzelüberlieferungen und literarischen Quellen es zusammengewachsen ist. Es ist jedoch durchaus statthaft, heute vom redaktionellen Endstand des Textes auszugehen, ihn für sinnvoll zu erachten und zu erkennen, wie die Einzelteile der Überlieferung durch große Symbole zusammengeklammert sind. Die Geschichte des Wüsten- zuges kann man auch so sehen:

Sie beginnt an einem BERG (Ex 3,1: Mose am Berg Horeb), vor einem Dornbusch, wo Mose berufen wird.[3]

Sie endet auf einem BERG (Dtn 32,48 f und 34,1: der Berg Nebo), von dem aus Mose in das verheißene Land hinabsehen darf, bevor er stirbt.

Ihre Mitte (nicht die geografische, sondern die theologische) ist wiederum ein BERG (Ex 19: Mose auf dem Berg Sinai), auf den Mose hinaufsteigt, auf dem Gott sich offenbart und ihm die Gebote übergibt.

Zu erwähnen wäre noch ein BERG (Num 20,28: Berg Hor); es ist der Berg, auf dem Aaron stirbt.

Dazwischen liegen die Wüstenstationen.

Es beginnt mit den fast unüberwindlichen Schwierigkeiten des Aufbruchs aus Ägypten mit der mehrfach wiederholten Bitte an den Pharao "Laß mein Volk ziehen!" (Ex 5-12). Es folgen die Verfolgung und das Scheitern der Ägypter (Ex

---

3 Vgl. Das Symbol Feuer, S. 369 ff.

13-15) – wie groß auch immer diese Streitmacht gewesen sein mag. Existentielle Erfahrungen beziehen ihre Legitimation nicht durch die objektiv meßbare
Größe einer Gefahr, sondern durch die Tiefe des Gefühls und der Gedanken, die
sich mit einem Ereignis auseinandersetzen.

Alles weitere ist ein unendlich mühseliges Umherziehen von Station zu
Station, während immer wieder die Feststellung gemacht wird: Wieder kein
Wasser! Wir werden vor Durst sterben – wir werden vor Hunger umkommen!
Und immer wieder geschieht an den Tiefpunkten dieser Wanderung ein Wun-
der:

> die Wolken- oder Nebelwand, die sich zwischen Ägypter und Israeliten
> stellt (Ex 14);
> das bittere (Salz-?)Wasser, das durch Beigabe eines Holzes süß und genieß-
> bar wird (Ex 15);
> die Wachteln, die sich im Lager der Israeliten niederlassen und willkomme-
> ne Fleischnahrung sind;
> das Manna ("etwas Feines, Körniges"), das den Hunger stillt und so gut wie
> Brot ist (Ex 16);
> das Wasser, das sich aus dem Felsen schlagen läßt (Ex 17);
> die Schlange, gegen deren Bisse die Israeliten immun werden (Num 21);
> die sprossenden Mandelzweige (Num 17).

Aus diesem geschichtlichen Rückblick wird die WÜSTE zur notwendigen
Durchgangsstation zwischen Ägypten und Kanaan, zur DURSTSTRECKE, die es
durchzustehen galt. Das verheißene Land war so einfach und billig nicht zu
haben! Was man zurückließ, waren die "Fleischtöpfe Ägyptens", das Land des
Reichtums und Überflusses, in dem es "Brot und Fleisch die Fülle gab" (vgl. Ex
16), in dem man die "Fische umsonst gegessen hatte" (vgl. Num 11,5), ebenso
Gurken, Melonen, Lauch, Zwiebeln und Knoblauch (ebd.). Zurück ließ man
aber auch das Land der Unfreiheit und Sklaverei, in dem man nichts weiter war
als ein Potential von billigen und begehrten Arbeitskräften. Was man vor sich
hatte, war das Land, in dem "Milch und Honig fließt", das Land der Fülle, das
Land aus Gottes Hand, in dem man auch seiner religiösen Identität gewiß sein
konnte. Schwer ist die Wahl zwischen Überfluß und Unfreiheit auf der einen
und Öde und Freiheit auf der anderen Seite! Auf der Durststrecke gibt es immer
nur kurze Phasen des Rastens und Ruhens.

Wen wundert es, daß diese Phase in der Geschichte Israels unterschiedlich
bewertet wurde?

Einmal wird sie gesehen als die Phase des ewigen Murrens und der Unzufrie-
denheit ("Wären wir doch in Ägypten geblieben!"), der Kränkungen Jahwes

und des Aufstands gegen die Führer Mose und Aaron. So sieht es der Psalm 78 (vgl. S. 24), so sieht es die Überlieferung im 2. Buch Mose (Exodus). Zum anderen wird sie gesehen als Zeit des besonders engen Verhältnisses zwischen Jahwe und seinem Volk. So sieht es das Deuteronomium: Jahwe trägt sein Volk wie ein Kind auf den Armen (Dtn 1,31) und so sieht es Jeremia: Das Volk liebte Jahwe in der Wüstenphase wie eine junge Frau in der Brautzeit (Jer 2,2).

Widerspricht das unseren eigenen Erfahrungen? Ich denke: Nein! Zeiten extremen Mangels können immer wieder Zeiten des Aufbegehrens und des Protestes werden. Revolten kommen aus der Leere[4]. Man findet sich nicht ab mit dem gegebenen Zustand.

Zeiten des extremen Mangels können aber auch Zeiten des Zusichfindens, des Suchens nach dem, was hält und trägt, sein. Es können Zeiten enger Verbundenheit mit Gott werden.

4.2 Wehe euch – die Wüste bricht über euch herein! Freut euch – der Zustand der Verwüstung ist beendet!

Die Visionen von der drohenden Verwüstung und der wiedergeschenkten Blütezeit bei Jesaja

Wenn Wüste und Wanderschaft als notwendiges Durchgangsstadium in der Geschichte Israels gesehen und gedeutet werden, kann man dann "Wüste" hinter sich lassen? Kann man Wüste, wenn man sie nicht mehr täglich als Naturphänomen und Lebensraum vor sich hat, vergessen? Keineswegs! Israel trägt die Vorstellung von der "Wüste" als inneres Bild in seinem kollektiven Bewußtsein mit sich fort und läßt es in der Sprache seiner Überlieferung weiterleben. Ist die Zeit der überraschenden Wunder, die Leben ermöglichten, vorüber, wenn man im Land angekommen ist und sich niedergelassen hat? Mitnichten! Sie sind Grund und Anknüpfungspunkt für die Hoffnung, daß sie sich wieder ereignen – in neuen Situationen und auf neue Weise. Das soll aufgezeigt werden am Wandel des Bedeutungsgehaltes des Kontrastsymbols Fülle-Leere/Mangel, Wasser-Dürre, Wüste-Weide (Aue) im ersten, zweiten und dritten Jesajabuch. Das Jesajabuch stellt eine Sammlung prophetischer Überlieferungen dar, die in unterschiedlichen geschichtlichen Situationen Israels entstanden sind – abgesehen von vielen Zusätzen und weiteren Überarbeitungen aus noch späterer Zeit. In allen drei Abschnitten des Jesajabuches (1-39/40-

---

4 Aus der TIEFE dagegen kommt die Klage und die Frage, der Zweifel (vgl. S. 78 ff).

55/55-66) spielt das Kontrastsymbol Fülle-Leere/Öde(Wüste)-Weide(Aue)/ Wasser-Dürre eine große Rolle. Es ist bewegend zu sehen, wie diesem Symbol immer wieder neuer Sinn entnommen wird, ja Hoffnung gestiftet wird.

Jesaja (1-39), dessen Berufung in Jesaja 6 geschildert wird, kommt aus Jerusalem und lebt in einer Zeit, in der Israel bereits ein geteiltes Land ist. Das Nordreich und das Südreich haben fast nichts mehr gemeinsam, weder in ihrer politischen noch in ihrer religiösen Praxis und doch sind sie aufgrund der weltpolitischen Lage aneinandergekettet. Das Jahr seiner Berufung war das Todesjahr des Königs Usia im Südreich. Die palästinensische Küstenebene wird von der Großmacht Assyrien beherrscht (Thronbesteigung von Tiglatpilesar). Der Vorstoß erfolgt zunächst gegen das Nordreich, dem Teile seines Territoriums abgenommen werden, bevor es gänzlich zur assyrischen Provinz gemacht wird. Das Südreich weigert sich zunächst, sich einer Koalition gegen Assyrien anzuschließen, hat im Gegenteil Assyrien um Hilfe angerufen und konnte dadurch sein Territorium vorübergehend retten. Es hat sich dann Aufstandsbewegungen umliegender Völker (Aram, Asdod, etc.) angeschlossen, ein Bündnis mit Ägypten gesucht, bis es zu einer Strafexpedition Assyriens kam und König Hiskia von Juda samt seiner Hauptstadt Jerusalem kapitulieren mußte.

In einer düsteren Vision sieht der Prophet die kommenden politischen Ereignisse und ihre Folgen.

Das Land – das verheißene Land! – die fruchtbare Aue – wird wüst und verbrannt daliegen. Viele Häuser und Straßen werden *öde* sein. Und wenn nicht ein Rest umkehrt, wird die *Wüste* so total sein wie die von Sodom und Gomorrha. Auch die vorausgehende Zerstörung des Nordreiches wird gesehen. Eine WÜSTENEI werden ihre Städte sein.

Verwüstet die Städte, weil sie in Trümmern liegen, *öde* die Straßen und Häuser, weil die Bevölkerung dezimiert oder deportiert ist. Ursache sind die sozialen Mißstände im Inneren. Aus dem Land der *Fülle* ist ein Land der Verschwender geworden auf Kosten der Armen. Unterdrückung, die man in Ägypten hinter sich gelassen hat, wird hier praktiziert. Nur wer Jahwe verlassen hat, kann so handeln – das ist die Überzeugung des Propheten.

Aber der Prophet blickt über diese Verwüstung seines Landes hinaus. Die Wüste, die über Israel kommt, wird auch die Großmächte einholen. In seinem Ausspruch "Von der Wüste her" sieht er, wie der große Verwüster kommt und verwüstet, so daß auch Babylon fällt. Er ist völlig verstört von dieser Schau, er ist durchzuckt von Krämpfen, Wehen ergreifen ihn wie eine Gebärende (Jes 21). "Wehe dir Verwüster, der du nicht verwüstet bist! Dir Räuber, den man nicht beraubt hat. Wenn du fertig bist mit Verwüsten, wird du verwüstet werden; wenn du genug geraubt hast, wird man dich berauben!" (Jes 33,1), sagt der Prophet voraus. Dem Südreich hat er vorzuwerfen, daß es einer falschen Bündnispolitik mit Ägypten vertraut hat – wie kann man nur Ägypten vertrauen!! – krumme Touren und Ränke sind das; daß es auf eine Politik der Stärke vertraut hat nach dem Motto "Auf Rossen wollen wir rasen ... Auf Rennern wollen wir reiten!" (Jes 30).

In einer tröstlichen Vision sieht der Prophet, wie der Zustand der Verwüstung und Öde abgelöst wird durch einen Zustand, in dem das Land zum "Fruchtgefilde" wird. Wie einst in der Wüste wird das Wunder eintreten, daß das zur Wüste gewordene Land sich wandelt. Regen wird die Saat aufgehen lassen und das Korn reich und üppig stehen, das Vieh auf weiter *Aue weiden*. Bäche und Wasserströme werden fließen. In dem zur *Wüste* gewordenen *dürren* Land wird Freude ausbrechen, und das wird sein, wie wenn die Augen der Blinden aufgeschlossen und die Ohren der Tauben aufgetan werden, wie wenn der Lahme springt wie ein Hirsch und die Zunge des Stummen jauchzt (Jes 35,5 f). Zu der äußeren Verwandlung kommt eine innere Verwandlung. Ein *Weg* wird sich auftun: Götzen und Götzenbilder werden wie etwas Ekelhaftes hinausgeworfen (Jes 30,21 ff); ein heiliger Weg ist es, weil kein Unreiner darauf gehen wird, sondern die Heimkehrer aus dem Exil (Jes 35,8). Neue Lebensgüter werden wichtig: Das neue Fruchtgefilde wird ein Ort sein, wo Gerechtigkeit *weilt*, ein *Rast*- und Ruheplatz des Friedens auf *ewig*.

Wüste ist also nicht mehr ein geografisches Gebiet, zwischen Ägypten und Kanaan, sondern ein Zustand, in den das verheißene Land selbst geraten ist – durch eigene Schuld; denn sein gottvergessener innerer Zustand (Bluttat und Gewalt) ist die Ursache für den verheerenden äußeren Zustand. Die Aue, das Fruchtgefilde, der Rastplatz sind der neue Zustand der Veränderung im Äußeren wie im Inneren. Der alte war ein vorübergehender (so wie die Wüstenwanderung ein Durchgangsstadium war), der neue ist ein dauerhafter (FÜLLE und DAUER gehören zusammen): "Ewige Freude und Wonne werden einkehren. Leid und Seufzen werden fliehen." Jahwe ist der, der das eine wie das andere bewirkt! Das eine zum Gericht, das andere zum Heil.

4.3 *Wüste* habt ihr erlitten – ich tränke euch mit frischem Wasser

Deuterojesaja 40 - 55

Aus dem zweiten Jesajabuch kann man schließen, daß die Zeit des Exils noch andauert und den Verbannten noch mehr auf der Seele liegt durch den vollkommenen Zusammenbruch des davidischen Königtums und die Entweihung und Zerstörung des Tempels. Die Oberschicht Judas wird noch immer in Babylon festgehalten, und der Prophet des zweiten Jesajabuches weilt bei ihnen und versucht, sie zu trösten. "Tröstet, tröstet, mein Volk", so beginnt Jesaja 40,1.

Was kann einem Volk zum Trost werden, das zum zweiten Mal in seiner Geschichte Knechtschaft und Fremde erlebt – einst in Ägypten, jetzt in Babylon?

> Man deutet die Zeichen der Zeit: Die Zeit Babylons ist abgelaufen! "... geh in die Finsternis, Tochter der Chaldäer. Fürderhin nennt man dich nicht mehr Herrin der Reiche (47,5). Verwaist und verwitwet wird sie sein, die einst in ihrem Herzen gesagt hat 'Ich und niemand sonst!'"
> Eine neue Großmacht ist im Kommen: die Perser unter Kyros. Wahrscheinlich sind die medische Hauptstadt Ekbatana und die lydische Hauptstadt Sardos schon erobert. Babylon wurde dann schließlich auch erobert und zur *Wüste* gemacht (47,11).
> Man verweist auf die Gunst der Stunde und fordert die Deportierten auf, ihre Chance zu nutzen und aus dem Land des Exils wegzuziehen in das angestammte Land. "Ziehet aus von Babylon, flieht aus Chaldäa ...!" (47,20)

Was sagt man denen, die im fremden Land matt und müde geworden sind wie einst in der Wüste (40,29); die taub und blind sind gegenüber allen Hinweisen (42,18); die in ihrer Armut und in ihrem Elend durstig und hungrig sind wie einst ihre Vorfahren in der Wüste (41,17)?

> Man macht ihnen Mut. "Fürchte dich nicht" (43,1 u.v.a.), wird dem Knecht wie einem Kinde immer wieder zugerufen; "faßt euch ein Herz" (41,10), "rafft euch auf" (51,17). Man erinnert an die Wunder der Vorzeit und sagt, daß ein großes unüberbietbares Rettungswunder geschehen wird (46,13), ein Wunder wie bei der Entstehung der Welt (42,5), spektakulär wie der Kriegszug eines Helden (42,13).

Es fällt auf, daß dieses Wunder sowohl dem Schilfmeerwunder als auch dem Wüstenwunder gleicht. Es sind nicht zwei verschiedene Wunder, die aufeinanderfolgen, sondern zwei Seiten desselben Wunders, so wie eben jedes Tal sich heben und jeder Berg und Hügel sich senken, das Höckerige zur Ebene und die Höhen zum Talgrund werden. Die Tradition wird erheblich verändert; sie bekommt neue Bedeutungsinhalte, weil sie symbolisch gebraucht wird. Sie bekommt aber auch neue Sinngehalte in einer veränderten Situation. Das ist die Chance eines symbolischen Umgangs mit der Überlieferung! "Wüste" ist nicht mehr das Wüstenstück zwischen Ägypten und Kanaan. *Wüste* ist die Gemütslage und Stimmung derer, die im Elend und Exil Babyloniers sitzen. Sie ist trostlos und ziellos. Aber das soll sich ändern! Jahwe wird seinen Geist und seinen Segen über die Kinder Israels ausgießen, und das wird sein, wie wenn man Wasser auf durstiges Land gießt und rieselnde Bäche über das Trockene. In der Wüste sproßt Gras auf nach einem Regenguß, bei den Kindern Israel werden Mut und Hoffnung aufkeimen. Bemerkenswert ist der Schlußsatz von Deuterojesaja (55,10)!

Regen bewirkt etwas: aufgehenden Samen für den Sämann und Brot für die Essenden.

Desgleichen ein Trostwort für die Menschen: In Freuden werden sie ausziehen, in Frieden geleitet; werden – in einem Triumphzug (Text!) heimkehren; denn Gottes Wort kehrt nicht *leer* zurück; es *erfüllt* die Menschen und wirkt, was Gott beschlossen, führt durch, wozu er es gesendet hat: NEUES, so daß man der früheren Dinge (auch der Schuld) nicht mehr zu gedenken braucht.

4.4 Wer in Israel ist Wüste – wer ist bewässerter Garten?

Tritojesaja 56 – 66

Allgemein ist anerkannt, daß der dritte Teil des Jesajabuches eine andere Situation voraussetzt und eine eigenständige prophetische Überlieferung darstellt. Eine Rückkehr oder Teilrückkehr der Exulanten hat stattgefunden, nicht unter triumphalen, sondern recht kümmerlichen Umständen. Die Schwierigkeiten des Wiedereinlebens und die Mühsal des Wiederaufbaus stehen im Vordergrund. Noch nicht klar ist, wer zu "Israel" gehört, wer nicht. Mischehen wurden im Exil ebenso geschlossen wie unter den Zurückgebliebenen. "Fremdlinge" haben sich dem Jahweglauben angeschlossen. Die "Wächter des Volkes" nehmen ihre Verantwortung nicht wahr – jeder geht seinen Weg. Ist es da ein Wunder, daß es mit dem Gottesdienst nicht zum besten steht?

Klage wird erhoben, daß die heilige Stätten zur *Wüste* geworden sind, Zion zur *Wüste* und Jerusalem zur *Einöde,* das Haus Gottes und alles, was den Menschen darin köstlich war, ver*wüstet* ist (Jes 64,10 ff). Niemand war da, der sich aufraffte, um sich an Jahwe zu halten (ebd.).

Und die gegenwärtige Situation? Am Beispiel des Fastens wird deutlich gemacht, was *leere* und ent*leerte* Frömmigkeit ist und was wahre Frömmigkeit ist, die die Menschen zu einer "Pflanzung Gottes" macht.[5]

---

5 Vgl. Das Symbol des Gartens, S. 467 f.

Das Fasten, das dem Herrn mißfällt, ist so, daß die Stimme der Frommen in der Höhe nicht gehört wird (werden kann): Fasten, das bloß ein Tag ist, an dem der Mensch sich kasteit, den Kopf hängenläßt wie die Binse, sich in Sack und Asche kleidet, während man gleichzeitig seinen Geschäften nachgeht und seine Arbeiter bedrängt. *Lebendiger* Gottesdienst ist,

wenn   du ungerechte Fesseln öffnest,
            Stricke des Jochs löst,
            Mißhandelte ledig läßt,
wenn   du dem Hungrigen das Brot brichst,
            Arme und Obdachlose ins eigene Haus führst,
            einen Nackten siehst und kleidest
            und dich den Brüdern nicht entziehst,
dann   wird dein Licht hervorbrechen wie die Morgenröte,
            deine Heilung eilends *sprossen,*
            deine Gerechtigkeit vor dir hergehen und die Herrlichkeit des
            Herrn deinen Zug schließen ...

Um es zusammenzufassen:

wenn   du dem Hungrigen dein Brot brichst und die gebeugte Seele *sättigst ...,*
dann   wird der Herr in der *Dürre* deine Seele *sättigen,*
dann   wirst du wie ein wohlbe*wässerter* Garten und wie in *Wasserquell*
            sein, der nie versiegt.

Die Argumentation des Propheten verläuft also konditional. *Wenn* innerhalb des Gottesvolkes durch ein bestimmtes Handeln lebendiger Gottesdienst praktiziert wird, *dann* widerfährt den Frommen Heil. Sinngemäß: Wer den Brüdern zum lebensspendenden Wasser wird, den macht der Herr zum nie versiegenden Wasserquell. Wer denen, die auf der "Wüstenseite" des Lebens stehen, eine Oase bereitet, wird selbst verwandelt zum bewässerten Garten. Wer entleerte Frömmigkeit absolviert, bleibt Wüste. So wird eine Trennungslinie durch das Volk gehen zwischen denen, die "Wüste" sind und denen, die "Garten" sind.[6]

Es mag bezeichnend sein, daß im dritten Jesajabuch nicht mehr von der (weiten) Aue die Rede ist, sondern vom Garten. Der Garten ist immer umzäunt und begrenzt. Die Bedingungen für lebendige Frömmigkeit können immer nur von einer begrenzten Zahl von Menschen erfüllt werden. Das Kontrastsymbol

---

6 Vgl. Das Symbol des Gartens, S. 467 f.

steht für konträre Handlungsweisen. Die Gefahr ist zumindest nicht auszuschließen, daß hier eine theologische Entwicklung beginnt, nach der Gott der
wird, der auf bestimmte menschliche Verhaltensweisen *reagiert.*

5. Gestalten der Wüste

Es gibt exemplarische Gestalten der Wüste in der Bibel, so wie es exemplarische Gestalten der Tiefe gibt. Sie sollen in aller Kürze ins Gedächtnis gerufen
werden.

Mose kommt aus der Wüste und wird als Nomade geschildert, der die Schafe
seines Schwiegervaters Jethro hütet. Von daher scheint er geeignet, der Hirte
seines Volkes auf der Wanderschaft zu sein. Er ist so sehr zur Symbolfigur
geworden, daß in den verschiedenen Quellen des Hexateuch seine Funktionen
unterschiedlich akzentuiert werden. Prophet, Hirte, Hoherpriester, Recht-Spre-
cher ...
   Betrachtet man diese Gestalt von den beiden Kontrastsymbolen Fülle-Leere
und Höhe-Tiefe her, dann ist Mose eher mit den Wundern der Wüste und nicht
mit deren Drangsalen verbunden. Ebenso ist er eher der Höhe bzw. dem Berg
zuzuordnen als der Tiefe. Seine Wahrzeichen sind der Stab, mit dem er Wunder
bewirkt und die Tafeln mit den Geboten oder das Buch des Bundes. Über die
Wüste kommt er nicht hinaus; er gelangt nicht ins Land. Er steigt auf den Berg,
schaut vom Berg herab, bleibt auf dem Berg ... ohne Grab in der Tiefe.

Elia ist der Prophet, der in die Wüste flüchtet und zurückkehrt. Dieser Flucht
war eine harte Auseinandersetzung zwischen dem Propheten und König Ahab
und Königin Isebel vorausgegangen. Unrechtmäßig hatte der König versucht,
den Weinberg Naboths an sich zu bringen. Isebel gelang es, Naboth anzuklagen
und Richter und Zeugen so zu bestechen und unter Druck zu setzen, daß Naboth
zum Tode verurteilt und gesteinigt wurde. Diese Untat prangert Elia unter
Berufung auf das Gottesrecht an. Zu dieser Kontroverse kam eine zweite, bei
der es um die Auseinandersetzung zwischen den Baalspriestern und Elia, dem
Propheten Jahwes, ging. Damit handelte sich Elia den Haß Isebels ein, und sie
ließ ihm sagen: "Bist du Elia, so bin ich Isebel!" und drohte ihm mit dem Tod (1.
Kön 19,1-2). Elia floh in die Wüste; es war feste Überzeugung, daß man in der
Wüste unauffindbar ist (nur Jahwe fand sein Volk in der Wüste!). Nach einer
Tagesreise ist er völlig erschöpft, legt sich unter einen Ginsterbusch und
wünscht sich den Tod. Die äußere Umgebung ("Wüste") und sein innerer

Zustand ("Wüste" – Nicht-mehr-leben-Wollen) stimmen überein. Zweimal stärkt ihn ein Engel mit einem Krug Wasser und geröstetem Brot; mit dieser Engelsspeise gestärkt, gelingt ihm eine Wanderschaft über 40 Tage und 40 Nächte[7]. Die Flucht ist zur Wallfahrt geworden. Zwar darf Elia Gott nicht von Angesicht zu Angesicht sehen wie Mose. Aber aus dem Eingang einer Höhle heraus darf er wahrnehmen, wie Gott vorübergeht und darf ihm nachschauen – von hinten sehen.[8]

Er erhält den Auftrag, wieder aus der Wüste herauszuziehen und in Damaskus und im Nordreich Israel bestimmte Aufträge zu erfüllen (vgl. 1. Kön 19).

David hat eine Wüsten- und Hirtenvergangenheit, bevor er König von Gesamt-Israel einschließlich der von den Jebusitern eroberten Stadt Jerusalem wird. Als Samuel den Auftrag erhält, anstelle Sauls einen neuen König zu salben, läßt er alle Söhne Isais in Bethlehem antreten – einer stattlicher als der andere; nur der Jüngste fehlt; er muß erst von der Schafweide geholt werden (vgl. die Überlieferung von 1. Sam 16). In der Legende vom Sieg des Hirtenjungen David über den Philisterriesen Goliath (1. Sam 17) kommt die Stelle vor, nach der der älteste Bruder den jungen David vorwurfsvoll fragt: "Warum bist du herabgekommen ins Heerlager, und wem hast du die paar Schafe in der Wüste überlassen?" (1. Sam 17,20). Vor den Nachstellungen des depressiv gewordenen König Saul fliegt David in die Wüste, verbirgt sich, zieht umher, bis er selbst die Königsherrschaft antreten kann. David gilt als der Hirte des Volkes schlechthin. Sein Königsamt ist ein Hirtenamt; er weidet sein Volk nicht in der Wüste, sondern im Land und im Angesicht der das Volk umgebenden Feinde, der Verwüstung, die von außen droht.[9]

Johannes der Täufer wird als Mensch geschildert, der "Wüstengewohnheiten" hat (Kleidung und Nahrung), der in der Wüste (Juda) wirkt (er tauft und predigt) und an die "Wüstenbotschaft" Deuterojesaja anknüpft (vgl. Mk 1,2 ff par und Dtjes 40,2). Er wird bei den Synoptikern verglichen mit dem Propheten, der den nach Babylon Verbannten Trost zugesprochen und versprochen hat, daß sich ihre Wüstensituation ändern und ein Weg sich vor ihnen auftun wird, etwas gänzlich Neues, in Anbetracht dessen sie der früheren Dinge nicht mehr gedenken sollen. Die Evangelisten sehen in dem Neuen Jesus Christus und verkündigen dementsprechend ihre frohe Botschaft.

---

7 Vgl. Das Symbol des Brotes, S. 501 f.
8 Vgl. Das Kontrastsymbol "Höhe und Tiefe", S. 88.
9 Vgl. Überholte Symbole ("Hirte"), S. 558 f.

Auf *Philippus* sei verwiesen, der in der Wüste dem Finanzminister der äthiopischen Kandake zugeführt wird. Mitten in der Wüste, auf dem Weg zwischen Jerusalem und Gaza, wird eine Wasserstelle gefunden, an der der Finanzminister getauft wird – die Taufe als Wasser des Lebens (vgl. Apg 8)?[10]

6. *"Selig sind, die da hungert und dürstet ... "*
Fülle und Mangel im Neuen Testament

Der Umgang des Tritojesaja mit dem Kontrastsymbol "Fülle und Mangel" bringt es an den Tag: Der Zustand des "verheißenen Landes" war so geworden, daß die erhoffte Fülle ausblieb. Worin sollte sie auch bestehen? In einer politischen, einer kulturellen oder einer wirtschaftlichen Blüte? Nichts dergleichen zeichnete sich ab. Überall äußere Wüste! Der äußeren Wüste entsprach die innere Wüste. Die Religiosität lag im Argen. Muß da nicht zu Recht Hoffnung bleiben auf etwas, was sich noch nicht eingestellt hat und noch aussteht?

6.1 Die Öde wird zur grünen Aue
Die Speisung der 5000 nach Markus 6,30-44

Speisungswunder liegen im Neuen Testament mehrfach vor.[11]

Die Überlieferung von der Speisung der 5000 nach Markus 6,30-44 unterscheidet sich von allen Varianten dadurch, daß in ihr narrative Entfaltung des Kontrastsymbols Mangel-Fülle vorliegt. Auf den ersten Blick erscheint der Text so, als habe auf dem Weg vom Alten in das Neue Testament nur die Gattung gewechselt. Statt der Motive im Gebet des 23. Psalms ("Der Herr ist mein Hirte ...") erscheinen die gleichen Motive als anschauliche Szene mit handelnden Personen. Auf den zweiten Blick erkennt man, daß mehrere alttestamentliche Motive aus den Psalmen einerseits (Ps 16,23 und Ps 78) und der prophetischen Überlieferung andererseits (Ez 34 und evtl. 38) zu einer Symbolgeschichte zusammengeflossen sind, in der Mangel in Fülle verwandelt wird.

Es fällt auf, daß Markus eine Szenerie aufbaut, in der dreimal das Wort "Öde" vorkommt.

---

10 Vgl. Das Symbol des Weges, S. 343 ff.
11 Vgl. Die Speisung der 4000 in Mk 8,1-10 par und die Speisung der 5000 Mt 14,13-21/Lk 9,10-17 und Joh 6,1 ff.

V 31:   Vor dem Aufbruch bittet Jesus die Jünger, an einen *öden* Ort zum Ausruhen (Rast) zu kommen.

V 32:   Sie fahren dann mit dem Schiff (!) an einen *öden* Ort. Die Menschenmenge rennt in der Zwischenzeit zu Fuß (!) an diesen Ort und kommt Jesus samt den Aposteln zuvor!

V 34 und 35: Als Jesus mit den Jüngern aussteigt, findet er das Volk an einem *öden* Ort vor.

Menschen in der Öde sind wie Schafe in der *Wüste,* die umherirren und keinen Hirten haben.

Jesus erbarmt sich ihrer und *lehrt sie* – d.h. er zeigt den Weg des Lebens und damit *Fülle* der Freude (vgl. Ps 16,11).

V 36 und 37: Die Menschen haben nichts zu essen – Mangel!

Und dann verändert sich die Situation – ihr Zustand – in das Gegenteil:

V 39:   Anstelle der Öde ist da plötzlich *grünes Gras* (wie auf einer grünen Aue!), anstelle der verirrten Schafe geordnete *Tischgemeinschaften* – ein Tisch ist gedeckt in der Wüste!

V 41:   Anstelle von nur fünf Broten und zwei Fischen (zu wenig, nicht ausreichend angesichts einer so großen, an Mangel leidenden Volksmenge) ist eine Fülle vorhanden, die alle satt macht; ja, es werden noch Körbe mit Brocken gefüllt – mehr als nötig, göttliche Fülle!

Das besondere Wunder sind hier die Fische – mitten in der Öde! Gibt es plötzlich wie durch ein Wunder auch Wasser?

Aus Psalm 78,19 kennen wir die kritische und aufsässige Frage der Israeliten:

Vermag uns wohl Gott in der Wüste einen Tisch zu decken?

Und Psalm 23,5 klingt wie eine Antwort voller Gewißheit:

Du deckst mir einen Tisch im Angesicht meiner Feinde ...
und schenkst mir *voll* ein.

In einer Wüstensituation und im Angesicht einer drohenden Verwüstungssituation (Feinde!) wird auf Fülle gehofft. Der gefüllte Tisch steht in einer verwandelten Umgebung, die schon der Beter des 23. Psalm beschreibt:

Er weidet mich auf grüner Aue und führet mich zum frischen Wasser (Ps 23,2).

FAZIT: Mir wird nichts *mangeln* (Ps 23,1).

Auf den dritten Blick wird deutlich, daß Markus uns mit seiner Variante von der Speisung der 5000 vom Wunder der verwandelten Öde und des überwundenen Mangels erzählen will. Diese Öde und dieser Mangel sind ein innerer Zustand des Volkes. Sie sind wie Schafe, die keinen Hirten haben – orientierungslos! Und er *lehrt* sie (Mk 6,34). Er zeigt ihnen wie ein guter Hirte "den Weg des Lebens und Fülle der Freuden" (vgl. Ps 16,11), er "führt sie auf rechter Straße" (Ps 23,3). Er tut das, was die Könige Israels, die "Hirten des Volkes" nie leisten konnten oder geleistet haben.

Als Besonderheit dieses Wunders sei noch hervorgehoben, daß die Fülle durch Mit-*teilen*, Aus-*teilen*, Ver-*teilen* entsteht.[12]

6.2 In IHM ist die Fülle

Der johanneische Christus

Geht Markus davon aus, daß Jesus Christus Fülle bereitet und dadurch Mangelsituationen verändert, so ist das Konzept des Johannesevangelium darauf ausgerichtet, daß das Sein des Christus von der Fülle bestimmt ist. Schon im Prolog des Evangeliums wird – gewissermaßen eröffnend – gesagt: "Aus seiner *Fülle* haben wir ja alle empfangen, und zwar Gnade um Gnade" (Joh 1,16). Und bevor die Passion Jesu nach Johannes beginnt, läßt Johannes seinen Christus sagen: "Ich bin gekommen, damit sie Leben und reiche *Fülle* haben" (Joh 10,10). Was Markus narrativ in einer Geschichte darstellt, wird bei Johannes sukzessive entfaltet: ICH BIN das Brot (Joh 6) – ICH BIN (sc. die Quelle des Wassers, Joh 7) – ICH BIN der gute Hirte (Joh 10).

Im Anschluß an seine Version von der Speisung der 5000 bringt Johannes die Bildrede über das Brot (vgl. Joh 6,1-15 und dann 6,22-65). Mit deutlich antijüdischer Spitze wird gesagt, daß nicht Mose das Manna als Himmelsbrot gegeben hat, sondern Gott selbst vom Himmel herab, um der Welt Leben zu geben. Dieses Brot ist von ganz anderer Qualität als das, was die Welt geben kann. Als die Jünger dieses Brot haben wollen, sagt der johanneische Christus: "ICH BIN das Brot des Lebens; wer zu mir kommt, wird nicht hungern, und wer an mich glaubt, wird nimmermehr dürsten!" In ihm *ist Fülle*, und er stillt jeden Mangel, nicht ab und an, sondern für immer.

Symbolisch anknüpfend an das Laubhüttenfest ruft Jesus: "Wenn jemand dürstet, der komme zu mir und trinke!" Es fehlt in diesem Zusammenhang ein ICH-BIN-Wort; das scheint ein Zufall zu sein. Man könnte sich analog zu den

---

12 Eine erneute Exegese dieses Textes erfolgt im Kapitel "Das Symbol des Brotes", S. 498 ff.

anderen ICH-BIN-Worten denken: "ICH BIN die Quelle des Wassers!" (vgl. Jes 55,10 f). Tatsächlich fährt er fort: "Wer an mich glaubt, aus dessen Leib werden Ströme lebendigen Wassers fließen!" (Joh 6,37).

Das Brotwort und das Wasserwort stehen in innerer Korrespondenz zueinander. Wer das Brot des Lebens gefunden und empfangen hat, dessen eigener Mangel ist gestillt. Wer das Wasser des Lebens aufgesucht hat, kann den Mangel anderer beheben. Was anderes soll es sonst heißen, wenn Ströme lebendigen (lebensschaffenden) Wassers aus ihm strömen?

Im Gegensatz zu den Mietlingen – wer sind sie, die falschen Hirten des Volkes? die Lehrer Israels? – kennt er, der Christus, seine Schafe und kümmert sich um sie – und (das ist ein neuer Ton!) gibt sein Leben für die Schafe.

Brot, Wasser (bzw. Fische aus dem Wasser), Hirte sind die symbolischen Elemente, die Markus und Johannes gemeinsam haben, wenn auch in einem sich unterscheidenden theologischen Verständnis. Es ist nur konsequent, wenn das Johannesevangelium als Evangelium der *Fülle* zu dieser Fülle auch das LICHT, die TÜR, den WEG (und die WAHRHEIT), die AUFERSTEHUNG und den WEINSTOCK zählt. Das alles ist die Fülle göttlichen Lebens.

KONSEQUENZEN

Wer die bisherigen Abschnitte dieses Kapitels verfolgt hat, wird unschwer erkennen, daß das Kontrastsymbol FÜLLE – MANGEL (LEERE) auf immer neue Situationen oder Zustände angewandt wurde. Der jeweilige Zustand erfuhr durch das Symbol eine Bewertung und Deutung. Im biblischen Bereich bleiben diese Deutungen nie im anthropologischen Zirkel verhaftet. Sie sind immer zugleich theologischer Art.

Anthropologische Konsequenzen

Das Symbol "Mangel" dient der Beschreibung defizitärer Situationen der Gemeinschaft.[13] Es wird davon ausgegangen, daß sich solche Mangelsituationen wiederholen können. Die "Wüsten"situation von einst kann sich auch jetzt – unter bestimmten politischen Konstellationen – wiederholen. Die Analogie muß nur festgestellt werden – die Propheten tun das. In der Situation des

---

13 Man beachte: Es werden Situationen, nicht Prozesse beschrieben wie beim Symbol des "Weges".

Mangels entsteht Hoffnung auf Veränderung und Verwandlung in den gegentei-
ligen Zustand. Fülle, das ist mehr als das zum Leben und Überleben Notwendige. Es ist etwas ganz anderes als Überfluß. Es wird mit dem Mittel der Analogie
gearbeitet: Wenn der Mangel jetzt dem Mangel von einst entspricht, dann
beruht die erwachende Hoffnung darauf, daß – so wie einst Mangel in Fülle
verwandelt wurde – auch jetzt der Mangel in Fülle verwandelt wird.

Schon bei Tritojesaja, insbesondere aber im Neuen Testament, wird dargestellt, daß der äußeren Mangelsituation ein innerer Zustand des Mangels – auch
bei jedem einzelnen – entsprechen kann. Deshalb muß dieser Mangel physisch
und geistig verwandelt werden. Umherirren *und* hungern (bzw. Durst leiden)
gehören zur "Wüste". Die Verödung um uns und die Leere in uns sind zwei
Seiten derselben Medaille. "Selig sind, die da hungert und dürstet nach Gerechtigkeit (!)" (Mt 5,6)!

Theologische Konsequenzen

Mangel – Leere – Öde – Wüste sind Zustände, die nur auf der Ebene der
Menschen entstehen, die geschaffen oder herbeigeführt werden. Die Fülle
gehört ganz auf die Seite Gottes. Er – nicht der Mensch – ist der Ursprung von
Fülle. Die Fülle ist das Unvorhergesehene, das Nichtplanbare – m.a.W.: Ge-
schenk! Nach Johannes kommt sie "von oben" – von der ganz anderen Welt
Gottes. Wenn Gott wirklich der Urheber der Fülle einst war und jetzt werden
kann, dann muß er auch der Urheber einer zukünftigen Fülle sein. Die biblische
Erwartung arbeitet mit dem Mittel der Analogie *und* Überhöhung. So wie einst
Gott in der Wüste Mangel, Dürre, Leere verwandelt hat, so wird er auch in
Zukunft Heil im umfassendsten Sinn schaffen. Das Zukünftige wird das Einsti-
ge um ein Vielfaches übertreffen.

Christologische Konsequenzen

In Texten von der Fülle erscheint Jesus Christus als derjenige, der an Gottes
Statt den Mangel verändert. Seine Rolle im Blick auf die von Gott in Aussicht
gestellte eschatologische Fülle ist genauer zu bedenken.

In der großen Hirtenrede des Propheten Hesekiel (Kap. 34) wird zum Ausdruck gebracht, daß "die Hirten Israels", die Könige, nur sich selber geweidet
und sich nicht um die ihnen anvertrauten Schafe gekümmert haben. Sie waren
mangelhaft! Sie haben "die Schafe" ihrem bedauerlichen Zustand überlassen.
Diesen schlechten Hirten wird Jesus Christus als guter Hirte gegenübergestellt.

Was zurückliegt,[14] war defizitär. Was jetzt ist, das ist vollkommen gut, insbesondere nach Johannes, wo der gute Hirte sogar *sein Leben* läßt.

In derselben Hirtenrede des Hesekiel wird Gott selbst der Hirte, der sein Volk errettet von allen Orten, wohin sie zerstreut wurden (V 12). Er wird "das Verirrte suchen, das Versprengte zurückholen und das Gebrochene verbinden ... ich werde sie weiden, wie es recht ist" (V 16). Jesus Christus tritt an die Stelle Gottes und übt dessen Hirtenamt aus. Besonders deutlich wird dies in Markus 6 und an der Art, wie der Evangelist Psalm 23 aufgreift: Ist im Psalm "Der Herr mein Hirte", so ist es in Markus 6 Jesus Christus.

In der prophetischen Rede sowohl des Hesekiel wie des Jeremia ist selbstverständlich "die Weide" (Aue oder Trift), auf der die Schafe geweidet werden, das Land Israel. Hesekiel 34,14: Auf guter Weide werde ich sie weiden, und auf den hohen Bergen Israels wird ihre Trift sein. Und Jeremia 33,12: An diesem Ort, der verödet ist, ohne Menschen und Vieh, wird noch einmal eine Aue für Hirten sein ... in der Umgebung Jerusalems und in den Städten Judas ... *Diese* Weide – geografisch bestimmbar und politisch eigenständig – wird es bei dem Hirten Jesus Christus nicht geben. Sein Reich ist anderer Art. "Es ist nicht von dieser Welt", bedeutet nicht, daß es jenseitig, fern und flüchtig ist, sondern anderen Ursprungs. Das "ganz andere" hat entweder schon begonnen, wenn wir Markus folgen, oder es hat sich "offenbart", ist aufgeleuchtet mitten in dieser Welt des Mangels, wenn wir Johannes folgen.

---

14 Die gleiche Klage über die schlechten Hirten findet sich durchgängig beim Propheten Jeremia: Sie wurden untreu (2,8), sie waren verdummt (10,21), sie haben den Weinberg verwüstet (12,10), sie haben die Schafe verkommen lassen (23,1), sie führten ihr Herde irre (50,6).

Wüste als Zustand der Verwüstung, der Öde und Leere

Düstere Visionen vom Bevorstehenden:

(Darum sind meine Hüften durchzuckt von Krämpfen; Wehen haben mich ergriffen wie die Wehen einer Gebärenden. Verstört bin ich vom Hören, bestürzt vom Sehen. Mir taumeln die Sinne, Entsetzen hat mich befallen, hat mir die Dämmerung, die mir sonst so lieb ist, zum Schrecknis gemacht [Jes 21,3-4].)

Ach! Über Nacht ist Ar-Moab *verwüstet*, vertilgt! Ach, über Nacht ist Kir-Moab *verwüstet*, vertilgt! ... Auf seinen Plätzen klagt alles, in Tränen zerfließend ... Ach! Die Wasser von Nimrim werden zu *Wüsteneien!* Ach! verdorrt ist das Gras, das Kraut verschwunden, das Grün dahin ... Geschrei über dem Zusammenbruch ... (aus Jes 15,1-9).

An jenen Tagen werden deine Städte *verlassen* sein ...: es wird eine *Wüstenei* sein. Denn du hast den Gott, der deine Hilfe ist, vergessen und hast des Felsens, der deine Zuflucht ist, nicht gedacht ... hin ist die Ernte am Tag des Siechtums und des unheilbaren Schmerzes (aus Jes 17,1-11 über Syrien und das Nordreich Israels).

Ausgekehrt und *entleert* wird die Erde ausgeraubt und ausgeplündert ... Zerbrochen ist die *öde* Stadt, verschlossen jedes Haus, damit niemand hineinkommt ... entschwunden ist alle Freude, fortgewandert der Jubel der Erde. In der Stadt bleibt nur *Verwüstung* und in Trümmer geschlagen das Tor (aus Jes 24,1-12).

(Warum das alles? Weil Israel auf eine Politik der Stärke gesetzt hat: Ihr sprachet: 'Nein! Auf Rossen wollen wir rasen!' Darum sollt ihr davonrasen. 'Auf Rennern wollen wir reiten!' Darum rennen eure Verfolger, Jes 30,16).

Am Ende wird der, der *verwüstet* hat, ebenfalls *verwüstet* werden:

Wehe dir, *Verwüster*, der du selbst nicht *verwüstet* bist; dir, Räuber, den man nicht beraubt hat! Wenn du fertig bist mit *Verwüsten*, wirst du *verwüstet* werden; wenn du genug geraubt hast, wird man dich berauben ... Siehe, die Helden klagen draußen, die Friedensboten weinen bitterlich. Die Straßen sind *öde*, der Wandersmann feiert. Er (der Verwüster) hat den Bund gebrochen, die Städte verachtet, die Menschen gelten ihm nichts. Es trauert, es welkt das Land; der Libanon ist beschämt, stirbt ab, Saron ist der Steppe gleich, Basan und der Karmel sind entblättert (aus Jes 33,1 ff).

Aue und Fruchtgefilde als Zustand der Freude und des Heils

Tröstliche Visionen über den Zustand nach der Zerstörung:

Und darum harrt der Herr darauf, euch gnädig zu sein, und darum erhebt er sich, daß er sich euer erbarme; denn ein Gott des Rechts ist der Herr ... Und er wird deiner Saat, die du auf den Acker säest, Regen geben, und das Korn, das der Acker trägt, wird reich und *üppig* stehen. Weiden wird dein Vieh an jenem Tag auf *weiter Aue* (aus Jes 30,18 ff).

Erzittert, ihr Sorglosen! Erbebt, Vertrauensselige! Ziehet euch aus und entblößt euch und umgürtet die Lenden! Schlagt euch auf die Brust und klagt um die lieblichen Felder, um den fruchtbaren Weinstock, ja, um alle die Häuser voller Wonne, um die fröhliche Stadt! Die Päläste sind *verlassen*, der Lärm der Stadt ist verstummt; Hügel und Wartturm werden *nacktes* Feld für immer, ein Lust der Wildesel, eine Weide der Herden,

bis über uns ausgegegossen wird der Geist aus der Höhe.

Dann wird die *Wüste* zum Fruchtgefilde, und das *Fruchtgefilde* wird zum Wald gerechnet. Und das Recht wird in der *Wüste* wohnen und die Gerechtigkeit im *Fruchtgefilde* weiden. Und das Werk der Gerechtigkeit wird Friede sein und die Frucht des Rechts Sicherheit auf ewig. Und mein Volk wird an der Stätte des Friedens wohnen, in sicheren Wohnungen, an stillen *Ruheplätzen* ... (aus Jes 32,11 ff).

Freuen soll sich die *Wüste* und das *dürre Land*, frohlocken die Steppe und *blühen*! Gleich der Narzisse soll sie blühen und frohlocken und jubeln! Die Herrlichkeit des Libanon wird ihr gegeben, die Pracht des Karmel und der Saronflur. Jene sollen die Herrlichkeit des Herrn, die Pracht unseres Gottes schauen. Stärket die schlaffen Hände und festigt die wankenden Knie! Sagt zu denen, die verzagten Herzens sind: Seid getrost und fürchtet euch nicht! Siehe da, euer Gott! ... Alsdann werden die Augen der Blinden aufgeschlossen, und die Ohren der Tauben werden aufgetan. Alsdann wird der Lahme springen wie ein Hirsch, und die Zunge der Stummen wird jauchzen; denn *in der Wüste brechen Wasser hervor und Bäche in der Steppe, und der glühende Sand wird zum Teiche und das durstige Land zu Wasserquellen* ... Freude und Wonne wird einkehren, und Leid und Seufzen werden fliehen (aus Jes 35).

(Protojesaja – der Prophet am Vorabend des Exils)

Wüste als Erfahrung der Trostlosigkeit
Frisches Wasser als Erfahrung der Hoffnung

Tröstet, tröstet mein Volk! spricht euer Gott. Redet Jerusalem zu Herzen und ruft ihr zu, daß ihr Frondienst vollendet, daß ihre Schuld bezahlt ist ...
Horch, es ruft: *In der Wüste bahnt den Weg des Herrn; macht in der Steppe eine gerade Straße unserm Gott! ...* (Jes 40,1-3).

Jünglinge werden müde und matt, Krieger straucheln und fallen, aber die auf den Herrn harren, kriegen neue Kraft, daß ihnen Schwingen wachsen wie Adler, daß sie laufen und nicht ermatten, daß sie wandeln und nicht müde werden (Jes 40,30-31),

> "Du aber, Israel, mein Knecht, Jakob, mein Auserwählter, du Sproß Abrahams, meines Freundes, du, den ich geholt von den Enden der Erde, von ihren Säumen berufen habe, zu dem ich sprach: Mein Knecht bist du; ich habe dich erwählt, dich nicht verschmäht – fürchte dich nicht, denn ich bin mit dir! Blicke nicht ängstlich, denn ich bin dein Gott! Ich mache dich stark, ja, ich helfe dir!"

> "Fürchte dich nicht, du Würmlein Jakob, du winzige Made Israel; ich helfe dir, spricht der Herr, und dein Erlöser ist der Heilige Israels" (Jes 41,8 ff und 14).

Wenn die Elenden und Armen Wasser suchen und keines finden und ihre Zunge verdorrt wor Durst: Ich, der Herr, erhöre sie; ich der Gott Israels, verlasse sie nicht. *Ich öffne Ströme auf kahlen Höhen und Brunnen inmitten der Täler; ich mache die Wüste zum Wasserteich und dürres Land zu Wasserquellen.* Ich setze Zedern in die Wüste, Akazien, Myrten und Ölbäume; ich pflanze Zypressen in der Steppe, Platanen und Buchsbäume dazu, damit sie sehen und erkennen zumal, zu Herzen fassen und inne werden, daß die Hand des Herrn dies getan hat ... (Jes 41,17-20).

> "Fürchte dich nicht, denn ich erlöse dich; ich rufe dich bei deinem Namen, mein bist du! Wenn du durch Wasser gehst – ich bin mit dir; wenn durch Ströme – sie werden dich nicht überfluten. Wenn du durch Feuer schreitest, wirst du nicht brennen, und die Flamme wird dich nicht versengen. Denn ich, der Herr, bin dein Gott, ich, der Heilige Israels, dein Retter" (Jes 43,1-3).

Gedenket nicht mehr der früheren Dinge, und des Vergangenen achtet nicht. Siehe, nun schaffe ich Neues; schon sproßt es, gewahrt ihr es nicht? *Ja, ich lege durch die Wüste einen Weg und Ströme durch die Einöde ..., denn ich schaffe in der Wüste Wasser und Ströme in der Einöde, damit ich tränke mein erwähltes Volk,* das Volk das ich mir gebildet habe (Jes 43,19-21).

Denn ich gieße Wasser auf durstiges Land und rieselnde Bäche über das Trockene. Ich gieße meinen Geist aus über deine Kinder und meinen Segen über deine Sprößlinge, und sie werden sprossen wie Gras zwischen Wassern, wie Weide an Wasserbächen ... (Jes 44,3-4).

"Höret auf mich, du Haus Jakob, und alle, die ihr vom Haus Israel übrig seid, die ihr vom Mutterschoß an von mir getragen und von Geburt an von mir gehegt worden seid: Bis in euer Alter bin ich derselbe, und bis ihr grau werdet, trag ich euch. Ich habe es getan, und ich werde es tun, ich will tragen und erretten ..." (Jes 46,3-4).

Zieht aus von Babel, flieht aus Chaldäa! Verkündet's mit Jubelruf, laßt es hören, tragt es hinaus bis ans Ende der Erde: Losgekauft hat der Herr seinen Knecht Jakob; *er führte sie durch Wüsten, doch sie litten nicht Durst; Wasser aus dem Felsen ließ er ihnen rinnen; er spaltete den Fels, und es strömten die Wasser* (Jes 48,20-21) ... *Sie werden nicht hungern und nicht dürsten, Glutwind und Sonne werden sie nicht treffen; denn ihr Erbarmer wird sie führen und sie an Wasserquellen leiten* (Jes 49,10).

"Wird auch ein Weib ihres Kindleins vergessen, daß sie sich nicht erbarmte über den Sohn ihres Leibes? Und ob sie gleich seiner vergäße, so will ich doch seiner nicht vergessen. Siehe, auf meine Hände habe ich dich gezeichnet ..." (Jes 49,15-16).

Auf, ihr Dürstenden, alle, kommet zum Wasser; und die ihr kein Brot habt, kommet! Kaufet Korn ohne Geld und esset, ohne Kaufpreis Wein und Milch! Warum wägt ihr Geld dar für das, was nicht nährt, und euren Verdienst für das, was nicht sättigt? Hört doch auf mich, so bekommt ihr Gutes zu essen und eure Seele labt sich an Fettem. Neigt euer Ohr, und kommet zu mir! Höret, so wird eure Seele leben, ich will einen ewigen Bund mit euch schließen, getreu der dem David verheißenen Gnade. ... Denn wie der Regen und der Schnee vom Himmel herabkommt und nicht dahin zurückkehrt, sondern die Erde tränkt, daß sie fruchtbar wird und sproßt und dem Sämann Samen und Essenden Brot gibt, *so auch mein Wort, das aus meinem Munde kommt: es kehrt nicht leer zu mir zurück, sondern wirkt, was ich beschlossen, und führt durch, wozu es gesendet.*

Denn in Freuden werdet ihr ausziehen, und in Frieden sollt ihr geleitet werden; die Berge und Hügel werden vor euch in Jubel ausbrechen und alle Bäume des Feldes in die Hände klatschen. Statt der Dornen werden Zypressen wachsen und Myrten statt Disteln. Dem Herrn zum Ruhme wird es geschehen, zum ewigen Zeichen, das nicht getilgt wird (aus Jes 55,12 f).

(Deuterojesaja – der Prophet des Exils)

Wüste als entleerte Frömmigkeit
Der bewässerte Garten als Tun der Gerechtigkeit

Wo ist Gottes Heiligtum?
Deine heiligen Stätten sind zur *Wüste* geworden, Zion ist zur *Wüste* geworden, Jerusalem zur *Einöde*. Unser heiliges, herrliches Haus, wo unsere Väter dich lobten, ist ein Raub des Feuers geworden, und alles, was uns köstlich war, ist *verwüstet*. Willst du bei all dem zurückhalten, o Herr, schweigen und uns beugen über die Maßen? (Jes 64,10-12)

Was ist echtes 'Fasten'?
Warum, so sprechen sie, fasten wir, und du siehst es nicht? Warum kasteien wir uns, und du beachtest es nicht?
Ist das ein Fasten, das mir gefällt:
ein Tag, da der Mensch sich kasteit?
Daß man den Kopf hängen läßt wie die Binse
und in Sack und Asche sich bettet –
soll das ein Fasten heißen
und ein Tag, der dem Herrn gefällt?

      Ist nicht das ein Fasten, wie ich es liebe:
      Daß du ungerechte Fesseln öffnest,
      die Stricke des Joches lösest?
      Daß du Mißhandelte ledig lässest
      und jedes Joch zerbrichst?
      Daß du dem Hungrigen dein Brot brichst
      und Arme, Obdachlose in dein Haus führst?
      Wenn du einen Nackten siehst,
      daß du ihn kleidest
      und den Brüdern nicht entziehst.

Dann wird dein Licht hervorbrechen wie die Morgenröte
und deine Heilung eilends *sprossen;*
deine Gerechtigkeit wird vor dir hergehen,
und die Herrlichkeit des Herrn wird deinen Zug schließen (sc. wie den Zug durch die Wüste).

> *Wenn* du das Joch entfernst aus deiner Mitte,
> nicht mehr mit Fingern zeigst und
> aufhörst, ruchlos zu reden,
> *wenn* du dem Hungrigen dein Brot darreichst
> und die gebeugte Seele sättigst:

Dann wird dein Licht aufstrahlen in der Finsternis
und dein Dunkel werden wie der helle Mittag.
Der Herr wird dich immerdar leiten und *in der Dürre deine Seele sättigen* und deine Gebeine
stärken. Du wirst sein wie ein *wohlbewässerter* Garten und wie ein Wasserquell, der nie
versiegt ... (aus Jes 58,3-13).

(Tritojesaja – der Prophet für die aus dem Exil Zurückgekehrten)

Kapitel 2:

Das Kontrastsymbol
Licht – Finsternis

Tag   –   Nacht
Helligkeit –   Dunkelheit

1. Was ist der Unterschied zwischen Tag und Nacht,
Licht und Finsternis, Helligkeit und Dunkelheit?

Unser Leben besteht aus Tagen und Nächten. In unabänderlichem Rhythmus folgen sie aufeinander. Obwohl wir längst nicht mehr so eng mit der Natur verbunden sind wie unsere Vorfahren, wissen wir, daß es keinen größeren Unterschied gibt als den zwischen dem Licht des Tages und der Finsternis der Nacht. Der von der Natur vorgegebene Gegensatz ist in unsere Sprache als Vergleich eingegangen: "Das ist ein Unterschied wie Tag und Nacht!" Wir beschreiben damit viele "himmelweite" Unterschiede in unserem Leben. Der Gegensatz "Tag und Nacht", der größer nicht gedacht werden kann, ist dennoch zu einer Einheit verbunden. Erst zusammen ergeben Tag und Nacht ein neues Datum; erst zusammen zählen sie.

Nicht alle Tage und nicht alle Nächte sind gleich lang. Im Jahresablauf gibt es Phasen, in denen es spät hell und früh dunkel wird, und andere, in denen zeitig die Sonne aufgeht und die Tage sich ausdehnen. Diese Vorgänge sind eingebunden in einen langfristigen Rhythmus. Herbst und Winter lassen die Natur absterben und können den Menschen "aufs Gemüt schlagen" und "die Seele verdüstern". Frühjahr und Sommer wecken die Lebensgeister und mit der zunehmenden Helligkeit wächst die Fröhlichkeit. Ist daraus die Hoffnung entstanden, daß auf die "dunklen Phasen" im menschlichen Leben auch wieder "lichtere Zeiten" folgen müssen? Oder gar die Angst, daß hoffnungsfrohe und glückliche Zeiten in unserem Leben nicht ewig dauern können? Die rhythmische Abfolge wird zum Gleichnis für Lebensvollzüge.

In unserem Bewußtsein wird die Nacht dadurch nicht einfach zur Negativ-

und der Tag zur Positivgröße. Beide haben je für sich ihre "Licht- und Schatten-seiten".

Die Nacht hält für uns Wohltaten *und* Gefahren bereit. Herbeigesehnt wird die Ruhe der Nacht, wenn der Lärm abebbt und nicht mehr an unseren Nerven zehrt. Wir können uns dem Schlaf hingeben, den wir so dringend brauchen, um uns zu erholen. Nichts mehr wird von uns gefordert, dem wir uns stellen müßten. Wir können sogar ins Land der Träume wandern, in dem die Seele das denken und fühlen darf, was sie am Tag nicht bewältigt. Gefürchtet sind die Kälte und der Frost der Nacht ebenso wie diejenigen, die vorzugsweise in der Nacht ihren dunklen Geschäften nachgehen, Einbrecher und Diebe. Bedrohlich wird das Schweigen der Nacht, wenn der Schlaf uns flieht, die Angst sich ausbreitet und die Einsamkeit übermächtig wird.

Am Tage können wir arbeiten und feiern "bis in die Nacht", also die Wirklichkeit bewußt gestalten. Tage sind steigerungsfähig. Es gibt große Tage in unserem Leben mit besonderen Festen, an die wir uns gern erinnern. Es gibt Tage, an denen wir besondere Leistungen vollbracht haben, auf die wir stolz sind und die wir gern im Gedächtnis behalten. Ein Volk kann von "Goldenen Tagen" seiner Geschichte sprechen und für die Nachwelt in Dokumenten festhalten. Allerdings sprechen wir auch vom "Grau des Alltags". Es kann sich dahinziehen in monotonen Arbeitsvollzügen, in Ereignislosigkeit, in Untätig-keit oder in unverschuldeter Arbeitslosigkeit. Weder der Tag noch die Nacht sind in ihrem Wert für uns eindeutig. Wir erfahren sie *ambivalent*.

Die Natur der Sache bringt es mit sich, daß wir dem Tag und der Nacht unterschiedliche Verhaltensweisen zuordnen. Die Nacht ist eher die Zeit der Passivität und der Tag eher die Zeit der Aktivität. Noch immer sprechen wir vom *"Tag*-werk" und nicht "vom Nacht-werk". Die natürliche Korrespondenz von Verhaltensweisen und Tageszeiten verleitet Menschen dazu, sie "widerna-türlich" einzuebnen oder in ihr Gegenteil zu verkehren.

Menschen, die die Nacht zum Tag machen, gelten als nicht ganz normal, ein wenig verrückt. Wir belächeln die "Nachtschwärmer", die sich nachts in Ver-gnügungsvierteln herumtreiben, von Bar zu Bar eilen, ihr Amüsement suchen. Sie werden fast magisch angezogen vom grellen Licht der Reklame. Man könnte sie mit jenen Faltern vergleichen, die von einer Lichtquelle angezogen nach intensiver Berührung verbrennen und zugrunde gehen. Daneben gibt es jene Menschen, die "Tag und Nacht" schuften, sich keine Ruhe gönnen und umgetrieben werden. Sie werden nicht immer bewundert, eher bedauert. Die Erfahrung lehrt, daß eine solche Arbeitswut auf Dauer nicht durchzuhalten ist, ja, dazu verleitet, daß ein Stück Menschsein verlorengeht. Es wäre noch der "Tage-Dieb" zu nennen, der faulenzt und nichts tut, in den Tag hineinlebt, ohne ihn einzuteilen. Er "stiehlt" durch Nichtstun, was nur durch ehrliche Arbeit zu erwerben ist. "Die Dunkelmänner" allerdings sind auch am Tag äußerst geschäftig. Andererseits werden unsere Wertvorstellungen darüber, was dem Tag bzw. der Nacht angemessen ist, durch gesellschaftliche Trends verändert. Wenn "Tag"ungen im internationalen Bereich zu Nachtsitzungen erweitert werden, dann findet das in den Medien lobende Erwähnung; ja, man suggeriert, daß dieser doppelte Einsatz ganz gewiß dem Frieden und der Verständigung dient. Wenn Betriebe Tag- und Nachtschichten fahren, dann wird zumindest kontrovers diskutiert, ob es hier um Profitsucht und Gewinnstreben oder um die Erhaltung von Arbeitsplätzen und Konkurrenzfähigkeit geht.

Wie und nach welchen Kriterien soll es bewertet werden, wenn Menschen den Unterschied zwischen Tag und Nacht und die damit korrespondierenden Verhaltensweisen gewaltsam umkehren und die Umkehrung anderen aufzwingen? Wenn Nächte taghell auf künstliche Weise erleuchtet werden – womöglich durch todbringende Bomben wie z.B. im Zweiten Weltkrieg? Oder wenn die Tage trübe bleiben, weil die Städte mit dichten Dunstglocken überzogen sind, die keinen Sonnenstrahl durchlassen? Wenn Menschen in Gefängniszellen auch des Nachts mit grellen elektrischen Birnen angestrahlt werden, die nie verlöschen? Wenn sie tagelang in Dunkelhaft geschickt werden ohne Lichtschimmer, ohne Geräusche? *Dieser* Umgang mit dem Tag und der Nacht, mit dem Licht und der Finsternis verleiht beidem die Qualität des Bösen und Dämonischen. Man spricht mit Recht von "Nacht der Barbarei" und von "dunkler Zeit", in der solches geschehen ist. Wer solche Taten bewußt im Dunkeln lassen will, scheut das Licht der Wahrheit.

Auf andere, tiefere Schichten unserer Existenz werden wir verwiesen, wenn wir sagen: Die Nacht bzw. die Dunkelheit *bricht herein*, der Tag bzw. die Helligkeit *bricht* an. Was hereinbricht, kommt über uns, überfällt uns. Wer so spricht, fühlt sich ausgeliefert, hilflos. Wir sprechen von der Dunkelheit, die schwer auf uns lastet oder der Dunkelheit, die undurchdringlich alles bedeckt. In Dunkelheit kann man versinken, bei Nacht und Nebel verschwinden wie ein Schemen, wie ein Schatten, ein Nichts im Nichts. Welch eine Tragödie, wenn der Geist eines Menschen "umnachtet" wird! In nächtlicher Dunkelheit kann man nichts mehr unterscheiden. "In der Nacht sind alle Katzen grau!" Ihr eignet eine unstrukturierte Seinsweise. Alles wirkt undefinierbar und undifferenziert, was bei Tage ganz und gar nicht der Fall ist. Bei Dunkelheit und in der Finsternis müssen wir unsicher umhertappen, weil eines unserer wichtigsten Sinnesorgane, das Auge, außer Kraft gesetzt wird. Wir können nichts sehen, aber auch nichts erkennen. Im Schutze der Nacht kann heimlich allerhand geschehen, was das Licht des Tages und die Helligkeit scheuen muß, damit es unentdeckt und unerkannt bleibt. Wahrnehmen- und Unterscheidenkönnen ist einer der wichtigsten Faktoren in unserer Bewußtseinsbildung und in unseren Erkenntnisprozessen. Im hellen Licht des Tages ist keineswegs alles gleich, weder die Katzen noch die Bäume noch die Menschen noch ihre Untaten. Die Unterschiede sind deutlich zu sehen für den, der sehen will. So wie der Tag anbricht und zu seinem Höhepunkt fortschreitet, so kann auch unsere Sehfähigkeit sich steigern, so können Erkenntnisprozesse voranschreiten.

Es scheint, daß das, was die Nacht mit sich bringt, die Dunkelheit und Finsternis, als Widerfahrnis von bedrohlicher Quantität und Destruktivität erlebt wird. Umgekehrt erscheint das, was der Tag mit sich bringt, die Helligkeit und das Licht, von intensiver Qualität zu sein. Nur ein weniges an Licht genügt, um alles zu verändern. Wir sehen uns manchmal genötigt, "Licht in ein Dunkel zu bringen", und wissen, daß ein bescheidener Anfang an diesem Tun von großer Wirkung sein kann. Umgekehrt wird manchmal etwas "ans Licht gezerrt", als sei die Dunkelheit eine Macht, die etwas festhält und nicht losläßt. Wenn wir so sprechen, befinden wir uns längst auf der Ebene übertragener und bildlicher Redeweise. Ein Mensch erblickt "das Licht der Welt" – er wird ein lebendiger Mensch, "gleichgültig, zu welcher Uhr- oder Tageszeit seine Geburt erfolgt. "Sein Lebenslicht erlischt", und die "Nacht bzw. Finsternis des Todes umfängt ihn", ganz gleich, welche Todesstunde festgestellt wird. Das sind keine natürlichen Kontraste, die man unterscheiden muß; das sind konträre Mächtigkeiten, die einander ausschließen oder im Widerstreit liegen. Ein finsteres Gesicht, eine verdüsterte Seele, ein Herz voll abgrundtiefer Bosheit kann nichts Gutes hervorbringen. Ein helles und strahlendes Angesicht, eine lichte Seele und ein Herz voller Güte sind ohne Falsch und geben dem Bösen keinen Raum. Tag und Nacht erleben wir ambivalent mit Vor- und Nachteilen, Licht und Finsternis sind alles andere als wertneutral; sie sind eindeutig – im Guten wie im Bösen.

2. Der Tag und die Nacht – was bringen sie mit sich?

Des Menschen Mühe bei Tag und Nacht

Lebenswichtig und lebenserhaltend war für die Menschen des Alten Testaments der unabänderliche Rhythmus von Tag und Nacht. Das gleiche gilt für die größeren Rhythmen von Sommer und Winter, die Zeiten der Saat und Ernte. Ist die Abfolge gestört, dann bedeutet das Chaos und Untergang. In der Sintflutüberlieferung wird von einer allumfassenden Störung und Zerstörung erzählt. Sie endet mit der festen Zusage Gottes, daß die Abfolge bleiben soll, "solange die Erde steht" (Gen 8,22). Es könnte sein, daß in den biblischen Text eine Erinnerung an eine Flut eingegangen ist, bei der es nur wenige Überlebende gab. Der Neuanfang besteht darin, daß der bekannte Rhythmus wieder in Kraft gesetzt wird durch Gott, den Herrn. Wer die Botschaft der Propheten liest, wird den Verdacht nicht los, daß nicht nur eine Erinnerung geblieben ist, sondern auch eine tiefe Angst davor, es könne wieder zu einer Vernichtung kommen, die dann endgültig ist. Der "Tag des Herrn ist Finsternis und nicht Licht" (vgl. Amos 5,20 u.a.m.). Die Erinnerung ist Anlaß zum Dank für die bewahrende Gnade Gottes, die Angst Anlaß für die Botschaft vom Gericht Gottes.

Wenn Menschen und Tiere den größten Teil ihres Lebens unter freiem Himmel verbringen wie die Nomaden, dann können sie die Besonderheiten von Tag und Nacht beobachten und die Auswirkungen am eigenen Leib spüren, besonders bei den klimatischen Bedingungen, unter denen die Menschen des Alten Testaments lebten. Die Tage waren durch wolkenlose Himmel und gnadenlose Sonnenhitze bestimmt, die Nächte durch Frost und Kälte. Fast übergangslos folgt noch heute das eine auf das andere. Gott ist der, der diese Ordnungen bestimmt hat, "die Sonne zum Licht am Tage, den Mond und die Sterne zum Licht für die Nacht" (Jer 31,35 f). Er ist es auch, der die Menschen vor den schädlichen Auswirkungen behütet: "Bei Tage wird dich die Sonne nicht stechen noch der Mond des Nachts" (Ps 121,6). Erstaunlicherweise ist bei der Schilderung des entbehrungsreichen Nomadendaseins der Israeliten von Tag und Nacht, Hitze und Frost nicht annähernd so oft die Rede wie von Wasser und Wüste (vgl. Kap. 1 Das Kontrastsymbol "Fülle und Mangel"). Eine der seltenen Anspielungen ist in der Geschichte vom Konflikt zwischen dem Erzvater Jakob und dem Syrer Laban erhalten. Beide waren Nomaden. Jakob lernte an einem Brunnen Labans jüngere Tochter Rahel kennen und verliebte sich in sie. Doch der alte Fuchs Laban zwang ihn, zuerst die ältere und weniger attraktive Tochter Lea zu nehmen. Insgesamt ließ er Jakob 20 Jahre um die beiden Frauen und um eine Schafherde, die er als Existenzgrundlage brauchte, dienen. Als er zur Auseinandersetzung und Trennung kam, sagte Jakob: "Am Tage verzehrte mich die Hitze und des Nachts der Frost, und der Schlaf floh meine Augen" (Gen 31,40). Natürlich gibt es die Nacht, auf die der Tag folgt, aber unter dem Vorzeichen "Last" sind ihm beide fast gleich geworden. Jahwe aber ist der, "der sein Elend und die Arbeit seiner Hände angesehen hat" (V 42).

Des Menschen Kummer bei Tag und Nacht

Man könnte denken, Schlaflosigkeit sei eine moderne Krankheit, die unsere Nächte bedroht und rechtfertigt, daß ein nicht unbeträchtlicher Zweig der

Pharmaindustrie davon lebt, ihre Schlafmittel zu empfehlen und zu verkaufen. Weit gefehlt! Im Alten Testament klagen Menschen häufig, daß sie des Nachts schlaflos liegen. Insbesondere die Psalmen sind oft wie ein Aufschrei aus der Bedrängnis des Beters: "Tief erschrocken sind meine Gebeine, tief erschrocken meine Seele", und zwar so sehr, daß die Nächte nicht dem Schlaf, sondern den Tränen gehören (vgl. Ps 6,3 ff). "Wie lange", fragt dieser Beter, "soll dieser Zustand andauern?" Seine Augen sind doch schon ganz trübe geworden! "Wie lange", fragt auch ein anderer Beter (Ps 13), "soll er Schmerzen hegen in der Seele und Kummer im Herzen Tag *und* Nacht?" Zu den Dingen, die Tag *und* Nacht auf uns lasten, gehört auch die Schuld (Ps 32,4) und die mahnende Stimme des Gewissens kennt keine Nachtruhe (Ps 16,7 und 17,3).

Nicht genug mit den Bedrängnissen, die keinen Unterschied zwischen Tag und Nacht machen! Auch die Klage verstummt weder bei Tag noch bei Nacht. "Um Hilfe" ruft der Beter "bei Tag, und des Nachts schreit er" (Ps 88,2) in der Hoffnung, daß Gott ihn erhört, "denn gesättigt mit Leiden ist seine Seele" (ebd.). "Am Tage der Not" sucht ein anderer den Herrn, "des Nachts ist seine Hand ausgestreckt nach ihm" (Ps 77,3), um seiner Klage Nachdruck zu verleihen. Ja, vom vielen Wachen in der Nacht sind seine "Augen gehalten" (ebd.). "Am Tage der Not" sucht ein anderer den Herrn, "des Nachts ist seine Hand ausgestreckt nach ihm" (Ps 77,3), um seiner Klage Nachdruck zu verleihen. Ja, vom vielen Wachen in der Nacht sind seine "Augen gehalten" (ebd). Man darf das sicher so verstehen, daß er unfähig geworden ist, irgend etwas zu erkennen, weder Hilfe noch Trost. Schließlich faßt ein Beter die endlose Kette von schmerzerfüllten Tagen und Nächten in der niederschmetternden Erfahrung zusammen: "Ich rufe bei Tage, mein Gott, und du antwortest nicht – bei Nacht, und ich finde keine Ruhe" (Ps 22,3). Hiob, der exemplarische Dulder des Alten Testaments, der so viel Leid erfahren hat am Tage, sagt von der Nacht "sie bohrt an meinen Gebeinen" (Hiob 35,10).

Ist es nicht bestürzend, daß die Widerfahrnisse, die das menschliche Leben gefährden und bedrohen, sowohl den Tag wie die Nacht bestimmen können? Daß die Qual kein Weniger und kein Mehr kennt, wenn Tag und Nacht wechseln? In der Einsamkeit der Nacht bleibt manches Weinen, Rufen und Klagen ungehört. Ist es verwunderlich, wenn Menschen die Angst anficht, auch Gott könnte das Schreien nicht hören? Dennoch sollte man dem die ebenfalls biblische Überzeugung entgegenhalten, daß man "inmitten der Nacht aufstehen und Gott danken kann" (Hiob 35,10).

3. Das biblische Wortfeld

3.1 Sprache um Tag und Nacht, Licht und Finsternis, Helligkeit und Dunkelheit

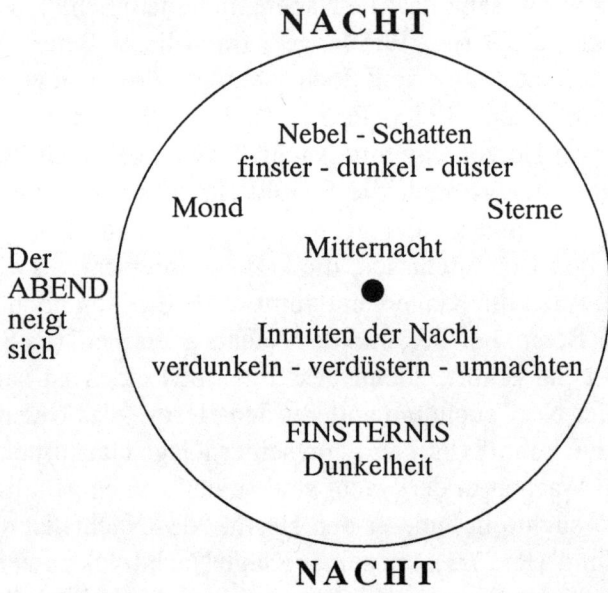

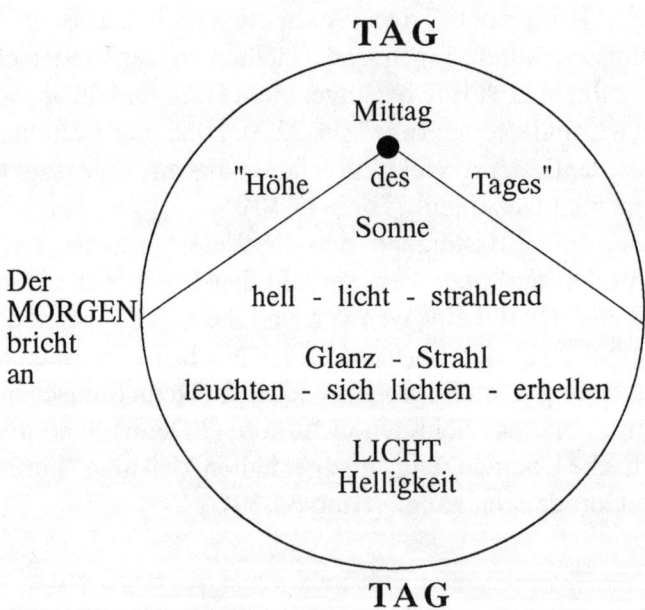

Die Grafik versucht darzustellen, daß im Bewußtsein der Menschen des Alten Testaments der Tag und die Nacht unterschiedliche Struktur haben. Nach der Nacht geht der Morgen auf wie die Sonne; mit dem Morgen bricht der Tag an und eilt seinem Höhepunkt zu; der "helle Mittag" wird erwähnt als der Teil des Tages, an dem die Sonne ihre größte Kraft hat. Am Abend neigt sich der Tag ("Herr, bleibe bei uns, denn es will Abend werden und der Tag hat sich geneiget" – Lk 24,29). Die Nacht hat keinen Höhepunkt, sondern einen Mittelpunkt (um "Mitter"nacht). "Inmitten" der Nacht ist es am unheimlichsten. Von der Mitte aus breitet sich die Dunkelheit wie in konzentrischen Kreisen aus. "Inmitten" der Nacht kann Schreckliches, Todbringendes geschehen; der Tod selbst kann uns heimsuchen (vgl. Hiob 34,20). Die äußerste Konzentration von Finsternis kann auch Tiefe bedeuten: "Du hast mich hinunter in die Grube gelegt, in Finsternis und Meerestiefen" (Ps 88,7).[1]

Die folgende grafische Darstellung zeigt, daß im biblischen Wortfeld der Inhalt des "Nacht-Kreises" zum Inhalt des "Tag-Kreises" werden kann und umgekehrt:

TAG   NACHT

```
            TAG                           NACHT

        Finsternis                         Licht
    Finsternis  Finster                 Licht  Licht
  Finsternis   Finsternis             Licht  Licht  Licht
  Finsternis       Finsternis       Licht Licht Licht Licht
  Finsternis Finsternis Fin-        Licht   Licht Licht   Licht
  sternis Finsternis Finster-       Licht   Licht Licht   Licht
  nis   Finsternis Finsternis       Licht   Licht Licht   Licht
  Finsternis Finsternis Fin-         Licht Licht   Licht Licht
  sternis Finsternis Fin-            Licht Licht Licht Licht
  sternis     Finsternis               Licht Licht Licht
    Finsternis  Finster                 Licht  Licht
        Finsternis                         Licht

            TAG                           NACHT
```

Elihu weist Hiob darauf hin, daß die Klugen und Verschlagenen bei hellem Tag auf Finsternis stoßen und um Mittag (auf der Höhe des Tages) tappen wie in der Mitte der Nacht (Hiob 5,13 f). Für Elihu, den Freund, ist das ein Zeichen der Gerechtigkeit Gottes, an der Hiob so sehr zweifelt. "Die Bedrängnis kann bedecken wie Finsternis" (Ps 44,20) – auch am Tage. Alles, was die Nacht

---

1 Vgl. Kapitel 3: Das Kontrastsymbol Höhe und Tiefe, S. 78.

ausmacht, bekommt eine eigene Mächtigkeit, löst sich von der Tageszeit und kann menschliches Leben bestimmen, überfallen, ergreifen, sich in ihm ausbreiten, es durchdringen. Die Macht der Finsternis kann ein menschliches Gesicht verändern (vgl. Gen 4,6: Kain blickt finster), kann tiefes Dunkel auf die Wimpern eines Menschen legen (Hiob 16,16), die Seele eines Menschen verdüstern wie bei Jonathan (vgl. 1.Sam 18). Das gleiche gilt für das, was den Tag ausmacht, das Licht. Es kann in der Finsternis etwas bewirken. "Dem Rechtschaffenden kann das Licht im Dunkeln strahlen (Ps 112,4). "Ein Volk, das im Finstern wandelt, kann ein großes Licht sehen" (Jes 9,2).

Tag und Nacht sind *Naturgegebenheiten*, Licht und Finsternis sind *Existenzgegebenheiten*. In fast unübertroffener Weise bringt der Prophet Jesaja das zum Ausdruck durch seine Frage: "Ist nicht im Dunkel, was bedrängt ist?" (Jes 9,1).

Die Grafik auf S. 49 muß deshalb noch einmal verändert werden. "Finsternis" kann sich sowohl am Tag wie in der Nacht ereignen und beide umfassen. "Licht" kann am Tag und in der Nacht aufstrahlen und die menschliche Finsternis verändern.

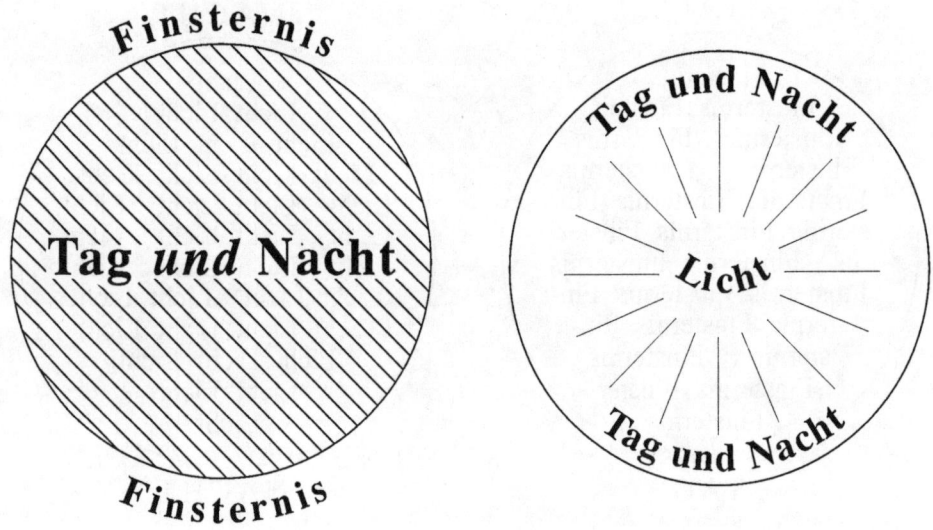

Der seelische Zustand von Finsternis oder Licht kann in sein jeweiliges Gegenteil verkehrt werden. Wer aber ist es, der solche Umkehrungen bewirkt? Insbesondere dann, wenn eine Umkehrung zum Negativen, zur Finsternis hin, verursacht wird? Der Prophet Jesaja warnt: "Wehe, wenn *diese* Umkehrung durch Menschen geschieht!" (Jes 5,20)

3.2 Exemplarische Psalmen

Licht kann Leben gewähren, Finsternis Leben gefährden. Die ausgewählten Psalmen antworten auf die Frage nach dem Ursprung des wahren Lichts und auf die Frage, ob und wie es erkannt werden kann.

Psalm 27 ist ein Vertrauens- und Trostpsalm. In V 1 beginnt er: "Der Herr ist mein Licht" ... Dieses Licht ist *Heil* in den Bedrängnissen bzw. Finsternissen des Lebens. Dort, beim Herrn, ist Zuflucht für den Bedrängten und seine Finsternis. Der Psalm beantwortet nicht die Frage nach dem Ursprung der Finsternis. Sie ist einfach da, allenfalls von Menschen bewirkt ("Feinde", "Krieg" etc.). Für den einzelnen ist sie bedrohend, dunkel, manchmal übermächtig, aber ohne göttliche Dynamis wie in dualistischen Systemen.

Psalm 56 ist ebenfalls ein Vertrauenspsalm. "Auf Gott vertraue ich" (vgl. vor allem die Verse 5 bis 12). "Was können Menschen einem Bedrängten antun?" fragt der Beter zweimal. *Gott* errettet sein Leben vom Tod, seine Füße vor dem Sturz (V 14), "so daß ich vor Gott wandle im *Lichte* des *Lebens*". Gottes rettendes Handeln besteht darin, daß er *verwandelt* – die Finsternis des Todes in das Licht des Lebens – so daß der Beter *wandeln* kann im Licht des Lebens, in einem Leben im Lichte dieser Rettung.

Psalm 36 verdient vor allem in den Versen 6 bis 13, für unsere Thematik, besondere Aufmerksamkeit. Das Bekenntnis zu Gott wird mit den Symbolen Wasser *und Licht* zum Ausdruck gebracht: Gott ist die *Quelle* des Lebens; deshalb *tränkt* er die Menschen mit dem *Strom* seiner Wonnen. Gott ist die *Quelle* (Ursprung) des *Lichts,* "denn in deinem Licht schauen wir das Licht" (V 10). Daraus läßt sich schließen, daß menschliches Erkennen erst möglich wird durch *sein* Licht. Wenn uns "die Augen aufgehen", wissen wir, wo das wahre Licht des Lebens und das nie versiegende Wasser des Lebens, zu finden ist.

Der Umgang mit dem Kontrastsymbol "Licht-Finsternis" hat es Menschen des Alten Testaments ermöglicht, eine eigenartige und tiefsinnige theologische Dialektik zu entwickeln. Im Zusammenhange mit der Einweihung des Tempels lesen wir, Gott selbst habe erklärt, im Dunkel wohnen zu wollen (1. Kön 8,12). In einem anderen Bild wird gesagt, "er macht die Finsternis zu seiner Hülle" (s.o. Ps 18,12). Er selbst aber *ist das Licht* (s.o. Ps 27,1). Wie ist das zu verstehen? Es ist dem Menschen unmöglich, Gott von Angesicht zu Angesicht zu schauen. Wenn die himmlische Herrlichkeit in vollem Glanz erstrahlt, können wir nicht in sie hineinblicken, so wenig wie in die wolkenlose Sonne.

Deshalb bedarf der Mensch des Schutzes. Weil Gott jedoch das Licht ist, vermag er jede menschliche Finsternis zu durchdringen. "Er ist meines Fußes Leuchte und ein Licht auf meinem Wege" (Ps 119,105) und "Der Herr macht *meine* Finsternis licht" (Ps 18,29). Dem Menschen ist es nicht möglich, durch das Dunkel zum Licht Gottes *vorzudringen,* Gott aber ist es möglich, unsere Dunkelheit zu *durchdringen* – ein beherzigenswertes Lehrstück über das Verhältnis von Theologie und Anthropologie. Durch den Gebrauch der Symbolsprache wird es anschaulicher, als es je eine Dogmatik zum Ausdruck bringen könnte.

4. Ein Symbol und das wahre Sein

4.1 Das Licht unterscheidet sich von der Finsternis
Die priesterschriftliche Schöpfungsüberlieferung (Gen 1,1 – 2,4a)

Erfahrungen mit der realen Nacht zeigen, daß in ihr die Konturen verwischen und kaum etwas mit dem menschlichen Auge unterschieden werden kann. Wenn die Menschen von Situationen der Finsternis eingeholt werden, erfahren sie ähnliches. Grau in Grau erscheint das Leben. Das Gemüt ist wie verdüstert, weil der Trost fehlt, der Licht – oder wenigstens einen Lichtschimmer– in diese Eintönigkeit bringen könnte. Der Geist ist wie umnachtet, weil die Klarheit abhanden gekommen ist, um die Situation zu erhellen und zu bewältigen.

Israel hat solche Situationen erfahren und beschrieben. Die schrittweise Eroberung des Vorderen Orients durch die Großmächte Assyrien und Babylonien und die unterschiedslose Integration kleinerer Staaten in diese Großbereiche brach wie Dunkelheit und Düsternis über das Volk herein. Das verheißene Land machte keine Ausnahme, im politischen Kalkül der Großmächte – wo blieb da Israels Identität, wo sein Gott? Die glücklose Politik der Könige des Nord- und Südreichs ließ daran zweifeln, daß man noch wußte, wer man war. Die Deportation der Oberschicht nach Babylonien und das über Generationen anhaltende Exil in der Fremde war "Wandeln in der Finsternis". Israel hatte das Glück, daß ihm große Propheten erstanden, die ihm Trost zusprachen: "Das Volk, das im Finstern wandelt, sieht ein großes Licht" (vgl. Jes 9,1 u.a.). Es hatte aber auch das Glück, daß "theologisch gebildete Kreise" (wahrscheinlich innerhalb der Priesterschaft) die Herausforderung des Geschehens annahmen und sich zur geistigen Auseinandersetzung und Abrechnung mit dem Weltbild und Weltverständnis der fremden Umgebung nötigen ließen. Der priesterliche Schöpfungsbericht zeigt, wie um Klarheit gerungen wurde, wie man versuchte, Durchblick zu schaffen auf der Grundlage des überlieferten Glaubens.

Die Betrachtung der Schöpfungsüberlieferung in Genesis 1,1 – 2,4a konzentriert sich auf das Kontrastsymbol "Licht und Finsternis" und fragt danach, welche Erfahrungen sie entstehen ließ und welche Erkenntnisse daraus gewonnen wurden.

Die Lebenswelt, die hinter der priesterschriftlichen Schöpfungsüberlieferung steht, ist jene, die ein Teil der Israeliten im babylonischen Exil kennengelernt hat. Die alljährlichen Überschwemmungen im Zweistromland ließen eine riesige Wasserwüste entstehen (vgl. daneben die Sandwüste des jahwistischen Schöpfungsberichtes in Gen 2,4a ff). Wohin auch immer der Blick geht, es ist "wüst und öde" (Gen 1,2). So muß es – das ist die Überzeugung der Verfasser – auch ganz am Anfang gewesen sein: Alles war bedeckt mit der Urflut. Eine Grenze zwischen den Wassermassen von oben (Regen) und den überschwemmten Flüssen unten gibt es nicht. Alles ist in lichtloses Grau, in lichtloses Dunkel getaucht (V 2). Strukturlos wie die Finsternis zu sein pflegt, ist dieses Wasserchaos – das sprichwörtlich gewordene Tohuwabohu (abgeleitet vom Tehom, dem Chaosdrachen). In diese Finsternis hinein wird das Licht geschaffen (V 3 - 5). Seine Schöpfung erfolgt durch das göttliche Wort, das Wirkung zeigt ("Das Wort, das nicht leer zurückkehrt"). "Und Gott sprach, und es geschah" (V 3). Jetzt gibt es Licht *und* Finsternis. Gott begnügt sich nicht mit der Existenz und Präsenz des Lichts. Im Unterschied zur Finsternis ist das Licht gut (V 4). Das ist der Beginn aller *Unterscheidungen*, die in den folgenden Versen behandelt werden.

Abend und Morgen unterscheiden sich voneinander. Der Abend ist von der Finsternis bestimmt, der Morgen vom Licht. Beide sind aufeinander bezogen und bilden zusammen eine Einheit, den "einen" Tag und dann die folgenden Tage (vgl. V 5, V 8, V 13, V 19, V 23, V 31). Die Summe der sechs Tage unterscheidet sich grundsätzlich vom siebenten Tag (vgl. unten).

Das Thema "Licht und Finsternis", "Tag und Nacht", wird erneut in den Versen 14-19 aufgegriffen. Dem Tag und der Nacht werden Himmelskörper zugeordnet: die Sonne dem Tag, der Mond und die Sterne der Nacht. An ihnen läßt sich der wechselnde Rhythmus von Tag und Nacht, von Jahreszeiten und Jahren ablesen. Naturgegebenes unterscheiden zu können, ist für den Menschen wichtig. Zugleich aber wird ein entscheidender *theologischer Unterschied* mitgeteilt. Die Himmelskörper werden respektlos "Lampen" genannt, die an der Himmelsfeste aufgehängt werden – bar aller göttlichen Qualität, die andere Religionen ihnen zubilligen. Sie sind reduziert auf ihre Funktion, den Menschen Orientierung im Ablauf der Natur zu geben. Sie sind lediglich

Zeichen, die zurückweisen auf den fundamentalen Unterschied von Licht und Finsternis.

Am Ende aller Schöpfungsakte steht die Erschaffung des Menschen (Gen 1,27 f). Er ist eine Einheit, ein Ganzes, aber unterschieden nach Mann und Frau. Nicht der geringste Hinweis deutet auf eine Über- oder Unterordnung des einen oder anderen Teils. Viel wichtiger ist eine andere, wiederum *theologische Unterscheidung*: "Nach seinem Bilde, zum Bilde Gottes schuf er ihn" (V 27) – den Menschen. Urbild und Abbild bilden eine Einheit, aber sie unterscheiden sich wie der Schöpfer vom Geschöpf und dürfen niemals miteinander verwechselt werden. Der Mensch wird – ähnlich wie die Himmelskörper – auf seine Funktion beschränkt, Gottes Herrschaft zu repräsentieren. Das wiederum unterscheidet ihn von allen anderen Lebewesen. Die Völker des Alten Orients schufen Abbilder ihrer Götter – aus totem Material, wie im Alten Testament immer wieder betont wird (Ps 115 und Ex 20,4). Von daher erklärt sich auch das strikte Bilderverbot. Es ist *ein* Unterscheidungsmerkmal zwischen Israel und den anderen Völkern. Gott hat ein *lebendiges* Ab- bzw. Ebenbild auf Erden!

Längst ist aufgefallen, daß bei den einzelnen Schöpfungswerken in Genesis 1,1 – 2,4a *Unterschiede* gemacht werden. Alle Schöpfungsakte werden eingeleitet mit der Feststellung "Und Gott sprach ..." Die Absichtserklärung wird abgeschlossen mit der Feststellung: "Und es geschah also". Bei einigen Schöpfungsakten wird betont, daß Gott nicht nur etwas geschehen ließ, sondern höchstpersönlich "machte" bzw. "schuf" (wobei das hebr. בָּרָא nur für das göttliche Schaffen verwendet wird), z.B. die Himmelsfeste, die Himmelskörper, die großen Seetiere (-ungeheuer?), die Tiere, den Menschen. Sollte hier in besonderer Weise betont werden, daß göttliche Abkunft oder göttliche Verehrung nicht in Frage kommen, weil diesen Werken Geschöpflichkeit eignet?

Die Komposition des Schöpfungstextes in Genesis 1,1 – 2,4a eilt dem Höhepunkt, der Vollendung zu. Gott ordnete an, "schuf" und "machte" sechs Tage lang, aber am siebten Tag "ruhte" er (2,2). Er wird geheiligt und gesegnet und bleibt Gott vorbehalten. So *unterscheidet* sich der siebente Tag vom Gleichmaß der übrigen sechs Tage. Sowohl im Exil, wie in der Diaspora wurde die Einhaltung des Sabbattages zum entscheidenden *Unterscheidungsmerkmal* gegenüber der fremden (heidnischen) Religion der Umgebung. Die priesterschriftliche Schöpfungsüberlieferung knüpft an manche mythische und mythologische Vorstellung der bablyonischen Umwelt an. Ohne die dort gemachten Erfahrungen und die dort erworbenen Kenntnisse ist sie nicht denkbar. Ihre eigentliche Intention aber ist, einige *Unterschiede* klarzustellen. Und in der Tat: Zwischen der Religion Israels und der Religion Babylons ist ein Unterschied wie "Nacht und Tag". Gott hat diese Unterschiede von Anfang an gesetzt; die

Aufgabe des Gottesvolkes ist es, diese Unterscheidungen zu kennen und zu praktizieren. Nur so wird es davor bewahrt, unterschiedslos in seiner fremden Umgebung aufzugehen. "Was macht den guten Theologen aus?" fragt G. Ebeling in seinem Aufsatz.[2]

Er kann die richtigen Unterscheidungen treffen!!!

Bei der Verarbeitung aller Überlieferungen des Hexateuch wurde die Schöpfungsüberlieferung, obwohl von der Entstehung her nicht die älteste, an den Anfang gestellt. Gemachte Erfahrungen, gewonnene Erkenntnisse und Bekenntnisse werden ins allgemein Menschliche ausgeweitet. Das gesamte DA-SEIN wird abgeschritten. Dank der Unterscheidungen ist es nicht Chaos, sondern Kosmos. Die Menschen sind mit ihrem SO-SEIN eingebunden in dieses DA-SEIN. Deutlich wird gesagt, daß es Dinge gibt, die mehr SEINS-Qualität haben als andere; sie sind "gut". Die Qualität des menschlichen Seins besteht nicht in fatalistischer Hinnahme eines So-Seins, sondern im ANDERS-SEIN. Identität wird erst gewonnen durch die Orientierung an Gottes SEIN, das sich grundlegend vom DASEIN unterscheidet.

4.2 Die Finsternis widersetzt sich dem Licht

Der Prolog des Johannesevangeliums (1,1-18)

Aus der geistigen Auseinandersetzung Israels mit dem Weltbild und dem Weltverständnis Babylons bzw. des Alten Orients erwuchs das Bekenntnis zu Gott, der die Finsternis in ihre Schranken verwiesen hat, so daß sie ihre chaotische Macht nicht entfalten und die kosmische Ordnung nicht bedrohen oder überwältigen kann. Was aber geschieht, wenn dieses ganzheitliche Gefüge mit seinen von Gott gesetzten Unterschieden für die Menschen in unüberbrückbare Gegensätze auseinanderbricht?

Das Bekenntnis Israels zu Gott, der das Licht geschaffen hat, beruht auf der Überzeugung, daß der Mensch weiß, "was gut und böse ist" und danach handeln kann. Was aber geschieht, wenn es Menschen gegeben sollte, "die sehen und doch nicht sehen", Menschen, die sehen, ohne daß es zum Erkennen kommt? Was geschieht, wenn den einen Licht ist, was den anderen nichts bedeutet?

Die christliche Gemeinde der ersten Jahrzehnte hat diese Erfahrungen gemacht und sich diesen Fragen gestellt. Das Johannesevangelium hat, insbeson-

---

2 ZThK 1988, Heft 2, S. 219 ff

dere in seinem Prolog, die geistige Auseinandersetzung unter unbewußtem
Rückgriff auf das Kontrastsymbol "Licht-Finsternis" geführt.

Wir wissen wenig über den Verfasser des Evangeliums, wenig über die
Gemeinde, an die es gerichtet ist. Nur soviel ist sicher: Fünf bis sechs Jahrzehnte nach dem Auftreten Jesu hat sich die Trennung der christlichen Gemeinde
von der jüdischen Synagoge vollzogen. Dieser Schnitt muß christlicherseits in
immer neuen Argumentationen und Beweisführungen legitimiert werden. Das
geht nicht ohne Polemik; das Johannesevangelium ist voll davon. Wenn aus der
Trennung Gegnerschaft wird, dann muß auch nach tieferen Ursachen gefragt
werden, um das unbegreifliche und schmerzhafte Rätsel des Einandernichtver-
stehens zu erklären. Das geschieht in Johannesevangelium 1,1-18. Welten
scheinen den Verfasser von der Gemeinde Israels in Babylon zu trennen und
doch liest sich der Prolog streckenweise wie eine weiterführende Auslegung
der priesterlichen Schöpfungsüberlieferung. Die "Fortschreibung" gelingt allerdings nur mit Hilfe von Gedanken des Mittleren Platonismus, die der
Verfasser des Johannesevangeliums in seiner Umwelt vorgefunden hat.[3]

Auch das Johannesevangelium beginnt mit dem, was "am Anfang" war: "Am
Anfang war das Wort, und das Wort war bei Gott, und das Wort war Gott. Dieses
war im Anfang bei Gott. Alle Dinge sind durch dasselbe geworden ..." (V 1-5).
Alles ist in Gang gekommen durch das Wort aber auch jedes Teil der Schöpfung
ist durch dieses Wort geworden. Das knüpft an an das "Und Gott sprach" (Gen
1,3.6.9.11.14.20.22.24.26.28 – also zehnmal) und an das "Und es geschah also"
(Gen 1,6.9.11.18.20.24.30 – also siebenmal). Diese Auslegung bekommt einen
völlig neuen Inhalt dadurch, daß im griechischen Urtext für "Wort" *Logos*
(λόγος) steht. Der Logos kann sowohl *Gedanke* als auch gesprochenes *Wort*
sein. In der Philosophie der Stoa war die Vorstellung entwickelt und von da an
allgemein geläufig geworden, daß es den *Logos* als Logos endiathetos (λόγος
ἐνδιάθετος) und als Logos prophorikos (λόγος προφορικός) gibt. Der eine
ist der Gedanke, der im Menschen entsteht und existiert. Er gewinnt aber erst
Gestalt, wenn er zum gesprochenen Wort wird, wenn er in Form der Mitteilung
anderen Menschen zugänglich wird. Der menschliche Gedanke und das menschliche Wort bilden eine Einheit und sind von gleicher Qualität. Allerdings kann
der Gedanke auch ohne Wort existieren, niemals aber das Wort ohne den
Gedanken. Diese Vorstellung aus der philosophischen Anthropologie war längst
vor der Entstehung des Johannesevangeliums auf "theologische" Zusammenhänge übertragen worden. Der Logos war am Anfang bei Gott – als Gedanke. Er
trat aus Gott heraus – als schöpferisches Wort. Was hier aus Gott kommt, ist

---

3 Vgl. U. Früchtel, Die kosmologischen Vorstellungen bei Philo von Alexandrien, Leiden 1967

ebenfalls Gott oder – um in der Terminologie des Mittleren Platonismus zu sprechen – von göttlichem SEIN. In seinem Wesen, in seiner Qualität ist dieses göttliche Sein, das sich hier mitteilt, *Leben* und *Licht*; Leben, weil es nur so Leben schaffen kann; Licht, weil es nur so Erleuchtung bewirken kann. Hier werden ohne Zweifel Gedanken aus den Psalmen 27 und 56 aufgegriffen und verändert (s.o. S. 51). Dort ist Gott Licht und Leben für die Menschen, hier wird der Logos zum Träger des göttlichen Lebens und Lichts, der die Kommunikation zwischen Urheber und Adressaten herstellt.

In V 5 greift der Prolog die Licht-Finsternis-Symbolik wieder auf. In Genesis 1,3-5 hatte Gott das Licht geschaffen, von der Finsternis "geschieden" und unterschieden. Im Johannesevangelium ist die "Scheidung" vollendete Tatsache. Weit hat sich die Finsternis vom Licht entfernt. Der Logos hat die Entfernung überbrückt und scheint als Licht in die Finsternis, aber *die* Finsternis verweigert sich, ja, sie leistet Widerstand. "Finsternis" ist jetzt nicht mehr jener Teil der Schöpfung, den Gott an seinen Ort verwiesen hat, sondern jener Teil der Menschheit, der in Finsternis verharrt und "Licht" nicht erkennen und annehmen kann. Licht und Finsternis sind nicht mehr Naturgegebenheiten wie in Gen 1,1 – 2,4a, sondern Symbole für menschliche Verhaltensweisen einerseits und Symbole, die die Beziehung Gott-Menschen charakterisieren.

In den Versen 9-11 wird beim Zusammenhang Licht und Erleuchtung, Finsternis und "Verfinsterung" des Geistes in scharfer Akzentuierung nachgegangen. Der Logos als das *wahre* Licht, das *jeden* Menschen erleuchtet, kam in die Welt, und die Welt erkannte ihn nicht. Hinter der scheinbar abstrakten philosophisch-theologischen Sprache steht eine bestürzende menschliche Erfahrung: Die Welt, die durch den schöpferischen Logos (nicht durch einen feindseligen Gegengott!) geworden ist, die Welt, in der das Licht dieses Logos scheint, ist außerstande, diesen Logos zu erkennen und anzunehmen. Diese grundsätzliche menschliche Erfahrung bekommt ihren besonderen Stachel dadurch, daß dieser Logos sogar "in das Seine" kam und "die Seinen" ihn nicht aufnahmen; als Jude kam er zu Juden, aber sie erkannten ihn nicht als den von Gott verheißenen Messias.

In V 14 ff eilt der Prolog dem sprachlichen und theologischen Höhepunkt zu: "Und der Logos wurde Fleisch und wohnte unter uns ...". Der theologische Höhepunkt ist zugleich der tiefste Punkt auf dem Weg, den der Logos nach seinem Heraustreten aus Gott erreicht: Als schöpferisches Wort, als Bringer von Licht und Leben, als Offenbarer handelt er. Er ist Licht von Gott und Licht unter den Menschen, und zwar als konkreter Mensch unter den Menschen. So ist der unendliche Abstand zwischen der Welt des göttlichen Lichts und der Welt der menschlichen Finsternis überwunden. Wenn auch kein Mensch je Gott gesehen hat oder ihn sehen konnte, er, der als Logos aus dem Vater hervorgegangen ist, hat ihn gesehen. Durch ihn wiederum können wir etwas von Gottes Herrlichkeit erkennen. Durch den Lichtstrahl ergreifen wir das Licht. Das gesamte Evangelium schildert Jesus Christus als den Offenbarer göttlicher Herrlichkeit: Seine WORTE sind Kunde von Gott, die die Menschen erleuchten und überzeugen wollen; seine TATEN sind Zeichen (σημεῖα), die einerseits auf das Symbol des göttlichen Lichts verweisen, andernteils die menschliche Finsternis bzw. das Nichtverstehen aufdecken.[4]

Der Prolog des Johannesevangeliums knüpft an an Erfahrungen und Erkenntnisse, die die gedankliche Welt des Mittleren Platonismus ausmachen (ca. 2./3. Jh. v. Chr.). Der unendliche Abstand zwischen der Welt des göttlichen Seins und der Welt des Menschen und die Unfähigkeit des Menschen zur Gotteserkenntnis waren die beiden Grundpfeiler dieser Philosophie. Ein Mittler zwischen beiden Bereichen war unerläßlich. Johannes teilt diese Überzeugungen und stellt zugleich klar: Der Mittler, den er zu verkünden hat, ist keine fiktive oder mythologische Gestalt, sondern eine reale, die konkret in die Geschichte eingegangen ist. Das nicht intakte menschliche Sehvermögen ("Blindheit") bedarf der Heilung durch den Offenbarer.[5]

Zugleich liegt dem Verfasser des Johannesprologs daran, daß folgende Dialektik bewußt ist: Den unendlichen Abstand zwischen dem göttlichen SEIN und dem menschlichen SEIN in der Finsternis hat Gott überbrückt, indem er sein Licht in die Finsternis entsandte, aber genau an diesem Licht *scheiden sich die Geister und treten in Streit und Widerspruch* auseinander. Ganz realistisch sieht er, daß nicht alle, nur einige, Jesus Christus an- und aufnehmen (Joh 1,12). Bei ihnen zeigt sich, wes' Geistes Kind sie sind. Sie sind "Gottes Kinder". Durch die Annahme des Sohnes erfahren sie Teilhabe am göttlichen SEIN und lassen das NICHT-SEIN hinter sich. Sie haben sich *entschieden*.

4.3 Das im Menschen entzündete Licht muß sich durchsetzen

Die Paranäse im Neuen Testament

Weder die Schöpfungsüberlieferung in Genesis 1,1 – 2,4a, noch die Offenbarungsüberlieferung in Johannes 1,1-18 lassen einen Zweifel am Vorhandensein,

---

4 Im übrigen vermischt sich das Kontrastsymbol "Licht – Finsternis" in Joh 1,16 mit dem Kontrastsymbol Fülle – Mangel. Durch den fleischgewordenen Logos erfahren die Menschen göttliche Fülle in ihrer Mangelsituation.

5 Vgl. Das Symbol des Auges, S. 203 ff.

der Mächtigkeit und der Qualität des Lichts, das in Gott seinen Ursprung hat. Vermag es auch mit derselben Intensität zu leuchten, wenn es von Menschen ergriffen wurde? Offenbar keineswegs, denn das Neue Testament ist voll von Ermahnungen zu "christlichem Wandel". Es war bereits als Problem beschrieben, daß das Leuchten des göttlichen Lichts nicht automatisch Erkennen bewirkt. Es gibt eine deutliche *Differenz* zwischen der Herrlichkeit des *Lichts* und der *Erleuchtung*, weil das "geistige Auge" des Menschen nicht genau analog seinem physischen Sehorgan funktioniert. Der Apostel Paulus hat in 2. Korinther 4,6 drastisch vor Augen geführt, daß der Gott, der sich in Jesus Christus offenbart hat, im Menschen wiederum durch einen Schöpfungsakt Erkennen bewirken muß:

> Denn Gott, der gesagt hat: Aus der Finsternis soll Licht aufstrahlen! Er ist es, der es in unserem Herzen hat aufstrahlen lassen, so daß wir erleuchtet wurden durch die Erkenntnis von der Herrlichkeit Gottes auf dem Angesicht Christi.

Wie steht es mit der göttlichen Essenz in der realen Existenz? Bewährt sich der Mensch als Repräsentant des Lichts inmitten der Finsternis? Auch hier gibt es wiederum eine deutliche Differenz zwischen der *Erleuchtung* und der *Leuchtkraft* bei den Menschen. Die Differenz zwischen Erkennen und Verhalten wird in der Ethik unter verschiedenen Gesichtspunkten im Neuen Testament behandelt.

Die Diskrepanz zwischen Innen und Außen

Schon in der Bergpredigt wird den Christen gesagt, daß man ein Licht nicht unter einem Scheffel verbergen kann – es wird seiner Leuchtkraft beraubt. Ein vorhandenes Licht muß nach außen leuchten und gesehen werden können (vgl. Mt 5,14 ff). Deshalb sollen Christen eher der – allen sichtbaren – Stadt auf dem Berge gleichen. Der Apostel Paulus verbindet das Kontrastsymbol Licht – Finsternis mit dem Bild des Aus- und Anziehens der entsprechenden Kleidung bzw. der entsprechenden Waffenausrüstung. Die "Tag"existenz der Christen muß übereinstimmen mit dem, was an ihnen zu sehen ist (Röm 13,12.14). Die immer wieder auftretende Diskrepanz zwischen Sein und Verhalten muß überwunden werden durch die Korrespondenz von Tätigkeiten, die zum Tag gehören (wachen und nüchtern sein) und der Seinsweise als Söhne des Lichts (1. Thess 5,4 ff).

Die Diskrepanz zwischen Einst und Jetzt

Man kann davon ausgehen, daß die oben geschilderte Diskrepanz von der ersten Generation der Christen als eine lebenslange angesehen und erfahren

wurde. Anders sieht es in der Welt der sog. Deuteropaulinen aus. Die Kirchengeschichte ist fortgeschritten: Die Institution Kirche hat sich gefestigt; es gibt
Gemeindeordnungen, Bischöfe, eine geordnete Sakramentsverwaltung und
verbindliche Lebensregeln. Für jedes Gemeindeglied gibt es einen klar mar-
kierten Einschnitt im Leben: seine Taufe; was davor liegt, gehört zum "Einst";
was danach kommt, gehört zum "Jetzt":

> "Denn einst wart ihr Finsternis, jetzt aber seid ihr Licht im Herrn; wandelt als
> Kinder des Lichts; denn die Frucht des Lichts besteht in lauter Güte und Gerech-
> tigkeit und Wahrheit ..." (Eph 5,8).

Es ist nicht verwunderlich, daß die (Erwachsenen-!)Taufe in den Anfängen der
Kirche als "Erleuchtung" (φωτισμός) bezeichnet wurde. Man ging davon aus,
daß mit dem Akt der Taufe der Zustand der Finsternis durch den Zustand des
Lichts abgelöst wurde. Gerade diese Theologie (Anthropologie!) war es, die die
Christen der ersten Jahrhunderte so hilflos machte gegenüber Gemeindegliedern, die auch nach oder trotz ihre Taufe "Tod"sünden begingen oder in
Verfolgungszeiten ihren Glauben verleugneten. Sollten sie wieder in die Gemeinde aufgenommen werden? Wenn ja, welche Strafe (!) war für sie angemessen?

Wer so denkt, gerät leicht in die Gefahr, Göttliches von Menschlichem
abhängig zu machen. Der Taufhymnus in Epheser 5,14 zeigt dies:

> "Wach auf, der du schläfst, und steh auf von den Toten, so wird Christus dir als
> Licht aufgehen" (wörtlich: vor dir als Licht aufstrahlen).

Wie sehr hat sich die Argumentation verändert! Das, was Christus erst möglich
macht, das Aufwachen statt des Schlafens, das Aufstehen statt des Darniederlie-
gens, wird zur Vorbedingung, um das Licht Christi vor sich aufleuchten zu
sehen! *Erst* Erleuchtung, *dann* Licht! Wenn die Christen im selben Brief
aufgefordert werden, sich nicht an den unfruchtbaren Werken der Finsternis zu
beteiligen, dann sollen sie diese Werke sogar *strafend (!)* aufdecken (Eph 5,11).
Hat hier jenes selbstgerechte Richten begonnen, das sich oft so abstoßend in der
Kirche manifestiert hat? Jenes Richten, das man doch besser dem Herrn der
Kirche überlassen sollte?! Was soll man schließlich dazu sagen, wenn das, was
"dem Herrn angenehm ist", in langen Tugendkatalogen entwickelt wird, die
sich kaum von den ethischen Empfehlungen der heidnischen Umwelt unterscheiden (vgl. Eph 6 und 7)?

Die Diskrepanz zwischen Sein und Schein

Die johanneischen Briefe haben nicht denselben Verfasser wie das Evangelium
"nach Johannes", aber die johanneische Linie des Denkens wird fortgeführt

und das Licht-Finsternis-Symbol um eine weitere Facette bereichert (vgl. dazu 1.Joh 1,6-8 und 2,9-10). Die Prämisse ist: Licht und Finsternis schließen einander aus. Zwischen beiden kann es keine Gemeinschaft geben. Übertragen auf Gott bedeutet dies: Gott ist Licht, *in* ihm ist keine Finsternis (höchstens um ihn!). Analog dazu können wir mit ihm nur Gemeinschaft haben, wenn auch wir im Licht und nicht in der Finsternis wandeln. Daraus zieht der Schreiber die Schlußfolgerung: Wenn wir im Licht wandeln, dann haben wir auch Gemeinschaft untereinander. Wer behauptet, er wandle im Licht, und haßt seinen Bruder, der ist in der Finsternis. Sein Tun steht im absoluten Widerspruch zu dem, was er zu sein behauptet. Lüge und Wahrheit vertragen sich so wenig, wie Licht und Finsternis. Das TUN straft das behauptete SEIN Lügen. Wer kennte sie nicht, diese Diskrepanz zwischen Schein-Christen und dem wahrhaftigen Christ-Sein? Der Finsternis widerstehen heißt eben nicht, dem Bruder die Gemeinschaft aufkündigen. Hier müssen gewaltige Irrtümer in die christliche Gemeinde Einzug gehalten haben!

5. Narrative Entfaltungen des Kontrastsymbols "Licht – Finsternis"

5.1 In der Nacht wird Gott Mensch

Die Geburtsgeschichte nach Lukas (Lk 1,5 – 2,40)

Die priesterschriftliche Schöpfungsüberlieferung und die johanneische Offenbarungsüberlieferung sind das Ergebnis eines intensiven theologischen Reflexionsprozesses. Die ethischen Ermahnungen verfahren aufgrund konkreter Situationen argumentativ. Was hier so kognitiv anmutet, ist jedoch keineswegs abseits menschlicher Wirklichkeit und Erfahrung entstanden – im Gegenteil! Es gibt allerdings auch die Möglichkeit, menschliche Licht- und Finsterniserfahrungen und die daraus gewonnenen Erkenntnisse narrativ zu entfalten und mit symbolischen Signalen zu sättigen.

Die Geschichte von der Geburt Jesu nach Lukas ist die Geschichte des Lichts, das in der Finsternis aufstrahlt. Kunstvoll wird diese Geschichte aufgebaut: Parallele Erzählstränge werden entwickelt, miteinander verknüpft. Das Stilmittel der Steigerung spielt ebenso eine Rolle wie die Einfügung interpretierender Psalmen, die den alttestamentlichen in nichts nachstehen:

a 1) Die *Ankündigung der Geburt Johannes des Täufers* an Zacharias, den leiblichen Vater (Lk 1,5-25): Zacharias hat im Tempel die Erscheinung eines Engels, der ihm die Schwangerschaft seiner hochbetagten Frau

Elisabeth und die Geburt eines Sohnes ankündigt. Dieses Motiv gleicht jenem aus der Geschichte des Abraham und seiner hochbetagten, unfruchtbaren Frau Sarah. Der Wohnort von Zacharias und Elisabeth liegt in Judäa.

a 2) Die *Ankündigung der Geburt Jesu* an Maria, die Mutter des Kindes (Lk 1,26-38). Lukas achtet in seinem Evangelium sehr darauf, daß entscheidende Wunder oder Offenbarungen exemplarisch an einem Mann *und* einer Frau geschehen! Maria erhält den Besuch eines Engels, der ihr, der Jungfrau, die Schwangerschaft und die Geburt eines Sohnes ankündigt. Die Ankündigung des Engels weist viele Parallelen zur Ankündigung der Geburt Ismaels an Hagar auf. Der Wohnort Marias und ihres Verlobten (!) liegt in Galiläa.

Beide Schwangerschaften stellen ein Wunder dar, das einmal an einer unfruchtbaren, zum anderen an einer jungfräulichen Frau geschieht. Beide Ereignisse werden als schöpferischer Akt Gottes verstanden; Lukas zitiert das alttestamentliche Wort: "Kein Wort, das von Gott kommt, wird kraftlos sein" (Lk 1,37, vgl. Gen 18,4).

Verknüpfung von a 1) und a 2): *Die Begegnung* der schwangeren Frauen (Lk 1,39-45). Zwei Geschichten vom Auftreten des Engels Gabriel hat Lukas aufeinander folgen lassen. Die Ankündigung an Maria stellt eine Überhöhung der Ankündigung an Zacharias dar. Die beiden Frauen, die Mutter des Täufers und die Mutter Jesu müssen einander – darin ist Lukas theologisch konsequent – begegnen, wobei sofort die Verhältnisse zwischen beiden Frauen und ihren Söhnen klargestellt werden; denn Elisabeth fragt demütig: "Woher wird mir dies zuteil, daß die Mutter meines *Herrn* zu mir kommt?"

c 1) Der Lobgesang der Maria (Lk 1,46-55)

b 1) *Die Geburt Johannes des Täufers und seine Beschneidung* (Lk 1,57-66) Diese Geburt und die Beschneidung des Kindes wird von einem freundlichen Zeichen begleitet: Zacharias wird von seiner Stummheit (Strafe für seine Ungläubigkeit bei der Ankündigung des Kindes) befreit; sein Mund tut sich auf, seine Zunge löst sich. Er kann wieder reden und Gott preisen.

c 2) Der Lobgesang des Zacharias (Lk 1,67-79)

Das erste Kapitel des Lukasevangeliums schließt ab mit der Bemerkung über Johannes den Täufer:

> "Das Kindlein aber wuchs und wurde stark im Geist und war in der Einöde bis zum Tage seines Auftretens vor Israel."

b 2) Die *Geburt Jesu und seine Beschneidung* (Lk 2,1-27)

Auch diese Geburt findet jetzt in Judäa statt, da Joseph – aus der Sicht des Lukas – wegen der Volkszählung von Nazareth nach Bethlehem *muß*! Das freundliche Zeichen besteht in der Erscheinung der Engel vor den Hirten.

c 3) *Der Lobgesang des Simeon* (Lk 2,29-32)

Zwei Geburtsgeschichten werden nacheinander entfaltet. Die zweite, die Geburt Jesu, stellt eine Überhöhung der ersten, der Geburt des Täufers, dar. Besonders deutlich wird dies bei der Beschneidung der beiden Kinder. Die des Johannes wird lediglich erwähnt, die Beschneidung Jesu wird zur öffentlichen Präsentation des Kindes vor Israel durch einen gottesfürchtigen Mann (!) namens Simeon und eine gottesfürchtige Frau (!), eine Prophetin namens Hanna. Simeon bekundet, er habe Gottes *Heil* in dem Kind gesehen, und Hanna redet von der *Erlösung* zu denen, die darauf warten.

Das zweite Kapitel des Lukasevangeliums schließt mit dem Satz über Jesus:

> "Das Kindlein aber wuchs und wurde stark, indem es mit Weisheit erfüllt wurde, und die Gnade Gottes war auf ihm." (Vgl. oben S. 62)

Es fällt auf, daß Lukas in den kunstvollen Aufbau von Ankündigungs- und Geburtsgeschichten sog. "Lobgesänge" eingebaut hat. Sie knüpfen an die Tradition der Psalmen an und enthalten Anspielungen an prophetische Verheißungen. In diesen Lobgesängen setzt Lukas seine theologischen Akzente. Von besonderer Bedeutung sind der Lobgesang des Zacharias und der Lobgesang des Simeon. Beide rahmen die Geschichte der Geburt Jesu wie Prolog und Epilog; sie geben das Thema an, unter dem die Geschichte von der Geburt Jesu gelesen werden soll: LICHT und FINSTERNIS.

Zacharias sagt (Lk 1,78 f): Denen, die in FINSTERNIS und Schatten des Todes sitzen, *wird* der (Sonnen-?)aufgang aus der Höhe aufstrahlen. Von der aufstrahlenden Herrlichkeit des Herrn hat auch Tritojesaja gesprochen: "Mache dich auf, werde licht! Denn dein LICHT kommt, und die Herrlichkeit des Herrn strahlt auf über dir. Denn siehe, FINSTERNIS bedeckt die Erde und DUNKEL die Völker; doch über dir strahlt auf der Herr, und seine Herrlichkeit erscheint über dir" (Jes 60,1 und 2).

Diese prophetische Erwartung der aufstrahlenden Herrlichkeit des Herrn wird jetzt als Wunder, das die Geburt des Kindes begleitet, in Szene gesetzt. Es geschieht bei Nacht: die Hirten "hielten *Nachtwache* bei der Herde" (vgl. Lk 2,8). Der Ort des Geschehens sind die Felder vor der Stadt Bethlehem; das ist die Stadt, aus der David kam; er war von Beruf Hirte und wurde zum Hirten des Volkes – so wurde er in bestimmten Überlieferungen des Alten Testament gesehen. Mitten in dieser Nacht umleuchtet die Hirten der Lichtglanz des Herrn. Das Ganze muß natürlich interpretiert werden. Das geschieht – wie oft im Neuen Testament – durch Engel. Sie bringen zum Ausdruck, was längst Erkenntnis und Bekenntnis der Gemeinde ist. Zunächst tritt *ein Engel* zu den Hirten und sagt ihnen, was die zuvor in aller Stille erfolgte Geburt des Kindes bedeutet: Der Heiland ist geboren, welcher ist Christus in der Stadt Davids; der griechische Soter und der jüdische Messias werden miteinander in eins gesetzt. Die Geburt dieses Kindes hat Bedeutung für Israel. Dann kommt die Menge der *himmlischen Heerscharen* hinzu und sagt ebenfalls etwas zu diesem Ereignis: Ehre dem, der in der Höhe ist – Gott – und Friede denen, die unten sind – den Menschen. Allumfassend ist die Bedeutung der Geburt dieses Kindes; sie gilt dem ganzen Erdkreis. Nachdem es um und in dem Hirten "licht" geworden ist, können sie sich auf den Weg machen und (in Bethlehem) sehen, was der Herr ihnen offenbart hat. Sie machen sich auf den Weg und finden (!) Maria, Joseph und das Kind – Zeichen, die auf das Heil verweisen.

In der Geburtsgeschichte ist ein narratives Motiv enthalten, das aus dem Alten Testament vertraut ist: Der Himmel öffnet sich und zeigt Gottes Licht-Herrlichkeit. Das gleiche geschieht in der Symbolgeschichte von der sog. Jakobsleiter (Gen 28,10 ff). Mit dem Segen und im Auftrag seines Vaters Isaak soll sich Jakob auf einen weiten und ungewissen Weg machen: zurück nach Mesopotamien, von wo einst Abraham auf den Weg geschickt worden war.[6]

Jakob soll sich eine Frau aus dem Familienclan suchen und zurückbringen. Eine kanaanäische (heidnische) Frau schien ungeeignet, um einem weiteren Verheißungsträger das Leben zu schenken. Der Weg von Beerscheba nach Haran ist schwer; ungewiß ist, wie lange er sein würde, ungewiß, wann die Rückkehr erfolgen würde. Zu Beginn des Wegs kommt Jakob an die heidnische Stätte Beth-El. Er beschließt über *Nacht* zu bleiben; die Sonne ist bereits untergegangen (V 11). Um ihn und in ihm ist "Nacht". Auf einem Stein als Kopfkissen legt er sich zum Schlaf nieder. Im Schlaf hat er einen Traum; im Traum eine Erscheinung: Eine Leiter, die sehr wahrscheinlich eine Treppe oder Rampe gewesen sein dürfte, wie sie zu den Göttersitzen hinaufgebaut wurden. Auf der Erde beginnt diese Rampe, den Himmel berührt ihre Spitze. Engel gehen auf ihr auf und nieder, ja, Gott selbst erscheint, stellt sich neben Jakob und gibt sich zu erkennen. Er verheißt Jakob, wie einst Abraham und Isaak, Nachkommen und seinen Schutz, damit er in das verheißene Land zurückkehren kann. Der Turm zu Babel (Gen 11) wurde einst aus menschlichem Ehrgeiz gebaut; seine Spitze sollte bis in die Himmel reichen. Hier, in der Jakobsge-

---

6 Vgl. Das Symbol des Weges, S. 330.

schichte, stellt Gott die Verbindung zu einem Menschen her, steigt hinab, versichert Jakob seiner Nähe. Über Nacht ist Jakob eine Erkenntnis zuteil geworden ("ein Licht ist ihm aufgegangen"). Was er vorher nicht wußte, weiß er jetzt: Hier an dieser Stelle, wo die Treppe (Rampe) den Boden berührt hat, ist der Zugang zu Gott eröffnet, nachdem sich zuvor der Himmel geöffnet hat. Er kann sich auf den Weg machen; er wird sein Ziel finden und zurückkommen, weil Gottes Verheißung "nicht leer zurückkehrt".[7]

Auch Zacharias kann in seinem Lobgesang im Anschluß an das Jesajazitat davon sprechen, daß Gott (wenn er sein Licht hat aufstrahlen lassen) unsere Füße auf den Weg des Friedens leiten wird.

Kommen wir zum Epilog der Geburtsgeschichte, dem Lobgesang des Simeon (Lk 2,32); er sagt: "Meine Augen haben dein Heil gesehen, das du im Angesicht aller Völker bereitet hast, ein LICHT ZUR ERLEUCHTUNG der Heiden und zur Verherrlichung deines Volkes Israel." Deuterojesaja hat mehrfach davon gesprochen, daß Gott das Volk Israel zum Licht der Völker machen wird (vgl. Jes 43,6; 49,6). Der Gedankengang scheint zu sein: Aufgestrahlt ist Gottes Herrlichkeit an einem bestimmten Ort, bei bestimmten Menschen, in einer bestimmten Weise – bei seinem Volk Israel, wie es verheißen war. Genau dieser Umstand wiederum soll den Heiden "die Augen aufgehen lassen", ihnen Erleuchtung bringen. Das Kind ist ein *Zeichen* (vgl. Lk 2,34) der himmlischen Herrlichkeit; äußerlich bescheiden, wenn man die Umstände der ärmlichen Geburt hinzunimmt, aber ein Zeichen, dem widersprochen werden wird.

5.2 Nach der Nacht des Leidens geht das Licht von Ostern auf
Die Auferstehungsüberlieferung nach Markus (Mk 16,1-8)

Das Licht, das Gott aufstrahlen läßt, kann verschiedene Nuancen haben. Es kann der Stern von Bethlehem sein wie in der Geburtsgeschichte nach Matthäus. Es kann Feuer sein wie in der Pfingstgeschichte nach Lukas. Es kann der Blitz sein wie in der Auferstehungsüberlieferung nach Matthäus. Es kann aber auch das Licht der aufgehenden Sonne wie in der Auferstehungsüberlieferung nach Markus sein. Alle diese Licht-Varianten haben ihren Symbolwert. Bevor

---

7 Es ist in diesem Zusammenhang unerheblich, aus welchen Traditionselementen diese alttestamentliche Erzählung zusammengewachsen ist. Mag sein, daß es bei Beth-El um ein altes, vorisraelitisches Heiligtum geht, daß sich eine ätiologische Sage um diesen Ort rankte. Entscheidend ist der neue Interpretationszusammenhang des redaktionellen Bearbeiters der Vätergeschichten und der theologischen *Gehalt* dieser Geschichte(n). Er ist unverwechselbar im Vergleich zu außerbiblischen Überlieferungen.

der Schluß des Markusevangeliums genauer in den Blick kommt, soll deutlich
werden, daß die Geschichten um das Leiden und Sterben Jesu in *allen* Evangelien FINSTERNIS-Geschichten sind.

Die Nacht des Leidens

Die eigentliche Leidensgeschichte beginnt mit dem Abend, an dem Jesus sich
mit seinen Jüngern an den Tisch setzt (Mk 14 par) und das Mahl feiert. Bei den
Synoptikern geschieht das in Erinnerung an das Passahmahl, das die Israeliten
in der NACHT ihrer Flucht aus Ägypten feierten. In dieser NACHT kündigt Jesus
nach der Überlieferung der Synoptiker (Mk 14,17-21 par) den Verrat durch
Judas Ischarioth an ("Nacht des Verrats"). Nach Johannes 13,21 ff entlarvt er
den Verräter. Als jener den Bissen aus der Hand Jesu genommen hatte, ging er
hinaus, "und es war Nacht".

An das Mahl schließt sich bei den Synoptikern der Gang nach Gethsemane
an. Schon auf dem Weg dorthin kündigt Jesus an, daß alle Jünger in dieser
Nacht an ihm Anstoß nehmen werden (Mt 26,31). Der Aufenthalt dort wird,
insbesondere nach Matthäus 26,30-46, für Jesus eine Nacht tiefster Bedrängnis,
aus der er die Frage aufsteigen läßt, ob der "Kelch des Leidens" nicht an ihm
vorübergehen könnte.[8]

Vergeblich bittet Jesus den Petrus und die Zebedäussöhne, mit ihm in dieser
Nacht zu wachen. Die "Nacht des Leidens" erstreckt sich in den Tag hinein,
denn der Verräter naht mit den bewaffneten Soldaten und die Jünger überlassen
Jesus seiner Nacht und fliehen.

Die Gefangennahme Jesu schließt nach Lukas mit dem Satz Jesu an die
Hohenpriester und Hauptleute: "Das ist eure Stunde und die Macht der FIN-
STERNIS!" (Lk 22,53)

Die Verurteilung und Folterung Jesu wird von den Jüngern im Hof des
Hohenpriesters verfolgt. Wie angekündigt verleugnet Petrus seinen Herrn dreimal (vgl. Mt 26,69-75). Es ist unwahrscheinlich, daß die Gerichtsverhandlung
mitten in der Nacht stattgefunden hat. Symbolisch gesehen ist die Verleugnung
aber ein "Nachtgeschehen". Nachdem sie erfolgt ist, kräht der Hahn.

Die Überlieferung vom Sterben Jesu wird bei Matthäus eingeleitet mit dem
Satz: "Aber von der sechsten Stunde an kam eine FINSTERNIS über die ganze

---

8 Da Matthäus als durchgängiges Gestaltungsprinzip seines Evangeliums das Kontrastsymbol
"Höhe - Tiefe" verwendet, wird Gethsemane zum Ort der Tiefe, an den Jesus sich begibt, nachdem
er zuvor auf der Höhe, auf dem Ölberg, war. Vgl. dazu Kapitel 3: Das Kontrastsymbol der Höhe und
der Tiefe, S. 104 ff.

Erde (!) bis zur neunten Stunde" (Mt 27,45-50). *Diese* Finsternis findet von 12 Uhr mittags bis nachmittags 3 Uhr statt! Der Schrei Jesu "Mein Gott, mein Gott, warum hast du mich verlassen?" bedeutet Finsternis *und* Tiefe zugleich.[9]

Die Nacht des Verrats – die Nacht der Angst – die Nacht der Gewalt – die Nacht der Verleugnung – die Nacht des Versagens durch die Jünger – die Nacht des Todes wird zur fast endlosen Nacht, in der die Mächte der Finsternis wirken. Alle Evangelien sind sich darin einig, daß diese Nacht verwandelt wurde. Wie sie verwandelt wurde, darin unterscheiden sich die Evangelien. Sie haben ihre je eigene narrative Symbolik. Das ist verständlich, denn jeder Evangelist wollte seine Antwort auf die Frage nach dem Sinn der Leidens- und Todes-Finsternis geben.

Der Morgen der Auferstehung

Die Antwort des Markus und seine Symbolik soll hier weiterverfolgt werden. Sie ist vor allem deshalb interessant, weil Markus das älteste Evangelium ist und die kürzeste "Osterüberlieferung" hat (Mk 16,1-8). Je größer der Abstand vom Todesgeschehen ist, desto "gesprächiger" werden die anderen Evangelisten, insbesondere in den sog. Erscheinungsgeschichten, die von Begegnungen mit dem Auferstandenen berichten. Markus kennt eine solche Überlieferung noch nicht und dennoch hat er eine symbolische Interpretation des Todes Jesu gegeben.

Wer die acht Verse des Markustextes im griechischen Urtext liest, dem fällt der mehrfache Gebrauch der Präposition ἀνά (auf, hinauf) – auch an ungewöhnlichen Stellen – auf:

V 3: Nachdem der Sabbath vorüber war, gehen drei Frauen zum Grab, und zwar gerade als die Sonne des neuen Tages *auf*ging (vgl. dazu den Lobgesang des Zacharias mit der ungewöhnlichen Ausdrucksweise vom Aufgang aus der Höhe, der aufstrahlen wird, Lk 1,78).

V 4: Während die Frauen noch rätseln, wer ihnen den Grabstein wegwälzt, blicken sie *hinauf*. Wieso "hinauf"? – Gräber liegen doch zu ebener Erde??? Sie entdecken beim Hinaufblicken – offensichtlich blicken sie symbolisch gesehen genau richtig – daß der Stein *hinauf*gewälzt ist. Es wird keine Auskunft gegeben, wo der Grabstein geblieben ist, wohin er verschwunden ist. Eine reale Ortsangabe wäre auch ganz sinnlos, denn symbolisch gesehen ist er dort, woher das Licht kommt.

---

9 Vgl. Das Kontrastsymbol der Höhe und der Tiefe, S. 106.

Zu der auffälligen Präposition tritt das Verbum ἐγείρειν (aufrichten). Ein Jüngling in weißem Gewand sitzt in der Gruft und erläutert den Frauen das Geschehene. Bedeutsame Botschaften werden häufig himmlischen Boten in den Mund gelegt. Sie sagen – in der Regel – etwas bei der Geburt oder beim Tod eines Menschen. "Hier jedenfalls", will die Lichtgestalt sagen, "hier, an der Stätte des Todes ist Jesus nicht." Er ist *aufgerichtet* worden. Die Spur des "Aufrichtens" läßt sich im Markusevangelium zurückverfolgen. Jesus selbst hat Menschen aufgerichtet:

Markus 1,29-31: Die Schwiegermutter des Simon Petrus liegt am Fieber darnieder. Jesus ergreift sie bei der Hand und *richtet* sie auf.

Markus 5,21-43: Die Tochter des Synagogenvorstehers Jairus liegt todkrank darnieder, ja, die Leute glauben, sie sei schon gestorben. Jesus geht zu ihr, ergreift sie bei der Hand und sagt: Steh auf! Und sie steht auf (hier das Verbum ἀνίστημι).

Markus 9,14-29: Ein epileptischer Knabe wird von schweren Anfällen gequält. Er wälzt sich auf der Erde, hat Schaum vor dem Mund und fällt während seiner Anfälle ins Wasser oder ins Feuer. Nach solchen Anfällen wirkt er oft wie tot; ja, die Leute sagen: "Er ist gestorben!" Jesus aber ergreift ihn bei der Hand und *richtet* ihn *auf.*

Menschen, die darniederliegen, werden aufgerichtet, so daß sie aufstehen und gehen können. Es ist symbolisch konsequent, wenn Jesus am Ende dieses Evangeliums das gleiche Wunder widerfährt: Er, der im Grab darniederlag, wird von Gott selbst *aufgerichtet.* Als Aufgerichteter geht er seinen Jüngern nach Galiläa voran. Beinahe könnte man denken, er geht ihnen voran wie ein aufgerichtetes Zeichen ähnlich der Wolken- und Feuersäule, die die Israeliten auf ihrem Weg begleitete.

Eine weitere Kleinigkeit mag Zufall sein. Wer aber glaubt bei so viel Symbolik noch an Zufall?

V 2: Sehr früh, am ersten Tag der Woche – so sagen fast alle deutschen Bibelübersetzungen – machten sich die Frauen zum Grab auf. Wer den Urtext liest, findet aber dort nicht die Ordinalzahl (am *ersten* Tag), sondern die Kardinalzahl (an dem *einen* Tag). An dem einen, dem Tag schlechthin, dem entscheidenden Tag, machen sich die Frauen auf den Weg. Etwas ähnlich Auffälliges findet sich in der griechischen Übersetzung des Alten Testaments, der Septuaginta, zu Genesis 1,5: Nicht am ersten (Ordinalzahl), sondern an dem *einen* Tag, dem entscheidenden, hat Gott das Licht geschaffen.[10]

---

10 Daß dies der entscheidende Akt war, weil er der Beginn aller Unterscheidungen ist, siehe S. 53f.

Dieser Tag nach dem Sabbat wurde für die Christen zum entscheidenden Tag; zum Sonntag, an dem sie der Auferstehung ihres Herrn gedachten. Sie wählten diesen Tag, um sich deutlich zu unterscheiden vom Volk des Alten Bundes und seiner Feier des Sabbat.

Nach Markus wäre dann der Tag der Auferstehung der Tag des *aufgehenden Lichts*. Soll durch den Anklang an Genesis 1,5 gesagt werden, daß das, was jetzt geschehen ist, als neue Schöpfung verstanden werden soll? Die Gegenüberstellung alte Schöpfung – neue Schöpfung, Adam – Christus ist dem Urchristentum geläufig.

Wie ist es zu verstehen, daß das Evangelium des Markus fast abrupt abbricht (16,8) mit der panikartigen Flucht der Frauen, ihrem Entsetzen und ihrer Unfähigkeit, irgend jemandem etwas zu sagen von dem, was sie gehört haben? Aufgegangen ist die Sonne nach dem Sabbat, aufgestrahlt ist das Licht Gottes nach der Nacht des Leidens für Jesus, aber *in den* Frauen ist es noch dunkel. Deshalb sollen sie nach Galiläa gehen, wohin ihnen der Auferstandene vorausgegangen ist. Zwischen *Licht* und *Erleuchtung* gibt es eine Differenz (Vgl. S. 59)!

Das Kontrastsymbol Licht-Finsternis ist gestaltendes Prinzip in der narrativen Überlieferung von der Menschwerdung bei Lukas. Das Kontrastsymbol Licht-Finsternis ist gestaltendes Prinzip in der narrativen Überlieferung von der Auferstehung Jesu bei Markus. Andere Evangelisten bedienen sich – das sei noch einmal ausdrücklich betont – anderer Symbole bei der Ausgestaltung ihrer narrativen Überlieferungen. Andernteils wurden Gemeinsamkeiten zwischen dem Anfang des Lukasevangeliums und dem Ende des Markusevangeliums festgestellt. Der Symbolgebrauch kann Evangelien voneinander *unterscheiden*; der Symbolgebrauch kann aber auch miteinander *verbinden*. Durch den Umgang mit dem Licht-Finsternis-Symbol wird ein Bogen geschlagen von der Menschwerdung zur Auferstehung Jesu, den beiden Urdaten des Erlösungsgeschehens.

KONSEQUENZEN

Wer das Kontrastsymbol dieses 2. Kapitels (Licht-Finsternis) mit dem Kontrastsymbol des 1. Kapitels (Fülle-Mangel) vergleicht, wird unschwer feststellen, daß innerhalb der biblischen Überlieferung bei jedem dieser Symbole jeweils andere Betrachtungsweisen der Wirklichkeit in den Vordergrund treten. Nicht geschichtlich bedingte Situationen einer Gemeinschaft und deren Veränderung, sondern das DA-SEIN wird mit dem Symbol Licht-Finsternis ausgeleuchtet. Immer neue Aspekte werden dabei entdeckt, ohne daß frühere Erkenntnisse als überholt zurückgelassen werden. Die Deutung geschichtlicher Situationen muß Veränderungen Rechnung tragen, die Deutung des Daseins ist an gleichbleibenden Strukturen von Welt und Mensch interessiert.

Anthropologische Konsequenzen

Es fällt auf, daß in den beiden klassisch-theologischen Reflexionstexten (Gen 1,1 – 2,4a und Joh 1,1-18), die sich der Licht-Finsternis-Symbolik bedienen, von den Dingen an sich die Rede ist: von "Himmel und Erde" und "dem" Menschen, den Gott schaffen will, von "der" Finsternis, "den" Menschen und vom "Fleisch"werden. Das spricht dafür, daß es im Zusammenhang mit dem Symbol Licht-Finsternis um DA-SEIN, SO-SEIN oder ANDERS-SEIN geht. Die Schöpfungsüberlieferung entfaltet das gesamte DA-SEIN und fragt nach dem Standort des menschlichen Daseins in dieser Gesamtheit. Sie geht davon aus, daß das DA-SEIN Möglichkeiten von unterschiedlicher Qualität bereithält. Manches hat mehr SEINS-Qualität als anderes, weil es dem Leben des Menschen im umfassendsten Sinn förderlicher als anderes ist: Licht ist besser als Finsternis. Der Johannesprolog beschäftigt sich mit dem fundamentalen ANDERS-SEIN des göttlichen und des menschlichen Seins. Er geht aber auch davon aus, daß es unter den Menschen selbst zwei konträre Möglichkeiten "zu sein" gibt.

Das Symbol Fülle-Mangel fragt: Was bedeutet diese Situation, in der wir uns als Gemeinschaft befinden? In welchem Verhältnis steht sie zu den Situationen, die vorher waren? Mit Hilfe des Symbols Licht-Finsternis wird gefragt: Was *ist* an einem Phänomen, einer Sache, einem Verhalten? Was *ist* daran Licht, was Finsternis? Vermischt sich beides oder ist es *unterschieden,* aber doch in einer höheren Einheit aufgehoben? Oder ist es so unvereinbar, daß man sich *entscheiden* muß?

Die Fähigkeiten des Unterscheidens und Entscheidens lassen sich zusammenfassen unter dem Oberbegriff ERKENNEN. Der Umgang mit Licht und Finsternis erfordert Sehfähigkeit, der Umgang mit dem SEIN erfordert Erkennen. Darunter nur einen kognitiven Akt zu verstehen, würde am biblischen Verständnis des Erkennens vorbeigehen. Es ist ein ganzheitliches Ergreifen, Erfassen, Annehmen und Aufnehmen. Der Umgang mit dem, was durch das Symbol "Licht-Finsternis" beschrieben wird, erfordert ein intaktes Seh- und ein intaktes Erkenntnisorgan des Menschen.[11]

---

11 Vgl. Das Symbol des Auges und die dazugehörenden Wundergeschichten, insbesondere aus Joh 8 und 9, S. 197 ff.

Theologische Konsequenzen

Beobachtungen und Erfahrungen in bezug auf den realen Tag und die reale Nacht haben sich über Generationen zum inneren Bild gefestigt, sind zum Symbol geworden, um die Licht- und Finsternis-Strukturen des Welt- und Mensch-Seins zu deuten. Das Symbol dient auch dazu, um Anthropologisches unter dem Gesichtspunkt der Gottesfrage zu beleuchten. Das ERKENNEN der SEINS-Zusammenhänge hat auch zum BEKENNEN über Ursprung und Ziel des Seins von Mensch und Welt geführt. Liest man Genesis 1,1 ff und Johannes 1,1 ff nebeneinander, kann man folgenden Zusammenhang herstellen:

GOTT spricht, läßt das Wort zur Wirkung kommen und schafft LICHT und alles, was gut ist (Schöpfung) – er entläßt seinen Repräsentanten in die Welt.

GOTT denkt, läßt das Wort Gestalt gewinnen und schafft ERLEUCHTUNG (Erlösung) – er holt die Kinder des Lichts zurück.

Es ist der eine Gott, der souverän das Gute schafft und das Böse zurückweist. Das Böse (Finstere) ist im Grunde nicht gleichwertig, verdankt sich nicht einem, wie auch immer gearteten, Gegengott. Der Mensch ist nicht dem Kampf dualistischer Mächte ausgeliefert.

Gott ist von gleichbleibender Verläßlichkeit; er läßt sein Licht in die Finsternis scheinen; niemals aber dringt das Dunkle in das Licht Gottes – diese Perversion ist undenkbar!

Niemals wird der Mensch aus seiner Verantwortung gegenüber dem Bösen entlassen. Er *kann* es einschätzen und in seiner Wirkung abschätzen und bekämpfen; das gleiche gilt in bezug auf die "Mächtigkeit" des Lichts. Er erfährt aber auch Schutz: Schutz vor absoluter Finsternis und damit vor dem totalen NICHT-SEIN; Schutz aber auch vor dem absoluten Licht, dem reinen SEIN. Die höchste Konzentration des Lichts tötet ebenso wie die Nur-Finsternis.

Christologische Konsequenzen

Auch die narrativen Überlieferungen des Neuen Testaments begnügen sich nicht mit anthropologischen oder innerpsychischen Aussagen. Sie sagen letztendlich etwas über *den* Christus. Liest man die lukanische Vorgeschichte und die markinische Nachgeschichte nebeneinander, kann man folgenden Zusammenhang sehen:

Gottes Licht strahlt in die Finsternis und sammelt sich brennpunktartig in dem Kind Jesus (Menschwerdung).

Gottes Licht bricht heraus aus der Finsternis des Todes, nachdem Jesus die Nacht des Leidens durchschritten hat (Auferstehung).

Jesus Christus weiß um Gottes Sein und hat sein Licht geschaut; zugleich lebt er unter den Bedingungen und Strukturen, denen Menschen ausgesetzt sind, aber nie läßt er sich von den Finsternis-Mächten überwältigen. So wird er zum Mittler des wahren göttlichen Seins. Er wird zum *wahren* Mittler wegen der vollkommenen Übereinstimmung von Reden und Tun, von Zeugnisablegen und Zeugesein.

Konstitutiv für das Licht-Finsternis-Symbol ist die Gedankenkette: Gott *ist* Licht und schafft Licht; er ist das wahre Sein und schafft Leben. Jesus Christus ist das Licht *von* Gott und bringt es in die Welt und trägt es durch die Finsternis. Christen *sind* das Licht der Welt und sollen an ihrem Licht erkannt werden.

Kapitel 3:

Das Kontrastsymbol Höhe – Tiefe

Berg	–	Tal
Erhöhung	–	Niederung
Gipfel	–	Abgrund
Ufer	–	See

1. Wie befinden wir uns im Auf und Ab des Lebens?

Wir sind gewohnt, daß Landschaften wechseln zwischen Erhebungen, Niederungen, Ebenen und Meeren. Sie werden auf Landkarten eingezeichnet und mit ihren jeweiligen Besonderheiten charakterisiert. Wer am Himmel über den Erdball hinwegfliegt, wird aus der Entfernung die Vielfalt bewundern. Wer sich auf dem Boden der Erde bewegt, erfährt die Unterschiede in der Landschaft anders.

BERGE versperren dem Menschen Wege. Sie erscheinen als Bergmassiv oder als Bergkette mit vielen Bergspitzen. In den oberen Regionen sind sie oft ohne Vegetation, nackte Felsen, zerklüftet; durchaus bedrohlich und unüberwindlich für den, der unten steht. Andere Berge stehen einzeln in der Landschaft, ragen hoch und steil auf mit Gipfeln, die "bis in den Himmel reichen", manchmal mit Schnee bedeckt sind oder gar in den Wolken verschwinden.

Für Menschen früherer Zeiten mag der Respekt vor den Bergen größer gewesen sein als heute. Sie waren ein Naturwunder, das in seiner Macht und Majestät dem Menschen seine Vergänglichkeit und seine Bedeutungslosigkeit zum Bewußtsein brachte. Deshalb wurden Erhebungen und Höhen oft als Ort für den Bau von Heiligtümern gewählt, herausragende Berge als Sitz von Göttern verehrt.

Für die Menschen der Neuzeit wurden Berge eher eine Herausforderung, auch die höchsten unter ihnen zu bezwingen, sei es, daß man auf ihre Gipfel strebte, sei es, daß man sie durch Tunnel überwand. Während Menschen früherer Zeiten eher daran dachten, sich bei Gefahr im Schutze von Bergen zu *ver-*

bergen, mag mit der Entwicklung bestimmter handwerklicher Techniken das Interesse an den Schätzen, die ein Berg *in sich birgt,* gewachsen sein.

Berge lösten früher eher Gefühle von Furcht *und* Ehrfurcht aus. Heute bleiben sie für uns ambivalent. Wer es wagt hinaufzusteigen, kann seine Leistung steigern; er mißt sich mit dem, was Menschen früher eher als übermächtig empfanden. Wer oben angelangt ist, hat nach häufigem Bekunden von Bergsteigern ein "erhebendes" Gefühl. Er kann aber auch abstürzen, in Berg"not" geraten oder den Berg"tod" erleiden.

Die Eigenschaften von Bergen und ihre Wirkung auf den Menschen fordern zu Vergleichen heraus, die in unserer Alltagssprache gang und gäbe sind.

Berge stellen ein Hindernis dar und sind oft schwer zu überwinden. Deshalb kann man in manchen Lebenssituationen dastehen "wie der Ochs vor dem Berge" und nicht weiterwissen. Es können sich aber auch "Berge von Arbeit" (oder anderem!) anhäufen, die kaum zu verkraften sind.

Berge stehen unbeweglich an ihrem Ort, von Ewigkeit zu Ewigkeit – wie es scheint. Sie werden zum Sinnbild für menschliche Stabilität und "felsenfester" Überzeugung. Noch nie ist es gelungen, "Berge zu versetzen" – das wäre das Wunder schlechthin. Deshalb können "Berge nicht zusammenkommen, wohl aber die Menschen". Unbeweglichkeit kann den Wert von Dauerhaftigkeit haben, aber auch von Starrheit, deshalb heißt es im Sprichwort "Wenn der Berg nicht zum Propheten kommt, dann muß wohl der Prophet zum Berge kommen". Niemand kann es ewig auf einem Berggipfel aushalten; er muß auch wieder herunterkommen. Deshalb geht es im Leben bergauf und bergab; Gottseidank, "wenn es wieder bergauf geht"! Schwere Krankheiten sind Hindernisse, die sich uns in den Weg legen. Wir sind froh, wenn wir sie zurücklassen können, wenn wir "über den Berg sind". Berge verdecken die Sicht; wir können nicht sehen, was dahinter ist; deshalb können wir mit Dingen, die wir nicht gerne preisgeben, "hinter dem Berge halten". Sind wir nicht schnell genug, dann können geschickte Einbrecher längst "über alle Berge sein", wenn wir sie noch in unserer Nähe glauben.

Täler liegen zwischen den Bergen. Sie sind geschützt; für unser Bewußtsein sind sie lieblich, sanft und fruchtbar. Täler durchwandert man. In der Regel verbinden wir positive Gedanken und Gefühle mit ihnen. Sie haben Wege, während Gebirge eher unwegsam sind. Natürlich gibt es Unterschiede: Es gibt weite und enge Täler. Manche Ansiedlung liegt in einem Talkessel. Hohe Berge ringsum können dann schnell ihre Schatten auf das Tal werfen. Negativ ist unsere Meinung weniger über Täler an sich, sondern eher über die Menschen, die aus solchen "engen" oder weit entfernten Tälern kommen. Sie gelten als *verschlossen*, als "ab von der Welt", vielleicht auch als "eng" in ihrem Denken.

Assoziationen und Vergleiche zu Berge und Tälern halten sich eng an die Realität und entwickeln sich aus der Beschaffenheit des Naturphänomens. Selbst Kontrast-Bildworte sind davon nicht frei. Das gilt auch für eine "Berg- und Talfahrt" etwa einer bestimmten Währung an der Börse. Auf Berge klettert man – mühsam und langsam; ins Tal kehrt man vorsichtig, Schritt für Schritt zurück; durch Täler wandert man. Rasante Fahrten sind nur mit vom Menschen geschaffenen Hilfsmitteln (Bergbahn, Skier) möglich. Künstlich sind demnach auch wirtschaftliche "Berg- und Talfahrten".

Das Kontrastpaar Höhe-Tiefe ist zwar auch aus der Charakterisierung von Naturphänomenen erwachsen; es wird aber sehr häufiger "übertragen" auf Phänomene des Lebens angewandt.

Nach der HÖHE eines Berges zu fragen, ist uns ganz selbstverständlich. Ein "hoher" Berg ist das häufigste Adjektiv, das wir benutzen. Höhen sind voneinander unterschieden; deshalb kann die Höhe eines Baumes oder eines Hauses für uns interessant zu wissen sein. Wir sprechen aber auch von der Höhe eines Schadens oder eines Geldbetrags. Deshalb ist es nicht verwunderlich, daß wir von der Höhe des Tages, aber auch von der HÖHE des LEBENS sprechen. Jeder mag die Höhe seines Lebens unterschiedlich definieren. Der eine sieht sich auf der Höhe seiner Karriere, der andere auf der Höhe seines Ruhms, wieder ein anderer auf der Höhe seiner Leistungskraft und weiß: Mehr wird es nicht. Vielleicht kann er sich für eine Weile auf dieser Höhe bewegen, aber irgendwann wird es wieder bergab gehen; Alter und Tod sorgen dafür. Höhe"punkte" kann es in einem Leben mehrere geben. Das sind herausragende Ereignisse wie Hochzeit oder Geburt eines Kindes, aber auch Formen der Anerkennung, die einem Menschen durch andere zuteil werden. Erfahrungen, die mit diesen Höhepunkten verbunden sind, können Hochgefühle hervorbringen. Man ist "hochbeglückt", ja, die Stimmung eines Menschen "himmelhoch-jauchzend". Man spricht geradezu von einem Stimmungs-Hoch und Stimmungs-Tief. Es gibt Menschen, die zu Höhenflügen neigen. Sie schweben auf oder über den Wolken – also noch über den hinderlichen Bergen! – und müssen wieder in die Wirklichkeit und auf den Boden der Tatsachen zurückgeholt werden.

Es gibt Menschen, die höherstehen als andere, sei es aufgrund ihrer Aus-strahlung oder Fähigkeiten, sei es aufgrund der ihnen verliehenen Funktion. "Hochbegabt" und "hochgeehrt" sind sie. Die Anrede "Hoheit" kann ererbt, verliehen oder erworben sein. Vielleicht gibt es auch eine "Hoheit", die über jeder menschlichen Größe steht? Hoheitliche Würde und Ehre bei Menschen kann pervertiert werden zum Hochmut, der sich selbst überschätzt und nach Gipfeln greift, die seine Möglichkeiten übersteigt. Hochmut eignet besonders dem *Emporkömmling,* der sich Macht und Stellung anmaßt und sich hinaufschieben läßt.

Auch TIEFE läßt sich in Metern messen. Tief können Keller, Gruben, Täler und Meere sein. "Tiefe" Täler und "tiefe" Meere sind charakteristische Wortverbindungen. Seltsamerweise sprechen wir nicht von der Tiefe des Lebens so, wie wir von der Höhe des Lebens sprechen, wohl aber von der Tiefe des Seins. Der Mensch kann in einen tiefen Abgrund stürzen, in die Tiefe geraten und aus der Tiefe rufen. Seine Erfahrungen können die der abgrundtiefen Angst und Verlassenheit sein. Sein Leben kann viele Untiefen oder Tiefpunkte haben; tiefbetrübt, tieftraurig, ja, zu Tode betrübt sind die Kontrastgefühle zu hochbeglückt und hochgemut. Tiefe ist in diesem Sinn negativ besetzt. Es gibt aber auch tiefe Gedanken über Gott und die Menschen. In der Tiefe der Seele kann sich Geheimnisvolles abspielen; tiefsinnig kann sich ein Mensch äußern. Merkwürdig: Tief-punkte im Leben (negativ), Tief-stand menschlicher Beziehungen (negativ) – Tief-gang (positiv)! Diese Doppeldeutigkeit von Tiefe in unserer Sprache hängt damit zusammen, daß Tiefe als *Abgrund* erfahren wird, als Gefühl, den Boden unter den Füßen zu verlieren. Tiefe kann aber auch in einem festen Grund wurzeln oder verankert sein. "Abgrundtief" ist alles Negative, die Angst ebenso wie der Haß. Tiefgründig ist alles Positive, das menschliches Leben mit Sinn erfüllt.

Möglicherweise gelangt man zur Tiefe des Seins erst, wenn man (Un)tiefen durchschritten und durchlitten hat? Das Kontrastsymbol in der biblischen Überlieferung dürfte gerade zu dieser Frage interessante Aspekte beizusteuern haben.

2. Hohe Berge und tiefe Abgründe – die Umwelt sorgt für Überraschungen

Schon früh war in der Geschichte der Menschheit bekannt, daß es ein Oben und Unten gibt. Oben war der Himmel und unten die Erde; noch tiefer als sie die Tiefe des Meeres. Ebenso früh war bewußt und bekannt, daß es in einer Landschaft hohe Berge und tiefe Täler gibt, flache Ufer und tiefe Seen, Vertiefungen oder Gruben, in die man fallen konnte, Klüfte zwischen zwei Erhebungen, die sich schwer überwinden ließen. Auch den umherziehenden Stämmen der Israeliten blieben diese Unterschiede nicht verborgen, weil sie in ihrer Nomadenzeit wechselnde Landschaften kennenlernten von Ur in Chaldäa, über die Weidegebiete am Rande Kanaans bis nach Ägypten. In der Exilszeit kam noch die Landschaft des Euphrat- und Tigrisgebietes dazu. Verhältnismäßig spät verschafften sie sich Zugang zum Meer. Von daher ist es verständlich, daß die Meerestiefe für sie das absolute Bedrohliche, weil Fremde, blieb. Das Meer konnte Menschen und Schiffe in seine Tiefe hinabziehen und verschlingen. Die majestätischen Höhen von Bergen blieben meist unerreichbar. Die Flucht auf den Gipfel war oft der allerletzte Ausweg oder nur eine gedankliche Möglichkeit: "Versteckten sie sich auf dem Gipfel des Karmel, so spüre ich (Jahwe) sie dort auf und fasse sie, und verbärgen sie sich vor mir auf dem Grunde des Meeres, so gebiete ich dort der Schlange, sie zu beißen", spricht Gott, der Herr, durch den Propheten Amos (Am 9,3).

Weil Meerestiefe und Abgrund das absolut Bedrohliche, weil sehr hohe Berge, weit entfernte Berggipfel das fast Unerreichbare waren, wurden die Kontraste Höhe-Tiefe, Berg und Tal sehr bald Mittel, um existentielle Extrem- oder *Grenzerfahrungen* zu beschreiben.

Als Negativerfahrung: In einem Abgrund konnte man hinunterstürzen; an einer Kluft konnte man scheitern, von der Meerestiefe konnte man verschlungen werden. Im Schlamm konnte man versinken, ohne Boden unter den Füßen zu finden; man konnte in einer Grube landen, ohne entdeckt zu werden. In allen Fällen konnte man zu Tode kommen. Selbst wenn man all diesen Erfahrungen entging, mußte man am Ende seines Lebens "in die Grube fahren" – unwiderruflich. Wer so redet, hat Ausgeliefertsein und Verlorensein erfahren. Fast noch schlimmer ist es, wenn es nicht Naturgewalten sind, die das bewirken, sondern Menschen, die mich in die Tiefe stoßen oder am liebsten im Abgrund auf Nimmerwiedersehen verschwinden lassen möchten; wenn es der Kummer über zugefügtes Leid ist, das mich in die Grube fahren läßt; wenn es Mächtige sind, die mich *erniedrigen* oder demütigen.

Als Positiverfahrung: Man kann ans rettende Ufer gelangen und der Flut entkommen; man kann aus den Tiefen – welcher Art auch immer sie sind – herausgezogen und damit von Bedrohung und Angst befreit werden. Das ist dann wie Erlösung. Ich brauche nicht mehr gebeugt und in mich verkrümmt zu sein, sondern kann meinen Blick *erheben*; ja, ich kann aus der Tiefe auf die Höhe emporsteigen. Ich kann statt Verfolgung und Verachtung Anerkennung finden und *erhöht* werden.

Diese Extrem- oder Grenzerfahrungen sind nicht das Alltägliche und Selbstverständliche. Das Alltägliche ist eher das Banale. Sie sind auch nicht jeder Altersstufe ohne weiteres zugänglich. Das mag der Grund dafür sein, daß dieses Kontrastsymbol in der religionspädagogischen Literatur noch so wenig bearbeitet ist.

3. Das biblische Wortfeld aufgrund der Psalmen

3.1 Die Erfahrung der Tiefe

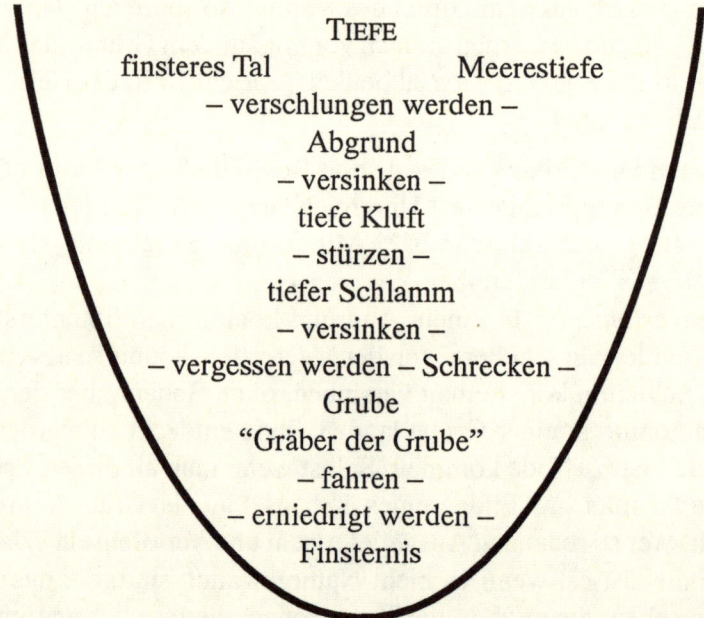

TIEFE
finsteres Tal   Meerestiefe
– verschlungen werden –
Abgrund
– versinken –
tiefe Kluft
– stürzen –
tiefer Schlamm
– versinken –
– vergessen werden – Schrecken –
Grube
"Gräber der Grube"
– fahren –
– erniedrigt werden –
Finsternis

Die grafische Darstellung versucht, die sprachlichen Bilder, durch die Beter des Alten Testaments Erfahrungen in der Tiefe zum Ausdruck gebracht haben, ins Bild zu setzen.

Psalm 88: "Du hast mich *hinab* gelegt in die GRUBE, in FINSTERNISSE und MEERESTIEFEN" (V 6). Mit diesen Worten wird eine "abgrundtiefe" Leidenserfahrung beschrieben; "gesättigt" von Leiden ist der Beter und zwar so sehr, daß er sein Leben dem Totenreich nahe wähnt, ja, sich wie unter Toten fühlt. In immer neuen Synonymen beschreibt er, wo er sich zu befinden meint (Ort bzw. Situation): im Totenreich, bei denen, die in die Grube fuhren oder schon im Grabe liegen, im Abgrund und in Meerestiefen – weit weg von allen Freunden und weit weg von Jahwe. In gleicher Weise beschreibt er, wie er sich fühlt: in Finsternissen, in Schrecknissen, gefangen und elend, vergessen und verlassen. Diese Befindlichkeit wird zweimal mit einem Wort umschrieben, das moderner Theologie oder Philosophie entsprungen sein könnte: ENTFREMDUNG; "entfremdet ist er seinen Freunden und Genossen" (V 8 und V 20). Aus der Tiefe steigen Fragen auf – auch das charakterisiert sie (vgl. V 11, 12, 13, 14, 16, s.u.). Aus der Tiefe läßt er Tag und Nacht seine Klage zu Gott aufsteigen (V 1).

Psalm 130: "Aus der T I E F E rufe ich, Herr, zu dir! Höre auf meine Stimme!" Tief unten ist auch dieser Beter. Durch lautes Rufen versucht er, sich bei Gott Gehör zu verschaffen: "Höre auf meine Stimme", und "Laß deine Ohren merken auf die Stimme meines Flehens!" Auch hier folgt sofort eine Frage "... wer kann bestehen?" Während sich der vorhergehende Psalm 88 gewissermaßen in die Tiefe hineinsteigert, enthält dieser Psalm die aus den Klagepsalmen bekannte "Kehre", jenen Punkt, an dem Klage in Hoffnung umschlägt. Es ist, als ob jene gekrümmte Gestalt am tiefsten Punkt der Parabel sich Stück für Stück erhebt, bis jener Punkt erreicht ist, wo der Blick nicht mehr nach unten gerichtet ist, sondern sich langsam nach oben erhebt. Auf die für Tiefenerfahrung charakteristische Frage folgt eine Gewißheitsaussage: "Doch bei dir ist Vergebung, daß man dich fürchte." Darauf hin hofft der Beter, seine Seele harrt, und Israel soll harren, denn bei Gott ist Erlösung (V 9 und 10). Ja, aus der Tiefe kann man herausgezogen, befreit, *erlöst* werden! In diesem Psalm scheint Tiefenerfahrung Erfahrung von Schuld zu sein. Auch wir wissen bis in unsere Sprache hinein von der "Tiefe der Schuld".

Psalm 107: "... und sie fuhren hinauf zum Himmel, hinunter zur Tiefe, daß ihre Seele in Not verzagt ..." Eine menschliche Berg- und Talfahrt ohnegleichen![1]

An diesem Psalm läßt sich gut beobachten, wie sich "Tiefe" löst von einer örtlichen oder räumlichen Vorstellung und zum Existential wird, mit dem menschliche Befindlichkeit in sehr unterschiedlichen Situationen beschrieben wird:

> Irre gehen und nicht finden,
> hungrig und durstig sein, so daß die Seele verzagt ...
>
> In Dunkel und Finsternis sitzen,
> gebunden in Elend und Eisen, so daß das Herz gebeugt ist,
> straucheln,
>
> Krank sein,
> geplagt um ihrer Missetat willen,
> sich ekelnd vor jeder Speise.
>
> In Schiffen das Meer befahren,
> und Handel treiben auf großen Wassern,
> in Seenot sein.

Nach jeder Situation wird der Vers wiederholt:

---

1 Vgl. die Motive dieses Psalms in Zusammenarbeit mit der Geschichte vom sinkenden Petrus (Mt 14), S. 106 ff.

"Die dann zum Herrn schrien in ihrer *Not*
und denen er aus ihrer *Drangsal* half ..."

Tiefenerfahrung ist Not- und Drangsalerfahrung, mögen die einzelnen Situationen sich noch so sehr voneinander unterscheiden. Sie werden physisch und psychisch erlitten.

Kehren wir zurück zur Grafik (s. S. 78)! Wer könnte es nicht verstehen, daß aus Situationen der Tiefe und des Abgrunds *Fragen* aufsteigen? Sie haben zwei Blickrichtungen.

Von unten her: Dringt meine Stimme von dort unten hinauf?
Kann man mich überhaupt hören oder gar sehen?
Oder bin ich dem Vergessen anheimgegeben?
Gibt es Hilfe, die mir dort (dort noch – auch dort) zuteil werden kann?

Von oben her: Reicht Jahwes Hand von oben herab dorthin und so weit, um mich zu retten? Insbesondere, wenn es endgültig aus ist mit mir und ich dem Tod anheimgegeben bin?

Lange Zeit war sich Israel nicht schlüssig, ob Jahwes Macht auch in die Totenwelt (Scheol) reicht. Der oben bearbeitete Psalm 88 antwortet darauf noch: "Unter den Toten muß ich wohnen, ... deren du nicht gedenkst und die von deiner Hilfe geschieden sind" (V 5). Später hat sich diese Überzeugung gewandelt in Hoffnung, daß Jahwes Macht auch in das Totenreich reicht.

Immer aber war den Menschen bewußt, daß Gefahr aus der Tiefe nach ihnen greift.[2]

---

2 In die Reihe der exemplarischen Psalmen gehört auch Psalm 23, zumindest der erste Vers: "Und ob ich schon wanderte im finsteren Tal ..." Er spiegelt eine ganz andere Erfahrung als die aus unserer Wirklichkeit kommende; wir würden eher fröhlich und wohlgemut durch ein liebliches Tal wandern. Der 23. Psalm enthält mehrere Symbole und ist ausführlich im Zusammenhang mit dem Kontrastsymbol Fülle und Mangel behandelt; vgl. S. 25.

3.2 Die Orientierung an der Höhe

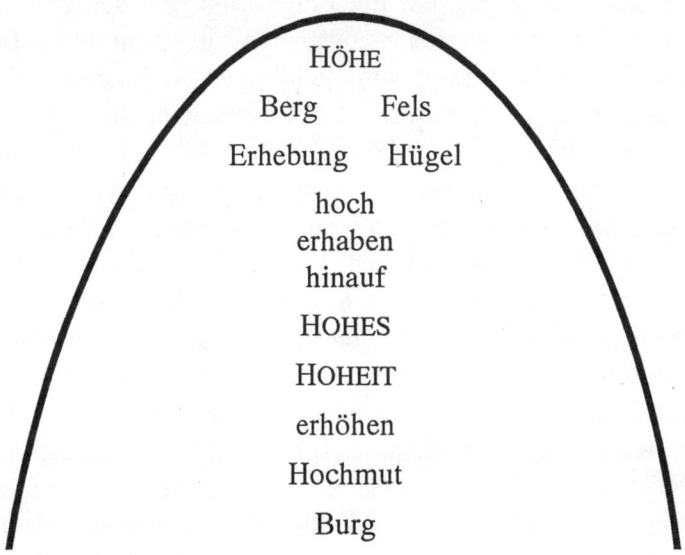

HÖHE

Berg   Fels

Erhebung   Hügel

hoch

erhaben

hinauf

HOHES

HOHEIT

erhöhen

Hochmut

Burg

Auch diese Grafik versucht darzustellen, welche Bedeutungsinhalte mit HÖHE transportiert wurde.

Hoch über alle Niederungen oder Ebenen erhebt sich der Berg. Sein Gipfel reicht bis in den Himmel. Er ist umleuchtet von strahlendem Sonnenschein oder bleibt in Wolken verhüllt. Er strahlt majestätisches Wesen, Hoheit aus.

Jesaja 33,5 und *Psalm 68,17*: "Gott wohnt in der Höhe", oder es ist die Rede vom Berg, "da Gott Lust hat zu wohnen".

Herausragende Begegnungen mit Gott finden auf dem Berge statt, wobei noch einmal differenziert wird: Gott kommt aus der Höhe auf den Berg. Seine Hoheit übersteigt alle realen Berge.

Mose und Elia steigen empor, um Gott zu begegnen. Die Gestalt des Mose ist in besonderer Weise mit dem Symbol "Berg" verbunden. Der Sinai ist der Ort, an dem Gott sich offenbart und Weisung (Gebote) erteilt (Ex 19 und 33). Nur in bestimmten konkreten Situationen läßt sich Gott auf bestimmte konkreten Bergen nieder, aber er legt sich nicht auf Dauer fest.

Psalm 121: "Ich hebe meine Augen auf zu den Bergen, woher wird mir Hilfe kommen?" Es mag sein, daß dieser Psalm ursprünglich ein Wallfahrtslied war, in dem der fromme Wallfahrer gefragt hat- wenn er sich dem Berg Zion näherte – "Woher wird mir Hilfe kommen?" Auf die Frage folgte – vielleicht im Wechsel mit anderen Pilgern: "Meine Hilfe kommt von dem Herrn, der (nicht den Berg oder den Zion, sondern) 'Himmel und Erde' gemacht hat – also den gesamten Kosmos, die Ganzheit, die mehr ist als Israel und Tempel. Gerade diese Gewißheitsaussage, die auf die Frage folgt, hat den Psalm gelöst von bestimmten historischen Situationen und geeignet gemacht für die Beschreibung mannigfacher Tiefensituationen von bedrängten Menschen. Die folgenden Sätzen wechseln von Ich-Aussagen zu ER-Aussagen, die begründen, warum die Hilfe von IHM kommt; *weil* ER den Fuß des Beters nicht gleiten läßt; ... weil er nicht schlummert und schläft, ... weil er zur Rechten des Beters geht; ... weil er vor allem Übel behütet; ... weil er das ganze Leben behütet – den Ausgang und den Eingang. Natürlich den Ausgang und Eingang zum Heiligtum Gottes. Aber wer verwehrt es den Betern späterer Jahrhunderte, darunter den Ausgang und Eingang aus dem Leben und in das Leben, den Ausgang und Eingang bestimmter Lebensabschnitte zu verstehen? Eine kleine zusätzliche Beobachtung. Der Psalm hat ein *Leit*wort: *behüten* und *Hüter*, das ab V 3 in jedem Vers des Psalms auftaucht. Es hängt auch zusammen mit unserem deutschen Wort "Hut". Der Hut ist Schutz vor zu heißer Sonne und vor zu viel Regen. Wie ein großer Hut kann sich Gottes Schutz über den Menschen legen, und er ist in Gottes Ob-hut! Wer eine Herde Schafe hütet, tut dies, indem er abwechselnd die *Vor*hut und die *Nach*hut bildet. Es ist nicht von ungefähr, wenn sowohl die grafische Darstellung des 121. Psalms als auch die grafische Darstellung des Wortfelds "Höhe" nicht nur einem Berg, sondern auch einem Hut ähnelt.

Auch bei dieser Grafik wird verständlich, daß im Zusammenhang mit "Höhe" theologische Fragen entstanden sind, zumal, wenn man sich vorstellt, daß der Gipfel eines Berges hinter Wolken verschwinden kann.

Warum lautet die eine Frage. "Warum verbirgst du dein Angesicht vor mir?" Unzählige Male fragen Beter so in verschiedenen Psalmen (z.B. Ps 10,1; 88,15 u.a.m.). Oft muß ihnen Gottes Herrlichkeit abhandengekommen sein! Nicht zuletzt Luther war es, der aufgrund bestimmter Erfahrungen vom verborgenen und offenbaren Gott sprach.

Wie lange? lautet die andere Frage. "Wie lange verbirgst du dein Angesicht vor *mir*?" Nicht Gott an sich ist verborgen (objektive Aussage), sondern dem Beter ist er verborgen (subjektive Aussage)! Dazu würden folgende Gedankengänge passen: Vor *Gott* ist nichts ver*borgen*; allenfalls müssen sich die Übeltäter vor ihm *verbergen*. Gottes *Gerechtigkeit* ist auf keinen Fall verborgen; sie ist klar wie das Licht der Sonne (Ps 48,11; 50,6; 71,19).

4. *Gottes Höhe ist nicht unbestritten*

Israels Verirrung auf die Höhen der Kanaanäer

4.1 Die Konkurrenzberge

Es gibt Höhen und Berge, auf die Israel sich immer wieder verirrt, auf denen es immer wieder Opfer gebracht hat. Es waren jene Höhen und Berge, die es bei seiner Landnahme vorgefunden hat. Sie waren gewissermaßen nicht wertfrei, sondern besetzt von den kanaanäischen Gottheiten. Mit der Landnahme vollzog sich ein religiöser Assimilationsprozeß. Man ahmte die Kanaanäer nach und verehrte ihre Gottheiten entweder zusätzlich zu Jahwe oder anstelle von Jahwe, der nach Beendigung des Exodus und der Wüstenwanderung seine Schuldigkeit getan hatte. Natürlich konnte das von jenen, die Jahwes Bund hielten, nicht gutgeheißen werden (vgl. 1.Kön 3,2: "Das Volk opferte noch auf den Höhen" u.a.m.).[3]

Insbesondere die Propheten haben diese Opfer und Gottesdienste immer wieder gegeißelt und das Gericht Gottes über solchem Tun angekündigt (vgl. insbesondere Ez 6,3 u.a.m. sowie Micha 1,3). Die Könige Israels werden in den Büchern der Chronik danach beurteilt, ob sie Jahwe Bundestreue erwiesen oder zugelassen haben, daß während ihrer Regierungszeit auf den Höhen geopfert wurde oder sie sich gar selbst an diesen Opfern beteiligt habe. Es wurde für Israel zur Überlebensfrage: Welches ist der *wahre* Berg? Wer ist der *wahre* Gott? Hier hat mehr stattgefunden als das Aufeinandertreffen zweier Kulturen und zweier Religionen. Es ging um eine grundsätzliche Auseinandersetzung, die auch für uns von Interesse sein könnte.

4.2 Was kommt von den Bergen?

Wofür standen die Höhen? Was wurde dort verehrt bzw. "auf den Sockel gehoben?" Es waren die kanaanäischen Fruchtbarkeitsgötter (-göttinnen). Sie waren für das Wachstum in diesem fruchtbaren Land zuständig, für den Reichtum und das Wohlergehen der im Land Seßhaften; aber auch nur für diesen Teilbereich. Wer wollte behaupten, daß physisches Wohlergehen alles ist im Leben eines Volkes? Demgegenüber bekannte Israel: "Ich bin der Herr, dein Gott, der dich aus Ägypten geführt hat." Immer wieder – insbesondere im Buch der Richter

---

3 Vgl. Salomos Traum bei Nacht, der ihm zeigt, wo die falsche und richtige Opfer"höhe" ist, Kapitel 2: Das Kontrastsymbol Licht und Finsternis, S. 51.

(Kapitel 2) – wird der Zusammenhang hergestellt: Jahwe verlassen heißt seine Vergangenheit vergessen; die Erinnerung verdrängen an den, der sein Volk durch Höhen und Tiefen geführt hat, zugunsten einer Wachstumsideologie, d.h. der Vergötzung (so die Sicht Israels) der Furchtbarkeit. Das hätte für Israel einen empfindlichen Identitätsverlust bedeutet. Die Identität eines Volkes wird eben nicht durch den Wohlstand und eine gute Versorgung gewährleistet, sondern durch die Bewährung in Grenzsituationen – in Höhen *und* Tiefen. Das Bekenntnis zu dem "Herrn, der Israel aus Ägypten geführt hat" ist ein Bekenntnis zu Gott, der mit seinem Volk Geschichte gemacht hat und mit dem das Volk Geschichte gemacht hat. Der Kampf um die Identität war ein Kampf um Leben und Tod. Unter diesem Gesichtspunkt sollte die Überlieferung in 1. Könige 18 gesehen werden: Elia, der einzige noch übriggebliebene Prophet des Herrn, fordert 450 Baalspriester auf dem *Berg* Karmel heraus. Er macht Israel klar, daß es nicht fortfahren kann, nach zwei Seiten hin zu hinken, zu Baal und zu Jahwe. Er gewinnt den Kampf. Die Geschichte hat exemplarischen Charakter, weil sie zeigt, daß Israel sich in seiner Beziehung zu Jahwe dazu durchgerungen hat, in ihm den zu sehen, der *auch* für die Fruchtbarkeit zuständig ist; daß das Volk ihm Fülle verdankt, die er schaffen oder verweigern kann.

4.3 Die Höhe Gottes und das Oben und Unten in einem Volk

Die grundsätzliche Unterscheidung in der Bewertung von Höhe und Höhen hat sich auch auf die sozialen Strukturen des Landes ausgewirkt. Hier sei daran erinnert, daß Kanaan nicht nur geprägt war durch die Höhen und Hügel seiner Götter, sondern auch durch die Stadtkönige, die ihre befestigten Städte auf den Tells, strategisch günstig gelegenen Höhen, ausbauten. Das war nicht nur Ausdruck militärischer Zweckrationalität, sondern auch Ausdruck gesellschaftlicher Zustände im Inneren. Die Stadtkönige waren absolute Herrscher, die ihre militärische und ökonomische Macht auf Frondienst und Sklaverei (Abhängigkeit!) sowie hohe Steuerbelastungen und ein stehendes Heer gründeten.

Man darf daran erinnern, daß die Einführung des Königtums in Israel heftig umstritten war. Es gibt darüber zwei kontroverse Überlieferungen in den Samuelbücher, eine Pro- und eine Kontra-Stimme (vgl. 1.Sam 9 und 10 auf der einen und 1.Sam 8 auf der anderen Seite). Bei den Gegnern eines Königtums für Israel ist die Angst mit Händen zu greifen, man könnte sich den kanaanäischen Strukturen ausliefern und "werden wie die Heiden". Der Verlauf der Geschichte hat ihnen teilweise recht gegeben – und last not least – hat das Königtum geschichtlich nicht überlebt. Man könnte die Alternative auch noch so zuspitzen: Was soll gelten? "Die Götter der Macht oder der Gott des Friedens und der Gerechtigkeit?" "Wie lieblich sind auf den *Bergen* die Füße des Freudenboten, der *Frieden* verkündet, gute Botschaft bringt, der *Heil* verkündet (Jes 52,7)!"

4.4 Neben den Götter-Konkurrenten gibt es die Menschen-Emporkömmlinge

Es ist wichtig, daß man seine "Augen zu den Bergen erhebt" (Ps 121,1!), ja, Ausschau hält nach dem wahren Berg. Seinen besonderen Knechten hat es Gott gestattet, auf den Berg *hinauf* zu steigen und sich ihm zu nähern.

Auf dem Berge Gottes hat nur der etwas zu suchen, der sich Gott gegenüber angemessen verhält. Es gibt aber auch die Emporkömmlinge, die "sein wollen wie Gott"; sie reißen Macht an sich und mißbrauchen sie – eine uralte menschliche Hybris. Exemplarisch stellt dieses Verhalten Genesis 11 (Turmbau zu Babel) dar als Teil der Urgeschichte!

Es ist ein ehrgeiziges Projekt, das die Menschen starten; seine Spitze soll bis an den Himmel reichen, und sie selbst wollen sich damit ein Denkmal setzen (vgl. V 4 "sich selbst er*höhen*!").

Gott muß herabfahren aus seiner Höhe, um es zu besichtigen (V 5). Das ist ein Satz voller Ironie. So überdimensional kann der Turm doch nicht gewesen sein, mißt man ihn an Gottes Größe und Hoheit!

Das aber ist – so sagt Gott – erst der Anfang ihres Tuns. Sie werden keine Grenzen kennen. Wie wahr! Zunächst endet dieser Versuch, "Macht um jeden Preis – Renommieren um jeden Preis" mit einer Sprach- und Kommunikationsstörung (vgl. V 7 und 8). Jeder mag hier für sich nach konkreten politischen Bezügen zur Gegenwart suchen!

Vielleicht kann man hier einfach kommentarlos zwei Prophetenworte dagegensetzen:

"Erniedrigt wird die Hoffart der Menschen,
der Stolz der Männer gedemütigt, erhaben ist der Herr allein." (Jes 2,17)

"Womit soll ich vor den Herrn treten,
mich beugen vor dem Herrn der Höhe? (Micha 6,6)
Mit Opfern? Mit Recht üben, Güte lieben,
demütig wandeln vor Gott ..." (vgl. Micha 6,8)

5. Das Symbol "Berg" gestaltet und ordnet Überlieferung

5.1 Die Überlieferung von Mose und den Bergen

Die Überlieferungen von der Gestalt des Mose sind bekanntermaßen vielfältig. Generationen haben an ihr gearbeitet und ihr Bild von dieser Gestalt eingebracht. Er wird als Fürsprecher des Volkes vor Gott, als Mittler, als Prophet, als Sprecher und Verkünder des Rechts, als Führer und Retter (u.a.m.) beschrieben. Allein die literarische Quellenlage im Pentateuch (J, E und P, dazu das Deuteronomium als Teil des deuteronomistischen Geschichtswerkes) ist kompliziert, ganz zu schweigen von den in den Quellen enthaltenen Traditionen, die auf mündliche Überlieferung zurückgehen. Es ist jedoch legitim, heute das Gesamtwerk zu betrachten und in ihm nicht das zufällige Produkt eines oder mehrerer Redaktoren zu sehen. Wir haben zumindest den Versuch einer Komposition vorliegen, durch das sich gestaltende Prinzipien ziehen. Hierin gleicht das Werk durchaus den Evangelien, in denen die jeweiligen Evangelisten dem Ganzen ihren Stempel aufgedrückt haben. Es scheint so, daß das Symbol des Berges dabei eine entscheidende Rolle spielt.

Das Wirken des Mose beginnt am Fuße eines Berges (Berufung in Ex 3) und endet auf einem Berg (Tod in Dtn 34).

Nach einer "wunderbaren" Vorgeschichte (Geburt trotz Tötungsbefehl der männlichen hebräischen Nachkommenschaft durch den Pharao, Rettung im Binsenkörbchen durch die Tochter des Pharao, Flucht ins Ausland, vgl. Ex 2) wird uns Mose als Nomade geschildert, der in Midian Aufnahme im Hause eines Priesters gefunden und geheiratet hat. Er hütet nicht seine eigenen, sondern die Schafe seines Schwiegervaters. Während er die Schafe über die Steppe hinaustrieb, kommt er "an den Gottesberg Horeb" (Ex 3,1) und hat am Fuße dieses Berges eine Erscheinung: den brennenden Dornbusch.[4]

Die Berufung, die während der Erscheinung erfolgt, ist uns in einem Ineinander zweier Quellenstränge überliefert. Die jahwistische Fassung soll hier außer Betracht bleiben (wird behandelt im Zusammenhang mit dem Symbol des Feuers). In der zweiten Fassung begehrt Mose gegen die Berufung auf, weil er angeblich nicht reden kann. Gott verspricht ihm, den Aaron beizugeben. Mose verabschiedet sich von seinem Gastgeber und Schwiegervater und macht sich auf nach Ägypten. Gleichzeitig wird von Ägypten aus Aaron auf den Weg geschickt. Beide begegnen sich (welch eine wunderbare Fügung!) am Gottesberg und küssen sich und tun sich zusammen, um ihr Volk zu retten (Ex 4,27 ff).

---

4 Vgl. dazu die ausführliche Exegese in: Das Symbol des Feuers, S. 369 ff.

Hier darf ganz sicher nicht historisierend gefragt werden, z.B. wie es Aaron gelungen ist, sich heimlich aus Ägypten davonzustehlen, während doch anschließend der Exodus des Volkes so unendlich schwer war. Entscheidend ist, daß der "Berg" Ort der Begegnung ist: das Verbindende zwischen dem hebräischen Flüchtling aus Midian und dem hebräischen Asylanten aus Ägypten.

Auf einem Berg endet Mose, ohne je ins verheißene Land hineingekommen zu sein. Sein Tod auf dem Berg wird in Deuteronomium 32,48-52 angekündigt und dann in Deuteronomium 34, dem letzten Kapitel des Pentateuch, erzählt. Noch einmal soll Mose auf einen Berg steigen, den Berg Nebo im Moabiterland. Noch ein letztes Mal wird ihm dort eine Schau zuteil: das Land, das Gott seinem Volk zu geben geschworen hat. Mose darf hinüberschauen, aber er wird nicht mehr hineinkommen. Nach dieser Vision stirbt Mose auf dem *Berg* und Gott selbst begräbt ihn im *Tal*!

Was ist an diesem Anfang und Ende bemerkenswert? Mose ist der ewig wandernde Nomade, der niemals seßhaft wurde. Er ist aber auch der, der immer in der Fremde war – in der heidnischen Fremde! In der Fremde und Sklaverei geboren (Ägypten) – geflohen in die Fremde und ohne eigenen Besitz und Familienclan in dieser Zwischenphase (Midian) – Erfüllen seines Auftrags in der Fremde (Ägypten) – Umherziehen in der Wüste zwischen Ägypten und Kanaan – Sterben in der Fremde (Moab). Und dennoch war in diesem Fremdlingsdasein immer wieder eine Gottesbegegnung möglich. Wie mag die Schilderung eines solchen Lebens auf Menschen gewirkt haben, die schon wieder im Exil oder in der Diaspora waren? Auf Generationen, deren Kinder und Enkel bereits in der Fremde geboren wurden und die selbst ihre Begräbnisstätte in der Fremde fanden? Gott selbst hat den Mose hinweggenommen, er selbst hat ihn begraben (und dadurch die heidnische Erde geheiligt?)! Ausdrücklich wird in bezug auf das Ende des Mose vermerkt, daß "niemand sein Grab bis auf den heutigen Tag kennt" (Dtn 34,6). Kann man daraus schließen, daß Mose nicht als 'Grabmal' im fremden Lande zurückbleibt, während die Israeliten in ihr verheißenes Land einziehen (und später wieder ausziehen müssen) – und vergessen wird? Könnte es bedeuten, daß er sie, obwohl physisch tot, begleitet und bei ihnen lebendig bleibt? Es fällt auf, daß in Deuteronomium 34,7 darauf hingewiesen wird, daß bei Mose "die Frische nicht gewichen war".

Mose steigt hinauf auf den Berg und herab vom Berg

Zwischen dem Anfang auf dem Berg und dem Ende auf dem Berg dreht sich – etwas verkürzt ausgedrückt – bei Mose alles um den Berg Sinai (Horeb). Mehrfach wird Mose auf den Berg gerufen; er steigt hinauf, schaut Gottes

Herrlichkeit, erhält Aufträge, die er weitergibt. Es ist nicht einfach, klare Strukturen zwischen Exodus 3 und Deuteronomium 34 zu erkennen. Man hat eher den Eindruck, daß sowohl denen, die für die einzelnen Quellen verantwortlich sind, als auch dem Endredaktor die Fülle des Stoffes über den Kopf gewachsen ist. Deshalb sei nur auf markante Berg- bzw. Aufstiegskapitel verwiesen:

Exodus 19: Hier wird ausdrücklich vermerkt, daß Mose eine Grenze um den Sinai ziehen soll; das Gebiet um den Berg wird zum heiligen Berg; nur Mose darf sich der Spitze des Berges nähern; Volk und Priester müssen zurückbleiben. Was hier geschildert wird, gleicht eher dem späteren Jerusalemer Heiligtum, und was hier zelebriert wird, den Feierlichkeiten am Versöhnungstag als einem Fest in der Wüste.

Exodus 24: Sechs Tage lang bedeckt eine Wolke den Berg und am siebenten Tag (!) wird Mose auf den Berg gerufen. Mose steigt hinauf und wird durch die Wolke mitverhüllt und den Blicken des Volkes entzogen.

Exodus 32 und 33: Nach dem Abfall des Volkes (Goldener Stier, Ex 32) kommt es zur Bundeserneuerung, zur erneuten Übergabe der Gebote. Interessant ist der Abschnitt in Exodus 33, 18-23, wo es um die Bitte des Mose geht, Gottes Herrlichkeit schauen zu dürfen, die er vorher ganz problemlos schauen konnte! Mose wird dahingehend beschieden, daß weder er noch irgendein Mensch Gottes Angesicht schauen darf. Es wird ihm aber gestattet, in eine Felsenkluft (-spalte) zu treten (auf welchem Berg?), während Gottes "Pracht"/"Herrlichkeit" vorüberzieht (ein Panier, ein Symbol?). Gott hält schützend seine Hand davor (anatomisch nicht vorstellbar, nur symbolisch verstehbar). Danach darf Mose dieser Herrlichkeit *nachschauen*, gewissermaßen Gottes Rücken sehen.[5]

Fast die gleiche Begebenheit wird von Elia erzählt (1.Kön 19,4 ff). In beiden Fällen hat man den Eindruck, es handelt sich um eine Wallfahrt mit mindestens 40tägigem Wüstenaufenthalt und einem Bergaufenthalt, verbunden mit einer entsprechend langen Fastenzeit.

Exodus 34,29-35: Zum letzten Mal wird von einem Abstieg des Mose erzählt. Dabei war die Haut seines Antlitzes strahlend geworden, während er mit Gott redete. Der strahlende Glanz bleibt erhalten, während er mit dem Volk redet. Danach legt er eine Hülle auf sein Angesicht, bis er wieder mit Gott redet. Merkwürdig ist, daß einerseits von einem Herabsteigen des Mose vom Sinai die Rede ist (V 29-33), andernteils von einem "Hineingehen". Schimmert hier schon das gottesdienstliche Geschehen einer späteren Zeit durch? Einer Zeit, in der es gar keinen Berg mehr gab, weder den Zion noch den legendären

---

5 Vgl. Das Symbol des Auges, S. 191 f.

Sinai? Einer Zeit, in der es keinen Tempel mehr gab, in dem der Hohepriester allein im Allerheiligsten entschwand (wie Mose in den Wolken des Sinaigipfels) und sich den Blicken von Volk und Priesterschaft entzog? Eine Zeit, in der die Decke vor dem Gesicht den Vorhang vor dem Allerheiligsten ersetzen mußte?

Deuteronomium 4 und 5: Hier wird noch einmal ein Rückblick auf die Heilsgeschichte, insbesondere auf das Geschehen am Gottesberg, aus der Sicht des deuteronomistischen Geschichtswerkes gegeben. Dabei fällt auf, daß der Gottesberg weniger in seiner Licht-Herrlichkeit beschrieben wird, sondern als Feuerberg, symbolischer Hinweis auf Gottes Eifer, Zorn und Heiligkeit.[6]

Was aber könnte dieses Auf und Ab um den Berg in der Mitte der gesamten Moseüberlieferung bedeuten? Alles, was im Zusammenhang um den Berg geschildert wird, kann immer und überall – vor allem auch in der Fremde geschehen. Immer wieder kann Gott aus seiner Höhe herabsteigen, können Menschen ihm sich nähern, ihre Augen und Herzen zu IHM erheben. Immer und überall können sie seine Gebote halten, immer und überall seine Feste feiern. Immer und überall können sie des Sabbathtages gedenken und das Bilderverbot befolgen (vgl. insbesondere Dtn 4,15 ff), immer und überall falsche Kompromisse mit den heidnischen Göttern vermeiden.

5.2 Gestalten der Tiefe

Mose ist in der Überlieferung eine Gestalt, die dem Symbol "Berg" zuordnen ist; einzigartig in seiner Bedeutung für das Volk Israel, unbestritten in seiner Autorität, die ihm von "Gott aus der Höhe" verliehen war, m.a.W.: "überragend".

Demgegenüber kennt die biblische Überlieferung Gestalten der Tiefe. Der Schwerpunkt in den folgenden Überlegungen soll den alttestamentlichen Gestalten gelten, weil sie prägend waren auch für die Darstellung neutestamentlicher Tiefengestalten.

Hiobs Leiden

Das Hiobbuch ist in der heute vorliegenden Fassung ein spätes Buch, nachexilisch. Deshalb darf es nicht verwundern, wenn sich in ihm – ähnlich wie bei einigen sehr späten Psalmen – mehrere Symbole mischen bzw. gegenseitig ergänzen: Neben dem Kontrastsymbol "Höhe-Tiefe" findet sich das Kontrastsymbol "Licht-Finsternis" und "Weg".

---

6 Vgl. Das Symbol des Feuers, S. 367 ff.

Innerhalb des Hiobbuches unterscheidet man eine ältere Hioberzählung und ein jüngeres – weisheitlich orientiertes – Hiobgedicht. Die ältere Hioberzählung umfaßt Hiob 1 – 2,10 und 42,10.12-16. Sie schildert Hiob als exemplarisch frommen Mann, über den in einer himmlischen Ratsversammlung gewissermaßen eine Wette zwischen Gott und dem Satan abgeschlossen wird: Wird er standhaft und seinem Gott treu bleiben – (auch in der größten Versuchung) oder nicht? Die Erzählung ist in sechs Szenen gegliedert:

Erste Szene: Hiob 1,1-5: Hiob als frommer vorbildlicher Mann, der mit Reichtümern und einer großen Familie gesegnet ist.

Zweite Szene: Hiob 1,6-12: In einer himmlischen Ratsversammlung taucht der Satan auf, berichtet davon, daß er bei seinem Umherstreifen auf der Erde Hiob entdeckt hat. Er wirft Gott vor, daß es für Hiob leicht – zu leicht! – sei, gottesfürchtig zu sein. Gott gibt ihn für eine Weile dem Satan zur Versuchung frei.

Dritte Szene: Hiob 1,13-22: "Hiobsbotschaften" treffen bei Hiob nacheinander ein: Seine Viehherden, seine Knechte, sogar seine Söhne und Töchter kommen nach und nach um. Hiob bleibt standhaft: "Der Herr hat's gegeben, der Herr hat's genommen; der Name des Herrn sei gelobt! (V 21)"

Vierte Szene: Hiob 2,1-6: In einer erneuten himmlischen Ratsversammlung taucht wiederum der Satan auf und sagt Gott ins Angesicht hinein, daß Hiob von seiner Treue zu Gott abfallen wird, wenn es ihm "an die Haut geht" (V 4).

Fünfte Szene: Hiob 2,7-10: Hiob wird von Kopf und Fuß von Geschwüren heimgesucht und von seiner Frau aufgefordert, Gott zu verfluchen. Mitten auf einem Aschenhaufen sitzend, bleibt Hiob standhaft: "Das Gute nehmen wir an von Gott, und das Böse sollten wir nicht annehmen?"

EINSCHUB: Hiobgedicht (Hiob 2,11 – 42,9)

Sechste Szene: Hiob 42,10.12-16: Hiob hat die Probe bestanden und wird von Gott erneut gesegnet.

Die alte Hioberzählung stellt uns ein einfaches Frömmigkeitsmuster vor, das von einem frühen Stadium theologischer Reflexion zeugt und doch zugleich bis zum heutigen Tag zu finden ist: Sowohl das Gute als auch das Böse kommt aus Gottes Hand. Wenn der fromme Gerechte leiden muß, dann stellt ihn Gott lediglich eine Weile auf die Probe. Am Ende erfährt er Gottes "ausgleichende Gerechtigkeit" und wird für seine Standhaftigkeit belohnt. Die Lebenserfahrung zeigt jedoch, daß es so einfach nicht läuft. Leid ist nicht so leicht zu bewältigen und wird nicht so selbstverständlich als sinnvoll erfahren. Die Standhaftigkeit der Menschen ist begrenzt. Schon gar nicht selbstverständlich ist, daß der Fromme erhört und belohnt wird – im Gegenteil: Oft ist kein Unterschied zwischen Bösen und Guten zu erkennen – ja, die Gottlosen leben oft viel besser! Diese Erfahrungen erfordern neue theologische Antworten. Um sie bemüht sich das in die Erzählung eingeschobene, jüngere Hiobgedicht. In ihm wechseln Hiobs Klagen und Einwände mit Argumenten seiner Freunde:

Hiobs Klage	Kap. 3	
	Erste Rede des Eliphas	Kap. 4 und 5
Hiobs Antwort	Kap. 6 und 7	
	Erste Rede des Bildad	Kap. 8
Hiobs Antwort	Kap. 9 und 10	
	Erste Rede des Zophar	Kap. 11
Hiobs Antwort	Kap. 12 – 13 – 14	
	Zweite Rede des Eliphas	Kap. 15
Hiobs Antwort	Kap. 16 und 17	
	Zweite Rede des Bildad	Kap. 18
Hiobs Antwort	Kap. 19	
	Zweite Rede des Zophar	Kap. 20
Hiobs Antwort	Kap. 21	
	Dritte Rede des Eliphas	Kap. 22
Hiobs Antwort	Kap. 23 und 24	
	Dritte Rede des Bildad	Kap. 25
Hiobs Antwort	Kap. 26 bis 31	
	Die Reden Elihus	Kap. 32 – 37
Das "Examen" Hiobs durch Gott und Hiobs Antworten		
	Kap. 38 – 42,6	

So vieler Reden bedurfte es, um sowohl menschliche Leiderfahrung als auch ihr theologisches Verstehen im Hin und Her der Argumente zu einer vorläufigen Klärung zu bringen! Hiobs Leiderfahrungen werden als Erfahrungen der Tiefe gesehen und beschrieben. Entscheidende Bedeutung scheint dem 17. Kapitel zuzukommen, wo Hiob seine Befindlichkeit in der Tiefe mit "Gräbern", "Grube" und "Unterwelt" beschreibt: Gräber sind das einzige, was ihm verblieben ist (17,1). Die "Grube" ist ihm so vertraut, daß er sie "Mutter" nennt und das Gewürm in der Grube "Schwester". Hoffnung und Glück sind nicht mehr – sie sind mit ihm in die Unterwelt gefahren – "gestorben" (vgl. 17,14 ff). Sein Gesicht ist rot vom Weinen, und Dunkel liegt auf seinen Wimpern (16,16), im Dunkel bereitet er sein Lager, und wo er wohnt, ist Unterwelt – Totenreich (17,13). Aus dieser Tiefe läßt er seine Klage aufsteigen und wünscht sich, er wäre nie geboren worden: "Vernichtet sei der Tag, da ich geboren ward, und die Nacht, die sprach: Empfangen ist ein Knabe" (3,2). Die Klagen münden ein in Fragen: *Warum ...?*

> "Warum starb ich nicht bei meiner Geburt?
> Verschied nicht, als ich aus dem Mutterleib kam?
> Warum nahmen mich Knie entgegen, und wozu Brüste; daß ich sog?
>
> So läge ich nun stille, ich schliefe, ich hätte Ruhe ... und wäre verscharrter Fehlgeburt gleich, wie Kindlein, die niemals das Licht geschaut.
>
> Warum ließest du mich kommen aus dem Mutterschoß,
> mich nicht verscheiden, daß kein Auge mich sah?
> Sind nicht der Tage meines Lebens nur wenige noch ...
> ehe ich hinfahre ohne Wiederkehr ins Land der Finsternis und des Dunkels,
> ins Land so düster wie die schwarze Nacht;
> ins Dunkel, wo kein Mittag ist?"

In seiner Tiefe fragt sich Hiob, warum er nicht gleich physisch tot geblieben ist, wenn er jetzt tausend Tode in seinem Leid stirbt. Er möchte physisch tot sein, weil er sich schon "wie tot fühlt" – in der *Grube, vergraben* in seinem Leid. Die Antwort des Hiobgedichtes ist eine doppelte: Einmal steckt sie in der bekannten Hoffnungs"kehre", wie sie aus den Psalmen bekannt ist:

> *"Ich aber weiß:* mein Anwalt lebt, und ein Vertreter ersteht mir über dem Staube. Selbst wenn die Haut an mir zerschlagen ist, mein Fleisch geschwunden, *werde ich Gott schauen,*
> ja, ich werde ihn *schauen mir zum Heil ..."* (Hiob 19,25 ff).

So sprechen im Alten Testament die unschuldig Verfolgten, wenn sie errettet werden. – Zum anderen in den Kapiteln 38 bis 42, in denen die bisherige Situation umgekehrt wird. Nicht mehr Hiob ist es, der aus seiner Tiefe fragt; jetzt ist es Gott, der ihn zur Rede stellt und fragt, ja, in Frage stellt wie einen zitternden Examenskanidaten. Über die gesamte Schöpfung wird Hiob befragt – von der Höhe bis zur Tiefe, und er muß eingestehen:

> "Ich habe erkannt, daß du alles vermagst;
> Nichts, was du sinnst, ist dir verwehrt" (Hiob 42,1).

So spricht der weisheitliche Mensch im Alten Testament.

Daniel wird in die Löwengrube geworfen

Ähnlich wie das Hiobbuch entstammt die Endfassung des Buches Daniel einer späten, noch späterer Zeit (Makkabäerzeit). Es enthält zwei verschiedene, ursprünglich selbständige literarische Gattungen: *Daniel 1 – 6:* Die Geschichte und *Daniel 7 – 12:* Die Gesichte eines gewissen Daniel, dessen Leben und

Wirken in das 7./6. Jahrhundert (Deportation nach Babylonien) zurückdatiert wird – ohne Zweifel eine interessengeleitete Legendenbildung späterer Zeit. Es ist nicht von der Hand zu weisen, daß ihr das aus Genesis 41 f (Josephs Träume) bekannte Motiv vom Aufstieg des Traumdeuters zugrunde liegt: wunderbare Gabe der Traumdeutung im Dienst eines Herrschers – Aufstieg in hohes Regierungsamt – Verfolgung und Intrigen durch die Neider – in Ungnade fallen – wunderbare Errettung – Bestrafung der Feinde.[7]

Im Zusammenhang mit dem Symbol der "Tiefe und Höhe" ist das 6. Kapitel des Danielbuches von Interesse.[8] Es ist die Geschichte eines Mannes, den Menschen in die Tiefe gestoßen haben, der sich in der Tiefe bewährt und eine wunderbare Erhöhung erfährt:

Daniel 6,1-3: Daniel, der sich durch seine Fähigkeit zur Traumdeutung und außerordentliche Fähigkeiten in der Verwaltung hervorgetan hat, soll einer der drei Oberbeamten werden, denen die 120 Satrapen im Persischen Reich unterstehen.

Daniel 6,4-9: Das erregt den Neid der übrigen Oberbeamten und Satrapen. Sie versuchen einen Vorwand zu finden, um ihn wegen nachlässiger Führung der Staatsgeschäfte anzuklagen – es gelingt nicht. Daraufhin dient ihnen seine Religion, sein unerschütterlicher Jahweglaube, als Vorwand für die Planung einer Intrige.

> "Denn ohne Ursache haben sie mir ihr Netz gestellt, ohne Ursache mir eine Grube gegraben" (Ps 35,7).

Die Neider Daniels veranlassen den König Darius zum Erlaß eines "Gesetzes der Meder und Perser", wonach jeder, der von irgendeinem Gott oder irgendeinem Menschen etwas erbittet, außer vom "Großkönig", in die Löwengrube geworfen werden soll.

Daniel 6,10: Nachdem Daniel von diesem Gesetz gehört hat, geht er in sein Haus, das im Obergemach Fenster hat, die nach Jerusalem offenstehen, kniet nieder und betet dreimal am Tag zu seinem Gott – wie bisher und ohne das zu verbergen.

> "Ich rufe zu Gott, dem Allerhöchsten, zu Gott, der meine Sache hinausführt" (Ps 57,3).

Daniel 6,11-15: Die Beamte des Königs hintertragen dem König sofort, was Daniel getan hat, und weisen noch einmal ausdrücklich darauf hin, daß jedes

---

7 Vgl. O. Kaiser, Einleitung, S. 283.
8 Dan 3 (Im Feuerofen) wird im Zusammenhang mit dem Symbol "Feuer" erörtert.

Gebot und Verbot des Königs "nach dem Gesetz der Meder und Perser" unwiderruflich ist.

> "Frevle Zeugen stehen auf ... es rotten sich wieder mich Lästerer, die ich nicht kenne, sie schmähen und hören nicht auf ... Laß nicht frohlocken über mich, die mir grundlos feind sind ... und sperren ihr Maul weit auf wider mich; sie sprechen: Ha! ha! Wir haben's mit eigenen Augen gesehen ..." (Ps 35,11.15.19.21).

Daniel 6,16-17: Daniel wird vom König in die *Löwengrube* geworfen. Der Großkönig sagt provozierend zu Daniel: Der Gott, dem du ohne Unterlaß dienst, errette dich! Die Öffnung der Grube wird mit einem Stein bedeckt und versiegelt.

> "Mitten unter die *Löwen* muß ich mich lagern, unter flammensprühenden, unter Menschen, deren Zähne Spieße und Pfeile sind und deren Zuge ein scharfes Schwert ... Er wird vom Himmel senden, mir helfen aus der Hand derer, die wider mich schnauben" (Ps 57, 5 und 4)

und

> "Sie sollen nicht sprechen in ihrem Herzen: Ha, das ist's, was wir wünschten! sollen nicht sagen: Wir haben ihn verschlungen" (Ps 35,25).

Daniel 6,19-23: Daniel wird am nächsten Morgen unverletzt in der Löwengrube gefunden, weil er vor seinem Gott als unschuldig erfunden wurde und seinem Dienstherrn, dem König, gegenüber, kein Unrecht getan hat.

> "Erhebe dich, wache auf, mir Recht zu schaffen, meine Sache zu führen, mein Herr und mein Gott" (Ps 35,23)

und

> "Hilf mir aus dem Rachen des Löwen!" (Ps 22,22)

Die Legende von Daniel in der Löwengrube hat zwei Aspekte:

Man kann sie als Veranschaulichung der Volksweisheit "Wer anderen eine Grube gräbt, fällt selbst hinein" lesen. Die Verleumder Daniels sind überführt und werden selbst in die Löwengrube geworfen (6,24).

Man kann sie als symbolische Geschichte lesen, in der die der Volksweisheit zugrunde liegende Erfahrung theologisch gedeutet wird. Dann ist es eine Geschichte von dem Gott, der aus der Höhe (Ps 57,4) den von Menschen in die Tiefe Gestoßenen errettet.

Die in die Inhaltsangaben zu Daniel 6 eingeschobenen Psalmzitate zeigen dann, daß diese symbolische Geschichte über die Höhe und Tiefe aus Psalmmotiven herausgewachsen ist. Die Löwen können symbolisch – wie im Psalm – für die Verleumder und Verfolger stehen, die "ihr Maul aufsperren", die Grube kann symbolisch für die Tiefenerfahrung stehen, die der unschuldig Verfolgte macht. Der aus der Tiefe Errettete ist äußerlich *und* innerlich unverletzt geblieben.

Die Geschichte ist darüber hinaus durchzogen von der heimlichen Konkurrenz zwischen dem Gott, der aus der Höhe seine Hilfe sendet und dem Großkönig, der der Gefangene des "Gesetzes der Meder und Perser" ist. Er wird sich "dem lebendigen Gott, der in Ewigkeit bleibt und dessen Reich unzerstörbar ist ..." (Dan 6,25 ff) unterwerfen.

Jeremia versinkt im Schlamm der Zisterne

Zu den Tiefen-Gestalten des Alten Testaments könnte man auch Jeremia, den Propheten mit dem tragischen Ende, – und im weitesten Sinn auch – die Gestalt des Gottesknechtes in den Gottesknechtpsalmen des Deuterojesaja rechnen. Jeremia ist ein Prophet, der wegen seines von Jahwe erteilten Auftrags tief an sich selber leidet:

"Nie saß ich fröhlich im Kreis der Scherzenden; von deiner Hand gebeugt, saß ich einsam ... Warum ward mein Schmerz denn ewig ...?" (Jer 15,17 f). Einsam macht die Befindlichkeit in der Tiefe; Klagen und Fragen steigen auf, wie aus vielen Psalmen bekannt. Zu dieser inneren Tiefenerfahrung kommt das äußerliche Hinabwerfen in die Tiefe durch die Gegner des Propheten. Unter Zedekia, dem letzten König Judas, kurz vor der Einnahme Jerusalems werfen sie Jeremia vor, er lähme mit seiner Gerichtspredigt die Kampfkraft der Soldaten und den Widerstandswillen des Volkes. Er wird in die Zisterne "des Prinzen Malachia im Wachthof" geworfen (Jer 38,1 ff) und versinkt im Schlamm:

> "Ich bin versunken im tiefen Schlamm" (Ps 69,3; vgl. V 15).

Mag es tatsächlich so geschehen sein – dieser Vorfall bekommt in Blick auf das Schicksal Jeremias symbolischen Charakter. Noch einmal wird der Prophet errettet – aber sein Leben endet im Dunkel der Geschichte; nichts erfahren wir über seinen Tod. Es ist nicht zu verwundern, daß dieses Schicksal eine solche Wirkungsmächtigkeit entfaltet hat, daß die Klagelieder Jeremias in späterer Zeit entstanden sind, u.a. mit der Klage:

> "Die Wasser gingen über mein Haupt, ich dachte: Nun bin ich verloren. Ich rief deinen Namen an, o Herr, aus der *Tiefe* der *Grube*" (Klgl 3,54 f).

Die Tiefe dieses Leidens kommt dem Leiden Jesu am nächsten.

Jona wird vom Seeungeheuer verschlungen

Das kleine Jonabuch, das uns heute innerhalb des Komplexes der Zwölfpropheten überliefert ist, ist keine Sammlung von Prophetenworten, sondern eine Novelle. Spät entstanden (ca. 3. Jh. v. Chr.) – so wie das Hiobbuch oder die Danielüberlieferung – erzählt es die Geschichte eines Mannes namens Jona, der aus ganz anderen Gründen als etwa der Prophet Jeremia eine Tiefen-Erfahrung machen muß: Nicht der Gehorsam gegenüber Jahwes Auftrag, sondern sein Widerstand, sein Ungehorsam und seine Uneinsichtigkeit, führen ihn dorthin.

Jona erhält den Auftrag, als Missionar unter den Heiden der "großen" Stadt Ninive zu wirken – ein für das Judentum einer bestimmten Zeit undenkbare Vorstellung. Das eigene Erwählungsbewußtsein und die Erwartung des von den Propheten angekündigten Gerichts an den Fremdvölkern mußten erst für die Vorstellung geöffnet werden, daß Jahwe, der Gott Israels, auch der Gott der Heiden ist; ja, daß die Heiden gottesfürchtiger und bußfertiger als die Juden sein können. Jona versucht, sich dem Auftrag zu entziehen, indem er sich in entgegengesetzter Richtung auf eine Schiffsreise begibt (von Joppe nach Tarsis). Das Schiff gerät in Seenot, Jona wird über Bord geworfen und von einem Seeungeheuer verschlungen. In die Tiefe des Meeres und eingeschlossen im Bauch des Fisches – dem Schoß der Unterwelt (Jona 2,3) – verbirgt er drei Tage und Nächte.[9]

Er wird dort an Land geworfen, wohin er nicht wollte. Nach einem erneuten Auftrag Jahwes verkündet er das Gericht über die Stadt Ninive. Wider Erwarten tut die Stadt Buße. Jona will damit nichts zu tun haben; außerhalb der Stadt gibt er sich seinem Zorn über die Barmherzigkeit Gottes hin. Als dieser ihm zum Trost einen schattenspendenden Rizinus aufwachsen läßt, aber am folgenden Tag wieder zum Verdorren bringt, wünscht er sich wiederum, wie schon bei der Umkehr Ninives, den Tod. Das Ganze ist eine symbolische Geschichte, die aus mehreren Motiven mythischer und märchenhafter Art (Seeungeheuer, schnell aufwachsende Pflanze etc.) erwachsen ist. Sie soll vom Hörer bzw. Leser in ihrer theologischen Symbolik verstanden werden.

Die fünfte Vision des Propheten Amos (Amos 9,2 f) ist eine Gerichtsvision über das Volk Israel, in der es heißt: "Brächen sie durch in die Unterwelt – meine Hand faßt sie auch dort, und stiegen sie hinauf in den Himmel – ich hole sie auch von dort herab. Versteckten sie sich auf dem Gipfel des Karmel, so spüre ich sie dort auf und fasse sie, und verbärgen sie sich auf dem *Grunde des Meeres*, so gebiete ich der *Schlange*, sie zu beißen." Die Geschichte des Volkes Israel war immer auch eine Geschichte des Ungehorsams, ein "Wandeln auf falschen Wegen". Wohin auch immer sich dieses Volk Jahwe entziehen wollte, er holt es ein – auch auf dem Grund des tiefen Meeres. Was dem Volk gilt, gilt erst recht für einen einzigen Mann, den Propheten Jona. Er wiederum steht

---

9 Vieles spricht dafür, daß es sich nicht um einen besonders großen Fisch, sondern um das Meerungeheuer handelt, dem die Israeliten in den Mythen des Vorderen Orients begegneten.

exemplarisch für Teile des Volkes, die theologisch einen falschen Weg gehen: den der eigenen Abgrenzung und der Aussperrung der Heiden vom Heil. Er macht eine Tiefenerfahrung, die ebenfalls exemplarisch für die Tiefenerfahrung Israels durch das Exil und im Exil stehen könnte. Sie wird in einem Psalm (Jona 2) zum Ausdruck gebracht, der den übrigen Psalmen aus der Tiefe gleicht.[10]

> Geworfen in die Tiefe – umschlossen von der Flut –
> während die Wogen und Wellen über ihn hinweggehen –
> während die Wasser ihm an die Seele gehen –
> schreit er seine Not hinaus wie aus dem Schoß der Unterwelt und fragt
> sich:
> *"Wie werde ich je wieder schauen deinen heiligen Tempel?"!!!*

Könnte das nicht auch die Frage derer gewesen sein, die aus dem Land in die Fremde deportiert und gleichzeitig von der Befürchtung heimgesucht wurden, "sie seien verstoßen" (zum Ganzen vgl. Jona 2)?

Wie dem auch sei, Jona lernt eigentlich nichts aus der Tiefenerfahrung und seiner Errettung. Er braucht erneut einen Auftrag Jahwes, in die "überaus große Stadt Ninive" hineinzugehen, um das Gericht über diese Heiden zu predigen. Über die unerwartete Buße der Heiden ist er verdrossen wie ein ungezogenes Kind ("Ich wußte ja, daß du ein gnädiger und barmherziger Gott bist ...!") – und wirkt lächerlich! Obwohl gerade dem Tod entronnen, wünscht er sich den Tod. Er distanziert sich vom Geschehen in Ninive, geht vor die Stadt, baut sich eine Hütte (das dezimierte Israel wird gelegentlich als "Hütte" bezeichnet). Gott läßt ihm einen schattenspendenden Baum wachsen, der ihn freut. Große Völker werden mehrfach in der alttestamentlichen Überlieferung mit großen Bäumen verglichen, in deren Schatten andere, kleinere Völker leben. Die kleine Hütte Jonas steht unmittelbar unter dem Schatten des von Jahwe geschaffenen Baumes. Aber er gedeiht nicht "wie ein Baum gepflanzt an Wasserbächen" (vgl. Ps 1,3), sondern er verdorrt, weil "der Herr den grünen Baum dürre machen und den dürren Baum zum Blühen bringen kann" (Ez 17,24). Erneut vergräbt sich Jona in seinen kleinlichen Zorn und möchte nicht mehr weiterleben.

Begreift er nicht, daß eine neue Zeit des Heils angebrochen ist? Begreift er nicht, daß Gottes Herz viel größer ist als sein kleinlicher Ärger? Hoffentlich begreift es der Leser, dem der Verfasser des Jonabuches seine Botschaft vermitteln will! Sie ist nicht unähnlich jener Botschaft des Tritojesaja, die sich nicht mehr exklusiv an Angehörige des Volkes Israel richtet: "Der Fremdling, der an den

---

10 O. Kaiser (Einleitung, S. 179) spricht von einem, "Wendungen des Psalters aufnehmenden Arrangement". Vgl. im übrigen in diesem Kapitel über die Höhe und Tiefe, S. 78 ff.

Herrn sich angeschlossen hat, soll nicht sagen: Ausschließen wird mich der Herr aus seinem Volk! Und der Ver-schnittene soll nicht sagen: Siehe, ich bin ein dürrer Baum!" (Jes 56,3 f)

Entspricht es nicht auch unserer Erfahrung, daß das "Geworfenwordensein in die Tiefe" bei einigen Menschen den Horizont und die Herzen weitet – in Analogie zum Verfasser des Jonabuches – andere sich in jene Ecke hineinstellen, in der sie "die anderen" (Heiden, Andersgläubige etc.) sehen möchten – in Analogie zu der Gestalt des Jona?

6. Der Berg als theologisches Leitsymbol im Matthäusevangelium

Im Matthäusevangelium wird augenfällig, daß das Symbol "Berg" nicht nur redaktionelle Klammer verschiedenster Überlieferungselemente ist. Berg bzw. Höhe werden zum theologischen Leitsymbol des Evangeliums, mit dessen Hilfe der Evangelist aufgenommene Überlieferungen neu akzentuiert und zugleich seine Botschaft in einer bestimmten Stunde der Geschichte nach Jesu Tod weitergibt. Von der Höhe bzw. vom Berg her bekommt das Sinn, was in der TIEFE geschieht.[11]

Erst wer geschult ist an der Bild- bzw. Symbolsprache des Alten Testaments, insbesondere der Psalmen, vermag dies zu entdecken.

6.1 Der Aufriß des Evangeliums

Matthäus 3,13 ff: Die Taufe Jesu
Jesus beginnt nach Matthäus sein öffentliches Wirken damit, daß er in den Jordan *hinab*steigt und sich taufen lassen will. Johannes der Täufer will sich weigern, die Taufe zu vollziehen, aber Jesus besteht darauf, daß der Gerechtigkeit Genüge getan wird. Er steigt *herauf*, der Himmel öffnet sich, der Geist Gottes schwebt *herab* aus der Höhe und die Stimme Gottes ertönt von oben: "Das ist mein lieber Sohn, an dem ich Wohlgefallen habe!"

Zwei alttestamentliche Bezüge liegen hier vor:

---

11 In ähnlicher Weise hat Lukas in seinem Evangelium und in der Apostelgeschichte gearbeitet. Das Leitmotiv ist bei ihm der "Weg", vgl. Das Symbol des Weges, S. 338 ff.

"Ausgegossen werde der Geist aus der HÖHE" (Jes 32,15).

"Du bist mein lieber Sohn, an dem ich Wohlgefallen habe" (Ps 2,7).

Dieser Psalm bezieht sich auf die Adoption des Königs auf dem *Berg* Zion.

Diese Taufszene dient der Legitimation Jesu. Was einst dem König galt, gilt jetzt dem Christus. Zugleich wird es als endzeitliches Geschehen charakterisiert.

Matthäus 4,1-11: Die Versuchung Jesu

Sie vollzieht sich in drei Etappen: in der Wüste nach 40tägigem Fasten – auf der Zinne des Tempels (Zionberg) – auf einem *sehr hohen Berg*. Es ist eine fiktive Geschichte, in der der Satan versucht, den Christus auf seine Seite zu ziehen. Auf dem "sehr hohen Berg" werden Jesus die Reiche der Welt gezeigt; sie sollen ihm gehören, wenn er einen hohen Preis bezahlt: den Bösen anbetet. – Der alttestamentliche Bezug wird hier ausdrücklich von Jesus zitiert:

> "Du sollst Gott den Herrn anbeten und ihm allein dienen"
> (Erstes Gebot, Dtn 6,13).

Es geht in dieser Szene um den falschen Berg und die falsche Anbetung. Der sehr hohe Berg ist gewissermaßen der Konkurrenzberg. Die Frage ist: Wird der Gesalbte des Herrn das erkennen und widerstehen? Er hat widerstanden und zugleich klargestellt, daß sein Reich nicht von dieser Welt ist.

Matthäus 5 – 7: Die sogenannte Berg*-Rede Jesu*

"Er stieg auf 'den' (?) Berg; nachdem er sich gesetzt hatte, lehrte er und sprach ..." – Der alttestamentliche Bezug ist ebenfalls vorhanden:

> "Ich hebe meine Augen auf zu den Bergen; woher kommt mir Hilfe?" (Ps 121,1)

Jesus verheißt das Heil vom Berg herab, und zwar in Form der Seligpreisungen ("Selig sind die, die ...")

Exodus 19 ff: Mose bringt Weisung vom Berg, Jesus verkündet Weisung vom Berg herab in Form der Antithesen ("Ihr habt gehört, daß zu den Alten gesagt ist – ich aber sage euch ...").

Eine besondere Rolle innerhalb der Berg-Rede spielt das Bildwort über die Jünger, die sein sollen wie eine Stadt, die auf dem *Berge* liegt ... (5,14).

Die Rede Jesu vom Berg herab (bei Lukas ist es bezeichnenderweise eine Rede in der Ebene, "Feldrede"!) will darlegen, *woher* das Heil kommt, *wer* Zugang zum Heil hat und *welcher* Art das Heil ist: Eine bessere Gerechtigkeit als die der Pharisäer, die sich *auf* den Stuhl des Mose gesetzt und ihn usurpiert haben, also sich selbst *erhöht* haben (Mt 23,2).

Matthäus 14,23: Beten auf dem Berg
Nach der Speisung der 5000 nötigt Jesus seine Jünger, ihm auf dem See vorauszufahren. "Er stieg auf den Berg", um zu beten – "für sich allein". Während er *oben* ist, geraten die Jünger nach unten, in der Tiefe, in Seenot: "Sie litten Not mitten in der Nacht." – Der alttestamentliche Bezug sind Psalmen, die von der Tiefenerfahrung von Menschen sprechen, z.B. Psalm 130,1: "Aus der Tiefe rufe ich, Herr, zu dir ..."

Matthäus 15,29-31: Der Berg der Heilung und Huldigung
Jesus geht aus der Gegend von Sidon und Tyros an den Galiläischen See, steigt auf "den" Berg; er setzt sich und eine große Volksmenge bringt ihm Kranke und legt sie zu seinen Füßen nieder. – Der alttestamentliche Bezug könnte das Motiv der Völkerwallfahrt zum Zion sein:

> "Die *Berge* mögen dem Volk Heil tragen und die *Hügel* Gerechtigkeit ... Alle Könige müssen ihm huldigen, alle Völker ihm dienen. Denn er errettet den Armen, der schreit, den Elenden, und den, der keinen Helfer hat ..." (Ps 72,10-12 und V 3).

Die Stelle hat bei Matthäus die Funktion eines Summariums, durch das er an dieser und anderer Stelle seine theologischen Akzente setzt.

Matthäus 17,1-13: Der Berg der Verklärung
Nach der ersten Leidensankündigung (16,21-22) geht er – nach sechs Tagen! – mit drei Begleitern (Petrus, Johannes, Jakobus) auf einen (!) *hohen Berg*. Er wird verwandelt: Sein Angesicht leuchtet wie die Sonne, seine Kleider werden weiß wie das Licht. Mose und Elia erscheinen und reden mit ihm. Eine Wolke überschattet sie, und es ertönt dieselbe Stimme wie bei der Taufe Jesu. – Die alttestamentlichen Bezüge sind hier mit Händen zu greifen:

> "Die Haut seines (des Mose) Angesichts war strahlend geworden, nachdem er mit Gott von Angesicht zu Angesicht gesprochen hatte ..." (Ex 34,29).

> "Du bist mein lieber Sohn an dem ich Wohlgefallen habe ..." (Ps 2,7).

Die Verklärungsszene hat die Funktion, Jesus als den Erwählten Gottes zu legitimieren. Die Legitimation wird hier bestätigt und muß bestätigt werden, weil der Erwählte der Leidende sein wird.

Matthäus 17,20-21: Berge versetzen
Im Anschluß an die Heilung des Mondsüchtigen führt Jesus mit seinen Jüngern einen Disput darüber, warum sie den Kranken nicht heilen konnten. Jesus wählt einen Vergleich: Die Heilung war wegen des Kleinglaubens der Jünger nicht

möglich. Schon ein Glaube, so groß wie ein Senfkorn, *versetzt Berge*. Ganz sicher ist hier der Berg nicht als Symbol gebraucht, aber der Vergleich verstärkt die "Berg"-Tendenz des Matthäus, zumal der Vergleich in dieser Form Sondergut dieses Evangelisten ist. Das gilt auch für die folgende Stelle.

Matthäus 18,12-14: Das Gleichnis vom verlorenen Schaf
In der Matthäus-Fassung handelt es sich um einen Menschen, der sich mit seinen Schafen in den *Bergen* aufhält; als sich eines verirrt, läßt er die 99 auf den *Bergen* und sucht das eine. Bei Lukas (15,1.7) läßt er sie in der Wüste!

Matthäus 20,17.21: Hinaufziehen nach Jerusalem
Jesus zieht *hinauf* nach Jerusalem. Dort wird seine Auslieferung, seine Verurteilung, sein Leiden erfolgen. Dies ist nicht nur geografisch gemeint. Jerusalem meint auch den *Berg* Zion. Deshalb sagt Jesus: "Saget der Tochter Zion: Siehe, dein König kommt zu dir!"

Matthäus 24 – 25: Der Berg der Endzeitrede
Auf dem Ölberg sitzend hält Jesus seine Rede über die Wehen der Endzeit und das Gericht und seine Wiederkunft.
Besondere Bedeutung kommt der Vision in Matthäus 25,31 ff zu. Der Menschensohn sitzt auf dem Thron seiner Herrlichkeit, die Völker sind versammelt, und wie der große Hirte wird er die Schafe von den Böcken scheiden. Die Schafe, die er an seine rechte Seite ruft, sind die Gesegneten des Herrn. Sie aber sind völlig überrascht – wie die Träumenden! – Alttestamentliche Bezüge könnten sein:

"Der Herr hat seinen Thron zum Gericht aufgestellt" (Ps 9,8).

"Am 'Tag des Herrn' wird Gott auf den Ölberg treten" (Sach 14,3 ff).

Endzeitrede und Endzeitvision haben die Funktion, Jesus, den Christus und erwarteten Messias, auch mit einer anderen Gestalt spätjüdischer Erwartung zu identifizieren, dem Menschensohn.

Matthäus 26,30-46: Jesus steigt hinab nach Gethsemane
Diese Geschichte ist eigentlich eine Geschichte der Tiefe, in der Jesus *tief*bekümmert und zu Tode betrübt sein Gebet zu Gott aufsteigen läßt. Sie wird jedoch eingeleitet mit dem Vermerk, daß Jesus zunächst mit seinen Jüngern hinaus auf den *Ölberg* geht.
Diese Geschichte beabsichtigt den Kontrast "oben auf dem Berg" – "unten in Gethsemane".

Matthäus 27,33: Die Kreuzigung auf Golgatha
Auf der Schädelstätte, sichtbar vor allem Volk, wird Jesus hingerichtet.

Matthäus 28,2 ff: Der Engel aus der Höhe
Die Auferstehung wird bei Matthäus zunächst als Epiphanieszene konzipiert, die apokalyptische Züge trägt (Blitz und Donner). Ein Engel kommt von *oben* herauf und nimmt *auf* dem Grab Platz wie auf einem Thron. Die Todesstätte wird zur Stätte, auf der ein Stück von Gottes Herrlichkeit präsent wird.

Matthäus 28,16-20: Die Erscheinung auf dem Berg
Matthäus hat als erster der Evangelisten eine eigenständige Erscheinungsgeschichte des Auferstandenen entwickelt. Sie spielt – wen wundert es noch – auf einem Berg in Galiläa, zu dem die Jünger geschickt worden waren. Dort erscheint ihnen der Auferstandene, und sie erkennen ihn. Dieser Berg hat verschiedene Funktionen. Er ist

Berg der Inthronisation:	"Mir ist gegeben alle Gewalt im Himmel und auf Erden."
Berg der Sendung:	"Gehet hin in alle Welt, und machet zu Jüngern ..."
Berg der Verheißung:	"Siehe, ich bin bei euch bis an der Welt Ende ..."

6.2 Die Bedeutung der Wahl des Symbols der Höhe bzw. des Berges

Im Matthäusevangelium sind mit dem gewählten Symbol als Strukturelement weitere Besonderheiten gekoppelt:

Die großen, von Matthäus ausgestalteten Redekomplexe, insbesondere die Berg-Rede, die Endzeit-Rede und die Aussendungs-Rede. Sie alle finden auf Bergen statt.

Die Stimme Gottes aus der Höhe, die sich an entscheidenden Stellen des Weges Jesu vernehmen läßt: zu Beginn seiner Wirksamkeit und am Ende (vor dem Leiden).

Die Dialoge auf dem Berg: bei der Versuchung Jesu zwischen dem Satan und Jesus und bei der Verklärung zwischen Mose-Elia und Jesus. Jesus stellt sich nicht in die Tradition der Konkurrenzberge, sondern in die Tradition der Berg-Gestalten Mose und Elia.

Matthäus verfaßte sein Evangelium in einer bestimmten historischen Situation. Die christliche Gemeinde beginnt, sich von der Synagoge zu lösen. Man trennt und unterscheidet sich. Für viele mag aber durchaus strittig gewesen sein, ob dieser Schritt nötig und legitim war. Die bedrängende Frage für die junge Gemeinde muß gewesen sein:

Worin besteht der Unterschied? Oder ist alles einerlei, alles eingeebnet? O nein – keineswegs! So wie sich der Berg von der Ebene unterscheidet, so unterscheiden sich die Kirche von der Synagoge, die Jünger von jenen, die auf dem Stuhle Mose sitzen und zu wissen meinen, was richtig und falsch ist. Unterschiede müssen in differenzierenden Reden und Dialogen dargelegt werden. Man muß "beweisen" können, daß man Gott auf seiner Seite hat, auch wenn man in der Minderheit ist. Daß es darum geht, zeigen drei Stellen des Matthäusevangeliums über die Gegenwart Gottes oder seines Christus:

> *Matthäus 1,23* (Geburtsgeschichte): Das neugeborene Kind soll Immanuel heißen, das bedeutet "Gott ist mit uns" (unter uns anwesend).
> *Matthäus 18,20* (Mitte des Evangeliums): Wo zwei oder drei versammelt sind, da ist Christus mitten unter ihnen anwesend.
> *Matthäus 28,20* (Erscheinung des Auferstandenen): Ich bin bei euch alle Tage, bis zum Ende dieses Äons.

Im wesentlichen sind es vier Problemkreise, auf die eine Antwort gegeben wird; und in der Antwort werden die Unterschiede zur Synagoge deutlich:

Von wo, ihr Christen, kommt euer Heil?

Es kommt aus der Höhe, wo Gott wohnt, von wo seine Stimme erschallt. Es kommt vom Berg, von dem herab Jesus redet. Gott hat sich von seiner Höhe auf *diesen* Berg herabgelassen. Der Berg Zion ist dadurch überholt, ebenso wie alle Erwartungen, die an ihn geknüpft waren.

Wem gehört, ihr Christen, die Stimme, auf die ihr hört? Wer ist er?

Er ist der von Gott legitimierte und adoptierte *Sohn Gottes* (Ps 2); der von den frommen Juden in der Endzeit erwartete *Menschensohn* (Dan 7,13).

Welcher Art ist das Heil, das er bringt? Welche Erwartungen und Ziele habt ihr Christen?

Es kommt zustande durch wechselseitiges Sichaufeinanderbeziehen, wie es in den Seligpreisungen deutlich wird. Es gilt Menschen, die in einem "defizitären" Zustand sind (Trauernde, geistlich Arme ...); ihnen wird konkretes Heil zuteil (ihnen werden die Tränen abgewischt, sie werden das Land besitzen etc.); Menschen, die etwas tun (Barmherzigkeit üben, Frieden stiften); ihnen wird "Theologisches" zuteil (die Barmherzigkeit Gottes, sie werden Gottes Söhne heißen etc.).

Für wen soll denn, ihr Christen, das Heil gelten? Was ist mit dem Haus Israel?

Das Heil wird zunächst den "verlorenen Schafen des Hauses Israel" gehören, dann – über Galiläa hinausgehend – der ganzen Welt, so wie die Hilfe vom Herrn kommt, der Himmel und Erde gemacht hat.

Wer sich an der Höhe, am Symbol des Berges orientiert wie Matthäus, hat angefangen, die Frage nach *wahr* und falsch zu stellen.

6.3 Jesus Christus in der Tiefe des Leidens

Im Evangelium der Berge bzw. der Höhe ist das Leiden Jesu als Erfahrung der Tiefe dargestellt: Von Tiefe zu Tiefe schreitet das Geschehen voran, bis zum äußersten Tiefpunkt, dem Tod. Viele Einzelüberlieferungen teilt Matthäus mit den anderen Synoptikern. Durch den Kontext des gesamten Evangeliums und sein theologisches Leitsymbol erhalten sie ihr besonderes matthäisches Profil.

In der Tiefe von Gethsemane (Mt 26,30-46 und 47-56)

Diese Überlieferung *beginnt* auf dem Öl-"berg", bevor Jesus hinab nach Gethsemane geht. Auf dem Berg verkündet Jesus, daß alles, was unten, im Garten, geschehen wird, schon vom Propheten Sacharja vorhergesagt ist:

> "Ich werde den Hirten schlagen, und die Schafe der Herde werden zerstreut werden" (Sach 13,7).

Jesus sieht sich als Hirte und seine Jünger als Schafe der Herde. Die Überlieferung *endet* mit der Verhaftung, zu der 'eine große Schar' mit Stöcken und Schwertern (Waffen, mit denen man zuschlägt) kommt und 'Hand an Jesus legt'. Das alles geschieht, "damit die Schriften der Propheten erfüllt werden" (V 56): Alle Jünger fliehen (zerstreuen sich). Matthäus bedient sich, wie so oft in seinem Evangelium, eines Reflexionszitates, um das unbegreifliche Geschehen als ein im Alten Testament vorhergesagtes zu deuten. Jetzt, ab V 56, ist Jesus vollkommen allein, wie all jene, die schon die Erfahrung der Verlassenheit als Tiefenerfahrung in den Psalmen dargestellt haben.

Folgt man der Matthäusfassung, so spricht Jesus auch noch ein symbolisches Wort. Auf dem 'steinigen' Berg sagt er außer der Flucht der Jünger auch vorher, daß er selbst zum Stein werden wird, an dem sie – alle, einschließlich des Petrus – Anstoß nehmen werden. Er tritt damit an die Stelle Gottes, der schon durch Jesaja von sich sagen läßt, daß er für die 'beiden Häuser Israels' (Nord- und Südreich) zum Stein des Anstoßes und zum Fels des Strauchelns werden wird

(Jes 8,14). Verwunderlich ist, daß Matthäus sich dieser Jesaja"weissagung" nicht bedient.

Die vollkommene Verlassenheit Jesu bereitet sich im Garten Gethsemane vor.

V 36-38: Mit allen Jüngern geht er nach Gethsemane. Aus ihnen wählt er drei aus, Petrus und die Zebedäussöhne (die späteren Führungsgestalten der Urgemeinde), und entfernt sich mit ihnen von den anderen. Er zeigt und sagt, in welchem Zustand er sich befindet: Er ist verzagt und bekümmert, "zu Tode betrübt". Den physischen Tod vor Augen, erleidet er schon den psychischen Tod. Dreimal entfernt sich Jesus von seinen Vertrauten, betet, kehrt zurück und findet sie schlafend.

V 39-41: Zum ersten Mal bittet er den Vater, den Kelch des Leidens an ihm vorübergehen zu lassen; er kehrt zurück, findet die Jünger schlafend; Petrus fordert er auf: "Wachet und betet, damit ihr nicht in Anfechtung fallt. Der Geist ist zwar willig, das Fleisch aber schwach." Es gibt also einen Schlaf, der in Versuchung führt! Ein Nichterkennen, das zum Abfall vom Herrn verleitet? – Eine Antwort erhält Jesus nicht.

V 42-43: Zum zweiten Mal bittet Jesus den Vater, den Kelch an ihm vorübergehen zu lassen; er kehrt zurück und findet die Jünger "vom Schlaf überwältigt". Vielleicht ist es hilfreich, auf Hiob zu verweisen, dem in Anbetracht seines eigenen Leidens "tiefes Dunkel auf den Wimpern liegt" (Hiob 16,16). Ist es denkbar, daß den Jüngern in bezug auf das Leiden Jesu "tiefes Dunkel auf den Augen" liegt, sie nicht begreifen, was sich hier anbahnt? Jesus spricht die Jünger nicht mehr an; selbstverständlich erfolgt auch keine Reaktion.

V 44-46: Zum dritten Mal verläßt Jesus seine Getreuen, betet, kehrt zurück, findet sie schlafend. Durch das nun folgende Wort erhält dieser Schlaf jetzt eine andere Qualität: Schlaft ihr für kurze Zeit und erquickt euch (so paraphrasiere ich gegenüber den gängigen Übersetzungen), bevor die Stunde des Endes beginnt. Sie beginnt in dem Augenblick, in dem der Verräter naht.

Die Jünger sind unfähig, mit Jesus die Situation des "Zutodebetrübtseins" zu teilen. Auch das Ende, den Tod, können sie nicht mit ihrem Herrn teilen. Allein geht Jesus seinen Weg zum Kreuz. Was die Psalmen oft in wenigen, wenn auch beeindruckenden Worten schildern, wird in der Passionsgeschichte des Matthäus narrativ entfaltet. Es ist der Weg des unschuldig Verfolgten und Leidenden: Die Freunde fliehen; einer verrät ihn, ein anderer verleugnet ihn. Die Feinde verspotten und verurteilen ihn. Falsche Zeugen stehen auf – eine Anhäufung von Leid!

In der Tiefe des Todes (Mt 27,31-50)

Längst wurde erkannt, daß diese letzte Station der Tiefe, der Tod am Kreuz, von Matthäus ganz nach Motiven des 22. Psalms, einem Psalm aus der Tiefe, gestaltet wurde. Dort schreit der Beter aus der Tiefe hinauf, was Jesus – nach Matthäus – am Kreuz geschieht: Ein Spott der Leute ist er, verachtet vom Volk (22,8) – sie verziehen die Lippen und schütteln den Kopf; 'er warf's auf den Herrn, der möge ihm helfen' (22,9) – trocken wie ein Scherben ist sein Gaumen und die Zunge klebt an seinem Schlund (22,16) – sie durchbohren ihm Hände und Füße (22,17) – sie teilen seine Kleider unter sich und werfen das Los um sein Gewand (22,19).

Waren schon die Augen der Jünger vom tiefsten Schlaf des Nichterkennens beschwert, so bricht jetzt absolute Finsternis aus: "Aber von der sechsten Stunde an kam eine Finsternis über die ganze Erde bis zur neunten Stunde" (Mt 27,45). Jetzt dringt nicht nur der Schrei dessen, der in der Tiefe ist, nach oben zu Gott, sondern auch die Frage: "Warum, mein Gott, mein Gott, hast du mich verlassen?" Golgatha, ein Ort, der geographisch 'oben' liegt, wird zum Ort der Tiefe. Er wird abgelöst werden durch den Berg in Galiläa, von dem aus der Auferstandene seine Jünger senden wird (Mt 28,16 ff). Er wird abgelöst werden, weil sich das Geschick Jesu gewendet hat wie das des Beters im 22. Psalm: Seine "Seele" lebt ..., seine Kinder werden ihm dienen, vom Herrn dem kommenden Geschlecht erzählen und Gerechtigkeit den noch Ungeborenen verkünden!

Deshalb sagt der Christus, der lebt:

> "Gehet hin in alle Welt, und machet zu Jüngern alle Menschen, und lehret sie halten ... Ich bin bei euch ..."

6.4 Petrus in der Tiefe

Zu den neutestamentlichen Gestalten, die in die Tiefe geführt werden, gehört Petrus (Mt 14,22-33).

Das Gebet auf der Höhe – die Not in der Tiefe

Es fällt auf, daß die Überlieferung vom versinkenden Petrus zum Sondergut des Matthäus gehört. Es ist eine Geschichte, die auf einem "Berg" beginnt, wohin Jesus sich allein zum Gebet zurückzieht und die Nähe des "Vaters in den Himmeln" sucht (V 23). Während er dort oben auf dem Berg ist, geraten die Jünger unten in Seenot, der "Wind steht ihnen entgegen". In der höchsten

Gefahr – *mitten* auf dem See und um die vierte *Nacht*wache – begibt sich Jesus zu ihnen hinab. In der Nacht um sie herum ist auch in den Jüngern "Nacht". Sie erkennen ihren Herrn nicht, sehen ihn ihm ein Gespenst. *Er* gibt sich ihnen zu erkennen und sagt ihnen ein Trostwort. Ein Wunder im eigentlichen Sinn wird nicht berichtet.

Aus der Gemeinschaft derer, die "in einem Boot sitzen", tut sich einer hervor: Petrus. Er will es seinem Herrn gleichtun und auf dem Wasser wandeln – ohne zu versinken! Er möchte gerne, daß Jesus derjenige ist, der ihn dazu auffordert. Er steigt aus und geht auf Jesus zu.

Doch als er den Wind sieht (Warum sieht er nicht Jesus?), wird er von Furcht überwältigt und schreit nach Rettung. Jesus muß ihn bei der Hand ergreifen und aus der Tiefe retten.

Man könnte in Matthäus 14,22-33 eine Geschichte von *Stufen der Tiefe* sehen.

> Die erste Stufe: Jesus auf dem Berg – die Jünger in Seenot.
> Die zweite Stufe: Von der Bordkante des Schiffes in den Abgrund

Auf der ersten Stufe der Tiefe haben wir fast eine Dublette zur Seesturmgeschichte (Mt 8,23-27 parr). Sie gehört zum synoptischen Grundbestand. Matthäus hat sie ihm entnommen, weitergegeben und zugleich charakteristisch verändert. Sie ist keine Wundergeschichte mehr, sondern eine Nachfolgegeschichte. Durch das Voranstellen zweier Nachfolgeworte (V 18-22) wird der Seesturmüberlieferung eine neue Überschrift und eine andere Intention gegeben. Das eigentliche See-geschehen wird durch Stichwortassoziation angeschlossen ("Und seine Jünger folgen ihm ..." V 23). Was den Jüngern passieren kann, wenn sie ihrem Herrn nachfolgen, wird im folgenden geschildert: Sie geraten in Not, sie lassen ihr Gebet aufsteigen ("Herr, errette uns ..." V 25). Sie erfahren, daß große Stille – Ruhe – Frieden eintritt. Ein Wunder ganz anderer Art! Darüber können sich die Außenstehenden, die unbeteiligten Zuschauer, nur wundern (V 27)! In fast wörtlicher Übereinstimmung ist diese Geschichte von der Nachfolge in der Verfolgung nach Motiven des 107. Psalms gestaltet: "Die in Schiffen das Meer befuhren ... er gebot und ließ aufstehen den Wind, und es türmte die Wellen der Sturm; sie fuhren hinauf zum Himmel, hinunter zur Tiefe, daß ihre Seele in Not verzagt ... die dann zum Herrn schrien in ihrer Not und die er aus ihrer Drangsal herausführte, da er *den Sturm zum Säuseln stillte, daß die Wellen des Meere schwiegen."*

Tiefe und Tiefe ist nicht das gleiche

Was mag Matthäus veranlaßt haben, neben dieser Seesturmgeschichte (Mt 8) wenige Kapitel später (Mt 14) eine eigene Geschichte kreativ zu entwickeln? Eine Tiefengeschichte, in der eine einzelne Person im Mittelpunkt steht? Eine Geschichte als Fortsetzungsgeschichte zum Seesturm?

Es gibt zwei Möglichkeiten!

Petrus ist tiefer gesunken als die anderen Jünger. Alle sind geflohen, als Jesus verhaftet wurde, aber Petrus hat seinen Herrn dreimal verleugnet (vgl. Mt 26,56 und 69 ff). Seine Geschichte wäre dann nach Psalmmotiven entstanden, in denen der einzelne im Mittelpunkt steht:

> "Aus der Tiefe rufe ich, Herr, zu dir, höre meine Stimme!
> Laß deine Ohren merken auf mein lautes Flehen!" (Ps 130)

Die "Tiefe des Petrus" wäre dann die Tiefe seiner Schuld.

> "Ich hebe meine Augen auf zu den Bergen.
> Woher kommt mir Hilfe?" (Ps 121)

Die Hilfe kommt ihm nicht von einem lokalisierbaren Berg, sondern von seinem erhöhten Herrn.

Die Geschichte in Matthäus ist eine Kontrastgeschichte zu der Frage aus Hiob 30,24: Streckt nicht ein Versinkender seine Hand aus?

Nun streckt aber nicht Petrus seine Hand aus nach seinem Retter, sondern Jesus streckt seine Hand nach ihm aus. Petrus selbst ist überhaupt nicht mehr in Not – liest man die Geschichte genau. Jesus ist seinen Jüngern zu Hilfe geeilt, hat sie getröstet. Was ihnen entgegenstand, wird vorübergehen. Petrus fordert Jesus heraus, stellt ihm eine *Bedingung*: "*Wenn* du es bist, dann heiße mich auf dem Wasser gehen ..." Petrus schreibt seinem Herrn gewissermaßen vor, ihm die gleiche Fähigkeit zu verleihen, die er hat; nämlich, über den Abgrund gehen zu können; *ihm*, nicht auch den Jüngern!

ER ABER VERSINKT. Das soll ihm eine Lehre sein, die ganze Geschichte ein Wink für die Urgemeinde! Der Herr steht seinen Jüngern bei in der Not. Er läßt sich aber kein Wunder abtrotzen, schon gar nicht ein Exklusivwunder, wie Petrus es für sich will.

Jesus Christus ist ein Herr in seiner Kirche, der in der Tiefe beisteht. Er erteilt aber jenen eine Rüge (vgl. die vorwurfsvolle Frage Jesu in V 31), die von sich aus die gleiche Ebene wie der Herr der Kirche anstreben und sich von der Gemeinschaft der Jünger distanzieren.

Die Tiefe des Petrus wäre dann jene, in die man fällt, wenn man sich selbst überschätzt.

Natürlich ist es denkbar, daß für die Gestaltung der Geschichte beide Möglichkeiten eine Rolle spielten. Es bleibt dann dem Hörer und Leser überlassen, seine Folgerungen zu ziehen.

KONSEQUENZEN

Einsam und verlassen sind die Gestalten in der Tiefe – mag die Tiefe im Bild der Unterwelt, der Löwengrube, dem Schoß des Meerungeheuers, dem Schlamm der Zisterne dargestellt sein. Der Ruf aus der Tiefe ist der Ruf des einzelnen. Allein sind auch jene, die auf einem Berg ihrem Gott begegnen und einen Auftrag von ihm erhalten.

Anthropologische Konsequenzen

Das Kontrastsymbol der Höhe und Tiefe ist primär ein Symbol, das in der biblischen Überlieferung die individuelle Befindlichkeit beschreibt. In der narrativen Überlieferung befinden sich die geschilderten Menschen an tiefen Orten. Ihre physische Befindlichkeit spiegelt ihr abgrundtiefes Leid. In der poetischen Überlieferung (Psalmen, Klagelieder etc.) ist es die oft unglaubliche Anhäufung von Leid, die die Menschen in die Tiefe zieht. "Tiefe" ist die äußerste Ferne von anderen Menschen. Hilfe ist von ihnen ausgeschlossen. Sie wird als Möglichkeit auch nicht angedeutet. Die Tiefe des Leidens entläßt aus sich heraus die Klage und Anklage, aber auch die Frage nach Gott.

In der narrativen Überlieferung befinden sich Menschen häufig auf Bergen, wenn sie sich ihrem Gott nähern oder vor ihm stehen. Es sind Menschen, die sich durch ihren Auftrag von anderen unterscheiden, "herausgehoben" sind. Durch die Ortsangabe "Berg" wird signalisiert, daß der Auftraggeber "von oben" kommt, sich qualitativ von menschlichen Beauftragungen unterscheidet.

Es sind in jedem Fall Grenzsituationen, in denen der einzelne sowohl in der Höhe wie in der Tiefe für sich selbst steht.

Theologische Konsequenzen

Mag die Klage noch so laut, der Zweifel noch so groß, die Frage noch so dringlich sein, kein Psalm aus der Tiefe und keine Geschichte, die in der Tiefe spielt, läßt einen Zweifel daran, daß Gottes Hand bis in die Tiefe reicht und daß er aus der Tiefe retten kann. *Überall* hin kann sich seine Macht erstrecken.

Mit lokalisierbaren Bergen kann sich Gott von Fall zu Fall identifizieren, "darauf niederlassen", aber er läßt sich nicht für alle Zeiten daran binden (z.B. auf dem Zion, auf dem Sinai etc.). Es kann zu Begegnungen zwischen Gott und Mensch auf Bergen kommen, aber Gottes Höhe liegt über allen Bergen, seine Hoheit über aller menschlichen Hoheit. Er entzieht sich allen Versuchen, ihn auf die von Menschen geschaffenen Höhen zu begeben, ihn zu vereinnahmen. Das Heil hat seinen Ursprung "extra nos" und ist unverfügbar; "seine Gerechtigkeit ist wie die ewigen Berge" (Ps 36,7). Unter den vielen denkbaren Göttern ist er der "eine Gott".

Christologische Konsequenzen

Gottes Macht reicht bis in die Tiefe, Jesus Christus ist in die Tiefe gegangen und hat sie durchlitten. Mancher Beter der Bibel ist tausend Tode gestorben, ohne den physischen Tod zu erleiden. Jesus Christus ist den psychischen *und* physischen Tod gestorben. In diese Tiefe wurde er nicht geworfen wie durch die Hand eines blinden Schicksals; er ist den Weg bewußt und freiwillig gegangen – so sehen es die biblischen Schriftsteller, die sich des Symbols der Tiefe bedient haben. "Er entäußert sich selbst und nahm Knechtsgestalt an ... er erniedrigte sich selbst und wurde gehorsam bis zum Tod, ja zum Tod am Kreuz" (Phil 2,7 f). Tiefe kann sowohl die Tiefe des Menschseins als auch die Tiefe des Todes sein. Beschreibt die biblische Überlieferung Menschen auf dem Berg, so ist es immer ein relatives und ein vorübergehendes "Hoch-sein". Jesus Christus ist der einzige, dessen "Erhöhung" als ein Gott-gleich-Sein gedeutet wird. Er sitzt zur Rechten Gottes – so sagt es die Bildsprache biblischer Überlieferung. Er hat die äußerste Tiefe und die höchste Höhe erreicht.

In unserem Sprachgebrauch ist "Tiefe" doppeldeutig. Tiefe kann abgrundtief sein; in die Tiefe stürzen heißt ins Bodenlose stürzen, ohne Grund zu erreichen. Tiefe kann tiefgründig sein; einer Sache so lange nachgehen, bis man ihr auf den Grund kommt, ist immer lohnenswert. Tiefe ist eine Dimension, die losgelöst von örtlich verhaftetem Denken, menschlichem Tun und Handeln Tiefgang gibt. Theologisch gewendet kann dies bedeuten, daß nur dann tiefgründig von Gott reden kann, wer das abgrundtiefe Leiden Jesu erfaßt hat.

Exkurs 1: Umfassende Symbole oder Ursymbole?

Wer sich mit der Literatur über Symbole beschäftigt, stößt fast ausschließlich auf die Nennung von Einzelsymbolen, so gut wie nie auf Kontrastsymbole, wie es schwerpunktmäßig in den Kapiteln dieses Abschnitts geschieht. Selten wird der Versuch gemacht, unterschiedliche Kategorien von Symbolen auszumachen. Meistens ist es eine exemplarische Auswahl, die, von kleinen Abweichungen abgesehen, fast immer die gleiche ist: Weg, Haus, Hand, Baum, Wasser, Berg, Licht, Brunnen. Der Unterschied zu dem hier vorgelegten Versuch scheint zunächst unwesentlich und mehr formaler Natur.

Bei näherem Hinsehen begegnen immer wieder gleiche oder ähnliche Prämissen und

Implikationen im Symbolverständnis; manchmal unterschiedlich gewichtet oder kombiniert, aber dennoch ... Die wichtigsten seien hier genannt:

1. Es handelt sich, so wird argumentiert, um Symbole, die "schon immer und überall", bei Menschen unterschiedlichster Kulturkreise und Religionen, in Geltung waren; dieses "schon immer und überall" deute auf Ursprünglichkeit.

2. Ergänzt oder gestützt wird diese Prämisse häufig durch eine aus der Tiefenpsychologie kommende Theorie. Symbole haben archetypischen Charakter. Sie sind von jeher im Menschen angelegt, eingepflanzt, "angeboren" und nötigen ihn geradezu, in immer gleichen Bildern zu träumen oder seine Befindlichkeit zum Ausdruck zu bringen. Ursprünglichkeit als durchgängige Denk- oder Gefühlsstrukturen im Unbewußten – Existentialien?

3. Symbole sind letztlich nur solche Bilder, die sich selbst transzendieren, über Menschliches hinaus auf Göttliches verweisen. Sie können nur dorthin verweisen, woher sie – ich interpretiere – ihren Ursprung haben. Es gibt so etwas wie einen ontologischen Zusammenhang zwischen Mensch und Gott, und die Symbole sind ein wichtiges Bindeglied.

4. Ab und an wird mit den schon genannten Implikationen eine "Bildtheorie" verknüpft. Symbolen ist der Vorrang vor der Argumentation zu geben, weil das Bild – oder soll ich sagen das "Abbild" im Sinne der platonischen Abbildlichkeit? – vor der Sprache war. Das Bildhafte ist das Ursprünglichere; dies kann sich auf die Entwicklungsgeschichte der Menschheit beziehen, aber auch auf die Entwicklung des Kindes, in der dieser Prozeß sich wiederholt.

Wendet man diese Kriterien auf die in den ersten drei Kapiteln dieser Untersuchung verhandelten Symbolen an, dann würden allenfalls "Licht", "Wasser" (statt Fülle) und "Berg" (sc. "Höhe") Akzeptanz finden.

Liegt nicht allen diese Implikationen ein einfaches Grundmuster des Denkens zugrunde? Das Denkmuster von Ursprung – vom Verlust – von der Wiedergewinnung? Das Ziel aller Bemühungen um Symbole wäre dann angetrieben von der unendlichen Sehnsucht nach Teilhabe an einem "Sein" im qualitativen Sinn, nach einem Urstand, dessen wir Menschen durch unsere Schuld verlustig gegangen sind, den wir wiedergewinnen können, wenn wir uns auf ihn ausrichten. Es kann auch – aber das ist nur eine Variante – die Suche nach einem Sein sein, das noch immer in uns angelegt ist, aber wieder (!) entdeckt und entfaltet werden muß.

Eine vorläufige Zwischenbilanz zu Symbolen in der biblischen Überlieferung legt ganz andere Schlußfolgerungen nahe. Symbolbildung und Symbolgebrauch lassen einen anderen Bezug zur Wirklichkeit und einen anderen verstehenden Umgang mit ihr zutage treten. Des weiteren scheinen alle symbolischen Bemühungen eine andere Blickrichtung und andere Ziele zu haben. Grundgelegt sind diese Unterschiede im Alten Testament.

Hebräisches Denken und hebräische Sprache haben die Angewohnheit, eine Ganzheit als Summe seiner Teile zu beschreiben; Himmel *und* Erde sind das Ganze. Der Grieche sagt dazu "Kosmos"; wir sprechen vom "All". Menschen – das sind Große *und* Kleine – zusammengefügt zu einer Gesamtheit, die aus Gegensätze besteht, die sich unterscheiden. Es liegt dem Hebräer fern, von "Menschheit" zu sprechen. Wissen, "was gut *und* böse ist", das kann der Mensch auch vor den Toren des Paradieses. Er kann beides erkennen, unterscheiden und danach handeln. So ist es kaum verwunderlich, wenn das menschliche Dasein als ein Gegenüber von Kontrasten gedacht und beschrieben wird: Fülle *und* Mangel, Höhe *und* Tiefe, Licht *und* Finsternis machen das Ganze menschlichen Lebens aus. Vom Licht kann nicht gesprochen werden, ohne zugleich von der Finsternis zu reden, von der Fülle nicht, ohne zutiefst zu wissen, was Mangel ist. Von der Höhe zu reden, bliebe oberflächlich, wenn nicht zugleich in die Tiefe des menschlichen Lebens hinabgestiegen würde. Das menschliche Leben ist von solchen "gegenüberliegenden" Erfahrungen bestimmt.[12]

Es liegt dabei nicht von vornherein fest, wie die Beziehung dieser gegenüberliegenden Erfahrungen zu sehen ist:

  ob es um einen fortschreitenden Prozeß geht, bei dem ein Zustand den anderen ablöst,
  ob das eine eine dauernde Begleiterscheinung des anderen ist,
  ob das eine im ständigen Kampf mit dem anderen liegt,
  ob das eine das andere braucht, um in Erscheinung treten zu können.

Die in den Kapitel 1 bis 3 dargestellten Kontrastpaare zeigen, daß das jeweilige Gegenüber seine je eigene Originalität hat.

Die großen Kontrastsymbole "Fülle und Mangel", "Höhe und Tiefe" sowie "Licht und Finsternis" wirken zunächst, liest man nur die Überschriften, sehr weitgespannt, fast abstrakt. Der Eindruck trügt. Es sind Oberbegriffe, die fast unendlich viele Konkretionen in sich bergen. Untersucht man sie innerhalb der biblischen Überlieferung, dann öffnen sie sich wie ein Fächer, der ein weites Wortfeld und einen breiten Bedeutungshof entfaltet. Sie sind aber auch – um im Bild zu bleiben – wie ein fast unerschöpfliches Reservoir, aus dem heraus Geschichten von menschlichen Erfahrungen gestaltet wurden. Es sei beispielhaft daran erinnert, daß "Tiefe" im Schlamm der Zisterne durch Jeremia, in der Löwengrube durch Daniel, auf dem Aschenhaufen durch Hiob, in Gethsemane oder auf Golgatha durch Jesus erfahren werden konnte. "Wüste" wurde erlebt während der Belagerung Jerusalems, in Exil und Fremde oder mitten in Judäa unter römischer Fremdherrschaft. Die Beobachtungen zeigen an, daß biblische Symbole offen sind für Bedeutungsvarianten und -nuancen. Die Offenheit bezieht sich auf veränderte geschichtliche und auf individuell biografische Situationen. Nicht in jeder geschichtlichen Epoche, nicht in jeder biografischen Lage sind Finsternis oder Tiefe oder Mangel gleich; *vergleichbar* wohl, aber eben nicht gleich. Genausowenig werden Licht, Fülle oder Höhe auf dieselbe Weise erfahren und definiert. Es ist von unschätzbarem Wert – und das ist die Faszination der "umfassenden" Kontrastsymbole, daß für veränderte Situationen und den daraus resultierenden anderen Erfahrungen, nicht jedesmal neue Symbole geschaffen werden müssen, sondern ein symbolischer Sprachschatz bereitliegt, der es ermöglicht, Bedrückendes und Befreiendes auszudrücken und deutend zu bewältigen.

Die großen Kontrastsymbole gehen allerdings nicht auf in einem – holzschnittartig vereinfachten – Gegensatz von Positiv und Negativ, von Gut und Böse. Zu realistisch ist das biblische Welt- und Menschenbild! Gerade auch die "positiven" Teilsymbole (Fülle, Höhe, Licht) zeigen Ambivalenzen. Perversionen sind dem Echten oft zum Verwechseln ähnlich. Strahlendes Licht kann sich als Blendwerk erweisen, das zur Verblendung verführt und von wahrem Licht nicht zu unterscheiden ist. Das Teuflische erscheint oft in der Gestalt des Luzifers, und die Mächte der Verführung umgeben sich gerne mit Licht'effekten'! Die Fülle hat oft einen häßlichen Bruder, den Überfluß und Luxus, und die Höhe des Aufsteigers und Emporkömmlings entpuppt sich als erhabenes Getue und Anmaßung, die wirklicher Hoheit nicht standhalten.

---

12 Das hier Gesagte gilt im Prinzip für alle biblischen Symbole: Es läßt sich an den Kontrastsymbolen besonders gut aufzeigen. Sie haben auch deshalb exemplarischen Wert, weil fast alle zentralen biblischen Texte von ihnen bestimmt sind.

Es ist auch nicht so, daß die positiven Teile der großen Kontrastsymbole auf eine 'guten Gott' und die negativen Hälften auf eine 'Macht des Bösen' zurückgeführt werden. Das ist die Schwarz-Weiß-Malerei dualistischer Systeme. Gewiß: Gott ist Licht und Schöpfer des Lichts, "Fülle der Gottheit" und Geber der Fülle, absolute Höhe, die Maßstäbe für alle anderen Höhen setzt. Die biblische Überlieferung ist eine Gesamtheit, aus Altem und Neuen Testament bestehend und die gleichen Symbole verwendend. Jesus Christus wird geschildert als einer, dem Mangel begegnet, der äußerste Tiefe erleidet, der von Finsternis zurückgewiesen wird. Wie schwer ist es schon, falsches Licht, falsche Fülle, falsche Höhe nicht zu verwechseln mit wahrem Licht, wahrer Fülle, wahrer Höhe! Um wieviel schwerer ist es, in der von Jesus Christus erlittenen Tiefe, in der fast übermächtigen Finsternis, im bedrückenden Mangel göttliches Heil zu erkennen? Die großen Frommen wußten um diese Anfechtung, die biblische Überlieferung weiß davon. Jeder voreiligen Symboleuphorie sei ins Stammbuch geschrieben: Ohne Christologie läßt sich symbolisch weder von Gott noch von den Menschen reden!

Und so scheint die Blickrichtung biblischer Symbolik nicht zurückgerichtet auf etwas, was war und verlorenging und nun wiedergewonnen werden muß. Sie richtet sich auf das Jetzt und beschreibt mit Hilfe von Symbolen, wie facettenreich, wie diffizil, wie differenziert, ja wie dialektisch oft die menschliche Wirklichkeit ist. Sie fragt: Ist es so vor Gottes Angesicht recht oder nicht? Und wenn es nicht "recht" ist, fragt sie: Wie muß es *werden*? Sie entwirft symbolisch-visionär ein Bild des Zukünftigen. Biblisches Denken ist geschichtsorientiertes Denken mit einem kräftigen eschatologischen Akzent. Das Zukünftige ist nicht eine Wiederholung des Alten, sondern schöpferisch Neues. Wenn die Israeliten aufgefordert werden, sich an den Gott zu erinnern, der sie aus Ägypten herausgeführt hat, dann ist damit nicht gemeint, daß das, was war, sich wiederholt, sondern daß Gottes schöpferisches, befreiendes Handeln erhofft werden kann und darf, daß er in einer neuen Situation erneut seine Impulse setzt.

Und so möge am Ende dieser Zwischenbesinnung eine erste hermeneutische Grundeinsicht stehen, die für alle, auch die noch folgenden, biblische Symbole gilt. Symbole stehen *für* etwas. Die großen Kontrastsymbole beispielsweise wurden aus der Beobachtung von Phänomenen der Natur gewonnen, sind bildgewordene Objektwelt: aus Tag und Nacht, aus Oase und Wüste, aus Berg und Tal. Sie stehen für etwas anderes. Sie stehen *für* die politisch bedingte Mangelsituation eines Volkes und seiner Relation zu einer Utopie der Fülle. Sie stehen *für* die Tiefenbefindlichkeit des einzelnen und seine Relation zu dem EINEN Gott. Sie stehen *für* die Qualifizierung des Daseins durch das Sein (Licht) und stellen die Beziehung her zu einer Entleerung durch das Nichtsein (Finsternis). Nur von dieser hermeneutischen Grundeinsicht her bleiben wir bewahrt vor der Schaffung einer neuen Naturmythologie, vor nostalgischen Remythisierungsrezepten, die da meinen, nur durch diese Art der Symbolik sei der Kirche noch zu helfen. Es führt in der Regel vollkommen ins Abseits, meditierend vor Bäumen zu sitzen, rauschenden Wassern zu lauschen, auf harter Erde zu knien. Ein solches Tun verharrt beim realen Phänomen der Objektwelt, umgibt es mit dem Weihrauch von Religiosität. Es führt nicht zu dem, wofür das Symbol – zumindest in der biblischen Überlieferung – steht. *Wofür* es steht, sagt nur das Wort als Erzählung, als Psalm, als Gleichnis. Wir erfahren es durch Sprache – durch nichts sonst!

Kapitel 4:

Das Symbol des Sterns

1. Sterne am Himmel

Zu den Sternen gehört der Abend, gehört die Nacht. Immer seltener wird das Erlebnis eines klaren wolkenlosen Abendhimmels, an dem ein Stern nach dem anderen aufleuchtet, bis die Nacht sich herabsenkt und der Himmel übersät ist mit Sternen, so weit das Auge reicht; immer seltener das Erlebnis nach und nach erblassender Sterne im Angesicht des heraufsteigenden und anbrechenden Tages. Die "klare Nacht der Sterne" ist ebenso häufig durch eine Dunstglocke aus vergifteter Luft und Smog bedeckt, "verhangen", wie das klare Licht des Tages. Oder aber: Das Schauspiel des unermeßlich weiten "Sternenzeltes" wird nicht mehr wahrgenommen, weil es durch die Konkurrenz der Neonröhren und Lichtreklamen übertrumpft wird. Hunderttausende von Kilowatt verdrängen das Licht der Sterne. Die Erfahrung von klarer Nacht und Sternenlicht lebt fort in der poetischen Sprache der Dichter und – im schwachen Abglanz davon – in den Bildern und Vergleichen unserer Umgangssprache.

Der Apostel Paulus hat sehr richtig bemerkt: "Anders ist der Glanz der Sonne und anders der Glanz des Mondes und anders der Glanz der Sterne", um dann fortzufahren: "Auch Stern unterscheidet sich von Stern durch den Glanz" (vgl. 1. Kor 15,41). Sie alle "scheinen", sie alle "leuchten", sie alle "glänzen". Ihre unendliche Zahl läßt die Sterne nicht nur scheinen, leuchten und glänzen, sondern "funkeln" und "glitzern". Für den Betrachter entsteht der Eindruck, "die Sterne tanzten", seien in ständiger Bewegung, während Mond und Sonne eher ruhige Pole sind – der eine für die Nacht, die andere für den Tag. Als ruhig und sanft gilt der Mond, als gewaltig und aggressiv die Sonne, weil ihr Licht zur Gluthitze werden kann. Jenseits aller naturwissenschaftlichen Erkenntnisse über das Wesen der Sterne erweckt ihr Licht den Eindruck von Klarheit und Reinheit. Die unterschiedliche Entfernung durch Lichtjahre erweckt den Eindruck der unterschiedlichen Größe dieser Himmelskörper: Sterne und Sternchen leuchten am Himmel, so wie es Stars und Starlets unter den Menschen gibt.

Der Sternenhimmel als Sinnbild für Unendlichkeit und Orientierung

Der "bestirnte Himmel über uns" vermittelt Menschen die Erfahrung der Unendlichkeit. Das "Himmelszelt" scheint grenzenlos gegenüber der Begrenztheit des menschlichen Lebens. Das wird bestätigt durch die Forschungsergebnisse der Astronomie und Astrophysik. Über das hinaus, was das bloße Auge erkennen kann, werden durch Riesenteleskope immer neue "Welten" entdeckt. Die Zahllosigkeit der Sterne übersteigt jede Berechenbarkeit menschlichen Denkens. Wer versucht, "nach den Sternen zu greifen", wie unsere Sprache sagt, greift nach Unerreichbarem. Und dennoch ist mit diesem Bildwort nicht nur illusionäre Spinnerei gemeint. Wer es erst gar nicht versucht, danach zu greifen, wird an der Realität nichts ändern. Immer bleibt die Differenz zwischen dem "hohen" Ziel und der Realisierbarkeit. Und dennoch gelingt es, den einen oder anderen Stern herabzuholen. So kann sich bildhafte Rede von den Sternen verbinden mit Utopien, Visionen und Träumen.

Längst hat der Mensch entdeckt, daß der unendliche Sternenhimmel nicht ohne Ordnung ist. An dieser Ordnung kann er sich orientieren. Der Sternenhimmel auf der südlichen Erdhalbkugel ist anders als auf der nördlichen. Ein Blick an den Himmel kann einem Menschen sagen, wo er sich befindet. Es gibt Sternenkonstellationen, die immer gleich bleiben. Sie haben oft Namen, weil ihre Anordnung an irdische Phänomene erinnern. Selbst wenn auf Erden Weg und Steg nicht gefunden werden und alle Orientierung verloren geht, der Blick auf die Sterne – sofern sie leuchten – führt weiter. "Geleitet durch Sterne" (Leitstern!), kann man ans Ziel gelangen. Das mag dazu geführt haben, daß Leitfiguren mit Sternen verglichen werden. Gerechte können sein wie die Sterne, an denen andere Menschen sich in ihrer Denkrichtung und Lebensführung orientieren. Der Vergleich signalisiert Klarheit ohne Zweideutigkeit, Reinheit ohne Falsch und Korruption. Wem würde nicht im gleichen Augenblick bewußt, wie ambivalent das Licht der Sterne ist und somit das, was sie symbolisieren? Nicht nur klar und rein ist das Licht der Sterne, sondern auch kalt. Auch die Gerechtigkeit der Gerechten kann Prinzipienreiterei und Gesetzlichkeit werden, die in kalter Distanz zum wahren Leben steht.

Sterne steigen auf – Sterne fallen

Die aufstrahlenden Sterne bei zunehmender Nacht und die verblassenden Sterne bei zunehmendem Tag gehören zu den sich ständig wiederholenden Naturphänomenen. Die Alten vor uns waren mit diesem Rhythmus noch mehr vertraut als wir. Mit den Sternen verbindet sich auch Unvorhergesehenes, nicht Kalkulierbares. Ab und an, mit allen Anzeichen des Unverhofften, fallen Sterne in atemberaubender Geschwindigkeit vom Himmel auf die Erde. Von ihrem Licht bleibt nichts als kalte Materie. Der Sturz von Sternen ist gefährlich; er kann zerstören, mit in die Tiefe reißen. Dieser Vorgang ist geradezu darauf angelegt, symbolische Redeweisen hervorzubringen. Wenn "sein Stern gestürzt ist", dann ist jemandes Machtposition – vielleicht gerade auf ihrem Höhepunkt – jäh verloren gegangen – unvorhergesehen, von niemandem so erwartet, auf spektakuläre Weise. Ist "sein Stern nur im Sinken begriffen", dann wird ein langsames, fast unmerkliches Verlieren an Einfluß und Bedeutung beschrieben. Wer den fallenden und stürzenden Stern denkt oder beschreibt, kann auch den aufsteigenden Stern denken und beschreiben. Aufsteigende Sterne gibt es am Wirtschafts-Himmel, am Film-Himmel, am Polit-Himmel. Sie schicken sich an, ihren Platz zu erobern und alle Konkurrenz zu unbedeutenden Satellitensternchen zu machen.

Die Sterne und die Macht ... Sterne als Symbol für Macht! Mächte wählen Sterne als Emblem. Am eindruckvollsten ist der auch in der westlichen Hemisphäre bekannte Sowjetstern. Die Nachrichtensendung des sowjetischen Fernsehens BREMA begann "symbolisch" (!) mit dem Stern, der die Erdkugel umkreist. Damit wurde bzw. wird ein Machtanspruch – wie auch immer gefüllt – nicht nur über die Völker der UdSSR, sondern über die ganze Welt angezeigt. Auch der Westen kennt einen Stern, der am Kühler einer berühmten Automarke prangt und "in voller Fahrt voran" zeigt. Der Mercedesstern steht für ein Wirtschaftsimperium und zugleich für ein bestimmtes Wirtschaftssystem. So sehen es Freunde und Gegner. Der Staat Israel wählte den Davidsstern als Symbol für seine Fahne und machte damit einen politischen Anspruch auf das Land der Väter geltend. Erfolgreiche Generäle der ganzen Welt werden mit Sternen dekoriert.

Unter der Gunst oder Ungunst von Sternen stehen

Erfolg im persönlichen oder politischen Leben ist die Kunst des Machbaren. Alles Machbare aber bedarf der Gunst der Umstände, die letztlich nicht beeinflußbar sind. Es gehört zum Erbe der Antike, daß solche Gunst oder Ungunst mit Sternen in Verbindung gebracht wurde. Der Himmel wird als Sitz der Götter gedacht; die Himmelskörper waren Gottheiten im positiven wie im negativen Sinn. Während es in den Götterhimmeln der Völker überaus menschlich, ja willkürlich zuging, brachte die Vorstellung von Gestirnsgottheiten einen neuen Gedanken ins Spiel. Der Lauf der Sterne und ihre Konstellationen zeigten feste Ordnungen, zeigten "System". Sie nahmen genau wie die eher anthropomorph vorgestellten Gottheiten Einfluß auf die Menschen, aber eher in einer schicksalhaften Festlegung. Deshalb konnten Unternehmungen unter einem günstigen bzw. ungünstigen Stern stehen. Heute sprechen wir eher metaphorisch in dieser Weise, um das Nichtplanbare trotz genauester Abwägung aller Faktoren auszusagen.

2. Der Herr ist es, der den Sternen die Zahl bestimmt

Sehr deutlich läßt sich in der biblischen Überlieferung der Übergang von den realen Sternen zu den symbolischen Sternen, sehr deutlich die Unterscheidung zwischen mythologischer und symbolischer Rede beobachten.

Nachkommen wie Sterne am Himmel

In der priesterschriftlichen Bearbeitung der Vätergeschichten wird zum ersten Mal die Vielzahl der Sterne als Vergleich für einen anderen Sachverhalt gebraucht. Abraham wird von Gott hinausgeführt unter den Sternenhimmel und aufgefordert: "Schau gen Himmel und zähl die Sterne!" Sofort wird die Frage hinzugefügt: "Kannst du sie zählen?" (Gen 15,5 f). "So zahlreich sollen deine Nachkommen sein!" (ebd.) Dies wird einem Mann gesagt, der befürchtet, kinderlos von dannen gehen und sein Erbe seinem Haussklaven überlassen zu müssen. Die Sterne am Himmel werden zum Bild und zur Vision zugleich. So wie der Himmel sich verändern und sternenlos werden kann, so kann es mit den Nachkommen Abrahams gehen. Das Buch Deuteronomium greift das Bild von den Sternen wieder auf und wendet es ins Negative. "Jetzt", so wird in eine geschichtliche Situation hineingesagt, "seid ihr schon so zahlreich wie die Sterne" (Dtn 1,10). Wegen ihres Ungehorsams aber werden die Israeliten, statt zahlreich zu sein, nur wenige sein. Sie werden herausgerissen aus dem Land, das ihnen einst verheißen war (vgl. Dtn 28,62).

Laß dich nicht verführen, Sonne, Mond und Sterne anzubeten!

Wer wäre nicht beeindruckt von einem Blick auf das Sternenzelt bei Nacht! Die "klare Nacht der Sterne" rührt an die Gefühle der Menschen. Aus dem Überschwang der Gefühle heraus werden Himmelskörper schnell mit göttlicher Würde umkleidet. Außerordentlich scharf ist die Polemik des Alten Testaments gegen jede Form der Anbetung von Sonne, Mond und Sternen, wenn der Blick sich zum Himmel hebt. Von "Verführung" spricht das Deuteronomium (4,19). Ebenso scharf wie das Verbot der Gestirnsverehrung ist das Verbot einer bildlichen Gottesdarstellung. Beide Verbote scheinen auf einer Ebene zu liegen. Sie werden im Deuteronomium in einem Atemzug genannt (vgl. zum Ganzen Dtn 4,19 ff). Das läßt den Rückschluß zu, daß Israel im babylonischen Exil die verführerische Macht dieser Religiosität kennengelernt hat, in der Kreatürlichkeit (z.B. die Sterne) vergöttlicht und Göttliches gegenständlich ("von Händen gemacht") dargestellt wurde. Die Auseinandersetzung mit diesen Erfahrungen hat ihren Niederschlag gefunden in der priesterschriftlichen Schöpfungs-überlieferung. Gott schuf das Licht und unterscheidet es von der Finsternis (Gen 1,3 ff). Die Himmelskörper kommen in der Rangordnung erst nach den Pflanzen. Sie werden zu "Lampen" degradiert, die Gott am Firmament befestigt, damit sie ihre Funktionen bei Tag und Nacht erfüllen. Das ist implizit eine Entmythologisierung und Entgöttlichung der Gestirne, von deren heil- oder unheilvollem Einfluß Menschen sich abhängig glaubten. Das Verbot, Gestirne anzubeten, und ihre Degradierung am Firmament gehen Hand in Hand. Anders ist es mit dem Bilderverbot. Das Verbot, eine bildhafte Darstellung Gottes (oder von Göttern) anzufertigen, geht einher mit einer Aufwertung des Menschen. Er wird erschaffen nach *seinem* Ebenbild. Er ist ein lebendiges, nicht ein totes Abbild.

So geht es mit den Sterngucken!

So scharf wie das Verbot der göttlichen Verehrung von Sternen so scharf ist die Polemik gegen jene, die sich von Berufs wegen mit Sternen beschäftigen. Königliche Höfe werden geschildert als solche, an denen verbeamtete Stern- und Traumdeuter als Ratgeber tätig sind – sei es am Hof des Pharao in Ägypten, sei es am Hof des babylonischen Großkönigs. Nicht die Beschäftigung mit den Sternen wird verurteilt, sondern das Geschäft des "Deutens" durch diesen Berufsstand. Aus dem Lauf und der Konstellation der Sterne werden Schlußfolgerungen für den irdischen Lauf der Dinge gezogen. Aus dem Deutevorgang werden Handlungsanweisungen für politisches Tun abgeleitet. Voller Ironie ist der Spott über die Ratlosigkeit der Ratgeber, die ihre königlichen Brotgeber entweder im Stich lassen oder auf die falsche Fährte führen. Die Qualität der Deutung hängt an der Qualifikation der Deuter. Nur wer sich leiten läßt von der Einsicht in die Führung Gottes, erhält die Gabe der Deutung.

Männer wie Joseph oder Daniel sind wahrhaft Weise, die darum wissen, daß Gottes Weisheit größer ist als die der Sterne.

Gottes Stern und die Sterne der Mächtigen

Die Mächtigen verlassen sich auf die Sterne und legitimieren ihr Tun durch die Konstellation der (göttlichen) Sterne. Zugleich sind sie wie die Sterne, und ihr Tun wird mit dem Symbol "Stern" entlarvt. Die symbolische Rede der Bibel von den Sternen konzentriert sich auf das "Aufgehen" und das "Fallen" von Sternen. Steigen sie auf, dann ziehen sie die Blicke der Menschen auf sich; sie üben Faszination aus. Einige übertreffen an Größe und Strahlkraft die anderen. Großmächte sind wie der alles beherrschende Morgen- bzw. Abendstern. Fallen sie, dann ist es aus mit ihrer Führungsrolle und ihrem Machtanspruch. Niemand vermißt sie. Sie werden durch neue Sterne ersetzt, an denen sich die Menschen wie Wendehälse erneut ausrichten. Erst wenn sie alle keinen Schein mehr geben, ist der "Tag des Herrn": Die alten Machtstrukturen haben ausgedient.

Das eigentliche Problem, vor dem biblisch orientierte Menschen stehen, ist: Die Mächte dieser Welt *erscheinen* als strahlende Sterne; in den Augen der vielen *sind* sie "Leitsterne". Der "Stern, der aus Jakob aufgeht" – der Christus – *ist* der strahlende neue Stern. Wie aber ist der eine vom anderen zu unterscheiden? Wie der richtige zu erkennen? Hier kann es nur inhaltliche Kriterien geben.

3. Die Symbolgeschichte vom aufgehenden Stern

Die symbolische Rede von den Sternen und DEM STERN verdichtet sich in der Vor- bzw. Geburtsgeschichte des Matthäus. Sie ist aus einer Fülle von bildhaften Vergleichen und alttestamentlichen Motiven gewoben. Analogien und Kontraste zu alttestamentlichen Überlieferungen durchziehen die Gesamtkomposition. Zugleich hat es den Anschein, als würde zu der strittigen Diskussion über die göttliche Dignität von Gestirnen und die Qualifikation der Sternkundler das Schlußwort gesprochen.

3.1 Lukas oder Matthäus?

Längst wurde beobachtet, daß das älteste Evangelium des Neuen Testaments, das Markusevangelium, mit dem ersten öffentlichen Auftreten Jesu beginnt, ohne ausführliche Einleitung, ohne Geschichte über seine Geburt oder seine Kindheit.

Erst seine Nachfolger, die Evangelisten Matthäus und Lukas, haben sogenannte Vorgeschichten, das Johannesevangelium einen Prolog, fast in der Art eines feierlichen Hymnus. Diese ausführlichen Einleitungen zu den Evangelien sind das Ergebnis einer weiter fortgeschrittenen theologischen Reflexion. Wer sich in Literatur und Geschichte umsieht, wird sich über diesen Wachstumsprozeß nicht wundern. Die Lebensleistung und der Tod interessieren zuerst an außergewöhnlichen Persönlichkeiten. Je größer die zeitliche Entfernung von ihnen wird, umso mehr wächst das Interesse an Kindheit und Jugend, am "background", aus dem sie kommen. Zuerst wurden die Überlieferungen von Leiden und Tod Jesu gesammelt, dann die von seinen Worten und Taten und deren Wirkung. Erst dann war sein Eintreten in die Welt von Interesse. Überlegungen über seine Herkunft und seinen Ursprung wurden angestellt. So wie die Nachgeschichten der Evangelien (Erscheinungsgeschichten des Auferstandenen) wuchsen, so mußten auch Vorgeschichten entstehen und wachsen. Dem aufmerksamen wie unvoreingenommenen Leser der Evangelien kann nicht entgehen, daß Matthäus und Lukas zwei gänzlich verschiedene Geburtsgeschichten haben. Gestützt und bestätigt wird diese Beobachtung durch die Analysen der historisch-kritischen Exegese. Das schier unerschöpfliche Reservoir von alttestamentlichen Bezügen, Bildern und Motiven wurde von jedem der beiden Evangelisten neu und anders gemischt. Durch Selektion und Kombination entstand eine je eigene Botschaft. Gebündelt werden die Anspielungen auf Bekanntes, die Assoziationen hin zum Alten Testament, durch ein Symbol, das gewissermaßen als Leitidee die Vorgeschichten durchzieht. Es ist bei Lukas ein anderes als bei Matthäus. So entstanden Symbolgeschichten mit Aussagen über DIE MENSCHEN und DEN MENSCHEN, über DIE GÖTTER der Umwelt und DEN GOTT Israels, über DIE MÄCHTIGEN des Weltgeschehens und DIE MACHT des Kindes. Zu Recht wurde die literarische Gattung der Vorgeschichten als Legende bezeichnet. Noch immer trägt diese Gattung den Beigeschmack des Unwahren, wird als Produkt spekulativer Phantasie abgetan. Ich möchte vorschlagen, "Legende" als "Lesart" zu bezeichnen. So gäbe es dann von der Menschwerdung Jesu die Lesart des Lukas und die Lesart des Matthäus. Die eine spricht vom Stall und der Krippe, von den himmlischen Heerscharen und den Hirten auf dem Feld, die andere vom Haus, über dem ein Stern steht, von Träumen und Magiern aus dem Osten. Die Wirkungsgeschichte des Christentums hat es mit sich gebracht, daß Lukas mit seiner Lesart das abendländische Weihnachtsfest im Dezember erobert hat. Matthäus wurde abgeschoben auf das Epiphaniasfest im Januar. Im Bestreben zu harmonisieren, versuchte man es mit einem zeitlichen Nacheinander: zuerst das Fest des neugeborenen Säuglings nach Lukas, dann das Fest des Kleinkindes nach Matthäus, denn die "Weisen aus dem Morgenland" brauchten ja eine beträchtliche Zeit, bis sie in Bethlehem ankamen! Diese historisierende Betrachtungsweise kann nur ironisch gemeint sein. Die Erschließung der Symbolgeschichte vom Stern bei Matthäus wird es zeigen.

Mit Fug und Recht kann sich Matthäus darauf berufen, daß er der erste war, der in schöpferischer Eigenständigkeit eine Geburtsgeschichte geschaffen hat. Seine "Weihnachtsgeschichte" ist die ältere! Vielleicht kommt seine Stunde wieder, denn – wenn nicht alles täuscht – droht die lukanische Symbolgeschichte zur Idylle zu verkommen. Das Krippenkind im Stall mit den Hirten greift nicht mehr ans Gemüt; es soll Gemütlichkeit erzeugen. Wer vermag da noch die Brisanz der Botschaft zu hören, die dahintersteht?

3.2 Der geschichtliche und weltpolitische Horizont

Matthäus und Lukas haben zwei voneinander unabhängige Botschaften für die Menschen ihrer Zeit bereit. Sie sind gedacht genau für die Situation, in der diese Menschen leben, am allermeisten die Gemeinden, an die die Evangelien zunächst gerichtet sind. Vielleicht nicht auf den ersten, doch aber auf den zweiten Blick ist zu erkennen, daß christliche Existenz im Welthorizont gesehen und gedeutet wird. Ein weiterer Blick zeigt, daß dabei die Botschaft des Matthäus geradezu eine politische Kampfansage ist.

Konzentrieren wir uns auf ihn, um zu verstehen, warum der Stern zum Leitsymbol seiner Vorgeschichte wird.

Für Israel gab es im Verlauf seiner Geschichte eine traumatische Erfahrung. Es waren Generationen damit beschäftigt, sie zu bewältigen. Es war die Erfahrung der Vertreibung aus dem verheißenen Land, die Erfahrung von Deportation und Exil. Daß dieses Stück Land, das zu erlangen so viele Generationen sich gemüht hatten, zum Puzzleteil der Eroberungspolitik von Großmächten geworden war, blieb ein Schock. Insbesondere den Babyloniern war es gelungen, nicht mehr aus der Welt zu schaffende Tatbestände zu schaffen. Ein blühendes Land ("wie der Garten Eden") wurde zerstört, verwüstet, die Städte verödeten. Die Elite des Volkes wurde in eine völlig fremde Umgebung – an den Euphrat und Tigris – versetzt. Traumatisch war die Erfahrung der Trennung des einen Volkes in zwei Teile, die sich am Ende dieser Entwicklung fast unversöhnlich gegenüberstanden: die Zurückgebliebenen und Weggeführten. Die einen, die in dem ausgebluteten Land zu überleben versuchten und Kompromisse schlossen mit den nach Israel zwangsweise umgesiedelten heidnischen Völkern; die anderen, die unter den Lebensbedingungen der Fremde mit allen Mitteln ihre Identität, vor allem ihre religiöse, zu wahren suchten. Mit der geschilderten einschneidenden Erfahrung wurde eine Entwicklung eingeleitet, die man Zerstreuung, "Diaspora", nennt. Längst nicht alle kehrten ins "Land der Väter" zurück, als sich durch die Änderung der politischen Verhältnisse die Möglichkeit dazu ergab. Überall hin wandten sich Juden, um sich – nun als Freie – niederzulassen. Zentrifugal schien das "auserwählte Volk" auseinanderzustreben. Gab es keine Mitte mehr? Keine Sammlung, keinen Ort, auf den man sich konzentrieren konnte? Die Erfahrungen waren so tiefsitzend, daß die Verursacherin – als solche wurde sie gesehen –, die Großmacht Babylon, zur Chiffre für Großmächte aller Art wurde.

Auch die römische Weltmacht wurde zur "Hure Babylon" und damit zum Gegenstand bildlicher Redeweise.

Um diese traumatische Erfahrung wußte der Evangelist Matthäus. Er schickt sich an, in diesen geschichtlichen und weltpolitischen *Horizont* seine Geburtsgeschichte vom Kind Jesus, dem Christus, einzubetten. Im ersten Kapitel seiner Vorgeschichte entwirft er einen Stammbaum (Mt 1,1-17), der bei Abraham, dem Stammvater Israels, beginnt, und bei Christus endet.[1]

Die Geschichte Gottes mit *seinem* Volk ist sein Schwerpunkt. Sofort fällt auf, daß dieser Stammbaum nicht nur Namen aneinanderreiht, sondern strukturiert ist. Vierzehn Geschlechter sind es von Abraham bis zu David, vierzehn Geschlechter von David bis zur Wegführung des Volkes ins babylonische Exil, weitere vierzehn Geschlechter von David bis zur *Weg*-führung des Volkes ins babylonische Exil, weitere vierzehn Geschlechter von der Wegführung in dieses Exil bis zum Christus. Die *Wegführung* ist der Angelpunkt dieser Generationenkette. Weitere Details dieses hochinteressanten Stammbaums sollen noch Gegenstand der Überlegungen sein.[2]

3.3 Der Stern am Horizont

Was haben der Stern und die Großmacht Babylon miteinander zu tun? Sehr viel! In der Auseinandersetzung mit der Verursacherin so vielen Leids und so

---

1 Lukas verfährt bei seinem Stammbaum (Lk 3,23-38) anders. Er beginnt mit Jesus, dem Sohn des Joseph und führt ihn zurück auf Adam, den ersten Menschen überhaupt. Er denkt universalkosmopolitisch und hat deshalb die Menschheitsgeschichte im Auge.

2 Daß der Stammbaum des Matthäus sich auch inhaltlich und durch die genannten Namen vollkommen von dem des Lukas unterscheidet, darf kaum verwundern.

vieler Unterdrückung wurde schon im Alten Testament der Boden symbolischer Rede betreten, insbesondere durch den Propheten Jesaja (Protojesaja). Die Nachfolger seiner Prophetie im zweiten (Deuterojesaja) und im dritten Teil (Tritojesaja) des Jesajabuches haben die Gedanken dieser Symbolik weiter ausgesponnen. In visionärem Weitblick sieht "Jesaja" schon das Ende der Weltmacht Babylon voraus. Eine Veränderung der Macht*konstellation* kündigt sich für ihn an, die er in Bildern beschreibt: Die Menschen sind bestürzt; sie winden sich in Krämpfen und Wehen wie eine Gebärende. Die bisherigen Leuchtpunkte am politischen Horizont verlieren ihren Glanz. Sie sind wie "die Sterne und Orione, die nicht wie gewohnt ihr Licht strahlen lassen, wie die Sonne, die aufgeht und finster bleibt, wie der Mond, der nicht scheint" (vgl. Jes 13,1 ff). In unvergleichlicher Sprache entführt Jesaja seine Hörer und Leser zuerst nach oben, auf die Erde, dann hinunter, in die Totenwelt. Oben, auf der Erde ist es still geworden. Kein Kriegsgeschrei, kein Schlachtengetümmel ist mehr zu hören. Es herrscht die schweigende Agonie wie nach einem verlorenen Krieg. Die Kommandos der Sklaventreiber sind verstummt, "zerbrochen ist der Stock der Gottlosen und der Stecken des Treibers" (vgl. Jes 14,4b-6). Vielleicht ist auch das Schreien, das Klagen und Jammern der Unterdrückten verstummt. Aufruhr ist dagegen unten im Totenreich. Es erheben sich – Schatten gleich – all jene Könige, die einst Macht hatten. Sie sind – so darf man wohl paraphrasierend ergänzen – Sternen gleich, die ihren Glanz verloren haben, abgestürzt wie Meteoriten und dort unten, auf dem Friedhof der Weltgeschichte, wie totes Gestein ruhen. Sie geraten in Aufruhr, weil ein besonders spektakulärer "Fall" der Weltgeschichte sich ereignet: Der König von Babylon ist gestürzt. Jetzt stimmen sie ein Spottlied an, voller Schadenfreude darüber, daß es diesem besonderen Stern am Horizont des Weltgeschehens nicht anders erging als ihnen selbst:

"Wie bist du vom Himmel gestürzt, du strahlender Morgenstern!"

Er, der zum Himmel emporsteigen, seinen Sitz über den Wolkenhöhen nehmen, ja, dem Höchsten gleich sein wollte, ist auf den tiefsten Grund der Grube des Totenreiches gefallen ("Wer andern eine Grube gräbt, fällt selbst hinein"). Jetzt ist er "in Moder gebettet, die Würmer sind seine Decke" – er wird zerfressen werden und dem Vergessen dahingegeben sein (vgl. zum Ganzen das "Triumpflied über Babylon", Jes 14, insbesondere ab V 4). Wer dächte da nicht an jene Politgrößen, die sich selbst überlebt haben, an jene "Betonköpfe", die sich nicht ändern konnten in ihrer Unterdrückungsmentalität und die nun vom Leben bestraft werden? An jene, deren "Stern schon längst im Sinken" begriffen war und plötzlich mit unglaublicher Geschwindigkeit ihren Sturz erleben – weggefegt vom Himmel ihrer Macht?

Als Matthäus seine Lesart der Geburtsgeschichte Jesu schrieb, war das alles schon Wirklichkeit geworden. Dunkel war es geworden an jenem Teil des weltpolitischen Horizonts. Seine Herrscher waren in das Grab der Geschichte gesunken. Das Weltreich war zur Wüste geworden, wo kein Beduine mehr zeltete und kein Hirte mehr sich mit seinen Herden lagerte (vgl. Jes 13,20). War es ein Wunder, wenn man Ausschau hielt nach einem neuen Morgenstern?

Was für den ersten Jesaja noch in weiter Ferne lag, ist für den zweiten Jesaja schon näher gerückt. Er, der sein Volk ins Exil begleitete, sah die Zeichen auf Umbruch stehen. Vielleicht hat er den Perserkönig Kyros als neuen Morgenstern gesehen, der seinem Volk Rettung bringen sollte. Auf alle Fälle stimmt er ein neues Spottlied auf Babylon an. Jetzt wird diese Macht "Jungfrau, Tochter Babel, Tochter der Chaldäer" genannt und aufgefordert, sich als das zu benehmen, was sie ist: eine Hure, die schamlos den Schleier aufdeckt, ihre Schenkel entblößt, ihre "Blöße" enthüllt. Von heute auf morgen wird sie, die zu sagen pflegte "Ich und niemand sonst!" zur kinderlosen Witwe werden. Was uns an diesem Spottlied interessieren sollte, ist die beißende Polemik gegenüber den Ratgebern dieser Großmacht. Es sind jene verbeamteten Sterndeuter, die "den Himmel einteilen, nach den Sternen schauen, die Neumond um Neumond kundtun, was kommen wird". Mögen sie doch Babylon helfen, das mit seinem Latein am Ende ist. Gegeißelt wird nicht ihr wissenschaftliches Interesse am Sternenhimmel, sondern ihr mythologisches Tun: Sie glauben, den Lauf der Geschichte von den "Himmelsgöttern" ablesen und Handlungsanweisungen für die konkrete Politik ableiten zu können. Aus Astronomen sind Astrologen, aus Sterndeutern sind "Sterngucker" geworden, die sich als unbrauchbar erweisen für die Bewältigung irdischer Gegebenheiten. Jesaja sagt kurz und bündig: "So geht's dir mit deinen Zauberern" ("Magiern!" Vgl. zum Ganzen Jes 47).

Matthäus läßt in seiner Geburtsgeschichte Personen auftreten, die "aus dem Land der aufgehenden Sonne", aus dem Osten, kommen. Er gibt ihnen nicht die Berufsbezeichnung "Sterndeuter". Er nennt sie "Magier" (Zauberer!). Es ist anzunehmen, daß ihm die prophetische Entlarvung dieses Berufsstandes bewußt war, auch wenn er das nicht expressis verbis zum Ausdruck bringt. Die Frage ist, ob er durch die Art, wie er seine Symbolgeschichte gestaltet, eine implizite Entmythologisierung ihres Tuns vornimmt.

Noch weiter treibt der dritte Jesaja seine Sicht der Dinge voran. Er ist der Prophet, der unter denen lebt, die "als Rest" in das Land zurückgekehrt sind und sich in dem ausgebluteten Land abmühen, ohne einen *Silberstreif* am *Horizont* zu sehen, ohne Zukunftsperspektiven zu haben. Er sieht die Herrlichkeit des

Herrn aufstrahlen über seinem Volk (Jes 60,1 ff). In einer Art *Sternfahrt* sieht er Völker und Könige zu diesem Licht strömen und zu dem Glanz, der über ihm aufstrahlt (ebd.). Sie bringen ihre Schätze dort hin (Gold und Weihrauch! vgl. Jes 60,5 und 6), wo "Frieden die Obrigkeit sein und Gerechtigkeit die Regierung sein wird" (Jes 60,17). Gewalttat, Sturz und Zerstörung werden sein wie eine Sonne, die nicht mehr das Licht des Tages bestimmt, und wie der Mond, der die Nacht nicht mehr erhellt. Sie werden abgelöst durch "das ewige Licht" des Herrn. *Diese* Sonne des Volkes Israel und *dieser* Mond werden nicht mehr untergehen (Jes 60,18 ff). Gerade diese Redeweise zeigt, daß von den Himmelskörpern nur noch auf der Bildebene gesprochen wird.

Matthäus hat unübersehbare Signale in seiner Geburtsgeschichte gesetzt, um deutlich zu machen, wie er seinen Stern verstanden wissen will. Im Osten, wo einst das babylonische Weltreich war, ist kein Stern mehr am Horizont zu sehen. Die Magier sehen ihn auch nicht über sich, sie sehen ihn in der Ferne und müssen sich zu ihm aufmachen. Genauer: Sie sehen ihn auf der anderen Hälfte des Horizonts. Er zieht auch nicht vor ihnen her, wie bildliche Darstellungen im Verlauf der Kunstgeschichte suggerieren. Erst als sie Jerusalem und Herodes verlassen, erscheint er wieder und führt sie das kurze Stück Wegs von Jerusalem nach Bethlehem. Warum das notwendig war, wird sich im folgenden zeigen.

3.4 Das Sternchen am Polithimmel und der Stern aus Jakob

Als ob sie wüßten um die Hoffnungen und Sehnsüchte des Volkes Israel, um die Visionen und Verheißungen seiner Propheten, um die Überlieferungen in seinen heiligen Schriften, wenden sich die Magier nach Jerusalem, der Hauptstadt Judas, aus der einst der letzte König dieses Volkes weggeschleppt worden war; nach Jerusalem mit dem Berg Zion, von dem man glaubte, Gott würde dort dereinst wieder Wohnung nehmen. Aber da ist eben ein "Malheur der Weltgeschichte" passiert. Der Thron Davids ist besetzt von einem, der dort nicht hingehört; besetzt von einem Vasallenkönig der römischen Weltmacht, umgeben von einem Troß von Kollaborateuren der Römer: Herodes der Große (Regierungszeit: 37 v.Chr. bis 4 v.Chr.). Mit taktischen Raffinessen hat er seine Macht gefestigt, indem er sich ehelich verband mit einer Tochter aus der Priesterfamilie der Hasmonäer, die vor ihm die Geschicke des Landes zu lenken versuchten, um dann alle Mitglieder dieser Familie systematisch auszurotten.

Er selbst kam aus der Familie der Idumäer. Dahinter verbirgt sich nicht anderes als der heidnische Stamm Edom; folglich war Herodes gar nicht richtig vertraut mit den Überlieferungen Israels und dem Gesetz der Juden. Dieser Umstand mußte eine weitere schmerzende Wunde im Bewußtsein jedes frommen Juden sein und die traumatische Erfahrungen der Geschichte wach halten.

Den Mangel an Legitimation versuchte Herodes auszugleichen durch eine enorme Bautätigkeit und architektonische Prachtentfaltung, insbesondere beim Wiederbau des sog. dritten Tempels. Die Fassade stimmte, aber wie sah es im Innern aus?

Mit wenigen Strichen macht Matthäus in seiner Geburtsgeschichte den Herodes zur Karikatur. Da kommen Delegierte aus dem fernen Osten. Von Berufs wegen war es ihre Aufgabe, die Konstellation der Gestirne zu beobachten, vielleicht zu berechnen. Am Himmel haben sie einen neuen Stern entdeckt, vielleicht erahnt, daß mit dem neuen Stern eine neue Zeit anbricht. "Wo ist der 'neugeborene' König der Juden?" fragen sie. Wörtlich übersetzt lautet die Frage: "Wo ist der neue König, der es der Geburt nach ist?" Erschreckend genug ist die Frage nach einem neuen König, während der alte noch regiert; noch erschreckender die Frage nach einem König, der es auch "der Geburt nach" bzw. von seiner Herkunft her ist. Das kann Herodes nicht für sich in Anspruch nehmen! Es muß ihm klar sein, daß dieser König, nach dem hier gefragt wird, ein Davidide sein muß. Wenn "ganz Jerusalem" mit ihm erschrickt, dann kann man sich darunter das Heer der Jasager vorstellen, die sein Königtum und die Art seiner Herrschaft stützen.

Herodes muß die Hohenpriester und Schriftgelehrten zusammentrommeln, um zu erfragen, wo "dieser Christus" geboren werden sollte. Sie sagen es ihm. Heimlich ruft er die Magier aus dem Osten zu sich, beauftragt sie, genauestens zu recherchieren mit der Begründung, er wolle dem Kind huldigen. Daß das die nackte Heuchelei ist, wird sich erst im weiteren Verlauf der Geschichte zeigen. Falsch ist dieser König in jeder Hinsicht: falsch von Herkunft, falsch in seinem Herzen. Die Falschheit steht in einem schreienden Mißverhältnis zur äußeren Prachtentfaltung des Tempels, der Kultstätte, in der der König Gott verehren läßt.

Und so ist Herodes, ohne das es explizit ausgesprochen wird, wie das Filmsternchen am Himmel des großen Showgeschäfts; ein "STERNCHEN" im Vergleich zum Gestirn der Großmacht Rom, die vom Wesen her im Grunde nichts anderes ist als die Nachfolgerin jener verhaßten Großmacht Babylon, die eroberte, unterdrückte, verschleppte und versklavte.

Wo ist da der neue Stern am Horizont, der Anbruch einer neuen Zeit, eine neue, ganz andere Herrschaft? Wo ein neuer König, wie ihn bisher niemand gekannt hat? Wo einer, der diesen Namen verdient? Matthäus weiß es längst. Er kennt die Weissagung des Sehers Bileam, ohne zitieren zu müssen:

"Ein Stern wird aufgehen aus Jakob" (Num 24,17).

Es lohnt sich, sich einen Augenblick lang mit diesem Seher Bileam und seiner klugen Eselin zu beschäftigen (vgl. dazu Num 22 – 24). Einst ließ der Moabiterkönig, verängstigt durch die Macht der Stämme Israels, die aus Ägypten kamen, den Seher Bileam aus dem Euphratgebiet herbeiholen, um Fluchsprüche über dieses für ihn bedrohliche Volk zu sprechen. Bileam läßt sich bitten und bitten, macht sich endlich auf dem Rücken seiner Eselin auf den Weg zum König. Auf dem Weg, gewissermaßen in die Enge getrieben, sieht die Eselin längst, was Bileam nicht erkennt: den Engel des Herrn, der voller Zorn dem Seher in seiner Absicht entgegentritt. Erst nachdem Bileam seine Eselin dreimal geschlagen hat, tut sie den Mund auf und klärt ihn auf. Nun gehen auch diesem "Esel" Bileam die Augen auf; er erkennt den Engel des Herrn; aus dem Widersacher Israels wird ein wahrer Prophet, der statt der bestellten Fluchsprüche Segenssprüche über dieses erwählte Volk spricht. Was Bileam "nicht schon jetzt" und "nicht schon nah" sieht, ist noch ein Herrscher, der mit anderen Völkern abrechnet, vor allem mit Edom (dem Stamm, aus dem Herodes kommt!). Matthäus sieht ihn jetzt und ganz nah. Die ganz neue und ganz andere Qualität des Christus und seines Reiches zu beschreiben, wird ihn ein ganzes Evangelium lang beschäftigen.

Herodes sieht das alles nicht. Er muß Erkundigungen einziehen. Die Magier wissen mehr als Herodes, sonst hätten sie sich nicht aufgemacht. Zur letzten Erkenntnis müssen auch sie geführt werden.

Als sie Jerusalem verlassen, taucht er wieder auf, der Stern, der jetzt für sie zum LEITSTERN wird und von Jerusalem nach Bethlehem führt, vom falschen zum wahren König. Sie, die sich damit beschäftigt haben, die Wege der Sterne zu erkunden, um daraus Schlußfolgerungen für die irdischen Zeitläufe abzulesen, müssen geführt werden durch diesen besonderen Stern. Daß er Gottes Stern ist, ist unzweifelhaft!

Er ist vorangegangen und kommt zum Stillstand. Stellen wir uns vor, wir könnten das gesamte Landschaftpanorama Israels, Judas und Bethlehems vor uns sehen. Stellen wir uns vor, wir hielten eine Luftaufnahme davon in Händen und möchten andere auf ein bestimmtes Gebäude aufmerksam machen. Wir würden es mit einem deutlichen Stern markieren.[3]

So auch hier: Aus dem Leitstern wird ein MARKIERUNGSSTERN. Der Ort ist

---

3 Vgl. die Redewendung vom "Dreisternehotel"; besonders bemerkenswerte Gebäude werden mit mehreren Sternen markiert. Sie könnten natürlich auch mit einem besonders großen Stern markiert werden.

nicht mehr zu verfehlen. Es ist kein Stall (wie bei Lukas), es ist ein Haus. Es muß bei Matthäus ein HAUS sein.[4]

Über dem Haus David (dessen Ursprung in Bethlehem liegt), über dem Hause Juda strahlt das Licht auf, von dem der dritte Jesaja gesprochen hat, "inmitten" (nicht unbedingt geographisch zu sehen!) des Hauses Israel. Ein neuer Orientierungspunkt ist gefunden für – wie Matthäus öfter zu sagen pflegt – "die zerstreuten Schafe des Hauses Israel"!

3.5 Die Sternfahrt der Völker und die Sternstunde der Magier

Jetzt ist die STERNSTUNDE der Magier gekommen! Sie gehen in das Haus und finden: Mutter und Kind! Was in ihnen geschieht, beschreibt Matthäus mit starken Worten: Sie wurden "sehr hoch erfreut". Es entspricht dem, was über ihnen geschieht: Über ihnen das unvergleichliche Licht dieses außergewöhnlichen Sterns – in ihnen das Aufstrahlen einer außergewöhnlichen Freude, die sie erzittern macht. Es geschieht das, was der Verfasser des 2. Petrusbriefes so beschreiben wird: "Der Morgenstern geht auf in euren Herzen ...!" (2. Petr 1,19)

Sie tun das, was der dritte Jesaja (vgl. Jes 60,1 ff) vor seinem inneren Auge gesehen hat: Sie huldigen dem Kind wie einem König und bringen die Gaben ihres fernen Landes dar. Jesaja sah Kamele und Dromedare, Gold und Weihrauch, Schafe und Widder. Matthäus läßt sie Gold, Weihrauch und Myrrhe bringen. Was er schildert, ist aus der Überlieferung des Alten Testaments längst bekannt als Motiv der sog. VÖLKERWALLFAHRT ZUM ZION (vgl. dazu Jes 60 und Ps 72). Man hat sie sich vorgestellt als eine Art STERNFAHRT der Völker und ihrer Herrscher aus allen Himmelsrichtungen zum Sitz des irdischen und himmlischen König Israels am Ende der Tage. Quantitativ nehmen sich die Magier im Vergleich zu dieser Erwartung eher spärlich aus, aber repräsentativ und exemplarisch sind sie allzumal. Vielleicht sind sie auch nur als Vorboten einer zukünftigen und noch viel größeren Herrlichkeit gedacht.

Hier ist es an der Zeit zu fragen, was Matthäus aus den Morgenländern gemacht hat. Er führt sie nicht mit ihrer Berufsbezeichnung ein: Sterndeuter bzw. Traumdeuter, wozu er sicher die Möglichkeit gehabt hätte. Es ist kaum anzunehmen, daß er, der mit den Überlieferungen des Volkes Israel so vertraut ist, nicht um die herbe Kritik der Propheten an diesem Beruf und die kritische Distanz zu Gestirnsgottheiten gewußt hätte. Die Geschichte wird nicht von

---

4 Vgl. dazu das Kapitel über das Symbol des Hauses, S. 437 f.

Gestirnen am Himmel gelenkt, der Herr führt Regie. Der Beruf derer, die sich auf bestimmte Weise mit den Gestirnen beschäftigen, ist überflüssig geworden, so überflüssig, wie er schon zu Zeiten Jesajas war. Er ist Zauberei, Scharlatanerie, Magiertum. So nennt Matthäus sie auch: Magier. Aber er enthält sich jeglicher Polemik. Er umkleidet sie mit einer neuen Würde; mit einer doppelten Würde, wenn man es genau nimmt.

Im Verlauf der Wirkungsgeschichte des Christentums wurden sie sowohl als Könige wie auch als Weise dargestellt. Das dürfte ganz auf der Linie des Matthäus liegen.

Sie repräsentieren die Könige der Völkerwelt, die ihre Knie beugen und dem wahren König huldigen – ganz im Gegensatz zu Herodes, der ihn – wie zu zeigen sein wird – zu beseitigen gedachte. Die Kostbarkeit und die Großzügigkeit ihrer Geschenke entsprechen ihren weit geöffneten Herzen, von denen Jesaja sagt: "Da wirst du schauen und strahlen, dein Herz wird beben und weit werden" (Jes 60,5). Weit werden soll natürlich auch das Herz derer, denen Matthäus diese Geschichte schreibt und verkündet.

Eine *königliche Haltung*, dem als wahren König Erkannten zu huldigen!

Das Großartige an ihnen besteht aber auch darin, daß sie nicht anderen sagen zu müssen meinen, was "an der Zeit ist" und welche Wege einzuschlagen sind. Sie vertrauen sich den Führungen Gottes an und machen dabei eine einzigartige Entdeckung. Dadurch erweisen sie sich als *wahrhaft Weise*. Es scheint, als griffe Matthäus noch andere theologische Denkbahnen auf, die aus der sog. Weisheitsliteratur kommen. Die Sapientia Salomonis, ein apokryphes Buch des Alten Testaments, spricht Gedanken aus, die Matthäus durchaus geläufig gewesen sein können. Die Polemik gegen jene, "die den Kreis der Sterne für Götter hielten" (SapSal 3,2), ist auch dort zu finden. Aber die "Weisheit Gottes übertrifft eben die ganze Sternenwelt" (SapSal 7,29), ja, sie kann Menschen "zum STERNENLICHT bei Nacht werden lassen" (SapSal 10,17).

3.6 Der Herr behütet das bedrohte Kind wie seinen Augenstern

Die bisherigen Überlegungen stellten gewissermaßen einen ersten Durchgang durch die Geburtsgeschichte des Matthäus dar. Der Schwerpunkt lag auf dem Symbol des Sterns und den verschiedenen Aspekten dieser Sternensymbolik. Es war dadurch möglich, den politischen und geschichtlichen Hintergrund für die Botschaft von dem Heil aufzuzeigen, das sich am Horizont zeigt. Sterne und andere Himmelskörper verblassen, weil ein alter Äon sich anschickt zu vergehen.

Ein strahlender Morgenstern zeigt sich, um den Anbruch eines neuen Äons anzuzeigen.

Bei dem nun folgenden Durchgang soll der Schwerpunkt auf dem Geschick des Kindes liegen. Schon nach seiner Geburt erfährt es Bedrohung und Verfolgung, aber auch Bewahrung – und das wird bleiben bis zu seinem Tod.[5]

Bei der Darstellung von Bedrohung und Bewahrung des Kindes scheint sich Matthäus von einem Psalmmotiv leiten zu lassen: "Bewahre mich wie deinen Augenstern" (Ps 17,8). Die Bitte kommt aus einem Gebet, das der unschuldig Verfolgte (!) spricht:

> "Beweise deine wunderbare Güte, du Heiland derer,
> die vor den Widersachern sich deiner Rechten anvertrauen.
> Behüte mich wie den Stern im Auge,
> im Schatten deiner Flügel wollest du mich bergen
> vor den Gottlosen, die mich verderben,
> meinen Todfeinden, die mich umringen ..." (Ps 17,7-9).

Wie geschieht die Bewahrung des Kindes? Indem Gott Menschen durch Träume lenkt! Die Vorgeschichte des Matthäus läßt sich ab 1,18 ff in insgesamt fünf Traumerzählungen gliedern. In drei Träumen erscheint dem Joseph ein Engel des Herrn, in zwei Träumen wird eine kurze Weisung gegeben: einmal an Joseph und einmal an die Magier. Joseph wird zum Träumenden, der wie selbstverständlich die Träume auch versteht. Die Magier, die von Beruf eigentlich auch Traumdeuter sind, werden durch eine Traumweisung gelenkt.

Wie kommt Matthäus auf das Strukturprinzip "Träume" bei der Darstellung des Geschicks vom königlichen Kind? Es scheint so, als sei er von Gedankenverbindungen hin zum Alten Testament fast überrollt worden. Kehren wir zurück zum Stammbaum in Matthäus 1. Er zielt auf JOSEPH, den Mann der Maria, den Vater des Kindes. Er ist der DAVIDE! Das macht nur Sinn, wenn entweder davon ausgegangen wird, daß Joseph Jesus auch zeugte (siehe einige Textvarianten) oder aber darauf abgehoben wird, daß die Generationenkette (die auf biologischer Nachkommenschaft beruht) zwischen Joseph und Jesus durch ein Novum gekennzeichnet ist: einen Adoptionsvorgang, durch den Joseph Jesus als Sohn annahm. Jedenfalls endet der bei Abraham beginnende

---

5 Matthäus bleibt sich bei bestimmten Gedankenlinien treu bis zum Ende seines Evangeliums. Ein Königskind wird geboren und verfolgt (Mt 2). Die Soldaten des Statthalters Pilatus versuchen aus dem Angeklagten und Verurteilten eine Königskarikatur zu machen, die Hohenpriester und Schriftgelehrten erkennen in dem Gekreuzigten nicht den König Israels (vgl. dazu Mt 27,7-31 und 37-42). Wie einem König huldigen die Jünger dem Auferstandenen (Mt 28,16-20).

Stammbaum bei einem JAKOB, dessen Sohn JOSEPH war und aus dem der CHRISTUS kam.

Wer der Traumabfolge des Matthäus folgt, wird den Eindruck nicht los, als wiederhole sich die Geschichte der Erzväter JAKOB und JOSPEH. Auch ihre Geschichten sind mit Träumen verbunden!

JAKOB hatte einen entscheidenden Traum, in dem ihm Engel und der Herr selbst erschienen und er Verheißungen empfing. Zu Beginn seines schwierigen Weges nach Chaldäa, wo er sich eine geeignete Frau aus der Familie Abrahams holen sollte, wird ihm in Bethel gesagt: "Siehe, ich bin mit dir und will dich *behüten* allenthalben, wo du hinziehst, und dich in dieses Land *zurückbringen*!" (vgl. Gen 28,10-22).

JOSEPH wird in der Überlieferung als Sohn des Jakob und seiner geliebten Frau Rahel vorgestellt. Von ihm gibt es die stark weisheitlich geprägte Josephsüberlieferung (Gen 37 – 50). Joseph hatte Träume und konnte Träume deuten. Um seiner Träume willen wurde er von seinen eigenen Brüdern als Träumer verspottet, gehaßt und verfolgt, ja, schließlich in eine Zisterne versenkt. Wie durch ein Wunder wird er gerettet und nach Ägypten gebracht. Dort vermag er Träume zu deuten, wo die als Hofbeamte angestellten Traumdeuter versagen.

Die Wertschätzung des Traumes kann durchaus einhergehen mit einer scharfen Polemik gegen eine verallgemeinernde Wertschätzung von Träumen und einer Polemik gegen den Beruf der Traumdeuter. Sie ist in Analogie zur Polemik gegen den Gestirnskult und die Professionalität des Sternedeutens zu sehen. Die religiöse Umwelt Israels mag die Meinung geteilt haben, daß Träume per se etwas Göttliches sind, aus denen sich Handlungsanweisungen für das Tun des Menschen ableiten lassen. Für Israel können "Träume auch Schäume sein" (vgl. das gesamte 34. Kapitel des Buches Jesus Sirach) und die Traumdeuter Traumtänzer. Entscheidend blieb die Frage nach dem *Ursprung* der Träume und die Frage nach dem Inhalt der Träume und ihrer sachgemäßen Deutung. Das eine verträgt sich nicht mit einer alles nivellierenden Vergöttlichung von Traumphänomenen, das andere nicht mit einer Professionalisierung des Deutevorgangs. Akzeptabel sind Träume nur, wenn man zur Gewißheit gelangen kann, daß Gott sie gesendet und die Fähigkeit der Deutung verliehen hat (vgl. Gen 40,8: "Traumdeutung steht bei Gott"). Es bedarf wahrhaft Weiser, wie es JOSEPH oder DANIEL im Alten Testament waren, um mit Träumen umgehen zu können.

M.a.W.: Der neutestamentliche Joseph mit seinen Träumen ist gar nicht verständlich ohne den alttestamentlichen Joseph und seine Traumerfahrungen!

Der erste Traum (Mt 1,18-25): Eine junge Frau, die schwanger ist, aber nicht von ihrem zukünftigen Mann!

Dieser erste ist der entscheidende in der Reihe von fünf Träumen. Joseph ist drauf und dran, so zu handeln, wie es ein gesetzestreuer Jude mit Sicherheit getan hätte. Da die Verlobung einem bindenden Eheversprechen gleichkommt, ist eine solche Schwangerschaft einem Ehebruch gleichzusetzen. Er kann nur mit Auflösung der Verlobung in der Form, wie Ehescheidungen vollzogen wurden, geahndet werden: als einseitiger Akt des Mannes gegenüber der Frau, als öffentlicher Akt mit Schimpf und Schande für die Frau. Wer dächte da nicht an die Geschichte von Jesus und der Ehebrecherin (Joh 8)! Die, die gesteinigt werden soll, wird von Jesus nicht verurteilt. Wie, wenn er selbst der Sohn einer solchen Frau wäre?

Joseph jedenfalls hatte nach Matthäus nicht die Absicht eine derartige öffentliche Aktion herbeizuführen. Er denkt an heimliche Trennung, an einer Bloßstellung der Verlobten ist er nicht interessiert. Das zeigt weisheitliche Selbstbeherrschung, noble Gesinnung.

Von dieser an sich schon bemerkenswerten Absicht bringt ihn der Traum ab: Es ist ein besonderes Kind, das da im Mutterleib heranwächst! Gottes Geist hat seine Hand im Spiel! Es erfolgt die Ankündigung der Geburt eines Sohnes an einen Mann! Joseph beugt sich dieser höheren Weisheit und respektiert, was ihm befohlen wird. Er vollzieht die Ehe nicht bis nach der Geburt. Mutter und Kind sind seiner beschützenden Obhut übergeben.

Bei allem ist zu bedenken, daß dies alles nur dem Joseph bekannt ist. Es ist sein geheimes Wissen. Außenstehende können das alles ganz anders sehen. Die einen mögen sich den Mund zerreißen über die merkwürdige Schwangerschaft und darüber, wer der Vater ist. Wieder andere mögen das Kind als Josephs ältesten Sohn "durchgehen" lassen.

Der zweite Traum (Mt 2,12): Ein anderer Weg ist einzuschlagen!

Dieser Traum ist keine eigenständige Traumerzählung, eigentlich nur eine kurze Traumanweisung an die Magier. Jerusalem soll auf ihrer Rückreise umgangen werden. Von der Sache her ist dieser Ort für sie überflüssig geworden. Sie haben genug gesehen; sie haben den Richtigen gefunden. Für sie, deren Beruf es war, rätselhafte Träume zu entschlüsseln, läßt die Anweisung nichts an Deutlichkeit zu wünschen übrig. Sie ist Warnung und Bewahrung vor Herodes, dessen Eifer ein Täuschungsmanöver, dessen Demut in Wahrheit Machtgier ist.

Der dritte Traum (Mt 2,13-18): Ein neugeborenes Kind und seine Mutter von einem Mörder bedroht!

Wieder ergeht ein Traum an Joseph, das Kind und seine Mutter betreffend. Er enthüllt die Gefährlichkeit dessen, der auf dem Thron in Jerusalem sitzt. Angemaßte Macht und beabsichtigter Machtmißbrauch trachten dem Kind nach dem Leben. Wie der Unschuldige in Psalm 17 ist das unschuldige Kind von "Widersachern" und "Gottlosen" umringt. Nicht Fremde, sondern die eigene Landsleute, sind die Verfolger. Ihr Tun allerdings könnte man als "gottfremd" bezeichnen.

Jetzt knüpft Matthäus eine doppelte Anbindung zum Alten Testament. Die erste bezieht sich auf den ALTTESTAMENTLICHEN JOSEPH. So wie ihm von den eigenen Brüdern nachgestellt wurde, so diesem Joseph aus dem Hause David durch die eigenen Landsleute. Der eine wurde verschleppt, der andere begibt sich mit Mutter und Kind auf die Flucht. Beide führte bzw. führt der Weg nach Ägypten. Der erste Joseph kehrte nicht zurück, der zweite Joseph wird zurückkehren. Ägypten stand als Land der erfahrenen Sklaverei nicht hoch im Kurs. Für den ersten Joseph wurde es (in der Zeit vor der Sklaverei) zum Land der Bewahrung. Für den zweiten Joseph wird es das auch sein.

Die zweite Anbindung bezieht sich auf das KIND MOSE. Es wird geboren, als Stämme Israels in Abhängigkeit geraten waren und unter ihrem Los klagten. Ihnen wird ein Retter geboren. Exodus 1 stellt die gefahrvolle Geburt so dar: Trotz wachsender Unterdrückung wird den Israeliten eine wachsende Kinderzahl beschert. Ihre Geburtsrate ist höher und wächst schneller als die der Ägypter. Da wird eine mörderische Form der Geburtenkontrolle angeordnet. Die hebräische Hebammen sollen alle männlichen Säuglinge töten und nur die weiblichen überleben lassen. Zwei Hebammen weigern sich, und so konnte das Kind Mose überleben. Seine Mutter versteckt das Kind in einem kleinen Kästchen aus Schilfrohr. Es kommt zur wunderbaren Auffindung — ausgerechnet durch die Tochter des Pharao. Aber auch der heranwachsende Mose muß fliehen (nach Midian), bevor er zum Retter seines Volkes wird. Es gibt weitere Indizien dafür, daß Matthäus Zusammenhänge zwischen dem alten und dem neuen Retter sieht. In Exodus 32,30 sagt Mose in Anbetracht des Abfalls des Volkes (Anbetung des Goldenen Stiers): "Vielleicht kann ich Sühne schaffen für eure Sünden ...?" Was Mose als Frage stellt, wird bei Jesus zur Gewißheit. In Matthäus 1,21 soll Joseph dem zu erwartenden Kind den Namen Jesus geben, "denn er *wird* sein Volk von ihren Sünden erretten". Und wenn einst Mose die Gebote vom Berg Sinai brachte und verkündete, so verkündet Jesus "vom Berg" die bessere Gerechtigkeit in Form der Seligpreisungen und

Antithesen. Verbindungen dürften auch zwischen Herodes und Pharao von Matthäus gesehen worden sein. Ein Kindermord in Bethlehem durch Herodes ist historisch nicht bekannt, wohl aber die grausame Ausrottung der Hasmonäerfamilie durch ihn. Es paßt zu diesem TYPOS PHARAO! Verfolgung, Flucht und Rettung müssen – so ist das Grundmuster – erfolgen, bevor es zur Berufung und zum ersten öffentlichen Auftreten des Retters kommen kann – bei Mose wie bei Jesus.

Matthäus hat das Webmuster seiner Erzählung aus mehreren Fäden zusammengewoben: Joseph und Joseph, Kind Mose und Kind Jesus, Pharao und Herodes. Betrachtet man nicht nur die kleinen Muster im Gewebe, sondern das Ganze, dann könnte man als Fazit sagen:

Der neue Retter und Erlöser Jesus vollzieht als einzelner noch einmal nach, was sein Volk als Gesamtheit widerfahren ist. Er nimmt allerdings auch exemplarisch vorweg, was seiner Kirche als Gesamtheit widerfahren wird. "Sie werden geschmäht und verfolgt ... um seinetwillen" (vgl. aus der Bergpredigt, Mt 5,11) – unschuldig sie und unschuldig er.

Der vierte Traum (Mt 2,19-21): Mutter und Kind können aufatmen – der Verfolger ist tot!

Wiederum hat Joseph einen Traum, Mutter und Kind betreffend. Die Traumerzählungen werden immer kürzer! Die Rückkehr aus dem Asylland Ägypten wird möglich. Was dem früheren Joseph nicht gelang, gelingt diesem Joseph. Er kehrt zurück ins Land seiner Väter! Was für Mose nicht zutraf, im verheißenen Land geboren zu werden und in dieses Land *hineinzugelangen*, trifft für Jesus zu. Von dort kommend kehrt er dorthin zurück. Der Kreis ist geschlossen – sollte man meinen!

Der fünfte Traum (Mt 2,22-23): Ein anderer Wohnort ist zu wählen!

Die Rettung des Kindes ist vollendet, und doch ist auch jetzt ein "Malheur der Geschichte" zu berücksichtigen. Herodes d.Gr. ist – nach Matthäus – gestorben. Die große Gefahr ist vorüber, aber nicht ganz. Sein Erbe wurde durch seine Söhne angetreten, das Land unter sie aufgeteilt. Archelaos hat Judäa und Samaria, Herodes Antipas Galiläa und Peräa und Philippus die nördlichen Landesteile bekommen. Die Herrschaft der Söhne war so unrühmlich wie die des Vaters. Es kam zu Aufständen der jüdischen Bevölkerung. Eine Delegation der jüdischen Kultgemeinde versuchte, in Rom beim Kaiser ein Ende der herodianischen Herrschaft zu erreichen. Josephs Furcht, an den Geburtsort des Kindes Bethlehem und damit in die von Archelaos beherrschte Provinz Judäa zurückzukehren, wird von daher plausibel begründet. Das Problem wird durch eine Traumanweisung über den einzuschlagenden Weg gelöst. So wie die Magier angewiesen worden waren, auf ihrer Rückkehr Jerusalem zu umgehen, so wird Joseph angewiesen, einen anderen Ort als Wohnort zu wählen. Seine Wahl fällt auf eine Stadt "namens" Nazareth in Galiläa. Sie gilt als Herkunftsort Jesu, deshalb die Bezeichnung des erwachsenen Mannes als "Jesus von Nazareth". Allerdings verbinden sich mit ihr keinerlei prophetische Traditionen; sie ist theologisch nicht qualifiziert.[6] Durch die Komposition seiner Vorgeschichte gelingt es Matthäus, Jesu Geburt an den "dogmatisch richtigen" Ort Bethlehem zu verlegen und gleichzeitig zu erklären, warum der Davidssproß Jesus aus Nazareth kommt.[7]

Durch die Abfolge von Träumen und Traumanweisungen hat Matthäus eine Geschichte von der Rettung des bedrohten Kindes geschaffen. Analogien und Kontraste zu alttestamentlichen Überlieferungen sind der "Stoff", aus dem sie gemacht ist. Wie in einem Brennpunkt zusammengefaßt wird das Ganze durch das alles beherrschende Symbol des Sterns.

3.7 Zitate aus dem Alten Testament sind wie Markierungssterne im Text

Viele Strukturprinzipien sind in der Vorgeschichte des Matthäus erkennbar. Ein besonderes Maß an Eigenständigkeit zeigt er durch die Einführung von alttestamentlichen Zitaten in den Erzähltext. Ereignisse der Geschichte werden in besonderer Weise markiert – gewissermaßen mit Sternchen versehen – und als Ereignisse qualifiziert, die längst von Propheten *vorhergesagt* sich jetzt *erfüllt* haben. Viel Spott mußte Matthäus in der exegetischen Literatur hinsichtlich seiner Zitierweise und der Art seines Umgangs mit dem Alten Testament über sich ergehen lassen. Aus dem Zusammenhang gerissen und unpassend seien viele dieser Zitate. Ob man einen Hermeneuten wie Matthäus Dilettantismus vorwerfen darf, soll am Beispiel seiner Vorgeschichte untersucht werden.

---

6 Zu dem Reflexionszitat in Matthäus 2,23 s.u. S.140 f.

7 Spätestens hier wird deutlich, daß Lukas das gleiche Problem in seiner Vorgeschichte ganz anders gelöst hat. Auch er argumentiert politisch. Wegen einer von Kaiser Augustus (historisch aber nicht belegbaren!) Volkszählung müssen Maria und Joseph in ihren Geburtsort Bethlehem, wo dann die Geburt Jesu erfolgt. Während Matthäus an dem Kontrast "der falsche König (Herodes) und der rechtmäßige König" (der Davidide Jesus) interessiert ist, stellt Lukas Augustus, den Kaiser des römischen Weltreiches, und Jesus, das Kind in der Futterkrippe aus der Provinz gegenüber.

Das erste Zitat aus dem Propheten Jesaja

Die Ankündigung der Geburt eines besonderen Kindes an den "Vater" und der Auftrag, ihm den Namen Jesus zu geben, wird mit einem Sternchen markiert (Mt 1,22). Das bedeutet soviel wie: Achtung! Das ist in Zusammenhang mit einem Wort des Propheten Jesaja zu sehen (Jes 7,14 und 8,8.10). Kaum anzunehmen, daß Matthäus nicht um den Kontext seiner Zitate gewußt hätte. Die Art seiner Bezugnahme läßt eher auf das Gegenteil schließen. Das Jesajawort ist in eine Situation äußerster Bedrängnis hineingesprochen. Im syrisch-ephraimitischen Krieg haben sich die Könige von Syrien und des Nordreichs gegen den König Judas und seine Hauptstadt Jerusalem verbündet. Bedroht, in die Enge getrieben und verängstigt, wird König Ahas von Juda von Jesaja ermuntert, von Gott ein Zeichen zu fordern. Er wagt es nicht. Gott selbst gibt dann durch seinen Propheten das Hoffnungszeichen:

> "Eine junge Frau wird schwanger werden und einen Sohn gebären.
> Sie wird ihm den Namen Immanuel geben."

Wer des Hebräischen kundig ist, kann sich den Namen Immanuel übersetzen: Gott ist mit uns.

Jesaja macht aber die Bedeutung des Namens noch weiter zum Gegenstand seiner Verkündigung. Die tatsächliche Macht Syriens und des Nordreichs ist "zwei Stummeln von Feuerbränden" gleich (Jes 7,4) im Vergleich zu der noch größeren Gefahr, die durch die Assyrer droht. Sie werden wie eine alles überschwemmende Flut sein, die Israel das Wasser bis an den Hals stehen lassen wird (vgl. Jes 8,5 ff). Ihnen wird entgegengehalten: "Tobet, ihr Völker ... *Gott ist mit uns!*" (Jes 8,10). *Über* diesem Volk, das in eine derartige Finsternissituation geraten ist, sieht Jesaja ein Licht aufstrahlen.

Es scheint mir keine Frage zu sein, daß Matthäus das Volk Israel in einer vergleichbaren Finsternis-Situation sieht: bedroht durch die unmittelbare Gefahr Herodes, hinter der die noch größere Weltmacht Rom steht. Auch dieses Volk in *seiner* Situation hat es nötig, daß ein Licht *über* ihm aufstrahlt.

Untersucht man, in welchen Kontext Jesaja das Gottes-Zeichen von der jungen Frau und ihrem Sohn eingebettet ist, wird man noch mehr staunen. Das aufstrahlende Licht des Jesaja steht als Symbol sowohl für ein zukünftiges *Friedensreich* als auch einen zukünftigen *Friedenskönig*. Das zukünftige Friedensreich sieht er als eine riesige Völkerwallfahrt[8] hinauf zum Berge Zion und zum Hause Jakob (vgl. Jes 2,2 ff).

Der Zustand des Friedensreiches wird so sein, daß die Menschen "Schwerter

---

8 Vgl. S.124 f: Der Zug der Magier wird als Abbild dieser Völkerwallfahrt beschrieben!

zu Pflugscharen und Spieße zu Rebmessern schmieden", wo "Recht gesprochen wird", wo Orientierung und "Weisung" für die Menschen zu erwarten ist (ebd.). Die Herrschaft des Kindes wird das "lastende Joch, den Stecken von Treibern ablösen, ebenso wie die Schuhe, die mit Gedröhn einherschreiten und den Mantel, der im Blut geschleift wurde" (Jes 9,2 ff). Es ist eine "Herrschaft des Friedens, die gefestigt und gestützt ist durch Recht und Gerechtigkeit" (ebd.).

Es ist hier nicht der Ort aufzuzeigen, wie das Evangelium des Matthäus durchzogen ist von der Botschaft der besseren Gerechtigkeit, die der Christus verkündet. Wohl aber sollte die Übersetzung bzw. Interpretation des Namens IMMANUEL bedacht werden. Zu Beginn seines Evangeliums, bei der Ankündigung der Geburt Jesu, signalisiert Matthäus: In diesem Kind wird Gott *gegenwärtig* sein (präsent). Am Ende seines Evangeliums läßt er den Auferstandenen sagen: Ich bin bei euch (*gegenwärtig!*) bis zum Ende dieses Äons (Mt 28,20). In der Mitte seines Evangeliums läßt er den Christus sagen: Wo zwei oder drei versammelt sind in meinem Namen, da bin ich mitten unter ihnen (*gegenwärtig,* vgl. Mt 18,20). Die Präsenz Gottes und die Präsenz des Christus sind seine Anliegen!

Das zweite Zitat aus dem Propheten Micha

Die Auskunft der Hohenpriester und Schriftgelehrten an Herodes über den "richtigen", d.h. den schriftgemäßen Geburtsort des Kindes, wird wiederum mit einem Sternzeichen markiert (Mt 2,5). Auch hier wird ein "Achtung!" ausgesprochen. Diese Auskunft ist im Zusammenhang mit einer Aussage des Propheten Micha zu sehen! Auch er sieht sein Volk in gleicher Bedrängnis. In diese Bedrängnis hinein läßt er die Vision eines zukünftigen Friedensreiches erstehen. Er beschreibt es wortwörtlich so, wie der erste Jesaja: als große Völkerwallfahrt zum Zion, als einen Zustand, in dem Schwerter zu Pflugscharen und Spieße zu Rebmessern umgeschmiedet werden und die Menschen als solche, "die den Krieg nicht mehr lernen werden" (Micha 4,1-9). Bemerkenswert ist, daß Micha eine Polemik gegen Jerusalem anschließt, die auf einen Kontrast Jerusalem – Bethlehem herausläuft. Jerusalem schreit kläglich wie eine Gebärende in Wehen; sie stöhnt und windet sich, denn sie muß hinaus aufs Feld, weg nach Babylon – ein König ist nicht mehr in ihrer Mitte (Micha 4,9-10). Die Vertreibung nach Babylon, die Zeit des Exils, wird von Micha verstanden als Zeit der *Preisgabe*, bis zu der Zeit, da sie, die gebären soll, geboren hat (Micha 5,3). Offensichtlich, weil "die Hirten des Volkes", die Könige Israels, so versagt haben, haben sie Ohrfeigen verdient (Micha 5,1), und der zukünftige König muß woanders herkommen:

"Und du Bethlehem – Ephrata, du kleinste unter den Gauen Judas, aus *dir* soll mir
hervorgehen, der Herrscher in Israel sein soll" (Micha 5,2).

Sein Ursprung geht hinter die Zeit Jerusalems zurück, hinter die Zeit – so soll
hier gedeutet werden – der Machtpolitik von Israels Königen mit all ihren
Versuchungen in jene Zeit, wo die Hirten der Familie Isais ihre Herden weideten
– im wahrsten Sinn des Wortes! Der zukünftige König, der sich an diesen
"Ursprüngen" (in übertragener Bedeutung!) orientiert, wird "sein Volk in der
Kraft des Herrn weiden, so daß es *ruhig* (ohne Kriegsgeschrei und Kriege)
wohnen kann!"

Will Matthäus mit dem Stichwort "IMMANUEL" etwas über die Präsenz
Gottes in dem Kind aussagen, so mit dem Stichwort "BETHLEHEM" etwas über
den Ursprung dessen, der da kommen soll.

Das dritte Zitat aus dem Propheten Hosea

Auch die Flucht nach Ägypten wird durch Matthäus mit einem Sternzeichen
versehen – einem doppelten. Sowohl der Seher Bileam als auch der Prophet
Hosea haben sich ihre Gedanken zu "Ägypten" gemacht. Gott selbst hat sein
Volk aus Ägypten geführt, so daß weder *Zauber* noch Beschwörungen durch
heidnische Priester ihm etwas anhaben können – das muß Bileam wider Willen
eingestehen (vgl. Num 23,22 f und 24,8). Von überwältigender Schönheit ist
der Kontext, aus dem das Hoseazitat ("Aus Ägypten rief ich meinen Sohn", Hos
11,1) stammt. Nichts, aber auch gar nichts, spricht dafür, daß Matthäus ihn
nicht kannte – im Gegenteil! Als ein Kind, als kleiner Sohn, wird Israel
vorgestellt. Gott gewann ihn lieb, lehrte ihn gehen, nahm ihn auf seinen Arm! Je
erwachsener dieses Kind wurde, umso mehr wandte er sich ab von dem, der ihn
trug, ging hin zu anderen Göttern. ER "zog es mit Banden der Huld, mit Seilen
der Liebe" (Hos 11,1 ff), aber der Sohn dankte Gott mit Ohrfeigen ins Gesicht.
Weil das so ist – so die Argumentation in Hosea – muß Israel zurück nach
"Ägypten"; aber Ägypten steht hier nicht für das reale Land am Nil, sondern für
die Fremdherrschaft der Assyrer, die als Vorläufer der Babylonier, Israel bedrohten und z.T. überwältigten. "Voll Zorn ist Gott", aber sein Zorn ist kein
menschlicher, der vertilgt, sondern einer, der sich in Mitleid wandelt (Hos 11,8
ff.) Bei genauerem Hinsehen wird deutlich, daß diese Rede des Propheten an
den Stamm Ephraim (in dessen Mitte Bethlehem liegt!) gerichtet ist. Ephraim
steht exemplarisch für "Israel".

Was sollte Matthäus davon abhalten, in dem neugeborenen Kind Jesus,
exemplarisch jenen Sohn zu sehen, den Gott liebevoll auf seinen Armen trägt?
Wie sein ganzes Volk muß er unter Fremdherrschaft leben. War es zur Zeit des

Hosea die der Assyrer, so ist es jetzt die der Römer bzw. die ihrer Vasallen. Aber auch aus diesem "Ägypten" wird Gott herausretten – vielleicht auch *durch* ihn? Im Gegensatz zu jenem ungehorsamen Sohn Israel bzw. Ephraim wird der Christus ein gehorsamer Sohn sein – gehorsam bis zum Tod!

Das vierte Zitat aus dem Propheten Jeremia

Der Mord von kleinen Kindern männlichen Geschlechts von der Geburt bis zum Alter von zweieinhalb Jahren durch Herodes wird wiederum von Matthäus mit einem Stern markiert. Das Weinen der Mütter und ihr nicht zu tröstender Kummer bedürfen einer Erklärung. Der Evangelist findet sie im Propheten Jeremia. Übermächtig und drückend ist die Not des Volkes Israel geworden, vor allem die der nach Babylonien Verbannten. Der Kontext des von Matthäus aufgegriffenen Zitats in Jeremia (vgl. vor allem die Kapitel 30 und 31) zeigt, daß der Grundtenor Jeremias dort auf der Ankündigung einer *Wende* liegt – die Zeit der Bedrängnis wird *gewendet* (Jer 30,1-9): Das auf dem Nacken drücken-de Joch wird zerbrochen und die Fessel der Fremdherrschaft gelöst (ebd.)! Einst mußte Rahel, die geliebte Frau Jakobs, bei der Geburt ihres zweiten Sohnes Benjamin sterben – auf dem Weg zwischen Bethel und Bethlehem in Ephraim (Gen 35,16 ff).

Jetzt, so sagt Jeremia, "weint Rahel" – sie steht wohl exemplarisch für die Mütter im Lande Ephraim – "bitterlich um ihre Kinder und will sich nicht trösten lassen", weil "sie nicht mehr sind" – umgekommen durch jene Ereignis-se, die im Zusammenhang mit dem Exil stehen.

Aber dem "Weinen in der Stimme und den Tränen in den Augen soll gewehrt werden" (Jer 31,15 ff). Ein neuer Bund wird sein (Jer 31,31 ff) und ein neuer König (Davidide!) wird erweckt sein (Jer 30,9). Auch Jeremia sieht eine Wallfahrt zum Zion ziehen, aber – und das ist das Bewegende! – es sind "auch die Blinden und Lahmen, die Schwangeren und Gebärenden" (Jer 31,8 f) – ihr Weinen und Flehen ist zu hören!

Erst von diesem Kontext her wird verständlich, warum Matthäus das Zitat von Rahels Weinen über ihre Kinder aufgenommen hat. Schon in der Geburtsgeschichte wird damit angezeigt, was der Christus später tun wird: "Vom Berg herab" wird er seligpreisen die "Trauernden" (vgl. Mt 5,4 im Rahmen der Bergpredigt) und "zum Berg hin" werden ihm "Lahme, Krüppel, Blinde und Stumme" gebracht (Mt 15,29-31). Jeremia gibt als Grund für dieses zukünftige Geschehen an: "Mit ewiger Liebe habe ich dich geliebt; darum habe ich dich zu mir gezogen aus lauter Güte" (Jer 31,3). Noch eindrucksvoller ist das Bild von Ephraim (Bethlehem in Ephraim!), dem Lieblingssohn, dem

"Gottes Herz entgegenstürmt" (Jer 31,20). Sollte Matthäus diese Begründung nicht gekannt haben?

Das fünfte Zitat aus dem Propheten Jesaja

Der letzte Satz aus der Vorgeschichte des Matthäus wird mit einem letzten Markierungsstern versehen. In Nazareth endet die Geschichte des Kindes. Dort wird es als Josephs Sohn heranwachsen. Auch das bedarf einer Erklärung und Abstützung durch einen prophetischen Hinweis. In den gängigen Bibelübersetzungen heißt es dort: "Er wird Nazoräer heißen". Dazu folgt in Fußnoten der bedauernde Hinweis: "In dieser Form findet sich die Weissagung im Alten Testament nirgends." Soll das Zitat bedeuten, Jesus ist "Nazarener", also Bewohner der Stadt Nazareth? Oder soll er als "Nasiräer" charakterisiert werden, als Angehöriger einer asketisch-enthusiastischen Sekte aus der Makkabäerzeit? Beides macht wenig Sinn, noch weniger die Annahme, Matthäus habe in plumper Fälschung ein Prophetenzitat erfunden. Geht man jedoch davon aus, daß es im Hebräischen das Wort "nezer" (Wurzelschoß) gibt, dann sprudeln die prophetischen Quellen. Zunächst wiederum bei Jesaja, der in Kapitel 11 das zukünftige Friedensreich als "Reis" aus dem zu einem Stumpf reduzierten Haus Isai, als "Schoß" aus dessen fast verdorrten Wurzeln hervorgehen sieht. Den Armen in diesem Reich wird Gerechtigkeit widerfahren und den Elenden Recht gesprochen. Etwas gänzlich Neues ist dieses Reich, weil in ihm "der Wolf zu Gast ist beim Lamm" und "der Panther beim Böcklein lagert" sowie "Kalb und Junglöwe miteinander weiden" (Jes 11,6 ff). Sie lassen sich von einem kleinen Knaben lenken. Was längst abgestorben scheint, ja, was man abgeschrieben hat, erwacht zum Leben, treibt "neue Blüten". Auch der leidende Gottesknecht bei Deuterojesaja "wächst auf wie ein Schoß, wie eine Wurzel aus dürrem Erdreich" (Jes 53,2), obwohl er "weder Gestalt noch Schönheit hat", ja, "verachtet war und nichts galt".[9]

Sowohl dieses letzte Zitat als auch die gesamte Art und Weise des Matthäus, sich auf prophetische Überlieferung zu beziehen, machen Sinn. Alle fünf Prophetenworte sind in eine Notsituation hineingesprochen, die durch die Fremdherrschaft von Großmächten über Israel hervorgerufen wurde. Es ist dabei von relativer Bedeutung, ob das Sklavenjoch von den Assyrern aufgedrückt und der Treiberstecken von ihnen oder den Babyloniern geschwungen

---

9 Gestützt wird diese Textversion (Schoß bzw. Sproß) bei Matthäus durch den Propheten Sacharja, der beauftragt wird, einem Mann namens Josua, dem Sohne Jozadaks, eine Krone aufs Haupt zu setzen. Er hat den Beinamen "Sproß", weil es "unter seinen Füßen sproßt" und er den Tempel wieder aufbauen wird – so hofft der Prophet.

wird. Alle diese prophetischen Erwartungen sind auf eine Wende gerichtet – ein Friedensreich, einen neuen Bund; alle bisherigen menschlichen Erwartungen werden übertroffen und ins Positive gewendet. Es fällt auf, daß EPHRAIM in der Anrede eine ausgesprochene Dominanz hat. Es scheint exemplarisch für ganz Israel zu stehen. Im Kontext aller Prophetenzitate zeigt sich auch eine Gestalt im zukünftigen Friedensreich, die etwas *repräsentiert*, was dem *ursprünglichen* Sinn der Davidsüberlieferung entspricht und zugleich etwas *realisiert*, worin die bisherigen Hirten des Volkes versagt haben. Damit hat Matthäus durch die Wahl der Prophetenzitate indirekt etwas mittransportiert, das vom ersten Auftreten Jesu an (ab Mt 3) entfaltet wird: "Das Reich der Himmel ist genaht!" (Mt 3,2) so sagt Johannes der Täufer, und es ist von ganz anderer Art als "die Reiche dieser Welt", die der Versucher Jesus zu Füßen legt (Mt 4,1 ff).

Durch das erste und letzte Prophetenzitat innerhalb der Vorgeschichte des Matthäus erhält Jesus von Nazareth, der "Christus", Beinamen, die ihn qualifizieren: IMMANUEL und WURZELSPROSS. Mag die Schwangerschaft seiner Mutter fragwürdig sein – in ihm wird Gott gegenwärtig sein. Mag er nur aus Nazareth kommen – er ist dennoch der Sproß (oder Schoß), der aus der fast erstorbenen Wurzel Isai hervorgeht. Wenn über ihm der (Morgen)stern aufstrahlt, dann verstärkt das nur die Überzeugung, daß hier ein neuer Äon, ein neues Zeitalter, anbricht, in dem die anderen Sterne verblassen und sinken müssen.

4. Der Stern – ein apokalyptisches Symbol

Die mehrfachen Durchgänge durch die Geburtsgeschichte des Matthäus sollten nicht von seinem Leitsymbol, dem Stern, ablenken, sondern dessen Bedeutung eher verstärken. Wenn die anfangs geäußerte Vermutung stimmt, daß der Stern über dem Haus von Bethlehem jener neue Morgenstern ist, der aufstrahlt anstelle jenes strahlenden Morgensterns Babylon, der in die Totenwelt gefallen ist, dann sollte man der Eigenart dieses Sterns Aufmerksamkeit schenken. Morgenstern und Abendstern sind identisch. Er steht am Horizont als Morgenstern, wenn das Licht der übrigen Sterne schon verblaßt ist. Er zeigt den neuen Tag an und steht noch, während die Sonne aufgeht. Als Abendstern steht er als erster am Himmel, während Finsternis sich langsam herabsenkt und die übrigen Sterne aufleuchten. Er fällt auf durch seine Größe und leuchtet durch besondere Klarheit und Reinheit.

Diese Doppelfunktion als Morgen- und als Abendstern dürfte der Grund sein, warum das Symbol des Sterns bei Matthäus sowohl in der Geburtsgeschichte als auch den Endzeitreden Jesu auftaucht. Als Morgenstern kündet er den "neuen Tag des Herrn", der einen neuen Äon einleitet; als Abendstern kündet er das Vergehen des alten Tags an und damit das Ende des alten Äons. Was zu Ende gehen muß, unterliegt dem Gericht Gottes. Neues kann nicht werden, bevor das Alte vergeht.

Die Vorstellung vom endzeitlichen Tag des Herrn hat Tradition im Alten Testament. Hesekiel, der Prophet des Exils, hatte den Auftrag, nicht nur Israel, sondern auch anderen Völkern ihr Geschick vorauszusagen (Ez 25 – 32). Auch Ägypten als Großmacht wird erlöschen, weil "das Schwert Babylons auch über dieses Reich komme wird" (Ez 32,11). Dieses Erlöschen ist begleitet mit dem "Bedecken des Himmels, der Verfinsterung der Sterne"; "die Sonne wird verhüllt mit Gewölk, und der Mond läßt sein Licht nicht mehr leuchten": "die leuchtenden Lichter am Himmel werden in Schwarz gekleidet, Finsternis kommt über das Land" (Ez 32,7 f). Diese Aussagen kann man als Bildrede über das politische Schicksal einer Großmacht bezeichnen. Bei dem nachexilischen Propheten Joel wird "der Tag des Herrn" zu einem umfassenden Endgericht über die gesamte Völkerwelt. "Sonne und Mond verfinstern sich, und die Sterne haben ihren Schein verloren" (Joel 2,1 f und 3,15). Hier zeichnet sich nicht nur das politische Ende von Mächten ab, sondern "Weltuntergang".

Matthäus knüpft bei seinen Endzeitvorstellungen an die spätjüdische Gestalt des Menschensohns an. "Vom Berg herab" läßt er Jesus den Anbruch der Endzeit verkünden (Mt 24,3 ff). Übermächtig werden Drangsal und Verfolgung für die Jünger bzw. die Gemeinde sein. Es gibt Täuschung, Irreführung, Verführung – falsche Christusse und falsche Propheten werden auftreten. Aber das Ende wird plötzlich, ohne Vorwarnung kommen – "wie der Blitz ausfährt" (Mt 24,27). Auf dieses apokalyptische Wetterleuchten folgt "jener Tag", an dem sich die Sonne verfinstert, der Mond keinen Schein gibt und die *Sterne vom Himmel fallen* (ebd. V. 29 ff). Dann wird das Zeichen des Menschensohns am Himmel erscheinen ... Wird es das Zeichen des Sterns sein? Was da vorgeht, nimmt kosmische Dimensionen an. Man wird dabei bedenken müssen, daß solche Vorstellungen aus dem Herzen und dem Denken von zutiefst bedrängten und verängstigten Menschen kommt. Allumfassende Drohung läßt die Erwartung auf einen allumfassenden "Endschlag" wachsen. Im grellfahlen Licht des Blitzes werden *alle* entlarvt. Matthäus sieht es so: Mit dem "ungeheuerlichen" Tod Jesu senkt sich Finsternis über die Erde, Erdbeben erschüttern die Toten und die Lebenden (Mt 27,45 ff). Wie ein endzeitlicher Blitz fährt der Engel auf das Grab Jesu herab und verkündet dessen Auferstehung. Damit wird Jesus mit der endzeitlichen Menschensohngestalt identifiziert. Mit dem Tod Jesu hat die alte Zeit ihren tiefsten Punkt erreicht. Mit seiner Auferstehung hat die neue endgültig begonnen.

In das Umfeld apokalyptischer Literatur gehört auch die Offenbarung des Johannes. Sie ist sicher nicht christlichen, sondern spätjüdischen Ursprungs. Was den bedrängten jüdischen Frommen als Trostbuch diente, konnte auch den bedrängten christlichen Gemeindegliedern Trost bringen. Es bedurfte nur weniger "christlicher Korrekturen", um die weltpolitische Lage zu deuten. Wir erkennen die fallenden Sterne wieder und die Hure Babylon – jetzt die römische Weltmacht. Was die Offenbarung mit Matthäus verbindet, ist das Symbol des Morgensterns. Im letzten Kapitel der Offenbarung sind verschiedene Logien angefügt, u.a. dieses an die bedrängten Gemeinden in der Provinz Asia: Jesus sagt: "Ich bin der Wurzelsproß und das Geschlecht Davids, der glänzende Morgenstern" (Offb 22,16). Schon dieser Satz könnte rechtfertigen, im Stern über Bethlehem den Morgenstern zu sehen; er rechtfertigt aber auch die Annahme, daß das letzte Prophetenzitat in der Geburtsgeschichte des Matthäus nicht einen "Nazoräer", sondern einen "Wurzelsproß" meint. Es braucht keine literarische Abhängigkeit zwischen beiden Büchern der Bibel zu bestehen. Der Vergleich zeigt, daß man beides, "Stern" und "Wurzelsproß", zusammendenken konnte.

Exkurs 2: Verweigerte Symbole

Wer die gegenwärtige Symbolliteratur durcharbeitet, muß einen Sachverhalt zur Kenntnis nehmen, der zugleich symptomatischen Charakter für die Diskussionslage hat. Die Mehrzahl der Autoren geht davon aus, daß das Naturphänomen "Baum" ein Symbol ist. Zu diesem mehrheitlichen common sense mag die ökologische Krise und die öffentliche Diskussion darum beigetragen haben. Der kahle und abgestorbene Baum steht für das immer weiter sich ausbreitende Waldsterben, der grüne Baum ist zum Emblem von Umweltschützern geworden, die sich für die Erhaltung der allseitig bedrohten Schöpfung einsetzen. Religionspädagogisch ausgerichteten Publikationen und religionspädagogisch interessierten Autoren ist offensichtlich auch an einer religiösen Legitimation dieses "Symbols" gelegen. Beispielhaft für dieses Anliegen mag das Bändchen von H. Kirchhoff (Hrsg.), Ursymbole, stehen. In ihm sind Denkansätze der Primärliteratur in charakteristischer Weise verknüpft. Pädagogische Konsequenzen sind gut abzulesen.

Der Baum ist Symbol des immerwährenden Lebens, des Lebens ohne Tod (vgl. a.a.O., S. 64). Er steht für den unaufhörlichen Kreislauf der Natur und immerfortschreitendes Wachstum (vgl. a.a.O., S. 62). Gestützt und ausgeweitet wird dieser Bedeutungsgehalt tiefenpsychologisch, ontologisch und religionsgeschichtlich. Tiefenpsychologisch (nach C.G. Jung): Der Baum ist ein archetypisches Grundmuster, das in den Träumen der Menschen auftaucht und "inneres Wachstum" signalisiert. Ontologisch: Der Baum, an den die Erde gebunden ist, wächst dennoch über sich hinaus. Er symbolisiert menschliche Sehnsucht, über sich hinauszuwachsen und sich dem Göttlichen zu nähern. Religionsvergleichend: "Schon immer" (!) haben Mythen und Märchen die Baumhaftigkeit des Seins erspürt. Deshalb wird vielfach die Entstehung des Menschen aus Pflanze oder Baum erzählt ebenso wie das Weiterleben seiner Seele als Pflanze oder Baum (a.a.O., S. 65). Ist der Mensch gewissermaßen Mikro-Baum, so ist der Kosmos Weltenbaum, dessen Wurzeln bis zum Erdmittelpunkt reichen und dessen Zweige in den göttlichen Bereich wachsen (usf.). Im kosmischen Baum ist die Fähigkeit verkörpert, "sich aus der Vergänglichkeit in steter Wiederkehr zu verjüngen und zu erneuern" (!). Schließlich, wie kann es anders sein – können Götter wie Bäume aus der Erde wachsen oder – in archaischen Völkern – Bäume der Sitz von Gottheiten, weiblichen oder männlichen Fruchtbarkeitsgöttern, sein (vgl. S. 64 und 67 nach Eliade).

Auf den ersten Blick erscheint diese Konzeption bestechend. Erst ein zweiter Blick mag bewußt machen, daß hier Denkansätze zu einer Ganzheit verknüpft sind, die kategorial grundsätzlich zu unterscheiden sind: eine hermeneutische Arbeitshypothese, die zu Einblicken in die menschliche Seele verhelfen kann, ein philosophischer Daseinsentwurf und die wissenschaftliche Erforschung von religiösen Mythen anderer Völker. Die Frage ist, ob die Arbeitsergebnisse religionsvergleichender Studien unbesehen auf alle religiösen Überlieferungen übertragen werden können.

Um es vorweg zu sagen: In der biblischen Überlieferung kommt man hinsichtlich des Naturphänomens "Baum" zu ganz anderen Ergebnissen! Es gibt Symbolbildungen, die möglicherweise nahegelegen hätten, denen sich Israel aber widersetzt hat. Das Alte Testament ist durchzogen von der Weigerung, dem Baum religiöse Qualität zu geben.

Warum? Er war bereits religiös besetzt! Mit kaum zu überbietender Polemik hat sich Israel mit jener Baum- und Wachstumsideologie auseinandergesetzt, die in der gegenwärtigen Literatur als Vorzug des Baumsymbols gepriesen wird. Gerade in dieser kämpferischen Auseinandersetzung hat es seine theologische Identität zu finden und zu bewahren getrachtet. Die großen Propheten, aber auch das Deuteronomium, stehen sowohl für die Polemik gegen eine bestimmte Baumreligiosität als auch für einen ganz anderen deutenden Umgang mit diesem Phänomen.

Beispielhaft werden im Buch der Könige zwei Könige geschildert, die Protagonisten für die Einführung von Baumheiligtümern waren. Der eine ist Rehabeam, ein Sohn Salomos, dem nach der Reichsteilung das Südreich (Juda) zufiel, und der (unter dem Einfluß seiner ammonitischen Frau?) und mit Billigung der Bevölkerung folgendes geschehen ließ:

> "Auch sie errichteten sich Höhenheiligtümer, Steinsäulen und Ascheren auf *jedem* hohen Hügel und unter *jedem* grünen Baum" (1.Kön 14,21 ff).

Ein gleiches wird von Ahas, einem anderen König Judas, berichtet (vgl. 2.Kön 16,4).

Auf diese Weise wurden die Fruchtbarkeitsgottheiten der heidnischen Völker "auf den Sockel gehoben" und das mitübernommen, was sie implizierten.

Die Propheten haben, ebenso wie das Deuteronomium, dieses Tun als Abfall gebrandmarkt: Umtriebig bemüht sich Israel in seiner Politik um die Gunst Ägyptens und um die Gunst Assyriens. Die alte Sklaverei in Ägypten hat es abgeworfen, aber es hat sich längst auf neue und andere Weise in religiöse Abhängigkeit begeben durch die Geilheit und Gier, mit der es, einer Prostituierten gleich, "auf jedem hohen Hügel und unter jedem Baum liegt" (vgl. Jer 2,20; 3,6; 3,13). Auf diese Weise ist – und das ist besonders interessant – Israel, das von seinem Gott als edle Rebe und als echtes Gewächs gepflanzt war, zum entarteten und faulen Weinstock geworden (Jer 3,21). Nichts von ewig wiederkehrender Erneuerung, von ständigem Wachstum im Gehorsam an seinen Gott! Ob in jenen Hainen und Baumheiligtümern "Heilige Hochzeiten" vollzogen wurden (vgl. Jes 57,5 "Die ihr in Brunst geratet unter grünen Bäumen ...!") oder ob das "ehebrecherische Verhalten" Israels lediglich bildhaft sein Verhältnis zu Jahwe beschreibt, mag dahingestellt bleiben. Tatsache ist, daß die Ablehnung jener Naturreligiosität tiefbegründet ist in der Andersartigkeit des Jahweglaubens: In den Fruchtbarkeitskulten wird die Grenze zwischen Göttlichem und Menschlichem bzw. "Natürlichem" verwischt. Gegenständliches wird vergöttlicht und Göttliches wird vergegenständlicht. Damit wird die grundsätzliche Unterschiedenheit von Schöpfer und Geschöpf bzw. Geschöpflichem, die für Israels Glauben so fundamental ist, aufgehoben: "Die da sagen zum Baum 'Du bist mein Vater!' und zum Stein 'Du hast mich geboren!' ..." (Jer 2,27). Und schließlich: Nicht daß Bäume und dgl. zu göttlicher Hoheit erhoben werden, legitimiert Israels Religiosität, sondern *was* (inhaltlich!) so überhöht wird, daß es religiöse Qualität erhält! "Was ist's mit der Höhe, zu der ihr geht?" (Vgl. zum Ganzen Ez 20,27-29.)

Trotz aller Polemik spricht das Alte Testament vom Baum im Bild. Wofür steht dieses Bild? Das zeigen die Visionen einiger Propheten.

Hesekiel, der mit einem Teil der Exilierten Israels in Babylonien lebt, hat die Vision eines riesigen Buchsbaums auf dem Libanon mit "schönem Geäst und schattigem Gezweig und von hohem Wuchs, dessen Wipfel bis in die Wolken reichte (Vergangenheit!)". Er *hatte* einen günstigen Standort, weil er gut bewässert wurde durch Ströme und Kanäle; er *war* höher als alle anderen Bäume; er *war* schöner als alle anderen Bäume des Gottesgartens. Ja, er wurde beneidet (vgl. Ez 31). Aber was widerfährt ihm? Er wird *gefällt*. Mit großem Getöse tut er seinen *Fall* in das Totenreich, wo schon die anderen Geschlagenen versammelt sind. Fortlaufend interpretiert der Prophet seine Vision. Der Riesenbaum ist alles andere als ein kosmischer Weltenbaum. Er steht für die Großmacht Ägypten, die ihre Wurzeln weit ausgedehnt hatte an viele Gewässer, in deren Schatten große Völker wohnten. Aber eine noch stärkere Großmacht hat diesen Baum gefällt, als Torso mit zerbrochenen Zweigen liegengelassen und alle, die einst Schutz bei der Großmacht Ägypten gesucht hatten, sind geflohen.

Nicht nur Großmächte, auch Israel selbst, kann mit einem Baum verglichen werden, allerdings ganz anders, "als es von jeher in Mythen und Märchen erahnt wurde"!

Jesaja vergleicht das dezimierte Israel mit einem abgehauenen Baum, von dem nur der Wurzelstumpf übriggeblieben ist. Seine Hoffnung (nicht seine Gewißheit von ewig grünenden Bäumen!) besteht darin, daß aus dem, was die Großmächte übriggelassen haben, noch ein Reis, ein Schößling hervorgeht. Und wenn im Matthäusevangelium Johannes der Täufer sagt: "Die Axt ist schon an die Wurzel gelegt!" (Mt 3,10), dann wird damit gerechnet, daß dieser Baum endgültig der Vergänglichkeit und dem Gericht anheimgegeben werden könnte, wenn nicht eine grundlegende Umkehr erfolgt.

Hosea spannt seine Hoffnungen noch etwas weiter hinein in die Zukunft. Dank der Barmherzigkeit Gottes soll Israel "blühen wie eine Lilie und Wurzeln schlagen (das entwurzelte Volk!) wie eine Pappel" (Hos 14). Gott selbst will wie der Tau sein und wie der Schatten, damit dieser Baum gedeihen kann. Unter einer Bedingung: Daß Israel einer kriegstreiberischen Politik absagt ("Auf Rossen wollen wir nicht mehr rasen") und jener Ideologie abschwört, die Produkte menschlichen Denkens und Tuns zum Maß aller Dinge macht ("Wir wollen nicht mehr 'Gott' sagen zu den Machwerken unserer Hände").

Der "Baum" ist Bild für den politischen Auf- und Niedergang von Völkern. Nicht ihre immerwährende Regenerationsfähigkeit wird versinnbildlicht, sondern die Vergänglichkeit aller Expansionspolitik ("Weil er – der Ägyptenbaum – seine Wipfel bis an die Wolken reckte und hochmütig wurde ob seiner Höhe ...", Ez 31,10).

An dieser Stelle wird deutlich geworden sein, warum der Exkurs über "Verweigerte Symbole" an das Kapitel über "Das Symbol des Sterns" angeschlossen wurde. Der Stern ist ein weiteres Naturphänomen, für das sich fast die gleichen Sachverhalte wie für den Baum zusammentragen lassen. Mit unerbitterlicher Polemik hat sich Israel gegen jeden Sternenkult gewandt und zugleich "Stern" in ganz anderer Bedeutung verwandt. Nicht die ewigen und unabänderlichen Gesetzmäßigkeiten im Lauf der Gestirne sind Gegenstand der theologischen Reflexion, Sterne stehen für Völker und Großmächte, die "nach den Sternen greifen" und schließlich herabfallen wie Sternschnuppen und zu kalten Meteoriten werden, die ihre Leuchtkraft verloren haben. Ist Ägypten wie ein gefällter Baum, so ist Babylon wie ein gefallener Stern[10].

Bliebe noch der Paradiesesbaum in der jahwistischen Urgeschichte.

Gerade bei diesem Beispiel war und ist man immer wieder geneigt, von einem "uralten" Mythos zu sprechen, der dieser Erzählung zugrunde liegt; einem Mythos von Zauberbäumen und -sträuchern, die dem Menschen ewiges Leben und Unsterblichkeit verleihen, wenn es ihm gelingt, einen Zweig oder eine Frucht davon zu brechen. Selbst wenn es gelänge, plausibel zu machen, welcher Mythos auf welchen Wegen in die Überlieferungen des Jahwisten Eingang gefunden hat, so bliebe dennoch die entscheidende Frage, wie mit dieser Garten- und Baumüberlieferung symbolisch umgegangen wird und wofür sie in dem neuen Kontext steht.

Er ist ein Verbotsbaum: Alles steht den beiden Menschen Adam und Eva zur Verfügung; alles hat ihnen Gott, der Herr, "geschenkt" – mit dieser einen Ausnahme. Der Baum bedeutet ja im Klartext: "Bis hierher und nicht weiter!" Bis wohin nicht? Daß der "Mensch werde wie unsereiner!" (Gen 3,22). Eine Vergöttlichung des Menschen ist völlig ausgeschlossen und undenkbar. Der Baum steht für zwei Dinge: 'Gut und Böse erkennen' und 'Ewiges Leben erlangen'. Nachdem von der Frucht gekostet ist, kann der Mensch zwar nicht alles erkennen, aber er kann unterscheiden zwischen gut und böse. Und dabei wird er immer behaftet werden. Das ewige Leben erlangt er nicht. Da ergreift Jahwe eine prophylaktische Maßnahme: Das Menschenpaar wird vor die Tore des Paradieses verwiesen. Diese prophylaktische Maßnahme gleicht jener, die Jahwe im Zusammenhang mit dem Turmbau zu Babel (Gen 11) ergreift. Dem 'Nichts ist unmöglich!' setzt er eine deutliche Grenze.

Er ist ein Antibaum: Was er symbolisiert, steht dem entgegen, was unter anderen 'Heiligen Bäumen' in heiligen Hainen geschieht. Dort geht die Gottheit ein in Geschöpfliches, und der Mensch verbindet sich mit ihr und erhält Anteil am Göttlichen. Alle Grenzen sind verwischt. Diese Verwischung der Unterscheidung zwischen Schöpfer und Geschöpf ist der eigentliche Sündenfall – folgt man dem Jahwisten.

Es wäre immerhin erwägenswert, für die Bedeutung der Paradieseserzählung des Jahwisten von einer anderen als der bisher üblichen Annahme auszugehen. Der Garten Eden ist das Land, das Jahwe seinem Volk bereitet hat. Dafür spräche, daß der Prophet Hesekiel durchgängig vom Land als Garten Eden spricht. Das Menschenpaar steht exemplarisch für sein Volk, das Jahwe dort hineingesetzt hat: Aus der Wüste kam es, fruchtbarer Garten wurde ihm bereitet.

---

10 Vgl. Das Symbol des Sterns, S. 122 ff.

Der Garten ist ein symbolischer Ort der Nähe zwischen Jahwe und den Menschen (natürlich auch zwischen Mann und Frau). Nähe suchten auch die Kanaanäer in ihren Baumheiligtümern zu den Fruchtbarkeitsgöttern. Aber die Art der Nähe wird eben gänzlich unterschiedlich definiert. Die Beziehung zwischen dem Menschen und seinem Gott ist anderer Art!

Natürlich war der kanaanäische Fruchtbarkeitskult eine ständige Versuchung für Israel – versucherisch wie die Schlange! Ich denke, die jahwistische Urgeschichte ist ebenso eine Auseinandersetzung mit dieser Versuchung wie die prophetische Polemik gegen den Baalskult. Man könnte dann davon ausgehen, daß der Gartensymbolik in der jahwistischen Urgeschichte eine handfeste Realität zugrunde liegt. Erst diese Realität hat die Symbolbildung ermöglicht!

Erst im Neuen Testament wird es möglich, die theologisch gezogenen Grenzen gewissermaßen christologisch zu überschreiten.

Beim Baum geschieht das zögerlich genug, ja nur vereinzelt. Der Evangelist Lukas nimmt einen Anlauf in seiner Apostelgeschichte. In Predigten, sowohl des Petrus als auch des Paulus, wird bezeugt, man habe Jesus "ans Holz gehängt und umgebracht" (Petruspredigt vor dem Hohenrat 5,30; Petruspredigt im Haus des Cornelius 10,39 und Pauluspredigt in Antiochien 13,29). An einem von Menschen gefällten Baumstamm, dem alle Möglichkeiten des Sprossens und Grünens genommen sind, kommt Christus zu Tode. Aus diesem Nichts des Erstorbenseins und des Todes wird Leben entstehen. Nur sehr verhalten wird dies angedeutet. Mag sein, daß ein Bild aus einem der Gottesknechtlieder (Jes 53,2) im Hintergrund steht: "Er wuchs auf vor uns wie ein Schoß, wie eine Wurzel aus dürrem Erdreich ...!"

Erst in der christlichen Kunstgeschichte wird das tote Holz des Kreuzes zum Lebensbaum. Jetzt ist allerdings auch keine Gefahr mehr, daß dieser Baum zum Götterbaum werden könnte. Er hat mit ihm nichts gemein!

Unter den johanneischen Ich-bin-Worten findet sich auch die Metapher "Ich bin der wahre Weinstock" (Joh 15,1 ff). Vorsicht ist angebracht, den Weinstock einfach als Baum zu vereinnahmen; aber dennoch: dieser Weinstock hat als Metapher eine doppelte Funktion; er ist der "wahre" gegenüber den "falschen"; als solche gelten die Könige Israels. Er hat brauchbare und unbrauchbare Schößlinge. Diejenigen, die ohne Furcht bleiben, werden ausgeholzt. Fern allen Ideologien von einer immer größer werdenden und immer sich erneuernden Kirche wird dieser Weinstock völlig nüchtern gesehen als ein Gebilde mit fruchtbaren und unfruchtbaren Schößlingen.

Mutiger geht Matthäus mit dem "Stern" um. Aus diesem Grund wurde er noch unter die Symbolkapitel aufgenommen. Konsequent greift er die kritische Komponente des Alten Testaments hinsichtlich der Sterne auf: Der alte Stern des Ostens, die Großmacht Babylon, wird abgelöst durch einen neuen Stern, der am Horizont der westlichen Hemisphäre aufgeht. Der neue Stern ist aber nicht eine weitere, vergängliche Weltmacht, sondern ein Antistern, der die Mächte dieser Welt grundsätzlich in Frage stellt, vor allem, wenn sie Satellitenmächte von anderer Gnaden sind. *Dieser* Stern zeigt jetzt Heil an, Gottes Heil. Niemand wird, hat er die Vorgeschichten des Matthäusevangeliums gelesen, an eine Sternengottheit denken.

Wie gesagt, die Grenze zwischen den verweigerten und entgöttlichten Symbolen ist fließend. Das soll nicht in Abrede gestellt werden. Dennoch zeigt sich an den Beispielen "Baum" und "Stern" ein folgenschwerer Sachverhalt. Jede Religion hat – einschließlich aller Märchen, die eine bestimmte Religiosität widerspiegeln – einen genuinen Vorrat an Symbolen. Dieser Vorrat muß nicht identisch sein. Das zeigt ein Vergleich zwischen dem Jahweglauben des Alten Testaments und den Religionen der Umwelt geradezu zwingend. Man bedenke, daß das Alte Testament zum Beispiel kein einziges Tiersymbol kennt! Sollte dennoch ein vergleichbarer Vorrat an Symbolen vorhanden sein, dann ist die Gewichtung und die Relation der Symbole untereinander durchaus verschieden. Auch dies läßt sich, bedenkt man das Verhältnis von "Baum" und "Stern" zu den anderen biblischen Symbolen, zeigen. Der entscheidenste und zwingendste Grund gegen die Annahme eines gemeinsamen Bestands von Symbolen in allen Religionen ist die Beobachtung, daß selbst da, wo eine Übereinstimmung im Wortbestand vorhanden ist, auf keinen Fall die Bedeutungen, das, wofür die Symbole stehen, übereinstimmen. Gerade an ihren Symbolen zeigt sich die Unterschiedenheit der "Systeme". Und systematisch-theologisch sei es gesagt: Der Wahrheitsgehalt eines Symbols besteht nicht darin, daß es "immer schon und überall" erahnt wurde und wird. Wahrheit ist nicht verborgen in irgendeinem Ur-Fundus, der nur enthüllt zu werden braucht. Wahrheit wird gefunden in einem unermüdlichen Prozeß der Verknüpfung von Tradition und Situation. Er ist nur dann lebendig, wenn er nicht auf den Vergleich der Wahrheiten verzichtet und sich dem Dialog dessen, was strittig ist, stellt.

Das Symbol des Sterns – in der Prophetie

Ein Spottlied auf den König von Babylon (Jes 14,4 ff [Protojesaja])

Wie ist still geworden der Treiber, still geworden das Stürmen!
Der Herr hat zerbrochen den Stock der Gottlosen, den Stecken der Tyrannen ...

Das Totenreich drunten geriet in Aufruhr ob dir, als du nahtest; es jagte die Schatten auf um deinetwillen, alle Fürsten der Erde, ließ aufstehen von ihren Thronen alle Könige der Völker.
Sie alle heben an und sprechen zu dir: Auch du bist schwach geworden wie wir, uns bist du gleich geworden! Ins Totenreich ist gestürzt deine Hoheit und das Rauschen deiner Harfen; auf Moder bist du gebettet, und Würmer sind deine Decke:

> Wie bist du vom Himmel gefallen, du strahlender Morgenstern!

Wie bist du zu Boden geschmettert, du Besieger der Völker! Du hattest bei dir gesprochen: "Zum Himmel empor will ich steigen, hoch über den Sternen Gottes aufrichten meinen Sitz ... Ich will über Wolkenhöhen emporsteigen, dem Höchsten mich gleichstellen!"

Doch ins Totenreich bist du hinabgestürzt, in der Grube tiefsten Grund! Die dich sehen, schauen auf dich, betrachten dich: "Ist das der Mann, der die Erde erzittern, der Königreiche erbeben machte, der den Erdkreis zur Wüste wandelte und seine Städte zerstörte, der seinen Gefangenen die Kerker nicht aufschloß?"

Eine Weissagung wider Willen durch Bileam, dessen Eselin den
Engel Gottes eher erkennt als ihr Herr (Num 24,17)

Ich sehe ihn, doch nicht schon jetzt, ich erschaue ihn, doch nicht schon nah:

> Es geht auf ein Stern aus Jakob, ein Szepter erhebt sich aus Israel.

Eine Sternfahrt der Völker zum Zion (Jes 60,11 ff [Tritojesaja])

Mache dich auf, werde Licht! Denn dein Licht kommt, und die Herrlichkeit des Herrn strahlt über dir. Denn siehe, Finsternis bedeckt die Erde und Dunkel die Völker; doch über dir strahlt auf der Herr, und seine Herrlichkeit strahlt auf über dir.

> Und Völker strömen zu deinem Licht, und Könige zu dem Glanz, der über dir aufstrahlt ... da wirst du schauen und strahlen, das Herz wird beben und weit werden.

Die Schätze der Völker werden zu dir kommen. Die Menge der Kamele wird dich bedecken ... die Sabäer werden allzumal kommen und Gold und Weihrauch bringen ...

Ein Stern wird aufgehen aus Jakob

Eine symbolische Geschichte über die Geburt Jesu (Mt 1 und 2)

Die Vorgeschichte: Ein Stammbaum (Mt 1,1-17)

Vierzehn Geschlechter
von *Abraham* bis *David*

(vgl. V 2: Abraham zeugte den Isaak. Isaak zeugte den Jakob.
Jakob zeugte den Juda (!) und seine Brüder ...)

Vierzehn Geschlechter
von *David*

(vgl. V 6: Isai zeugte den König David. David zeugte mit
der Frau des Uria den Salomo ...)

BIS ZUR ZEIT DER WEGFÜHRUNG NACH BABYLON

NACH DER ZEIT DER WEGFÜHRUNG NACH BABYLON

Vierzehn Geschlechter
bis *Christus*

(vgl. V 16: Jakob (!) zeugte den Joseph, den Mann der Maria,
aus der Jesus gezeugt wurde, der der Christus genannt wird.)*

---

* Textvarianten: Jakob zeugte Joseph, dem verlobt Maria Jesus gebar, der der Christus genannt
wird; oder: Jakob zeugt Joseph. Joseph, dem die Jungfrau Maria verlobt war, zeugte Jesus, der der
Christus genannt wird.

Der erste Traum

Eine schwangere Frau und ihr zukünftiger Ehemann
– Dem Joseph erscheint ein Engel im Traum (Mt 1,18-25) –

[18]Mit der Geburt Jesu Christi aber verhielt es sich so:
Als seine Mutter Maria mit Joseph verlobt war, fand es sich, ehe sie zusammengekommen waren, daß sie vom heiligen Geist schwanger war. [19]Weil indessen Joseph, ihr Mann, rechtschaffen war und sie nicht in Schande bringen wollte, gedachte er, sie heimlich zu entlassen.
[20]Doch als er dies im Sinne hatte, *siehe,* da *erschien ihm ein Engel des Herrn im Traum,* der sprach: Joseph, Sohn Davids, scheue dich nicht, Maria, dein Weib, zu dir zu nehmen; denn was in ihr gezeugt ist, das ist vom heiligen Geiste!
[21]Sie wird aber einen Sohn gebären, und du sollst ihm den Namen Jesus geben, *denn er wird sein Volk erretten von ihren Sünden.* [22]Dies alles jedoch ist geschehen, damit *erfüllt würde,* was vom Herrn *durch den Propheten* gesprochen worden ist, welcher sagt:

> [23]*Siehe,* die junge Frau wird schwanger werden und einen Sohn gebären,
> und man wird ihm den Namen IMMANUEL geben ...
> (Vgl. Jes 7,14 [und 8,8.10])

was übersetzt heißt: GOTT MIT UNS.

[24]Als aber Joseph vom Schlaf erwacht war, tat er, wie ihm der Engel des Herrn befohlen hatte, und nahm sein Weib zu sich. [25]Und er erkannte sie nicht, bis sie einen* Sohn geboren hatte; und er gab ihm den Namen Jesus.

---

*Variante: bis sie ihren ersten Sohn geboren hatte.

Die Magier machen sich auf

Ein Stern geht auf und wird zum Leitstern
– Aufbruch und Ankunft (Mt 2,1-11) –

Als aber Jesus in den Tagen des Königs HERODES zu BETHLEHEM in JUDÄA geboren war, *siehe*, da kamen Magier aus dem Morgenland nach JERUSALEM, [2]die sagten: WO ist der NEUGEBORENE KÖNIG DER JUDEN?
Wir haben nämlich seinen Stern im Morgenland gesehen und sind gekommen, ihm zu huldigen.

[3]Als jedoch der König HERODES das hörte, erschrak er und ganz JERUSALEM mit ihm. [4]Und er ließ alle Hohenpriester und Schriftgelehrten des Volkes zusammenrufen und erfragte von ihnen, wo der Christus geboren werden sollte. Die aber sagten ihm: Zu BETHLEHEM IN JUDÄA; denn *so steht es durch den Propheten geschrieben:*

> [6]Und du BETHLEHEM, im Lande JUDAS, bist keineswegs die kleinste unter den Fürstenstädten Judas; denn aus dir wird ein Herrscher hervorgehen, der mein VOLK WEIDEN wird.
> (Vgl. Micha 5,2.4)

[7]Da berief Herodes heimlich die Magier und erkundigte sich bei ihnen genau nach der Zeit, *wann der Stern erschienen sei*, [8]und sandte sie nach Bethlehem und sagte: Ziehet hin und forschet genau nach dem Kindlein! Wenn ihr es aber gefunden habt, so meldet es mir, damit auch ich komme und ihm huldige. [9]Nachdem sie den König angehört hatten, zogen sie hin.

Und siehe, *der Stern, den sie im Morgenland gesehen hatten, ging vor ihnen her, bis er über dem Ort stillstand, wo das (sc. Haus) des Kindleins stand.*

[10]Als *sie aber den Stern sahen*, wurden sie sehr hocherfreut [11]und gingen in das HAUS hinein und sahen das Kindlein mit Maria, seiner Mutter.

Und sie warfen sich nieder, huldigten ihm, taten ihre Schätze auf und brachten ihm Gaben dar, Gold, Weihrauch und Myrrhe.

Der zweite Traum

Eine Weisung an die Magier:
Rückkehr unter Umgehung Jerusalems (Mt 2,12)

[12]Und da sie *im Traum eine Weisung* empfingen, nicht zu Herodes zurückzukehren, zogen sie auf einem anderen Weg in ihr Land zurück.

Der dritte Traum

Ein jüdischer König will die neugeborenen Kinder töten
– Dem Joseph erscheint ein Engel im Traum (Mt 2,13-18) –

[13]Als sie aber weggezogen waren, siehe, *da erscheint ein Engel des Herrn dem Joseph im Traum* und sagt: Steh auf, nimm das Kindlein und seine Mutter mit dir und fliehe nach ÄGYPTEN; und bleibe dort, bis ich es dir sage; denn HERODES will das Kindlein aufsuchen, um es umzubringen. Da stand er auf, nahm des Nachts das Kindlein und seine Mutter mit sich und zog hinweg nach ÄGYPTEN. [15]Und er blieb dort bis zum Tode des HERODES, damit *erfüllt würde*, was vom Herrn gesprochen worden ist *durch den Propheten*, welcher sagt:

> "Aus Ägypten rief ich meinen Sohn."
> (Vgl. Hos 11,1)

[16]Als darauf HERODES sah, daß er von den Magiern getäuscht worden war, wurde er zornig, sandte hin und ließ in BETHLEHEM und in dessen ganzem Gebiet alle Knäblein töten, die zweijährig und darunter waren, gemäß der Zeit, die er von den Magiern genau erkundet hatte. [17]Da *wurde erfüllt, was durch den Propheten Jeremia gesprochen worden ist,* welcher sagt:

> [18]Eine Stimme hört man in Rama, viel Weinen und Jammern; Rahel weint um ihre Kinder und will sich nicht trösten lassen, weil sie nicht mehr sind.
> (Vgl. Jer 31,15)

Der vierte Traum

Der Verfolger ist gestorben
– Dem Joseph erscheint ein Engel im Traum (Mt 2,19-21) –

[19]Als aber Herodes gestorben war, siehe, *da erscheint ein Engel des Herrn dem Joseph in Ägypten im Traum* [20]und sagt: Steh auf, nimm das Kindlein und seine Mutter mit dir und ziehe in das Land ISRAEL. [21]Als er jedoch hörte, daß Archelaus anstatt seines Vaters Herodes über JUDÄA regierte, fürchtete er sich, dahinzugehen.

Der fünfte Traum

Eine Weisung an Joseph:
Rückkehr unter Umgehung Judäas (Mt 2,22-23)

[22]Nachdem er aber *im Traum eine Weisung empfangen hatte,* zog er hinweg in das Gebiet von GALILÄA [23]und kam in eine Stadt namens NAZARETH und nahm dort Wohnung, damit *erfüllt würde, was durch den Propheten gesagt worden ist:*

> Er wird der Wurzelsproß (sc. Isais) genannt werden.
> (Vgl. Jes 11,1)

Die zweite Kategorie

Symbole, die aus Verhaltensweisen des Menschen gewonnen wurden

Zu den Realitäten, denen der Mensch begegnet, gehört der Mensch selbst; entweder ist man selbst der Betroffene, an dem man Beobachtungen machen kann, oder es sind andere Menschen, die uns begegnen. Während die Naturphänomene mehr Widerfahrnisse sind, hat die Konfrontation mit dem Menschen immer eine passive und eine aktive Komponente. Aber jede Komponente hat für sich eine negative und eine positive Seite. Ein Mensch kann den passiven Part spielen und Leidensobjekt (negativ) sein oder Empfänger einer Wohltat. Spielt er den aktiven Part, dann kann er Schlimmes anrichten (negativ) oder Gutes bewirken. Das zwischenmenschliche Miteinander ist oft ein Wechselspiel dieser Faktoren. Jeder Mensch erfährt aber auch die Grenzen seiner Fähigkeiten und Möglichkeiten. Alle diese Faktoren spielen eine Rolle, wenn diese anthropologischen Phänomene zu Symbolen werden, die für anderes stehen. Schwerpunktmäßig werden in den folgenden Kapiteln Heilungsgeschichten und Leidensgeschichten Gegenstand der hermeneutischen Erschließung sein.

Kapitel 5:

Das Symbol des Fußes

1. Der Mensch und seine Füße

Säuglinge kriechen "auf allen Vieren", der erwachsene Mensch steht auf zwei
Beinen und bewegt sich mit seinen Füßen durch die Welt. Sein aufrechter Gang
unterscheidet ihn von allen anderen Lebewesen. Seine Erscheinung reicht "von
Kopf bis Fuß". Löst er sich von Familienverband und Elternhaus, "steht er auf
eigenen Füßen". Er braucht – im wörtlichen und übertragenen Sinn – "Boden
unter den Füßen". Als besonders raffiniert und gewandt gilt, wer immer wieder
"auf die Füße fällt" wie eine Katze. Er ist allen Situationen gewachsen. Im
räumlichen und übertragenen Sinn versucht er, "seinen Fuß auf ein bestimmtes
Terrain zu setzen". Auch wenn die Chancen nicht so gering sind, wird er
wenigstens "seinen Fuß in den Türspalt zu schieben", so daß ihm die Tür nicht
mehr vor der Nase zugeschlagen werden kann. Nur "einen Fußbreit" mag er
eindringen, aber er hat gewonnen! Hat "er erst einmal Fuß gefaßt", dann wird er
sich in einer Gemeinschaft oder im Beruf behaupten.

Fußspuren – ein Identitätsmerkmal

Fußabdrücke sind fast so wertvoll wie ein Fingerabdruck. Mit kriminalistischem
Scharfsinn läßt sich die dazugehörige Person ausmachen. Nur der Umstand,
daß wir nahezu alle Schuhe tragen und von jeder Schuhsorte viele Exemplare
produziert werden, relativiert dieses Identitätsmerkmal. Unverwechselbar bleiben jedoch die Spuren, die ein Mensch als Persönlichkeit hinterläßt. Die
Faszination der Einmaligkeit üben Spuren eines Menschen auf den aus, der
ihnen zu folgen gewillt ist. *Zwei* Füße hat der Mensch – im Gegensatz zu anderen Lebewesen – deshalb ist es für ihn wichtig, "mit beiden Füßen im Leben

zu stehen", sich der Wirklichkeit zu stellen und sie zu meistern. Wer sich spaßeshalber sagen lassen muß, er sei "mit dem linken Fuß zuerst aufgestanden", hat den Tag nicht richtig begonnen; und der Rest des Tages ist mit Pechsträhnen und schlechter Laune angefüllt. Wer "mit einem Fuß schon im Grabe steht", hat diese Welt schon halb hinter sich gelassen.

Charaktereigenschaften – Bildworte von den Füßen

Die Füße sind Teil der menschlichen Persönlichkeit. Verschiedene Adjektive in Verbindung mit den Füßen zeigen, daß unser Bewegungsapparat von unterschiedlicher Beschaffenheit sein kann. Gleichzeitig werden die bildhaften Redeweisen vom Fuß Mittel, um charakterische Persönlichkeitsmerkmale hervorzuheben. Wer "auf großem Fuß lebt", braucht nicht nur große Schuhe, sondern hat einen großzügigen Lebensstil; er lebt vielleicht über seine Verhältnisse. "Leichtfüßig" wie eine Gazelle mag für den Dichter ein Mädchen springen, vor einem "Leichtfuß" sollte man sich hüten! Er ist wenig zuverlässig. Wer "festen Schrittes" daherkommt, flößt Vertrauen ein und wer ein sicheres Auftreten hat, imponiert, verdeckt vielleicht innere Unsicherheit. Wer mit zögernden oder wankenden Schritten geht, kann unter dem Einfluß von Alkohol, Drogen oder Krankheit stehen und den organischen Defekt des Torkelns zeigen. Innere Unsicherheit, Ängstlichkeit und Zögern drücken sich ebenso in der Körpersprache der Fußbewegungen aus. Wer zornentbrannt ist, kann vielleicht keinen klaren Gedanken mehr fassen, aber mit seinen Füßen aufstampfen, und wer die Nerven verliert, wird vor Ungeduld trampeln. Wer "über seine eigenen Füße stolpert", ist ungeschickt – innerlich und äußerlich. Niemand braucht ihm ein "Bein zu stellen", er ist sich selbst im Wege. Geschäftsleute oder Politiker bekommen häufig "kalte Füße" und halten es dann für angezeigt, sich in ihrem Engagement zurückzuhalten.

Füße und gesellschaftliche Bedingungen

Betrachten wir die gesellschaftlichen Bedingungen, unter denen wir leben und die zivilisatorische Entwicklung, dann sind wir ein "Volk von Fußkranken". Allenthalben wird bedauert, daß Heranwachsende bequem geworden sind, kaum noch laufen wollen, längere Strecken nicht durchhalten. Die Industrie schlägt daraus Kapital und produziert Schuhwerk, das die Füße für ihre eigentliche Funktion noch untauglicher macht, und zum modischen Beiwerk wird. Der Wohlstand äußert sich im Sitzen bei kalorienreichen Mahlzeiten, die Bewegung reduziert sich auf ein kurzes "Füßevertreten". Die Fortbewegung haben wir abgegeben an das Rollen der Räder auch für kleinste Entfernungen.

In früheren Zeiten war es Zeichen von Besitz und Herrschaft, wenn man hoch zu Roß, im Streitwagen oder in der Kutsche fuhr, das "Fußvolk" gehörte niederen Gesellschaftschichten an. Heute scheint uns das "Räderwerk der Technik" eher zu beherrschen als zu dienen. Die gesunde Bewegung und das fröhliche Wandern hat sich eine Minderheit auf die Fahne geschrieben. Der Entmündigung der Füße steht die Überzüchtung ihrer Leistungen gegenüber: Hochsprung, Skispringen oder Eiskunstlauf fordern das Höchstmögliche von den jeweiligen Besitzern solcher Sportlerfüße.

Füße und Kommunikation

Mit seinen Füßen präsentiert sich der Mensch. Er zeigt, wie er ist oder wie er sein soll. Das "Wie" ist eine Mischung aus individuellen Charaktermerkmalen *und* gesellschaftlichen Verhältnissen. Die eigenen und die Füße der anderen machen das Kommen und Gehen aus: aufeinander zu und voneinander weg. Das Kommen und Gehen hat sein je eigenes Tempo, seine je eigene Situation, seine je eigene Ursache. Es kann ein feierliches Schreiten, ein fröhliches Wandern oder ein erholsames Spazierengehen sein. Wehe denen, die zur ruhelosen Wanderschaft verurteilt sind! Eilen, laufen, rennen kann Hetze, Hektik oder Flucht bedeuten.

Be–weg-ung findet in einem kommunikativen Umfeld statt. Gelungene und mißlungene Kommunikation hängt unter anderem davon ab, ob Füße miteinander, nebeneinander, zueinander oder voneinander weglaufen. "Fuß vor Fuß setzen" heißt vorwärtsgehen, "Fortschritt"; Zurückweichen und Rückzug ist "Rückschritt". Die gelungene oder mißlungene Kommunikation hängt ab von den Wegen, die beschritten werden, und von den Zielen, auf die sich "die Füße richten". Wenn wir uns schon als eine Gesellschaft der Fußkranken präsentieren, sind wir dann auch weg- und ziellos geworden?[1]

"Steh-Vermögen" kann Menschen zu eigen sein, wenngleich sie sich fortbewegen – ausdauernd und mit Engagement auf ein als richtig erkanntes Ziel zu. "Stehenblieben" Menschen, Gruppen oder Gesellschaften, wenn sie sich nicht mehr entwickeln, "auf der Stelle treten", "verknöchern"! Das Tun der Füße wird zum Bild für innere Bewegung oder Bewegungslosigkeit – was keineswegs heißt, daß diese Bewegungen in der Innerlichkeit bleiben. Sie drängen wiederum nach außen und bewirken Verfestigung oder Veränderung von Zuständen.

---

1 Vgl. Das Symbol des Weges, S. 323 ff.

Füße und ihre Wirkungen

Füße, die "gestiefelt und gespornt sind", werden zu gefährlichen Waffen. Sie stecken in Knobelbechern und Soldatenstiefeln. Solche Füße gehen nicht, wandern nicht; sie sind nicht unterwegs zum Spaziergang. "Ein jeder Schuh, der mit Gedröhn einherschreitet" (Jes 9,5), kann treten, niedertreten, zertreten und zu Tode trampeln. Füße werden vorbereitet durch Exerzieren und Paradieren – vielleicht sogar im Stechschritt. Wenn sie ihr Werk getan haben, werden sich nicht mehr Menschen "mit aufrechtem Gang" gegenüberstehen; die einen werden stehen, die anderen "am Boden zerstört sein" und den anderen zu Füßen liegen. Es gibt Sieger und Besiegte, Herrschende und Beherrschte. Unsere Umgangssprache zeigt auf, daß die Ungleichheit bereits im Alltag beginnt. Da werden "Fußtritte verpaßt" – nicht körperlich! – an Asylanten, Farbige, Familien mit Kindern und Homosexuelle! Da wird jemandem "eine Fußangel gelegt", damit er sich darin verfängt und zu Fall kommt – und als Konkurrent ausgeschaltet ist. Da tritt man "jemandem auf die Füße", ohne nachzudenken, und kränkt ihn bitter. Da mißbraucht man Menschen "als Fußabtreter", als Anlaufstelle, bei der man seinen Schmutz läßt, in der selbstverständlichen Erwartung, daß er aufgenommen und beseitigt wird. Manche Hausfrau und Mutter hat sich in dieser Rolle wiedergefunden. Der menschliche "Fußabtreter" kann aber auch für jeden Seelenmüll mißbraucht werden, den man ablädt, ohne je auf die Idee zu kommen, sich mit dem Kummer anderer zu belasten.

Das ist die eine Seite der menschlichen Füße mit den verheerenden Wirkungen, die von Menschen ausgehen und in sprachlichen Bildern von den Füßen beschrieben werden. Die andere Seite ist die positive. Menschen können nicht nur "gut zu Fuß" sein, sondern auch laufen, um Gutes zu wirken. Mit jemandem "auf gutem Fuß stehen" heißt mit jemandem freundschaftlich verkehren. Wer seinen Worten die Tat "auf den Fuß folgen" läßt, ist glaubwürdig. Wer "stehenden Fußes" einem anderen zu Hilfe eilt, stellt persönliche Nützlichkeitserwägungen hintenan. Wer "jemandem auf die Füße hilft", richtet körperlich und seelisch auf. Der Helfende braucht dazu allerdings alle seine Körper- und Sinnesorgane: Füße, die den Hilfsbedürftigen aufsuchen, Hände, die dem anderen sich entgegenstrecken, Ohren, die die Not anhören, Augen, die die Lage des anderen durchschauen, den Mund, der richtige Worte findet. Es ist oft besser, "auf leisen Sohlen" zu kommen, als mit lautem Tritt[2].

---

2 Vgl. die Symbole "Hand", "Auge", "Ohr" und "Mund", S. 166 ff, S. 185 ff, S. 210 ff, S. 221 ff.

2. Ein Volk auf den Füßen und die Füße seines Gottes

Israel war ein Volk, dessen Füße vorwiegend unterwegs waren. Seine Nomadenzeit war vom Hin- und Herziehen bestimmt. Rückblickend hat es seine Geschichte in Wegen beschrieben, die es gehen mußte.

Zentrale Rettungserfahrungen waren jene, bei denen es "trockenen Fußes" durch das Schilfmeer gelangte und über den Jordan ziehen konnte (vgl. Jos 3,17; 4,22).

2.1 Die Strapazen des Unterwegsseins und die Wohltat des Füßewaschens

Wer unterwegs sein muß, sieht vor allem die Gefahren: Füße können ausgleiten (Ps 73,2 oder Ps 121,3), ja, man kann sich zu Tode stürzen (Ps 56,14). Fester Felsgrund gibt Sicherheit (Ps 40,3). Füße, die Weite vor sich haben, können ausschreiten und verirren sich nicht in der Enge von Klüften oder in unwegsamem Gelände (vgl. Ps 31,9). Wer ständig in der Wüste oder am Rande des Kulturlandes umherzieht auf der Suche nach Wasser und Weideplätzen, wird müde, durstig und hungrig. Seine Füße wanken vor Erschöpfung (vgl. Ps 38,17; 66,9 oder 94,18), und vor allem: Sie sind ständig mit Staub bedeckt. Bevor man sich zum Mahl setzte, wurden die Füße (!) gewaschen. Wasser bereitstellen zum Füßewaschen gehört zu den hervorragenden Diensten der Gastfreundschaft gegenüber einem Besucher (neben der Versorgung der Tiere und der Bereitung des Mahls).

Wie sehr das Angebot des Füßewaschens für den willkommenen Gast zu den Lichtblicken des Wanderdaseins (und später zu den Pflichten der Seßhaftgewordenen) gehört, zeigen viele, z.T. bekannte Geschichten der alttestamentlichen Überlieferung.

Wegen ihrer Symbolkraft seien einige aufgeführt:

Genesis 18: Abraham empfängt vor seinem Zelt bei der Terebinthe Mamres Männer, heißt sie willkommen, läßt Wasser zum Füßewaschen bringen, das Mahl bereiten ... und hat *ohne sein Wissen Engel bzw. den Herrn selbst beherbergt* (vgl. mit 25,31 ff).

Genesis 24: Für seinen Sohn Isaak schickt Abraham seinen Knecht zur Brautschau 'in die alte Heimat' (Chäldäa). Nachdem dieser fündig geworden und Rebekka am Brunnen kennengelernt hat, wird er von ihrem Bruder Laban vor dem Zelt willkommen geheißen als *"Gesegneter des Herrn"*; seine Tiere werden versorgt und Wasser bereitet, damit er seine Füße waschen kann.

Genesis 34: Joseph in Ägypten bereitet seinen Brüdern, die ihn einst in der Wüste ausgesetzt hatten, Wasser, um ihre Füße zu waschen – Zeichen dafür, daß er ihnen *vergeben* hat.

Richter 19: Weniger bekannt, aber reizvoll ist die Geschichte des Leviten, der als Fremdling in der Gebirgsgegend von Ephraim lebt, sich aufmacht, seine entlaufene Nebenfrau sucht, zurückholt und auf dem Heimweg eine Unterkunft braucht. Er findet Aufnahme bei einem alten Mann, der aus der Gegend von Ephraim kommt, aber jetzt als Fremdling in Gibea lebt. Er bietet dem Leviten Gastfreundschaft an, stellt Futter für seine Esel bereit und Wasser, damit er seine Füße waschen kann. – *So nimmt der Fremdling den Fremdling auf* und bietet ihm Schutz vor den Bewohnern des Ortes.

Wer solche Gastfreundschaft nicht erfährt, dem bleibt nur, "sich den Staub von den Füßen zu schütteln" und weiterzuziehen – eine Schande für den, der den Wanderer nicht aufnimmt (vgl. Mt 10,14 oder Apg 13,51)!

Aus den Ängsten des gefahrvollen Wanderlebens erwuchs den Israeliten die Hoffnung auf jenes Land, das ihr Fuß betreten (vgl. Jos 14,9) und in dem sie Fuß fassen sollten, und die Sehnsucht "nach einer Stätte, da ihr Fuß ruhen konnte" (vgl. Dtn 28,65).

2.2 Lebenswandel und Bildworte von den Füßen

Die Erfahrungen der konkreten "Wander"-Existenz, für die der Gebrauch der Füße unerläßlich war, prägte die sprachlichen Bilder, mit denen auch nach der Landnahme der Lebens-"Wandel" beschrieben wird. Beinahe wäre der Beter gestrauchelt und sein Fuß ausgeglitten, weil er in Versuchung war, es den Gottlosen gleichzutun (Ps 73,2 ff und 15), zu reden und zu denken wie sie, weil "sie keine Qualen leiden, weil sie gesund und ihr Leib wohlgenährt ist, ja weil sie von der Mühsal der Sterblichen frei sind". Nicht die Gefahren der Wüste sind es, sondern Menschen, die "ihn unablässig anfechten, nach seinen Fersen spähen und nach dem Leben trachten" (vgl. Ps 56,1 ff). Nicht die wilden Tiere der Wüste sind es, sondern Menschen, "deren Zähne wie Spieße und Pfeile und deren Zunge wie ein scharfes Schwert" sind, versuchen, einem anderen Menschen "eine Grube zu graben" und "seine Füße im Netz zu fangen" (vgl. Ps 57). Das ist die Taktik von Verleumdung, Betrug, Übervorteilung – wer kennte sie nicht! Wer unerschütterlich am Herrn festhält, ist wie jemand, dessen Füße wie

auf einen felsigen Grund gestellt werden, während die Abtrünnigen (jene, die
mit den "Füßen abgestimmt" und sich vom Herrn abgewendet haben!) wie im
Schlamm versinken (Ps 40).

Die konkreten Erfahrungen und die daraus erwachsenen sprachlichen Bilder
ermöglichen es Israel, von seinem Gott in den gleichen Bildern zu reden und
die gemachten Erfahrungen zu deuten. Jahwe ist derjenige, der sein Volk in
seinem Wander-Dasein führt, lenkt, leitet und die körperlichen Organe, seine
Füße, bewahrt vor den drohenden Gefahren. Er verwandelt aber auch jeden
Schaden, der Menschen durch Menschen droht. Sowohl der Schaden wie auch
die Rettung können mit dem Symbol der Füße beschrieben werden. Die
Erfahrungen mit ihren Füßen prägen zugleich die Rede der Israeliten von ihrem
Gott. Er ist derjenige, der *mit* ihnen zieht, *vor* ihnen hergeht, anhält und sich im
Zelt der Begegnung sprechen läßt[3].

Erst nach der Mühsal dieser Wanderung konnte man sich Jahwe vorstellen
und beschreiben als jemand, der in einem Garten spazierengeht und lustwandelt
wie ein König, der sich einen Palastgarten leisten kann[4].

Hier tun sich Fragen auf! Menschliche Füße übernehmen bestimmte
Funktionen im menschlichen Verhalten. Es scheint, daß Jahwe ebenfalls solche
Verhaltensweisen zugeschrieben werden: Kommen – Gehen – Stehenbleiben,
Spazierengehen, ruhen. Wird aber auch ebenso unbefangen von *Gottes Füßen*
gesprochen?

Menschliche Füße können Defizite haben, ihren Dienst versagen. Von
menschlichen Füßen können nicht nur gute, sondern auch böse Wirkungen
ausgehen – physisch und psychisch. Werden sich Jahwes Füße davon unterscheiden?

2.3 Die Versuchung, Gott menschliche Füße zu geben

Die symbolische Rede von den Füßen sowohl der Menschen als auch Gottes
gerät in die Krise, ausgerechnet in dem Augenblick, als das ersehnte Ziel erreicht scheint: das verheißene Land. Denn die Landnahme war, bei genauerem
Hinsehen, nicht nur Ein-zur-Ruhe-Kommen, sondern Kampf, Eroberung,
Gebietserweiterung. Nachdem der Übergang über den Jordan "trockenen Fußes"

---

3 Vgl. Das Symbol des Weges, S. 330.

4 Gemeint ist die jahwistische Schöpfungsüberlieferung in Gen 2,4 ff, die frühesten in der
davidisch-salomonischen Ära entstanden ist, wahrscheinlich aber später; vgl. Das Symbol des Gartens,
S. 465 f.

gelungen war (vgl. Jos 3 und 4), wurden Städte erobert und deren Könige unterworfen. Besonders eindrücklich wird die Gefangennahme von fünf kanaanäischen Stadtkönigen geschildert. Zum Abschluß der Aktion fordert Josua dazu auf: "Tretet herzu, und setzt diesen Königen den Fuß auf den Nacken!" (Jos 10,24). Das war die Triumphgeste des Siegers über die Besiegten und im Alten Orient üblich. Nach der Einführung des Königtums versuchte Israel, seinen Besitz zu schützen und zugleich auszubauen durch die Unterwerfung von Nachbarvölkern. Würde nun Jahwe ein Gott sein, der Wohnung auf dem Zion genommen hat, dort thronte und seinen "Fuß ruhen" ließ oder ein Gott, dessen Fuß sich auf den Nacken der Heiden setzte, um seine Herrschaft zu erweisen und zugleich die Eroberungspolitik Israels und seiner Könige zu legitimieren? Vieles deutet darauf hin. Die Unterwerfung der Nachbarvölker wurde mit der Vollstreckung des sog. Banns besiegelt. Im Namen Jahwes und für Jahwe wurde die gesamte Bevölkerung – Männer, Frauen, Kinder und Säuglinge – und ihr Viehbestand hingeschlachtet. Das Scheitern Sauls, des ersten Königs in Israel, wird u.a. damit begründet, daß er das Banngebot Jahwes nur unvollständig ausgeführt hat (vgl. zum Ganzen 1.Sam 15: Kampf gegen die Amalekiter). "Jahwe, der seinen Schuh nach Edom wirft" (Ps 60,10), unterscheidet sich kaum von einem unberechenbaren Erfolgspolitiker und Kriegsherrn. Ein Gott, der mit seinen Füßen Unterwerfung verbreitet, ist ein Spiegelbild menschlichen Herrschaftshandelns. Israel hat hier nichts anderes gemacht, als eine orientalische Herrschergestalt in den Himmel zu projizieren. Es legt sich der Schluß nahe, daß die relativ kurze Phase der Landnahme und des Landbesitzes die größte theologische Versuchung Israels war. Sie wurde nur überwunden durch die Erfahrung, daß ihm seinerseits die Füße der Großmächte Assyrien und Babylonien auf den Nacken gesetzt und es gezwungen wurde, mit seinen Füßen fremdes Land zu betreten, als Fremdlinge im Exil zu leben, die nicht Fuß fassen können – und auch nicht wollen. Zurück blieb ein Land, dessen Weideland durch Besatzer "mit den Füßen zertreten und zerstampft" wurde (Ez 34,18 f).

Eindrucksvoll wird der theologische Wandel durch das deuteronomistische Geschichtswerk belegt, das sich mit der Situation auseinandersetzt, daß "Israel schon wieder aus dem Land herausgerissen ist", in das es gezogen war und das es besetzt hat (Dtn 28,63). Das alles geschieht, weil es "dem Fuß seines Gottes nicht gefolgt" ist (vgl. Dtn 33,5). Jetzt gibt es nur zwei Möglichkeiten: Segen oder Fluch[5].

---

5 Zum Zwei-Wege-Denken vgl. Das Symbol des Weges, S. 325.

Wenn das Volk willig auf das Wort des Herrn hört und seine Gebote erfüllt, wird es gesegnet sein (vgl. Dtn 28,1 ff).

Wenn das Volk dagegen nicht hört und seine Gebote nicht erfüllt, wird es verflucht sein und "der Herr wird dich unter alle Völker zerstreuen vom einen Ende der Erde zum anderen; da wirst du anderen Göttern dienen ... aus Holz und Stein, und unter diesen Völkern wirst du keine Ruhe haben, und es wird keine Stätte sein, da dein Fuß rasten kann; der Herr wird dir daselbst ein banges Herz, verschmachtende Augen und eine verzagte Seele geben" (Dtn 28,64 f).

So hat Israel, so haben insbesondere die Exilierten, ihre Situation empfunden. Hesekiel, der Prophet, der unter den Exilierten wirkt, muß durch den Geist Gottes erst wieder "auf die Füße gestellt werden" (Ez 2,1 und 2), damit er sein Volk trösten kann.

Das endgültige Umdenken setzt ein, nachdem die übersteigerten Hoffnungen auf eine triumphale Rückkehr der Deportierten durch die Realität ernüchtert werden. Nicht alle kehren zurück, sondern nur ein Teil von ihnen; die Verhältnisse in dem, ach so ersehnten, verheißenen Land sind kümmerlich; der Wiederaufbau geht nur unter größten Schwierigkeiten voran. Die Zerstreuung in andere Teile der Erde hat aber auch den Horizont erweitert; die anderen Völker sind nicht nur feindliche Heiden; gegenüber der Treue zu Jahwe im eigenen Volk sind Zweifel angebracht. Jetzt verkündet Tritojesaja Jahwe als den Herrn, der da sagt:

"Der Himmel ist mein Thron und die Erde der Schemel meiner Füße" (Jes 66,1).

Füße, die auf einem Schemel ruhen, treten nicht und zertreten nicht. Dies bleibt allenfalls das Werk der "Götter der Macht". Sie ruhen nicht nur auf dem Zion und bei einem einzigen Volk, sondern auf der ganzen Erde. Sein Thron in der Höhe des Himmels übersteigt alle Throne dieser Welt und relativiert sie. Das vermenschlichte Bild vom rachsüchtigen Kriegsgott ist überholt von einer neuen Vision:

"Wie lieblich sind die Füße des Freudenboten auf den Bergen,
der Frieden verkündet, gute Botschaft bringt, das Heil verkündet" (Jes 52,7).

Jetzt erst, in dieser späten Phase theologischen Denkens und Bewältigens, wird symbolisch von Gottes Füßen geredet. Jetzt erst ist diese Rede auch nicht mehr anthropomorph oder mythisch; denn diese Füße unterscheiden sich grundsätzlich von den menschlichen Füßen und den konträren Wirkungen, die von ihnen ausgehen können. Sie unterscheiden sich aber auch grundsätzlich von jenen der anderen Götter, die in Menschengestalt dargestellt sind. Von ihnen gilt:

"Sie haben einen Mund und können nicht reden,
sie haben Augen und können nicht sehen,

sie haben Ohren und hören nicht,
sie haben eine Nase und riechen nicht,
sie haben Hände und können nicht greifen,
sie haben Füße und können nicht gehen,
sie geben auch keinen Laut mit ihrer Kehle" (Ps 115, insbesondere ab V 5).

Sie sind das Werk menschlicher Hände, aus Holz und Stein, vielleicht sogar aus Silber und Gold, aber ohne Leben, und mit Körper- und Sinnesorganen, die nicht funktionstüchtig sind.

3. Was hat Jesus mit den Füßen zu schaffen?

Wie geschichtswirksam die Visionen und Hoffnungen des Tritojesaja waren, wird das Neue Testament gerade hinsichtlich des Symbols der Füße zeigen. Abwertende Urteile der historisch-kritischen Exegese gegenüber diesem "späten" Propheten sind gänzlich unangebracht. Beim Rezeptionsvorgang durch die Evangelisten werden naturgemäß unterschiedliche Akzente gesetzt und die "Füße" bekommen ihr je eigenes Profil.

3.1 Zu den Füßen Jesu – Symbol des Fußes im Matthäusevangelium

Matthäus zitiert ausdrücklich jenes Wort des Tritojesaja über den Himmel, der Gottes Thron ist, und die Erde, die der Schemel seiner Füße ist (Jes 66,1 s.o.). Dies geschieht jedoch eher nebenbei in der Antithese gegen das Schwören von Eiden (Mt 5,33 ff).

Entscheidender ist ein auffallender Kontrast, der einerseits mit dem Symbol der Füße, andererseits mit dem Hauptsymbol des Matthäusevangeliums, dem der Höhe und Tiefe, zu tun hat.

Das öffentliche Auftreten Jesu beginnt mit einer Versuchung (vgl. Mt 4,1-11), bei der der Satan ihn, den Sohn Gottes, u.a. auf einen *sehr hohen Berg* entführt, so daß alle Reiche dieser Welt *zu seinen Füßen* liegen. Und das ist das Angebot: Sie alle werden ihm zu Füßen gelegt, wenn er niederfällt (Mt 4,9), dem Satan "zu Füßen fällt", und ihn anbetet. Jesus lehnt diese Verlockung ab. Sie konkurriert mit Gottes Höhe und Hoheit. *Sein* Reich – das Reich Jesu – ist von ganz anderer Art.

Welcher Art seine Herrschaft ist, wird nicht nur in der Berg-Rede (Mt 5) deutlich, sondern in dem Berg-Geschehen von Matthäus 15,29-31: Eine große

Volksmenge kommt und legt ihm ihre *Lahmen, Krüppel, Blinden* und *Stummen zu Füßen*. Und die Stummen reden, die Krüppel werden gesund, die Lahmen gehen, die Blinden sehen. Der kurze Abschnitt ist ein Summarium speziell matthäischer Art (Sondergut), und es ist zu vermuten, daß das, was hier jeweils "zu Füßen liegt", durchaus von den Hörern und Lesern der Botschaft des Matthäus miteinander verglichen und als Kontrast verstanden werden soll.

Die Stunde seines – des Christus – Berges kommt erst am Ende des Evangeliums, wo die Jünger ihm zu Füßen fallen und aufgefordert werden, in alle Welt zu gehen. *Diesem* Berg ist aber das Leiden in Gethsemane und sein Tod vorausgegangen (s.o.).

3.2 Fuß-Geschichten bei Lukas und Johannes

Lukas greift in seinen sog. Lobgesängen mehrfach auf Tritojesaja zurück, u.a. im Lobgesang des Zacharias (Lk 1,68-79), wo er die Vision vom Freudenboten, der Frieden, Evangelium und Heil bringt und verkündet, dahingehend abwandelt, daß Johannes, der vor Jesus hergeht und ihm den Weg bereitet, "unsere Füße auf den Weg des Friedens leiten" soll (V 79).

Im übrigen ist die ganze Apostelgeschichte eine narrative Ausgestaltung es Jesajazitats von den "Füßen der Freudenboten", die ausziehen, Heil verkünden, frohe Botschaft bringen, Frieden verkünden" (vgl. Jes 52,7).

Die *Fuß*salbung Jesu durch eine Frau gehört zum Sondergut des Lukas (7,36-50) – eine "Fuß"-Geschichte besonderer Art. Der schwülstige und süßliche Kitsch, der im Verlauf der Christentumsgeschichte mit dieser Sünderinnengestalt verbunden wurde, ist gänzlich unangebracht. Die Fußgeschichte ist eine Kontrastgeschichte: Das Verhalten des Pharisäers Simon und das Verhalten der Frau werden von Jesus miteinander verglichen und bewertet. Sie ist das weibliche Pendant zur Geschichte eines männlichen Sünders – eine von Lukas häufig geübte Praxis, zu einer wichtigen Heilungs-, Berufungs- oder Beispielerzählung der synoptischen Überlieferung eine Entsprechung zu schaffen. Jesus wird eingeladen und besucht das Haus eines Pharisäers. Man sitzt zu Tisch, aber der Gastgeber hat die einfachsten Gastgeberpflichten versäumt: Wasser bereitzustellen, damit der Gast seine Füße waschen kann.

Die Frau – in der Stadt einschlägig bekannt – sucht das Haus auf, in dem Jesus sich aufhält. Trotz ihrer Unreinheit wagt sie sich in das Haus, in dem man auf die Einhaltung der Reinheitsvorschriften besonderen Wert legt (Haus eines Pharisäers!). Sie holt nach, was der Einladende und Gastgeber versäumt hat. Ja, mehr als das! Das Wasser ersetzt sie durch ihre Tränen, das Handtuch durch ihre

Haare; dann salbt sie die Füße Jesu mit besonders kostbarer Salbe aus einer Alabasterflasche – ein Hinweis darauf, daß sie Jesus nicht nur den Staub der zurückgelegten Wege von den Füßen Jesu nimmt, sondern ihn auf seine Grablegung vorbereitet? Sie nähert sich "von hinten"[6], und den Begrüßungskuß des Gastgebers ersetzt sie durch das Küssen der Füße – Zeichen besonderer Demut – die keiner weiteren Worte mehr bedürfen (die Frau bleibt während der ganzen Szene stumm!). Beim Vergleich schneidet der Pharisäer Simon schlecht ab. Ihr, der Frau, sind viele Sünden vergeben; deshalb ist sie imstande, mehr zu lieben. Die Geschichte erinnert an die Beispielerzählung vom Pharisäer und Zöllner (Lk 18,9-14). Der Pharisäer wirft sich dort in die Brust mit seinen Leistungen, der "männliche" Zöllner schlägt sich an die Brust und bittet um Vergebung seiner Sünden. Er geht *mehr* gerechtfertigt in sein Haus hinab "als jener".

Johannes hat seine eigene *Fuß*-Geschichte, die von der Fußwaschung durch Jesus (Joh 13,1-19). Jesus ist hier nicht der geehrte Gast, sondern der Gastgeber seiner Jünger. Nicht vor, sondern während der Mahlzeit vollzieht er den symbolischen Akt. Was er tut, überläßt normalerweise der Gastgeber seinen Untergebenen. Jesus ist hier der Diener des Gastgebers. Der symbolische Akt hat eine doppelte Spitze:

Es ist ein Reinigungsakt – mehr als jede Waschung nach jüdischem Verständnis leisten kann.

Es ist ein 'Dienstleistungsakt' – Zeichen dafür, wie die Jünger miteinander umgehen sollen. Sie sind Knechte und Gesandte ihres Herrn. Weder die Knechte noch die Gesandten sind größer als ihr Herr oder der, der sie gesandt hat – wie wahr!

3.3 Heil den Füßen der Menschen!

Allen Evangelisten ist gemeinsam,

– daß Jünger "seinem Fuß folgen" (vgl. Dtn 33,3), sowohl dem irdischen als auch dem auferstandenen Jesus. Manche Menschen verlassen "stehenden Fußes" ihre Geschäfte oder ihre Umgebung und folgen Jesus nach; so zum Beispiel Matthäus, der an der Zollstation von Jesus berufen wird (Mt 9) oder der Blinde vor den Toren Jerichos, kaum daß er stehen und gehen kann (Mk 10,46-52);

---

6 Vgl. das Kapitel: Das Symbol des Rückens, S. 261 ff, wo diese Geschichte unter einem anderen Gesichtspunkt erneut exegesiert wird.

– daß Jesus "Fußkranke" (Lahme, Gelähmte) heilt; es sei erinnert an den Gelähmten, der durch das Dach des Hauses herab, in dem Jesus predigt, Jesus vor die Füße gelegt wird (Mk 2,1-12). Er wird physisch und psychisch – ganzheitlich – heil. Zusätzlich zu dieser Heilungsgeschichte hat Matthäus – im Rahmen seines Sonderguts – die Heilung des gelähmten Sohnes eines Hauptmanns (Mt 8,5-13)[7].

Losgelöst vom Symbol des Hauses präsentiert sich die Heilung am Teich Bethseda (Joh 5,1-16). Zwar wird nicht ausdrücklich von einem "Lahmen" gesprochen, doch läßt der Kontext keine andere Deutungsmöglichkeit zu. Am Teich sind "Kranke, Blinde, Lahme und an der Auszehrung Erkrankte" und warten auf ein Mirakel, das auf eine Legende zurückgeht. Ein Engel steigt von Zeit zu Zeit (offensichtlich mit seinen Füßen!) ins Wasser und versetzt es in Bewegung. Wem es gelingt, nach dieser Bewegung zuerst seine Füße ins Wasser zu setzen, soll – angeblich! – gesund werden. Hoffnungslos Kranke, die nichts unversucht lassen, klammern sich auch an die unwahrscheinlichste Wunderstory! Jesus wendet sich einem Kranken zu, der seit 38 Jahren mit seinem Leiden behaftet ist. Auf die Frage Jesu, ob er gesund werden will, schildert er, wie gering seine Chancen sind: Wenn sich das Wasser bewegt hat, beginnt ein Wettlauf der Füße zum Wasser. Er aber hat niemanden, der sich auf die Füße macht und dorthin bringt. So sind immer andere Füße vor ihm da. Jesus sagt ihm: Steh auf und geh umher! Der, der zum Darniederliegen verurteilt war, ist bewegungsfähig geworden – ein Zeichen, das Jesus gesetzt hat. Die Geschichte ist noch nicht zu Ende: Die Juden empören sich, weil der Kranke am Sabbat sein Bett aufgehoben hat. Wer sind nun eigentlich die Unbeweglichen? Der Kranke und die mit ihm Leidenden oder jene, die den Sabbat so halten, daß sie in ihrer Gesetzesfüllung "erstarrt", "unbeweglich" geworden sind?

– daß sie anknüpfen – zumindest Matthäus und Lukas – an Heilsvisionen aus dem Tritojesaja; das wird besonders deutlich in bestimmten Summarien: *Blinde werden sehend und Lahme gehen, Aussätzige werden rein und Taube hören, Tote werden auferweckt und den Armen wird die frohe Botschaft gebracht* (Mt 11,5 im Rahmen der Täuferanfrage und Lk 4,22 sowie Lk 4,18 im Rahmen des Synagogenauftritts in Nazareth);

– daß Jesu Füße (und seine Hände!) durch die Passion "gebunden" bewegungsfähig gemacht sind[8]:

---

7 Da sowohl in Mk 2 als auch in Mt 8 das Symbol des "Hauses" dominiert, werden beide Heilungen im entsprechenden Kapitel verhandelt; vgl. S. 440 ff und S. 445.

8 Das Symbol der Hand, S. 181 f.

Wie in dem Psalm des unschuldig Leidenden (Ps 22) sind ihm "Hände und Füße durchbohrt" (V 17). Seine Nägelmale sind sein Erkennungszeichen; für die elf Jünger ebenso (Lk 24,39) wie für den Thomas (Joh 20,24-29).

Bedürfen menschliche Füße der Heilung und des Heils?

Offensichtlich! Sie und alle anderen Organe des Menschen (s.u.)! Es sind mangelhafte, defizitäre Füße von Menschen, die in jeder Hinsicht "erlahmt", gelähmt vor Angst und Hoffnungslosigkeit sind, oder "paralysiert"[9] durch eine Situation, in die man sie hinein "manövriert" hat. Und es gibt Füße, die "stehengeblieben sind", erstarrt durch die Gesetzlichkeit derer, die ihrem Gott zu dienen meinen. Und er, der Freudenbote, der unermüdlich unterwegs und auf den Füßen ist, Heil zu verkünden den Elenden? Seine Füße erleiden die Folter des unschuldig Verfolgten, den schon das Alte Testament kennt. Seine Nägelmale an den Füßen bleiben nicht ohne Wirkung, sie erwecken lebendige Füße, die sich aufmachen zum Heil und stehenbleiben, wo Heil nötig ist.

4. Jemandem auf die Füße helfen – eine hermeneutische Erschließung von Apostelgeschichte 3,1-11

Wie ein roter Faden zieht sich durch das Evangelium und die Apostelgeschichte des Lukas das Symbol des Weges. Sowohl für den Weg Jesu als auch für den Weg der Apostel hat er Itineare entwickelt, auf denen sich Heil ereignet und heilsame Begegnungen stattfinden. An entscheidenden Stellen seines Doppelwerkes haben Wege-Geschichten eine Schlüsselstellung.

Die Apostelgeschichte steht unter dem Motto des 16. Psalms, der in der sog. Pfingstpredigt des Petrus zitiert wird; insbesondere Vers 11 des Psalms:

> "Du hast mir die Wege des Lebens kundgetan,
> Du wirst mich erfüllen mit Freude vor Deinem Angesicht."

Die Apostel sind gewissermaßen

> die Füße des Freudenboten,
> die "das kundgetane Heil weitertragen".

Auch Petrus und Johannes gehen einen Weg; er ist kurz und führt hinauf von der Stadt Jerusalem in den Tempel. Bevor sie durch die Tür das Haus Gottes betreten, findet eine Begegnung statt. *Vor der Türe* sitzt ein *Lahmer*, unfähig – von Mutterleib an – für sich selbst zu sorgen. Er liegt vor den Füßen derer, die täglich an ihm vorübergehen, von der Stadt zur Anbetung Gottes und von der

---

9 Der Gelähmte = paralytikos, vgl. Mt 8.

"gottesdienstlichen Verrichtung" an ihre alltäglichen Geschäfte. Man fragt sich, wie viele Füße an ihm vorübergegangen sind, eilfertig und hastig oder nur kurz anhaltend, um sich eines Almosens zu entledigen. Ein Sozialfall, sitzengelassen von der Gesellschaft! Die Angehörigen spekulieren mit dem täglichen Transport des "Lahmen" vor die Tempeltüre auf die frommen Gefühle der Gottesdienstbesucher; ihr Selbstwertgefühl ist so am Boden zertreten, daß ihnen das Demütigende dieser Handlung nicht mehr zum Bewußtsein kommt. Petrus und Johannes bleiben stehen – es ist notwendiges Anhalten – sie richten ihre Füße auf den hin, der Heil und Heilung braucht, aber nicht durch die Türe in das Haus des Herrn gelangen kann – zumindest nicht ohne fremde Hilfe. Petrus sieht ihn an – durchschaut seine Situation – und fordert ihn auf: "Sieh uns an!" (Apg 3,4). Ein Almosenempfänger ist gewohnt, den Blick demütig zu senken. Im Namen Jesu fordert er ihn auf zu gehen. Er ergreift ihn bei der Hand und *richtet* ihn auf[10].

Seine Füße und Knöchel werden fest (V 7); er kann jetzt "auf eigenen Füßen" und "aufrecht stehen und gehen", ja sogar springen. *Gemeinsam* gehen sechs Füße, drei Fußpaare, durch die "Schöne Pforte" in den Tempel, um Gott zu preisen. Zeichenhaft ist der Unterschied aufgehoben zwischen denen da unten und denen da oben, den Sitzengebliebenen und Vorübergehenden, denen, die selbstsicher auftreten, und denen, die keines Schrittes fähig sind.

Nicht nur die Füße des Apostels haben Heil gebracht; zusammen mit den Händen, die die Hand des anderen ergreifen, den Augen, die den anderen wahrnehmen und "Auge in Auge" ihm gegenüberstehen, den Ohren, die seine Bitte hören und dem Mund, der ihm Frohes verkündet, wenden sie sich dem "Elenden" zu. Und er selbst? Nicht nur gesunde Füße sind ihm zuteil geworden. "Ihm wurde auf die Füße" geholfen – das ist eine bildliche Redeweise – aber sie sagt etwas über die Situation, die Befindlichkeit, den Zustand und die neu gewonnenen Fähigkeiten dessen, der wieder bewegungsfähig geworden ist.

Ist es Zufall, daß Apostelgeschichte 3,1-11 wie ein Kehrreim zu Lukas 10,25-37, der Beispielerzählung vom "Barmherzigen Samariter", anmutet? Priester und Levit *kommen* vom Tempel und ihren priesterlichen Diensten und *gehen vorüber* an dem, der unter die Räuber gefallen ist. Ihre Art des Wandels vor Gott ist unvollständig. Es fehlt das Tun. Petrus und Johannes *gehen zum* Tempel; aber sie gehen nicht hinein, ohne den mitzunehmen, der *am Weg* und *vor der Türe* sitzt!

---

10 Zum symbolischen Vorgang des Aufrichtens vgl. die Heilungsgeschichten bei Markus und das Aufrichten Jesu (Auferstehung), S. 68, S. 177, S. 443.

Kapitel 6:

Das Symbol der Hand

1. Der Mensch und seine Hände

Nur der Mensch hat Hände! Durch sie ist er hand-lungsfähig, durch seine Füße bewegungsfähig. Was ist weniger schlimm: ein Mensch ohne Füße oder mit untauglichen Füßen? Oder ein Mensch ohne Hände oder mit solchen, die er nicht gebrauchen kann? Eine fast zynische Überlegung in Anbetracht derer, die ohne das eine oder andere auskommen müssen! Auch ohne Füße ist ein Mensch nur begrenzt handlungsfähig. Er kann nicht auf das zugehen, was er braucht oder haben möchte, um es zu greifen oder zu ergreifen. Er ist darauf angewiesen, daß es ihm gebracht wird. Ohne Hände kann er sich nicht dorthin tasten, wohin er möchte. Ist er am Ziel seiner Wünsche, kann er nicht nehmen oder in Empfang nehmen, was er wollte.

Wenn eine Sache richtig oder vollkommen werden soll, muß sie "Hand *und* Fuß" haben. Nicht anders ist es mit dem glaubwürdigen Verhalten eines Menschen: Es besteht in Wort *und* Tat! Dennoch genügt zur Identifikation eines Menschen eine Hand, ja, sogar ein Fingerabdruck. Diese oder jene Tat kann "seine Handschrift" zeigen. Soll einem bestimmten Menschen eine Nachricht ganz persönlich zukommen, dann wird sie "zu Händen von ..." adressiert.

Hände und neue Handlungsmuster

Die fortschreitende Technisierung und Zivilisation hat mit den Händen etwas ähnliches wie mit den Füßen geschehen lassen. Die Bewegung der Füße wurde an die Bewegung von Rädern abgegeben, die Fertigkeit der Hände an die Kraft von Maschinen. Hand-griffe, die uns monoton erscheinen, werden der maschinellen Herstellung überlassen. Nicht das, was die "eigene Hand" gemacht hat, sondern die perfekte Handhabung des technischen Vorgangs ist gefragt. Etwas "von Hand" zu arbeiten ist entweder unrentabel oder fast unbezahlbar; dennoch steht es noch immer hoch im Kurs, wird bewundert. Nostalgische Sehnsucht oder Angst davor, unsere Hände könnten eines Tages vollständig durch die Greifer von Robotern ersetzt werden?

Anders ist es mit dem Rollenverständnis von Mann und Frau. Gefragt sind Lebenspartner, die "mit Hand anlegen", nicht bei jedem Nagel, der in die Wand zu schlagen ist, überfordert sind; gefragt sind Männer, die bei der ungeliebten Hausarbeit "mit zur Hand gehen". Ideal ist es, wenn Menschen so aufeinander eingestellt sind, daß sie miteinander nicht nur "Hand in Hand" durchs Leben gehen, sondern auch "Hand in Hand" arbeiten, einander zuarbeiten können. Wer die "Hände in den Schoß legt", zeigt, daß er nicht die Willenskraft hat zu handeln, keine Notwendigkeit sieht, die "Hände zu regen". Nur wer ein Leben voller Arbeit hinter sich hat, dem wird zugebilligt, daß er die "Hände im Schoß" ruhen lassen darf.

Bildhafte Redewendungen von der Hand

Die Bilder unserer Sprache zeigen, was Hände für den Menschen bedeuten.

Hand und Macht

"Endlich freie Hand!" ist ein Seufzer der Erleichterung bei denen, die sich schon längst herausgewünscht haben aus Abhängigkeit, elterlicher Bevormundung oder ökonomischen Zwängen. "Sein Leben selbst in die Hand nehmen" zeugt von Selbstvertrauen und Mut. Es ist nicht nur finanziell, sondern in der Regel auch geistig oder religiös gemeint. Boß ist, wer die "Hand am Steuer (-ruder)" oder die "Zügel fest in der Hand hat". Zu den Mächtigen einer Gesellschaft gehört, wer "alle (oder viele!) Fäden in der Hand" hat; da können andere Menschen leicht zu Marionetten oder "Handlangern" für mehr oder weniger fragwürdige Unternehmungen werden. Er wird alles daransetzen, daß die Macht und der Einfluß "seinen Händen nicht entgleiten". Oft ist nur ein Mitarbeiter in alles eingearbeitet, "die rechte Hand" des Chefs; untergeordnete Mitarbeiter sind jene, die ihm "in die Hände arbeiten". Im Vorzimmer der Macht sitzen jene, "*durch* deren Hände alles geht": Geld, Dokumente, Anweisungen, aber es bleibt nicht *in* ihren Händen. Zum Spielball derer, die das Sagen haben, werden jene, die man "anderen in die Hände spielt".

"Meine Hände sind gebunden" ist ein Eingeständnis von Ohnmacht oder bequeme Ausrede für den, der nicht handeln will. Wer "seine Hände in Unschuld wäscht", lehnt Verantwortung ab, auch dann, wenn er etwas bewirken oder wenigstens den Versuch dazu machen könnte.

Bildhafte Redeweise von der "Hand" ist Rede von "Macht" oder "Ohnmacht".

Hände und Ziele

Die bildhafte Rede von der Hand zeigt noch eine andere Ebene an. Ein Baby kriecht auf allen Vieren. Das Kleinkind, das Laufen gelernt hat, "wird bei der Hand genommen und an der Hand geführt" – zu seinem Schutz. Die Berührung durch die Hand der Eltern schafft Vertrauen. Lehrherren und Erzieher nehmen Heranwachsende "an die Hand", um sie anzuleiten und zu unterweisen und von der eigenen Lebenserfahrung oder Sachkompetenz mitzuteilen und zu vermitteln. Wohl dem Pädagogen, der nicht "mit harter Hand" erzieht, sondern unauffällig mit "leichter Hand" und an der langen Leine. Es ist eine Kunst, seine Mittel sparsam einzusetzen: ein "Wink der Augen und der Hand", nicht mit drohender Gebärde (Gesicht und Hand), sollten genügen. Auch die Pädagogik hat ihre Zeit. Wer ständig den "pädagogischen Zeigefinger" erhebt, wirkt penetrant belehrend.

Die bildhafte Rede von der Hand zeigt, wieviel der Mensch mit Macht, Einfluß und erstrebenswerten Zielen im Sinn hat. Weder im Management noch in der Pädagogik läßt sich etwas "mit der linken Hand" machen. Der Einsatz muß vollständig sein. Wer "das Handtuch wirft", gibt auf.

In welchem Gegensatz steht daneben die Rede von den konkreten Händen: "nur" eine Handvoll – ganz schmal; handbreit – Häuser schmal wie Handtücher!

Das Tun der Hände als Ausdruck innerer Verfaßtheit

Hände haben Eigenschaften, die signifikant sind. Es wird hier darauf verzichtet, alle denkbaren Adjektive aufzuführen, die diese Eigenart umschreiben. Auf zwei Kontraste soll in besonderer Weise hingewiesen werden:

Es gibt breite und starke Hände. Sie können kraftvoll zupacken oder ... kräftig zudrücken! Der "kräftige Händedruck" vermittelt einen besseren Eindruck als die schlaffe Hand bei einer Begrüßung. Sanfte und zarte Hände sind wie geschaffen zur Berührung und zum Streicheln. Es gibt leere und volle (gefüllte) Hände. Wer "mit leeren Händen" vor jemanden tritt, hat nicht nur das Mitbringsel vergessen, sondern für den anderen nichts ausrichten können. Wer mit "vollen Händen" austeilt, läßt teilhaben an den Gütern, die er hat. "Offene Hände" lassen auf ein offenes Herz schließen. Geöffnete Hände darauf, daß sich jemand zum anderen hin öffnen will. Die "Hand geschlossen halten" läßt auf Geiz schließen und auf das Verschließen des Gemüts vor dem anderen. Die geschlossene Hand kann zur geballten Faust werden. Die Art, wie sich Hände präsentieren, ist abhängig von der inneren Verfassung eines Menschen.

Niemand wird es als freundlichen Akt empfinden, wenn er drohende Fäuste sieht. Mit der Hand eine lange Nase machen, ist Zeichen von Häme; wer abwehrend die Hände erhebt, sieht Gefahr, will nicht behelligt werden. Augen oder Gesicht kann man mit den Händen verhüllen vor Scham oder Abscheu, aber auch, um seine Tränen nicht zu zeigen. Mit der Hand kann man anderen freundlich zuwinken oder höflich um Ruhe bitten. Wer in die Hände klatscht, tut es aus Freude oder gibt Zustimmung.

So ist die Körpersprache Ausdruck innerer Zustände; sie beabsichtigt auch eine Wirkung in der Seele anderer Menschen.

"Handfeste Wirkungen", die von der Hand ausgehen, werden verstärkt durch die "Ausrüstung" der Hände – ein Phänomen, auf das schon im Zusammenhang mit dem Symbol "Fuß" hingewiesen wurde. Die Ausrüstung besteht in den Dingen, die ich "über der Hand" habe und die ich "in der Hand" halte.

Mit Box"hand"schuhen können schwere Verletzungen zugefügt werden; sie können das K.O. bringen. Wer jemanden mit Samt"hand"schuhen anfaßt, geht vorsichtig mit ihm um, weil er verletzlich ist oder schnell beleidigt.

"Mit der Fuchtel in der Hand" (dem Stock mit der Eisenspitze) wurden in früheren Zeiten Rekruten drangsaliert. Mit dem Stock in der Hand, der Peitsche, dem Schlagring, der Waffe oder der "Hand"-granate geht es dem anderen an Leib und Leben. Es sind Instrumente der Unterdrückung. Mit der Blume in der Hand, mit Salz und Brot wird dem anderen ein freundlicher Gruß zuteil.

Empfangende und gebende Hände

Auf eine Besonderheit der Hände gegenüber den Füßen machen bestimmte Verbgruppen aufmerksam: Hände nehmen ... irgendwoher – Hände geben ... irgendwohin. Sie fangen auf, was ihnen von irgendwoher zugeworfen wird oder ihnen "zufällt". Sie werfen weiter irgendwohin oder werfen weg. Sie heben auf vom Boden und lassen fallen auf den Boden, in die Tiefe, ins Wasser. Was sie haben und halten, ist vor-handen; was sie verlieren, ist ab-handen gekommen.

Hände können (passiv) empfangen ... vom wem? Sie können erst dadurch mitteilen ... wem?

Mit den Händen stellt sich dem Menschen die Frage nach Herkunft und Ziel dessen, was er in Händen hält.

2. Mehr Hand als Fuß?

Es ist wahr, daß "Hand" im Alten Testament sehr häufig vorkommt. Das könnte bedeuten, daß die Hand sowohl anthropologisch als auch theologisch wichtiger als der "Fuß" ist. Die Quantität, in der das Wort vorkommt, macht es schwer, klare Linien in der Bedeutung des Wortes aufzuspüren,und zwar solche, die sich einerseits an den Erfahrungen der Israeliten, andererseits an der Deutung dieser Erfahrung orientieren.

2.1 Am Anfang waren die Füße wichtiger als die Hände

Als wandernde und umherziehende Nomaden waren die Stämme Israels auf ihre Füße angewiesen und von ihrem Unterwegssein bestimmt. Mit ihren Händen haben sie zwiespältige Erfahrungen gemacht.

Mit Unterstützung der Hände werden die Großfamilien und Herden zusammengehalten, durch die Wüste und zu den Wasserstellen dirigiert. Die "umherirrenden Aramäer" (Dtn 26,5) brauchten führende Gestalten, die ihnen den Weg zeigten und sagen, wohin es gehen sollte. Das Tun ihrer Hände wurde unterstützt durch den "Stecken oder Stab", der ihnen sichtbare Autorität verlieh.

Anders war die Erfahrung der Stämme, die sich in Ägypten aufhielten, die schließlich von dort auszogen, und sich dann – so die historische Wahrscheinlichkeit – mit den anderen Stämmen vereinigten. Sie wurden – so stellt es die Überlieferung dar – bei den Großbauprojekten des Pharao, den Vorratsstädten Pithom und Ramses, eingesetzt (vgl. Ex 1,11). Sie waren in der Hand von Fronvögten und mußten Lehm und Ziegel herstellen; Arbeiten, zu denen man mit Gewalt anhielt (Ex 1,13 f) ... Sklavenarbeit, bei der die Kraft ihrer Hände rücksichtslos ausgebeutet wurde. Ihr Wunsch nach dem Auszug in die Wüste wurde vom Pharao beantwortet mit dem Satz: "Die Arbeit soll schwer auf den Leuten lasten, so daß sie zu *schaffen* haben" (Ex 5, insbesondere V 9). Sie zogen nicht freiwillig und in Freiheit umher wie der Familienclan Abrahams, sondern waren festgenagelt in einem Land, das ihnen fremd war, untergeordnet unter die Hand anderer, die über sie bestimmten; ihrer Hände Arbeit geschah für andere.

2.2 Die Geschichte von der verweigerten Hand (Ex 4)

Mose wird für diese Stämme derjenige, der ihr Schicksal in die Hand nimmt und sie der Hand des Pharao entzieht. Zu Beginn des Buches Exodus ist uns eine Berufungsgeschichte überliefert (Ex 3 und 4), die eigentlich aus zwei Teilen besteht. Der erste wird bestimmt vom Symbol des brennenden Dornbuschs[1], der zweite vom Symbol der Hand. Wie in der biblischen Überlieferung häufig, weigert sich der Berufene die Berufung anzunehmen. Einwände und Zweifel werden vorgebracht: "Und wenn sie mir nicht glauben und nicht auf mich hören wollen ...?" Was dann passieren kann, wird Mose symbolisch vor Augen geführt[2].

Erster Akt: Es wird gefragt, was "er in der Hand hat". Mose sagt: Einen Stab! Natürlich, was sonst! Er ist ja, während er seine Herde hütete, von der Gotteserscheinung und seiner Berufung überrascht worden. Was er seiner Herde angedeihen läßt – Zusammenhalt und Führung – will er seinen Brüdern und Schwestern verweigern? Obwohl sie wie die verirrten Schafe ohne Hirten sind? Mose wird aufgefordert, den Stab wegzuwerfen. Und siehe da, aus dem Stab wird eine Schlange – das gefährliche Tier, das auf dem Bauche kriecht, sich aber blitzartig erheben und Mensch und Tier mit seinem Gift töten kann. Mose erkennt die Gefahr und flieht. Und das ist *die Lehre*, die er aus dem symbolischen Vorgang ziehen soll: Wer sich weigert, Führung zu übernehmen, überläßt sie anderen, die sich gegen ihn wenden.

Zweiter Akt: Mose wird aufgefordert, seine Hand "in den Busen zu stecken" (in seinem Gewand zu verbergen). Er zieht sie wieder heraus, und siehe, sie ist voll Aussatz! "Die Hände will er in seinen Taschen vergraben"? Er soll ja nicht denken, und das ist die *zweite Lehre*, die er aus diesem symbolischen Vorgang ziehen soll, daß die Hände vom Nichtstun rein bleiben! Der Standpunkt "Ich kann ja doch nichts machen!" wird ad absurdum geführt.

2.3 Die Analogie zwischen Gottes Hand und des Menschen Hand

Die Erfahrungen der verschiedenen Stämme haben das Gottesbild geprägt und Deutungsmuster hervorgebracht.

Folgt man der Erfahrung der Abraham-Stämme, dann ist Jahwe derjenige, der auffordert, sich für einen Aufbruch zu entscheiden, und zugleich zusagt, den Weg – wie mit ausgestreckter Hand – zeigen zu wollen (Gen 12). Er führt und leitet sein Volk; ihm kann es sich anvertrauen.

---

1 Vgl. Das Symbol des Feuers, S. 369 ff.

2 Entscheidende Ideen zu dieser Auslegung verdanke ich E. Drewermann, Tiefenpsychologie und Exegese, Bd. II, S. 379 ff.

Folgt man der Erfahrung der Mose-Stämme, dann ist Jahwe derjenige, der dem Pharao die Führung streitig macht. So ist wohl das symbolische Wunder zu verstehen, das in Exodus 7,8 ff geschildert wird. Aaron, die "rechte Hand des Mose", wird aufgefordert, den Stab (Führungssymbol) des Mose dem Pharao vor die Füße zu werfen – er wird zur Schlange. Die Weisen und Zauberer des Pharao vollbringen dieses Kunststück auch; aus ihren Stäben werden Schlangen. Aber ... der Stab (! nicht die Schlange) des Mose verschlingt die Stäbe des Pharao. Jahwe "streckt seine Hand aus" (Ex 7,5) und führt sein Volk "mit starker Hand heraus", entreißt es der Hand des Pharao und errettet es vor den bedrohlichen Fluten des Schilfmeers[3].

Auch später, unter veränderten geschichtlichen Bedingungen konnte man sich dieser Bilder bedienen: Jahwe, der "mit seinem Stecken und Stab" wie ein guter Hirte führt und leitet (Ps 23!), der zu den Wasserplätzen und den grünen Weiden bringt, erquickt und tröstet. Jahwe, der aus der Tiefe zieht, herausreißt, errettet (z.B. Ps 88).

Die sprachlichen Bilder, mit denen die Erfahrungen der Stämme oder des Volkes beschrieben werden, bleiben erhalten, so daß auch der einzelne für sich Sprache findet. Er kann sich sehen als jemand, den Gott – wie ein Kind – an seiner rechten Hand nimmt und leitet (Ps 73,23). Er kann sich damit trösten, daß Gottes Engel ihn auf Händen tragen, damit er seinen Fuß (!) nicht an einen Stein stößt (Ps 91,12).

Die geschichtliche Rückschau auf den Weg der Abraham-Stämme und auf den Weg der Mose-Stämme ist geprägt und umgetrieben von dem brennenden Problem der bedrohten Existenz (Exilszeit): Gewiß ist Jahwe derjenige, der führt und Wege bahnt; gewiß ist er der, der aus Tiefen und Bedrohungen herausreißt, rettet und erlöst, aber er läßt auch zu, daß sein Volk "in die Hände seiner Feinde ausgeliefert wird"; er läßt zu, daß die Hände der Sieger schwer auf seinem Volk lasten. Im geschichtlichen Rückblick Israels sind der Aufbruch aus Chaldäa und die Flucht aus Ägypten *eine* Geschichte. Wie kann es sein, daß *damals* Jahwe, der seinem Volk den Weg weisen wollte, dasselbe Volk in die Hände der Unterdrücker fallen ließ? Warum mußte dieser Umweg über Ägypten gegangen werden? Wie kann es *heute* (aus der Sicht des babylonischen Exils) sein, daß Jahwe sein Volk in die Hände der Großmächte Assyrien und Babylonien fallen ließ? Warum muß das Land, das "er zeigen wollte", wieder verlassen werden? Liegt sie nicht schwer auf seinem Volk – diese Hand?

---

3 Das Herausführen mit starker Hand wird in der Folgezeit zum ständig wiederholten Standardbekenntnis; vgl. Ex 13, 3; 32, 11; Dtn 4, 34; 5,15; 6,21; 7,8; 9,26 u.a.m.

2.4 Die Hand, die zurückschlägt?

Die Landnahme und die Staatenbildung waren mit kriegerischen Auseinandersetzungen verbunden. Israel erhob die Hand zum Kampf und trug Waffen
in der Hand: um Land zu gewinnen, um sich gegen Bedrohungen durch
umliegende Völker zu verteidigen und um das Land zu vergrößern durch
zwangsweise Eingliederung benachbarter Stämme. Mose wurde rückblickend
zum Feldherrn, der "seine Arme hochhielt", damit Israel siegen konnte. Als sie
ihm zu schwer wurden, ließ er sie durch Aaron und Hur stützen, damit Israel
siegen konnte (vgl. Ex 17,11 f). Josua begegnet in der gleichen Funktion. Bei
der Eroberung von Ai "hält er seine Hand mit der Lanze ausgestreckt", bis der
Bann vollstreckt und die Stadt eingeäschert ist (vgl. Jos 8,26). Nun wird Jahwe
selbst zum Kriegsherrn, dessen Volk unter dem "Schutz seiner erhobenen
Hand" steht (vgl. Ex 14,8), ja, der selbst "seine Hand drohend wider die Feinde
Israels erhob", z.B. gegen Philister, Edomiter u.a. (vgl. 1.Sam 7,13 uvam.). Er
gab, wie es heißt, alle diese Feinde "in die Hand der Israeliten" (vgl. Jos 21,44
u.a.). Gelegentlich gerieten allerdings auch die Israeliten in die Hand ihrer
Feinde. Jahwes *Hand* ... das ist Macht und Gewalt (2.Chr 20,6).

Jahwe, ein Gott der Krieg führt, das Kriegsglück entscheidet und die
Machtverteilung vornimmt? Etwas kritisch setzt sich die Legende von Gideons
Sieg über die Midianiter mit der Siegessicherheit Israels auseinander. Gideon
muß seine Streitkräfte radikal reduzieren, damit Israel nicht auf die Idee kommt
zu sagen: "Wir haben uns selbst (anstelle Jahwes) geholfen" (vgl. Ri 7,
insbesondere V 2). Dennoch: Ein Gott des Krieges, der nicht nur "meine Hand
den Streit lehrt" (Ps 78,72), sondern selbst den Kampf führt? Wodurch
unterscheidet er sich noch von den Kriegsgöttern anderer Religionen, die
ausschließlich für dieses Ressort "Krieg" zuständig sind? Ist diese Analogie
zwischen den Kriegs- und Kampferfahrungen Israels mit dem Kriegs- und
Kampfaussagen über seinen Gott noch zulässig? Kommen Aussagen der Art
"Gott ist wie ..." hier nicht eindeutig an ihre Grenze?

2.5 Der Unterschied zwischen Gottes Hand und den Händen der Menschen

Der Besitz des Landes verändert die gesamten Lebensgewohnheiten der Israeliten
und ihre Erfahrungen. Nicht mehr die Bewegung ihrer Füße, sondern das Tun
ihrer Hände wird zum entscheidenden Faktor. Sie werden Bauern und Handwerker. Sie pflanzen ihre Weinberge, bestellen ihre Äcker (wenn auch 'im

Schweiße ihres Angesichts') und ernten. Von den Vor-Einwohnern des Landes lernen sie handwerkliche Künste an verschiedenen Materialien: Ton, Holz, Stein, Eisen usw. "Sie genießen das Werk ihrer Hände" (Ps 128,2). Was sie in der Wüste als kontingentes Ereignis empfunden haben – nicht berechenbar, nicht planbar – Wasser, wenn sie am Verdursten waren, Nahrung (Wachteln, Manna!), wenn sie schier verhungerten, wird jetzt zu einem dauernden Zustand der Fülle. Wie ein Garten ist ihr Land, ja wie der Garten Eden selbst[4].

Noch einmal werden diese Erfahrungen in Analogie gesetzt zum Handeln Gottes. Er segnet nicht nur das "Werk ihrer Hände" (vgl. Dtn 14,29; 28,12) und fördert es (Ps 90,17), sondern er selbst gibt "mit *voller Hand*": "Weit soll das Volk seinen Mund auftun, daß Gott ihn *füllen* kann" (Ps 81, 11). "Den Männern *füllt* er den Bauch, daß sie satt werden" (Ps 17,14) und "er tut seine *Hand auf* und sättigt alles, was lebt mit Wohlgefallen" (Ps 145,16)[5].

Derselbe Gott, der mit "voller Hand" die Fülle des Landes austeilt, betätigt sich wie ein Handwerker, in dem er wie ein Töpfer arbeitet, bildet und formt. Was aus seinen Händen entsteht, ist der Mensch. Besonders eindrücklich wird dieser Gedanke in Deuterojesaja, in der Weissagung über den Perserkönig Kyros (Jes 45), dargelegt:

> "Spricht auch der Ton zum Töpfer: Was machst Du da?
> Und das Werk zum Werkmeister: Du hast keine Hände!?
> So spricht der Herr, der Heilige Israels und sein Schöpfer:
> ... Ich habe die Erde gemacht und Menschen auf ihr geschaffen,
> meine *Hände* haben den Himmel ausgespannt ..." (V 9 ff)[6].

Beide Gedanken, den von der vollen Hand Gottes, die austeilt, und den von der töpfernden und gestaltenden Hand Gottes, hat der Jahwist in seiner Schöpfungserzählung miteinander verknüpft: Da ist der wunderschöne Garten, der dem Menschen bereitet ist und in den er hineinversetzt wird; alles ist lieblich anzusehen und gut zu essen. Aber noch außerhalb des Gartens wird der Mensch gebildet und Jahwe geht dabei vor wie ein Töpfer: Sand und Wasser werden zu feuchter Masse, die formbar ist, vermischt. Was der menschliche Töpfer bildet, bleibt totes Gefäß. Was Jahwe schafft, wird mit Leben erfüllt.

Hier kommt jede Analogie zwischen Menschlichem und Göttlichem an ihre Grenze. Mögen diese Bilder von der vollen Hand und von der gestaltenden

---

4 So jedenfalls sieht ihn im Exil der Prophet Hesekiel, vgl. Das Symbol des Gartens, S. 467 ff.

5 Vgl. Das Kontrastsymbol Mangel/Leere – Fülle, S. 22 ff.

6 In vielfältiger Weise hat Israel diese Überzeugung ausgesprochen; Ps 119,73: Deine Hände haben mich gemacht und bereitet ...; Hiob 10,8: Deine Hände haben mich kunstvoll gemacht und gebildet ...; Jes 64,8: Wir sind *Ton* und du unser Bildner, und wir alle sind das Werk deiner Hände.; Ps 95,5: Meer und Festland – seine Hand hat es gebildet.

Hand erst möglich geworden sein aufgrund der Erfahrungen, die Israel in "seinem" Land machte; sie werden Mittel, um den fundamentalen *Unterschied* zwischen göttlicher und menschlicher Hand herauszustellen: Der Mensch kann mit seiner Hand empfangen und geben; Gott ist niemals der Empfangende; ihm bleibt das Geben vorbehalten. Gott ist der Schöpfer, der Mensch sein Geschöpf. Natürlich kann auch die menschliche Hand schöpferisch tätig werden; wenn sie aber versucht, Göttliches oder Götter zu schaffen, dann ist das nichts weiter als ein "Machwerk menschlicher Hände" (vgl. Jer 10,9; Klgl 4,2 oder Mich 5,13).

2.6 Der große Gegensatz: Gottes Hand und Menschen Hand

Der aufgezeigte fundamentale Unterschied zwischen menschlicher und göttlicher Hand muß kein Gegensatz sein, solange der Mensch sich des Unterschieds bewußt ist und danach handelt. Der Unterschied wurde in Israel zum Gegensatz durch zwei Umstände:

Der eine ist bedingt durch die inneren Zustände Israels; sie werden durch die gesellschafts- und sozialkritische Botschaft bestimmter Propheten gebrandmarkt. Schon Amos prangert an, daß in Israel (Nordreich) Unschuldige um Geld verkauft werden und daß dieses "Hand"-Geld Arme "bar-fuß" macht, weil sie oft wegen eines Paars Schuhe verkauft werden (Amos 2,6 ff). Das Tun verlagert sich auf die Füße und Ellenbogen: Das Haupt der Geringen wird in den Staub getreten und die Elenden werden beiseite gedrängt (a.a.O.). Jeremia hat den Auftrag, dem letzten der Könige Judas (Südreich), Zedekia, zu sagen, daß er nur darauf aus ist, Blut zu vergießen, Unrecht und Gewalt zu verüben (Jer 2, 17). Wie soll sich das verhalten zu dem Gott, von dem gesagt wird, "das Werk seiner *Hände* seien Treue und Recht"!? (Ps 111,7). Nachdem sich in Israel so krasse Unterschiede zwischen Oben und Unten, Arm und Reich entwickelt haben, macht sich Jahwe zum Anwalt der Unterdrückten.

Der andere Umstand ist bedingt durch die äußeren Ereignisse. Israel, bzw. ein Teil von ihm, seine Oberschicht, muß in die Fremde. Die Völker, die ganze Welt treten in seinen Horizont.

Sie erkennen ihren Gott als den, der nicht nur seinem Volk einst den wunderschönen Garten in seiner Fülle bereitet hat, sondern den, der die ganze Welt geschaffen hat – unmittelbar – mit seinen Händen. Die Weisheitsliteratur geht so weit, zu sagen, "die Weisheit sei seine Handlangerin" gewesen (SapSal 8).

Je weiter der Horizont Israels wird, umso größer die Hand seines Gottes. In seiner Hand sind die Tiefen der Erde und die Gipfel der Berge (Ps 94,4). Er hält sie in seiner Hand, ja, sie ruht in seiner Hand, wie es in der weisheitlichen Literatur heißt (Jes Sir 10,4)[7].

Im Schatten dieser großen Hand, die den Himmel ausgespannt und die Erde gegründet hat, kann ein ganzes Volk geborgen sein (Jes 51,16). Wird es nur Israel sein oder werden es alle Menschen sein? Gewiß ist in Israel weiterhin auch gedacht worden, sein Gott habe es in die Hände seiner Feinde ausgeliefert. Es konnte sich aber auch der Vorstellung öffnen, daß es eigentlich, wenn Gottes Hand die ganze Welt hält, nicht ins Nichts oder irgendwohin, sondern nur in die "Hände des lebendigen Gottes fallen" konnte (vgl. 2.Sam 24,14 und 1.Chr 21,13).

Im Exil mag sich Israel (Teile Israels) damit getröstet haben, daß es im fernen Land nicht vergessen ist; daß der Herr "es in seine Hand eingezeichnet hat" (Jesaja) – eingraviert – unauslöschlich. Nach der sporadischen Rückkehr ins Land, angesichts der kümmerlichen Verhältnisse und des mühsamen Wieder-aufbaus, werden die Hoffnungen größer und umfassender, die Gedanken selbst-kritischer: Wie kann Gott, der die ganze Welt erschaffen hat und in den Händen hält, in einem Haus (Tempel) wohnen, der von (menschlichen) Händen gemacht ist?

Was endlich ist von Gottes Hand noch zu erwarten? Tritojesaja, der schon entscheidende Gedanken zu den "Füßen Gottes" entwickelt hat, sagt, was Gott "schaffen" wird: "Heil den Nahen und den Fernen" (Jes 57,19).

Diese symbolische Rede hat ihre Wirkungsgeschichte in das Neue Testament hinein entfaltet.

3. Was macht Jesus mit seinen Händen und den Händen der Menschen?

Wer feststellt, daß die "Hand" sowohl des Menschen als auch die "Hand" Gottes im Alten Testament unzählige Male vorkommt, hat eine gute Beobachtung gemacht[8].

Er sollte sich jedoch darüber wundern, daß das Neue Testament außerordentlich sparsam mit diesem Symbol umgeht. Soll das heißen, daß dieses Symbol bedeutungslos geworden ist? Oder kann es sein, daß die Fragen und Probleme, die mit dem Symbol "Hand" reflektiert und beschrieben werden, "geklärt" sind? Im folgenden wird zu zeigen sein, daß im Neuen Testament eine radikale

---

7 Vgl. das Ruhen der Füße Gottes auf der Erde wie auf einem Schemel, S. 159.

8 Vgl. P. Biehl, Symbole geben zu lernen, u.a. das Kapitel: Das Symbol Hand, S. 127 ff.

Konzentration auf bestimmte Aspekte des Symbols "Hand" stattfinden; zugleich mit der Konzentration erfolgt eine vertiefende Entfaltung.

3.1 Jesu Hände ergreifen Menschen-Hände

Wie schon bei dem Symbol "Fuß" deutlich wurde, gehen die Evangelisten mit den Symbolen so um, daß sie ihre je eigenen Akzente setzen und ihre je eigene theologische "Handschrift" haben.

Bei Markus zeiht sich wie ein roter Faden die Aussage, daß Jesus Menschen *bei der Hand ergreift und aufrichtet.* So bringt er Heil denen, die aus dem *nahen* Freundeskreis kommen, denen, die von ihrer Umwelt zu *Fernen* abgestempelt wurden.

Markus 1,29-31: Die Schwiegermutter des Simon Petrus liegt am Fieber dar*nieder*; er tritt hinzu (richtet seine Füße in ihre Richtung!), *ergreift* sie bei der *Hand* und *richtet* sie auf ...

Markus 5,21-43: Die noch junge Tochter (12 Jahre!) des Synagogenvorstehers[9] liegt darnieder, "in den letzten Zügen". Während der Vater Jesus "zu Füßen fällt", kommt die Nachricht, das Kind sei gestorben. Jesus richtet seine Füße dennoch in das Haus, geht hinein und sagt den Umstehenden, das Kind sei nicht gestorben, also nicht *entschlafen*, sondern schlafe. *Er ergreift es bei der Hand und richtet es auf –* und es kann umhergehen.

Markus 9,14-29: Der epileptische Knabe wird von seinen Krankheitsanfällen überfallen, zu Boden geworfen; je nachdem, wo sie ihn einholen, fällt er in Feuer oder Wasser – schutzlos diesem Dämon preisgegeben. Er fällt nach jedem Anfall ins Koma, wirkt wie tot; die Menschen sagen auch, als sich der Anfall im Beisein Jesu ereignet, "Er ist gestorben!" Aber Jesus *ergreift ihn bei der Hand und richtet ihn auf.*

Diese Beispiele mögen genügen! Jesus geht *zu* diesen Menschen; ihnen allen ist gemeinsam, daß sie "darniederliegen", in einem totenähnlichen Zustand; physisch mögen sie noch nicht tot sein; was ihnen widerfährt, ist mehr Tod als Leben. Sie sind bewegungs- und hand-lungsunfähig. Mit *seiner Hand* ergreift Jesus ihre *Hände.* Er streckt aus – er ergreift – er gibt und ermöglicht Heilung und Heil im physischen und psychischen Sinn. Daß es sich nicht um einen medizinischen Akt, daß es sich nicht um ein Mirakel handelt, mag ein anderer

---

9 In diesem Text sind zwei "Heilungsgeschichten" ineinander verschachtelt: die Geschichte der blutflüssigen Frau und des kindlichen Mädchens. E. Drewermann sieht darin einen bewußten Kontrast zwischen der älteren Frau in den Wechseljahren, deren Frau-Sein zu Ende geht, und der jungen, erwachsenen Frau, vgl. S. 257 ff.

Hinweis verdeutlichen. Natürlich haben die beiden anderen Synoptiker Matthäus und Lukas die Überlieferungen des Markus aufgegriffen; Matthäus hat eine besondere Variante vom Aufrichten hinzugefügt: Mt 14,22-33, die Geschichte vom sinkenden Petrus; ihn, der in der Tiefe zu versinken droht, *ergreift* Jesus *bei der Hand* und zieht ihn – aus seinem Kleinglauben heraus.

Jesus erweckt – symbolisch geredet – Menschen zum Leben, so daß ihre "gebeugte Seele" und ihr gequälter Körper sich wieder aufrichten kann. Für "das Aufrichten durch die Hand Jesu" wird dasselbe griechische Verbum gebraucht wie für das "Aufgerichtetwerden Jesu vom Tod durch die Hand Gottes"!

3.2 Die Geschichte von der vertrockneten Hand (Mk 3,1-6)

Hatte das Alte Testament seine besondere Hand-Geschichte (Ex 4) so weiß auch das Neue Testament um die Hand eines Menschen, an der etwas gezeigt werden soll. Die Szene ist locker ausgerichtet. Da ist eine Synagoge; da sind "sie", die am Schluß der Geschichte als Pharisäer bezeichnet werden. Und da ist einer, dessen Hand "vertrocknet" ist – die Kraft ist aus ihr herausgeflossen. Diese Deutung dürfte stimmen, da von der blutflüssigen Frau ebenfalls gesagt wird, ihr Blutfluß "vertrocknete", nachdem Jesus sie geheilt hat.

Diesen Menschen, in dessen Hand jede Kraft und jede Blutzirkulation "ausgetrocknet" ist, betrachten 'sie', die in der Synagoge anwesend sind, als Versuchsballon – für Jesus! Würde er es wagen, diesen Menschen am Sabbat – mitten in der Synagoge! – zu heilen? An diesem Menschen wird Jesus etwas demonstrieren – für die Pharisäer! Er fordert ihn auf, in die Mitte, für alle sichtbar, zu treten. Dieses "in der Mitte" hat sicherlich noch einen makabren Unterton. Dieser bedauernswerte Mensch wird sich ansonsten kaum "mitten unter den Anwesenden" befunden haben oder "in ihrer Mitte" geduldet worden sein. Denn: Seine kraftlose Hand kann er nicht ausstrecken: Er kann keine Arbeit anpacken; er kann andere Hände nicht schütteln; niemanden umarmen zum Willkommenskuß; er kann anderen keine Hilfe leisten; ja, er ist nicht einmal in der Lage, seine Hände bittend auszustrecken. Ist ihm noch zu helfen?

Die Pharisäer bewegt die Frage: Wird Jesus heute, am heiligen Sabbat, einen Finger rühren oder nicht?

Jesus korrigiert die Fragestellung: Geht es nicht darum, welcher Art das ist, was man am Sabbat tut? Ob es gut oder böse ist? Ob ein Menschenleben gerettet oder getötet wird?

Die Antwort wird durch die folgende Tat gegeben: "Strecke deine Hand aus!

Und er streckte sie aus und seine Hand wurde wiederhergestellt" (V 5). In die tote Hand kommt wieder Leben.

Die Geschichte will zum Nachdenken anregen: Wer ist denn nun eigentlich "vertrocknet"? Der ehemals Kranke oder diese religiösen Rigoristen? Sie, die die Einhaltung des Sabbats so sehr zum unheilvollen Prinzip gemacht haben, daß sie an diesem Tag nichts Heil-volles tun, obwohl dieser Tag doch zum Besten der Menschen gemacht ist!

So haben sie – wie paradox – ihre eigenen Hände zur Leblosigkeit – zum Tode – verurteilt. Ist es nicht merkwürdig? Da wurde eine Hand geheilt; aber die, die es gesehen haben, beratschlagen, wie sie Hand an Jesus legen könne (V 6)!

So wie die menschlichen Füße müssen auch menschliche Hände geheilt werden. Mehr noch als diese Gliedmaßen muß das geheilt werden, was Menschen bewegungs- und handlungsunfähig macht.

3.3 Berühren und Berührtwerden

Manchmal streckt Jesus seine Hand aus und ergreift Menschen bei der Hand, um sie aufzurichten – wir haben es oben gesehen. Von seiner Hand gilt, was schon von der Hand Gottes im Alten Testament gesagt wird: "Die Hand des Herrn ist nicht zu kurz, um zu helfen!" (Jes 59,1 – Tritojesaja! Vgl. auch Jes 50,2).

Manchmal berührt er jene Organe, die krank sind. Auch dieses Motiv ist aus dem Alten Testament bekannt. Bei der Berufung von Propheten berührt Jahwes Hand ihren Mund und ihre Lippen, um sie "sprachfähig" zu machen, sicherlich auch, um in seinem Namen reden zu können. "Ich verstehe nicht zu reden; ich bin noch zu jung!" sagt Jeremia bei seiner Berufung (Jer 1,4-10). Jahwe widerspricht ihm und sagt ihm zugleich zu, daß er ihn "retten" will. "Und der Herr streckte seine Hand aus und berührte meinen Mund", sagt Jeremia. Gott legt ihm seine Wort ein den Mund.

Zu Jesus wird ein Tauber gebracht, der kaum reden konnten (Mk 7,31-37). Die Berührung Jesu besteht darin, daß er seinen Finger in das Ohr des Kranken legt und Speichel auf die Zunge streicht. Das Ohr wird "aufgetan" wie eine verschlossene Türe und die "Bindung" der Zunge löst sich wie eine Fessel. Wer wagt es zu behaupten, bei all diesen Menschen, die zu Jesus gebracht werden, handle es sich lediglich um physisch Kranke und bei ihrer Krankheit um medizinische Befunde? Längst sind im Alten Testament die Organe Ohr, Zunge bzw. Mund, Auge, Fuß oder Hand zu Symbolen geworden, die mehr bedeuten als das bloße Wort. Die symbolische Rede von der Intaktheit oder Nichtintaktheit dieser Organe sagt mehr über Situation und Befindlichkeit eines Menschen, als es eine diagnostische Analyse vermöchte.

Was Jesus tut, wird in der Darstellung der Evangelisten zu einer realen Vorwegnahme einer großen Utopie, auf die Menschen ihre ganzen Hoffnungen gesetzt haben:

> "Alsdann werden die Augen der Blinden aufgeschlossen,
> und die Ohren der Tauben werden aufgetan.
> Alsdann wird der Lahme springen wie ein Hirsch,
> und die Zunge der Stummen wird jauchzen" (Jes 35,5).

Sollte das nur ein Volk von Krankenhausreifen gewesen sein (mangels medizinischer Versorgung im Exil?), dem der Prophet das sagt? Ganz bestimmt nicht! Es waren Menschen "mit verzagtem Herzen", deren Hände aus diesem Grund schlaff und deren Knie wankend geworden waren. Sie bedurften des Heils und darin hat sich zwischen der Zeit vor, während und nach dem Exil nichts geändert. In dieser Bedürftigkeit gibt es eine Gleichzeitigkeit zwischen jenen Menschen, die Jesaja im Auge hat, und jenen, die Jesus gegenüberstehen[10]. Die Berührung Jesu gilt generell denen, die man nicht für voll nimmt. Die Kinder werden zu ihm gebracht wie die Kranken. Den Unwillen über diese Störung begegnet er, indem er die Kinder umarmt, segnet und die Hände auflegt (Mk 10,13-16).

3.4 Hände brechen Brot und füllen leere Hände

Jesus bricht Brot und gibt es den Menschen. Die Überlieferung vom Passahmahl soll hier außer Betracht bleiben, denn ihre Symbolik bezieht sich nicht auf die Hände Jesu. Gedacht ist hier an die Speisungswunder, insbesondere das "besondere" Speisungswunder an den 5000 in Markus 6,30-44. Da eine ausführliche hermeneutische Erschließung im Zusammenhang des Symbols vom Mangel und der Fülle vorgelegt wurde[11], kann hier darauf verzichtet werden. Nur so viel: Jesus nimmt das Brot und die Fische in seine Hände, während er beides an die Jünger weitergibt und diese wiederum weitergeben, wird aus dem wenigen Fülle.

Faßt man zusammen, was aus den Händen Jesus kommt, dann versteht man die radikale Reduktion und Konzentration hinsichtlich des Symbols Hand im

---

10 Daß die Heilung auch erfolgen kann, wenn Jesus berührt wird, zeigt die Geschichte der blutflüssigen Frau (Mk 5,21 ff). Sie holt sich heimlich – von hinten – ein Stück Kraft von Jesus.

11 Vgl. S. 36 ff und S. 257 ff.

Neuen Testament. Aus seinen Händen kommen HEIL, SEGEN, FÜLLE, KRAFT. Sie sind der Inbegriff des endzeitlichen Heils für die Nahen und Fernen.

3.5 Ausgeliefert in die Hände der Mächtigen

Für die Hände Jesu gilt das gleiche wie für die Füße Jesu. Die Füße dessen, der unermüdlich als Freudenbote unterwegs war, werden in seiner Passion gebunden, "durchbohrt". Die Hände dessen, der unermüdlich Heil gegeben hat, werden in seiner Passion gebunden, "durchbohrt". "Sehet meine Hände", sagt der Auferstandene (Lk 24,39). Dieses Leiden bleibt sein Erkennungsmerkmal.

Hier ist der Ort, darauf hinzuweisen, daß die "Hand" bzw. "die Hände" und die symbolische Rede von ihnen eine besondere Rolle in der Passionsgeschichte des Matthäus spielen:

Matthäus 26,47-54: Nach dem Gebet aus der Tiefe in Gethsemane wird Jesus gefangengenommen. Bewaffnete von den Hohenpriestern und Ältesten mit Judas an der Spitze treten ihm gegenüber, und *legen Hand an* Jesus (V 50). Einer der Jünger Jesu hat es noch immer nicht verstanden: Er streckt seine Hand aus – nicht zum Heil, sondern zum Schwert – und schlägt einem Soldaten das Ohr ab! (V 51). Wozu sollte Jesus menschliche Ohren heilend berührt und geöffnet haben, wenn seine Anhänger Menschen gleich des ganzen Ohres berauben??? Diese Hand mit der Waffe in der Hand ist ein für alle Mal abgetan im Reich Gottes! Mag es sie tausendfach im Alten Testament gegeben haben, mögen noch tausendfach Christen sich vergessen und Waffen in die Hand nehmen: "Denn alle, die zum Schwert greifen, werden durch das Schwert umkommen!" (V 52).

Matthäus 27,1-2.15-26.27-31: Der Tod Jesu wird von allen Evangelisten verstanden als "Auslieferung in die Hände der Menschen bzw. der Heiden". Daß Gott in die Hände der Feinde ausliefern kann, war sprichwörtlich im Alten Testament. Dieses Motiv hat Eingang gefunden in die Leidensankündigungen der Evangelisten.

Matthäus hat jedoch im 27. Kapitel seines Evangeliums die "Hände" besonders betont.

Nachdem die Untergebenen der Führer des jüdischen Volkes "Hand an Jesus gelegt haben", wird er (an Händen und Füßen) gefesselt und in die Hände des römischen Statthalters ausgeliefert; dieser schließlich liefert den Leichnam Jesu aus in die Hände des Joseph von Arimathia (Mt 27,57.58). Geht Jesus hier von einer "Hand in die andere", weil keiner "Blut an seinen Händen haben" will? Ganz offensichtlich! Denn nur Matthäus hat jene öffentliche Demonstration des Pilatus dargestellt: Vor dem Volk "wäscht er seine Hände" und sagt: "Ich bin unschuldig am Blut dieses Gerechten!" Seine "Hände in Unschuld waschen", wenn man die Möglichkeit hat, Blutvergießen zu verhindern, aber Verantwortung nicht übernehmen will! Soll es bei Matthäus bedeuten, daß alles Waschen der Hände nicht rein macht?

Matthäus macht das Maß voll, indem er der Verurteilung Jesu noch die Verspottungsszene anfügt (V 27-31). Als König wird Jesus verkleidet mit rotem Mantel, Dornenkrone und Stab in der Hand. Aber der Stab, das Szepter, ist ein Rohr ... ein Rohr ist leer! Jesus ist ohne (irdische) Herrscher-"Gewalt"!

"Ausgeliefertsein oder -werden in die Hände der Feinde" war im Alten Testament ein schweres Schicksal. Man fühlte die Hand Gottes schwer auf sich ruhen. Es war etwas Unheilvolles – daran ändert nichts die Hoffnung, durch dieses Schicksal letztendlich nicht aus der Hand Gottes zu fallen. Daß die Auslieferung an die Feinde zum Heil werden kann, ist das Besondere am Geschick Jesu, das Neue in seinem Verstehen durch die Evangelisten.

Dem Gang durch die Tiefe, dem Ausgeliefertsein an die Tiefe wird Erhöhung zuteil: Zur *Rechten (Hand!) Gottes* sitzt der Christus – so lautet das alte Bekenntnis in Philipper 2,2-11.

4. Der zur rechten Hand Gottes sitzt, hat die Hände vieler Menschen

Hat das symbolische Handeln Jesu eine Fortsetzung gefunden? Diese Frage muß differenziert beantwortet werden.

Alle symbolischen Geschichten von Händen (und Füßen!) in den Evangelien wurden von ihren Verfassern aus der Retrospektive narrativ entfaltet. Sie geben den Erkenntnisstand in den verschiedenen Regionen der Urkirche und in den verschiedenen Phasen ihrer Entwicklung wieder.

Der einzige, der es unternommen hat, ein Werk über die Zeit der Kirche zu schreiben, ist Lukas. Nach dem Wirken Jesu beginnt das Wirken des Geistes – so stellt er es in der Apostelgeschichte dar. Wie wirkt sich das auf das Symbol der Hände aus?

Die heilenden Hände der Apostel

Ganz offenkundig wird eine Linie aus den Evangelien fortgeführt: Menschen bei der Hand ergreifen und aufrichten oder heilen durch Berührung, wird sowohl dem Petrus und Johannes als auch dem Paulus zugeschrieben[12].

Die Frage ist, ob sich nicht "unter der Hand" die Akzente verschieben. Stehen wirklich – wie in den Evangelien – die Menschen, die des Heils bedürftig sind und Heil erfahren, im Mittelpunkt?[13]

Oder sind es nicht vielmehr die Geist-Träger, die Apostel, an denen aufgezeigt werden soll, daß sie "Macht" in ihren Händen haben und das gleiche wirken können wie Jesus?

Die anleitenden Hände der Apostel

Die Wege-Geschichten des Lukas, insbesondere in der Apostelgeschichte, könnten vermuten lassen, daß die realen Füße nach wie vor dominieren. In der Tat "ziehen die Verkündiger der frohen Botschaft umher". Sie gleichen aber durchaus den griechischen Wanderphilosophen bzw. -lehrern, die andere Menschen in ihrer Wahrheit unterweisen wollen. Sie vermitteln Lehre, die sie zuvor selbst in einem Lernprozeß erworben haben. Und in der Tat: Auf den Wegen von Jerusalem nach Gaza, von Jerusalem nach Damaskus, von Joppe nach Caesarea geschehen Lernprozesse. Sie werden möglich, weil ein Berufener einen anderen "an die Hand nimmt" (so wie z.B. Paulus an die Hand genommen wird) und unterweist. Die pädagogische Komponente des Handelns bekommt einen hohen Stellenwert!

Die ruhegebietenden Hände der Apostel

Sowohl Petrus als auch Paulus verkünden, wie Gott "geführt" hat – sein Volk und sie selbst, die Apostel[14].

Bevor sie ihre Verkündigung beginnen, "winken sie mit der Hand" und gebieten Schweigen; auf diese Weise werden die Anwesenden zum Zuhören aufgefordert. Sicher ist dies eine in der Rhetorik übliche Geste (gewesen), mit der sich Redner Gehör verschaffen. In der Apostelgeschichte und ihrem konzeptionellen Entwurf, bekommt die Geste einen Zug, der von Autorität

---

12 Vgl. die ausführliche Behandlung von Apg 3 (Aufrichten eines Gelähmten), S. 164 ff.

13 Vgl. Mk 3, wo Jesus den Menschen mit der vertrockneten Hand "in die Mitte" stellt, S. 178 ff.

14 Vgl. dazu Apg 12,1-19 (Petrus wird aus dem Gefängnis geführt) und Apg 13,13-43 (Paulus hält in der Synagoge von Antiochia eine Rede über die Führungen Gottes).

zeugt und Autorität verbreiten will. Es ist die gebietende Hand-bewegung von Führungspersönlichkeiten – und das ist durchaus im Sinne des Lukas![15]

Die beauftragenden Hände der Apostel

Eine ganz besondere Art der Hand-auflegung wird in der Apostelgeschichte geübt. "Der Geist wird durch Auflegung der Hände verliehen" (Apg 8,18). Wer die Hände auflegt, wem sie aufgelegt werden, wann das geschieht und wie, hat eine erkennbare Ordnung; der Geist weht nicht mehr, wo er will.

Leitende Gemeindeglieder vollziehen die Aufnahme in die christliche Gemeinde; da wird nicht nur getauft, sondern auch der Geist mitgeteilt: So geschieht es an Paulus durch das Gemeindeglied Ananias in Damaskus (Apg 9); so geschieht es an Anhängern Johannes des Täufers in Samarien durch Petrus und Johannes (Apg 8).

Leitende Gemeindeglieder beauftragen mit neuen Ämtern. Die sieben hellenistischen Evangelisten werden durch die Apostel durch Handauflegung beauftragt (Apg 6); auch Paulus wird nicht nur in die Gemeinde aufgenommen, sondern auch zur Heidenmission beauftragt.

Und selbstverständlich werden Missionsreisen nicht nach Gutdünken unternommen. Mit Handauflegung werden Barnabas und Paulus verabschiedet und zu ihrem Tun beauftragt (Apg 13).

Ordnung und Kontinuität sollen gewährleistet sein.

"Es liegt auf der Hand", daß sich die Verhältnisse gegenüber der "Zeit Jesu" zu ändern beginnen! Das Symbol der Hand stand bei Jesus für das, was er mitzuteilen hatte (Heil, Segen, Fülle). Jetzt steht das Symbol für Leitung und Anleitung.

Ist dies schon ein Indiz dafür, daß die Dominanz der Füße, die zu den Menschen hingehen, sie aufsuchen und auf ihr Heil gerichtet sind, durch die Dominanz der Hände abgelöst wird? Durch die ordnenden und ehrfurchtgebietenden Hände derer, die in der Kirche das Sagen haben?

---

15 Das "Winken mit der Hand" im besprochenen Sinn kommt viermal vor: Apg 12,17 (Petrus), Apg 13,16 (Paulus), 21,40 (nochmals Paulus) und 19,33 (der Jude Alexander, der eine Verteidigungsrede für Paulus halten will).

Kapitel 7:

Das Symbol des Auges

"Ich bin ganz Auge und Ohr" ist eine Redensart unserer Umgangssprache, zugleich aber mehr als das. Ein Mensch signalisiert, daß er bereit ist, wahrzunehmen, aufzunehmen und anteilnehmend in seinen Gedanken zu verarbeiten, was ein anderer ihm zu zeigen und zu sagen hat. Kopfschüttelnd kommentieren wir die gegenteilige Erfahrung mit einem Mitmenschen: "Der sieht nichts und hört nichts!" Nein, physisch blind und taub ist der Gemeinte nicht. Er ist präsent, hat Augen und Ohren, wirkt aber wie geistig abwesend. Was sichtbar vor ihm liegt oder steht, prallt an seinem Auge ab; Zurufe und Zureden erreichen nicht sein Ohr. Nichts dringt in ihn. Unsere Wahrnehmung erschöpft sich nicht im Funktionieren von Organen, nicht im Reagieren auf äußere Reize. Erst wenn das Gesehene und Gehörte sich in unserem Inneren einnistet und dort zum Leben erwacht, haben wir es "aufgenommen" und "angenommen". Innerlich verarbeitet, wird es in veränderter Gestalt wieder nach außen dringen. Unsere Seele und unser Geist sind an diesem Geschehen maßgeblich beteiligt. Unser "inneres Auge" und unser "inneres Ohr" sind für die vollkommene Wahrnehmung ebenso unerläßlich wie die Fähigkeit, sich *dieser* Organe zu bedienen. "Man sieht nur mit dem Herzen gut", sagt der kleine Prinz bei St. Exupéry. Man hört auch nur mit dem Herzen gut! Über *diese* Organe und *diese* Fähigkeit des Menschen läßt sich nicht wissenschaftlich argumentieren, über sie läßt sich nur philosophieren. Die Sprache, deren wir uns dabei bedienen, ist die symbolische Rede.

Die Sehfähigkeit unserer Augen ist abhängig vom *Licht*. Ohne Licht gibt es keine Wahrnehmung, weder in die Ferne noch in unmittelbarer Nähe. "Ein Blick so weit das Auge reicht", ist in undurchdringlichem Dunkel nicht möglich. Nichts kann "ins Auge fallen" und dort ein Licht des Erkennens anzünden. Wer etwas ganz genau "beäugen" will, braucht besonders helles Licht.

1. Auge und Leben

Das Leben eines Menschen beginnt, wenn er das Dunkel des Mutterschoßes verläßt und "das Licht der Welt erblickt". Natürlich ist diese bildhafte Rede symbolisch gemeint; denn "erblicken" kann ein Kind erst, wenn es zum ersten Mal die Augen aufschlägt; mehr noch: wenn es jene wiedererkennt, die sich ihm zuwenden, und mit einem Lächeln reagieren kann.

Wer während einer schweren Krankheit aus der Narkose oder dem Koma erwacht und die Augen aufschlägt, gewinnt sein Leben ein zweites Mal. Mitunter geschieht es, daß der Genesende vieles "mit neuen Augen" sieht.

Wer aus dieser Welt gehen muß, dessen Augen erlöschen, bis sie brechen. Verstorbenen werden die Augen zugedrückt, nicht zuletzt deshalb, weil die Lebenden den starren leblosen Blick toter Augen, aus denen aller Glanz gewichen ist, nicht ertragen können.

Noch vor dem physischen Tod können Menschen mit zunehmendem Alter ihre Sehkraft verlieren, die Augen werden trübe. Helligkeit um sie herum ist da, aber ihr Sehorgan ist unbrauchbar geworden. Aber ihre Fähigkeit zu sehen? Gewiß, hinsichtlich der realen Phänomene ist sie verlorengegangen. Wie aber steht es mit den inneren Bildern? Das ist die entscheidende Frage!

Erlöscht der Glanz der Augen, erlöscht *für uns* der Glanz des Lichts, mag es objektiv durchaus weiterexistieren! Erstirbt die Fähigkeit zu sehen *in uns*, dann ist Nacht *im Menschen*. "Gleiches kann nur durch Gleiches erkannt werden", sagt ein Grundsatz der platonischen Philosophie. Übertragen auf das hier erörterte Problem würde das bedeuten: Licht um uns kann nur durch das Lichtorgan des Menschen erkannt werden. Welches Licht, welches Organ, welche "Seh"-fähigkeit jeweils gemeint ist, wenn wir auf Geschichten stoßen, in denen symbolisch von Augen die Rede ist, das wird zu entdecken sein.

Die Sprache der Augen lesen können

Ihre *Sprache* unterscheidet die Augen von dem anderen Sinnesorgan, den Ohren[1].

---

1 "Sprache" verbindet die Augen eher mit den Bewegungsorganen. "Mit Händen und Füßen reden", ist uns geläufig. Vielleicht besteht der Unterschied der Hände und Füße zum Auge darin, daß die Bewegungsorgane a) eher unterstützende Funktion haben ("Mit einer Geste unterstreichen" !!!)

Es gibt eine Augensprache, aber keine Ohrensprache. Wünsche werden ebenso von den "Augen ab*gelesen*" wie das Entsetzen, das "in den Augen *geschrieben* steht". Freude und Trauer werden vom Gesicht*sausdruck*, manchmal aber nur am Augen*ausdruck* erkannt. Es ist bekannt, daß der erste Blickkontakt mit einem Unbekannten in die Augen erfolgt. "Sprechende Augen" machen unsicher. Wir sind uns dessen bewußt: Dies alles sind bereits bildhafte Redeweisen! Noch deutlicher wird diese Tendenz, wenn nicht von den Augen (Plural), sondern von *dem Auge* gesprochen wird (der Mensch hat doch zwei?!). *Das* Auge kommt ins Spiel, wenn bildhaft von einer Willensrichtung gesprochen wird – einer Absicht oder Erwägung. "Das Auge" hat viele Nuancen.

Der Wille treibt das Auge an

Der *Wille* "richtet sein Auge auf etwas", er "faßt ein Ziel ins Auge" und verfolgt es, bis das Angestrebte erreicht ist[2].

"Das Augenmerk auf etwas richten" ist schon etwas schwächer – man konzentriert sich aufmerksam auf eine Sache, die keineswegs von existentieller Bedeutung sein muß. Noch abgeschwächter ist das "Im Auge behalten". Wer locker "im Auge behält", kann auch "aus dem Auge verlieren". Das "Auge kann mit Wohlgefallen auf etwas ruhen", während Herz und Verstand noch nicht entschieden haben, ob der Gegenstand des Sehens mit allen Mitteln verfolgt wird oder nicht. Übermächtig ist dagegen das Begehren, wenn Mann oder Frau "sich mit den Augen verschlingen". Besitzergreifend wird der Mensch, wenn er "seinen Blick oder sein Auge auf etwas wirft" – wie ein Raubtier, das sein Opfer umkreist und im richtigen Augenblick zuschlägt. Da ist schon jener zu loben, der immer das richtige "Augen-maß" behält bei allem, was auch immer in sein Auge fällt. Wir sehen: Das Auge reagiert; es ist aber auch imstande, Wirkungen auszulösen.

Das Auge bewirkt Gutes oder Böses

Groß ist die *Wirkungsmacht* des Auges – im positiven wie im negativen Sinn. Nicht jedermann steht dem anderen gern "Auge in Auge gegenüber". Forschende und durchdringende Blicke machen unsicher, erwecken Furcht. Da äußert man sich lieber schriftlich oder telefonisch – es lügt sich leichter; Ausreden gehen glatter von der Zunge. Oder der Täter Auge in Auge mit dem Opfer – wer

---

oder b) sich verselbständigen und zum Ausdruck unbewußter Regungen werden. Die Augensprache spricht eher für sich.

2 Das Auge "richtet sich", das Ohr "neigt sich"!

erträgt das ohne Betroffenheit? "Der soll mir nicht unter die Augen treten!" – eine Drohung, die vom anderen Rechenschaft fordert für Verrat, Untreue oder Betrug. Die Präsenz des anderen vor den eigenen Augen gibt Macht dem, der im Recht ist oder zu sein meint und sich zum Richter berufen fühlt. "Wenn Blicke töten könnten" meint den vernichtenden Blick, der natürlich nicht physisch tötet, aber als symbolische Waffe eingesetzt wird, die in ihrer tödlichen Verachtung mehr verletzen kann als eine handfeste Strafe. Die Macht des *menschlichen Auges* ist allenthalben zu spüren. Wer "seine Augen überall hat", ist ein Mensch, dem nichts entgeht, der alles unter Kontrolle hat. Eigentlich ist eine solche Charakterisierung als Lob gedacht. Doch wer arbeitet gerne unter einer solchen allgegenwärtigen Macht? Das "Auge des Gesetzes" wacht über den großen und kleinen Vergehen von Menschen. Wer sich zum ausführenden Organ dieses Auges macht, kann leicht in "blinden Eifer" verfallen!

Wie harmlos wirkt daneben der "freundliche Wink mit dem Auge", die Verständigung mit den Augen, der Blickkontakt!

Reales und symbolisches Sehen

Kehren wir zum Ausgangspunkt unserer Überlegungen zurück! Die symbolische Rede vom Auge ist oft eine dialektische, weil die menschlichen Erfahrungen, die mit diesem Symbol beschrieben werden, höchst differenziert sind. Die Verben und Adjektive, die mit dem Auge verbunden werden, machen das sichtbar. Augen werden dank des Augenlides geschlossen oder geöffnet. Wer seine Augen geöffnet hat, sieht; wer sie geschlossen hält, sieht nicht, sollte man denken ... Unsere bildhafte Umgangssprache macht uns auf sehr komplizierte Sachverhalte aufmerksam: "Mach deine Augen auf, sonst fällst du hin!" Das Kind, das so ermahnt wird, *hat* seine Augen offen, aber es kann die Gefahr nicht einschätzen und stürzt.

"Offenen Auges rennt er in sein Unglück", wer so handelt, *als ob* seine Augen fest geschlossen sind, handelt wie ein Unbelehrbarer; erst die negative Erfahrung wird ihn "sehend machen". Die "Augen fest verschließen" vor einer Einsicht, die man nicht wahrhaben will, signalisiert Verweigerung vor einschneidenden Konsequenzen im eigenen Leben. Es wird zu zeigen sein, daß alle biblischen Symbolerzählungen über das Auge um jene Konflikte kreisen, die sich aus den Relationen zwischen dem äußeren Sehvorgang und der inneren Sehfähigkeit, dem physischen Organ des Auges und der der Vernunft oder des Herzens ergeben.

Blindheit durch eigenes Unvermögen, Verblendung durch Fremdbestimmung, sehend oder hellsichtig werden, Erleuchtung mit Hilfe anderer sind die Themen, aus denen heraus Geschichten entwickelt werden. Sie haben das Ziel, ihren Adressaten den "Durch-blick" zu geben, der ihnen fehlt. Jede Symbolgeschichte führt implizit oder explizit einen Diskurs zwischen dem, was die eigenen Augen so, andere Augen anders sehen.

2. Gott hat dem Menschen ein kostbares Organ gegeben ...

Das Augenlicht ist auch für die biblischen Menschen ein kostbares Gut – nicht nur für uns. Es ist gut, uns einige konkrete Lebenssituationen und die *Darstellung* dieser Lebenssituationen vor Augen zu halten. Beides wird helfen, die oft verwickelten Symbolgeschichten um das Auge zu erschließen.

In der Wüste war das scharfe Auge gefragt

Die Israeliten waren ursprünglich Nomaden. Es war für sie lebensnotwendig, die Gefahren der Wüste rechtzeitig zu erspähen, um sie zu meiden oder Mensch und Tier zu schützen. Unbekannte, vielleicht noch nie begangene Wege bargen Unvorhergesehenes. Es war kein Widerspruch, wenn sich die Wandernden trotz der Verheißung Jahwes ("Zieh in ein Land, das ich dir zeigen werde ...", vgl. Gen 12,1) der Hilfe eines scharfäugigen und wegekundigen Führers bedienten. Eine kleine Szene aus dem Buch Numeri beleuchtet das: Mose bittet den Midianiter Hobab – er wird als Sohn Reguels und Schwager des Mose vorgestellt –: *"Verlaß uns doch nicht; denn du weißt nun einmal, wo wir uns in der Wüste lagern können, und du sollst unser Auge sein"* (Num 10,31). Ein Mensch als Auge für andere ...!

Es wird als schweres Handicap geschildert, wenn Erzväter und -mütter mit zunehmendem Alter ihre Sehkraft verloren. Dieses Schicksal ereilte u.a. Isaak (Gen 27,1) und Jakob (Gen 48,10); es ereilte den Richter Eli (1.Sam 3,2). Bemerkenswert waren die Konsequenzen der Alterssehschwäche bei Isaak. Sein Sohn Jakob konnte den Vater mit einem Trick überlisten und den Segen erschleichen, der eigentlich seinem Bruder Esau zugedacht war. Eine Ausnahme von diesem Altersgebrechen sei besonders erwähnt: Die Augen des Mose waren nicht trübe geworden und die Frische nicht aus seinem Gesicht gewichen, als er starb (vgl. Dtn 34,7). Gerade an dieser Stelle ist allerdings zu fragen, ob diese alterslose Strahlkraft des Mose physisch oder symbolisch gemeint ist[3].

---

3 Vgl. dazu Das Kontrastsymbol Höhe-Tiefe, S.92 f. Der visionäre Blick des Mose vom Berg Nebo vor seinem Tod und seine immerwährende Präsenz in seinem Volk deutet andere Formen des Sehens und Gesehenwerdens an.

Vor Leid nicht aus den Augen sehen können

Während der Verlust der Sehkraft mit zunehmendem Alter eher nüchtern erwähnt wird, erheben Menschen laute Klage über den "Zerfall ihres Auges, ihrer Seele und ihres Leibes" (Ps 31,10). Könnte man deutlicher die psychosomatischen Zusammenhänge beschreiben, die Menschen auf den Tiefpunkt ihrer Existenz führen? Bedrängnis läßt das "Auge vor Gram schwinden und trübe werden" (Ps 6,8). Was auf den Menschen einwirkt, wird als Finsternis empfunden und verdunkelt das Auge – jenes Organ, das Licht in das Leben des Menschen hereinholt. Kaum noch steigerungsfähig ist die Klage des Beters ("er brüllt lauter als ein Löwe"!) in Psalm 38:

> "Ich bin gekrümmt und tief gebeugt,
> den ganzen Tag gehe ich trauernd umher ...
> Kraftlos bin ich und ganz zerschlagen ... (V 7 und 9)
> Mein Herz pocht heftig ...
> auch das Licht meiner Augen ist nicht mehr ... (V 11)
> Aber ich bin wie ein Tauber, der nicht hört,
> und wie ein Stummer, der den Mund nicht auftut ..." (V 14)

Es ist offenkundig: Hier werden keine organischen Schäden beschrieben. Das Leiden ist so groß, daß es nur noch in den Bildern der Blindheit, der Taubheit und Stummheit beschrieben werden kann. In diesem (und anderen) Psalm liegen all jene Motive vor, die in die neutestamentlichen Symbolgeschichten von der Heilung Blinder, Stummer und Tauber eingegangen sind.

Augen-zeuge und Zeuge einer Erfahrung werden

Ein weiterer Faden soll noch aufgenommen werden, um die Tiefenschicht des "Sehens" aufzudecken. Etwas mit "eigenen Augen gesehen zu haben" – das hat Gewicht, Beweiskraft. Man ist nicht angewiesen auf die Augen anderer. Mit eigenen Augen sehen die Söhne Jakobs ihren Bruder Joseph in Ägypten – ihren Bruder, den sie totgeglaubt haben, ihren Bruder, der, Hebräer wie sie, in eine hohe Position am Hofe des Pharao gelangt ist (Gen 45,12). Hätte ihnen das jemand nur erzählt, sie hätten es vermutlich nicht geglaubt. Sind sie aber imstande, aus diesem Sehen eine Konsequenz zu ziehen – hinsichtlich der Qualität ihres Handelns am Bruder – hinsichtlich der Führung Gottes? "Vor den Augen des *ganzen* Volkes hat Jahwe seine Zeichen und Wunder getan", heißt es immer wieder (z.B. Dtn 6,22 oder Jos 24,7). Nicht nur einer hat mit eigenen Augen gesehen, sondern viele, das ganze Volk! War dieses Sehen Garantie dafür, daß die Israeliten in Jahwe ihren Gott erkannt haben, der sie aus Ägypten errettet hat und in vergleichbaren Situationen errettet wird? "Die Halsstarrigkeit des Volkes "(vgl. Ex 33,5) hat wohl den Schritt vom Sehen zum Erkennen verhindert; verhindert, daß das Sehen in jedem einzelnen wieder sichtbaren Ausdruck im lebendigen Gehorsam aller fand. Es ist denkbar, daß es Menschen gibt, die optisch nichts gesehen haben, also keine Augenzeugen sind, und dennoch zutreffender erkennen, wer Jahwe ist und was er vom Menschen fordert. Hier sei schon eine Problematik des Neuen Testaments angedeutet: der Konflikt zwischen den Jüngern Jesu, die sich auf ihre Augen-zeugenschaft berufen und jenen, denen Gottes Heil erschienen ist und die es "erschaut" haben (wie z.B. Paulus, vgl. 1.Kor 11).

Hat Israel seinen Gott gesehen?

Jegliche existentielle Erfahrung, die Israel mit dem Sehen gemacht hat, wurde mit der Gottesfrage geknüpft. Die Frage, ob dieses Volk seinen Gott gesehen hat, muß differenziert beantwortet werden. Alle Antworten, die innerhalb der biblischen Überlieferung darauf gefunden wurden, korrespondieren mit der jeweiligen geschichtlichen Situationen dieses Volkes. Die Ursprungssituation war die der Wanderschaft. Die Umherziehenden, die ihren Weg suchten, hatten ihre Augen ausgerichtet auf den, der sie führte. Folglich war das Bild ihres Gottes geprägt von der Vorstellung eines Voranziehenden, auf den sie ihre Augen ausrichteten. Was sie sahen, waren Zeichen: die Wolken- und die Feuersäule. Das deuteronomistische Geschichtswerk hat das in der Retrospektive zutreffend beschrieben (Dtn 1,32 f). Gelegentlich geht der Führende auch am Zuge der Wandernden entlang oder bildet, wenn Gefahr droht, den Schluß des Zuges: "Von allen Seiten umgibst du mich!" Was die Israeliten vor sich sehen konnten, war – symbolisch gesprochen – Gottes Rücken, nicht sein Angesicht.

Nicht restlos geklärt sind die Erfahrungen, die sowohl vom Propheten Elia als auch von Mose geschildert werden. Die verwickelte Überlieferungssituation von Exodus 33 gibt hier besonders viele Rätsel auf: Einerseits wird geschildert, wie es ab und an auf dem Wüstenzug zu Begegnungen zwischen Jahwe und Mose im sogenannten Zelt der Begegnung kommt, bei denen "der Herr mit Mose von Angesicht zu Angesicht redet" (Ex 33,7-11). Dann gibt Jahwe die Zusage, daß "sein Angesicht vor Mose (und dem Volk) hergehen wird", andererseits wird die Bitte des Mose "Laß mich doch deine Herrlichkeit schauen!", negativ beschieden:

> "Du kannst mein Angesicht *nicht* schauen,
> denn kein Mensch bleibt am Leben, der mich schaut!"

Stattdessen wird Mose gestattet, in einen Felsspalt zu treten, der bedeckt wird, bis der Herr *vorüber* ist. "Nachschauen" darf Mose dem Herrn. Was zieht hier vorüber? Ein kultisches Symbol? Handelt es sich um ein Wallfahrtsfest in der Wüste, bei dem die Wüstensituation und die damit verbundene Gotteserfahrung nacherlebt wurde? (Vgl. zum Ganzen Ex 33,12-23). Fragen über Fragen! Sie finden auch keine endgültige Antwort durch die Schilderung der 40tägigen Flucht und Wüstenwanderung des Elia an den Horeb. Er übernachtet in einer Höhle und hat eine Gotteserscheinung. Mit verhülltem Angesicht tritt er an den Eingang der Höhle, nachdem der Herr vorübergegangen ist – "im Flüstern eines leisen Wehens!" (vgl. dazu 1.Kön 19,1-18). Trotz aller Unterschiede im Detail zwischen Exodus 33 und 1.Könige 19 fällt auf, daß sowohl Mose als auch Elia in einer äußerst bedrängten Situation sind (Elia wird verfolgt) und dem Herren den Ungehorsam seines Volkes klagen – Situationen, in denen Menschen nach sichtbarer Präsenz ihres Gottes, nach seinem unmittelbaren Eingreifen, verlangen. Was wird ihnen zuteil? Sie dürfen Gott *nachschauen* und erhalten sofort einen neuen Auftrag. Was auch immer kultisch diesen Erzählungen zugrunde liegen mag – der Kult ist vergangen, aber die Erfahrung der Menschen??? Ist es nicht so, daß in vielen Lebenssituationen Gottes Präsenz im *Nachhinein* erkannt wird und *dieses* Sehen ermutigt zu neuem Gehorsam?

Soviel ist sicher: Gott *vor sich* herziehen *sehen* oder dem, der vorüberzieht, *nachschauen* dürfen, setzt eine gänzlich andere Situation voraus als jene, bei der Menschen *vor* Gott hintreten. Diese bildhafte Rede setzt voraus, daß 'dieser Gott Wohnung genommen hat' und auf dem Berg Zion thront. Zu ihm muß der Fromme *hin*aufwallfahren; ihm muß er "unter die Augen treten", seinem Angesicht gegenüberstehen![4]

Was *sieht* der Fromme, was der Hohepriester? Das gottesdienstliche Ritual der späteren Zeit hat mit Sicherheit auch die Darstellung des Mose geprägt und war mit Ursache dafür, daß der Vorgang des "Hinaufgehens auf den Berg" und "das Hineingehen" und das "Sehen" sehr unterschiedlich dargestellt und bewertet wurde.

3. Kann Gott sehen ...?

Durchschnittlicher Frömmigkeit wird diese Frage seltsam erscheinen. Selbstverständlich wird die Antwort lauten: Gott kann alles ...! Bei näherem Hinsehen ist dies eine banale Auskunft. Wer ist das, der alles sieht – ein Übermensch, der besser sieht als jeder Durchschnittsmensch? Werden mit dieser Antwort nicht allzu menschliche Vorstellungen in die Transzendenz verlagert? Bleibt man

---

4 Vgl. Das Symbol des Angesichts, S. 270 ff.

nicht einem allzu vordergründigen Verständnis des Sehens verhaftet, statt der symbolischen Tiefgründigkeit des Sehens nachzugehen und danach zu fragen, ob es ein Sehen anderer Art als das uns geläufige gibt?

3.1 Gott sieht anders als Menschen

Mehr oder weniger geläufig ist uns die Aussage der priesterschriftlichen Schöpfungsüberlieferung: "Und Gott *sah*, daß das Licht gut war ..." (Gen 1,5): Vor dieser Aussage steht die Feststellung, daß Gott das Licht, die Voraussetzung aller – auch aller menschlichen Wahrnehmung – geschaffen hat. Die Überzeugung von Gottes schöpferischem Handeln hat Israel theologisch immer vor einfachen Analogien, etwa dergestalt: so wie Menschen sehen, so sieht Gott, bewahrt.

"Der das Ohr gepflanzt, sollte nicht hören, und der das Auge gebildet hat, sollte nicht sehen?" fragt Psalm 94,9 und macht zugleich deutlich, daß zwischen Gott und Mensch ein Unterschied wie zwischen Schöpfer und Geschöpf besteht. Er schafft das Licht, die Voraussetzung aller Wahrnehmung, und er schafft das Sehorgan des Menschen. Später wird zu zeigen sein, daß er dem Menschen auch die notwendige Sehfähigkeit verleiht.

Wenn von Gottes Sehen in der biblischen Überlieferung die Rede ist, dann in einer Weise, in der jede Analogie gebrochen wird. Das wird an zwei Beispielen deutlich gemacht.

"Gott sieht nicht auf das, worauf der Mensch sieht ..." (1.Sam 16,7). Dem Propheten Samuel wird eingeschärft, sich auf seiner Suche nach einem geeigneten König für Israel nicht blenden zu lassen vom Aussehen, dem hohen Wuchs, den rotblonden Haaren und den schönen Augen, denn "der Herr sieht auf das Herz, nicht wie bei Menschen üblich, auf den äußeren Schein" (Zum Ganzen vgl. 1.Sam 16,1-13). Schöne Augen und ein gutes Herz müssen nicht miteinander korrespondieren, Sein und Schein können auseinanderfallen oder einander widerstreiten. Das zu "durch-schauen" ist unerläßlich – der Blick vom Äußeren ins tiefste Innere.

Gott sieht, was Menschen übersehen oder sehend in Kauf nehmen: das himmelschreiende Unrecht der Mächtigen an den Elenden. Mit dieser Botschaft vom Sehen Gottes schlägt das Herz der prophetischen Botschaft, ja, der Anklage gegen das Volk Israel. Da werden die Hochmütigen geschildert (die Gott nicht mehr vor Augen haben), deren Augen nach dem Armen spähen, den Unschuldigen erwürgen, den Elenden fangen und das Netz zuziehen. Sollte Gott das nicht sehen? (vgl. Ps 10,8.9.11). *"Teuer ist in seinen Augen das Blut der*

Armen", deshalb errettet er den Armen, der schreit, und den Elenden, der keinen Helfer hat; deshalb erlöst er sie von Druck und Gewalttat (Ps 72,12.13.14). Gewiß zeigt der Kontext, daß es die Elenden des Volkes Israel sind, die Gott – auch im Exil, fern vom einst verheißenen Land, unter der Herrschaft fremder Völker – sieht. Aber er hat Elend, Unrecht und Gewalttat auch dann gesehen, wenn es inmitten seines Volkes geschah. ER hat es gesehen und Amos, seinen Propheten "schauen" und sagen lassen: "Höret dies, die ihr den Armen zertretet und die Elenden im Lande bedrückt ...!" (Amos 8,4). Das "Sehen Gottes" macht auch nicht Halt vor David, dem König, der seine Macht mißbrauchte und nicht nur das Lebensglück seines Untergebenen Uria zerstörte, sondern es zu arrangieren wußte, daß dessen Leben ausgelöscht wurde. Was Gott hier sah, mißfiel ihm (2.Sam 11,27), und sein Prophet Nathan hatte es David "vor Augen zu führen", bis er es "einsah" (2.Sam 12). Diese Geschichte ließe sich ergänzen durch andere, etwa die von Naboths Weinberg und dem Unrecht, das ihm durch König Ahab und Königin Isebel widerfährt (vgl. 1.Kön 21).

Gottes Sehen ist voreingenommen und parteilich. Aber nicht nach dem simplen Schema: für Israel und gegen die anderen Völker, sondern für die Elenden und Unterdrückten und gegen die Mächtigen, die nur für sich sehen und ihr Auge besitzergreifend auf das werfen, was sie noch reicher und andere noch ärmer macht. Diese Sicht vom Sehen Gottes konnte erst entstehen, nachdem Israel selbst seine Macht entweder zu verlieren begann oder sie faktisch verloren hatte und sich selbst unter den Armen und Elenden wiederfand.

3.2 Gottes Augen sind anders als Götzen-Augen

Die biblische Überlieferung spricht sehr differenziert vom Sehen Gottes. Zögerlicher wird von den Augen Gottes gesprochen. Die Völker der Umwelt hatten damit weniger Probleme. Sie hatten ihre Heiligtümer und ihre Götterbilder – Bilder, die menschliche Züge trugen und Hände, Füße, Augen und Ohren hatten –, oft in überdimensionaler Größe. Solche Darstellungen schaffen Distanz, wirken furchterregend. Wer einer solchen Gottheit unter die Augen tritt, fragt sich ängstlich, ob sie zornig oder gnädig ist. Wer sie aufsucht, hat ein Interesse daran, sie sich gewogen zu machen, "Gnade vor ihren Augen zu finden". Sie trägt eher das rätselhafte Sphinx-Gesicht eines All-Herrschers, der absolute Unterwerfung erwartet, als das gütige Gesicht eines Gottes, der sich seiner Geschöpfe erbarmt. Solche mythologischen Gedanken haben die Rede von Gott in Israel ohne Zweifel beeinflußt; insbesondere während der Zeit der Seßhaftwerdung sickerten solche Gedankenströme ein. In den Gerichtspredigten des Protojesaja und des Jeremia wird – während der Verlust der Eigenstaatlichkeit Israels schon am Horizont droht – das Bild eines allmächtigen Gottes entworfen, der seine Augen überall hat (Jer 32,19). Gerade deshalb entgeht ihm allerdings auch nicht, daß ihre (sc. der Israeliten) Zungen und Taten wider den Herrn sind" (Jes 3,8). "Die Frechheit ihrer Gesichter zeugt gegen sie" (ebd.), und "sie trotzen den *Augen* seiner Majestät". Weil Gottes Augen den erschreckenden gesellschaftlichen Verfall sehen, die himmelschreiende Ungerechtigkeit, den krassen Unterschied zwischen Arm und Reich, entbrennt sein Auge im Zorn, und er schwört bittere Rache[5]. "Jede Stütze (an Brot), jeden Stab (an Wasser) wird er wegnehmen" (Jes 3,1). Mit der gleichen Bitterkeit spricht Jeremia im Namen dieses erhabenen Gottes: *"Hinweg aus meinen Augen sollen sie gehen"* (hier taucht schon das Motiv der bevorstehenden Verbannung auf!), *"denn sein Herz hat sich von ihnen abgewandt"* (Jer 15,1 f). Weder Mose noch Samuel könnten ihn als Fürbitter von diesem Entschluß abbringen. Er beabsichtigt nach dem Motto zu verfahren: "Was der Pest gehört – zur Pest; was dem Schwert – zum Schwert; was dem Hunger zum Hunger; was der Gefangenschaft zur Gefangenschaft" (ebd.). Sehr menschlich erscheint dieser Gott in seiner Verletztheit, in seinem Zorn. Hinweg aus seinen Augen soll dieses Volk, das ihn so sehr enttäuscht hat; dieses Volk, "das er hütete wie seinen *Augapfel*" – ein Vergleich, mit dem der Deuteronomist eine Überzeugung zusammenfaßt, an die man sich immer wieder klammerte (Dtn 32,10).

Es ist merkwürdig: Je erhabener die Majestät dieses Gottes in der Darstellung gerät, umso anthropomorpher wird dieser Gott in seinen Gefühlen, umso ähnlicher den Göttern der Umwelt. Es bedurfte eines erheblichen Denkprozesses, bis Israel mythologische Gedanken seiner Gottesrede wegen Unverträglichkeit wieder abstoßen oder in eine symbolische Rede verwandeln konnte.

Entscheidende Bedeutung kommt in diesem Zusammenhang dem 115. Psalm zu. Seine Intention ist, die fundamentalen Unterschiede zwischen den Augen Jahwes und denen der anderen Götter klarzustellen.

Mit ihren Organen sind sie ein Abbild der Menschen, aber ein totes, weil sie ein Machwerk von Menschenhand sind, das Silber- und Goldschmieden in Auftrag gegeben wurde. Die Augen dieser Götter sehen nicht, ihre Füße können nicht gehen, ihre Hände nicht greifen, ihre Kehle kann keinen Laut von sich geben. Von SEINEN Augen, Ohren, Füßen, Händen, von seinem Mund läßt sich symbolisch reden. Er schafft sich lebendige Augen, Füße, Hände, Ohren und Kehlen, die ihn preisen und seinen Willen tun.

---

5 Während die Reichen den Kopf hochtragen, mit den *Augen* zur Seite blinzeln, trippelnd einhergehen ... (Jes. 3,16 f)!

3.3 Gott schafft sehende Augen

Es gibt eine erstaunliche Korrespondenz zwischen den "Augen der Götter, die nicht sehen" und dem Volk Israel, das "Augen hat und nicht sehen kann, Ohren und nicht hören!" (Jer 5,20 ff). Wer sein Herz vom Herrn abgewandt hat (ebd.), dem können die Augen nicht aufgehen, weder für die Schuld, die er auf sich geladen hat noch für das drohende Gericht.

Die kommende Heilszeit wird sich dadurch auszeichnen, daß Gott selbst den "Blinden die Augen öffnen bzw. aufschließen wird" (Jes 29,18 und 35,5). Noch präziser als Protojesaja wird Deuterojesaja. Er entwickelt zwei Gedankenstränge, die miteinander in Beziehung stehen: Vorgeführt werden soll dieses blinde Volk, das doch Augen hat (!); vorgeführt werden sollen die Tauben, die doch Ohren haben (Jes 43,8). Die physischen Organe hat dieses Volk, aber sie waren untauglich geworden zum erkennenden Sehen und verstehenden Hören. Zum Licht der Völker soll 'der Knecht Gottes' werden und seinerseits blinde Augen auftun. Gebundene herausführen aus dem Gefängnis und die in Finsternis sitzen, aus dem Kerker (Jes 42,5 ff)[6].

Dieses Neue entspringt, daran läßt Deuterojesaja keinen Zweifel (42,6), dem schöpferischen Handeln Gottes.

Das neue Sehen-Können und Sehend-Machen bedeutet nicht die Schaffung einer neuen Innerlichkeit. Es ist ein sehr reales Heil, das sich ereignen soll. Es erschöpft sich allerdings nicht in der Reparatur von Organen. Heil, das sich auf spektakuläre Heilungen beschränkt, kann Menschen nicht zu neuen Geschöpfen, sondern zu Objekten von Wunderheilern und ihren suggestiven Methoden ebenso wie zu Objekten der medizinischen High Tech machen, der fast nichts mehr unmöglich ist.

4. Heil den Blinden!
Neutestamentliche Symbolgeschichten vom Sehen

Die exilische und nachexilische Theologie hat eine Real-Utopie vom kommenden Heil entworfen. Ein Aspekt des zukünftigen Heils bediente sich der Augen-Symbolik, um es in vielen Nuancen zu entfalten. Aus den Motiven diese Symbolik wurden Symbolgeschichten entwickelt. Sie tragen, je nach theologischer Intention der neutestamentlichen Schriftsteller, ihre eigenen Merkmale.

---

6 Die Diskussion um den Knecht Gottes bei Deuterojesaja und seine Identität kann im Moment außer acht bleiben.

4.1 Sehenkönnen bei Markus

Die Heilung des blinden Bartimäus (Mk 10,46-52)

W. Wrede hat zu Beginn dieses Jahrhunderts der Markusforschung für viele Jahrzehnte das Thema vorgegeben: Das Messiasgeheimnis[7]. Seit dieser bahnbrechenden Entdeckung wurde mit ungeheurer Akribie am Geheimnismotiv dieses Evangeliums gearbeitet; die Akribie hat immer detailliertere Beobachtungen zutage gefördert. Zwar wurde zugestanden, daß diese eigenwillige Idee zu Lasten "des Redaktors geht, der überliefertes Traditionsmateral 'bearbeitet' hat". Niemand hat sich jedoch m.W. zu der These vorgewagt, dieses Evangelium als einen eigenständigen theologischen "Wurf" des Markus zu betrachten, der alle Anzeichen der Innovation und Kreativität trägt. Der Evangelist hat ein neues Sinnganzes – wenn auch unter Aufnahme von Überliefertem – geschaffen, in dem das Symbol der Augen eine wesentliche Rolle spielt. Das Geheimnis, das Markus thematisiert, ist der Umstand, daß es Menschen gibt, die Augen haben und sehen können, aber dennoch unfähig zum Erkennen sind; sie sind "blind" für das Heil, das in Jesus epiphan wird. Das Geheimnis besteht aber auch darin, daß blinden Menschen die Augen aufgehen bzw. aufgetan werden; sie wissen, wer dieser Jesus von Nazareth ist; sie wissen aber auch, welcher Art seine Messianität ist. Diese Dialektik "Sehen können und doch blind sein für ... etwas" auf der einen und "blind sein, aber dennoch erkennen können" auf der anderen Seite, ist das symbolische Sprachspiel, mit dem Markus das bestürzend Unbegreifliche bei der Erfahrung mit Jesus beschreibt.

Schon lange wurde erkannt, daß die Heilung des Blinden Bartimäus (Mk 10,46-52) keine 'gewöhnliche' Wundergeschichte ist[8].

Die Symbolik dieser Geschichte tritt umso plastischer zutage, je sorgfältiger der engere und weitere Kontext beachtet wird. E. Schweizer hat einen überzeugenden Gesamtaufriß des Markusevangeliums entwickelt, dem ich mich anschließe[9].

I   1,1-13   Der Anfang: erfüllte Heilszeit (1-8) und Prolog im Himmel (9-13)

II   1,14 – 3,6 Jesu Vollmacht und die Blindheit der Pharisäer
a   1,14 f   Übergangsabschnitt: Summarium
b   1,16-20   Berufung der Jünger

---

7 Vgl. Das Markusevangelium, in: Wege der Forschung, Band CDXI, hrsg. von Rudolf Pesch, 1979.

8 Lediglich U. Luz, Das Geheimnismotiv und die markinische Christologie, a.a.O., S. 215 spricht von einer symbolischen Perikope.

9 E. Schweizer, Die theologische Leistung des Markus (a.a.O., S. 183 f).

A 1,21-45 Vollmacht über Dämonen und Krankheit
B 2,1 – 3,5 Vollmacht über Sünde und Gesetz
c   3,6   Verwerfung Jesu durch die Pharisäer

III 3,7 – 6,6a   Jesu Wirken in Gleichnissen und Zeichen und die Blindheit der Welt
a   3,7-12   Übergangsabschnitt: Summarium
b   3,13-19   Wahl der zwölf Jünger
A 3,20 – 4,34 Jesu Gleichnisrede
B 4,35 – 5,43 Jesu Wundertaten
c   6,1-6a   Verwerfung Jesu durch seine Mitbürger

IV 6,6b – 8,21   Jesu Wirken bis zu den Heiden und die Blindheit der Jünger
a   6,6b   Übergangsabschnitt: Summarium
b   6,7-13   Aussendung der Jünger
A 6,14-31 Tod des Johannes und Rückkehr der Jünger
B 6,32-56 und 8,1-13 Jesu Wundervollmacht und
   Zeichenforderung der Menschen
C 7 Verheißung für Heiden
c   8,14-21   Verwerfung Jesu durch die Jünger

V 8,22 – 15,52 Jesu Offenbarung in unverschlüsselter Rede und die Nachfolge der
                 Jünger
a   8,22-26   Übergangsabschnitt: Öffnung blinder Augen – *Bethsaida*
b   8,27-32a   Das Leiden des Menschensohnes – *Caesarea Philippi*
c   8,32b – 9,1   Mißverständnis der Jünger und Ruf in die Nachfolge
A 9,2-8 Verklärung – *der hohe Berg*
B 9,9-13 Elia und der leidende Menschensohn
C 9,14-29 Die Glaubensfrage
b   9,30-32   Das Leiden des Menschensohns – *Galiläa (Kapernaum)*
c   9,33-50   Mißverständnis der Jünger und Ruf in die Nachfolge
A 10,1-12 Ehe – *Judäa und Ostjordanland*
B 10,13-16 Kinder
C 10,17-31 Reichtum
b   10,32-34   Das Leiden des Menschensohns – *Weg nach Jerusalem*
c   10,35-45   Mißverständnis der Jünger und Ruf in die Nachfolge
    10,46-52   Übergangsabschnitt: Öffnung blinder Augen und Nachfolge -
                    Jericho

VI 11,1 – 16,8   Leiden und Auferstehen des Menschensohns
    11,1– 13,37   Öffentliche Auseinandersetzung und Jüngerbelehrung über das
                   Ende – *Jerusalem*
    14,1 – 16,8   Leiden Jesu und Auferweckung

Die ersten acht Kapitel des Markusevangeliums können als Hinführung zu den Blindenheilungen (es gibt zwei!) betrachtet werden. Man beachte dabei die Steigerung in den ersten acht Kapiteln, die dem Kapitel von der Heilung des blinden Bartimäus vorausliegen:

– Die Blindheit der Pharisäer und die Verwerfung Jesu durch die Pharisäer.
– Die Blindheit der Welt und die Verwerfung Jesu durch seine Mitbürger.
– Die Blindheit der Jünger und die Verwerfung Jesu durch seine Jünger; Blindheit und Nichterkennen des Christus – ja, sogar Ablehnung durch alle, selbst die Jünger!

Betrachtet man den engeren Kontext von Markus 8,22-10,52 (Abschnitt V der Gliederung von E. Schweizer), dann fällt sofort die Rahmung auf: Der Komplex *beginnt* mit einer ersten Blindenheilung in Bethsaida (8,22-26); in dieser Geschichte vollzieht sich das Sehendwerden stufenweise: vom undeutlichen, schemenhaften zum deutlichen Sehen! Der Komplex *endet* mit einer zweiten Blindenheilung, der des Bartimäus (10,46-52).

Das ist Absicht und nicht Doppelung durch einen ungeschickten Redaktor, der nicht mit vorgefundenen Überlieferungen umzugehen vermag! Er möchte zwei Weisen des Sehendwerdens darstellen.

Es fällt des weiteren auf, daß innerhalb dieser Rahmung durch zwei Symbolgeschichten von Augen, die geöffnet werden, drei Hinweise auf das Leiden Jesu eingebaut sind (Mk 8,27 ff – 9,30 ff – 10,32 ff) – die sog. Leidens'weissagungen'. Diesen Leidenshinweisen folgt jeweils das Mißverständnis der Jünger (auch dreimal).

Nimmt man die Beziehung der Jünger zu Jesus im Markusevangelium für sich, dann fällt eine weitere Steigerung auf:

Die Blindheit der Jünger,   ihr absolutes Nichtbegreifen[10]
Die Blindheit der Jünger,   ihr Mißverstehen[11]
Die Blindheit der Jünger,   ihre Abwendung von Jesus (als Verrat, Verleugnung, Flucht)

Mitten in einem solchen Zusammenhang also erneut eine Symbolgeschichte von einem Menschen, der blind ist und dessen Augen geöffnet werden. Markus hat sie geschehen lassen auf dem Weg Jesu von Jericho nach Jerusalem, auf seinem Weg zum Leiden[12].

---

10 Mk 8,17: "Versteht ihr noch nicht, begreift ihr nicht?"
11 Mk 8,32b – 9,1; 9,33-55; 10,34-45.
12 Vgl. die Wegegeschichte *von* Jerusalem nach Jericho (Lk 10: Der barmherzige Samariter) – die Ortsangaben haben symbolischen und nicht historischen Charakter.

Sie geschieht, nachdem Jesus, seine Jünger und viel Volk die Stadt schon wieder verlassen haben – außerhalb der Stadt – so wie die erste Blindenheilung in 8,22-26 außerhalb des Dorfes geschieht.

Sie geschieht an einem Menschen, der am Wegrand sitzt – abgedrängt in seiner Randexistenz. Allerdings wird der Mensch nicht als "ein" Blinder geschildert. Er ist dem Markus so wichtig, daß er einen Namen erhält – Bartimäus; daß sogar sein Vater genannt wird – Timäus.

Zu diesem Zeitpunkt innerhalb der Geschichte war Jesus für die Leute "der Nazarener" (10,47), für die Jünger der Christus (Petrusbekenntnis 8,27 ff), aber einer, der in Herrlichkeit thronen würde (10,35 ff). Der Blinde (!) schreit nach Barmherzigkeit und gibt Jesus einen Hoheitstitel "Sohn Davids!" Er schreit einmal, er schreit zweimal – und ihm wird kein Schweigen geboten, wie sonst bei Heilungswundern im Evangelium üblich. Der *Blinde* hat *erkannt*, wofür die Pharisäer und die Mitbürger Jesu blind waren; er hat erkannt, *wer* Jesus in Wahrheit ist. Obwohl er noch blind ist, kann er – nachdem er seinen Mantel abgeworfen hat, aufstehen und auf Jesus zugehen. Der Blinde redet den, den er als Sohn Davids erkannt hat, jetzt mit Rabbuni, "*mein* Meister" an; er hat ihn für sich als seinen Meister an-erkannt. Auf die Bitte des Blinden ("daß ich wieder sehen kann") reagiert Jesus nicht mit: Werde sehend, sondern "Dein *Glaube* hat dir (schon) geholfen!" Er geht nicht weg – wie Jesus ihm nahelegt, sondern folgt Jesus nach – auf dem Weg nach Jerusalem. Der vom Leiden Befreite geht den Weg des Leidens hinter Jesus her; der, der an den Wegrand abgedrängt worden war, geht den Weg Jesu, getreu dem Wort Jesu: "Wer mir nachfolgen will, der nehme mein Kreuz auf sich"!.

Bartimäus ist in zweifacher Weise *sehend* geworden:

Er hat Jesus als Sohn Davids (Messias) erkannt -
> eine Erkenntnis, zu der Pharisäer und Bewohner von Nazareth nicht fähig waren.

Er hat Jesus als den anerkannt, mit dem der Weg des Leidens zu gehen war -
> eine Erkenntnis, zu der die Jünger nicht fähig waren.

Während unmittelbar vor der Bartimäusgeschichte, in Markus 10,35-45, die Zebedäussöhne Jesus mit der Bitte behelligen, doch zu seiner Rechten und Linken in seiner Herrlichkeit *sitzen* zu dürfen (!), folgt Bartimäus seinem Herrn und Meister einfach nach.

Natürlich ist Bartimäus auch eine exemplarische Gestalt. Was er erkannt hat, ist die Quintessenz der Theologie des Markus. Die Erkenntnis des Bartimäus ist auch die, zu der Markus gekommen ist, sonst hätte er sein Evangelium nicht so konzipieren können, wie er es getan hat. Was am "Fall Bartimäus" entwickelt wird, ist etwas, was die Gemeinde nach dem Tod Jesu mühsam hat lernen und erkennen müssen.

4.2 Augen werden aufgetan bei Lukas
Die Emmausjünger und Paulus

Sollte die hermeneutische Erschließung der 'Blinden'heilung bei Markus nicht überzeugen, weil die symbolischen Signale verhalten sind, dann wird es bei Lukas mit Händen zu greifen sein: Sehendwerden ist ein Erkenntnisvorgang. Dabei fällt auf: Lukas hängt sich mit seinem Anliegen nicht an die Blinden- heilungen der ihm vorliegenden Überlieferungen an. Er schafft eigene Ge- schichten, entweder im Sondergut seines Evangeliums oder in seiner Apostel- geschichte. Ihre Eigenart besteht darin, daß das Symbol von den gehaltenen Augen, die aufgetan werden, mit dem Symbol des Weges verknüpft wird[13].

Diese Verknüpfung zweier Symbole gibt Lukas die Möglichkeit, Erkenntnis- *prozesse* darzustellen, die sich nach dem Tode Jesu vollzogen. Welchen Sinn sollte dieser Tod haben? so müssen sich die zurückgebliebenen Jünger gefragt haben.

Was muß geschehen bis zur Wiederkunft Christi? so muß die Gemeinde gefragt haben. Lukas hat die innere Denkbewegung zu diesen Problemen hinausverlagert auf Wege, die auf unterschiedliche Weise von verschiedenen Menschen begangen werden. Beim *Begehen* dieser Wege stellen sich *Erkennt- nisse* ein. Exemplarisch sollen hier das Aufgehen der Augen am Beispiel der Emmausjünger (Lk 24) und am Beispiel des Paulus (Apg 9) dargestellt werden.

Ratlos werden alle Jünger nach dem Tod Jesu gewesen sein; Lukas greift zwei dieser Jünger heraus, um an ihnen deutlich zu machen, wie diese Ausweglosigkeit verändert werden kann. Wenn zwei einen Weg sehen, dann ist das Impuls für die anderen, ebenfalls einen Weg zu entdecken. Die beiden Jünger bewegen sich von Jerusalem nach Emmaus, während die übrigen Jünger offenbar bewe- gungsunfähig sind. Die Spuren der beiden hätten sich in diesem völlig unbedeu- tenden Dorf Emmaus verlieren können, wenn nicht ...

Daß den beiden noch kein Licht aufgegangen ist, zeigt Lukas durch zwei Hinweise: Den Auferstandenen, der zu ihnen tritt, erkennen sie nicht, "*ihre Augen sind gehalten*". Von den Gesprächen, die sie zunächst, von Jerusalem,

---

13 Vgl. Das Symbol des Weges, insbesondere S. 341 ff, wo die Wegegeschichten ausführlich als Erkenntnisgeschichten dargestellt werden.

dem Ort des Todesgeschehens kommend, geführt haben, sagt ihr neuer Wegbegleiter: "Was sind das für Reden, die ihr euch gegenseitig entgegenwerft, während ihr euch im Kreise dreht (wörtlich!)?" Bewegung kommt erst in die Gespräche, als der Auferstandene beginnt, das Alte Testament (Mose und die Propheten) hermeneutisch (!) zu erschließen. Endgültig stellt sich die Erkenntnis ein, *"die Augen werden ihnen aufgetan"*, bei der Zeichenhandlung des Brotbrechens. Der Wegbegleiter entschwindet ihren Blicken; eine körperliche Anwesenheit ist auch nicht mehr nötig, denn sie haben erkannt, daß er bei ihnen war, ist und sein wird. Ganz gewiß haben sie kein Gespenst gesehen, dazu war die Erfahrung zu real.

Genausowenig war ein wiederbelebter Leichnam unter ihnen – was sollte der ihnen nützen? – sondern sie haben den geschaut, der *wahrhaftig* präsent wird, wenn sein Weg zum Tod "ausgelegt" und sein Brot gebrochen wird. Menschen, deren Augen aufgetan werden, sind nicht Menschen, die an physischer Blindheit leiden, sondern solche, denen Erleuchtung zuteil wird, die zur Erkenntnis kommen. Diesem Erkennen geht bei Lukas immer eine "Belehrung" voraus. Schon das zeigt, daß es ihm um geistige Vorgänge geht.

Aus der Sicht des Lukas hat auch Paulus einen Erkenntnisprozeß durchlaufen. Er schildert ihn als einen, der in seiner Gesetzestreue blind in seinem Eifer wird. Durch die Unterstützung der jüdischen Behörden steigert sich der Eifer zum Fanatismus. Blindheit wird zur *Verblendung*, die ihn verleitet, mit Machtmitteln die zu verfolgen, "die auf dem Weg sind" (t.t. für die Christen in der Apostelgeschichte) – auf einem anderen Weg als den, den er als Jude geht. Durch Rechtsmittel läßt sich Paulus ein Tun legitimieren, das nicht Recht sein kann. *Geblendet* wird er auf seinem zerstörerischen Weg durch die Christuserscheinung. Er wird so überwältigt, daß ihn die Erscheinung zu Boden wirft. Obwohl seine Augen geöffnet sind, sieht er (noch) nicht. Er muß geführt werden (wie ein Blinder). Das äußere Führen deutet darauf hin, daß er noch einer "Anleitung" bedarf, die dann auch durch ein Gemeindeglied in Damaskus erfolgt. Nach der Zeichenhandlung der Taufe "fällt es ihm wie Schuppen von den Augen"; er steht auf, er kann gehen. Auch in dieser Geschichte ist mit Händen zu greifen, daß "Sehendwerden" ein durch den Geist gewirkter Erkenntnisvorgang ist – ein Erkenntnisvorgang, dem eine Unterweisung vorausging. Noch im gleichen Kapitel findet die lukanische Geschichte ihre Fortsetzung: Paulus ist imstande, entsprechend der zuteilgewordenen Erkenntnis zu handeln. In der Synagoge zu Damaskus predigt er den Juden "Jesus, den Sohn Gottes" (9,19b) und in Jerusalem den griechisch sprechenden Juden (9,29).

4.3 Das wahre Licht sehen können bei Johannes. Die Heilung eines von Geburt an Blinden (Joh 9,1-41)

In einen anderen Zusammenhang hat Johannes 'seine' Blindenheilung gestellt. Er hat das Symbol der blinden Augen verknüpft mit dem Kontrastsymbol "Licht und Finsternis".

Wer das Johannesevangelium liest, wird unschwer eine verschärfte Polemik gegenüber der Synagoge, den Juden, den Pharisäern feststellen. Vieles deutet darauf hin, daß beide Gruppen nicht nur zu unterscheiden, sondern bereits voneinander getrennt sind. Möglicherweise (und dafür gibt Joh 9 Anhaltspunkte) geht die Trennung nicht auf eine Entschluß der christlichen Gemeinde, die Synagoge zu verlassen, zurück, sondern auf einen Beschluß der Synagoge, die Anhänger des Christus auszuschließen – aus dem Volk Gottes – hinaus aus dem Raum der Synagoge, vor ihre Türe. Das würde aus der Sicht des Judentums bedeuten: hinaus und dorthin, wo kein Heil ist. Aus der Sicht des Johannesevangeliums hätte dann in diesem unglaublichen Handeln die Macht der Finsternis ihren Höhepunkt erreicht. Nicht nur, daß die Erben des Gottesvolkes den Christus nicht angenommen haben, ihn, den Sohn seines Volkes, "der in das Seine kam und die Seinen nahmen ihn nicht an", sondern auch die "Kinder des Lichts" (von wenige Ausnahmen abgesehen) verfolgen (vgl. zum Ganzen auch den Prolog in Joh 1). Die Frage mußte entstehen: Wo ist das Licht, und wo ist die Finsternis? Wer bringt das Licht, und wer verbreitet Finsternis?

In dieser großangelegten Auseinandersetzung kommt der Blindenheilung bei Johannes eine grundsätzliche Bedeutung zu. Sie hat – im Gegensatz zu synoptischen Blindenheilungen – keine klar umrissenen Abgrenzungen ("Perikope"). Mehrfach, sowohl im vorausliegenden wie in den nachfolgenden Kapiteln, wird auf sie Bezug genommen in einer Weise, die der zusätzlichen "Erhellung" dienen soll (Joh 8,12-20 und 11,1-45 sowie 12).

Ich bin das Licht der Welt (Joh 8,12-20)

Das Johannesevangelium ist das Evangelium der Ich-bin-Worte. Sie umkreisen gewissermaßen das Sein des Christus und entfalten es in zentralen Aspekten. Wenn der Christus des Johannesevangeliums sagt: "Ich bin ...", dann werden in diesen Offenbarer-Reden die von der Gemeinde gewonnenen Einsichten darüber, was das Sein ausmacht, wie in Brennpunkten gebündelt. Wer erkannt hat, was das wahre Sein ist, der hat teil am Leben. Die Blindenheilung des Johannesevangeliums ist gewissermaßen die Explikation des Ich-bin-Wortes, mit dem wir uns zunächst beschäftigen wollen.

Johannes 8,12: Ich bin das Licht der Welt. Wer mir nachfolgt, wird *nicht* in der Finsternis wandeln, sondern das Licht des *Lebens* haben.

Ohne daß ausdrücklich das Alte Testament zitiert wird, scheinen Anknüpfungen an alttestamentliche Licht-Gedanken vorzuliegen:

a) an das Knecht-Gottes-Lied in Jesaja 49,6: "So will ich dich denn zum Licht der Völker machen, daß mein Heil reiche bis an das Ende der Erde".

   Es kann hier außer acht blieben, wer ursprünglich mit dem "Knecht" gemeint war, eine Einzelperson oder ein Kollektiv. Die christliche Hermeneutik hat diese Aussagen auf den *einen* Knecht Gottes hin gedeutet.

b) an die Ankündigung des Protojesaja in Jesaja 9,2: "Das Volk, das im Finstern wandelt, sieht ein großes Licht".

   Genau dazu ist der Christus gekommen, um das göttliche Licht denen zu bringen, deren Existenz "Finsternis" ist. Das Problem, mit dem die johanneischen Gemeinden zu kämpfen hatten, war allerdings, daß "das Volk" (das Volk des alten Bundes) dieses Licht eben nicht gesehen hat.

c) an ein Psalmwort in Psalm 56,14: "Denn du hast mein Leben von dem Tode errettet ... daß ich vor Gott wandle im Lichte des Lebens".

Johannes 8,13: Die Pharisäer erkennen sofort, daß Jesus hier von seiner Person redet, während alle alttestamentlichen Licht-Gedanken bzw. Lichtworte sich auf Gott beziehen. Deshalb – so scheint es – nennen sie seine Rede "nicht wahr".

Johannes 8,14: Jesus hält dagegen und nimmt die Wahrheit für sein Zeugnis in Anspruch, weil er weiß, was jeder Mensch wissen müßte: Er kennt seinen Ursprung und sein Ziel. Er weiß, woher er kommt und wohin er geht. Wer beides, Ursprung und Ziel, nicht kennt, ist verloren. In Bezug auf seine Person wissen die Pharisäer nicht Bescheid und daher bleibt auch die An-erkennung dessen aus, der das Licht ist.

Johannes 8,19: Fast dümmlich – in einem grotesken Mißverstehen der Christusrede – fragen die Pharisäer: Wo ist dein Vater? Als ob es um einen irdischen Vater und die biologisch-physische Herkunft Jesu ginge! Es geht um den Seins-Zusammenhang zwischen dem Vater und dem Sohn, einen Zusammenhang, der qualitativ ganz anderer Art ist. Aber die "Pharisäer" kennen weder den Christus noch den Vater – sie sind blind!!!

Der Blinde hat das Licht gesehen (Joh 9,1-41)

Die Blindenheilung will im Zusammenhang mit dem Licht-Wort gesehen werden. In 9,5 greift Jesus ausdrücklich auf diese Offenbarungsrede zurück und sagt: "Solange ich in der Welt bin, bin ich das Licht der Welt". Das soll jetzt, so die Intention des Evangelisten, an einem Menschen, dessen Sein von Geburt an durch Blindheit bestimmt ist, offenbar werden. Es ist nicht einfach, dieses Offenbarwerden der Herrlichkeit Gottes zu erkennen, denn das Handeln Jesu ist äußerst mißverständlich:

Er vollzieht eine mirakulös anmutende Handlung am Blinden; aus Erde und Speichel macht er einen Brei, den er – wie ein Naturheilmittel! – auf dessen Augen legt. Daraufhin geschieht ... nichts!!!

Er schickt ihn an den Teich Siloah mit seinem für seine Heilkraft berühmten Wasser, wo er sich waschen soll. Daraufhin geht der Blinde sehend weg.

WEM nun hat er es zu verdanken, daß seine Augen geöffnet wurden? Das ist – nach dieser Exposition – die Frage der gesamten Geschichte.

V 8-12: Die Nachbarn: Nun beginnt auf einer scheinbar vordergründigen Ebene ein Streit um die Identität des ehemals Blinden. *Ist* er es oder ist er ihm nur *ähnlich?* fragen die Nachbarn.
Da sagt er: ICH BIN ES – *er gibt sich selbst zu erkennen.*

WIE es vor sich gegangen ist, daß er sehend wurde, kann er schildern. Er tut es – zum ersten Mal (V 12).

WO der ist, der es bewirkt hat (Niemand hat danach gefragt!)?
ER WEISS ES NICHT.

V 13-23: Die Pharisäer – erste Runde: Es schließt sich die Vorführung des Sehendgewordenen vor die Pharisäer an. Sie sollen ihn für gesund, also sehend erklären.
WIE es vor sich gegangen ist, soll der ehemals Blinde auch hier sagen. Er tut es – zum zweiten Mal. Es entsteht eine Spaltung unter den Pharisäern: Die einen sagen, derjenige, der die Heilung bewirkt hat, ist nicht von Gott, denn er hat den Sabbat nicht eingehalten. Die anderen sind unsicher: *Solche* Zeichen kann doch wohl kaum ein sündiger Mensch tun! Nun soll auch der Sehendgewordene ein Urteil abgeben und sagen, wer der ist, der ihn sehend gemacht hat. Er antwortet: Er ist ein Prophet. Jetzt bezweifeln die Juden, daß er über-haupt blind gewesen und sehend geworden ist, daß hier überhaupt etwas gewe-sen oder geschehen ist.

An die Befragung des Geheilten schließt sich die Befragung seiner An-gehörigen an. Die Eltern identifizieren ihren Sohn und bestätigen, daß er von Geburt an blind war. Die Eltern tun das, was viele Eltern von Konvertiten tun: Sie fürchten sich, "denn die Juden waren schon übereingekommen, wenn jemand ihn als den Christus bekennen würde, solle er aus der Synagoge ausgeschlossen werden (sic!)". Sie wissen gar nichts, weder

WIE   es geschehen ist noch
WER ihm die Augen aufgetan hat.
WIR   WISSEN ES NICHT (V 21).

V 24-34: Die Pharisäer – zweite Runde: Eine zweite Runde mit den Pharisäern
wird eingeleitet. Was vorher zumindest umstritten war, wird jetzt als bewiesene
Tatsache hingestellt: Jesus ist ein sündiger Mensch! WIE ist es – diese Prämisse
vorausgesetzt – dann geschehen? Der ehemals Blinde erklärt es – zum dritten
Mal! Aber jetzt sagen sie es ihm auf den Kopf zu: Du *bist* sein Jünger! Zu Mose
hat Gott geredet, das wissen wir;

WOHER Jesus kommt?
WIR WISSEN ES NICHT (V 29).

Wir halten an diesem Punkt der Erzählung inne. Dreimal muß der ehemals
Blinde schildern, WIE es vor sich gegangen ist, daß er sehend wurde. Dreimal
gibt er Antwort.

Dreimal sagen Menschen: WIR WISSEN ES NICHT. Sie antworten auf drei
verschiedene Fragen.

WO   der ist, der sehend gemacht hat – der Sehende weiß es nicht.
WER   der ist, der sehend gemacht hat – die Angehörigen wissen es nicht.
WOHER   der kommt, der sehend gemacht hat – die Pharisäer wissen es nicht,
             geben vor, es nicht zu wissen.

Daß die Pharisäer "nicht wissen", ist für den ehemals Blinden wahrhaft verwunderlich. Jesus hat einem Menschen – ihm – "die Augen aufgetan", hat
bewirkt, daß er Licht sieht. Licht bringen kann doch wohl nur der, der vom
Licht kommt. Gegen genau diesen Zusammenhang sperren sich die Pharisäer
und "sie stoßen ihn hinaus" (V 34). Dem Sehendgewordenen widerfährt genau
das, was der christlichen Gemeinde insgesamt widerfahren ist: Voller Entrüstung wurde sie aus der Synagoge ausgeschlossen. Die Fronten sind jetzt klar:
Da sind die (für die der ehemals Blinde exemplarisch steht), denen die Augen
aufgetan wurden. Da sind die anderen, die – blind in ihrem Zorn und in ihrer
'Begriffsstutzigkeit' – nicht erkennen, daß hier etwas geschehen ist, was von
Ewigkeit her noch nicht vernommen wurde (wohl aber von Propheten als
Utopie des neuen Heils gesehen wurde): daß einem Blindgeborenen die Augen
aufgetan wurden.

V 35-38: Dem Verstoßenen und Ausgestoßenen stellt Jesus die Bekenntnisfrage: Glaubst du an den Sohn des Menschen (d.h. an jenen, der nach Überzeugung des Judentums zum Endgericht kommt)?
WER soll das sein? fragt der Geheilte dagegen.
Jetzt gibt Jesus *sich zu erkennen: Der mit dir redet, der IST ES! Er identifiziert sich mit* dem zum Endgericht Kommenden.

V 39-41: Dieses Gericht vollzieht sich hier und jetzt: Diejenigen, die von Geburt an dem Blind-Sein verhaftet waren, 'sehen', sie anerkennen den, der von Gott gesandt ist. Diejenigen, die sich sehend wähnen, die es eigentlich wissen müßten, wenn sie ihrer Tradition – dem AT – folgen würden, sind mit Blindheit geschlagen.

Fazit: "Blind sein" und "sehend werden" ist auch im Johannesevangelium symbolisch zu verstehen, und nur symbolisch. Blind ist, wer Jesus nicht als den von Gott Gesandten anerkennt. Sehend ist der, der sich zu ihm bekennt. Die christliche Gemeinde versteht sich als die Gemeinschaft derer, die sich für das Sein im Licht entschieden haben, nachdem ihnen die Augen geöffnet wurden. Sie kann nicht anders, als diejenigen, die sie ausgestoßen haben, der Sphäre der Finsternis zuzurechnen.

4.4 Nicht nur das Licht erkennen, sondern auch auferstehen können (Joh 11,1-46; 12)

Ist die sogenannte Blindenheilung im Johannesevangelium eine Symbolgeschichte, dann liegt es nahe, im näheren Kontext von Johannes 9 nach weiteren Symbolgeschichten zu suchen. Es bietet sich die sogenannte Totenerweckung des Lazarus an. Sie ist durch zwei Anspielungen mit der Blindenheilung verknüpft.

V 9 und 10: Das Bildwort vom Umhergehen bei Tag und Nacht.
Jesus sagt es, als er sich zur Umkehr nach Judäa entschließt, nachdem ihm die Botschaft von der Krankheit des Lazarus zugegangen war: Geht jemand bei Tag umher, stößt er nicht an; denn er sieht 'das Licht der Welt'(Jesus ist das Licht der Welt!).
Geht er bei Nacht umher, stößt er an; denn das Licht ist nicht in (!) ihm.
Dies genau wird die Geschichte zeigen: Wie Lazarus umhergehen kann, ohne sich zu stoßen, weil "Licht in ihm" geworden ist.

V 37: Die Juden fragen: Konnte er, der dem Blinden die Augen aufgetan hat, nicht machen, daß auch dieser nicht stürbe?

Die Geschichte wird zeigen, daß genau dieses Jesus tun wird. Er wird bewirken, daß Lazarus sich nicht mehr einschließen muß.

Die Geschichte treibt auf eine Steigerung zu: Lazarus ist krank, und als Jesus zögert, ihn sofort aufzusuchen (V 6), wird er immer kränker. Lazarus ist "entschlafen" – tot (V 11 und 14). Als Jesus endlich in Bethanien ankommt, liegt er schon vier Tage in der Gruft. Der Geruch des Todes steigt von ihm auf.

Die Geschichte kontrastiert: Lazarus und seinen Todesschlaf und Jesus, der sich mit einem weiteren Ich-bin-Wort vorstellt: Ich bin die Auferstehung und das Leben.

Diese Rede von der Auferstehung wird gegen zwei Mißverständnisse abgesichert. Das eine kommt von den Jüngern. Das Entschlummern des Lazarus verstehen sie ganz vordergründig als Heilschlaf, der zur Genesung führt. Nein, das meint Jesus nicht. Die andere kommt von Martha, der Schwester des Lazarus. Sie stimmt, wie sie es gelernt hat, einer Auferstehung der Toten am Jüngsten Tag zu. Nein, auch das meint Jesus nicht. ER ist die Auferstehung und das Leben. Wer an ihn *glaubt*, wird leben (genau so wie er das Licht haben wird !!!), auch wenn er physisch stirbt (V 26).

ER RUFT IHN, der sich "vergraben" und sich selbst gebunden hat an den Händen und Füßen. Lazarus folgt dem Ruf; äußerlich sichtbar hat er die Binden an Händen und Füßen – Zeichen seiner inneren Unfreiheit. Auch das Schweißtuch trägt er noch "auf seinem Angesicht" (!). Es erinnert doch sehr an die "Decke, die die Juden bis zum heutigen Tag auf ihrem Herzen tragen, so wie Mose eine vor seinem Angesicht trug" – Paulus beschreibt sie ausführlich in 2.Korinther 3,13 ff. Auch sie wird Lazarus dem ehemaligen Juden, der durch das Gesetz gebunden war, abgenommen – nachdem er den Ruf Jesu gehört und ihm gefolgt ist. Es liegt nahe, jetzt das "Schlafen" (Entschlummern) richtig zu interpretieren. Weder der Erschöpfungsschlaf eines Kranken ist gemeint noch jener Euphemismus, mit dem häufig der physische Tod umschrieben wird. Es ist ein symbolischer Schlaf, von dem Lazarus jetzt erwacht ist. Jetzt weiß er, wem er zu glauben und wem er zu folgen hat. Es hat einiges für sich, in Johannes 11 eine Taufgeschichte zu vermuten. Darauf weist schon die Hinführung zu Johannes 11 in 10,40 hin: Jesus ging dorthin, "wo Johannes zuerst getauft hat". Das kann man doch nur so verstehen: Johannes und seine Jünger haben zuerst getauft, dann hat die christliche Gemeinde getauft. Schließlich darf noch auf den Taufhymnus in Epheser 5,14 hingewiesen werden: "Wach auf, der du schläfst, steh auf von den Toten, so wird Christus dir als Licht aufleuchten!"

Die Blindenheilung (einschließlich der Lazarusgeschichte) findet ihren Abschluß in den Worten Jesu in Johannes 12,34 ff über das Licht. Jesus fordert das Volk auf: "... glaubt an das Licht, damit ihr Kinder des Lichtes werdet!" –

eine Aufforderung, sich zu bekehren, sich Jesus bzw. seiner Gemeinde anzuschließen! Sie glauben nicht, und dieser Umstand wird mit der Augensymbolik aus Jesaja interpretiert: Ihre Augen sind geblendet, daß sie mit ihren Augen nicht sehen, mit dem Herzen nicht verstehen und sich nicht bekehren.

4.5 Jesus und die Augen der Menschen

Welches Bild vom Menschen und welches Bild vom Christus entsteht vor uns, wenn wir – wie in diesem Kapitel – die Überlieferung unter dem Gesichtspunkt der Augen-Symbolik untersuchen und erschließen? Es hat durchaus Ähnlichkeiten mit jenem Bild, das sich bei der Untersuchung der Symbolik von Hand und Fuß ergeben hat. Ein Bild vom irdischen Jesus entsteht, der die Augen Gottes hatte und *sah*. Er sah die von den andern Übersehenen, die Elenden, die "im Finstern saßen".

Er ist Menschen begegnet, die an der Licht-losigkeit ihrer Umwelt litten. Er ist aber auch Menschen begegnet, deren Sehfähigkeit "defizitär" war, die Mangel an sehenden Augen hatten. Er hat ihnen zum Sehen des Heils verholfen. Gerade dieses Tun bringt ihm selbst Leiden – das Kreuz – ein. Man speit ihm ins Angesicht, seine Augen verlöschen durch einen gewaltsamen Tod. Er stirbt durch Menschen, die Augen haben und nicht sehen. Es wird ein Bild vom Auferstandenen gezeichnet, über dessen Schicksal Menschen die Augen aufgehen. "Christus, den Gekreuzigten", haben die Verkündiger ihren Gemeinden "vor Augen gemalt" (Gal 3,1).

Kapitel 8:

Das Symbol des Ohres

1. Augen und Ohren, die beiden wichtigsten Organe der Sinneswahrnehmung, haben vieles gemeinsam

"Augen *und* Ohren aufmachen" muß der Mensch, um sich zu öffnen für das, was die Wirklichkeit für ihn bereithält und dadurch sein Menschsein zu vervollkommnen. Er entscheidet darüber, was er für sich annehmen kann und übernehmen möchte. Für sein Auge gibt es Dinge, die sehens-wert sind, für sein Ohr Dinge, die hörens-wert sind. Die Beschäftigung mit der Frage, was sehens- und hörenswert sein könnte, ist etwas anderes, als wenn ein allgemeiner Meinungstrend suggeriert: Das muß 'man' gesehen, das muß 'man' gehört haben! Andere, Fremde, haben bestimmt, was angeblich für mich gut ist oder nicht.

Bei angenehmen Dingen sagen wir: "Das ist eine Augen-weide!", "das ist ein Ohren-schmaus!" Den Augen *und* den Ohren kann man etwas vormachen; wir sprechen von Augen-wischerei und von Ohren-bläserei. Beiden Sinnesorganen ist schließlich gemeinsam, daß man sie besitzen kann, daß sie intakt sind, aber dennoch die Seh- und Hörfähigkeit ihres Besitzers gestört ist. Unsere Umgangssprache bringt das drastisch zum Ausdruck: "Du hast Tomaten auf den Augen!", d.h. deine Augen sind bedeckt, denn Tomaten sind in der Regel wesentlich größer als Augen. "Du hast Dreck in den Ohren!", d.h. deine Ohren sind verstopft. Augen wischen und Ohren waschen – das muß sein, wenn Menschen dazu neigen, zu 'über'-sehen und zu 'über'-hören.

Nur hören?!

Dennoch gibt es Unterschiede zwischen Auge und Ohr. Konzentrieren wir uns in diesem Kapitel auf das Ohr!

Wir können etwas hören, bevor wir es sehen. Geräusche dringen an unser Ohr, vielleicht unverständlich, erstes Signal! Wir spitzen wie auch andere Lebewesen, etwa Hunde, die Ohren, legen die Hand hinter die Ohrmuschel, um deutlicher unterscheiden zu können, woher die Laute kommen, was sie zu bedeuten haben.

Man sagt oft: Ich habe es mit eigenen Augen gesehen; ich habe es selbst gehört – ich weiß es nicht nur vom Hören-und-Sagen. Jedoch: Kein Gericht der Welt verläßt sich bei einem Zeugen darauf, daß er etwas gehört hat, etwa die Stimme des Täters wiederzuerkennen glaubt. 'Augen'-zeuge muß er sein. Das scheint darauf zu deuten, daß man den Augen mehr zutraut als den Ohren: Letzte Sicherheit gibt es erst durch den Augenschein. Umgekehrt sind Visionen (zumindest innerhalb der biblischen Überlieferung) immer auch Auditionen: Menschen schauen etwas und hören etwas; mehr noch: Was das Auge sieht, wird für das Ohr erläutert. Es gilt auch für die gesamte Thematik dieses Buches. Ein Zeichen kann geschaut werden, aber das Ohr muß erfahren, daß es etwas bedeutet. Mag manches auf den Vorrang des Auges hinweisen, das Ohr ist unerläßlich in seiner Stützfunktion, in seinem Zubringerdienst, den es für das Auge leistet.

Formen des Hörens

Es fällt auf, daß in unserer Sprache die Tätigkeit des Ohrs, das Hören, mit bestimmten Präpositionen verbunden ist: abhören, anhören, auf etwas hören, erhören, zuhören. "Ab-hören" ist der heimliche Diebstahl, den man mit dem eigenen Ohr begeht. Es erlauscht etwas, was nicht für es bestimmt ist. An-hören hat den Charakter des Unverbindlichen, wie ja auch öffentliche Anhörungen beweisen. Man nimmt zur Kenntnis, ohne sich zu etwas zu verpflichten. "Hör es dir wenigstens an!" will sagen, daß man vom Zuhörenden noch keine Zustimmung erwartet. Wer zuhört, konzentriert sich mit ungeteilter Aufmerksamkeit auf das, was der andere überbringen möchte. "Jemand kann zuhören!" gilt als bemerkenswerte Eigenschaft, über die noch lange nicht jeder verfügt. Die beiden präpositionalen Verbindungen 'auf etwas hören' und 'erhören' verdienen etwas mehr Aufmerksamkeit.

"*Hör auf ihn*!" oder "Hör auf das, was er zu sagen hat!" ist in mehrfacher Hinsicht ein wohlmeinender Rat: Der, auf den man hören soll, wird als vertrauenswürdige Person empfohlen; was er zu sagen hat, als Aussage empfohlen, die gewinnbringend, gut, für den ist, der sie annimmt. Auf etwas hören – ihm folgen!

Wer bedingungslos auf Personen oder Botschaften hört, kann *hörig* werden.

Ein Volk kann falschen Propheten aufsitzen; es kann durch Propaganda manipuliert werden. Es ist wahr, daß ein treues Tier auf die Stimme seines Herrn hört – ohne zu fragen. Es wird den Menschen oft als Vorbild entgegengehalten. Aber der Mensch kann abwägen, was gut ist und was böse. 'Blindes' (!) Gehorchen läßt ihn sein Menschsein verlieren. Hören genügt nicht!

Bevor auf das Er-hören eingegangen wird, soll noch einmal das Zuhören differenziert betrachtet werden. Die Bitte um Zuhören kann auch formuliert werden: "Leih mir dein Ohr!" Wie interessant! Jemand *hat* das Ohr des Ministers, kann heißen: Er findet Gehör; er findet mehr Gehör als andere; er hat dadurch Einfluß! Wer sich ein anderes Ohr *leiht*, nimmt es nur vorübergehend in Anspruch für sein Anliegen; er gebraucht es zu seiner Entlastung. Wer die Beichte eines anderen hört, leiht ihm sein Ohr. Wer "er-hört" wird, dessen Bitte wird entsprochen. Er bittet, und es wird ihm gewährt.

Voraussetzungen und Folgen des Hörens

Es wäre absurd, würden wir unser Hörorgan nur in der Weise benutzen, daß die Sprache, die uns erreicht, zum "einen Ohr hinein, zum anderen hinausgeht". Wirkliches Hören ist von Voraussetzungen abhängig und hat Folgen. Auch hier weisen Wortverbindungen in unserer Sprache auf den richtigen Weg.

Still sein und hören: Worte aufnehmen und verstehen, kann nur der, der Stille um sich hat und selbst still ist. Wer die Ohren öffnen will, muß erst einmal seinen Mund schließen. Der Lärm anderer muß abgewehrt werden. "Sein Ohr neigen" bedeutet ausschließliche Zuwendung zu dem, dem man sein Gehör schenken will.

Hören und Sehen: Hören scheint immer auf Ergänzung angewiesen. "Hören und Sehen kann einem vergehen". Hören und Sehen brauchen sich gegenseitig (s.o.).

Reden und Hören: Taube sind bekanntermaßen häufig auch stumm, ohne daß ihr Sprechorgan geschädigt ist. Da sie Sprache nicht hören können, lernen sie nicht sprechen. Redenkönnen ist darauf angewiesen, daß gehört wurde. Das gilt auch im übertragenen Sinn: Niemand sollte Reden zum Besten geben, der nicht zuvor zugehört hat, sonst erweist er sich als "taube Nuß".

Hören und Tun: "Seid nicht Hörer des Worts allein, sondern auch Täter!" sagt im Neuen Testament der Apostel Jakobus. Hinter dieser besorgten Ermahnung steht die Erfahrung, daß es manche Menschen beim passiven Zuhören belassen und nicht bereit sind, ein aktives Tun des Gehörten folgen zu lassen.

Das "feine Gehör"

Das Auge kann unterscheiden zwischen hell und dunkel – das sind klare Gegensätze! Das Problem des Auges ist das Sehen bzw. Nichtsehen, das Wachsein bzw. Schlafen, das Blindsein bzw. Erleuchtetwerden. Das Ohr kann sehr differenzierte Tonlagen ausmachen. Ist es zu laut, halten wir uns die Ohren zu, ist es zu leise, legen wir die Hand trichterförmig hinter die Ohrmuschel. Das Ohr kann alles auffangen vom gellenden Schrei bis zum leisen Flüstern. Das Ohr kann "Zwischentöne" registrieren. Darauf kommt es oft an im Leben!

2. Wie wichtig ist das Ohr für die "Religion des Wortes"?

Es fällt auf, daß innerhalb der biblischen Überlieferung das Ohr nicht annähernd so oft vorkommt wie das Auge. Die Tätigkeit des Ohrs, das Hören, konkurriert mit der Tätigkeit des Auges, dem Sehen. Keineswegs aber ist das Hören häufiger als das Sehen, eher etwas seltener. Das verwundert insofern, als die biblische Religion immer als Religion gilt, die dem "Wort" besonders verpflichtet ist.

Höre, o Herr, mein Flehen – ER hört!

Wer suchend an den Psalmen entlanggeht, findet ungewöhnlich oft die Bitten: Höre, o Gott ...!" oder "Neige dein Ohr, o Herr, erhöre mich ...!"[1]

Weinend und flehentlich (Ps 6,9 f), schreiend (Ps 40,2) oder klagend (Ps 61,2) werden die Anliegen vor Gott gebracht. Aus den beispielhaft angegebenen und anderen Psalmen läßt sich schließen, daß hier Verzweifelte rufen, die bei anderen Menschen kein Gehör gefunden haben. "Ach, daß ich einen hätte, der mich hörte!" (vgl. dazu Hiob 31,35). Im Gegenteil: Was sie um sich herum hören, ist das bösartige Zischeln vieler, die ihnen ans Leben wollen – grauenhaft (Ps 31,14)! Auch keine Gerichtsinstanz hört den Beter an und spricht ihm Recht (vgl. z.B. Ps 17); nur vom Herrn erhofft er sich, daß seine (Verteidigungs-)Rede angehört wird, daß "Gott dieser seiner Rede sein Ohr zuneigt" (ebd.). Die alttestamentliche Wissenschaft hat diesen Psalmentyp dem "unschuldig Verfolgten" zugeschrieben. Wie dem auch sei: In diesen Gebeten, in denen um Gehör gerufen wird, kommt ein unerhörtes Maß an Verlassenheit und Ein-

---

1 Vgl. auch die Konkordanz zu "Ohr" und "Hören".

samkeit zum Ausdruck; selbst den "Freunden ist man entfremdet" (Ps 88,9 und 19). Über diese Entfremdung, Verlassenheit und Einsamkeit wird – und das ist für die folgenden Zusammenhänge wichtig – auch symbolisch gesprochen:

> "Wie einer, dessen Augenlicht nicht mehr ist, wie ein Tauber, der nicht hört und wie ein Stummer, der den Mund nicht auftut",

ist der, der darauf harrt, daß Gott ihn hört (Ps 38 insgesamt). Der zitierte Psalm ist eine symbolische Rede, denn faktisch hat der Betroffene ja gesprochen, sonst wäre sein Gebet nicht überliefert! Jedes Bild für sich genommen reicht schon aus, um ein großes Ausmaß an Leiden zu beschreiben. Jedes Bild für sich genommen gibt das Motiv für eine Heilungsgeschichte im Neuen Testament. Die Hilferufe werden ausgestoßen in der Erwartung, daß bei Gott sich jene Korrespondenzen einstellen werden, die zum Hören gehören: daß er hört *und* sich nicht in Schweigen hüllt, sondern antwortend reagiert (vgl. Ps 28,2); daß er hört *und* handelt, indem er aus Not hilft (vgl. Ps 45,9).

Schon längst ist aufgefallen, daß viele Psalmen, die aus der tiefsten Tiefe menschlicher Befindlichkeit kommen, eine Kehrtwendung enthalten, Ungewißheit und Verzweiflung verwandeln sich in Hoffnung und Gewißheit. Es ist, als habe man eine Münze in der Hand: Die eine Seite ist Bedrängnis und zweifelndes Fragen – die andere Seite ist hoffnungsvolles Antworten und Gewißheit.

Folgende nebeneinandergestellte Aussagen können das anschaulich machen:

Psalm 17,6
> Neige dein Ohr zu mir,
> vernimm meine Rede!

Psalm 10 ,1 7
> Das Sehnen der Dulder hast du erhört ...
> du neigst dein Ohr ...

Psalm 28,2
> Höre mein lautes Flehen,
> wenn ich zu dir schreie...

Psalm 40,2
> Er neigte sich zu mir und
> hörte mein Schreien.

Psalm 61,2
> Höre, o Gott, meine Klage!

Psalm 6,9
> Der Herr hat mein Weinen gehört ...

Nur auf den ersten Blick erscheint die Kehre von "Erhöre mich!" zu "Er hat mich erhört!" wie ein Automatismus. Bei näherem Hinsehen zeigt sich, daß Gott durchaus "einseitig" hört. Beim Neigen seines Ohrs ergreift er Partei für die Unterdrückten. Er ist der Gott, der das Schreien der Israeliten "über ihre Treiber *gehört* hat" (Ex 3,7). Auf dieser Erfahrung gründet die Hoffnung, daß er das "Seufzen der Gefangenen (im Exil) *hören* und die dem Tod Geweihten erlösen wird" (Ps 102,21). Es ist nur konsequent, wenn wiederum das Volk, das selber erhört worden ist, aufgefordert wird: "Den *Kleinen* (!) wie den Großen sollt ihr *hören*" (Dtn 1,17).

Hört auf mich – sie hören nicht

Der Gang durch die Psalmen hat gezeigt, daß der Bitte um Erhörung die Gewißheit der Gewährung korrespondiert. Ein erneuter Gang durch die Psalmen zeigt noch eine weitere Entsprechung: Menschen bitten "Erhöre uns, oh Herr!" – Gott fordert auf: "Hört auf mich!" Menschen bitten in einer Erwartungshaltung – Jahwe hat seinerseits eine Erwartung an sein Volk. Schon im Buch Exodus werden diese Zusammenhänge entfaltet:

> "Wenn du dem Herrn, deinem Gott treulich *gehorchst* und tust, was vor ihm recht ist, wenn du *auf* seine Gebote *hörst* und alle Satzungen hältst..." (Ex 15,26).

Hier wird mehreres deutlich: Es ist zunächst Mose – ein Mensch – der diese Erwartung ausspricht. Mitten im Satz wechselt die Rede des Mose über in eine Gottesrede ("Denn ich der Herr, bin dein Arzt"). Auf Mose hören, heißt: auf Gott hören. Ferner: "Hören auf" entspricht dem "Gehorchen". Und schließlich: Gehorchen *und* tun bzw. hören *und* halten – passives und aktives Verhalten sind aufeinander bezogen. Ganz ähnlich ist der Zusammenhang beim Bundesschlußfest in Ex 24, besonders V 7.

Noch viel markanter hat das Deuteronomium in seinem geschichtlichen Rückblick auf die Wege Israels die Notwendigkeit des Hörens herausgestellt – mit den schon dargestellten Voraussetzungen und den Folgen.

Deuteronomium 6,4: "Höre, Israel: Der Herr unser Gott ist ein Herr!"

Deuteronomium 27,9: "Sei stille *und* höre; Israel!"

Deuteronomium 27,10: "Darum sollst du auf das Wort des Herrn *hören und* tun nach seinen Geboten und Satzungen." (Vgl. auch 5,27.)

Vielleicht noch ein bisher unerwähntes Pendant, das zum Hören gehört: Deuteronomium 12,38: "Bewahre *und* höre all das".

Hören *und* im Gedächtnis behalten bzw. sich erinnern gehören zusammen. Nun wäre es völlig falsch anzunehmen, das Deuteronomium gäbe hier das tatsächliche Verhalten Israels oder des Mose wieder. Der Geschichtsrückblick des Deuteronomiums ist interessengeleitet wie jeder andere Geschichtsrückblick. Die Interessen erwachsen aus Fragen der jeweiligen Gegenwart. Das Deuteronomium betont das Hören Israels und alles, was an Voraussetzungen und Folgen da-zu gehört, für die "alte Vergangenheit" Israels (Auszug und Sinaioffenbarung), weil die jüngste Vergangenheit Israels vom Nichthören gekennzeichnet war: "Ihr hörtet nicht und wart widerspenstig" (1,43). Gerade dieses Nichthören hat in die Katastrophe des Exils geführt. Bestätigt wird die Richtigkeit dieser Rückschau durch den Propheten Jeremia, der – sein Auftreten lag noch vor der Katastrophe – darunter litt, daß seine Botschaft *nicht gehört* wurde. Er fordert auf, zu hören auf sein Wort, "denn der Herr redet", ehe es zu spät ist:

> "Höret und merket auf, seid nicht hochfahrend, denn der Herr redet. Gebet dem Herrn, eurem Gott, die Ehre, ehe es finster wird, ehe eure Füße straucheln an umnachteten Bergen. Da harrt ihr auf Licht, und er macht es zu Finsternis, verwandelt es in Wolkendunkel ... Hört ihr aber nicht darauf, so muß meine Seele im Verborgenen weinen ..." (Jer 13,15 ff)

Wer die Botschaft *über*-hört, beschwört sich selbst das Gericht herauf. Dreiundzwanzig Jahre lang hat Jeremia nach eigenem Bekunden geredet von früh und spät, sie aber, das Volk, *haben nicht gehört*. Früh und spät hat der Herr seine Propheten und Knechte geschickt – *sie haben nicht gehört* (vgl. zum Ganzen Jer 23). Auf Jeremia wird hier so ausführlich eingegangen, weil sein Schicksal, sein vergebliches Reden und das Nichtanhören durch das Volk, von der neutestamentlichen Gemeinde im Schicksal Jesu wiederentdeckt wurde. Das vergebliche Senden der Propheten und Knechte wurde im Gleichnis von den bösen Weingärtnern wieder aufgegriffen (vgl. Mt 21).

Fassen wir die Abschnitte zusammen: Die Korrespondenz zwischen göttlichem und menschlichem Hören geht nicht auf.

Erhöre mich. – Er erhört.

Hört auf mich! – sie hören ... nicht.

Die Logik würde es gebieten, daß das Gottesvolk der Bitte Gottes um "das Hören auf" entspricht und sich gehorsam verhält. Das Unbegreifliche tritt ein: Sie hören nicht. Das ist eine theologische Herausforderung! Bevor wir uns der Frage zuwenden, wie das Neue Testament diese Herausforderung angenommen hat, muß noch ein Blick auf Deuterojesaja und seine Symbolsprache vom Ohr geworfen werden. "Mit geöffneten Ohren hat dieses Volk nicht gehört" (Jes 42,20). Es ist "ein Volk von Tauben, die dennoch Ohren haben" (Jes 43,8). Der Gottesknecht allerdings wird als einer beschrieben, "dem Gott das Ohr geweckt hat, damit er wie ein Jünger hört; der Herr hat ihm das Ohr aufgetan" (Jes 50,4 f). So – wie Deuterojesaja – wird das Neue Testament sich jene wünschen, die wahre Jünger Jesu sind. Wird sich das unbegreifliche Verhalten des Gottesvolkes wiederholen, "das mit seinen Ohren nicht hört?" Die Erwartung des zukünftigen Heils beinhaltet jedenfalls, daß "die Ohren der Tauben aufgetan werden" (so schon Jes 35,5). Mit dem Symbol des Ohrs, seiner Öffnung und seiner Taubheit, werden menschliche Verhaltensweisen beschrieben. Selbstverständlich wird in der alttestamentlichen Überlieferung auch von Gottes Ohr gesprochen. Das Symbol dient dazu, um Relationen zwischen Gott und den Menschen, zwischen Jahwe und seinem Volk zu beschreiben.[2]

3. Jesus öffnet die Ohren der Tauben

Ein Volk von Tauben und die Erwartung eines Heils, bei dem diesen Tauben die Ohren geöffnet werden, das ist der Motivhintergrund, aus dem heraus Symbolgeschichten vom Heil für die Ohren der Menschen gestaltet werden. Der Evangelist Markus ist der einzige, der eine ausgeführte Geschichte von der Heilung eines Tauben, "der kaum reden konnte", hat (Mk 7,31-37); vielleicht sind es sogar zwei Heilungen von Tauben, so wie er – zunächst zum Erstaunen des Lesers – zwei Blindenheilungen hat – wir werden sehen. Sein Evangelium ist durchzogen von der Beschäftigung mit dem irritierenden Geheimnis vom Nichtbegreifen der Botschaft und des Handelns Jesu. Die Symbolik des Auges und seiner Blindheit hilft ihm, diese theologische Herausforderung zu bearbeiten. Was mag ihn bewogen haben, sich auch mit der Verschlossenheit der Ohren und ihrer notwendigen Öffnung zu beschäftigen? Augen und Ohren gehören als Organe der Wahrnehmung und des Verstehens zusammen. Das war Markus mit Sicherheit bewußt. Da Jesus seine Botschaft nicht nur über Zeichen, sondern auch über die Rede vermittelt hat, wäre es eher merkwürdig, wenn Markus das Symbol des Ohrs überhaupt nicht beachtet hätte. Mehr noch: Kein Evangelium und kein Brief im Neuen Testament wurde geschrieben, ohne daß aus dem Überlieferungspotential des Alten Testaments geschöpft wurde – mit welcher Originalität auch immer. Im vorausgegangenen Abschnitt wurde darauf hingewiesen, daß sowohl in der Überlieferung der Psalmen als auch in der Überlieferung der Propheten Jeremia und Jesaja nicht nur das Öffnen der Augen, sondern auch das Öffnen der Ohren eine Rolle spielt. Die Botschaft von Jahwes Heilshandeln trifft auf Blinde *und* Taube.

Interessant ist auch bei den Tauben und Stummen der Kontext, in den Markus sie eingebunden hat.

Hören kann im menschlichen Leben vor dem Sehen stehen. Logischerweise hat Markus das Hörendwerden vor das Sehendwerden gestellt. Bedenkt man, daß Sehen gleichbedeutend mit Erkennen ist, dann muß der Messias *erst* gehört

---

2 Wie es zur Rede über "Gottes Ohr" gekommen ist, muß hier nicht noch einmal dargestellt werden. Die Entwicklung verläuft wie bei anderen Symbolen.

werden können, *bevor* er erkannt werden kann. Die Heilung des Tauben, der kaum reden konnte (Mk 7), erfolgt vor der Heilung des ersten Blinden von Bethsaida (Mk 8,22-26). Liest man darüber hinaus die Geschichte von der Heilung des Epileptikers (Mk 9,14-29), dann zeigt der Kranke dieser Geschichte zwar alle Symptome der bekannten Krankheit der Epilepsie. Man kann daraus aufgrund der Bearbeitung durch Markus auch eine Geschichte lesen, in der ein "stummer und tauber Geist" ausgetrieben wurde, ein Geist des Bösen, der einen Menschen "wie tot" erscheinen läßt. Dann läge diese zweite Taubstummenheilung (Mk 9) vor der zweiten Blindenheilung, nämlich der des Bartimäus (Mk 10). Folgt man dem von E. Schweizer vorgelegten Gesamtaufriß des Markusevangeliums, dann fällt die erste Taubstummenheilung in die Phase des Nichtbegreifens Jesu durch die Pharisäer, durch die Welt, ja, sogar durch die Jünger. Sie erfolgt noch vor der ersten Leidensweissagung:

Markus 1-6	Blindheit der Pharisäer – Verwerfung Jesu
	Blindheit der Mitbürger Jesu – Verwerfung Jesu
	Blindheit der Jünger – Geheime Zweifel der Jünger
Markus 7,31-37	Die Heilung des Taubstummen im heidnischen Gebiet von Tyros und Sidon
Markus 8,22-26	Die Heilung des Blinden von Bethsaida
Markus 8,27-32a	Der erste Leidenshinweis
Markus 9,14-29	Die Heilung eines Knaben, der von einem stummen und tauben Geist besessen ist
Markus 9,30-32	Der zweite Leidenshinweis
Markus 10,46-42	Die Heilung des blinden Bartimäus

Wir wollen uns auf den engeren Kontext der Taubstummenheilung in Markus 7 konzentrieren. Dieser Taubstummenheilung geht die Geschichte der Syrophönizierin, die für ihre Tochter bittet, voraus:

Markus 7,24-30: Die Syrophönizierin bittet für ihre Tochter, eine Frau für eine Frau, eine Erwachsene für ein Kind. Die Tochter kann nicht für sich reden. Auf sie trifft das Symbolwort zu: "Der Mund der Stummen, die ihren Mund nicht auftun können". Sie hat einen "unreinen Geist"; unrein sind die Heiden in den Augen der Juden. Dieses Verständnis von "unrein" wird gestützt dadurch, daß die Geschichte der Syrophönizierin und ihrer Tochter gewissermaßen eine Überschrift bekommt durch die vorgeschaltete Rätselrede Jesu über das, was den Menschen verunreinigt (V 14-23).

Die Syrophönizierin bittet, sie bettelt in geradezu peinlicher Weise und wird – erhört. Ja, in der Tat: Auch für die Hunde fallen Brosamen vom Tisch.

Auch für die Heiden "fällt etwas von dem Heil ab", das Jesus bringt. Dazu muß das heidnische Kind erst vom unseligen Fluch der Unreinheit befreit werden; von jenem Makel, den das jüdische Gesetzesverständnis den Heiden und ihren Nachkommen ausgedrückt hat.

Die Jünger sind übrigens in dieser Geschichte nicht anwesend – jedenfalls nicht explizit.

Der ersten Taubenheilung folgt eine weitere.

Markus 9,14-29: Die Geschichte des sog. Epileptikers liest sich wie eine Kontrast- bzw. Ergänzungsgeschichte zur Syrophönizierin. Hier bittet ein Vater für seinen Sohn. Auch er kann nicht für sich reden. Während die heidnische Frau bedingungsloses Vertrauen zu Jesus hat, möchte der jüdische Vater glauben und wird dennoch immer wieder von seinem Unglauben heimgesucht. Dazu muß das jüdische Kind erst von jenem unseligen Geist befreit werden, der ihn fast umbringt: dem der Taubheit, der auch zur Sprachlosigkeit verurteilt – seit der Zeit der vergeblichen Rede der Propheten Jeremia und Jesaja.

Während das heidnische Mädchen zwar vom Dämon befreit wird, bleibt es in seinem Bett liegen; der jüdische Knabe wird von Jesus "aufgerichtet".

Die Jünger zeichnen sich in dieser Geschichte durch ihr Unvermögen aus. Sie vermögen den Kranken nicht zu heilen.

Jetzt zur Taubstummenheilung (Mk 7,31-37):

Um den Tauben zu heilen, geht Jesus zurück ins galiläische Gebiet, zurück vom heidnischen ins jüdische Land. "Man" brachte "einen" Tauben; merkwürdig blaß bleibt die Szenerie (ähnlich wie bei dem ersten Blinden in Bethsaida). Die Heilung dieses ersten Tauben (wir nennen ihn so im Gegensatz zum zweiten in Mk 9) wird "abseits" vom Volk (Geheimnismotiv) vollzogen. Auch hier soll niemandem etwas gesagt werden (was nur die gegenteilige Wirkung hat: Das Volk staunt umso mehr!).

Durch Berührung mit den Händen geschieht die Heilung des ersten Tauben genau wie die des ersten Blinden. Die heilende Wirkung geht von einem "Geheimniswort" aus[3]: "Hephata!" Aramäisch überliefert Markus seinen hellenistischen Gemeinden dieses Wort, durch die Fremdsprache Aufmerksamkeit heischend. Bei der Heilung des ersten Blinden ging es weniger um die Verwandlung von Blindheit zum Sehen als vielmehr vom schemenhaften zum deutlichen Sehen. Bei der Heilung des Tauben fragt man sich, ob die Taubheit oder die Stummheit im Vordergrund steht. Er war einer, der "kaum" reden konnte. Durch die Heilung löst sich die Bindung der Zunge und es heißt nicht

---

3 Vgl. dazu die "Erweckung der Tochter des Jairus: 'Talitha kumi!'"

"Er hörte richtig", sondern er *"redete* richtig". Soll dies vielleicht bedeuten, daß hier ein richtiges Bekennen des Messias vorbereitet wird? Es ist nur eine Frage! Auch hier glänzen die Jünger durch Abwesenheit!

FAZIT: Daß die Menschen hören wie Jünger – das ist die Vorgabe durch den Gottesknecht des Deuterojesaja. Das ist das Ziel der Verkündigung Jesu. Nichts anderes hat jeder Evangelist im Auge gehabt. Menschlich verständlich ist, daß das Volk des Alten Bundes die Gerichtsbotschaft seines Gottes nicht hören wollte und seine Ohren verschlossen hat. Aber das Evangelium – die frohe Botschaft – nicht hören wollen, das ist nicht zu begreifen.

Ganz gewiß hat es immer wieder Menschen gegeben, die den Verlust ihrer Ohren – meist durch Gewalteinwirkung – zu beklagen hatten. Immer wieder hat es Menschen gegeben, die zwar ihr Hörorgan hatten, aber an einem schweren organischen Defekt litten. Das ist nicht das Problem der neutestamentlichen Symbolgeschichten. Sie beschäftigen sich mit dem Phänomen, daß Ohren vorhanden sind, ein organischer Defekt nicht vorliegt, aber ein "Hören mit Herz und Verstand" bei vielen Menschen völlig unmöglich scheint. Es besteht ein dringendes Bedürfnis, diesen Zustand des Mangels aufzuheben. Die Tauben- und Blindenheilungen des Markus wollen zeigen, daß Jesus diesen Mangel verwandelt. In den Kapiteln über die Symbole von Hand, Fuß oder Rücken wurde aufgezeigt, daß jenen Teilen des menschlichen Leibes, die Jesus wiederhergestellt hat, an ihm selbst während seiner Passion Leiden zugefügt wurden. Sein Leiden besteht darin, daß das Wort Gottes, das er bringt, "auf taube Ohren stößt", obwohl es doch gerade von diesem Wort schon im Alten Testament heißt, "es komme nicht leer zurück".

In der Passionsgeschichte der Synoptiker wird nirgends erwähnt, daß seine Ohren beschädigt wurden. In der Passionsgeschichte des Johannes (18,10-11) gibt es jene "Ohrgeschichte", in der Petrus einem Knecht namens Malchus das Ohr abhaut – vermeintlich im Sinne seines Herrn und für seinen Herrn. Er wird von Jesus scharf zurechtgewiesen (Petrus hat sich in der Wahl seiner Mittel eindeutig vergriffen), dem Geschädigten das Ohr geheilt. Auch das muß das Leiden Jesu verschärfen, wenn in seinem Namen ein Mensch um sein Hörorgan gebracht wird, um jenes Organ, mit dem die Botschaft des Heils vernommen werden kann!

Kapitel 9:

Das Symbol des Mundes

1. Die doppelte Aufgabe des Mundes

Der Mund des Menschen hat eine Öffnung, die als Eingang wie als Ausgang dient. Was sie aufnimmt und in sich ein"münden" läßt, ist ganz anderer Art als das, was sie aus sich herausläßt – eine Merkwürdigkeit, die uns vielleicht gar nicht mehr auffällt. Der Mund des Menschen hat zwei unterschiedliche Funktionen:

Mit den Lippen nimmt er Nahrung auf, mit der Zunge erforscht er den Geschmack, mit den Zähnen zerkleinert er alle größeren Stücke, um sie dann in den Magen gelangen zu lassen.Wenn alles seinen "natürlichen" Gang geht, wird das, was der Mensch zu sich genommen hat, auf einem ganz anderen Weg wieder ausgeschieden. Nur in Ausnahmefällen speit der Mensch voller Ekel oder voller Haß aus, was in seinem Munde ist.

Über die Lippen des Mundes kommen Sprache, Reden und Worte. Lippen können lautlose Worte formen, die sich – ist man konzentriert und geübt – von ihnen ablesen lassen. Für die akustisch vernehmbare Rede sind Lippen ein mimischer Begleiter. Geöffnete Lippen oder heruntergezogene Mundwinkel verstärken in negativer oder positiver Weise das, was die Worte sagen wollen. Aus dem Mund können unartikulierte Laute kommen: Weinen, Schreien, Lachen. Für die unterscheidbaren Worte ist die Zunge in Verbindung mit dem Kehlkopf zuständig. Was *aus* dem Mund kommt, gelangt auf andere Weise *hinein*; über das Ohr beispielsweise, so daß der Mund gehörte Worte weitergibt und ausspricht; über das Auge, das Bilder aufnimmt, die in Sprache verwandelt werden. Diese Wege laufen über den Verstand und drängen von dort wieder aus dem Menschen heraus. Es ist von daher nachvollziehbar, wenn die griechische

Sprache einen einzigen Begriff sowohl für den "Gedanken" als auch für das "Wort" hat: Logos. Die Philosophen der Stoa haben deshalb unterschieden zwischen dem λόγος ἐνδιάθετος, dem Gedanken, der im Menschen wohnt, und dem λόγος προφορικός, dem Wort, das aus dem Menschen heraustritt.

Nur der geschlossene Mund verweigert beide Funktionen: die Nahrungsaufnahme, die den Menschen am Leben erhält, und die Sprache, die den Menschen kommunikationsfähig macht.

Der Mund und die Mündigkeit

Die deutsche Sprache macht durch den gemeinsamen Wortstamm darauf aufmerksam, daß des Menschen Mund mit seiner Mündigkeit zu tun hat. Vielleicht könnte man sogar die Behauptung aufstellen: Der Mund ist das Symbol für Mündigkeit. Un"mündige" sind Säuglinge oder Kinder, die ihres Mundes noch nicht in vollem Umfang mächtig sind. Wer ent"mündigt" wurde, ist im juristischen Sinne nicht mehr geschäftsfähig. Er braucht einen Vor"mund" – einen Mund, der vor dem eigenen liegt und für den Unmündigen wie für den Entmündigten sprechen muß.

Totalitäre Staaten oder ideologisch einseitig ausgerichtete Gesellschaftssysteme, die Widerspruch und Opposition nicht ertragen können, versuchen, Menschen "mund"tot zu machen durch Zensur oder andere restriktive Maßnahmen. Aus Staatsbürgern werden Unmündige oder Entmündigte, obwohl sie das Kindesalter längst hinter sich gelassen haben und nicht an Verkalkungserscheinungen leiden.

Auch der ganz gewöhnliche Alltag kennt viele subtile Formen der Entmündigung. Da wird "der Mund verboten" und sein Besitzer zum Schweigen gebracht; es wird "über den Mund gefahren" und dem, der spricht, "das Wort abgeschnitten". Da werden Sachverhalte und Wahrheiten "mund"gerecht zugeschnitten, als ob der, dem sie mitzuteilen sind, ein geistiger Säugling ist, der nicht verdauen kann, was man ihm bietet. Wer "dem anderen nach dem Munde redet", ist am wenigsten zu entschuldigen. Er sagt nicht mehr, wofür er selbst einstehen kann, sondern was der andere hören möchte – eine schlimme Form der Selbstentmündigung! "Nach dem Munde reden" und "buckeln" sind bildhafte Redeweisen, die für die Selbstaufgabe des Menschen stehen.

Mund, Maul oder Schnauze?

Auf den ersten Blick scheint der Mund eine Bezeichnung aus der Hochsprache, das Maul bzw. die Schnauze eine Bezeichnung der Gossensprache. Der ursprüngliche Sachverhalt ist jedoch: Das Tier hat Maul oder Schnauze, der Mensch einen Mund. Wer die dem Tier vorbehaltene Bezeichnung auf den Menschen anwendet, disqualifiziert ihn: "Halt die Schnauze!" oder "Halt dein Maul!" ist mehr als eine verbale Entgleisung. Der andere wird zum nicht-adäquaten Gesprächspartner erklärt. Wem gesagt wird, "er reiße sein großes Maul auf" und "er möge eben dieses große Maul halten", der wird auf das Mißverhältnis zwischen der Quantität der Worte, die aus seinem Munde kommen, und ihrer Qualität hingewiesen. Der "Maulheld" ist ein Mensch, der nur mutig in Worten, nicht aber in Taten ist, so daß man ihm am besten "das Maul stopft". Auch der ewig Maulende wird nicht als konstruktiver Gesprächspartner empfunden.

Der Mund und die aus diese Wort abgeleiteten Derivate, der Mund und die Äquivalente aus dem Tierreich stehen als Symbol für symmetrische und für asymmetrische Kommunikation.

Die Lippen als Grenze

Die Lippen könnte man als äußerlich sichtbare Begrenzung des Mundes bezeichnen. Worte, die diesen äußeren Rand des Mundes überschritten haben, können nicht mehr zurückgeholt werden. Niemand weiß im voraus, was aus ihnen werden wird, wenn sie einmal "über die Lippen" gekommen sind. Sie werden auf jeden Fall eine "Wirkungsgeschichte" haben. Deshalb sagen wir verkürzt: "Jemand riskiert eine dicke Lippe". Wer seine "Lippen zusammen-preßt", versucht mit allen Mitteln, die Grenze seines Mundes "dichtzuhalten", abzuschotten – aus welchen Gründen auch immer. Was jedoch über diese Grenze geschickt wird, sollte mit dem übereinstimmen, was intendiert wird. Probleme entstehen dort, wo die Lippen eines Menschen sich zwar bewegen, das Herz aber unbewegt bleibt. Wer kennte nicht die Enttäuschung über bloße "Lippen-bekenntnisse"?

Die Zunge als Wirkungsmacht

In unserer Umgangssprache gilt die Zunge als Organ (ob es auch physiologisch so ist, mag dahingestellt bleiben), das die Worte in Bewegung setzt hin auf jene Begrenzung des Mundes, die sie überschreiten sollen; sie gilt als Organ, die Sprache vernehmbar und verstehbar werden läßt; als Organ, das Sprache in Worten artikuliert und in Bedeutungsgehalte differenziert. Oft ist Beschreibungen der Zunge das Staunen abzuspüren, wie klein und dennoch unentbehrlich dieses Organ ist; wie klein und dennoch von großer Wirkung. "Durch unsere

Zunge sind wir gewaltig!" sagt Psalm 12,5, und in den Sprüchen wird die Wirkungsmacht der Zunge so zusammengefaßt: "Tod und Leben stehen in der Gewalt der Zunge!" (Spr 18,21). Wer sich lieber "die Zunge abbeißt" als ein Geheimnis preiszugeben, weiß, welcher Anstrengung es bedarf, dieses unscheinbare Organ zu bändigen und Herr darüber zu bleiben. Von den großen Wirkungen der Zunge scheinen es vor allem die gefährlichen zu sein, vor denen der Mensch sich fürchtet. Deshalb wird immer wieder die Wahrnehmung laut: "Hüte deine Zunge!" Oder: "Halte deine Zunge im Zaum, zügle sie!" Die Potenz der Zunge wird hier indirekt mit der Kraft eines noch nicht gebändigten Pferdes verglichen, das losgaloppiert – und stürzt, niederreißend, was sich ihm in den Weg stellt, und unter Umständen den Reiter auf seinem Rücken abwerfend und unter sich begrabend. "Böse Zungen" bringen Unheil. Sie können spitz sein wie ein Stilett, tödlich wie das Gift der Schlange, die ihre Zunge hervorschießen läßt und dann mit dem Biß nachsetzt. Die Zunge wird oft mit einem zweischneidigen Schwert verglichen, das sein Opfer sucht, Wunden schlägt und – da es *zwei*schneidig ist, in der Wunde herumgedreht wird. *Wie* (!) Schlan-gengift, aber auch *wie* Honigseim (vgl. Spr 5,3) kann sein, was von der Zunge kommt: giftig und tödlich oder süß und tröstlich, aber auch klebrig, süßlich, alles zukleisternd, alle notwendigen Unterscheidungen verwischend.

Im Lukasevangelium sagt Jesus: "Ein Feuer auf die Erde zu bringen, bin ich gekommen, und wie sehr wünsche ich, es wäre entfacht!" (12,49). Das Bild des Feuers steht für die Wahrheit Gottes, die er zu bringen und zu verkünden hatte. Er selbst hat sich, wie viele Propheten vor ihm, an diesem Wort der Wahrheit "die Zunge verbrannt". Die Zunge steht symbolisch für die ganze Person. Jesus ist zwar nicht auf dem Scheiterhaufen verbrannt worden, wie mancher nach ihm, sondern ans Kreuz genagelt und zum Verstummen gebracht worden. Wenn in der johanneischen Passionsgeschichte Jesus sagt: "Mich dürstet!" (19,28), dann läßt sich paraphrasierend sagen: Ihm klebte die Zunge am Gaumen, und er ist ihrer nicht mehr mächtig. Es ergeht ihm wie einst dem Propheten Hesekiel, dem gesagt wurde, "man wird Stricke an dich legen und dich damit binden, ... und die Zunge wird man dir am Gaumen kleben lassen, damit du stumm bleibst ...!" (Ez 3,25 f).

Es mag für manchen der leichtere Weg sein, wenn er "mit zwei Zungen redet", hier so, dort anders; wenn er sich des Sprachmusters "sowohl als auch" bedient. Erkauft wird dieser Umgang mit der Zunge durch den Verlust der Identität. Nur eine Zunge hat der Mensch, *ein*deutig sollte die Bedeutung der Worte sein, die sie bewegt.

Mund und Sprache

SEHEN, HÖREN, SPRECHEN sind Fähigkeiten des Menschen, durch die er sich von anderen Lebewesen unterscheidet. Die ganz realen Organe AUGE, OHR, MUND ermöglichen die Ausübung dieser Fähigkeiten. Gemeinsam ist diesen drei Organen, daß sie durch die gleichen Adjektive charakterisiert werden können. Sie sind *offen* oder *zu*. Auch die gleiche Verbgruppe läßt sich ihnen zuordnen: Sie können *geöffnet* oder *geschlossen* werden. An Adjektiven und Verben wird schlagartig deutlich, daß die Bezeichnungen für reale Organe zugleich Symbole sind für Fähigkeiten (oder Defizite) des Menschen, bei denen Geist, Herz und Wille zusammenwirken. Es geht beispielsweise nicht nur um die Sehfähigkeit offener Augen, sondern um die "Seh"- bzw. Erkenntnisfähigkeit des Menschen. Es geht nicht nur um die *Sprechfähigkeit* des geöffneten Mundes und der beweglichen Zunge, sondern auch um die *Sprach*fähigkeit des Menschen. Das ist etwas anderes als die Fertigkeit, Worte und Wörter aneinanderzureihen oder um die Fähigkeit, Fremdsprachen zu erlernen. Wir kennen den Begriff Sprach"begabung" heute nur noch im engeren Sinne (Fähigkeit, schnell und leicht Fremdsprachen zu lernen). Das sollte uns nicht hindern, die Kunst, über Sprache zu verfügen, als eine Gabe besonderer Art zu begreifen. Wer über Sprache verfügt, kann schöpferische Prozesse in Gang setzen – heilbringend und ermutigend. Wenn jemandem die Fähigkeit zuwächst, eine "neue Sprache" zu sprechen, dann fügt er seiner Muttersprache nicht eine zweite oder dritte Fremdsprache hinzu. Er bringt etwas zu Gehör, das noch nicht dagewesen ist. Er setzt eine Sprache der Ermutigung gegen Resignation, Aufbruch gegen Lähmung[1]. Sprach"losigkeit" ist demgegenüber nicht das Fehlen intakter Sprachwerkzeuge, sondern die Unfähigkeit, etwas "zur Sprache zu bringen". Die Ursachen für Sprachlosigkeit können von außen oder innen kommen: Der Schock durch Unglück und Leid oder permanente Unterdrückung bewirken, daß "es einem die Sprache verschlägt" oder daß Verstummen zum Dauerzustand wird. Aus dem Inneren steigt das Unbewältigte herauf und lähmt die Zunge, legt sie in Fesseln. Der "geöffnete" Mund und die "gelöste" Zunge sind Zeichen der Sprachfähigkeit des Menschen, seine Sprachfähigkeit aber Zeichen seiner *Mündigkeit,* seiner Identität.

Sprachlosigkeit ist dementsprechend Zeichen der Entfremdung – der Selbstentfremdung und der Entfremdung zwischen denen, die eigentlich sprechen könnten und sollten. Sprache ist auf "Zwie"-sprache angelegt, auf den Wort-"wechsel", auf Rede und Antwort, auf Rede und Gegenrede. Sie lebt vom

---

1 Daß diese Art der Sprachfähigkeit vom Bildungsniveau des Sprechenden unabhängig sein kann, versteht sich von selbst.

einfachen Dialog ebenso wie vom tiefgehenden Diskurs über Grundsätzliches. Das gelungene kommunikative Wechselspiel lebt von den Fähigkeiten des Geistes, des Herzens und des Willens. Es bedarf des Verstehens, der Nähe und der Zuwendung und ist unabhängig von rhetorischer Wortgewandtheit und der Hervorbringung von Wortungeheuern. Wenn wir sagen, jemand "spricht eine *andere* Sprache", dann meinen wir nicht, daß er sich einer anderen Terminologie, einer anderen Syntax oder einer anderen Grammatik bedient. Wir meinen es symbolisch: Die Sprachebenen sind verschieden, so daß zwei Menschen oder zwei Völker nicht zueinander kommen können. Wenn wir sagen, jemand "spricht eine *fremde* Sprache", dann meinen wir nicht, daß er im Gegensatz zu uns Russisch, Chinesisch oder dergleichen spricht, wir meinen es symbolisch: Er hat eine uns fremde Denkweise, die Befremden auslöst und Zeichen der Entfremdung ist. Wenn wir sagen, "wir sprechen *eine* Sprache", dann meinen wir das symbolisch: Wir sind uns einig oder wir sind durch ein bestimmtes Band (das inhaltlich näher zu bestimmen wäre) geeint. *Eine* Sprache sprechen ist Zeichen gelungener Kommunikation. Der zum Schweigen gebrachte Mund und der zum Befehl geöffnete Mund sind Zeichen asymmetrischer Kommunikation.

2. *Gottes Mund und Menschen-Mund*

Die Religion des Alten Testaments gilt – zu Recht – als bildloser Kult. Nirgendwo findet die Darstellung eines göttlichen Mundes in der alttestamentlichen Überlieferung Erwähnung. Auch die Archäologie hat nichts zutage gefördert, was auf die künstlerische Gestaltung eines Körperteils Jahwes hinweist, somit auch seines Mundes, seiner Lippen oder seiner Zunge[2].

Die griechische Welt kannte jene Erdspalte (man könnte auch sagen: jenen "Mund" in der Erde) von Delphi, über der auf einem Dreifuß die Priesterin Pythia saß und im Zustand der Verzückung ihre weissagenden Sprüche verkündete. Überliefert ist, daß diese "Orakel" oft sehr dunkel, sprich: unverständlich, waren. Jeder, der sie erfragte, mußte sie sich deuten (lassen).

2.1 Gott schafft den Mund und die Sprache

Die biblische Überlieferung setzt, wenn sie "Mund" sagt, bei dem realen menschlichen Phänomen an. Jahwe ist der Schöpfer, der den Menschen geschaf-

---

2 Vgl. unten S. 232 f. die Ausführungen zur Goldenen Zunge in Jos 7.

fen hat und von daher auch jedes seiner Organe. Auch der Mund ist – wie Hände, Füße, Augen, Ohren – das Werk seiner Hände. Er hat Teil an der Geschöpflichkeit des Menschen. Diese theologische Prämisse des Alten Testaments kommt in der Symbolgeschichte von der Berufung des Mose (Ex 3 und 4) zum Tragen[3].

Mose erhält im Angesicht des brennenden Dornbuschs, am Fuße des Berges Sinai, den Auftrag, vor den Pharao zu treten und den Auszug des Volkes Israel zu erwirken. Mose windet und weigert sich mit der Begründung, daß es ihm an Beredsamkeit fehle und sein Mund und seine Zunge schwerfällig seien. Daraufhin wird ihm die Frage gestellt:

> "Wer hat dem Menschen den Mund geschaffen? Oder wer macht ihn stumm oder taub oder sehend oder blind? Bin nicht ich es, der Herr?" (Ex 4,11).

Das Organ hat der Herr geschaffen. Er bewirkt aber auch, daß der Mensch, dem dieses Organ gehört, im richtigen Augenblick, mit dem erforderlichen Inhalt und vor den Personen, die es nötig haben, sprachfähig ist und über die Worte verfügt, die gesagt werden müssen:

> "So geh nun hin! Ich will mit deinem Mund sein und dich lehren, was du sagen sollst!" (Ex 4,12).

Im priesterschriftlichen Strang der gleichen Erzählung tritt eine andere Lösung in den Vordergrund. Aaron wird dem Mose beigestellt als "rechte Hand" gewissermaßen, als Sprecher (nicht als Vormund!), der stellvertretend für Mose redet. Er tut kund und läßt laut werden, was Mose meint. So wie ein Mensch des anderen Auge sein kann, so ist Aaron des Mose *Mund*. Denkt man an die stoische Unterscheidung vom Logos als dem Gedanken und dem Logos als Wort, so könnte man Mose und Aaron als das personifizierte Paar von Gedachtem und Gesagtem bezeichnen. Beides aber ist eine Folge des schöpferischen Handelns Gottes:

> "Ich aber will euch lehren, was ihr tun sollt!" (Ex 4,15 b).

2.2 Der Mensch ist Gottes Mund

Die Vorstellung, daß jemand des anderen Mund ist, mag Pate gestanden haben für die Beschreibung der Relation von Gottesrede und Menschenrede im Alten Testament.

Es ist keine Frage, daß die alttestamentliche Überlieferung davon ausgeht,

---

3 Eine ausführliche Exegese zu dieser Geschichte findet sich in dem Kapitel: Das Symbol des Feuers, S. 369 ff.

daß Gott spricht, sagt, redet; ja, daß er einen Mund hat. Auch in diesem Zusammenhang gelten die Schlußfolgerungen von Psalm 94,9: "Der das Ohr gepflanzt, sollte der nicht hören? Der das Auge gebildet hat, sollte der nicht sehen?" Und so könnte man fortfahren: Der den Mund geformt hat, sollte der nicht reden? Bei Jesaja wird es unmißverständlich:

> "Der Mund des Herrn hat es geredet" (Jes 1,20).

Und – damit keine Zweifel aufkommen – er tut es, indem er gebietet (vgl. Jes 34,16) und indem er verheißt (Jes 58,14).

Wie aber hat man sich diesen "Mund Gottes" vorzustellen? Und wie verhält er sich zu dem ganz realen Mund des Menschen?

Wenn der "Mund des Menschen" über die reale Bedeutung hinaus eine bildhafte Bedeutung hat ("Mündigkeit"), in welcher Relation steht sie zu einem symbolischen Verständnis der Rede Gottes?

Zunächst ist festzustellen, daß – ähnlich wie bei allen anderen Körper- bzw. Organ-Symbolen (vgl. die entsprechenden Kapitel) – ein Analogieschluß vorliegt: So wie der Mensch einen Mund hat und sprechen kann, so hat auch Gott einen Mund und spricht. Bei näherem Hinsehen auf die biblischen Texte zeigt sich jedoch, daß dieser Analogieschluß keine einfache Umkehrung zuläßt: Gottes Mund ist nicht einfach *wie* ein Menschenmund und seine Sprache nicht *wie* Menschensprache. Die Relation *kann* eine analoge sein: Gott kann trösten *wie* eine Mutter tröstet (vgl. Jes 66,13); sie kann eine unterscheidende sein: Gott ist der, der dem Menschen den Mund öffnet; der Mensch ist es, der Sprache *empfängt*; er ist es, dessen Mund geöffnet *wird*. Die Relation Schöpfer und Geschöpf kann eine konträre sein: Gott ist der, dessen Mund und dessen Rede mit einem sich verweigernden und widerstrebenden Volk rechtet, weil dessen Sünden "rot wie Scharlach und rot wie Purpur sind" (vgl. Jes 1,18 ff).

Selbstverständlich muß auch gelten: Alles, *wofür* die bildhafte Rede vom menschlichen Mund und alles, *wofür* die symbolische Rede vom Munde Gottes steht, steht im Verhältnis der Analogie *oder* der Unterscheidung *oder* des Gegensatzes.

Sodann wird beim Symbol des Mundes überdeutlich, was auch für die anderen Körper-Symbole gilt: Jahwes Mund ist fern aller Gegenständlichkeit. Er ist keine orakelnde Erdspalte, kein vergoldetes Kultobjekt, das religiöse Verehrung genießt. Von diesem Verständnis hat sich Israel bewußt abgesetzt, wie aus dem schon mehrfach zitierten Psalm 115 deutlich wird:

> "Ihre Götzen sind Silber und Gold, ein Machwerk von Menschenhänden. Sie haben einen Mund und können nicht reden ... sie geben auch keinen Laut mit ihrer Kehle ..." (V 5 und V 7).

Diese Götterdarstellungen bleiben das Ergebnis handwerklicher Kunstfertigkeit. Von ihnen geht kein schöpferischer Impuls aus; mehr noch: es fehlt ihnen auch an lebendiger Geschöpflichkeit.

Am Beispiel des Symbols "Mund" wird evident, daß Gottes Rede nicht ein unfaßbares mythisches Geheimnis ist, sondern Rede, die sich durch den Mund von lebendigen Menschen verwirklicht. In den Überlieferungen von Prophetenberufungen und -beauftragungen ist dieser Zusammenhang mit Händen zu greifen. Der Prophet Hesekiel soll hier als ein Beispiel für viele stehen: In der Ich-Rede berichtet der Prophet von seiner Berufung:

> "Dann sprach ER (sc. Jahwe) zu mir ... Auf, geh zu den Verbannten, zu den Kindern deines Volkes, rede zu ihnen und sage ihnen ... 'So spricht der Herr!'" (Ez 3, 4.11).

Die Frage bleibt, wie dieser Zusammenhang "ER spricht: Rede!" zu deuten ist. Viele alttestamentliche Formulierungen könnten das Mißverständnis nähren, als sei der Mensch zu einem völlig passiven Verhalten verurteilt, als rede nicht er, sondern "es" in ihm. Die Vergleiche vom "Sprachrohr" oder dem "Griffel" Gottes haben eine verhängnisvolle christliche Wirkungsgeschichte hinter sich. Ein Rohr wäre dann jenes Teil, in das oben etwas hinein und unten etwas herausfließt; der Griffel ein Werkzeug, das nicht von eigener, sondern von fremder bzw. göttlicher Hand geführt wird. Wer die Wirkungsgeschichte kennt, wird zumindest fragen, ob religiöse Bewegungen, die derartige Rohr- und Griffelerfahrungen für sich in Anspruch nehmen, nicht zutiefst manipulativ Massen an sich gebunden und die Individuen "entmündigt" haben. Was bedeutet es, wenn der Seher Bileam sagt:

> "Aber bin ich überhaupt imstande, etwas zu reden? Das Wort, das Gott mir in den Mund legt, muß ich reden" (Num 22,38)?

Was bedeutet es, wenn der Psalmist sagt:

> "(Der Herr) ... gab mir ein neues Lied in den Mund ..." (Ps 40, 4)?

Vielleicht trägt auch hier das Bild von Exodus 4: Aaron wird zum "Mund" des Mose; er *sagt*, was der andere *denkt*; er verwandelt Gedanken in Sprache, aber nicht als neutrales Rohr, sondern als "Mündiger".

Menschen können zum "Mund" Gottes werden, nicht als willenloses Werkzeug, sondern mit dem vollen Risiko der Mündigkeit. In ergreifender Weise hat sich etwa Jeremia zum Munde Gottes machen lassen (vgl. Jer 1,9). Er konnte für das Wort, das er zu sagen hatte, weder Mehrheiten gewinnen noch Erfolg verbuchen. Er nimmt "ahnungslos wie ein Lamm, das zur Schlachtbank geführt wird", in Kauf, daß man ihm nach dem Leben trachtet (vgl. Jer 11,18 ff); er nimmt in Kauf, daß er "wie eine eherne Mauer" (vgl. Jer 15,20) gegenüber dem Volk, das ihn nicht hören will, Widerstand leisten muß; er nimmt in Kauf, daß man ihn in der Versenkung einer Zisterne verschwinden lassen will (Jer 38). Wenn Gott sich des menschlichen Mundes bedient und dort Sprache entstehen läßt, dann ist sie durch nichts vor Verwechslung mit anderen Reden geschützt, die göttliche Legitimation für sich in Anspruch nehmen. Die Begegnung Jeremias mit dem Heilspropheten Hananja zeigt das. Während der eine die politische Lage nüchtern analysiert und eine düstere Zukunft vorhersagt, macht der andere in Optimismus und redet den Leuten nach dem Mund (vgl. Jer 28). Aus wessen Mund "Sprache Gottes" kommt, wird sich an der Wirkungsmächtigkeit dieser Sprache erweisen. Aber nicht alles, was wirkt, ist göttlich. Nicht die durch Suggestion und Manipulation erzeugte Massenhysterie wird das Merkmal des Wortes sein, das Gott Menschen in den Mund legt, sondern die Umkehr und die Verwandlung von Menschen.

3. Das Verstummen im Leid

Was aber ist mit denen, die angesichts von Leiderfahrung verstummen oder denen, die gewaltsam zum Verstummen gebracht werden?

Leid kann individuell erfahren werden und hat seine psychologischen Gesetzesmäßigkeiten. Wie versteinert fühlen sich Menschen, die von einem Verlust eingeholt werden. Es ist eine Erfahrung, die in tiefe Depression führen und zugleich bis in körperliche Verhaltensweisen hinein sichtbar werden kann. Die Unfähigkeit zu sprechen kann soweit gehen, daß weder die Klage über die Grenzen des Mundes hinausdringt noch die Tränen fließen können. Es scheint, als seien solche Erfahrungen in Psalm 38 ausgesprochen worden.

> "Ich bin gekrümmt und tief gebeugt, den ganzen Tag gehe ich trauernd einher ... Kraftlos bin ich und ganz zerschlagen ... Ich bin wie ein Tauber, der nicht hört, und wie ein Stummer, der seinen Mund nicht auftut und in dessen Mund kein Widerreden ist" (V 7. 11.14. 15).

Der Verlust der Hörfähigkeit kann nur bedeuten, daß Trost und Aufmunterung den Leidenden nicht erreichen, obwohl sie ausgesprochen werden. Der Verlust der Hörfähigkeit bedingt auch den Verlust der Sprachfähigkeit – ganz ähnlich wie bei dem organischen Defekt der Taubheit und Stummheit.

Leid kann auch kollektiv erfahren werden, und zwar von vielen Menschen gleichzeitig. Es ist die Erfahrung der Verfolgung und Unterdrückung durch Feinde, die über einen Machtapparat verfügen und dadurch tausendfach ihre

Schlingen auslegen, in denen man sich verfangen kann. Es ist die Erfahrung der Vereinsamung und Isolation:

> "Meine Freunde und Genossen stehen abseits von mir, und meine Nächsten halten sich fern. Die mir nach dem Leben stellen, legen Schlingen, und die mein Unheil suchen, beschließen Verderben und sinnen auf Arglist" (Ps 38,12 und 13).

Menschen hinter Gefängnismauern, in Isolationshaft, in fernen Straflagern können mit Sicherheit verstehen, was hier ausgesprochen ist: MUNDTOD und SPRACHLOS gemacht werden. Wo aber ist Gott, von dem es heißt, er habe des Menschen Mund geschaffen und befähige ihn zur Sprache?

Gott macht sich zum Mund der Verstummten

Der Prophet Jeremia ist der exemplarische Fall eines Menschen, der an seinem Auftrag, "Mund Gottes" zu sein, gelitten hat. Rein "realistisch" betrachtet, ist er an seinem Auftrag gescheitert. Nichts erfahren wir über sein Ende. Verstummend verschwindet er aus der Geschichte Israels. Symbolisch gesehen läßt seine Leidensgeschichte möglicherweise noch eine andere Deutung zu. Jeremia sagt, die Bürger von Anathoth hätten ihn "wie ein zahmes Lamm zur Schlachtbank geführt", ohne daß er etwas ahnte von ihren Anschlägen gegen sein Leben (Jer 11,18 ff). Dieses Bild wird in dem Gottesknechtlied von Jesaja 53 erneut zur Sprache gebracht. Hier wird nicht das Ergehen eines bestimmten Propheten geschildert, also nicht der exemplarische Fall, sondern das sich immer wieder wiederholende Schicksal vieler, die zum Verstummen gebracht werden:

> "Er ward mißhandelt und beugte sich und tat seinen Mund nicht auf wie ein Lamm, das vor seinen Scherern verstummt" (V 7).

Dieses Schicksal bzw. diese Schicksale werden zum Muster, um das Geschick Jesu zu deuten, der als "Mund Gottes" zum Verstummen gebracht wurde. Wie die Urgemeinde mit diesem Verstummen umging, zeigt – in symbolischer Bedeutung – die von Lukas konzipierte Begegnung zwischen Philippus und dem Finanzminister aus Äthiopien (Apg 8,26 ff). Während der Finanzminister auf der Rückkehr von Jerusalem nach Äthiopien in seiner Rolle des Propheten Jesaja die oben zitierte Stelle (Jes 53,7) vom *Verstummen* des Gottesknechtes liest, tut Philippus *seinen Mund auf* und verkündet, was diese Botschaft *bedeutet*.

Der gewaltsame Tod Jesu bliebe nur dann sinnlos, wenn sich nicht im Namen des Mundtotgemachten Munde öffneten und für jene sprächen, die ihres Mundes und ihrer Sprache beraubt werden.

Jesus öffnet den Mund der Stummen

Folgt man der Deutung der Evangelisten, die sie dem Reden und Handeln Jesu geben, dann fällt auf, daß mehrfach von Heilungen von Stummen erzählt wird[4].

Eine symbolische Interpretation dieser Geschichten muß folgerichtig vom Heil für die Verstummten sprechen. Wenn Jesus ihnen "das Band ihrer Zunge löst", dann befreit er sie von Fesseln und Zwängen, die ihrem Mund und ihrer Sprache "angetan" wurden.

4. Die Zunge als Symbol verständlicher Rede

Das Alte Testament kennt die Geschichte einer Goldenen (genauer: vergoldeten) Zunge, die die Israeliten von den Kanaanäern bei der Landnahme erbeuteten. Kriege zur Eroberung oder zum Schutz des verheißenen Landes wurden oft zu sogenannten "Heiligen Kriegen", die Jahwe selbst für sein Volk führte. Es galt das strenge Gebot, daß *alle* Beutestücke dem Bann verfielen, d.h. Jahwe gehörten und ihm zu opfern waren. Niemand sollte etwas zurückbehalten und sich damit bereichern. In Josua 7 wird uns von Achan erzählt, der der dem Banngebot zuwider handelte und gesteinigt wurde. Unter den Beutestücken, die er für sich zurückbehielt waren: ein babylonischer Mantel, 200 Lot Silber und die schon erwähnte Goldene Zunge – 50 Lot schwer. Keine weitere Auskunft wird darüber gegeben, welches die Bedeutung oder Funktion dieses Gegenstandes gewesen sein könnte. Deshalb sei die Hypothese gewagt, daß ein so kostbarer Gegenstand nur dann hergestellt wurde, wenn er religiöse Verehrung genoß. Götter waren in der Umwelt Israels Ansporn für handwerkliches Können, um aus teuren Materialien Kultobjekte anzufertigen: "Ihre Götzen sind Silber und Gold ..." (Ps 115,3).

Bleiben wir auf der Linie unserer Hypothese, dann wäre immerhin denkbar, daß ein Körperteil in hypostasierter Form Verehrung genoß – sei es als überdimensionale menschliche Zunge, die über eine "göttliche" (ekstasische?) Redefähigkeit verfügte[5], oder als Teil eines Gottes der Rede. In einer Welt des Mythos käme das aufs selbe hinaus, weil das Grundprinzip gilt: Göttliches wird vermenschlicht und Menschliches vergöttlicht[6].

Die griechische Welt, an der die Menschen partizipierten, denen die Evange-

---

4 Vgl. Mt 9,27 ff und Mt 12,22 ff sowie das Kapitel: Das Symbol des Ohres, S. 217 ff, wo die Stummen- bzw. Taubenheilungen aus Mk 7 und Mk 9 ausführlich exegesiert werden.

5 Vgl. den Beinamen des Kirchenvaters Chrysostomos, Gold"mund!"

6 Vgl. J. Fischer, ZThK 1988, Heft 3, S. 303 ff.

lien geschrieben wurden, kannte das Phänomen der ekstasischen Rede, der sog. Zungenrede. Menschen gerieten in eine Art Trance, einen Zustand außerhalb ihrer selbst, der sie unartikulierte Laute ausstoßen ließ. Auffallend ist die Gruppen- oder Massenhysterie, die diese Menschen ergriff. Es scheint jedoch keineswegs so, daß dieses Phänomen auf die griechische Welt beschränkt war oder erst in ihr entstand. Einer der beiden Überlieferungsstränge über die Entstehung des Königtums in Israel kennt die Legende von Sauls Suche nach den Eselinnen seines Vaters und ihrer Auffindung (1.Sam 10). Auf seiner Suche begegnet er einer Schar von Sehern, "über die der Geist Gottes gekommen war und die in Verzückung gerieten" (V 10). Sie werden deutlich von den Propheten Israels unterschieden (1.Sam 9,9). "Zunge" kann für zwei verschiedene Arten von Sprache stehen. Genau um diese beiden Arten wurde innerbiblisch eine harte Auseinandersetzung geführt.

Es gibt im Neuen Testament zwei ausführliche Texte, in denen das Symbol der Zunge eine zentrale Rolle spielt. Der eine ist ein narrativer Text: Die Symbolgeschichte von den Feuerzungen (Apg 2), der andere ein argumentativer Text, in dem Paulus eine Auseinandersetzung mit der Gemeinde in Korinth führt (1.Kor 14).

4.1 Es erscheinen ihnen Zungen

Der narrative Text (Apg 2) will – nach der lukanischen Intention – den Ursprung und den Beginn der Kirche aufzeigen. Sie liegen in einer von Gottes Geist bewirkten Vision (Feuerzungen) und in einer Interpretation dieser Vision (Predigt des Petrus). Die Gesamterzählung lebt von einer Vielzahl von Motiven und bildhaften Redewendungen[7].

Die Zungen, die den Jüngern bzw. dem Lukas vor ihrem inneren Auge (!) "erscheinen" (t.t. für Vision, vgl. 1.Kor 15), haben nichts, aber auch gar nichts mit einem Kultobjekt, etwa in der Art eines zu verehrenden Goldenen Stiers zu tun. Ein solches Objekt mag nach außerbiblischem Verständnis etwas repräsentieren oder für eine Sache stehen, für biblisches Denken bliebe es ein toter Gegenstand, Produkt von Menschenhand und ohne Wirkung. Die lukanische Vision zeigt dem Auge feurige, lebendige Zungen und läßt das Ohr einen Sturmwind hören.

Es ist der Sinn dieser Vision, daß sie die "wunderbaren" Wirkungen an den Zungen von lebendigen Menschen zeigen will. Sie werden zu einer Rede be-

---

7 Vgl. Das Symbol des Feuers, S. 382 ff.

fähigt, die nicht ohne Folgen bleibt. Eine besondere Akzentuierung erhält das Zungensymbol durch seine Kombination mit dem Symbol des Feuers. Es ist sehr wohl denkbar, daß die innere Logik von Apostelgeschichte 2 auf alttestamentlichen Motiven oder Anklängen beruht, ohne daß sie expressis verbis zitiert werden und ohne daß der ursprüngliche Kontext berücksichtigt wird. Beides war in der antiken Hermeneutik ohnehin nicht üblich.

Versetzt man sich in die lukanische Vision hinein, dann haben wir uns nicht ein Feuer vorzustellen, das von unten nach oben züngelt, sondern einen Brand, der von oben kommt und sich mit züngelnden Flammen nach den versammelten Menschen ausstreckt und sie erreicht. Die beiden Hauptmotive dürften aus dem Propheten Jesaja kommen. Sie beziehen sich auf Gottes Zunge und die vielerlei Zungen der Menschen:

> "Seine (sc. des Herrn) Zunge ist wie verzehrendes Feuer ..." (Jes 30, 27); und:
> "Ich komme zu versammeln die Völker aller Zungen ..." (Jes 66,18).

Diese Ankündigung bezieht sich auf Menschen, die nicht nur verschiedene Fremdsprachen sprechen, sondern auch jene "andere Sprache", die nicht zum Verstehen führen kann. Daß dieses Verständnis von "fremden Zungen" vorliegt, wird verstärkt durch den Eindruck, daß Lukas seine Symbolgeschichte als Kontrastgeschichte zur Geschichte von der Sprachverwirrung in Genesis 11 konzipiert hat.

Was dieses Feuer in einem Menschen ausrichten kann, zeigt sich am Propheten Jeremia:

> "Siehe, ich mache meine Worte in deinem Mund zu Feuer ..." (Jer 5,14)

Was für Jeremia gilt, das gilt auch für Petrus, der zu einer "feurigen Rede" befähigt wird. Es ist nicht das vernichtende Gerichtsfeuer, das Jeremia ankündigen muß, sondern jene Stichflamme, die Menschen trifft, oder jene Flamme, die Verhärtungen schmelzen läßt.

Lukas selbst sagt durch ein Logion, das seinem Sondergut zuzurechnen ist, in welcher Relation diese Feuervision zu dem Wirken Jesu steht:

> "Ein Feuer auf die Erde zu bringen, bin ich gekommen, und wie sehr wünsche ich, es wäre schon entfacht!" (Lk 12,49)

Die lukanische Zungengeschichte mag zum Verwechseln der Schilderung eines ekstatischen Massenausbruchs ähnlich sein. In der Wirkungsgeschichte des Christentums wurden sie auch immer wieder so mißverstanden. In Wahrheit ist die lukanische Symbolgeschichte eine Antigeschichte zu solchen Mirakelgeschichten, denn sie handelt ausschließlich von *verstehbarer* Rede, die die Jünger mit ihren Zungen hervorbringen. Das Symbol "Zunge" dient dazu, *Relationen* aufzuzeigen:

Die Relation der Jünger zu sich selbst; sie, die sich in einem Haus eingeschlossen hatten, verstört und verängstigt, treten aus sich heraus und unter die
Menschen; die Relation der aus aller Herren Länder Versammelten untereinander; ihre gestörte Kommunikation wird verwandelt; die Relation derer, die
Jesus von Nazareth gekreuzigt haben, zu ihm: ihnen wird eine neue Beziehung
zu ihm eröffnet und damit die Möglichkeit, ihre Vergangenheit zu bewältigen.

4.2 Sie unterscheiden sich von Zungenrednern

Der argumentative Text (1.Kor 14) stellt zwei verschiedene Arten, seine Zunge
zu gebrauchen, einander gegenüber. Die eine versteht niemand; sie ist unver-
ständliches Lallen, legitimiert sich aber als Ausfluß eines göttlichen Pneumas.
Die andere wird sowohl von den Insidern der christlichen Gemeinde als auch
von den Außenstehenden verstanden. Sie ist eine Frucht des denkenden Geistes. In seinen argumentativen Ausführungen rechnet der Apostel Paulus ab mit
dem in der Gemeinde von Korinth verbreiteten Phänomen der sog. pneumati-
schen Rede und hält ein Plädoyer für die prophetische Rede. Seine Ausführungen zeigen, daß auch argumentative Redeweise Symbolelemente enthalten
kann. Sie eignen sich durchaus zur differenzierenden Darstellung eines Sach-
verhalts.

Die Argumentation des Paulus beruht auf einer ambivalenten Erfahrung des
Menschen mit seiner Zunge. Die eine Erfahrung ist: Die Fähigkeit der Zunge,
Sprache zu artikulieren, ist steuerbar und kontrollierbar. Die andere Erfahrung
ist: Wenn beispielsweise Alkoholgenuß oder Hypnose die Zunge löst, entgleitet
sie dem menschlichen Willen.

Sie bringt Laute hervor, ohne daß ihr Besitzer weiß, was er redet. In der
Antike (und nicht nur damals) war man geneigt, darin etwas Geheimnisvolles,
ja Göttliches zu sehen. Bei der lallenden Zungenrede ist der Mensch nicht "bei
sich selbst" (Ek-stase!), bei der prophetischen Rede ist er Mund Gottes, aber
auf eigenes Risiko und in voller Mündigkeit. Die Begründung des Paulus für
den Vorzug der prophetischen Rede ist eine doppelte.

Prophetische Rede ist *verständliche* Rede; sie hat eine zusätzliche Interpretation nicht nötig:

> "... wenn ihr mit der Zunge nicht eine verständliche Rede darbietet, wie soll man
> das Gesprochene verstehen? Ihr werdet ja in den Wind reden!" (1.Kor 14,9) und:

> "Wenn ich um die Bedeutung der Sprache nicht weiß, werde ich dem Redenden
> ein Barbar sein und der Redende für mich ein Barbar" (V 11).

Prophetische Rede ist *gemeinschaftsbezogene* Rede:

> "Wer in Zungen redet erbaut sich selbst; wer aber aus Eingebung (sc. prophetisch) redet, erbaut die Gemeinde" (1.Kor 14,4).

Gemeinde entsteht durch die prophetische Rede, weil sie erbaut, ermahnt, tröstet (vgl. V 3). Damit ist das Urteil des Paulus eindeutig. Zwar läßt er die pneumatische Rede als religiöses Phänomen noch gelten, vielleicht aus Respekt vor der griechischen Religiosität, vielleicht aus seelsorgerischer Rücksichtnahme auf Gemeindeglieder, die sie praktizieren, aber im abwägenden Vergleich kommt er zu dem Ergebnis:

> "In der versammelten Gemeinde will ich lieber fünf (!) Worte mit meinem Verstand reden ... als zehntausend (!) Worte in Zungenrede!" (V 19).

Es scheint so, als ob Paulus im Verlauf des 14. Kapitels des 1. Korintherbriefs im Symbol der Zunge kein taugliches Instrument mehr sieht, um seinen Standpunkt darzulegen. "Zungenrede" wird für ihn zum t.t. für die Mysterienrede einer bestimmten Religiosität. Vielleicht erschien ihm das Bild von der Gemeinde als Haus, das es zu bauen gilt, tauglicher, um das zu beschreiben und zu entfalten, was ihm wichtig war.

Kapitel 10:

Das Symbol des Rückens

Wer die Absicht hat, ein Haus zu kaufen, läßt zuerst die Vorderseite auf sich wirken. Ist sie schön oder häßlich, kunstvoll oder nichtssagend? Die Rückseite interessiert häufig erst in zweiter Linie. Und dennoch: Wer sich den Zugang von hinten verschafft, erfährt vielleicht einiges darüber, warum der Zustand auf der Vorderseite so und nicht anders ist. Was "sagt" der gepflegte, eingezäunte, vollkommen abschottende Villengarten oder der baumlose schmutzstarrende Hinterhof einer Mietskaserne? Auch ein Mensch hat "zwei Seiten": Vorder- und Rückseite, Gesicht und Rücken. Auch einem Mitmenschen begegnet man lieber zuerst von vorne. Man möchte sein Gesicht sehen, es sich notfalls einprägen. Der Rücken scheint weniger interessant – trotz der Redewendung "ein schöner Rücken kann *auch* entzücken" –, zumindest auch leichter verwechselbar mit anderen menschlichen Hinterfronten. Aber auch hier gilt das Dennoch: Könnte es nicht sein, daß Rücken, Schultern und Nacken mehr über die Ursachen aussagen, warum ein Mensch so und nicht anders aussieht? Im Rahmen dieser Untersuchung wollen wir uns dem Menschen auf die nicht übliche Weise nähern und uns zuerst mit dem Rücken beschäftigen.

1. Das Symbol "Rücken" hat viele Facetten

Nur scheinbar ist der Rücken weniger interessant. Unsere umgangssprachlichen Redewendungen im Zusammenhang mit dem Rücken zeigen eine große Vielschichtigkeit. Des Menschen größtes Handicap: Er hat hinten keine Augen. Er kann daher nur unvollkommen wahrnehmen, was dort vor sich geht. Unvorbereitet und schutzlos ist er dem ausgeliefert, was "von hinten" auf ihn zukommt. Er kann ihm nicht "ins Auge sehen"!

Symbol für Hinterhältigkeit und Feigheit

"Hinter dem Rücken des anderen tuscheln" ist eine gefährliche Unart übelwollender Mitmenschen. Es leuchtet sofort ein: "Hinter dem Rücken" ist in diesem Fall keine Ortsbestimmung, sondern übertragene Redeweise. Was man hinter jemandes Rücken redet, wagt man nicht, ihm ins Angesicht zu sagen. Gerüchteküchen stehen – bildlich gesprochen – in Hinterhöfen. Der Blick in ihre Kochtöpfe ist einem verwehrt. Nur der Dunst und Gestank dessen, was da zusammengebraut wird, dringt durch alle Ritzen. Was ins Gesicht gesagt wird, kann zwar schmerzen wie eine Ohrfeige, aber es gibt die Möglichkeit, sich damit auseinanderzusetzen.

Wer dem Freund "in den Rücken fällt", übt Verrat – überfallartig, unvermutet. Man kann es "nicht kommen sehen"! Der "Überfallene" ist dem Geschehen emotional oft hilflos ausgeliefert. Jemanden "hinterrücks" ermorden oder erschießen, gilt als Akt niederträchtiger Feigheit, weil er die Ahnungslosigkeit und Wehrlosigkeit eines Menschen ausnutzt und ihm keine Chance läßt.

Des Menschen Rückseite ist seine gefährdete Seite. Deshalb ist er immer auf "Rückendeckung" angewiesen und auf Helfer, die ihm "den Rücken freihalten".

Symbol der Verachtung und Mißachtung

Der Mensch ist in der Lage, sich aktiv zu drehen und zu wenden. Er kann einer Sache oder einem anderen Menschen bewußt "den Rücken zukehren". Das brüske Abwenden ist eine symbolische Geste. Sie sagt: "Damit (bzw. mit dir) will ich nichts zu tun haben!" Oftmals beschränken wir uns auf die Redewendung, ohne den realen Akt noch mitzuvollziehen. Die Abwendung vom Ehepartner, vom Freund, von den Eltern oder den Kindern ist ja in erster Linie ein innerer Vorgang, bei dem man gewissermaßen die Rückseite des Herzens zeigt.

Symbol der Vergangenheit

In den Adverbien zu-"rück" und "rück"-wärts steckt eine Bedeutungsnuance, die mit "Zurückliegendem" oder "Zurückgelassenem" zu tun hat. Wer sich rückwärts bewegen muß, kommt u.U. an einen Punkt zurück, an dem er schon einmal war. Aller "Fortschritt" ist aufgehoben!

Ganz anders ist die Situation für den, der stehenbleibt und "den Blick zurück" wagt. Jetzt hängt es von der Qualität der Vergangenheit ab, ob dieses Wagnis heilvoll oder unheilvoll ist. Hat das hinter uns Liegende vorbildhafte Wirkung? Ist es eine Quelle der Kraft, aus der wir immer wieder schöpfen können, so daß wir vorangetrieben werden? Dann lohnt sich die Vergewisserung!

Katastrophen, Unrecht und Schuld sollten wir dort lassen, wohin sie gehören: Zurück!

Alle diese Unterschiede können Gegenstand von Symbolgeschichten sein, in denen Erfahrungen um das Zurückliegende und Zurückgelassene thematisiert werden.

Symbol des Unterdrücktwerdens und der Befreiung

Bei allen bisherigen Bedeutungsnuancen war der Rücken selbst noch nicht in Mitleidenschaft gezogen. Wenn es "an den Rücken geht", geht es um den Menschen selbst. Aufgebürdete Lasten und ausgeteilte Nackenschläge zeigen Wirkung. Der Rücken beugt und krümmt sich. Wer entmutigt wird, läßt die Schultern hängen". Dem Gedemütigten wird "das Rückgrat gebrochen". Der Rücken wird zum Symbol für das, was ihm angetan wird. Der "aufrechte Gang" und der "gestärkte Rücken" sind Symbol für Unabhängigkeit und Befreiung.

Wenn für das Auge gegolten hat, daß man eines "anderen Auge sein", für den Mund, daß man "eines anderen Mund werden", für das Ohr, daß man des anderen "Ohr leihen" kann, dann gilt Vergleichbares für den Rücken: Wer in die Rolle des Sündenbocks gedrängt wurde, mußte zwangsweise "seinen Rücken hinhalten" für Versäumnisse anderer. Wer einem anderen zu Hilfe eilt, um die Last seines Rückens zu mindern, lädt sich freiwillig auf, was der andere nicht zu tragen vermag.

2. Der Gott des Alten Testaments und die Lasten auf dem Rücken der Unterdrückten

2.1 Auf dem Rücken anderer austragen lassen ...

Wer aus der Distanz der Jahrhunderte und mit der Sachlichkeit des kühlen Wissenschaftlers Israels Geschichte betrachtet, wird in ihr nur einen Teil der Geschichte des Vorderen Orients sehen – einen unbedeutenden zudem. Die in den Geschichtsbüchern festgehaltene Weltgeschichte legt große Zeiträume und riesige Bevölkerungszahlen zugrunde. Sie verschweigt allzu oft, daß die Großmachtpolitik der Völker Assyrien, Babylonien oder Ägypten, die der Griechen und Römer "auf dem Rücken" kleinerer Völker und Stämme ausgetragen wurde. Sie hatten sich zu beugen, zu ducken und zu fügen als unbedeutende Puzzleteile eines großen Weltendramas. Zurückblieben, wenn die Großen über sie hinweggegangen waren, die Lasten von Schwerstarbeit auf ihren Schultern, um die erzwungenen Kontributionen aufbringen zu können.

Israel gehörte zu den "Kleinen" in der Völkerfamilie. Die Zeiten, in denen es sich "ducken" mußte, überwogen bei weitem jene, in denen es sich aufrichten und in relativer Freiheit leben konnte. Wie lange existierte "Israel" – aus Nord- und Südreich bestehend und kleinere Nachbarstämme sich einverleibend? Letztlich nur zwei Generationen, während der Regierungszeit der Könige David und Salomo! *"Geschichte gemacht"* hat es durch die Intensität seiner Auseinandersetzung mit der Unfreiheit und durch die Intensität seiner Hoffnung auf Befreiung. Sowohl seine Unterdrückung als auch deren Aufhebung hat es in Verbindung mit seinem Gott reflektiert. Ein wichtiges Symbol seiner Schmerzen und Leiden, seiner Ohnmacht und Unterdrückung wurde das Symbol des Rückens: *der gekrümmte, gebeugte und geduckte Rücken,* und im Zusammenhang damit *die Schultern, auf denen unerträgliche Lasten drückten*; schließlich *der Nacken, auf den das Joch fremder Herrschaft gelegt wurde.*

Im Alten Orient war es üblich, daß der Sieger seinen *Fuß auf den Nacken des Besiegten setzte*: unten der eine, oben der andere; Ohnmacht und Macht, Unterlegenheit und Überlegenheit ganz real und zugleich demonstriert an einer Symbolhandlung, die deutliche Warnung war vor dem Aufmucken oder gar einer Erhebung. Israel hat bei der Landnahme gegenüber besiegten kanaanäischen Königen selbst so gehandelt (vgl. Jos 10) und diese Siegerpose – wie es scheint – unreflektiert von seiner Umwelt übernommen.

Ob Menschenrücken ganz real als lebender Teppich für die Marschtritte der Sieger herhalten mußten, ist vielleicht nicht belegbar. Als symbolische Rede für das Ausmaß erfahrener Unterdrückung ist die Aussage des Propheten Jesaja erschreckend genug. Einst, so sagt er, haben die Peiniger Israels gedroht: "Ducke dich, daß wir über dich hinwegschreiten, so daß du deinen Rücken zum Fußboden machen mußt". Jetzt müssen die Peiniger das gleiche Schicksal erleiden (Jes 51,23).

Wer der Gewalt hatte weichen müssen und in die Rolle des Unterdrückten verwiesen worden war, konnte sich nur noch *tief gebückt* dem Sieger nähern (Jes 60, 14). Es war die Frage, ob der Unterlegene auch innerlich "buckelte" oder trotz äußerer Demutsbezeugungen aufrecht blieb. Zur politischen Realität trat die soziale Realität. Die Mächtigen ließen ihre Lasten von den kleinen Leuten tragen. "Frondienste" erpreßten die Herrscher der Großmächte ebenso wie die Könige kleiner und kleinster Stadtkönigtümer. So kam die ungleiche Machtverteilung unter den Völkern neben die ungleiche Lastenverteilung innerhalb dieser Machtgebilde zu stehen. Menschen wurden zu Lasttieren versklavt, die auf ihren Rücken schwere Tragkörbe mit Steinquadern für die Prestigebauten der Herrschenden schleppten; zu Packeseln, die Wasser zu den Feldern und die erwirtschafteten Erträge in die Speicher und Vorratslager der Regierenden transportierten – nicht etwa zur Stillung elementarer Lebensbedürfnisse, sondern zur Befriedigung von Luxusbedürfnissen einiger weniger, während andere kaum genug zum Leben hatten. Man bedenke dabei, daß dies alles unter den Bedingungen des Wüstenklimas vonstatten ging: heiße Winde, stechende Sonne, kaum schattenspendende Bäume, extreme Trockenheit. Selbst die Auffindung und Gewinnung von Wasser geriet zur Schwerstarbeit. Ganze Generationen von Sklaven wurden so – als Namenlose – verschlissen. Sie brachen zusammen unter ganz realen Lasten – mit gebeugtem Rücken und gebeugter Seele. Änderten sich die Machtverhältnisse, dann galt das Prinzip: Wie du einst mich gepeinigt und mir unerträgliche Lasten auferlegt hast, so mußt du jetzt mit gleicher Grausamkeit leiden. Auch Israel hat der Versuchung nicht immer widerstanden und dieses Prinzip kopiert. Es hat rücksichtslose Unterwerfung fremder Völker praktiziert und zugleich in seinem Inneren gnadenlos enteignet.

Was Israel von anderen Völkern unterscheidet, was die alttestamentliche Überlieferung für uns zum glaubwürdigen Zeugnis machen kann, ist der Umstand, daß diese ungleichen Verhältnisse nie als unabänderliche, schicksalhafte Gegebenheit hingenommen wurde. Es dürfte schwer sein, eine Epoche in der Geschichte Israels zu finden, in der nicht Propheten – mit und ohne Namen – die Botschaft verkündeten, wonach Gott nicht auf der Seite der Knechtenden und Unterdrücker steht, sondern auf der der Geduckten und Gebeugten. Es wird zu zeigen sein, daß in dieser Botschaft das Symbol des Rückens eine entscheidende Rolle spielt: des Rückens, der aufgerichtet wird, damit Menschen aufrechten Gangs gehen können; der Schultern, die von der Bürde entlastet werden, damit Menschen, der Tragriemen ledig, handlungsfähig werden; des Nackens, von denen das Joch genommen wird, damit Menschen wieder nach rechts und links blicken können.

2.2 Die Rückerinnerung an Unfreiheit und Befreiung

In unserer Umgangssprache wird "Rücken" im übertragenen Sinn gebraucht für alles, was *hinter Menschen liegt* oder was sie bewußt *hinter sich lassen* – aufatmend und befreit wie von einer Last oder als bewahrenswertes Erbe. Zu-"rück"-blicken ist ein ambivalenter Vorgang. In vielen Lebenssituationen ist das Zurückblicken vom Übel. Lots Weib sollte sich nicht mehr umwenden und zurückschauen auf die Katastrophe von Sodom und Gomorrha, denn diese Katastrophe war verbunden mit den Sünden dieser Städte. Sie gehorcht nicht und erstarrt zur Salzsäule (vgl. Gen 19). Gewiß eine ätiologische Sage, aber voller Tiefgang, weil erfahrungsgesättigt! An einen solchen Ort zurückzukehren wäre verhängnisvoll. Ganz anders ist es mit der Rückkehr des verlorenen Sohns (vgl. Lk 15). Dieser Sohn kehrt zurück aus der Fremde zu seinem Ursprung, seinem Vaterhaus. Seine äußere Umkehr signalisiert zugleich eine innere.

Auch die "Rück"-erinnerung ist ambivalent. Sie kann im Zorn geschehen. Bitterkeit aber ist kein lebendiger Impuls für neues Leben; sie vergiftet jede Hoffnung, erstickt jeden Versuch zum Neuanfang im Keime. Rückerinnerung kann aber auch wie ein Blick zurück sein, der sich Vergewisserung und Ermutigung holt – Rückendeckung und Rückenwind zugleich, die Schritte beflügeln, den Geist anspornen und die Hände sich regen lassen.

Israel hat sich *rück-erinnert* und daraus Kraft gewonnen und Mut geschöpft. Es hat sich *sowohl* an seine Unfreiheit und Unterdrückung *als auch* an seine Befreiung erinnert und darin *Rück-halt* in Situationen erneuter Unterdrückung und Unterjochung gefunden.

"Ich bin der Herr, dein Gott, der dich aus Ägyptenland, aus der Knechtschaft, weggeführt hat" (Ex 6,6), so lautet das Urbekenntnis Israels über seinen Gott und seine Befreiungserfahrung. Diese Selbstbekundung Gottes in Exodus 6 ist Bestandteil der priesterschriftlichen Überlieferung von der Berufung des Mose und seiner Beauftragung zur Herausführung Israels aus Ägypten. Der Zusammenhang zeigt, daß das tragende Bild des gesamten Kapitels das der *Last* ist: be-lastet durch unerträgliche Fronarbeit, ent-lastet vom Druck dieser Bürde (V 6 und V 7). Lasten schmerzen auf dem Rücken und lassen die Kräfte schwinden; Lasten legen sich auf das Gemüt und ganz zutreffend wird von den Israeliten gesagt: "Sie hörten nicht auf Mose aus Kleinmut vor harter Arbeit" (Ex 6,9).

Eine der vielen Stellen, an denen das Urbekenntnis Israels wieder aufgegriffen wird, ist Leviticus 26,13:

> "Ich bin der Herr, euer Gott, der euch aus dem Lande Ägypten herausgeführt hat, damit ihr dort nicht Sklaven wäret. Und ich zerbrach die Hölzer eures Jochs und ließ auch *aufrecht* einhergehen".

Hier wird das Joch zum tragenden Bild, das auf den Nacken der Menschensklaven ruht wie auf pflügenden Ochsengespannen. "Eingespannt" in den tagtäglichen und nie enden wollenden Trott der Fronarbeit wird die Wahrnehmung eingeschränkt. Wer unter dem Joch geht, sieht nur, was der Treiber zuläßt. Der Weg ist gespurt, keine Wendung des Kopfes zugelassen. Zerbrechen wird Gott die Jochstange und so den aufrechten Gang ermöglichen. Wer aufrecht geht, kann frei umherblicken.

Die Bilder vom aufrechten Gang, vom geraden Rücken, von der entlasteten

Schulter und vom "entspannten" Nacken sind Teil einer neuen Sprache der Befreiung, die die alte Sprache der Kommandos und der Verbote ablöst. So sieht es der Psalmist, der an die Rettungstat in Ägypten erinnert:

> "Eine neue Sprache, die ich nicht kannte, vernehme ich: 'Ich habe deine Schulter von der Bürde befreit, deine Hände sind des Tragkorbs ledig. Du riefst mich in der Not und ich riß dich heraus ...'" (Ps 81,6 ff).

Selten ist es in der Geschichte so gewesen, daß die gewonnene Freiheit paradiesisch war, auch das Leben in Freiheit muß erst erkämpft und gewonnen werden. Nicht anders erging es jenen Stämmen Israels, die Asyl in Ägypten gesucht und dort in die Abhängigkeit ausgebeuteter Arbeitssklaven gerieten. Ihr Auszug in die Freiheit war hartes Leben in der Wüste, Leben unter den Bedingungen des Mangels.

Wiederum greift das Bild von den Schultern, auf denen Lasten getragen werden. Gott selbst ist es, der sich sein Volk auf die Schultern lädt und es trägt, wenn es auf seinem Gang in der Freiheit müde wird:

> "Hört mir zu, ihr vom Hause Jakob, und alle, die ihr noch übrig seid vom Hause Israel, die ihr von mir getragen wurdet von Mutterleib an und von Mutterschoß an mir aufgeladen seid. Auch bis in euer Alter bin ich derselbe und ich will euch tragen, bis ihr grau werdet. Ich habe es getan. Ich will *heben, tragen* und *erretten*" (Jes 46,3 f).

Gewiß ist dieses Wort in eine andere Situation hinein gesagt, in die Situation des babylonischen Exils. Sie gleicht der Situation in Ägypten insofern, als es eine Situation der Unfreiheit ist und eine Situation, in der die Hoffnung auf einen neuen befreienden Exodus aufbricht. Auch die Situation der gewonnene Freiheit sowohl nach dem Asyl als auch nach dem Exil kannte ihre harten Bedingungen.

2.3 Den Rücken zukehren

Gewonnene Freiheit bleibt lebendig durch die Erinnerung an die Errettung. Sie ist bedroht durch das Vergessen und Verdrängen des Umstands, daß man einst selbst Sklave war. Israel ist der Versuchung des Vergessens erlegen. Es hat die Unrechtsstrukturen von einst übernommen und begonnen, Lasten ungleich zu verteilen, so daß es Arme und Reiche im Lande Gottes gab. Mit mageren und fetten Schafen vergleicht der Prophet Hesekiel die Unterdrückten und Unterdrücker. Den Mächtigen wirft er vor, "daß sie die Schwachen mit der Seite und der Schulter weggedrängt und mit Hörnern gestoßen haben ..." (Ez 34,21).

Das Vergessen und Verdrängen war so umfassend, daß es sich auch auf den bezog, dem Israel seine Entlastung verdankte. Ihm hat es den Rücken zugewandt, "die kalte Schulter gezeigt". Stattdessen erlag es der Faszination kanaanäischer Götter, die – so darf man vermuten – zugleich Garanten der sozialen Unrechtsstrukturen Kanaans waren. Der Prophet Jeremia hat diese mit Bitternis und Schärfe gegeißelt:

> "... zuschanden wird das Haus Israel (das sind ihre Könige, ihre Fürsten, ihre Priester und ihre Propheten), die da sagen zum Baum: 'Du bist mein Vater!' und zum Stein: 'Du hast mich geboren!' Mir *kehren sie ja den Rücken zu* und *nicht das Antlitz*, und wenn dann die Not kommt, sagen sie: 'Steh auf und hilf uns!' ..." (Jer 2,26 f, vgl. ebenso Jer 7, 24).

Jemandem den Rücken zukehren ist ein Vorgang größter Mißachtung und Verachtung – ein äußerer *und* ein innerer Vorgang: "Sie gehorchten nicht, schenkten mir kein Gehör, sondern wandelten nach den Ratschlägen ihres bösen Herzens, wandten mir den Rücken zu und nicht das Antlitz" (Jer 7, 24). Jeremia gebraucht das Bild vom Zukehren des Rückens auch von Gott. Am Tag des Verderbens will Gott selbst seinem Volk den Rücken, nicht das Antlitz zuwenden (Jer 18,17). Vorsicht ist geboten bei der Deutung dieses Bildes! Ist es das Verhalten eines beleidigten und gekränkten Gottes, der in menschlicher Weise handelt nach dem Motto 'Wie du mir, so ich dir!'? Oder schwingt durch die Botschaft des Jeremia das Entsetzen über ein Volk, das der Herr aus der Unfreiheit geführt hat und das nun in seiner Mitte duldet, daß Menschen unfrei gemacht werden? Mit solchem Tun will Gott *nichts* zu tun haben! Weder wohlgefällig noch duldend kann er darauf sein Angesicht ruhen lassen! Niemand, der solches tut, kann mit seiner Rückendeckung rechnen.

Als Israel erneut in Unfreiheit und Unterdrückung geführt wurde, hat es zu verstehen versucht, warum es verloren hatte, was ihm einst verheißen war. Verzweifelt versuchte der Prophet Jeremia vor nationalistischer Großmannssucht und Selbstüberschätzung zu warnen.

Er stellte sich den "Optimisten von Amts wegen" entgegen, die dem Volk einzureden versuchten, mit der Herrschaft der Großmacht Babylon sei es in zwei Jahren vorbei. In diesem Sinne ist wohl die prophetische Symbolhandlung vom Joch zu sehen, das sich Jeremia auf den Nacken legte, um den kleineren Völkern Edom, Moab, Ammon sowie Tyors und Sidon, aber auch dem Südreich Juda zu sagen, daß sie sich dem neuen Joch Babylons beugen und ihrem politischen Handeln "auf dem Boden der Tatsachen bleiben sollen" (vgl. Jer 27 und 28, insbesondere 27, 11). Die Konfrontation mit dem sogenannten Heilspropheten Hananja, der dieses Joch in einer Gegenhandlung zerbricht, endet damit, daß "Jeremia seines Weges geht". Hier steht Wort gegen Wort und Handlung gegen Handlung. Gott läßt sich nicht vereinnahmen von den Siegessicheren und denen, die zum Umdenken nicht bereit sind. Es bedurfte eines langen "theo"logischen Denkprozesses, bis Israel verstehen konnte, warum es wieder in eine Unfreiheit geriet, die so schlimm war wie jene, die es in Ägypten erfahren hatte. Es bedurfte einer langen, von Leiden gesättigten Zeit, bis es sich wieder seinem Gott zuwandte, der ein Gott der Befreiung und nicht der Knechtschaft ist. Das Bild von den lastentragenden Schultern half, zu unterscheiden zwischen den Göttern der Macht, die sich tragen lassen und als Last auf den Schultern von Menschen liegen und dem Gott, der sein Volk auf den Schultern in die Freiheit trägt:

> "Die da Gold aus dem Beutel schütteln und Silber darwägen mit der Waage, sie bestellen einen Goldschmied, daß er daraus einen Gott mache, und beten an. Sie heben ihn auf die Schulter, tragen ihn hin und setzen ihn nieder an seinem Ort; da steht er nun und rührt sich nicht von der Stelle. Man schreit zu ihm, doch er antwortet nicht, hilft einem nicht aus der Not" (Jes 46,6 f).

Dagegen steht:

> "Bis in euer Alter bin ich derselbe, und bis ihr grau werdet, trage ich euch ... Ich will tragen und erretten" (Jes 46,4).

2.4 Den Rücken hinhalten für andere

Eine besondere Ausformung hat die Rede vom Rücken, der die Schläge aushält, und die Rede von den Schultern, die die Last von Schmerzen tragen, in den Gottesknechtliedern von Jesaja 50 und 53 gefunden.

> "Den Rücken bot ich denen, die mich schlugen ... mein Angesicht verhüllte ich nicht, wenn sie mich schmähten und anspieen" (Jes 50, 6)[1].

> "Doch wahrlich, unsere Krankheiten hat er getragen und unsere Schmerzen auf sich geladen ..." (Jes 53,4).

Dieser eine steht für viele, die, namenlos wie er, ihren Rücken hingehalten und Schläge eingesteckt haben. Er steht für die vielen, auf denen ein Übermaß an Schmerzen – physisch und psychisch – lastet. So wenig wie zahllose andere hat er schuldhaft verursacht, was ihm widerfährt. Nicht verdient hat er, was ihm zugemutet wird. Er ist unschuldig und dennoch bereit, zu übernehmen statt weiterzuschieben; bereit, sich zu belasten und dadurch andere zu entlasten. Beendet ist das Verrechnen von Belastungsmaterial, das da meint, jedem sein Strafmaß zumessen zu müsse.

Er nimmt auf sich, was andere verdient haben, und verschafft ihnen Frieden. Der quälenden Frage, ob es gerecht ist, dieses unermeßliche Leiden eines

---

1 Vgl. dazu die Ausführungen: Das Symbol des Angesichts, S. 280.

Unschuldigen, wird gewissermaßen der Giftzahn gezogen. Gerecht ist es nicht, aber Gott selbst ist auf der Seite der Verfolgten: "Siehe, der Herr steht mir bei ...!" (Jes 50, 9). Hier ist endgültig gebrochen mit der Vorstellung, wie sie in Psalm 68,20 zum Ausdruck kommt: "Gelobt sei der Herr täglich, er legt uns eine Last auf, aber er hilft uns auch". Was auch sollte das für ein Gott sein, der wie ein blindes Schicksal Lasten auflegt und wegnimmt, der die Menschen in die Rolle der sich Duckenden verweist, die dankbar entgegennehmen, was auch immer sich auf ihrem Rücken entlädt? Ganz eindeutig zeigt der Zusammenhang in den Gottesknechtliedern, daß es Menschen sind, die Schläge und Lasten verursachen. Nicht zu finden aber ist Gott auf der Seite derer, die austeilen, sondern auf der Seite derer, die einstecken müssen.

Damit sind die Lettern vorgegeben, mit denen die Leidensgeschichte Jesu geschrieben wurde; warum er sich ausliefert und die Last seines Kreuzes auf sich nahm.

Was bedeutet das für die, deren Rücken gekrümmt und verbogen wurde? Für die, die unter ihren Kreuzen stöhnen? Für die, die unter ihren Lasten zusammenzubrechen drohen?

Auf diese Frage geben Symbolgeschichten des Neuen Testaments Antwort.

3. Was andere treffen sollte, sich selbst aufladen

Die Geschichte einer Ehebrecherin und die ihr zugedachte Strafe (Joh 8,1-11)[2]

In dieser Geschichte wird Jesus eine Frau frontal präsentiert, vor die Nase gestellt. Schriftgelehrte und Pharisäer legen Wert darauf, Jesus direkt mit dieser Frau zu *konfrontieren*. Umso erstaunlicher, wie Jesus reagiert: Er bückt sich, kehrt ihnen den Rücken zu und macht sich krumm, er schreibt mit dem Finger auf die Erde. Gleich zweimal weist uns der Text auf dieses merkwürdige Verhalten hin.

Ich glaube nicht, daß dies reiner Zufall oder bloßes Zeichen von Unbeteiligtsein ist. Vielleicht müssen wir die einzelnen Figuren noch näher betrachten:

Schriftgelehrte/Pharisäer: Im vollen Bewußtsein der Gewichtigkeit ihrer Argumente kommen sie zu Jesus. Hinter sich, ihnen den Rücken stärkend,

---

2 Diese Exegese entstand nach gemeinsamen Vorüberlegungen mit Ulf Schlüter (Dortmund/ Villigst), wurde dann von ihm ausformuliert und auf einer LehrerInnenfortbildungstagung am 1./2. Juni 1989 vorgestellt.

wissen sie das Gesetz. "Wenn jemand die Ehe bricht mit der Frau seines Nächsten, so sollen beide des Todes sterben, Ehebrecher und Ehebrecherin, weil er mit der Frau seines Nächsten die Ehe gebrochen hat," heißt es Numeri 20, 10. In ihren Augen hat sich die Frau eine schwerwiegende Schuld aufgeladen, eine tödliche Schuld.

Die Frau: Sie soll ihre Schuld nun zu spüren bekommen. Die ganze Gewichtigkeit des Gesetzes schwebt über ihr und wird sie erdrücken, erschlagen durch die Steine ihrer Richter und darunter begraben. Aktivität geht nicht von ihr aus, wie gelähmt steht sie dort, wo man sie hingestellt hat: in der Mitte zwischen Jesus und den Schriftgelehrten.

Und Jesus: Eigentlich hat er mit der ganzen Sache nichts zu tun. Das tödliche Urteil kann dem Gesetz gemäß auch ohne ihn gefällt und vollstreckt werden Schriftgelehrte und Pharisäer sprechen ihn an und verwickeln ihn in die Szene. Und sie haben ihre guten Gründe. Ihr Urteil über die Frau nämlich ist eben das, was sie über Jesus zu fällen gedenken.

Meine Vermutung nun ist, daß Jesus sich, indem er sich zweimal bückt, gleichsam stellvertretend dem Gesetz und dem Urteil der Pharisäer und Schriftgelehrten beugt. Freilich so, daß dadurch die tödliche Schuld, die auf der Frau lastet, von ihr genommen wird. Es ereignet sich also ein "Lastwechsel", eine Umverteilung der Last von der Frau auf Jesus.

Längst wurde beobachtet, daß der Kontext, in den die Geschichte von Johannes 8,1-11 plaziert ist, und die Geschichte selbst, Material aus dem Umfeld der Synoptiker bieten (nebenbei: In den ältesten Textzeugen des Johannesevangeliums fehlt der Abschnitt 7, 53 – 8,1 völlig!)

Insofern scheint es mir legitim, die Geschichte von der Ehebrecherin vor dem Hintergrund eines Jesus-Logions zu interpretieren, das sich im 11. Kapitel des Lukasevangeliums findet: "Wehe auch euch Schriftgelehrten! Denn ihr belastet die Menschen mit unerträglichen Lasten, und ihr selbst rührt sie nicht mit einem Finger an." Ausdrücklich qualifiziert Jesus das Gesetz und seine mitunter lebensfeindliche Exekution durch Schriftgelehrte als Last, als unerträgliche Bürde, die dem Volk auferlegt wird.

Vor der Folie des Logions ließe sich nun Jesu merkwürdiges Verhalten im Angesicht der anklagenden Schriftgelehrten begreifen. Er selbst beugt seinen Rücken und bietet ihn dar für die Last dieses Gesetzes; die Provokation, den Pharisäern und Schriftgelehrten die kalte Schulter zu zeigen, beinhaltet die Bereitschaft, die Konsequenzen zu *tragen*: denn die Bloßstellung der Ankläger als gleichfalls Schuldbeladene, als solche, die anderen Lasten auflegen, ohne selbst einen Finger krummzumachen, diese Bloßstellung wird nicht folgenlos bleiben. Die Kritik an der Macht der Gesetzesverwalter wird mit Macht auf Jesus zurückfallen – deshalb beugt er seinen Rücken. Von der Frau nimmt er damit die Last, die sie sonst begraben hätte. Indem Jesus sich aufrichtet und ihren Freispruch bewirkt und bestätigt, richtet er auch sie wieder auf und befähigt sie zu neuem Leben.

Für diese Exegese sprechen zwei weitere Umstände:

Einmal der Ort des Geschehens. Es ist der *Tempel*, nicht etwa die Synagoge, wie in manchen synoptischen Geschichten. Diese Wahl des Ortes scheint ein Versuch zu sein, das eher an die Synoptiker erinnernde Sprachgefüge in die johanneische Konzeption einzugliedern. Schon im 7. Kapitel des Johannesevangeliums wird Jesu Reise nach Jerusalem und sein Aufenthalt im Tempel zur Zeit des Laubhüttenfestes dargestellt. Während dieses Aufenthaltes sagt er die Worte von den Strömen lebendigen Wassers, die aus dem fließen werden, der an der Quelle des Christus trinkt. Auch das, was nach dem Geschehen um die Ehebrecherin geschildert wird, findet im Tempel statt (vgl. 8,20 ff mit der Rede: "Ich bin das Licht der Welt..."). Es schließt mit dem Hinweis: "Und sie hoben Steine auf, um sie auf ihn zu werfen" (8,59). Dort, wo traditionellerweise Opfer dargebracht werden, beugt also Jesus zweimal seinen Rücken, bietet sich selbst als Opfer dar und nimmt eine "Sündenlast" auf sich.

Zum anderen das merkwürdige Verhalten Jesu. Zweimal schreibt er mit dem *Finger auf die Erde*. Die Handlung bleibt unverständlich, solange man sich nicht an ein sehr erhellendes Motiv des Alten Testaments erinnert. In Exodus 31,18 wird geschildert, wie Mose die Gesetzestafeln bringt *"geschrieben mit dem Finger Gottes in Stein"*. Was in Stein geschrieben wird, das wird – intentional gesehen – für die Ewigkeit geschrieben. Was aber ist aus diesem Gesetz geworden? Es ist "zu Stein geworden" – zu totem Gestein; es ist nicht mehr lebendiges Wort "in die Herzen geschrieben". Folgt man der Symbolik der Geschichte, dann müßte man noch präziser sagen: Es ist zu Steinen geworden, mit denen Menschen getötet werden.

Was also könnte Jesus den Menschen ins Stammbuch geschrieben haben? Was könnte er auf den Boden, auf dem sie stehen, aufgezeichnet haben? Als Fundament gewissermaßen, auf dem sie stehen sollten? Das neue Gesetz, sein Gesetz! Das Gesetz der *Entlastung*, nicht der Belastung.

So ist Johannes 8,1-11 eine Geschichte, in der Jesus eine schwere, unerträgliche Last von einer Frau nimmt – indem er sie sich selbst auflädt und mit den Konsequenzen dieses Lastwechsels leben und dann sterben muß.

Über den Vorwurf an die Adresse der Schriftgelehrten mag man streiten. Ob die unerträglichen Lasten, die sie anderen aufbürden, von ihnen mit keinem

Finger angerührt wurden oder nicht: Jesu Grund-Intention ist von vornherein eine andere als die der Gelehrten. Er nimmt Lasten auf sich, um andere zu entlasten, nicht um der Erfüllung abstrakter Rechtsvorschriften willen. *Entlastung, Befreiung von existenzbedrohenden Lasten* ereignet sich, wo Jesus Menschen trifft, die verkrümmt, verbogen, unterdrückt und geknechtet werden.

4. Gekrümmter Rücken und aufrechter Gang

Die Geschichte einer Frau und was sie verbogen hat
(Lk 13,10-17)

Diese Frau taucht nicht auf in den Lehrplänen für den Religionsunterricht und für den kirchlichen Unterricht. Kein Absatz ist ihr m.W. in einem Schulbuch gewidmet. Kein Predigtplan hat sie bislang berücksichtigt. In der Kunstgeschichte führt sie ein Schattendasein. Ein unbegreiflicher Vorgang!

   Der Vorgang wird noch unbegreiflicher dadurch, daß wir in der Geschichte des Christentums eine ausgesprochene Vorliebe für Geschichten aus dem Lukasevangelium entwickelt haben; aus dem Sondergut des Lukas allzumal: für das Gleichnis vom Barmherzigen Samariter, für den Verlorenen Sohn, für das Gleichnis vom Pharisäer und Zöllner oder für die Einkehr Jesu beim Zöllner Zachäus. Sie sind zu Lieblingen der Theologen und Religionspädagogen geworden. Wir haben sie überstrapaziert und abgenutzt, ausgelutscht und fast bis zur Unkenntlichkeit entstellt und dadurch ihrer Wirkung beraubt. Wir haben sie den theologischen und religionspädagogischen Märtyrertod sterben lassen, ganz zu schweigen von all den anderen Heilungsgeschichten, die uns auch die übrigen Evangelisten überliefern. Aber diese Geschichte vom Heil für eine Frau ...?

4.1 Buckel oder Rücken?

Eine der wenigen Darstellungen der Geschichte aus Lukas 13,10-17 ist ein mittelalterliches Bild aus dem Codex aureus von Echternach. Die Frau hat einen Buckel – eine körperliche Anomalie. Diese Anomalie gehörte zu jenen Gebrechen, die schon im Alten Testament erwähnt werden und denjenigen vom Priesterberuf ausschließen, der daran leidet:

> "Der Herr redet mit Mose und sprach: Rede mit Aaron und sprich: Wenn je einmal einer künftig aus deinem Geschlecht ein Gebrechen hat, so darf er nicht hinzutreten, um die Speise deines Gottes darzubringen; denn keiner, der ein Gebrechen hat, darf hinzutreten:

> kein Blinder oder Lahmer; keiner, der im Gesicht verstümmelt ist oder dem ein
> Glied zu lang ist; keiner, der einen gebrochenen Fuß oder eine gebrochene Hand
> hat; kein *Buckliger* oder Schwindsüchtiger; keiner, der einen Fleck im Auge hat
> oder mit Krätze oder Flechten behaftet ist; kein Entmannter ..." (Lev 21,17 ff).

Als Frau mit Gebrechen war man in mehrfacher Hinsicht ausgeschlossen: Aufgrund der körperlichen Anomalie und aufgrund des monatlich sich wiederholenden Zustands der Unreinheit.

Wer das mittelalterliche Bild der buckligen Frau vor Augen hat, wird mitbedenken, daß das Mittelalter ein fast lüsternes Interesse an Gebresten aller Art hatte. Sicher war das eine Folge der hohen Krankheitsrate und der schlechten medizinischen Versorgung. Je abstoßender die Anomalie, desto größer die Sehnsucht nach einem außerordentlichen Mirakel, das einen davon befreite. Würden wir noch etwas weiter ins Mittelalter hineinschreiten, dann könnten wir das Anwachsen des Teufels- und Hexenglaubens beobachten. Schnell war man mit der Anschuldigung bei der Hand: Der Satan hat diese Frau verhext, ihr einen Buckel hingezaubert. Das würde im Zusammenhang mit unserer Geschichte aus Lukas 13 bedeuten: gekennzeichnet durch eine aus dem Rahmen fallende Verunstaltung, gebrandmarkt durch die Gesellschaft und verurteilt durch die Theologie, aber dennoch ein Sonderfall, eine Ausnahme. Ich glaube nicht, daß Lukas dieses meint; vielleicht meint er es *auch*. Meiner Meinung nach meint er *mehr*.

Er schildert uns eine Frau, deren Leiden darin besteht, daß ihr ganzer Rücken zusammengekrümmt war. Er schildert uns eine Frau, der das Wunder widerfuhr, daß sie von ihren Rücken-Schmerzen befreit wurde zu einem aufrechten und freien Gang.

Es soll der Frage nachgegangen werden, was sich hinter diesem gekrümmten Rücken verbirgt, und die Botschaft seiner Geschichte entschlüsselt werden. Ich möchte vom vordergründigen Geschehen nach den Hintergründen fragen und die Geschichte in ihrer symbolischen Tiefendimension ausleuchten.

Die Dauer der Krankheit (V 11)

Die Dauer der "Krankheit" war "achtzehn Jahre lang". Wenn man bedenkt, daß die Lebenserwartung in biblischer Zeit nicht besonders hoch war, dann sind achtzehn Jahre mehr als ein Drittel eines Frauenlebens. Setzt man die achtzehn Jahre in Relation zu unseren gesellschaftlichen Verhältnissen, dann ist das die Phase, in der entscheidende Weichen gestellt werden: Verheiratung – Geburt der Kinder und ihre Erziehung – Verlassen des Elternhauses durch die Kinder – Zurückbleiben der Mutter. Es kann die Phase der Doppelbelastung durch Haushalt und Beruf sein; es kann die Phase sein, in der die Trennung vom Partner erfolgt, gekoppelt mit der Nötigung, alleine "auf die Füße zu kommen", "seinen Mann zu stehen" – wie es in unserer Umgangssprache so schön heißt.

Es gibt Heilungsgeschichten, die davon erzählen, daß der Betroffene "von Geburt an" lahm, blind oder taub war. Da in der biblischen Überlieferung so gut wie nie etwas gedankenlos erzählt wird, sollte man den Zeitraum von achtzehn Jahren bei der Exegese der gesamten Geschichte im Auge behalten. Wie auch immer: Jedes Jahr dieses Leidens ist ein Jahr zuviel.

Das Symbol des Rückens (V 11)

Der Rücken dieser Frau ist so zusammengekrümmt, daß sie sich – so wörtlich im griechischen Urtext – "nicht mehr zur Ganzheit bzw. zur Vollkommenheit aufrichten kann". Wenn wir uns dem Rücken dieser Frau zuwenden, dann sollten wir der bildhaften Redewendung eingedenk sein, die wir in unserer Umgangssprache hinsichtlich des Rückens verwenden!

WAS WURDE DA AUF IHREM RÜCKEN AUSGETRAGEN, DASS SIE SO LEIDEN MUSSTE? Was wurde da ausgetragen auf ihre Kosten und zugunsten anderer?

WOFÜR MUßTE SIE IHREN RÜCKEN KRÜMMEN, und wie sahen die Zwänge aus, die man ihr als unabdingbar hinstellte?

WER HAT IHR DAS RÜCKGRAT VERBOGEN, bis sie sich nicht mehr zu wehren vermochte und sich duckte?

In der Kindererziehung aller Zeiten gab es immer wieder die Meinung, daß "ein Kind beizeiten lernen müsse, seinen Rücken zu beugen", notfalls mit Zwang: beugen vor der elterlichen Autorität, beugen vor der Autorität des Ehemanns, beugen vor der staatlichen Obrigkeit; beugen vor den Gesetzen der Religion.

Betrachten wir uns den Rücken genauer! Er besteht aus verschiedenen Abschnitten, die je für sich Anlaß zu übertragener Redeweise geboten haben und bieten.

Da ist der Nacken: Wir sprechen von Dingen, "die uns im Nacken sitzen und antreiben", so wie einst der Stecken des Treibers den Israeliten im Nacken saß und sie zu größeren Leistungen antrieb. Im Nacken sitzen die täglichen Pflichten, die täglichen Anforderungen. Im Nacken sitzen aber auch Angst und Furcht vor den Antreibern und ihren Anforderungen. Wer zu lange und zu einseitig belastet wird, bekommt einen "verspannten Nacken".

Da sind die Schultern: Wir sprechen davon, daß auf den Schultern etwas ruht, liegt oder lastet. Manche Schultern sind zu schmal, um die Größe und das Gewicht der Last zu tragen oder ertragen zu können.

In diesem Zusammenhang sei ein bedenkenswertes Phänomen erwähnt.

Ebenso wie wir heute kennt auch die alttestamentliche Überlieferung die Vorstellung, daß Lasten sowohl auf dem Rücken bzw. den Schultern als auch auf dem Arm und vor der Brust getragen werden. Mose beklagt sich vor Gott, daß er auch noch die Last des ewig unzufriedenen eigenen Volkes tragen muß:

> "Warum finde ich nicht Gnade vor deinen Augen, daß du mir die Last des ganzen Volkes auflegst? Habe denn ich dieses ganze Volk empfangen, oder habe ich es geboren, daß du zu mir sagst: Trage es an deiner Brust, wie die Wärterin den Säugling trägt in das Land, das du seinen Vätern zugeschworen hast?" (Num 11,11 f).

Das ist eine schwere Form der Doppelbelastung: Auf dem Rücken die Last der Fremdherrschaft, auf der Brust die Last des eigenen Volkes. Wie mag da erst die Doppelbelastung einer Frau aussehen? Auf dem Rücken die Last, durch die sie fremdbestimmt ist, an der Brust die Last, die zu ihrer Rolle gehört? Nicht umsonst jammert Mose und bedauert sich, während er sich mit einer Säuglingsamme vergleicht.

Wenn wir zu Lukas 13,10-17 zurückkehren, dann könnte man die Kette der Fragen fortsetzen:

WAS IST ES, DAS IHR IM NACKEN SITZT?

WAS LASTET AUF IHREN SCHULTERN UND BELASTET SIE?

Läßt man diese Kette von Fragen auf sich wirken, dann sieht man noch ganz andere Frauen vor sich als jene buckelige auf dem mittelalterlichen Bild.

Man sieht alte Frauen, die von der "Last des Lebens" gebeugt sind, knorrig – knochig – verwittert. Viel wurde von ihnen gefordert. Die Anforderungen, denen sie sich gegenübersahen, haben sie oftmals überfordert. "Last" ist für sie die Summe aller Lasten, die ihr gesamtes Leben mit sich gebracht hat.

Man sieht andere Frauen vor sich, denen nicht nur der Rücken, sondern auch die "Seele gebeugt" wurde (vgl. Ps 57,7). Die Last des Lebens beugt innerlich und äußerlich.

Man denkt daran, daß sich Menschen "vor Schmerzen krümmen können". Der ganze Körper wirkt wie zusammengezogen. Von der Frau in Lukas 13,10-17 heißt es: "Ihr ganzer Rücken war zusammengezogen".

Nicht mehr zur Ganzheit aufrichten können (V 11)

Um diese ganz singuläre Ausdrucksweise verstehen zu können, müssen wir uns in einen Menschen hineinversetzen, dessen Rücken gekrümmt ist; in einen Menschen, der sich nicht mehr vollständig aufrichten kann. Wer gebückt oder geduckt einhergeht, heftet seinen Blick auf den Boden. Der Radius seines Blickfeldes ist automatisch eingeengt. Der lockere Blick über die Schulter zurück, der freischweifende Blick fällt ihm schwer oder ist so gut wie unmöglich. Sein "Horizont" bleibt begrenzt! Wie oft klagen Frauen, daß die Last der täglichen Pflichten ihre geistigen Interessen einengt. Wie oft haben die Herrschenden leichtfertig erklärt, Sklaven und Frauen verdienten kein anderes Los, weil sie ja nur an Nächstliegendes dächten und "beschränkt" seien.

Wer gebeugt und demütig dasteht, ist immer kleiner als der, der aufrecht und frei ist – manchmal im wörtlichen, bestimmt aber im übertragenen Sinn. Über den Gebeugten sieht man leicht hinweg Die Frau aus Lukas 13, die sich nicht mehr vollständig aufrichten kann, ist in ihrer Ganzheitlichkeit geschädigt – beschädigt worden. Ihre gebückte Haltung hat sie, zumindestens in den Augen anderer, "unvollkommen", "unvollständig" gemacht.

Der Geist der Schwäche (V 11)

Manche Bibelübersetzungen haben voreilig übersetzt, die Frau hätte einen Krankheitsdämon gehabt. Das mag von anderen Heilsgeschichten her gedacht sein, in denen eine schwere Krankheit mit besonders auffälligen Symptomen auf einen dämonischen Geist zurückgeführt wird. Hier heißt es wörtlich: Sie hat einen Geist der "Schwäche". Für "Schwäche" steht im Griechischen dasselbe Wort wie für "Krankheit". Die Frau leidet unter einem Geist, der sie schwach macht; unter einem Geist, der krank macht. Ich denke, dies ist eher so zu verstehen, wie wir es auch in unserer Umgangssprache zum Ausdruck bringen: "Hier herrscht ein Geist, der mich krank macht!" Wir meinen damit ein Klima, eine Gesinnung um uns herum, die auf uns einwirken und uns geistig, seelisch und körperlich krankmachen können.

Der aufrechte Gang (V 13)

An die Stelle dieses krankmachenden Geistes setzt Jesus einen anderen Geist: Er läßt der Frau das zuteil werden, was sie aus eigener Kraft nicht mehr kann. Er richtet sie gerade auf, stärkt ihr den Rücken, und macht sie zu einem Menschen mit aufrechtem Gang. Denkbar ist, daß diese Geschichte in Lukas 13 letztlich um ein Psalmmotiv herum entstanden ist, wie das mit anderen neutestamentlichen Geschichten auch geschehen ist:

> "Eine Sprache, die ich nicht kannte, vernehme ich: 'Ich habe deine Schulter von der Bürde befreit ... Du riefst mich in der Not und ich riß dich heraus!'" (Ps 81,6 f).

Nun hat sie ihre Not zwar nicht hinausgeschrien; dazu war diese Frau offensichtlich viel zu eingeschüchtert. Auffallend ist in der lukanischen Geschichte dagegen, daß sie Jesus nicht zu Füßen fällt wie andere, denen Heil widerfahren ist, sondern aufrecht stehend und gehend Gott preist. Sie hat ihrerseits eine neue und angemessene Sprache gefunden.

Exkurs: Das Motiv vom aufrechten Gang

An dieser Stelle möchte ich nicht versäumen, auf das Motiv des "aufrechten Gangs" einzugehen. Es hat eine lange, philosophie- und theologiegeschichtliche Tradition hinter sich. Vielleicht ist ihm Lukas in der hellenistischen Umwelt begegnet. Seinen Ursprung dürfte es in der Philosophie des sogenannten Mittleren Platonismus haben. Dort ging man von einer Entsprechung zwischen dem Mikrokosmos und dem Makrokosmos aus. Der Mensch als Mikrokosmos entspricht in seinem Sein dem Makrokosmos und dessen Seinsstrukturen. Körper – Seele – Geist – sind die Trias, die den Menschen ausmachen, wobei man sich den Sitz des Geistes an der höchsten Stelle des Menschen vorstellte: im Kopf. Im Makrokosmos haben wir die Trias Materie, Weltseele (die alles zusammenhält und durchdringt) und die Welt der Ideen; sie entspricht dem reinen göttlichen Geist.

Die von der griechischen Philosophie inspirierten Kirchenväter haben – ausgehend von der körperlichen Besonderheit des Menschen gegenüber anderen Lebewesen – den aufrechten Gang mit der biblischen Aussage der Gottähnlichkeit des Menschen in Verbindung gebracht. Der Kirchenvater Basilius der Große sagt:

> "Aufrecht hat Gott, der Beste aller Werkmeister, nur den Menschen gestaltet, damit du schon aus der Gestalt erkennest, daß dein Leben eine überirdische Herkunft hat. Denn alle Vierfüßler blicken zur Erde und neigen sich zum Bauche hin; nur dem Menschen ist der Aufblick zum Himmel vorbehalten, damit er nicht dem Bauche diene, und den Gelüsten des Bauches, sondern sein ganzes Streben auf den Weg nach oben richte. Zuoberst hat er das Haupt aufgesetzt und in ihm den wichtigsten Sinnen den Platz angewiesen ... Aus all dem wirst du die unerforschliche Weisheit deines Schöpfers ersehen" (Predigt, Hab acht auf dich, 7-8).

Meines Wissens haben die griechischen Kirchenväter diesen sehr wichtigen Gedankengang nicht ausdrücklich auf seine Konsequenzen im Blick auf Mann *und* Frau hin bedacht. Die Entwicklung verlief – wie bekannt – sogar negativ. Die scholastische Theologie des Mittelalters hat allen Ernstes die Frage erörtert, ob auch der Frau die Gottebenbildlichkeit eigne, und dies zum Teil in Abrede gestellt.

4.2 Jesus und der Synagogenvorsteher

In einer der Synagogen (V 10): Lukas hat das Szenario seiner Geschichte in "eine" der Synagogen verlegt. Es ist nicht wichtig für ihn, eine bestimmte an einem bestimmten Ort zu nennen. In Bezug auf den Geist, den er meint, sind sie sich alle gleich. Während sonst häufig Schriftgelehrte im allgemeinen als Zuschauer oder Anwesende benannt werden, konfrontiert er uns hier mit einem "Archi"-Synagogos, einem Vorsteher. Ein Vorsteher ist gewohnt, Anordnungen zu geben, denen sich andere zu fügen, zu *beugen* haben. Sich mit ihm zu beschäftigen, lohnt sich: Er versteht ganz offensichtlich nicht, welch' ein Wunder sich hier vollzogen hat. Er hält Jesus für einen Arzt (einen "Therapeuten"), der eine medizinische Maßnahme durchgeführt hat. Pikiert ist er, weil Jesus die vorgesehene Ordnung stört. Diese Ordnung sieht vor, daß ein Arzt sich an die Sechstage-Woche zu halten hat und seine therapeutischen Handlungen in die offiziellen Sprechstunden legt. Das gleiche erwartet er von den Kranken und Leidenden ohne *Rück-sicht* auf die Schwere ihres Leidens. Er hat nicht die Absicht, auf das zu schauen, was auf ihnen – auf ihrem Rücken – lastet. Die Ordnung steht über den Kranken. Sollen sie ihm doch "den Buckel herunterrutschen"! "Sechs Tage gibt's, an denen man arbeiten soll; an diesen nun kommet und lasset euch heilen und nicht am Sabbattag" (V 14 b). Welch ein kümmerlicher Geist spricht aus diesen Worten!

Der Archisynagogos erscheint als der Prototyp jener Schriftgelehrten, von denen Jesus einmal sagt:

> "Die Schriftgelehrten legen eine schwere Bürde auf die Menschen, ohne selbst einen Finger zu rühren – nämlich das Joch des Gesetzes, das die Menschen einengt und belastet" (Mt 23,4).

Nicht genug damit, daß diese Frau von ihrem Leiden niedergebeugt war! Welches Joch will er ihr und Jesus da auferlegen, damit sie sich – beide! – darunter beugen?

4.3 Gebunden und gelöst – Das Logion Jesu

Jesus faßt sie in seiner Erwiderung alle zusammen, die so denken wie der "Archi" ...: "Ihr Heuchler! Sogar die Stricke der Tiere bindet ihr los – trotz Sabbat, um sie zur Tränke zu führen und diese Frau sollte nicht von ihrer Fessel gelöst werden ...?" Ist sie denn – ich paraphrasiere – weniger wert als ein Tier? Wenn ihr schon aus Nützlichkeitserwägungen bei euren Tieren eine Ausnahme vom Sabbatgesetz macht, müßte dann nicht für einen leidenden Menschen erst recht das Heil über dem Gebot stehen? Oder ist sie – nach eurem Verständnis – gar kein vollwertiger Mensch???

Exkurs: Das Wunder – eine Demonstration

Lukas 13,10-17 ist ein Wunder besonderer Art. Mit der Handlung Jesu soll nicht nur an einem Leidenden, sondern auch an den Zuschauern und -hörern etwas bewirkt werden. Die Handlung Jesu an der Frau ist vergleichbar mit der Handlung Jesu an dem Mann mit der erstarrten Hand in Markus 3,1-6. Beide Heilungen finden in einer Synagoge vor Schriftgelehrten statt.

Den Mann holt Jesus in die Mitte und fragt die anwesenden Schriftgelehrten: "Ist es am Sabbat erlaubt, Gutes zu tun oder Böses zu tun, ein Menschenleben zu retten oder zu töten?" Die
Gefragten verstummen schweigend, denn sie haben sich durch ihr gesetzliches und rigides
Verständnis des Sabbatgebotes "selbst die Hände gebunden". Während sie voll Zorn davon-
gehen, heilt Jesus die Hand des Mannes, so daß er sie wieder ausstrecken und dadurch tätig
werden kann. Die Anwesenden, aber auch die Leser des Markusevangeliums sollen sich natürlich fragen: Wer hat hier eigentlich die erstarrten Hände, der Mann oder die Schriftgelehrten?
Der Leidende oder diejenigen, die in ihrer erstarrten Haltung ihre Hände zur Unbeweglichkeit
verurteilen? Ich denke, eine ähnliche Frage stellt sich auch für Lukas 13,10-17. Wer ist hier in
seinem Menschsein verkümmert, verkrümmt und nicht mehr geradlinig? Die leidende Frau
oder diejenigen, die in Bezug auf das Sabbatgebot eine so "verquere" Einstellung haben? Die
Frau mit ihrer Fessel oder diejenigen, die zwar ein Tier losbinden, aber sich Fesseln auferlegen, wenn es um die Heilung eines Menschen geht?

Der Satan hielt sie gebunden (V 16): Vom Bösen und Dämonischen ist im
Neuen Testament viel die Rede, vom Satan selten. Er ist das personifizierte
Böse. Damit ist gemeint, daß das Böse selten anonym bleibt, sondern in Gestalt
von Menschen oder in menschlicher Fratze begegnet. Ich denke, im Zusammenhang mit Lukas 13,10-17 genügt es, sich klarzumachen, daß das acht-
zehnjährige Gebundensein der Frau und ihre daraus resultierende Unfreiheit,
eine Ausgeburt des Bösen ist. Der krankmachende Geist, an dem sie leidet, ist
vom Übel! Er begegnet ihr in der Gestalt von Menschen, die da meinen, über ihr
zu stehen.

Auch sie ist eine Tochter Abrahams (V 16): Ich komme zur eigentlichen Spitze
der Erzählung: "Diese aber, eine *Tochter* Abrahams ...". Man muß sich diese
Aussage auf der Zunge zergehen lassen, um ihre Brisanz zu spüren. Die
Angehörigen des Gottesvolkes sind nach biblischem Sprachgebrauch "Kinder
Abrahams". Das versammelte Volk, der Synagogenvorsteher, Jesus selbst, sind
demnach "Kinder Abrahams". Diese Kinder aber sind sowohl männlichen als
auch weiblichen Geschlechts. Von den Söhnen zu sprechen, war im Alten
Testament selbstverständlich; aber von den Töchtern???

Lukas hat seinem Verständnis der Abrahamskindschaft auf bemerkenswerte
Weise Nachdruck verliehen. Innerhalb seines Sonderguts hat er uns sowohl
einen "Sohn Abrahams" als auch eine "Tochter Abrahams" vorgestellt.

In Lukas 19,1-10 erzählt er die Geschichte von Zachäus, dem "Archi"-
Zöllner, der klein von Gestalt ist, aber groß in seinem Arbeitsbereich. Klein von
Körpergröße, hochgestellt in seiner Funktion und ... gering im Ansehen bei
seinen Landsleuten. Von ihm sagt Jesus, nachdem er in sein Haus eingekehrt ist:
"Denn auch er ist ein Sohn Abrahams" – so wie ihr, die ihr ihn so gering achtet
oder gar verachtet!

In Lukas 13,10-17 haben wir das weibliche Pendant! Sie, die so sehr unter einem krankmachenden Geist zu leiden hatte, ist eine Tochter Abrahams genausogut wie der Synagogenvorsteher und all die Frommen, die um ihn herumstehen. Diese Aussage und ihre Konsequenz ist eine Schöpfung des Lukas und findet sich so nirgends in den Evangelien.

Die Geschichte von der Heilung der Frau mit dem verkrümmten Rücken ist eine, im wahrsten Sinne des Wortes, befreiende Geschichte. Sie liegt gedanklich auf der Linie des Paulus, wenn er im Galaterbrief sagt:

> "Da ist nicht Jude noch Grieche, da ist nicht Sklave noch Freier, da ist nicht Mann noch Frau, denn ihr seid einer in Christus; wenn ihr aber Christus angehört, seid ihr ja Abrahams Nachkommenschaft!" (Gal 3,28 f).

Was er argumentativ sagt, entfaltet Lukas narrativ. Aus dem Symbol des Rückens wickelt Lukas eine Geschichte heraus. Die anschauliche Erzählung hat den Vorteil, daß der aufgerichtete Rücken und der aufrechte Gang *hier* und *jetzt* eine Realität sein soll und nicht erst im Eschaton, wie manche Kirchen- "männer" uns immer wieder einzureden versuchen.

5. Ich wende euch mein Angesicht und nicht den Rücken zu!

Zwei Geschichten von Frauen, die sich Jesus von hinten nähern

Während es in Lukas 13,10-17 um die Erfahrungen einer Frau mit ihrem eigenen Rücken ging, soll es im Folgenden um Erfahrungen gehen, die Frauen mit den Rücken anderer gemacht haben; mit Rücken, die sich ihnen ablehnend zukehrten.

Von zwei Frauen wird im Neuen Testament berichtet, daß sie sich Jesus *von hinten* näherten, weil sie es nicht wagten, bzw. wagen konnten, ihm von Angesicht zu Angesicht gegenüberzutreten. Ihre gesellschaftliche Situation und ihr gesellschaftlicher Status zwangen sie in eine Rolle hinein, die sie so und nicht anders handeln ließen. Wer ständig "hinter jemandem stehen" muß, befindet sich nicht nur an einem bestimmten Ort, er erfährt auch – psychisch gesehen – eine bestimmte Befindlichkeit, die ihn prägt: Er/sie muß zurückstehen.

5.1 Die blutflüssige Frau, die die Berührung Jesu sucht (Mk 5,21-43 parr)

Eine der beiden Frauen, die sich Jesus von hinten nähern, ist die sogenannte "blutflüssige Frau". Sie erfährt die Kraft, die von der Berührung Jesu ausgeht und das Wunder, daß Jesus ihr nicht den Rücken, sondern sein Angesicht zuwendet.

Alle Synoptiker, nicht nur der Frauen-Anwalt Lukas, überliefern uns ihre Geschichte, und zwar immer im Zusammenhang mit der Geschichte von der kleinen Tochter des Synagogenvorstehers Jairus. Wer begonnen hat, solche Geschichten nicht nur von der Oberfläche her, sondern symbolisch zu lesen und zu verstehen, kommt nicht umhin zu entdecken, daß beide Geschichten mit voller Absicht verschachtelt sind, und die eine nicht ohne die andere zu verstehen ist. Evangelisten sind eben nicht nur Verwalter von Textmassen und Erzählstoffen, die sie mehr oder weniger zufällig aneinandergereiht haben. Beide Geschichten verhalten sich zueinander wie die beiden Brennpunkte einer Ellipse: die Geschichte der älteren und erwachsenen Frau und die Geschichte des jungen, noch nicht erwachten Mädchens. Man kann in dieser Verschachtelung aber auch zwei Stadien im Leben einer Frau sehen.

Literarisch gesehen sind beide Geschichten kunstvoll in umgekehrter symmetrischer Zuordnung aufgebaut: Da ist die Blutflüssige, die *seit zwölf Jahren* unheilbar an einer sogenannten Frauenkrankheit leidet, einer permanenten Störung ihres monatlichen Zyklus. Da ist die andere, die gerade *erst zwölf Jahre alt* ist und auf der Schwelle zum Frausein, das ihr nicht gelingt, steht. Man denke daran, daß in biblischer Zeit Mädchen im Alter von zwölf Jahren ins heiratsfähige Alter kamen. Die Schachtelgeschichte von der jungen und älteren Frau thematisiert zwei Facetten eines Problems: Wie man als Frau in einer männerorientierten Gesellschaft leben kann, und zwar bei körperlicher und seelischer Gesundheit und wie man im Frieden mit sich selbst, mit der Umwelt und im Frieden mit Gott leben kann.

Da ist die blutflüssige Frau, die von Arzt zu Arzt gelaufen ist, und dort einen Teil ihres Vermögens gelassen hat, ohne daß ihr einer zu helfen vermochte. Und da ist die andere, die offensichtlich in eigener Initiative nichts für sich zu tun vermochte. Sie ist noch ganz in der Obhut ihres Vaters, der für sie handelt und bestimmt.

Da ist die erwachsene Frau, die einen Plan hat und sich selbst einen Weg durch die Menschenmenge bahnt, die ganz verstohlen die Hand ausstreckt, die Berührung mit Jesus sucht und daraus Kraft gewinnt. Da ist die Kind-Frau, zu der sich Jesus den Weg bahnt, dabei die Menge der Trauergäste abschüttelnd, um zu ihr zu gelangen. Was bei der einen heimlich und verstohlen beginnt, kommt an die Öffentlichkeit. Vor den Ohren aller erzählt die ältere Frau ihr Schicksal und das Wunder, das ihr widerfahren ist. Bei der anderen bleibt der

Trubel von Verwandten und Nachbarn vor der Tür und die Geschichte endet in der Kammer des Mädchens. Von ihrem Wunder gebietet Jesus zu schweigen.

Die blutflüssige Frau wird von Jesus angeredet mit: *"Meine Tochter*, dein Glaube hat dich gerettet!"* Dieses Prädikat liegt auf der gleichen Linie wie die "Tochter Abrahams" in Lukas 13,10-17. Die Kind-Frau wird als *Töchterchen* ihres Vaters eingeführt – als das, was er offensichtlich in ihr gesehen hat: Das Kind, das Kind bleiben sollte.

Wir wollen uns auf die Frau konzentrieren, die sich Jesus "von hinten" nähert. Der permanenten Störung ihres Zyklus' liegt wahrscheinlich kein organischer Schaden zugrunde – wie so oft in vergleichbaren Fällen. Von daher versteht sich auch die Hilflosigkeit der Mediziner. Die Störung ist häufig psychosomatisch bedingt. Was sie in zwölf Jahren erlitten hat, macht die Grausamkeit des levitischen Reinheitsgesetzes deutlich:

> "Wenn ein Weib den Blutfluß lange Zeit, nicht zur Zeit ihres Monatsflusses oder über ihre Zeit ihres Monatsflusses hinaus hat, so ist sie während der ganzen Zeit ihres unreinen Flusses unrein, wie in den Tagen des Monatsflusses. Jedes Lager, auf dem sie liegt, so lange ihr Fluß andauert, soll ihr gelten wie das Lager ihres Monatsflusses; und jedes Gerät, auf dem sie sitzt, wird unrein, wie dann, wenn sie in Folge des Monatsflusses unrein ist. Und wer diese Dinge berührt, der wird unrein, und er soll seine Kleider waschen und sich in Wasser baden, und er ist unrein bis zum Abend ..." (Lev 15,25-27).

Wer in einer Welt solcher Gesetze und in einer Welt von Vorstellungen, die hinter diesen Gesetzen stehen, leben muß, dessen Leben wird zur Qual.

Alles, was mit dem Frausein zusammenhängt, wird als eklig, schmutzig oder unrein erklärt. Diese Vorstellungen werden schließlich so internalisiert, daß auch die Betroffenen so empfinden, wie diese Vorstellungen es vorgeben. Frauenleiden sind demnach dem Aussatz gleichgestellt.

Wer in dieses Netz von Gesetzen, Vorurteilen und Verhaltensmustern gerät, ist im Grunde zu ständiger Berührungsangst verurteilt. Alle Sehnsucht nach Kontakt, Berührung, Liebe oder nach dem Umgang mit einem Mann, nach Erfüllung ist ja Last für andere; wie eine ansteckende Krankheit, vor der man sich schützen muß[3].

Dazu kommt, daß das Problem dieser Frau in der Öffentlichkeit tabuisiert wurde. Darüber "spricht man nicht" – eine Einstellung, die auch unserer Gesellschaft bis weit in die sechziger Jahre hinein eigen war.

---

3 Hierin stimme ich der Analyse von Eugen Drewermann, Tiefenpsychologie und Exegese, Band II, S. 282 f, zu.

Bedenkt man alle diese Umstände dann könnte man im übertragenen Sinn sagen, daß aus dieser Frau Stück um Stück Kraft heraus geflossen ist – physisch und psychisch! Sie mußte ihre letzten Kraftreserven mobilisieren, um sich durch die Volksmenge zu Jesus durchzuschlagen. Da war die Ungunst des Augenblicks zu überwinden, denn Jesus war auf dem Weg zu einer Heilung, zur Heilung der kleinen Tochter des Synagogenvorstehers. Da war das Gesetz, aufgrund dessen sie Jesus bei jeder Berührung beflecken bzw. verunreinigen mußte.

Von *hinten* nähert sie sich, weil sie gewohnt ist, daß man ihr *den Rücken zukehrt* – ihr im wörtlichen wie symbolischen Sinne *die kalte Schulter zeigt*. Heimlich wie ein Dieb, verstohlen (!), streckt sie ihre Hand nach dem Gewand Jesu aus, um sich ein wenig Kraft zu stehlen!

Das Wunder, das ihr widerfährt, ist ein Wunder im mehrfachen Sinn. Sie merkt sofort, daß ihr Wagnis, Jesus zu berühren, Erfolg hat: Das ständige Wegfließen ihrer Kraft hat ein Ende; das Leiden kommt zum Stillstand. Der Fluß dessen, was sie über Jahre hin ausgelaugt hat, wird angehalten.

Obwohl sie am liebsten im Boden versinken möchte auf die Frage hin "Wer hat mich berührt?", erfährt sie, daß Jesus ihr "nicht den Rücken zukehrt", sondern sich ihr zuwendet – in aller Öffentlichkeit und gegen die Öffentlichkeit. Er nennt sie seine Tochter; in seinem Reich ist sie eine Tochter so wie die Jünger Söhne sind. Wenn Jesus sagt: "Geh hin in Frieden!" so beschreibt das genau den Zustand, in dem sie sich jetzt befindet. Befreit von ihrer physischen und psychischen Qual, kann sie im Frieden mit sich und ihrer Bestimmung als Frau dahingehen und ihr Leben leben.

Wir können uns jetzt am Schluß, noch einmal der Tochter des Synagogenvorstehers zuwenden. Folgen wir dem Verlauf der Erzählung, dann kann man zu ihr erst gelangen über das Schicksal der blutflüssigen Frau und über das Wunder, das ihr widerfahren ist. Umgekehrt kann man ihr Problem nur begreifen, wenn man sich klarmacht, daß die Leiden einer erwachsenen Frau, wie sie bei der Blutflüssigen, letztlich aber auch bei der Gekrümmten begegnen, eine absolut tödliche Zukunftsvision für ein heranwachsendes Mädchen darstellen. Sie wird noch bedrohlicher dadurch, daß dieses Mädchen Tochter eines Mannes von Position ist. Der Erwartungsdruck an ein solches Kind ist, was Sitte und Anstand, Moral und Gesetzestreue anlangt, noch größer als an jede andere junge Frau. Für den Vater ist sie das behütete Töchterchen, obwohl dieses "Töchterchen" gerade das heiratsfähige Alter erreicht hat! Die Leute aus dem Hause des Synagogenvorstehers sind überzeugt, daß das Kind tot ist und verständigen den Vater entsprechend. Aber der Tod hat viele Spielarten. Gerade die Bibel hat uns darüber belehrt, daß Sterben und Tod nicht nur eine physische Angelegenheit sind. Genau dies will die Geschichte in Markus 5,21 ff auch aufzeigen. "Sie ist nicht tot!" sagt Jesus; "sie schläft!". Sie schläft und braucht ein Erwachen! Sie ist ein Kind und soll erwachsen werden. Das Gelächter derer, die das nicht wahrhaben wollen, irritiert Jesus nicht. Er ergreift die Kind-Frau und *richtet sie auf* – und sofort war sie in der Lage, aufzustehen. Damit steht diese Geschichte in einer Reihe mit anderen Heilungsgeschichten, die vor allem im Markusevangelium diesen charakteristischen Akzent tragen: Menschen, die darniederliegen, werden aufgerichtet – die Schwiegermutter des Petrus, der Gelähmte, der epileptische Knabe. Während diese Menschen vorher hilflos sind, vermögen sie jetzt auf eigenen Beinen zu stehen und zu gehen. Auch die Kleine vermag das; sie verweigert nicht mehr die Nahrung. Der Lebenswille ist zurückgekehrt. Die Verquickung ihrer Geschichte mit der der blutflüssigen Frau will besagen: Es ist nicht nötig, daß auch sie die Leiden des Frauseins auskostet.

5.2 Die Prostituierte, die sich Jesus zu Füßen wirft (Lk 7,36-50)

Eine andere Frau nähert sich Jesus von *hinten*. Nur so wagt sie sich zu nähern, weil auch sie gewohnt ist, daß sich ihr die Rücken zukehren bzw. Menschen von ihr abwenden. Ihr Problem liegt ein wenig anders als das der blutflüssigen Frau. Ist es möglich, daß ein Mensch sein Leben im Morast verbringt und dennoch innerlich davon unberührt bleibt? Lukas, und nur er, hat sich dieses Problems angenommen und seine Geschichte erzählt; eine notwendige Geschichte, wenn man bedenkt, daß die Prostitution (Institution der Hetären) in der griechischen Welt verbreitet war und viele weibliche Gemeindeglieder der Urchristenheit aus diesem Milieu kamen; eine notwendige Geschichte, weil manche Gemeinden von jüdischer Gesetzlichkeit geprägt waren und mit Sicherheit Schwierigkeiten hatten, sich vorbehaltlos diesen "Außenseiterinnen" zuzuwenden. Gehen wir an der Geschichte entlang!

Eine illustre Männerrunde wird uns im Haus des Pharisäers Simon vorgeführt. Er hat eingeladen und zu Tisch gebeten. Auch Jesus, der berühmte Rabbi, ist unter seinen Gästen. Eine exklusive Männerrunde zeigt sich bei näherem Hinsehen, denn von anwesenden Frauen wird nichts erzählt. Man ist unter sich. Wahrscheinlich sitzend, vielleicht auch liegend, genießt man die Mahlzeit. Einer kann den anderen sehen, ihm direkt ins Angesicht schauen. Keiner der

Anwesenden zweifelt daran, daß er würdig ist, an dieser Runde teilzunehmen. Demgegenüber heißt es nun: "Es war aber in der Stadt eine Frau, eine Sünderin". Als namenlose Prostituierte wird sie charakterisiert, als eine Frau, die in der Nacht einmal oder mehrmals ihren Körper verkauft; als eine Frau, die die Männer nicht wiedererkennen, wenn sie ihr im Tageslicht und auf der Straße begegnen. Mit Sicherheit ist sie nicht eingeladen worden.

Wie könnte sie hocherhobenes Hauptes in dieser Männerrunde vor Jesus hintreten? Von *hinten* muß sie sich hineinschleichen. Das entspricht genau der gesellschaftlichen Einstufung und religiösen Einschätzung, die ihr ständig widerfährt. Durch den "Hintereingang" hatten Dienstboten, Menschen zweiter Klasse, zu gehen. "Vorne" war der Eingang für die Herrschaften, die sich sehen lassen wollten. Schon jetzt mag die Frage durch die Zeilen der lukanischen Geschichte schwingen: Würde es im Reich Gottes auch so sein? Auch so, daß bestimmte Menschen erst gar nicht eingeladen sind und daß Tischgemeinschaft mit ihnen nicht erwünscht ist?

Bei der folgenden Szene senkt sich Schweigen über die Runde. Wortlos handelt die Frau. Sie, die gewohnt ist, ihren Körper für die nächtlichen Liebesdienste zu parfümieren, vollzieht einen Liebesdienst besonderer Art an Jesus. Eine teure Alabasterflasche mit kostbarer Salbe opfert sie; nicht sein Haupt, wie es üblich gewesen wäre, salbt sie, sondern seine Füße. Sie wagt es nicht, ihn zum Begrüßungskuß zu umarmen, wie es unter gleichberechtigten Männern Brauch war, sondern nur seine Füße küßt sie – ein Akt äußerster Demut. An die Stelle des Wassers zum Füßewaschen treten ihre Tränen, an die Stelle des Handtuchs ihre geöffneten Haare. Ihre Haltung gleicht ganz der des Zöllners (vgl. Lk 18: "Das Gleichnis vom Pharisäer und Zöllner"), der sich nur an die Brust schlägt und sagt: "Gott sei mir Sünder gnädig!" Die Prostituierte ist gewissermaßen das weibliche Pendant zu jenem männlichen Zöllner. Je wortloser die Szene, um- somehr arbeiten die Gedanken, vor allem bei Simon, dem Pharisäer und Gastgeber: "Wenn er (sc. Jesus) ein Prophet wäre, wüßte er, was das für eine Frau ist, die ihn anrührt ..." Eine Sünderin ist unrein durch den Beruf, den sie ausübt, und sie macht jeden unrein, den sie berührt. Als ob Jesus das nicht wüßte! In den Gedanken des Pharisäers zeigt sich die doppelte und zwiespältige Moral, wie sie sich durch die Jahrhunderte hindurch, auch in der Kirche, er- halten hat.

Entweder hat der Gesetzestreue nie ein solches Haus mit der roten Laterne betreten oder in einem Bett dieses Hauses gelegen, dann konnte er sich auch nie klarmachen, daß dort *Menschen* leben; Menschen, die wie er Gottes Ebenbild sind.

Oder er hat diesen Besuch erledigt wie Essen und Trinken und einen Menschen benutzt zur Befriedigung seiner Bedürfnisse und danach die Rolle des angesehenen Bürgers, des frommen Synagogenbesuchers, des Familienvorstandes gespielt.

Natürlich – davon geht der Erzähler Lukas aus – "weiß" Jesus, *was* diese Frau ist. Mehr noch: Er durchschaut die Gedanken des Pharisäers. Jetzt hat er, Jesus, dem Simon etwas zu sagen. Er vergleicht das Verhalten des Gastgebers und das Verhalten des ungeladenen Gastes. Simon hat die einfachen Gastgeberpflichten versäumt: den Begrüßungskuß, das Bereitstellen von Wasser zum Waschen der Füße und das Salben des Hauptes. Die Frau hatte die Mittel des Hausherren nicht zur Verfügung; sie bringt sich gewissermaßen selbst dar. Der Vergleich zwischen der namenlosen Hure und dem namentlich bekannten Pharisäer fällt zu Gunsten der Frau aus. Zahlreich mögen ihre Sünden sein, groß ist ihre Hingabe, allumfassend die Vergebung, die ihr zuteil wird.

Damit kehren wir zurück zu dem Problem, das Lukas in dieser Geschichte entfaltet: Eine Prostituierte kann begnadeter sein als ein gesetzestreuer Pharisäer. Was uns bei Matthäus in einem einfachen Logion Jesu begegnet:

> "Wahrlich ich sage euch: Die Zöllner und Dirnen kommen vor euch in das Reich Gottes!" (Mt 21,31),

ist bei Lukas zu einer Geschichte geworden, die mit Sicherheit anschaulicher ist und besser verstanden wurde. Die Frau lebte in einem Zwiespalt, den auch Dostojewski in seinem Roman "Schuld und Sühne" in der Gestalt der Sonja dargestellt hat[4]. Sie ist eine Hure, die gezwungen war, ihr äußeres Leben im Morast der Straße und der Prostitution zu verbringen, die innerlich dennoch eine Art Heilige war, unberührt vom Schmutz um sie herum. Aus der Geschichte in Lukas 7, 36-50 läßt sich entnehmen, daß die Gesellschaft von den äußeren Lebensumständen auf den inneren Zustand der Frau schließt: Umgebung unrein – Mensch unrein! Schmutziges Milieu – schmutzige Seele! *Diese* Gleichung vollzieht Jesus nicht. Die Last ihrer "Sünden" nimmt er weg. Weg nimmt er auch den Druck jenes Zwiespalts, der sie zwingt, unter Sündern zu leben aber selbst nicht in Sünde zu fallen. Auch sie kann, genau wie die blutflüssige Frau, in Frieden gehen.

---

4. Auf diese literarische Parallele hat E. Drewermann, Tiefenpsychologie und Exegese, Band I, S. 452 ff hingewiesen

FAZIT

Ist es nicht erstaunlich? Vier Geschichten des Neuen Testaments sind uns überliefert, die um das Symbol des Rückens kreisen: um den eigenen Rücken, der gekrümmt und verbogen werden kann; um fremde Rücken, die sich verächtlich abwenden; um einen Rücken, der freiwillig hingehalten wird.

Es sind Geschichten von vier *Frauen*: Eine hat ihren Mann verlassen, eine andere ihren Lebensunterhalt durch Prostitution verdient; eine befindet sich noch mitten in ihrem Frauendasein und leidet daran, daß ein "natürlicher" gynäkologischer Sachverhalt zum krankhaften medizinischen Befund wurde; die andere hat achtzehn Jahre lang die ihr zugewiesene Rolle gespielt, bis sie unter dieser Zumutung verbogen wurde. Sollten diese vier Geschichten Zufall sein? Wohl kaum! Sie beschreiben sehr real, was auf dem Rücken dieser Frauen ausgetragen wurde.

Wo aber ist die Kraft der Botschaft geblieben, die in diesen "Fallbeispielen" steckt? Müssen sich Frauen noch immer von hinten, auf leisen Sohlen, heranschleichen, weil sich ihnen die Rücken zukehren? Müssen sie sich noch immer heimlich stehlen, was Jesus ihnen schon längst gegeben hat? Müssen sie ihre Rücken noch immer beugen und sich ducken, weil die Rollen, die man ihnen zuweist, ihnen nicht erlauben, sich in ihrer Ganzheit aufzurichten und den Söhnen Abrahams gleichgestellt zu sein?

Es wäre falsch zu glauben, bei den behandelten Geschichten ginge es um eine Sonderbotschaft des Lukas. Gewiß, er hat den Ruf, Anwalt der Frauen zu sein. Aber der Evangelist Johannes steht ihm nicht um viel nach.

Fast jede Geschichte mit einem Mann als "Exempel" hat auch ein Pendant mit einer Frau als "Exempel". Das eigentlich Erschreckende an dieser neutestamentlichen Frauen-Übersicht ist, daß nur einige wenige Frauen eine Wirkungsgeschichte in der Kirche entfalten konnten. Maria, die Mutter Jesu, zählt zu ihnen; ebenso gehören dazu Maria und Martha, die beiden Schwestern, und Maria Magdalena, die durch die nachbiblische Legendenbildung mit der sogenannten Sünderin aus Lukas 7 identifiziert wurde. Was aber "gefiel" an diesen Frauen? Mit Sicherheit die "vollkommene" Mutterrolle der Maria. Wenn Mirjam aus Nazareth, Frau eines Zimmermanns, in die himmlischen Höhen einer Gottesgebärerin erhoben wurde, dann spiegelt dieser Vorgang nur die gesellschaftliche Realität wieder, in der die Frau als Mutter total dominierte. Daneben gab es als Alternative die auf den Mann verzichtende "Jungfrau". Deshalb mußte im Laufe der Jahrhunderte Maria beide Rollen verkörpern: die der Jungfrau und die der Mutter. Es "gefielen" die hausfraulich geschäftige Martha und jene Maria, die einem Mann zu Füßen sitzt und ihm lauscht. Es "gefiel" das gefallene Mädchen (als ob Männer nichts mit Prostitution zu tun hätten!), das sich einem Mann zu Füßen wirft, bereut und schließlich diesen Einen als Herrn und Meister anerkennt.

Von Lukas ist uns das Wort Jesu überliefert: "Ein Feuer auf die Erde zu bringen, bin ich gekommen, und wie sehr wünschte ich, es wäre schon entfacht!" (Lk 12,49). Fast könnte man denken, in der Kirche wird das Feuer Jesu immer wieder hart*näckig* ausgetreten und niedergetreten von jenen, die – natürlich symbolisch – das Haupt hocherhoben tragen, das Rückgrat steifmachen und die Brust herauskehren; von jenen, die die Chefsessel okkupiert haben und auf ihnen thronen, wie einst die Schriftgelehrten auf dem Stuhl des Mose'. Weiterhin wird in gedankenloser und verletzender Unbekümmertheit gekrümmt und gedemütigt. Weiterhin wendet man achselzuckend jenen den Rücken zu, die ihr Recht einfordern. Wann wird die Zeit vorüber sein, in der man den Problemen der Benachteiligung den Rücken (das "Hinter"teil) zuwendet?

6. *Keine neuen Lasten, sondern Ausgleich der Lasten*
Das Bild der neutestamentlichen Gemeinde

Die Symbolgeschichten um den Rücken sind nur eine Facette der ganzen neutestamentlichen Botschaft. Dennoch ist in ihnen so viel gebündelt, daß wir schon genug über Jesus Christus wüßten, wären uns nur diese Geschichten überliefert. Mit Fug und Recht könnten wir mit dem Psalmisten sagen "Eine neue Sprache höre ich ..." (Ps 81,6), um dann fortzufahren "Ein neues Verhalten lerne ich kennen ...". Eine Gemeinde Jesu Christi, die diese neue Sprache vernommen hat, wird sich üben müssen im Umgang mit Belastungen auf zu schwachen Schultern und im Umgang mit Schmerzen auf Rücken, die nicht genügend Widerstandskraft haben.

Versuchen wir uns ins Gedächtnis zu rufen, wie das Neue Testament in seiner Symbolsprache darüber redet.

Reißt das Joch weg!

Zunächst sei ein Rückgriff auf Tritojesaja erlaubt, der in so große zeitliche Nähe zum Auftreten Jesu rückt und zugleich mit seinen Motiven, Bildern und Symbolen eine beachtliche Wirkungsgeschichte bei Evangelisten entfaltet hat. Wegweisend war er für jenes Gottesvolk, das sich wieder zusammenzufügen suchte aus solchen, die im Land der Besatzer zurückgeblieben war, und jenen, die nach Babylonien deportiert worden und dann in Gruppen zurückgekehrt waren. Wie sollten diese Menschen wieder zusammenfinden? Enorm waren die Be-lastungen: Das Land war verwüstet, die Städte zerstört, die Bevölkerung dezimiert. Ein Tempel war nicht mehr vorhanden, zu den sozialen waren religiöse Barrieren gekommen, die trennten. Der Prophet, der sich hinter der Bezeichnung "Tritojesaja" verbirgt, sah seine Aufgabe darin, zu einem vertieften Glauben zu führen – weg von veräußerlichter Frömmigkeit und weg von Ritualen, die zu leeren Hülsen geworden und nicht mehr "trag"-fähig waren. Er tut es mit dem Bild vom Joch:

> "Das aber ist ein Fasten, an dem ich Gefallen habe: Laß los, die du mit Unrecht gebunden hast, laß ledig, auf die du das Joch gelegt hast! Gib frei, die du bedrückst, reiß jedes Joch weg! Brich dem Hungrigen dein Brot, und die im Elend ohne Obdach sind, führe ins Haus! Wenn du einen nackt siehst, so kleide ihn, und entzieh' dich nicht deinem Fleisch und Blut" (Jes 58,6-7).

Endlich ist die Lektion gelernt, so könnte man sagen! Keine Strukturen der Unfreiheit in einem Volk, dessen Gott ein Gott der Befreiung ist! Eine neue Solidargemeinschaft ist gefragt. So einfach ist die Botschaft und doch so schwer zu realisieren! Fasten ist Verzicht. Echtes Fasten, so meint der Prophet, ist echter Verzicht auf das Privileg, Lasten auf fremde Rücken zu verteilen bzw. abzuwälzen. An die Stelle des Verteilens soll das Teilen von Brot, Obdach und Kleidung treten. Echtes Fasten ist der Verzicht auf das Schwingen des Treiberstocks über andere. Wird das Joch auf dem Nacken der einen zerbrochen, dann ist auch der Stock der anderen überflüssig. Brotbrechen – Obdachgewähren – Nacktheitbedecken sind die Beispiele, die wahrscheinlich Pate gestanden haben für die symbolische Vision vom wiederkommenden Herrn (Mt 25); symbolische Vision und zugleich ganz konkrete Orientierung für die Gemeinde!

Das sanfte Joch

Es ist gut zu verstehen, wenn sich die neutestamentliche Gemeinde scharf verwahrt hat gegen neue, durch menschliche Gesetzlichkeit künstlich erzeugte Belastungen auf den Rücken, den Schultern und Nacken der Jünger. Die Polemik richtet sich gegen eine Frömmigkeit, die Menschen unerträgliche Lasten aufbürdet und selbst keinen Finger rührt: "Wehe auch euch Schriftgelehrten! Denn ihr belastet die Menschen mit unerträglichen Lasten, und ihr selbst rührt sie nicht mit einem Finger an!" (Lk 11,46).

Matthäus versucht dieser Gefahr der "Unter-jochung" das Bild vom sanften Joch gegenüberzustellen. Wohl in Anlehnung an weisheitliches Denken (den Nacken unter das Joch der Weisheit beugen! Sir 51,26) sagt Jesus in Matthäus

11,29 f: "Nehmt mein Joch auf euch und *lernt* von mir! Mein Joch ist *sanft* und meine Last *leicht*." Es ist die Frage, ob das Joch, so verwendet, als Symbol noch taugt. Die Frage stellt sich erst recht in einer Zeit, in der Äcker nicht mehr von Ochsengespannen gepflügt, sondern mit Maschinen bearbeitet werden.

In der Apostelgeschichte findet sich erneut eine Diskussion um Joch und Last. Es ist eine Auseinandersetzung um unterschiedliche Missionsauffassungen. Wenn schon durch die Gemeinde der Schritt hin zu den Heiden getan wurde, müssen sie sich dann wirklich erst das Joch alttestamentlicher Reinheits-vorschriften auflegen lassen – ein Joch, das die ehemaligen Juden freiwillig und aus Tradition tragen, ohne seine Last zu spüren? Zeigt nicht schon das Bild von Joch und Last, daß der Kompromiß zwischen dem heidenchristlichen und judenchristlichen Teil der Urgemeinde auf Dauer nicht tragfähig war? Kann es das überhaupt geben, ein "bißchen" Joch, etwas weniger Last?

Nicht wieder das Joch der Knechtschaft!

Radikaler und folgerichtiger scheint Paulus das Bild von Joch und Last zu gebrauchen. Kurz und bündig fordert er auf: "Für die Freiheit hat Christus uns freigemacht. Laßt euch nicht wieder unter das Joch der Knechtschaft bringen!" (Gal 5,1).

Natürlich meint er nicht ein Joch politischer und sozialer Unterdrückung, wie es einst Israel in Ägypten zu ertragen hatte. Er meint das Joch alter Gesetze. Der Druck eines solchen Jochs dürfte aber ebenso real sein, wie ein politisches und soziales, denn es bindet Energien, die der Verwirklichung von Freiheit und Solidarität dienen könnten. Stattdessen fordert Paulus auf: "Einer trage des anderen Last, so werdet ihr das Gesetz Christi erfüllen!" (Gal 6,2).

Die Vorstellung, daß ich ihm oder ihr eine Last abnehme und umgekehrt, daß er bzw. sie mir das Gleiche tut, läßt die Lasten nicht einfach verschwinden, aber der Unterschied zum alten Joch ist fundamental. Hat die reale Jochstange der Sklaverei zur Zwangsgemeinschaft Unterdrückter zusammengebunden, so fordert die symbolische Rede zur freiwilligen Nähe und zum freiwilligen Tragen derer auf, die in brüderlicher und schwesterlicher Gemeinschaft verbunden sind.

Eine Frau, die sich Jesus von *hinten* nähert

– Die Geschichte einer blutflüssigen Frau (Mk 5,21-43 parr) –

[21]Und als Jesus im Schiffe wieder an das jenseitige Ufer hinüber gefahren war, versammelte sich viel Volk bei ihm; und er war am See.

[22]Da kommt einer der Vorsteher der Synagoge mit Namen Jairus; und wie er ihn erblickt, wirft er sich ihm zu Füßen [23]und bittet ihn inständig:

> Mein *Töchterlein* liegt in den letzten Zügen; komm und lege ihr die Hände auf, damit sie gerettet wird und am *Leben* bleibt. [24]Da ging er mit ihm; und es folgt ihm viel Volk nach, und sie umdrängten ihn.

unterbrochen

———————————————————————————

durch eine Annäherung
von hinten

}

[35]Während er noch redete, kommen Leute des *Vorstehers* der Synagoge und sagen:
> Deine *Tochter* ist gestorben;

was bemühst du den Meister noch? [36]Jesus aber achtete nicht auf das Wort, das gesprochen wurde, und sagte zu dem *Vorsteher* der Synagoge: Fürchte dich nicht, glaube nur. [37]Und er ließ niemand mit sich gehen außer Petrus und Jakobus und Johannes, den Bruder des Jakobus. [38]Und sie kommen in das Haus des *Vorstehers* der Synagoge, und er nimmt den Lärm wahr und Leute, die weinen und laut klagen. [39]Und er geht hinein und sagt zu ihnen: Was lärmt und weint ihr?

> Das *Kind* ist nicht *gestorben*,
> sondern *es schläft*.

[40]Und sie verlachten ihn. Er aber treibt alle hinaus, nimmt des *Kindes* Vater und Mutter und seine Begleiter mit sich und geht hinein, wo das *Kind* war. [41]Und er *ergreift* die Hand des *Kindes* und sagt zu ihm:

> Talitha kumi! was übersetzt heißt:
> *Mädchen*, ich sage dir, *steh auf!*

[42]Da *stand* das *Mädchen* sogleich *auf* und ging umher; es war nämlich *zwölf Jahre* alt.
Und sie gerieten alsbald in großes Staunen. [43]Und er gebot ihnen ernstlich, daß niemand dies erfahren sollte, und befahl ihr zu essen.

²⁵Und es war eine Frau, die litt zwölf Jahre am Blutfluß, ²⁶Und sie hatte viel durchgemacht mit vielen Ärzten und all ihr Gut angewendet, und es hatte ihr nicht geholfen, sondern es war vielmehr schlimmer mit ihr geworden.

> ²⁷Als sie von Jesus gehört hatte, kam sie unter dem Volk von *hinten* herzu und *rührte sein Kleid an.*

²⁸Denn sie sagte: Wenn ich auch nur seine Kleider anrühre, werde ich gesund werden.

²⁹Und alsbald versiegte der Quell ihres Blutes, und *sie spürte* es am Leibe, daß sie von ihrer Qual geheilt war.

³⁰Und alsbald *spürte Jesus* an sich selbst, daß eine Kraft von ihm ausgegangen war, wandte sich unter dem Volk um und sagte: Wer hat meine Kleider *angerührt?*

³¹Und seine Jünger sagten zu ihm: Du siehst, wie das Volk dich umdrängt, und sagst: Wer hat mich *angerührt?*

³²Und er blickte umher, um zu sehen, welche dies getan hatte.

³³Die Frau aber kam mit Furcht und Zittern, weil sie wußte, was ihr geschehen war, warf sich vor ihm nieder und sagte ihm die ganze Wahrheit. ³⁴Er aber sprach zu ihr:

> Meine *Tochter*, dein Glaube hat dich gerettet.
> Geh hin in Frieden und sei von deiner Qual gesund!

Jesus beugt seinen Rücken
– Die Geschichte von der Ehebrecherin (Joh 8,1-11) –

[1]Jesus aber ging an den Ölberg. [2]Am Morgen jedoch fand er sich wieder im Tempel ein, und alles Volk kam zu ihm, und er setzte sich und lehrte sie.
[3]Da bringen die Schriftgelehrten und Pharisäer eine Frau, die beim Ehebruch ergriffen worden war, stellen sie in die Mitte
[4]und sagen zu ihm: Meister, diese Frau ist auf frischer Tat beim Ehebruch ergriffen worden. [5]Im Gesetz aber hat uns Mose geboten, solche *zu steinigen*. Was sagst nun du? [6]Das sagten sie aber, um ihn zu versuchen, damit sie ihn anklagen könnten.

> Da *bückte* sich Jesus *nieder* und schrieb mit dem Finger auf die Erde.

[7]Als sie ihn aber beharrlich weiterfragten, *richtete er sich auf* und sprach zu ihnen: "Wer unter euch ohne Sünde ist, der werfe *den ersten Stein* auf sie!"

> [8]Und er *bückte* sich wiederum *nieder* und schrieb auf die Erde.

[9]Sie aber gingen, als sie er hörten, einer nach dem anderen hinaus, die Ältesten voran, und er blieb allein zurück mit der Frau, die in der Mitte war. [10]Da *richtete sich Jesus auf* und sprach zu ihr: "Weib, wo sind sie? Hat dich niemand verurteilt?"

[11]Sie aber sprach: Niemand, Herr!
Darauf sprach Jesus: "Auch ich verurteile dich nicht; geh und sündige von jetzt an nicht mehr!"

Eine Frau, die sich Jesus von h i n t e n nähert
– Die Geschichte einer Prostituierten (Lk 7,36-50) –

36 Es bat ihn aber einer der Pharisäer, mit ihm zu essen. Und er ging in das Haus des Pharisäers und setzte sich zu Tisch.

37Und siehe, eine Frau in der Stadt, die eine Sünderin war, hatte vernommen, daß er im Hause des Pharisäers zu Tische war, brachte eine Alabasterflasche voll Salbe 38und

> trat v o n h i n t e n zu seinen Füßen,

weinte, und fing an, seine Füße mit ihren Tränen zu benetzen, und trocknete sie mit den Haaren ihres Hauptes, küßte seine Füße und salbte sie mit Salbe.

39Als der Pharisäer, der ihn eingeladen hatte, das sah, *sagte er bei sich selbst*: Wenn dieser ein Prophet wäre, wüßte er, w e r e s ist und w a s für eine Frau, die ihn anrührt – nämlich eine Sünderin.

40Und Jesus begann und sprach zu ihm: Simon, ich habe dir etwas zu sagen. Er erwiderte: Meister, sprich! 41Ein Geldverleiher hatte zwei Schuldner, der eine war fünfhundert Denare schuldig, der andere fünfzig. 42Da sie nicht bezahlen konnten, schenkte er es beiden. Welcher von beiden wird ihn nun am meisten lieben? 43Simon antwortete und sagte: Ich denke, der, dem er am meisten geschenkt hat. Da sprach er zu ihm: Du hast recht geurteilt. 44Und indem

> er sich zu d e r Frau h i n w a n d t e,

sprach er zu Simon: Siehst du diese Frau?

Ich bin in dein Haus gekommen: Wasser für die Füße hast du mir nicht gegeben; sie aber hat meine Füße mit ihren Tränen benetzt und mit ihren Haaren getrocknet. 45Einen Kuß hast du mir nicht gegeben; sie aber hat, seit sie hereingekommen ist, nicht aufgehört, meine Füße zu küssen. 46Mit Öl hast du mein Haupt nicht gesalbt; sie aber hat mit Salbe meine Füße gesalbt. 47Deshalb sage ich dir: Ihre vielen Sünden sind ihr vergeben, denn sie hat viel geliebt; wem aber wenig vergeben wird, der liebt wenig.

48Er aber sprach zu ihr: Deine Sünden sind dir v e r g e b e n.

49Da fingen die Tischgenossen an, *bei sich selbst zu sagen:* W e r ist dieser, der sogar Sünden vergibt?

50Er sprach aber zu der Frau: Dein Glaube hat dich gerettet; geh hin in F r i e d e n !

Kapitel 11:

Das Symbol des Angesichts

Der Apostel Paulus hat seinen Brief an die Christen der Provinz Galatien zu einem Zeitpunkt geschrieben, als er ihnen "persönlich" noch unbekannt war (Gal 1,22). Das Wort, das er verwendet, bedeutet sowohl unbekannt "dem Angesicht nach" als auch unbekannt "der Person nach". Die griechische Sprache kennt *ein* Wort für die Bedeutungsinhalte "Angesicht" und "Person". Im Angesicht repräsentiert sich eine Person und eine Person "zeigt Gesicht".

1. Gesicht und Person

Die deutsche Sprache unterscheidet "Gesicht" und "Person". Dennoch zeigen die bildhaften Redewendungen unserer Umgangssprache, daß beides aufs engste miteinander verknüpft ist. Ein Gesicht drückt etwas aus ("Gesichtsausdruck"); es hat unverwechselbare individuelle Merkmale; es sagt aber auch etwas über die Wesensart dessen, dem es gehört. Wer sein "Gesicht verliert", verliert nicht sein Aussehen, sondern sein *Ansehen* als Mensch und Persönlichkeit; wer "Profil zeigt", ist eine markante Persönlichkeit.

Der Ausdruck des Gesichts

Wohin sieht man zuerst bei einem Menschen? Gelegentlich von den Medien gestartete Umfragen bestätigen eine alte Erfahrung: Das Gesicht eines Menschen zieht zuerst die Blicke an! Und im Gesicht sind es die Augen und der Mund, auf die sich schließlich die forschenden Blicke konzentrieren. Im Kopf eines Menschen sind seine wichtigsten Wahrnehmungsorgane versammelt: die Organe des Sehens, die Organe des Hörens, die Organe des Riechens und

Schmeckens, aber auch jene, mit denen der Mensch reagiert: die Lippen, mit denen er Worte formuliert; die Stirn, hinter der er Gedanken entwickelt. Die Regel ist, daß diese Organe in einer Art konzertierter Aktion zusammenwirken: im Gesichts-"ausdruck", in dem wir "lesen", dessen Bedeutung wir zu entschlüsseln versuchen. Das Runzeln der Stirn, das Beben der Nasenflügel, das Zucken des Mundes, die Blässe oder Röte der Wangen, das Flackern der Wimpern, der gehetzte oder freundliche Blick machen eine "Aussage" darüber, wie ein Mensch dem anderen zu begegnen gedenkt oder auf eine Begegnung reagiert. Nichts irritiert mehr als ein Mensch mit "Poker-Face", nichts mehr als jemand, der es auf völlige Ausdruckslosigkeit seines Gesichts anlegt. *In die Irre geführt* werden Menschen durch Gesichter, auf denen das Zusammenspiel der Reaktionen auseinanderfällt: Ein lachender Mund und kalte Augen wollen nicht zusammenpassen, ebensowenig wie der fromme Gesichtsausdruck und das böse Tun. Mit den Fragen, warum das so ist und welche Folgen das für den Umgang der Menschen untereinander hat, beschäftigt sich manches Märchen und manche Symbolgeschichte.

Das Gesicht als Spiegelbild

In unserer Umgangssprache kennen wir nicht nur den Gesichts-"ausdruck", sondern auch die Vorstellung, daß sich im Gesicht etwas "widerspiegelt". Mir scheint die Rede vom Gesicht als Spiegelbild bzw. Abbild in unterschiedlicher Weise gebraucht zu werden. Wie oft wird von einer Frau gesagt, sie sei zwar nicht hübsch, aber in ihrem Gesicht spiegele sich die Güte ihres Herzens. "Ein frohes Herz macht ein Angesicht heiter" heißt es in Sprüche 13,13. Eifersucht und Mißgunst entstellen ein Angesicht, so schildert es die Geschichte von Kain und Abel (Gen 4). Leiden lassen ein Gesicht "kieselhart" werden (Jes 50,7). Auf dem Gesicht eines Menschen – das wäre die nächstliegende Schlußfolgerung – tritt nach außen, was sich im Inneren bewegt. Allerdings – und auch das ist menschliche Erfahrung – läßt sich von einem wohlgestalteten Äußeren nicht auf ein gutes Inneres schließen. Ebensowenig wie ein verwüstetes oder geschundenes Gesicht auf ein böses Inneres deuten muß. Das Spiegelbild und die Widerspiegelung haben noch eine andere Dimension. Was sich auf dem Angesicht eines Menschen abbildet, muß nicht immer von innen, es kann auch von außen kommen. Wer einem Traurigen Freude bringt, zaubert vielleicht ein Lächeln auf sein Gesicht und läßt Trost in sein Inneres fallen wie Tau. Bürger eines Staates, der Spitzel und Geheimpolizei kennt, sind verschlossen, mißtrauisch. Was sich in ihren Gesichtern spiegelt, ist durch äußere Umstände verursacht, ist das Produkt gesellschaftlicher Verhältnisse.

Das verdeckte Gesicht

Nicht immer möchte ein Mensch sein Gesicht zeigen. Er versteckt es hinter Schleiern, tief in die Stirn gezogenen Hüten oder riesigen Sonnenbrillen, hinter Masken. Nicht erkannt (!) und nicht ertappt werden, das ist das Ziel dieser Bemühungen. Menschen "schlagen die Hände vors Gesicht", wenn sie Entsetzliches schauen und den Anblick nicht ertragen können. Sie "bergen ihr Gesicht in den Händen", wenn sie ihre Tränen nicht zeigen wollen, und schützen so ihre Gefühle, ihre Intimsphäre. Über diesen "Maßnahmen" der Abwehr und des Schutzes sollten die spontanen Reaktionen nicht vergessen werden: Scham läßt Menschen den Kopf senken, so daß man sein Gesicht nicht sehen kann; das Gefühl der Freiheit und Unabhängigkeit läßt ihn das Gesicht erheben und aufschauen.

Das abgewandte Gesicht

Wer sein Angesicht abkehrt und jemandem den Rücken zukehrt, vollzieht einen Akt, der etwas Unwiderrufliches an sich hat. Es zeigt an, daß jemand die Absicht hat, sich durch Flucht zu ent-ziehen oder in Mißachtung wegzubewegen. Die Rede vom Angesicht und die Rede vom Rücken ergänzen sich komplementär. Obwohl Angesicht und Rücken real betrachtet nur Teile des Körpers sind, werden sie zu Symbolen, die eine Haltung der ganzen Person beschreiben.

2. Das Angesicht der Menschen und das Angesicht Gottes

In den – hier nur in Ansätzen aufgezeigten – umgangssprachlichen Wendungen haben sich Erfahrungen verdichtet. In der biblischen Überlieferung gibt es Analogien zu ihnen.

Wer sich dem biblischen Sprachgebrauch zuwendet, sollte sich vergegenwärtigen, daß dort eine Erweiterung des Begriffs "Angesicht" vorliegt. Er findet nicht nur Anwendung auf das konkrete Gesicht von Menschen, sondern wird auch übertragen gebraucht, beispielsweise vom "Angesicht der Erde", das die Gottlosen verwüsten und zerstören (vgl. Zef 1,2 f). Gerade diese, in der Bibel gebrauchte Redeweise, hat in heutiger Zeit neue Symbolkraft gewonnen. Das Antlitz der Erde wird geschunden durch die Sünden an der Umwelt und durch die ökologischen Verbrechen großen Stils. Das Gesicht der Erde zerstören, heißt, einen Teil ihres Wesens zu zerstören. Wer hier "Antlitz" nur mit "äußerem Aussehen" übersetzen wollte, ginge am Symbolgehalt des Wortes vorbei.

Die biblische Überlieferung kennt auch den Ausdruck "im Angesicht von ...". Wer behauptete, der Sinn sei lediglich "vor ...", bliebe blaß und schal. Im

Auftreten des Propheten Nathan vor König David (vgl. 2 Sam 12) kann dies deutlich werden. Nathan hält im Namen Jahwes dem König den heimlichen Ehebruch mit Bathseba, der Frau des Hethiters Uria, sowie den Mordauftrag an ihrem Ehemann und des Königs Nebenbuhler vor. Die Strafe Davids wird darin bestehen, daß die Frauen seines königlichen Harems weggeführt und einem anderen gegeben werden. Diese Ankündigung wird in Zusammenhang mit dem Aufstand eines der Davidsöhne gebracht, der "im Angesicht der Sonne" mit den Frauen des Vaters geschlafen hat. In aller Öffentlichkeit, *vor* den *Augen* vieler Zeugen und vor den Gesichtern der Untertanen, wird es geschehen und von ihnen gesehen werden. Noch viel weniger als die Schilderung dieses Ereignisses lassen Ausdrücke wie "im Angesicht des Leidens" oder "im Angesicht des Unrechts" eine verflachende Übersetzung zu. Wer so redet, vor dessen Angesicht müssen die Gesichter von Leidenden oder zu Unrecht Gefolterten erstehen.

Wenden wir uns nach dieser Einleitung den Lebenssituationen Israels zu, aus denen heraus die Symbolrede vom "Angesicht" erwachsen ist.

Den Herrn vor seinem Angesicht haben

Für Israel war entscheidend, daß es seinen Gott vor seinen Augen und vor seinem Angesicht hatte; einen Gott, der vor ihm herzog und es aus der Unterdrückung in Ägypten in die Freiheit führte. Die bildhaften Redewendungen um dieses Urdatum der Geschichte Israels lassen es zu, daß man sich von ihm "ein Bild macht". Die ehemaligen Sklaven zogen hinter einem Gott her, der sie führte. Genau genommen konnten sie nur den Rücken dessen sehen, der die Lasten von ihren eigenen Schultern genommen hatte, nicht sein Angesicht. Gelegentlich scheint das Bild erweitert: Jahwe geht wie der Anführer eines Nomadenzuges allen voran als Vorhut; er geht am Zug entlang und gelegentlich hinter ihnen her – als Nachhut. Solange dies die Lebenssituation Israels war, stellte sich die Frage nach dem Angesicht Jahwes nicht. Entscheidend war, daß die Menschen ihn immer vor sich hatten und nicht aus den Augen verloren. Sie wären sonst in die Irre gegangen. Es genügte, statt sich Gedanken über sein Aussehen zu machen, in einfachen Symbolen von ihm zu reden: Als Wolken- und als Feuersäule geht er vor ihnen her, um ihnen bei Tag und bei Nacht Orientierung zu geben (vgl. Ex 13,21 f).

Vor Gottes Angesicht stehen

Eine gänzlich andere Situation ergab sich nach der Landnahme und dem Tempelbau. Jetzt zog das Volk nicht mehr *hinter* seinem Gott her; es zog *hinauf*

zum Zion und kam im Tempel *"vor* Gottes Angesicht zu stehen". Zwei Psalm-
beispiele können diesen Zusammenhang verdeutlichen: In Psalm 100,2 ergeht
die Aufforderung: "Dient dem Herrn mit Freuden, kommt vor sein *Angesicht*
mit Frohlocken!". Vor das Angesicht des Herrn kommen die Frommen, wenn
sie "durch die Tore mit Danken einziehen und die Vorhöfe (!) mit Lobgesang"
(vgl. V 4). Dieser Gott, vor dessen Angesicht man tritt, wird gedacht wie ein
König über alle Götter (vgl. Ps 95,3 ff). Vor ihm fällt man nieder, beugt sich,
kniet nieder (ebd.).

Mir scheint, daß Israel in dieser Phase seiner Geschichte in eine gefährliche,
fast zwielichte Phase seines theologischen Denkens eingetreten ist. Es ist kein
Geheimnis, daß Israel sich beim Bau seines Tempels an kanaanäischer, d.h.
heidnischer, Architektur orientiert hat. Diese Orientierung war eine schmale
Gratwanderung zwischen Anpassung an Fremdes und Darstellung der eigenen
religiösen Identität. Die heidnische Umgebung kannte mit Sicherheit Götterbilder
in ihren Tempeln; Bilder, die selbstverständlich menschenähnliche Züge trugen. In diesem Kontext könnte die Rede vom "Angesicht Gottes" so verstanden
werden: Vor dem Angesicht des Bildes von Gott X, der für Y (z.B. die Fruchtbarkeit) zuständig ist, niederfallen ... Dieses Angesicht trägt dann höchst anthropomorphe Züge und ist durch die Art der Abbildung festgelegt. Israels
Glaube war orientiert an einem strengen Verbot jeglicher Abbildung Jahwes;
nachweislich kannte es kein Götterbild im Tempel. Faktisch hatte man einen
Tempel, aber theologisch mußte man immer wieder deutlich machen, daß man
einen Gott hatte, der sich weder in ein Abbild fassen läßt noch Platz in einem
Tempel hat. Die Überlieferung von der Berufung des Propheten Jesaja (Jes 6)
benennt den Tempel zwar als Ort des Geschehens und Jahwe wird als "hocherhoben auf dem Thron sitzend" vorgestellt. Was der Tempel faßt, sind allenfalls
die Säume seines Gewandes (V 1). Um im Bild zu bleiben: Wer sich in einem
solchen Heiligtum diesem Gott nähert und auf sein Angesicht fallen läßt, kann
unmöglich das Angesicht von irgendjemandem sehen; er tritt seinem Gott nicht
von Angesicht zu Angesicht gegenüber. Er kann im Zustand totaler Unterwerfung allenfalls darum bitten, daß sein Gegenüber ihn nicht verwirft (Ps
51,13) und wohlwollend sein Angesicht auf ihn richtet (Ps 31,17). "Vor das
Angesicht Gottes treten" ist in Israel von Anfang an als symbolische Rede gedacht, die etwas über die Relation zwischen Gott und Mensch aussagen möchte
(s.u.).

Es scheint so, daß über eine längere Phase der Geschichte die kanaanäisch/
heidnisch-mythologische Redeweise vom Angesicht Gottes und die symbolische Redeweise Israels vom Angesicht Gottes in fast hautnaher Parallelität
nebeneinander herliefen. Es konnte nicht ausbleiben, daß Israel ab und an

Schwierigkeiten hatte, auf der Spur seiner symbolischen Rede zu bleiben. Es erlag der Versuchung, auf die Spur der mythologischen Rede hinüberzuwechseln. Gottes Gefühlsregungen und die Züge seines Angesichts sind dann denen eines Willkürherrschers oder denen eines launischen Menschen zum Verwechseln ähnlich. Er "kehrt sein Angesicht wider Menschen", gegen sein eigenes Volk (vgl. Lev 26,17), vor allem aber gegen die Feinde seines Volkes (vgl. die Drohsprüche in Ez 21-38).

Gott ins Gesicht schauen können?

Da der Umgang mit Symbolen abhängig ist von den Lebenssituationen, schwankte Israel in der Frage, ob Menschen das Angesicht Gottes schauen können oder nicht. Die Ambivalenz in der Antwort auf diese Frage zieht sich durch den Pentateuch.

Innerhalb der Erzväterüberlieferung wird eine Begegnung Jakobs mit Jahwe erzählt (Gen 32,23-33), von der Jakob sagt: *"Ich habe Gott von Angesicht zu Angesicht gesehen!"*. Natürlich kann es hier nicht um den Bericht über ein reales Sehen gehen, sondern um die nachträgliche Deutung einer Erfahrung. Ein nächtlicher Übergang über die Furt am Jabbok wird organisiert – Schwerstarbeit mit den Frauen, Kindern und Tieren! Jakob als verantwortlicher Hirte bildet, um die Seinen vor Gefahren im Rücken zu bewahren, die Nachhut, bleibt etwas zurück. Im nächtlichen (!) Dunkel kommt es zu einem überfallartigen Kampf mit einem göttlichen (?) Wesen, das sich erst in der Morgenröte zurückziehen möchte. Mit fast übermenschlicher Kraft kämpft Jakob mit diesem Wesen: "Ich lasse dich nicht, du segnest mich denn!" Das Gegenüber Jakobs weigert sich, seinen Namen zu nennen – es will unerkannt bleiben. Aber Jakob, der Betrüger, der sich den Segen seines Vaters Isaak erschlichen hat, bekommt einen neuen Namen: ISRAEL.

"Da ging *ihm* die Sonne auf" ...! Das kann in Anbetracht seiner Vorgeschichte nur heißen: Sein Betrug ist ihm verziehen. Er ist der legitime Verheißungsträger. Den Ort, an dem ihm das geschehen ist, nennt er PNIEL. Die Etymologie dieses Namens ist zugleich die Deutung. Was Jakob im nächtlichen Dunkel nicht wissen und erkennen konnte: Er ist dem Herrn begegnet; er hat ihn 'gesehen' – obwohl es stockdunkel war!!!. G. v. Rad ist recht zu geben, wenn er hier Elemente einer ätiologischen Sage vorliegen sieht: Ein Ortsname wird "erklärt" und mit einem Vorgang aus alter Zeit in Verbindung gebracht. Im jahwistischen Gesamtkontext wird daraus eine "theologische" Sage, die sich zudem eines Symbols bedient, um etwas über die Relation Gott-Mensch zu sagen.

Innerhalb der Moseüberlieferung ist für unseren Symbolzusammenhang vor allem Ex 33 von Interesse. Deutlich erkennbar sind hier zwei Quellenstränge, und damit zwei theologische Denkweisen über das Angesicht Gottes ineinander gearbeitet.

In den Versen 7-11 werden wir in die Situation der Rast während der Wüstenwanderung eingeführt. Das Volk schlägt für die Zeiten während der Rast ein Lager auf. Nicht innerhalb, sondern außerhalb des Lagers wird dann das Zelt errichtet, das Jahwe vorbehalten ist. In diese Überlieferung ist die Unterscheidung profan – heilig eingeflossen. Nur Mose darf dorthinein und mit Gott reden. Während dieser Begegnungen erscheint das "Besetzt!"-Zeichen über dem Zelt, die Wolkensäule. Obwohl der Vorgang alles andere als ein 'gewöhnlicher' und alltäglicher ist, *redet Mose mit Gott von Angesicht zu Angesicht, wie man mit einem Freund redet*. Noch wird die Begegnung ganz in Analogie zur Begegnung zwischen zwei Menschen beschrieben.

In den Versen 1-6 und 12-23 ist das Thema nicht die Rast während des Exodus, sondern das *Hinauf*führen des Volkes – eine schwere Aufgabe für Mose, voller unwägbarer Faktoren. Wen wird Gott ihm senden, welches sind seine Pläne? *Diese* Überlieferung kreist in immer neuen Anläufen um die Fragen:

Hat Mose Gnade gefunden in den *Augen* Gottes?

Wird das Angesicht Gottes vor ihnen herziehen?

Wenn diese bedrängenden Fragen keine Antwort finden, "dann laß uns *nicht* hinaufziehen!", sagt der Mose dieses Erzählstrangs. Wie könnten sie gewisser beantwortet werden als dadurch, daß Gott sein *Angesicht* zeigt? Aber gerade dieser drängenden Bitte gibt Gott nicht nach. Dieses Angesicht Gottes ist von so durchdringender Herrlichkeit, daß "niemand seinen Anblick aushalten kann" (vgl. V 23). Wohl will Gott sein Angesicht an Mose *vorüberziehen* lassen. Dazu muß der Mensch Mose in eine schützende Erdkluft treten und Gott selbst hält *ihm* die Hand vor das Angesicht.

Einzubeziehen ist in die Fragen um das Symbol des Angesichts auch Exodus 34,29-35. Hier liegt die Vorstellung zugrunde, daß Mose vom Sinai *herabsteigt* (V 29) mit den Gesetzestafeln und zum Volk redet. Beim näherem Hinsehen zeigt sich, daß Mose nicht hinaufsteigt, sondern *hineingeht*. Ist hier das Tun des Hohenpriesters im Tempel, sein Hineingehen ins Allerheiligste und sein Herauskommen, auf Mose zurückprojiziert? Mose redet mit dem Herrn und bringt von dieser Begegnung einen Abglanz der göttlichen Herrlichkeit auf seinem Angesicht mit: "Seine Haut glänzt". Was uns dieses Kapitel schildert, gleicht einem symbolhaften Ritual.

Direkt von Gott kommend zeigt sich auf dem Gesicht des Mose Gottes

Offenbarungsherrlichkeit. Was er redet, redet er im Auftrag Gottes. Wenn die Rede vorüber ist, legt er eine Hülle vor sein Angesicht. *Enthüllen* und *Verhüllen* des Angesichts werden zum Symbol für das Offenbarwerden und Sichverbergen Gottes.

Von Grund auf neu stellt sich die Frage nach dem Angesicht Gottes, als Israel weggeschleppt wurde in die babylonische Verbannung; hinweg in die Fremde, ohne die Möglichkeit hinauf in sein Heiligtum zu ziehen und "vor das Angesicht seines Gottes" zu treten. Wo sollte es dieses Angesicht suchen? Ist es verwunderlich, wenn Klage und Frage nach dem Warum, dem Wie lange und dem Wann aufsteigen?

"Warum o Herr, verbirgst du dein Antlitz?" (Ps 88,15 oder Ps 10,1)

"Wie lange verbirgst du dein Antlitz vor mir?" (Ps 13,2)

"Wann werde ich kommen und Gottes Angesicht schauen?" (Ps 42,3)

3. Eine Symbolgeschichte um das Angesicht des Menschen und das Angesicht Gottes

Die jahwistische Erzählung von Kain und Abel (Gen 4,1-16)

Aus dem Symbol des Angesichts werden – wie bei anderen Symbolen auch – Symbolgeschichten entwickelt. Eine solche Geschichte von höchster erzählerischer Kunst findet sich in der sog. jahwistischen Urgeschichte. Es ist die Geschichte von KAIN und ABEL. Wir zählen sie zur "Ur"geschichte, nicht weil sie "uralt" ist – ganz im Gegenteil –, sondern weil in ihr "uralte" Erfahrungen zur Sprache kommen. So ist es, und so muß es schon immer gewesen sein, das ist die Grundintention dieses und der ihm vorausgehenden und folgenden Kapitel. Kain und Abel sind keine realen Gestalten, die Gegenstand einer verobjektivierten Geschichtsschreibung sein könnten. Es sind zwei Typen von Menschen, die zwei unterschiedliche Lebensweisen und zwei unterschiedliche Verhaltensweisen repräsentieren. Welche Konflikte ergeben sich daraus und welche Folgen gebären solche Konflikte?

Zwei Weisen zu leben und zu überleben beherrschten Israels Dasein nach der Landnahme: der Ackerbau und die Viehzucht. KAIN ist ein Ackerbauer; er übt eine Tätigkeit aus, die die Israeliten als ehemalige Nomaden erst lernen mußten. ABEL ist ein "Schäfer" und Viehzüchter; er muß nicht mehr wie seine Vorfahren am Rande des Kulturlandes hin- und herwandern auf der Suche nach Wasserstellen und Weideplätzen. Ihm stehen gewiß die fruchtbaren "Auen" des Landes zur Verfügung. Dennoch lebt in ihm die alte Nomadenweise, wenn auch kultiviert, fort.

Beide brauchen den Erfolg ihrer Mühen; sie suchen die Anerkennung im Opfer vor Gott. Gott *sieht* beide; das Opfer des Schäfers und Viehzüchters sieht er wohlgefällig an, das des Ackerbauern nicht.

Es ist in der Tat müßig, wie schon G. von Rad in seinem Kommentar gesagt hat (z.St.), darüber zu spekulieren, ob Gott völlig willkürlich Opfer annimmt oder verwirft. Das ist nicht Thema der Geschichte. Vielleicht sollte man sich in einer vorläufigen Annäherung an die Geschichte den profanen Gesichtspunkt der "Anerkennung" einer Lebensweise ins Spiel bringen. Anerkennung erlangen, wird – zumindest im Alten Testament – mit der Vorstellung in Verbindung gebracht, daß auf einem Tun Segen ruht. Deshalb sei eine erste Vermutung geäußert. Vielleicht ist die sog. jahwistische Urgeschichte doch noch etwas jünger als bisher vermutet wurde? Könnte es sein, daß in Genesis 4 bereits eine schmerzliche Erfahrung eingegangen ist: Israel hat das ihm verheißene Land, "in dem Milch und Honig fließt", bebaut und seine Erträge geerntet, *aber*: Dieses Land wurde verwüstet, seine Äcker und Weinberge niedergetreten, ja, es mußte dieses Land wieder *verlassen*! Sein Garten Eden wurde zerstört – so hat es der Prophet des Exils, Hesekiel, beklagt[1].

Das *Gesicht* des KAIN spiegelt die Enttäuschung über die Mißachtung seines Opfers wider. "Er blickt finster". Was ihn im Inneren bewegt – sein Grimm – tritt nach außen und entstellt sein Gesicht. Bevor das Geschehen seinen unheilvollen Verlauf nimmt, hält die Erzählung inne. Eine Frage wird dem Kain gestellt (V 6 f). Sie appelliert an die Lebenserfahrung: "Ist es nicht so ...?" Die Zustimmung heischende Frage bedient sich des Bildes vom Angesicht, ohne das Wort explizit zu nennen. Es geht um das freie und unabhängige Erheben des Angesichts und den Blick, der der lauernden Versuchung erliegt.

"Ist es nicht so? Wenn du recht handelst, darfst du frei aufschauen (sc. dein Angesicht erheben); handelst du aber nicht recht, so lauert die Sünde vor der Tür, und nach dir steht ihre Begierde ..." Dunkel ist der zweite Teil der Frage (vgl. G. von Rad z.St.). Könnte es sein, daß die Versuchung vom Land und seinem Besitz ausging – eine Versuchung, der Israel insgesamt nicht widerstanden hat? Land macht den einen reich, während der andere zum Elenden wird. Nach diesem retardierenden Moment folgt die entsetzliche Tat. Kain erhebt sein Angesicht im Haß gegen seinen Bruder und erschlägt ihn. Er kann den Anblick des Gesegneten nicht ertragen. Natürlich, das versteht sich von selbst, ohne daß es ausgesprochen werden muß, entgeht Jahwes Augen nichts. Die ruchlose Tat geschieht "vor seinem Angesicht". Aber Kain glaubt auf die Frage

---

1 Vgl. dazu Das Symbol des Gartens, S. 467 ff, wo aufgezeigt wird, daß der Garten Eden nicht eine mythologische Größe, sondern das konkrete Land Kanaan ist.

nach seinem Bruder Jahwe frech ins Angesicht lügen zu können: "Soll ich meines Bruders Hüter sein?" Von der "adamah" (der Erde), von der einst "Adam" genommen war, schreit das Blut Abels auf zu Gott.

Die Strafe und der Fluch für Kain sind: VERBANNUNG UND FLUCHT. Kann eine solche Geschichte erfunden und erzählt werden, ohne daß die konkrete Erfahrung der Verbannung gemacht wurde? Jetzt scheint Kain zu begreifen, was er getan hat und was ihm dafür zuteil wird. In einem Aufschrei kommentiert er: "Vom Ackerland vertrieben – hinweg aus dem Angesicht Gottes". Generell kann wohl kaum jemand gänzlich aus dem Angesicht Jahwes entschwinden, aber speziell? Kann es nicht ein Wegmüssen aus dem Angesicht des Herrn geben, vor das der Israelit im Tempel trat?[2]

"Hinweg vom Angesicht des Herrn in ein Land östlich von Eden" flieht Kain. Denkbar wäre, bleibt man auf der Spur der bisherigen Exegese, daß "Eden" hier nicht ein mythologischer Ort ist, sondern das Land Gottes, das Hesekiel, der Prophet der Verbannten, als "Garten Eden" bezeichnete. Im übertragenen Sinne wäre das verlorene Land in den Augen der Vertriebenen "ein verlorenes Paradies". Bliebe noch zu klären, welche Erfahrung hinter dem geschilderten Bruderzwist steht. G. von Rad hat in seinem Kommentar zu Genesis 4 gemeint, man könne diese Geschichte von Kain nicht lesen, ohne die Geschichte des Stammes der Keniter mitzulesen. Kain als Ahnherr eines Stammes, der zwar zu den Jahweverehrern gehörte, aber nie seßhaft wurde, immer ruhelos umherwanderte. Auszuschließen ist es nicht, daß die Geschichte eines Stammes das Bildmaterial für die jahwistische Geschichte lieferte. Aber bleiben da nicht Widersprüche? In Genesis 4 wird Kain nicht geschildert als jemand, der nie seßhaft wurde. Im Gegenteil! Er *war* ein Ackerbauer und *verlor* sein Land. Er wird auch nicht als illegitimes Kind seiner Eltern Adam und Eva eingeführt. Im Gegenteil![3] Kain und Abel sind zwei "gleichberechtigte" Brüder, die getrennt opfern. In Israel wurde nach der Reichsteilung *getrennt* geopfert. Es gab das Heiligtum bzw. die Heiligtümer im Nordreich und das (!) Heiligtum im Südreich. Die Propheten wurden nicht müde, gegen den "Götzenkult" des Nordreichs zu Felde zu ziehen und ihm die Anerkennung zu versagen. Der "wahre Altar" stand nur bei dem einen der beiden Brüder, in Jerusalem[4].

Und schließlich: Der Prophet Hosea bezeichnet die Strafe, die hier dem Kain

---

2 Vgl. das zweimalige "Weg aus dem Angesicht Jahwes" in V 14 und V 16!

3 Vgl. etwa die Geschichte Ismaels, des Stammvaters der Ismaeliten (aus denen später das Königtum der verhaßten Hasmonäer hervorging!); er ist zwar ein Sohn Abrahams, aber seine Mutter ist lediglich die Magd Hagar!

4 Vgl. 1.Kön 13 sowie z.B. 1.Kön 14,30: "Und es war Mord und Totschlag zwischen den beiden Reichen bzw. den beiden Brüdern!"

zugedacht ist, als Strafe für die Israeliten: "Unstet und flüchtig müssen sie umherirren unter den Völkern!" (Hos 9,17).

Diese exegetischen Überlegungen wollen nicht dazu verleiten, die Geschichte lediglich historisch zu verstehen. Sie sollen die These stützen, daß eine Symbolgeschichte nur dann entstehen kann, wenn in bestimmten Lebenssituationen bestimmte Erfahrungen gemacht wurden. So wenig wie der Garten zum Symbol werden kann, ehe nicht die Erfahrung mit konkreten Gärten gemacht wurde[5], so wenig kann die Symbolgeschichte um das Angesicht in Genesis 4 ohne die konkrete Erfahrung der Verbannung entstehen. Im übrigen hat die Geschichte in Genesis 4 – ob nun die dahinterstehende Lebenssituation richtig oder falsch eingeschätzt ist – *exemplarischen Charakter*, weil das, was in ihr geschildert wird, sich nicht nur einmal ereignet hat, sondern sich immer wieder unter Menschen ereignet. Umso dringlicher erheischt die Frage Antwort: Weg vom Angesicht Gottes – kann ein Mensch das ertragen? So wenig wie Kain, der Brudermörder, dem Zugriff der Menschen preisgegeben war, so wenig wird es jeder andere Mensch sein. Und: "Vor dem Angesicht Gottes stehen", was heißt das? Vor einem Götterbild stehen? Kaum! Jedenfalls nicht im biblischen Zusammenhang. Eher schon: vor ihm *bestehen* können. Wann und wie das geschehen kann, diese Frage wird uns noch bis in das Neue Testament hinein beschäftigen.

4. Das Angesicht Jesu Christi

Ein Blick in die Konkordanz zeigt, daß sich insbesondere der Evangelist Matthäus des Symbols "Angesicht" angenommen und in Verbindung mit seinen christologischen Intentionen gebracht hat. Soweit ich sehe, hat er zwei Anknüpfungspunkte im Alten Testament: die Moseüberlieferung und die Überlieferung vom leidenden Gottesknecht.

Das verklärte Angesicht Christi

In Matthäus 17,1-13 (Berg der Verklärung) sind zwei Symbole miteinander verknüpft: Das Symbol des Berges und das Symbol des Angesichts. Hinsichtlich des ersten Symbols hat Matthäus 17,1 ff schon eine ausführliche Würdigung erfahren. "Auf dem Berg" ereignen sich bei Matthäus entscheidende Dinge, durch deren Darstellung er seinem Evangelium unverwechselbare Akzente

---

5 Vgl. dazu die Ausführungen in: Das Symbol des Gartens, S. 455 f.
6 So schon in Mt 3,13-17 zu Beginn seiner Wirksamkeit.

verleiht. So auch in Matthäus 17,1-13: Was mit dem Angesicht Christi geschieht, findet "auf einem Berg" statt. Sofort mußte sich bei den des Alten Testaments kundigen Lesern des Matthäus die gedankliche Verbindung zu "Mose auf dem Berg" einstellen, insbesondere zur Überlieferung von Exodus 34. Dort kehrt Mose von der Begegnung mit Gott zurück; ein Abglanz von dieser Begegnung liegt auf seinem Angesicht. Jesus hat sich nicht wie Mose allein, sondern mit drei Begleitern (Petrus, Jakobus und Johannes) auf den Berg begeben. Vor ihnen – den späteren Führern der Urgemeinde und hier im Text wohl als "Zeugen" fungierend – "wurde Jesus verwandelt" (V 2). "Sein Angesicht leuchtete wie die Sonne", sogar seine Kleider wurden weiß wie das Licht. Gleichsam in einer symbolischen Vision "erscheinen" Elia und Mose und sprechen mit Jesus, so ihr Einverständnis mit seinem Weg zeigend, denn er ist auf dem Weg nach Jerusalem, auf dem Weg zum Berg Golgatha, auf dem Weg zum Leiden und nicht auf dem Weg zu einer herrlichen Inthronisation als Nachfolger Davids. Nicht ohne Grund hat Matthäus die Verwandlung Jesu innerhalb des Evangeliums zwischen die erste und zweite Leidensweissagung (vgl. Mt 16,21-23; 17,22-23) plaziert. Nicht nur Elia und Mose zeigen ihr Einverständnis; Gott selbst legitimiert erneut durch eine Stimme vom Himmel aus einer Wolke heraus "Jesus als seinen lieben Sohn, an dem er Wohlgefallen hat"[6]. Nur wer diese symbolische Vision vor seinem inneren Auge hat, kann das unerhörte, unbegreifliche Leiden der Passionsgeschichte verstehen; kann sich dem Gedanken nähern, daß das von Menschen so verächtlich bespieene und geschundene Antlitz Christi es sein wird, zu dem Gott steht.

Das unverhüllte Antlitz Christi

Für Matthäus reicht der Rückgriff auf die Mosetradition nicht aus, um seinen Christus den Menschen "vor Augen zu malen". Die Analogie kommt an ihre Grenzen. Das Neue, das ganz andere vermag er nur auszuführen unter Rückgriff auf die Überlieferung vom leidenden Gottesknecht, insbesondere in Jesaja 50[7].

Mose zeigt seinem Volk sein Angesicht, wenn auf ihm der Abglanz göttlicher Herrlichkeit zu sehen war. Dieser Glanz begleitete seine Rede, solange er die Worte mitteilte, die er von Gott zu überbringen hatte. Waren diese "glanzvollen"

---

7 Die alte exegetische Streitfrage, ob das Ich in den Gottesknechtliedern des Deuterojesaja individuell oder kollektiv (leidender Prophet oder leidendes Volk) zu verstehen ist, kann hier außer acht bleiben. Es genügt zu wissen, daß die Erfahrungen des Gottesknechtes nie einmalig sind, sondern immer aufs Neue gemacht werden und sich in solchen sprachlichen Verdichtungen Ausdruck verschaffen.

Augenblicke der Offenbarung vorüber, dann *verhüllte* er sein Gesicht. Der Gottesknecht bezeichnet sich als Jünger, der sein Angesicht *nicht verhüllt*, wenn es die Folgen menschlicher Verachtung zu spüren bekommt! Er bietet sowohl seinen *Rücken* denen, die ihn schlugen, als auch sein Angesicht denen, die ihn schmähen und bespeien. (Zum Ganzen vgl. Jes 50,4 ff.)

Nach diesem Vorbild entwirft Matthäus seine Leidensgeschichte von Jesus Christus. Eine ausführliche Szene läßt er vor uns erstehen, in der Jesus dem Hohenpriester Kaiphas vorgeführt und von ihm verhört wird. Die versammelten Schriftgelehrten und Ältesten befinden Jesus des Todes schuldig und *"spieen ihm ins Angesicht und schlugen ihn auf den Kopf, andere aber ins Gesicht ..."* (Mt 26,67).

Außergewöhnlich ist, was Matthäus mit Hilfe des Symbols "Angesicht" verkündet. Es sei noch einmal erinnert an die Erfahrungen, die wir mit dem Angesicht machen. Was uns im Inneren bewegt, tritt nach außen und steht auf dem Angesicht zu "lesen": der Zorn ebenso wie die Freude, die das Gesicht eines Menschen entstellen oder verklären. Gewarnt aber sei davor, von der Schönheit des Angesichts oder der Gestalt auf die Güte des Herzens und die Tiefe der Erkenntnis zu schließen. Der Prophet Samuel wird ausdrücklich ermahnt, auf der Suche nach einem König für Israel nicht das zu tun, was Menschen üblicherweise tun: sich am Schein, am bloßen Aussehen zu orientieren. Gott sieht nicht "oben hin", sondern innen hinein, in das Herz eines Menschen (vgl. 1.Sam 16).

Der leidende Gottesknecht hat aber "weder Gestalt noch Schöne" (Jes 53,2). Auf seinem Gesicht spiegelt sich nicht wider, was ihn im Inneren bewegt; auf ihm zeigt sich, was Menschen hineingeprügelt und -gefoltert haben. Es ist eine Häßlichkeit, vor der man sein eigenes Angesicht verhüllt (Jes 52,3). Ist es nicht so, daß wir sehr schnell und sehr leicht sagen: Er hat es sich selbst zuzuschreiben – was geht uns das an? Bei wie vielen Gesichtern jüdischer Mitbürger wurde vor 50 oder mehr Jahren so gesprochen? Es fällt uns leichter, in den Gedanken der Mosetradition zu denken und vom glänzenden Angesicht auf die Zuwendung der göttlichen Herrlichkeit zu schließen. Wo aber ist Gottes Herrlichkeit im Antlitz eines Ohnmächtigen und Geschundenen? Es ist die revolutionäre Botschaft des Matthäus, daß Gott gerade *dieses* Antlitz zu seinem Angesicht macht.

Von Angesicht zu Angesicht

Um die Rede vom Angesicht Christi bis in seine letzten Konsequenzen bedenken zu können, erscheint es mir nötig, noch eine letzte symbolische Vision des

Matthäus heranzuziehen (Mt 25,31 ff). Es ist die Vision vom kommenden Menschensohn, der auf seinem "erhöhten" (!) Thron sitzt und die Menschen scheidet in die zu seiner Rechten und zu seiner Linken.

Diese Vorgehensweise scheint mir nötig, obwohl das Wort "Angesicht" nicht explizit vorkommt, nur ἔμπροσθεν, "vor ihm" findet das Ganze statt. Denen zu seiner Rechten, den Gesegneten, wird er sagen, was sie mit ihren Gesichtern (und Rücken) getan haben: Sie haben IHN hungrig, durstig, fremd, nackt, krank und gefangen *gesehen* und sich ihm helfend zugewandt (nicht den Rücken zugekehrt!). Auf die erstaunte Frage, wann sie ihn so gesehen hätten, antwortet er "Was ihr einem dieser geringsten Brüder getan habt, habt ihr mir getan!" – so die vertraute Übersetzung. Paraphrasierend könnte man auch sagen: Sofern ihr in den Gesichtern dieser Menschen das Leiden gesehen *und euer eigenes Gesicht nicht verhüllt oder abgewandt habt, habt ihr gehandelt, als hättet ihr mich selbst gesehen – mir ins Angesicht geblickt.* Wer ihm so nachfolgt (ὄπισθεν), der kann auch vor ihm (ἔμπροσθεν) bestehen.

Wenn die "Gesegneten" in den Hungernden, Dürstenden, Nackten, Kranken und Gefangenen das Antlitz des leidenden Christus erkannt haben, was sollen dann jene "geringsten Brüder" sehen? Sie sollen nicht in die Fratzen des Hasses und der Verachtung blicken, sondern in das Angesicht von Menschen, in denen sie das Angesicht Christi wiedererkennen, der sich voller Barmherzigkeit allen gering Geachteten zugewandt hat.

Die einen erkennen im "Angesicht" der Leidenden das Angesicht des leidenden Christus – die anderen "im Angesicht" der Helfenden das Angesicht des barmherzigen Christus. *Ein* Christus – *zwei* Gesichter?! Wenn diese beiden Gesichter einander gegenübertreten, sich suchen und finden, dann sieht der eine Christus den anderen "von Angesicht zu Angesicht"! Vielleicht ist von daher die alttestamentliche Rede "Gott von Angesicht zu Angesicht schauen" neu zu interpretieren.

Die Herrlichkeit Gottes auf dem Angesicht Christi

Auch der Apostel Paulus hat sich der Frage angenommen, wo das Angesicht Gottes zu finden ist. Wir erinnern uns: Als dem frommen Israeliten die Möglichkeit genommen war, im Heiligtum "vor das Angesicht Gottes zu treten", konnten sich die Generationen während des Exils und die Nachgeborenen, die in der Diaspora blieben, auf Dauer nicht mit der Hoffnung begnügen, irgendwann einmal nach Jerusalem zurückzukehren und, wenn schon nicht ins Heiligtum, so doch wenigstens vor die steinernen Überreste dieser baulichen Herrlichkeit zu treten. Wo ist das Angesicht Gottes? Wirklich nur dort an diesem

Ort? Aufgrund des Christusgeschehens hat Paulus nach einer neuen Antwort gesucht und mit Hilfe des Symbols "Angesicht" gegeben (vgl. 2.Kor 3 und 4). Auch er knüpft, ähnlich wie Matthäus in seiner Verklärungsgeschichte an die Mosetradition von Exodus 34 (V 29 und 30) an. Wenn Mose "von Angesicht zu Angesicht" mit Gott geredet hatte, kehrte er mit einem Abglanz der göttlichen Herrlichkeit auf seinem Gesicht zurück. Diese Herrlichkeit ist jetzt auf das Angesicht Christi übergegangen – so die Argumentation des Paulus – denn er ist das *Ebenbild* Gottes (2.Kor 4,4). Natürlich ist die Herrlichkeit Gottes auf dem Angesicht Christi eine andere als auf dem Angesicht des Mose – in ausführlicher exegetischer Beweisführung versucht Paulus das zu begründen: Der Glanz auf dem Angesicht des Mose war ein vorübergehender – abgelöst durch Phasen der Verhüllung. Was uns jetzt zuteil wird, ist eine dauerhafte Herrlichkeit, die offen zutage liegt (2.Kor 3,11). Die Decke bzw. Hülle, die sich Mose auf das Angesicht gelegt hat, deutet Paulus als Schutz für die Israeliten, weil sie die Herrlichkeit auf dem Angesicht des Mose nicht ertragen konnten. Bei den Christen aber ist es anders: Sie selbst "spiegeln mit aufgedecktem Angesicht die Herrlichkeit des Herrn wider" (3,18). Warum das möglich geworden ist? Die Decke bzw. Hülle ist 'gewandert'! Sie liegt nicht mehr auf dem Angesicht des Mose, schon gar nicht auf dem Angesicht Jesu Christi, sie liegt auf dem Herzen der Söhne Israels (3,14 ff). Dort ist "der Vorhang dicht", so daß sie nicht erleuchtet werden von der Erkenntnis der Herrlichkeit Gottes auf dem Angesicht Jesu Christi (vgl. 4,6). Nicht das Offenbarwerden der Herrlichkeit Gottes ist für Paulus das Problem – die Offenbarung *ist* geschehen. Ihr Erkennenkönnen ist das Problem! Nicht WO das Angesicht Gottes zu suchen ist, ist das Problem. Es *ist* auf dem Angesicht einer *Person* zu sehen. Strittig ist diese Person. Ist es Mose – ist es Christus – ist es ein anderer? Ist es gängige menschliche Erfahrung, daß sich im Gesicht eines Menschen ausdrückt, was in seinem Inneren vorgeht, so setzt sich Paulus mit der schockierenden Erfahrung auseinander, daß ein Angesicht gewissermaßen leer bleibt, daß es zu keiner Hinwendung ("Bekehrung") fähig ist, daß es nichts sieht, wenn sich im Inneren ("Herzen") nichts bewegt. Hier ist die Enttäuschung des Paulus über die "Söhne Israels" mit Händen zu greifen. In ihrer Mehrheit haben sie seinen eigenen Weg zur christlichen Gemeinde nicht nachvollziehen können. Seine Sicht und Deutung des Alten Testaments bleibt ihnen verschlossen. Die Ausführungen des Paulus müssen nicht das letzte Wort sein, am allerwenigsten nach der jüngsten Vergangenheit, in der eine undurchdringliche Decke auf den Herzen der Christen lag, als es um ihr Verhältnis zu den verfolgten, gefolterten und getöteten Juden ging. Eine neue Rede vom Angesicht des Menschen und vom Angesicht Gottes ist angesagt.

Kapitel 12:

Das Symbol des Herzens

1. Herzen umgeben uns

Jedem von uns ist bewußt: Wir leben im Zeitalter der Herzbeschwerden und Herzerkrankungen. Herzerkrankungen gehören zu den sogenannten Zivilisationskrankheiten. Sie treten z.B. auf als Herzinsuffizienz, Herzinfarkt oder Herzverfettung. "Er hat es mit der Pumpe." Wer hätte diesen saloppen Spruch nicht schon gehört. Wir gebrauchen ihn, wenn es um den anderen oder die andere geht. Die Redewendung suggeriert uns: Das Herz ist eine Maschine wie der Motor unseres Auto. Es hat eine bestimmte mechanische Funktion; nämlich die, unseren Kreislauf in Gang zu halten. Dabei wissen wir es eigentlich besser: Unser Herz ist ein äußerst sensibles Organ, das auf Umwelteinflüsse, Streß, Alkohol- oder Nikotingenuß, zu fetthaltige Nahrung usw. äußerst feinfühlig reagiert. Längst haben Mediziner entdeckt, daß die Gesundheit unseres Herzens von unserer psychischen Stabilität abhängig ist. – Um wieviel leichter läßt sich der Motor unseres Autos reparieren als unser Herz?!

Auf der anderen Seite: Täglich begegnen uns stilisiert-zeichenhafte Herzen: In der Form von Schokoladen- oder Lebkuchenherzen, geziert mit sinnig-unsinnigen Sprüchen und Lebensweisheiten. Sie springen uns ins Auge auf Glückwunschkarten und Hochzeitsanzeigen, in den Karikaturen und Cartoons unserer Tageszeitungen und Wochenblätter. Herz-Schmerz-Lieder tönen uns aus den Radios entgegen. Der Vordermann in der Warteschlange an der Ampel meint, uns auf seiner Heckscheibe mitteilen zu müssen:

"I ♥ Dortmund".

In all diesen Erscheinungsformen sollen uns diese Herzen etwas signalisieren:

Achtung, jetzt geht es um Gefühle; jetzt geht es um Sympathie, Zuneigung, Liebe.

Während wir also auf der einen Seite dazu neigen, unser Herz als Organ mechanistisch-funktional zu betrachten, stehen wir auf der anderen Seite in der Gefahr, das Herz als Sinnbild zu verniedlichen, zu verkitschen und zum Klischee verkommen zu lassen.

An dieser Stelle ist nicht der Raum, der Frage nachzugehen, inwieweit die Tendenz zur funktionalen Betrachtung unseres Organs einerseits und die Tendenz zur Banalisierung des Sinnbilds "Herz" andererseits in unserer kulturellen Situation zwangsweise aufeinander zulaufen. Vielmehr soll uns ein Blick auf unsere durchaus reichhaltige und differenzierte umgangssprachliche Redeweise vom Herzen helfen, das Verständnis für die biblisch-symbolischen Sprachzusammenhänge anzubahnen.

1.1 Die Tätigkeiten des Herzens

Das Herz – ein Muskel, der sich bewegt

Wir spüren es: Unser Herz schlägt. Normalerweise sind es 70 oder 80 Schläge pro Minute. Wenn wir in Gefahr geraten oder aufgeregt sind, merken wir, daß die Herzschläge sich beschleunigen. Wo das Herz zum Stillstand kommt, ist das Leben in äußerster Gefahr.

Wir weisen auf die unterschiedlichen Bewegungen unseres Herzens hin, wenn wir einen Gemütszustand oder das subjektive Erleben einer Situation beschreiben wollen: "Da stand mir das Herz still," sagen wir, wenn wir in einer Situation einen Schrecken bekommen haben. "Mein Herz war wie gelähmt." – Andererseits kann unser Herz "vor Freude rasen", es kann "bis zum Hals schlagen", wenn uns z.B. eine Nachricht in Aufregung versetzt.

All diese Redewendungen haben Anhalt an den konkreten Bewegungen des Herzens, die wir körperlich spüren. Sie stehen oft jedoch schon an der Schwelle zu sprachlichen Bildern, mit denen wir in übertragenem Sinne von der Bewegung und den Tätigkeiten unseres Herzens sprechen.

Die Tätigkeit des Herzens in übertragenen Redeweisen

Das Herz schlägt – das wissen wir, das spüren wir. Wenn wir sagen, daß unser Herz *"für etwas, für eine Sache, für eine Idee"* schlägt, dann haben wir die konkrete Rede verlassen. Schlägt unser Herz für eine Sache, dann hat diese Sache unser Interesse geweckt; wir sind sozusagen innerlich in Bewegung gesetzt. – Einem Mensch, der uns begeistert, "schlagen unsere Herzen entge-gen", ja "sie fliegen ihm zu".

Das Herz bewegt sich. Bildhaft reden wir davon, daß "unser Herz vor Freude springt" oder "hüpft", daß es vor Aufregung "bebt" oder "rast". Tätigkeiten, die wir normalerweise mit den Füßen und Beinen vollziehen, werden auf das Herz übertragen, um innere Vor-*gänge* und inneres Erleben beschreibbar zu machen.

Andererseits kann unser Herz bewegungs- oder handlungsunfähig sein, wenn es durch Angst und Schrecken wie gelähmt ist. Wir müssen unser Herz dann "in die Hand" oder "in beide Hände nehmen", um uns Mut zuzusprechen, um es wieder in Bewegung zu setzen. Oft, wenn uns etwas große Überwindung kostet, müssen wir "unserem Herzen einen Stoß geben".

Bildhaft sagen wir, daß "das Herz eines Menschen gesprochen hat", wenn er sich verliebt hat. Das Herz kann auch "singen", es kann "im Leibe lachen", wenn der Mensch Grund zur Freude hat. Trauert er, so "klagt sein Herz". All diese Tätigkeiten sprechen wir normalerweise unserem Mund zu. Sind wir je-doch von einer Sache besonders betroffen, so übernimmt das Herz sozusagen die Aufgaben des Mundes. Menschen, die "das Herz auf der Zunge tragen", zeichnen sich durch besondere Gesprächigkeit aus. Andere, die ihrem "Herzen Luft machen" müssen, haben lange Zeit nichts gesagt; nun platzt es aus ihnen heraus.

Im übertragenen Sinn sprechen wir dem Herz auch Aufgaben der Wahrneh-mung zu, die eigentlich dem Auge und dem Ohr vorbehalten sind. Nur wer mit dem Herzen etwas sieht, kann darauf hoffen, eine Sache in ihrer Tiefe zu ver-stehen. Nur wer mit dem Herzen hört, hört wirklich zu und kann einen anderen Menschen wirklich verstehen, sich in ihn hineinversetzen, sich in ihn hin-eindenken.

1.2 Die Eigenschaften des Herzens

Das menschliche Herz hat in etwa die Größe einer geballten Faust und wiegt zwischen 250-300 Gramm. Sportler, die ihrem Körper auf Dauer besondere Be-lastungen zumuten, haben – medizinisch gesehen – ein größeres Herz als die Durchschnittsmenschen, das sogenannte Sportler-Herz. Aber müssen sie des-halb besonders *groß*-herzig sein?

Nicht nur zu den Tätigkeiten des Herzen lassen sich bildhafte, übertragene Redeweisen finden, sondern auch zu seinen Eigenschaften,die durch Adjektive beschrieben werden. Zum Teil werden diese Eigenschaften des Herzens auf die Menschen übertragen (ein Mensch ist "...-herzig"). Zum Teil finden sich

Redewendungen, die eine bestimmte Eigenschaft zwar nicht direkt benennen, aber auf sie anspielen.

Die Größe des Herzens

So kennen wir in unserer Sprache den Gegensatz zwischen dem "weiten Herzen" und dem "engen Herzen". "Weitherzige" Menschen sind beliebt wegen ihrer Großzügigkeit und Toleranz, "engherzige" dagegen gefürchtet wegen ihrer Kleinkariertheit und Engstirnigkeit. Menschen mit großem Herzen gelten als selbstlos; zu ihnen kann jeder mit seinen Problemen kommen. (Zwar kennen wir kleinliche und kleinmütige Menschen, die Rede von "klein-herzigen" Menschen ist in unserer Sprache aber nicht gebräuchlich.)

Das Gewicht des Herzens

Ein weiteres Gegensatzpaar bildet die Rede vom "schweren Herzen" und vom "leichten Herzen". "Wem das Herz schwer ist" oder "wem es schwer ums Herz ist", der trägt an einer schweren Last; Trauer oder Kummer belasten ihn. Wer "schweren Herzens" zu etwas seine Zustimmung gibt, hat lange um seine Entscheidung ringen müssen; er sieht vielleicht schwere Belastungen für die geplante Unternehmung voraus. – Die täglichen Sorgen können eine seelische Belastung darstellen, sie können einen Menschen "fast das Herz abdrücken". Stellt sich eine Sorge als unbegründet heraus, so ist die Belastung von einem genommen, "ein Stein fällt einem vom Herzen."

Wer leichten Herzens durch das Leben geht, kann von sich sagen, daß er ein froher, fröhlicher Mensch ist. – Aber: wer "leichtherzig" eine Entscheidung fällt, ist der nicht leichtfertig oder leichtsinnig? Macht er sich seine Entscheidung zu leicht?

Die Temperatur des Herzens

Wir freuen uns, wenn wir Menschen mit "warmen" Herzen begegnen, denn wir können auf ihre Sympathie und Güte vertrauen. "Warmherzig" werden sie uns bei sich aufnehmen. Treffen wir auf jemanden mit "kaltem" Herzen, dann wird er uns kaum seine Gefühle zeigen. "Kaltherzig" wird er vielleicht auf unsere Wünsche reagieren, mit kühlem Kopf wird er auf den eigenen Vorteil bedacht sein, uns eventuell eiskalt abfahren lassen.

Wie anders sind da Menschen mit feurigem Herz; Menschen, deren "Herz brennt", Menschen "mit flammenden Herzen"!

Die Beschaffenheit des Herzens

Ein Herz kann "weich" sein oder im Gegensatz dazu "hart". "Weichherzige" Menschen sind gekennzeichnet durch Nachgiebigkeit, durch Mitleid. Das macht sie verletzlich. Oft erscheint uns ihr Herz als zu weich, sie scheinen sich nur auf ihre Gefühle zu verlassen. – Eindeutig negativ besetzt ist das "harte" Herz. Als gefühlskalt, unnachgiebig, ja unbarmherzig gilt der "Hartherzige". Während das Herz einerseits wie Wachs zerfließen kann, kann es andererseits die Härte von Stein annehmen. Was kann, so fragt man sich, so ein steinernes Herz überhaupt noch erweichen? Ist ein solches Herz überhaupt noch lebendig? Besteht es wirklich noch aus Fleisch und Blut? Ist ein Mensch mit einem steinernem Herzen nicht zu bedauern, weil eigentlich alle menschlichen Gefühlsregungen in ihm erstorben sind?

Schließlich kennen wir die Unterscheidung zwischen dem "reinen" und dem "unreinen" Herzen; das erste ist voll Unschuld, das zweite voll Bosheit. "Gutherzige" Menschen sind uns bekannt. Hier gibt es verblüffenderweise keinen echten Gegensatz. (Genausowenig wie sich in unserer Sprache ein Gegensatz zur "Herzensgüte" findet.)

1.3 Das Herz als umgangsprachliches Bild

Das Herz – Bild für zwischenmenschliche Beziehungen

Sprechen wir davon, daß zwei Menschen oder eine Menschengruppe "ein Herz und eine Seele" sind, so wollen wir damit ausdrücken, daß sie in Harmonie und Übereinstimmung miteinander leben. Dabei kann ein "Gleichklang der Herzen" durchaus unterschiedliche Meinungen oder Charaktereigenschaften überbrücken. Wo "Herz und Herz vereint zusammen" sind, da ist die Beziehung ausgeglichen, da leben gleichrangige Menschen in Eintracht miteinander.

Doch unsere übertragenen Redeweisen vom Herzen zeigen auch an, daß zwischenmenschliche Beziehungen und Bindungen differenzierter zu betrachten sind.

"Dir gehört mein Herz." "Dir habe ich mein Herz geschenkt." Wer diese Sätze spricht, signalisiert, daß er sich freiwillig, aus freien Stücken an einen Partner oder eine Partnerin binden will. Daß es aber durchaus nicht selbstverständlich ist, daß es ein Glücksfall ist, wenn Menschen sich treffen, die Zuneigung füreinander verspüren, zeigen zwei Redewendungen, die der Sprache des Spiels entliehen sind. Wir "gewinnen" die Herzen unserer Partner und Partnerinnen, und wir "verlieren" unsere Herzen an sie.

Jemand, der sein Herz an einen anderen "hängt" (oder auch an eine Sache), steht in der Gefahr, *ab*-hängig zu werden. – Der Herzensbrecher, was läßt er zurück, wenn die Affäre vorüber ist? Frauen, die an einem gebrochenen oder zerbrochenen Herzen leiden. Hat er sich nicht wie ein Einbrecher verhalten, der das Herz der Frau gestohlen hat, der sich in ihr Herz gestohlen hat? Diese Redewendungen zeigen an, daß es mit unlauteren Mitteln zugehen kann, wenn Menschen versuchen, andere für sich zu vereinnahmen oder die Sympathie und Liebe der anderen für sich zu gewinnen. Martialisch klingt es, wenn jemand sagt, er habe ein Herz für sich erobert, oder er habe es gar im Sturm erobert.

Das Herz – Bild für das menschliche Gewissen

Manchmal ist uns eine Notwendigkeit verstandesmäßig klar und deutlich. Im Kopf sehen wir die Umstände, die uns zum Handeln zwingen; und doch: Oftmals sagen wir: "Ich bringe es nicht übers Herz, dieses oder jenes zu tun." Eine Entscheidung muß "übers Herz" gebracht werden, damit wir voll und ganz hinter ihr stehen können. Ist das nicht der Fall, dann "sträubt sich mein Herz". Ist man gezwungen, gegen sein Herz zu handeln, dann "dreht sich das Herz im Leibe um." – Wenn wir jemandem begreiflich machen wollen, daß er uns nach bestem Wissen und Gewissen antworten soll, so fordern wir ihn auf: "Hand aufs Herz! ..." – Solche und ähnliche Redewendungen zeigen, daß wir unser Herz als eine sensible Instanz ansehen; gerade im Zusammenhang mit Gewissensent-scheidungen, gerade wenn unser Gewissen angesprochen ist, benutzen wir die o.g. Redewendungen.

Das Herz – Bild für den Kern der Persönlichkeit

Umgangssprachlich sprechen wir vom Herzstück einer Sache, wenn wir ihren innersten Kern, ihre eigentlich wesentliche Substanz, ihre Mitte meinen. Eine Reihe von Redewendungen weisen darauf, daß wir auch beim Menschen das Innerste, den Kern, die Mitte meinen, wenn wir in übertragener Weise von seinem Herz sprechen: Wer in einem Eignungstest einen Menschen "auf Herz und Nieren prüft", will wissen, ob der Proband menschliche Qualitäten aufzu-weisen hat, ob der Kern "gesund" ist.

Jeder von uns hat wohl irgendwann einmal den Rat bekommen, bei unseren Mitmenschen nicht auf das Äußere, sondern auf das Herz zu achten, wenn wir ihnen gerecht werden wollen. – Wenn uns jemand "sein Herz ausschüttet", so kehrt er dabei sein Innerstes nach außen; Sorgen und Probleme, die sein Innerstes seit Wochen, vielleicht seit Monaten schon beschäftigt haben.

Das Herz – Bild für die Ganzheit der Persönlichkeit

Ein Hobby, eine Aufgabe, eine Arbeit machen uns erst dann richtig Spaß, wenn wir "mit ganzem Herzen und mit ganzer Seele bei der Sache" sind. Eine Entscheidung können wir nur dann richtig mittragen, wenn wir ihr "aus vollstem Herzen zustimmen". Wer nur "mit halbem Herzen bei der Sache" ist, der steht nicht voll und ganz hinter ihr, der ist hin- und hergerissen. Wer etwas halbherzig erledigen muß, der ist im Grunde innerlich gespalten. Menschen, die das Herz am rechtem Fleck, am rechten Platz haben, erscheinen uns als besonders lebenstüchtig. Sie zeichnen sich dadurch aus, daß es ihnen gelingt, ihre *Gefühle* und ihren *Verstand* in Einklang zu bringen.

Die hier zitierten Redewendungen zeigen, daß wir in den genannten Situationen auf die Ganzheit der menschlichen Person, das Ganze der Persönlichkeit abheben, wenn wir vom Herzen sprechen.

Das Herz – Bild für die Tiefe menschlicher Empfindungen

Menschen, die "das Herz auf der Zunge tragen", Menschen, die "aus ihrem Herzen keine Mördergrube machen", sprechen ihre Empfindungen, Gefühle und Gedanken ihren Mitmenschen gegenüber frei aus, auch wenn diese Gefühle und Gedanken für den Gesprächspartner unangenehm oder verletzend sein können. Beiden Redeweisen liegt die Vorstellung zugrunde, daß unsere Gefühle und Gedanken aus der Tiefe des Herzens aufsteigen müssen, damit wir sie aussprechen und anderen mitteilen können. "Aus tiefstem Herzensgrund" kommen die Wünsche, die Regungen und Empfindungen, die uns am tiefsten berühren und betreffen, die wir vielleicht sogar vor anderen geheimhalten wollen oder die uns selbst vielleicht noch gar nicht richtig bewußt sind.

Die Herzens-Angst, das Herze-Leid, die Herzens-Qual werden als besonders tiefgreifend empfunden. – Der Herzens-Wunsch und die Herzens-Lust kommen aus tiefstem Herzen. Wenn sie erfüllt werden, bedeutet das ein tiefempfundenes Glück. Wir schätzen die Güte, die uns Menschen nicht als Kalkül gewähren, sondern als Herzens-Güte. Aus der Tiefe des Herzens kommen also die Gefühle, Empfindungen und Gedanken, die den Menschen am tiefsten bewegen. Dabei ist die Tiefe durchaus ambivalent: Einerseits erscheint uns das Herz als tiefer Grund für die Quelle des Guten, andererseits erscheint es uns als Abgrund für böse, bedrohende Gedanken und Gefühle. Ist das Wesen eines Menschen nicht gerade deshalb so schwer zu bestimmen, weil das menschliche Herz letztlich un-er-gründ-lich ist, das eigene ebenso wie das des Mitmenschen?[1]

---

1 Menschen können freundlich reden und dennoch Böses hegen in ihrem Herzen (Ps 28,3). Wer

2. Die symbolische Rede vom Herzen im Alten Testament

Stärker noch als in unserer Umgangssprache tritt das Herz in das Zentrum biblischer Rede vom Wesen des Menschen: Dabei werden die geistig-intellektuellen Fähigkeiten des Menschen als "Herzfunktionen" betrachtet. Die Erkenntnis und die Erinnerung vollziehen sich im Herzen (Ex 7,23; 1.Sam 4,20; Dtn 4,9; Jes 33,18, Jer 3,16). Die Einsicht, die Fähigkeit zu einer kritischen Beurteilung, juristisches Abwägen haben ihren eigentlichen Ort im menschlichen Herzen (1.Kön 3,9; 2.Chr 19,9). Auch der Wille und das Planen wohnen hier (2.Sam 7,3; 1.Kön 8,17 u.ö.).

So nimmt es denn nicht Wunder, daß die Rede vom Herzen ein Sprachpotential bietet, auf das zurückgegriffen wird, wenn es darum geht, die Identität des Menschen vor Gott, die Beziehung des Menschen zu Gott und die Beziehung Gottes zum Menschen zu beschreiben.

2.1 Menschen schütten Gott ihr Herz aus

Daß das Herz ein sensibles Organ ist, das auf äußere Belastungen oder auf innere seelische Anspannungen sehr feinfühlig reagiert, hatte sich im ersten Teil des Kapitels gezeigt. Einen Eindruck davon, wie sehr das Herz zu schaffen machen kann, vermitteln die Gebete der Psalmisten. Sie tragen vor, wie es um ihr Herz bestellt ist. Unmittelbar wörtliche Beschreibungen der Bewegungen des Herzens finden sich ebenso wie übertragene Redeweisen.[2] Leid läßt ihr Herz überquellen (Ps 42,5), sie müssen es aussprechen. Aus der Tiefe ihres Herzen sprechen sie, aus der Tiefe ihres Herzens lassen sie ihre Klagen aufsteigen.

"Vertraue auf ihn, du ganze Volksgemeinde; schüttet euer Herz vor ihm aus! Gott ist unsere Zuflucht," so wird die Gemeinde ermutigt (Ps 62, 9). Die Beter

---

kann da erkennen, was in Wirklichkeit im menschlichen Herzen vor sich geht? Beinahe hilflos fragt der Prophet Jeremia: "Abgründig ist das Herz über alles, und heillos ist es, wer kann es ergründen?" "Ich, der Herr," so lautet die Antwort, "erforsche das Herz und prüfe die Nieren, einem jeden zu vergelten nach seinem Wandel, nach der Frucht seiner Taten" (Jer 17,9 f).

2 "Mein Herz pocht heftig, meine Kraft hat mich verlassen", trägt ein Psalmist vor (Ps 38,11). "Denn ich bin elend und arm, und mein Herz ängstigt sich in der Brust", klagt ein anderer (Ps 109,22). – Angesichts seiner Feinde ruft ein dritter: "Mein Geist in mir will verzagen, mein Herz erstarrt in der Brust" (Ps 143,4). – "Versengt ist wie Gras und verdorrt mein Herz; vergesse ich doch mein Brot zu essen!" schildert ein vierter seine mißliche Lage (Ps 102,5). – Ausdrücklich vom "kranken" Herz sprechen die Klagelieder Jeremias: "Darob ist unser Herz krank geworden, darob unsere Augen trübe, daß der Berg Zion wüste liegt ..." (Klgl 5,17.18a). – Das kranke, sieche Herz kann andererseits Gegenstand prophetischer Schelte sein: "Worauf wollt ihr noch geschlagen werden, da ihr im Abfall verharrt? Das ganze Haupt ist krank, das ganze Herz ist siech!" (Jes 1,5).

der Psalmen sind dieser Aufforderung immer wieder gefolgt und haben ihrem Herzen Erleichterung verschafft. Was immer auch die Herzen erfüllt hat, sie haben ihr Herz vor Gott ausgeschüttet, den Inhalt des Herzens vor ihn gebracht.

Sie tun es im Vertrauen auf Gottes Beistand. Lippenbekenntnisse haben dabei nichts zu suchen. Nicht was über die Lippen kommt, ist das Entscheidende, sondern was aus dem Herzen kommt. Um zu zeigen, daß er es ehrlich meint, daß er Gott nichts vorspielt, bittet der Beter des 139. Psalms: "Erforsche mich, Gott, und erkenne mein Herz, prüfe mich und erkenne meine Gedanken" (Ps 139,23). Ja, er ist sogar davon überzeugt, daß Gott ihn besser kennt als er sich selbst, denn Gott soll prüfen, ob er auf bösen Wegen geht, auf ewigem Weg will er sich durch Gott leiten lassen (Ps 139,24).

Eine exemplarische Gestalt des Alten Testaments, die vor Gott ihr Herz ausschüttet, ist Hanna, die Mutter Samuels (1.Sam 1):

Hanna macht eine Erfahrung wie andere "Mütter Israels" – Sara und Rahel – vor ihr[3]: Ihr bleiben die Kinder, die sie sich so sehnlich wünscht, versagt, während die andere Frau ihres Mannes – Peninna – ein Kind nach dem anderen gebiert. Damit nicht genug, Peninna verspottet Hanna auch noch, weil sie keine Kinder gebären kann. Jahr für Jahr, wenn sie zum Tempel von Silo ziehen, wird Hanna aufs Neue gekränkt; von Jahr zu Jahr wird ihre Schmach größer. Ihr Mann, der Hanna trotz ihrer Kinderlosigkeit bevorzugt, erkennt, daß Hannas *Herz betrübt* ist. Doch wie könnte er ihr helfen?

Anders als Sara und Rahel sucht sie nun nicht, mit Tricks und Schlichen doch noch Mutter zu werden. In ihrer ganzen Hilflosigkeit, Schmach und Trauer faßt sie sich eines Tages ein Herz und "tritt vor den Herrn". Ohne irgendeine Vermittlung durch den Priester wagt sie es, sich Gott zu nähern. Betrübten Herzens betet sie unter vielen Tränen und legt ein Gelübde ab: Wenn der Herr ihr einen Sohn schenkt, so will sie diesen Sohn dem Herrn weihen!

Das Gelübde selbst wird mit wenigen Worten berichtet. Doch sie betet lange, heißt es; sie betet *in ihrem Herzen*[4], lautlos und für einen Außenstehenden nicht zu verstehen; er könnte höchstens sehen, daß sich ihre Lippen bewegen. Ein solcher Außenstehender ist Eli, der Priester des Tempels. Ihm kommt sie verdächtig vor, die Frau, die seine Dienste nicht in Anspruch genommen hat, die da im Tempel steht und unaufhörlich ihre Lippen bewegt. Die muß betrunken sein, denkt er sich und weist Hanna zurecht.

Hanna nun entschuldigt sich und sagt: "Ich habe nicht getrunken, *sondern ich habe vor dem Herrn mein Herz ausgeschüttet. Aus großem Kummer und Leid habe ich so lange geredet.*" Da gibt Eli sich geschlagen. Er verheißt der Hanna, daß Gott ihr ihre Bitte gewähren wird. Die Hanna, die den Tempel verläßt, kann wieder essen und sieht nicht mehr traurig aus.

Aus dem Gebet der Hanna wird deutlich: Wenn Menschen Gott ihr Herz ausschütten, dann mögen sich die Lippen bewegen oder nicht, das ist gar nicht entscheidend. Es ist ein innerer und inniger Dialog, der da geführt wird, aber dennoch von Person zu Person. Dritte, die sich anmaßen könnten, zu beurteilen, was da zwischen dem oder der Betenden und Gott vorgeht, haben dabei nichts zu suchen.

---

3 Vgl. Das Symbol des Brunnens, S. 409 ff.

4 So die Luther-Übersetzung in wörtlicher Aufnahme des hebräischen Textes.

Wenn die Beter der Psalmen aus subjektivem Erleben heraus von ihren kranken oder schwachen Herzen sprechen, wenn sie Gott ihr Herz öffnen, es ihm ausschütten, so zeugt das davon, daß sie im Grunde ein funktionierendes Herz haben. Denn, was auch immer das Herz des Menschen bedrücken mag, es kann vor Gott gebracht werden. Wenn so vom menschlichen Herzen gesprochen werden kann, ist die Beziehung zwischen Mensch und Gott intakt.

2.2 Das Herz des Menschen gegen Gottes Herz

Doch weiß die Bibel nicht nur von intakten Beziehungen zwischen Mensch und Gott zu erzählen. Sie kennt Redeweisen, an denen deutlich wird, daß das menschliche Herz – obwohl im medizinischen Sinne vielleicht gesund – im Grunde doch defekt sein kann, daß es sich in einer Weise verändert hat, die keine gelungene Beziehung zwischen Mensch und Gott, zwischen Mensch und Mensch zuläßt.

Als Prototyp eines Menschen mit hartem oder verstocktem Herzen gilt uns der Pharao, der Israel in Ägypten gefangen hielt. Immer wieder treten Mose und Aaron vor diesen Pharao und fordern im Namen Jahwes: "Laß mein Volk gehen!" Plage auf Plage kommt über Ägypten, doch der Pharao läßt nicht mit sich reden.

Aber nicht nur das Herz des Pharaos ist verstockt. In ähnlicher Weise sprechen vor allem die Propheten vom Herzen Israels. Auch Israel wird die Herzensverhärtung vorgeworfen.

Das verstockte Herz des Pharaos

Mose und Aaron kommen nicht von sich aus zum Pharao. Jahwe hat sie gesandt, denn er hat die Not seines Volkes erkannt. "Ich habe das Elend meines Volkes in Ägypten wohl gesehen, und ihr Schreien über ihre Treiber habe ich gehört; ja ich kenne ihre Leiden! Darum bin ich herabgestiegen, sie aus der Gewalt der Ägypter zu erretten" (Ex 3,7 f). – "Nun ist das Schreien der Israeliten zu mir gedrungen, ich habe auch gesehen, wie hart die Ägypter sie bedrücken!" (3,9).[5]

Jahwes Herz – so könnte man in bildlicher Rede sagen – ist vor Mitleid für sein Volk entbrannt. Er hat die Ungerechtigkeit und die Härte der Unterdrückung wahrgenommen, das Schreien der Israeliten hat sein Herz bewegt. Er selbst

---

5 Vgl. Das Symbol des Feuers, S. 375 f.

(bzw. Mose in seinem Auftrag) wird Israel aus Ägypten hinausführen. Jahwes Herz schlägt für die Befreiung Israels.

Doch auch Pharao hat ein Herz. Und sein Herz ist das eines Potentaten. Warum sollte er sich seiner billigen Arbeitskräfte berauben lassen? Er hatte Israel alles andere als in sein Herz geschlossen, seine Macht lag ihm am Herzen! Warum sollte er sie sich beschneiden lassen, in seinem Herzen vielleicht von seiner eigenen Göttlichkeit überzeugt? Warum sollte er also Israel ziehen lassen? Es sei denn, so sieht Jahwe es voraus, "er werde gezwungen durch eine harte Hand" (Ex 3,19; 6,1).

Zwei Herzen stehen sich gewissermaßen gegenüber: Das Herz Jahwes und das Herz Pharaos. Beide verfolgen etwas anderes: Jahwe will Israel befreien, der Pharao will es auf keinen Fall freigeben. Wer wird sich durchsetzen, welches Herz wird sich als stärker erweisen?

Plage auf Plage kommen über Ägypten, doch immer wieder heißt es: "Der Pharao *beschwerte* sein Herz" bzw. Jahwe *beschwert* das Herz des Pharao (Ex 7,14; 8,15. 32; 9,7). Oder es wird stereotyp vermerkt: "Das Herz des Pharao war/blieb *(ver-)festigt*" bzw. "Jahwe *(ver-)festigte* das Herz des Pharao" (Ex 4,21; 7,13; 9,12; 10,12.27; 11,10; 14,4. 8. 17).[6]

Jahwes Arm reicht bis ans Herz seines Gegners, er beschwert sein Herz. Er verfestigt das Herz des Pharao und reizt ihn zum Übermut. Innerhalb der Plagenüberlieferung wird dieser Sachverhalt folgendermaßen gedeutet:

> "Da sprach der Herr zu Mose: Gehe zum Pharao; denn ich habe sein und seiner Leute Herz beschwert, damit ich diese meine Zeichen unter ihnen tue, und damit du deinen Kindern und Kindeskindern erzählst, wie übel ich den Ägyptern zugesetzt und was für Zeichen ich unter ihnen getan habe, damit ihr erkennt, daß ich der Herr bin" (Ex 10,1 f).

Israel soll an den Plagen erkennen, wer sein Gott ist. Es soll erkennen, wie sehr sein Gott sich für seine Befreiung einsetzt, so wird man paraphrasieren dürfen. Daß das Herz dieses Gottes seinem Volk gehört, das soll das Volk prägen, es soll

---

6 Unsere Übersetzungen geben den hebräischen Wortstamm "חזק." recht großzügig mit "verstocken" oder "verhärten" wieder. Beide Übersetzungen treffen aber nicht so recht den ursprünglichen Wortsinn und nehmen der Geschichte ihre provokative Kraft. Zwar läßt sich חזק durchaus mit "verhärten" übersetzen, aber es schwingt mehr mit bei diesem Wort. Wo es nicht in Bezug auf das Herz gebraucht wird, bedeutet es "jemanden kräftigen, ihn stark machen" (Ri 16,28; Dtn 10,18 f). So werden die Arme eines Menschen gekräftigt (Ez 30,24; Hos 7,15)), oder seine Hüften (Nah 2,2). Unsere Übersetzungen greifen also zu kurz, wenn sie von der Verhärtung oder der Verstockung des Herzens des Pharao sprechen. Sicherlich, Pharao hat ein verhärtetes Herz in unserem Sinn des Wortes; denn er hat kein Mitleid, kein Mitgefühl für Israels Leid und Last. Übersetzt man aber im oben genannten Sinn, dann muß es heißen: "Jahwe festigt Pharaos Herz"; "Er befestigt es"; oder sogar "Er stärkt dem Pharao das Herz"; mit anderen Worten: Er ermutigt den Pharao, er reizt ihn zum Übermut.

ihm eine unverwechselbare Identität verleihen. Deshalb soll Kindern, Enkeln und Urenkeln immer wieder von den Machttaten Gottes an den Ägyptern erzählt werden. Gott schlägt Ägypten mit Plagen, um das Herz Israels für sich zu gewinnen!

Das Herz Israels gegen das Herz Gottes

Jahwe hatte Israel aus der Hand der Ägypter befreit; gegen das Herz Pharaos hatte er sich gestellt, um Israel in die Freiheit zu führen. Seine Existenz und seine Identität verdankt Israel dieser Befreiungstat Jahwes. Sollte da Israels Herz nun nicht für Jahwe schlagen? Sollte es ihm nicht folgen, aus ganzem Herzen? Nicht halbherzig, lau, sondern mit ungeteiltem Herzen sollte es eigentlich dem Herren dienen! Daß es um das Herz Israels leider oft anders bestellt war, davon zeugen vor allem die Mahn- und Scheltreden der Propheten.

Verfettete Herzen: Mit scharfer Anklage wendet sich der Prophet Jesaja gegen die Oberschicht seines Volkes: Das Recht wird gebeugt; Reiche mehren ihren Besitz Haus um Haus, Acker um Acker; in Saufgelagen, die schon am Morgen beginnen, suchen sie Zerstreuung, doch der Rest des Volkes wird von Hunger und Durst gepeinigt (Jes 5,8-22). Während die einen im Überfluß leben, der ihr Herz zu verfetten droht, sind die anderen durch den Hungertod bedroht. Kann Jahwe da ungerührt zuschauen, kann das sein Herz ungerührt lassen?

Jesaja erhält den Auftrag, Gericht zu predigen, Jerusalem den Untergang anzusagen. Doch steht dieser Auftrag unter reinem merkwürdigen Vorzeichen: Bei seiner Berufung wird Jesaja gesagt:

> "Gehe und sprich zu diesem Volke: Höret immerfort, doch verstehet nicht, und sehet immerfort, doch erkennet nicht! *Verstocke* (wörtlich: *verfette*) *das Herz* dieses Volkes, mache taub seine Ohren und blind seine Augen, daß es mit seinen Augen nicht sehe und mit seinen Ohren nicht höre, daß *nicht sein Herz einsichtig* werde und man es wieder *heile*" (Jes 6,9 f).

Der Zorn Jahwes ist gewaltig. Die Gerichtspredigt des Propheten soll Jerusalem nicht etwa zur Umkehr bewegen; im Gegenteil: diejenigen, die die wirtschaftliche Macht haben, die ihr Herz durch Überfluß verfetten lassen, weil sie die Augen und Ohren vor der Not des Volkes verschließen, sollen auch durch die Botschaft Jesajas nicht eines Besseren belehrt werden. Nun sollen ihnen die Anklagen und Gerichtsdrohungen des Propheten *überflüssig* vorkommen, sie sollen sie im Überfluß haben! Aus den Augen und Ohren sollen sie ihnen herauskommen! Hatte bisher das Fett ihrer Nahrung, das sie im Überfluß genossen haben, ihr Herz verkleistert, so wird die prophetische Predigt ebenso wirken! Ihr Überfluß wird die Bewegungen ihres Herzens lähmen und ihm die Möglichkeit zur

Einsicht und Reue nehmen. Die Gerichtsansage wird so selbst schon zu einem Teil des Gerichts.

Reißfeste Herzen: Wie wenig Anklagen und Mahnungen im Namen Jahwes zu bewirken vermögen, mußten auch andere Propheten feststellen. Besonders Jeremia mußte sich immer wieder mit dem Phänomen der Uneinsichtigkeit und Verstocktheit seines Volkes auseinandersetzen. Immer wieder wirft er dem Volk die Verstocktheit des Herzen vor (Jer 9,13; 13,10; 23,17) oder gar die Verstocktheit des bösen Herzens (3,17; 7,24; 11,8; 16,12; 18,12). Diese Herzensverstockung ist es, die den Zorn und das Gericht Jahwes heraufbeschwört. Sie äußert sich in der Unfähigkeit, auf die Worte Jahwes zu hören, auf die Worte des Bundes (11,6 ff) bzw. des Gesetzes (9,13; 16 11), in dem Bestreben, die eigenen Wege zu gehen (18,12), und in der Bindung an fremde Götter (9,14; 13,10; 16,11).[7]

Das Volk hört nicht auf Jahwes Worte, sondern läuft fremden Göttern nach, an die es sich gebunden hat. Jahwe will sie zu einem Wandel nach seinem Wort bewegen, doch sie folgen lieber den eigenen Gedanken (18,12). Jahwe zieht oder reißt sozusagen an diesen Herzen, um sie auf seinen Weg zu bringen; doch diese Herzen erweisen sich als zu zäh, sie widerstehen allen Bemühungen; reißfeste Herzen sind es.[8]

Unbeschnittene Herzen: Der männliche Säugling in Israel wird beschnitten. Durch die Beschneidung wird er in den Bund aufgenommen, den Gott einst mit Abraham geschlossen hatte. Doch was ist, wenn der erwachsene Mensch sich diesem Bund nicht zugehörig fühlt? Oder wenn er sich als dieses Bundes unwürdig erweist? Wenn er zwar beschnitten ist, aber sein Herz nicht dem Herrn gehört?

Die biblischen Schriften zeichnen den Weg Israels über weite Strecken als Weg des Abfalls und des Ungehorsams. Das Herz Israels gehörte eben nicht

---

7 Auch Jeremia hat einen besonderen Begriff für die Herzensverstockheit bzw. -verhärtung: Er spricht durchweg von der "שְׁרִירוּת" des Herzens. Von dem gleichen Wortstamm "שׁרר" leiten sich die hebräischen Wörter für "Sehne" oder "Muskel" ab (Hiob 40,16), auch die "Nabelschnur" ist von diesem Stamm abgeleitet (Ez 16,4). Nicht hart wie Stein sind die Herzen des Volkes. Denn Sehnen, Muskeln und die Nabelschnur sind dadurch gekennzeichnet, daß sie eher flexibel als hart sind. Sie sind dehnbar und bis zu einem gewissen Gerade reiß-*fest*.

8 An einer Stelle im Buch Jeremia ist die Wendung von der Verstockheit des Herzens Bestandteil eines Heilswortes: "Alsdann wird man Jerusalem nennen 'Thron des Herrn' und es werden dorthin alle Völker zusammenströmen zu dem Namen des Herrn, nach Jerusalem; und sie werden nicht mehr der Verstocktheit ihres bösen Herzens folgen" (Jer 3,17). Die Menschen, die zusammenströmen, sind losgelöst von der Bosheit, die sie auf andere Wege locken könnte. Wie es dazu kommt, daß die Verhärtung des Herzens aufgehoben ist, bleibt in diesem Heilswort offen. Haben die Menschen, die sich da versammeln, ein *neues* Herz?

ausschließlich dem Herrn, ungeteilt. Was nützt es da, wenn zwar das äußere Zeichen des Bundes gewahrt blieb und die Säuglinge beschnitten werden, die Erwachsenen aber doch treiben, was sie wollen, und sich des Bundes als unwürdig erweisen? Hat Israel da überhaupt noch einen Vorrang vor den anderen Völkern?

Nein!! Das ist jedenfalls die Meinung des Propheten Jeremia; denn er stellt eine These auf, die seinen Zeitgenossen einen Stich ins Herz gegeben haben muß: "... denn alle Völker sind unbeschnitten und das ganze Haus Israel ist *unbeschnittenen Herzens*" (Jer 9,26). Das Gottesvolk hat einen Bund mit Gott gehabt, eine Vorrangstellung; doch es ihm nicht gerecht geworden. Die innere Zustimmung zu dem Bund hat gefehlt, und das wirft Israel zurück auf die gleiche Ebene mit anderen Völkern!

Das Bundesvolk muß die Beschneidung innerlich nachholen, es muß sich sozusagen an dem Herzen beschneiden, wenn es sich nicht dem auflodernden Grimm und Zorn des Herzens Jahwes aussetzen will. Deshalb fordert der Prophet: "*Beschneidet* euch für den Herrn und entfernt die *Vorhaut eures Herzens* ...*, damit nicht wie Feuer losbreche mein Grimm und brenne, daß niemand löschen kann, wegen eurer bösen Taten" (Jer 4,4).[9]

2.3 Umkehr im Herzen Gottes

Immer wieder sagen die Propheten ihrem Volk das Gericht an, in der Überzeugung, daß Jahwes Zorn entbrannt ist über die Untreue, das Versagen und die Schuld seines Volkes. Besonders eindrücklich schildert Hosea, wie es Israel, wie es seinem Herzen ergehen wird, wenn der Zorn Jahwes entbrannt ist:

> "Und da sie satt wurden, überhob sich ihr Herz. Ich falle sie an wie eine Bärin, die ihrer Jungen beraubt ist, und *zerreiße den Verschluß* ihres *Herzens*. Da werden die Hunde sie fressen und das Getier des Feldes sie zerfleischen" (Hos 13,6b.8).

Hart klingt das Gerichtswort Hoseas. Fragen drängen sich auf: Ist denn keine Aussicht darauf, daß Gott sich seines Volkes Erbarmen wird? Ist keine Gnade in Sicht? Kann Gott so hartherzig sein, daß er sein Volk den "Aasgeiern" überließe? Eine Überlieferung aus der Genesis erzählt davon, wie Gott sich einen Vernichtungsbeschluß in seinem Herzen gereuen ließ, wie sein Erbarmen über seinen Willen zur Vernichtung gesiegt hat.

---

9 Lev 26,41: "... wenn sich alsbald ihr unbeschnittenes Herz demütigt und sie alsbald ihre Schuld abtragen, so will ich meines Bundes mit Jakob gedenken." – Dtn 10,16: "So beschneidet nun euere Herzen und seid fortan nicht mehr halsstarrig."

Gottes Herz erträgt das Herz der Menschen

Innerhalb der Sintfluterzählung (Gen 6,6-9) wird zweimal vom menschlichen Herzen gesprochen und beiden Malen ist der Aussage über das Herz des Menschen eine Aussage über das HERZ GOTTES kontrastiert. Die beiden Abschnitte (6,5-8 und 8,20-22) sind als Einleitung bzw. als Schlußteil des jahwistischen Erzählstranges anzusehen.

> VOR DER FLUT (Gen 6,5-8): Als aber der Herr sah, daß der Menschen Bosheit groß war auf Erden und alles Dichten und Trachten *ihres Herzens* nur böse war immerdar, da reute es ihn, daß er die Menschen gemacht hatte auf Erden, und es bekümmerte ihn *in seinem Herzen*, und er sprach: Ich will die Menschen, die ich geschaffen habe, vertilgen von der Erde, vom Menschen an bis zum Vieh und bis zum Gewürm und bis zu den Vögeln unter dem Menschen; denn es reut mich, daß ich sie gemacht habe. Aber Noah fand Gnade vor dem Herrn.

> NACH DER FLUT (Gen 8,20-22): Noah aber baute dem Herrn einen Altar und nahm von allem reinen Vieh und von allen reinen Vögeln und opferte Brandopfer auf dem Altar. Und der Herr roch den lieblichen Geruch und sprach *in seinem Herzen*: Ich will hinfort die Erde nicht mehr verfluchen um der Menschen willen; denn das Dichten und Trachten *des menschlichen Herzens* ist böse von Jugend auf. Und ich will hinfort nicht mehr schlagen alles, was da lebt, wie ich getan habe. Solange die Erde steht, soll nicht aufhören Saat und Ernte, Frost und Hitze, Sommer und Winter, Tag und Nacht.

Nach einem ersten Lesen dieser Verse kann man sich nur wundern, wie der Jahwist seinen Gott darstellt. Was ist das für ein Gott, der zunächst die Menschen schafft und sie dann, als er ihre Bosheit erkennt, wieder vernichten will?

Was ist das für ein Gott, der seine Meinung dauernd zu ändern scheint? Ist er wankelmütig in seinem Herzen? Ist er, der das Leben auf der Erde vernichtet hat (ausgenommen das Leben in der Arche), so leicht umzustimmen, durch das bißchen Geruch eines Opfers, durch ein bißchen "Geruch der Beschwichtigung"?[10]

Gewiß, die jahwistische Rede vom Herzen Gottes, von seinem Kummer und seiner Reue wirkt zunächst sehr menschlich. Andere biblische Schriften scheinen das genaue Gegenteil zu verfechten: "Gott ist nicht Mensch, daß er sich etwas gereuen ließe..." (1. Sam 15,11.19). Schon Gerhard von Rad hat erkannt, daß der Jahwist es wagt, "uns einen Blick in das bekümmerte Herz Gottes tun zu lassen", um die "bewegte Personhaftigkeit Gottes und seine lebendige Anteilnahme an allem Irdischen" zur Sprache bringen zu können.[11] Der Gott des Jahwisten ist kein abstraktes Prinzip, sondern ein höchst lebendiger Gott.

---

10 So die wörtliche Übersetzung.
11 G. von Rad, Das erste Buch Mose, z.St.

Deshalb redet der Jahwist nicht dogmatisch-abstrakt, sondern symbolisch-konkret von Gott. Und eben deshalb hat sein Gott ein Herz.

Wie sollte Gottes Herz nicht voller Reue darüber sein, daß er den Menschen erschaffen hat? Alles Dichten und Trachten des menschlichen Herzens ist ausgerichtet auf das Böse. Das ist der eigentliche Kummer, die eigentliche Tragik. Nicht nur die Bosheit war groß, *alles* Streben, *alles* Planen, *alles* Wollen des Menschen ist auf Böses ausgerichtet.

Und wie sollte Gottes Herz nicht voller Kummer sein angesichts des gewaltigen Entschlusses, den er sich abringt: *alles* Leben zu vertilgen auf Erden? Sollte diese Vernichtungsaktion Gottes Herz kalt lassen, unbeschwert und unbekümmert? Wäre es so, dann wäre er wahrhaft herzlos, dann wäre er ein abstraktes Prinzip. Menschen können so herzlos sein, so hartherzig, wenn sie ihre gewaltigen Vernichtungsaktionen planen und durchführen; Gott nicht! Denn trotz der menschlichen Bosheit, trotz des Trachtens nach dem Bösen ist die Vernichtung nicht total: *"Noah aber fand Gnade vor dem Herrn!"*

Als Noah die Arche verläßt, baut er als erstes einen Altar und bringt Gott ein Brandopfer dar. Ein hoffnungsvoller Neuanfang also!? Da ist einer, der meint es ernst, der dankt für seine Errettung; sein Herz trachtet nicht nach Bösem.

Wiederum sehr menschlich erzählt der Jahwist von Gott: "Und der Herr roch den lieblichen Geruch und sprach in seinem Herzen: ..." Der "liebliche Geruch", so scheint es, hat Gott umgestimmt. Der Rauch des Opfers, so könnte man denken, muß für Gott zum Zeichen für den guten Willen des Menschen geworden sein. Aber so ist es nicht! Der liebliche Geruch hat Gottes Einsicht in das Wesen des Menschen keineswegs getrübt. "Das Dichten und Trachten des menschlichen Herzens ist böse von Jugend auf." Gottes Urteil über den Charakter des Menschen, über das Wesen seines Herzens bleibt bestehen. Dennoch verheißt er den Bestand des Lebens, solange die Erde steht. Der Gnadenwillen Gottes hat seinen Ursprung nicht in der kultischen Handlung Noahs, sondern allein im Herzen Gottes. In seinem Herzen erklärt er sich bereit, das menschliche Herz zu tragen – zu ertragen. Allein aus Gnade.

Gottes Herz kehrt sich seinem Volk zu

Der Gnadenwillen Gottes überwindet seinen Vernichtungswillen. Was von der Reue im Herzen Gottes in Bezug auf die Vernichtung der Menschheit gesagt ist, sollte das nicht auch gelten für das Volk, das er in sein Herz geschlossen hat?

Zwei prophetische Schriften sprechen symbolisch davon, daß sich Gottes Herz umkehrt, daß es sich seinem Volk zukehrt:

> "Wie könnte ich dich preisgeben, Ephraim, dich ausliefern, Israel? ... *Mein Herz kehrt sich um in mir*, all mein Mitleid ist entbrannt" (Hos 11,8).

So leidenschaftlich Gott in seinem Zorn sein kann, so leidenschaftlich ist er in seinem Mitleid. Wo vorher Zorn brannte, entbrennt nun Mitleid. Der Gott, der bei Hosea spricht, ist kein Gott der Halbherzigkeiten; wenn sich sein Herz wendet, dann ist es eine totale Umkehrung. So gewaltig auch sein Unwille gewesen sein mag, so total ist nun sein Heilswille.

Jeremia, der sich so bitter über die Herzen seiner Zeitgenossen beklagt und ihnen die Vernichtung ansagt, kann andererseits in bewegten Worten vom Erbarmen Gottes sprechen:

> "'Ist eigentlich Ephraim mein teurer Sohn, ist er mein Lieblingskind? Sooft ich von ihm rede, muß ich immerfort seiner gedenken; darum *stürmt mein Herz ihm entgegen*, ich muß mich seiner erbarmen', spricht der Herr" (Jer 31,20).

Beinahe verwundert klingt die Frage am Anfang. Gott wundert sich über sich selbst, so scheint es; darüber, daß er es nicht übers Herz bringt, sein Volk im Stich zu lassen; darüber daß sein "Eltern-Herz" stärker ist als sein Zorn; darüber daß sein Erbarmen größer ist als sein Wille zum Strafgericht. Ein *stürmisches Herz* hat er, hat doch die Liebe zu seinem Volk gesiegt.

2.4 Gott behandelt das Herz Israels

Die "defekten" Herzen seines Volkes lassen Gott nicht kalt. Wenn die Mahnrede seiner Propheten versagt, muß Gott selber handeln. Er selbst wird an den Herzen der Menschen handeln; er wird sie "behandeln".

Gott pflanzt ein neues Herz ein

Das menschliche Herz kann in vielerlei Hinsicht "krank" sein. "Herz-Fehler" haben die unterschiedlichsten Ursachen und Formen. Die Therapie wird von Fall zu Fall unterschiedlich ausfallen. Manchmal genügen beruhigende Worte, damit ein Herz Ruhe findet. Es können aber auch komplizierte chirurgische Eingriffe notwendig sein, um das Herz und damit den Menschen zu retten. Der schwerwiegendste und risikoreichste ist der der Herzverpflanzung.

Im Buch Jeremia wird mehrfach mit dem Gedanken gespielt, daß das Gottesvolk im Grunde ein anderes Herz braucht (Jer 24,7; 31,31; 32,39). Am konsequentesten aber durchgeführt hat diesen Gedanken Hesekiel:

> "Und ich werde ihnen ein *anderes Herz* geben und einen neuen Geist in ihr Inneres legen; ich werde ihnen das *steinerne Herz* aus ihrem Leib *herausnehmen*

> und ihnen ein *fleischernes Herz* geben, damit sie nach meinen Geboten wandeln und meine Satzungen halten und danach tun. Dann werden sie mein Volk sein, und ich werde ihr Gott sein. Diese aber *hangen mit ihren Herzen* an ihren Scheusalen und Greueln – ihren Wandel bringe ich über ihr Haupt" (Ez 11,19 ff; auch 36,26).[12]

Gott erscheint hier beinahe in der Rolle eines modernen Operateurs, der Herzen verpflanzt. Das alte Herz ist unbrauchbar; es ist steinern, versteinert; es ist tot. Denn es hat an toten Götzen gehangen. Deshalb muß es entfernt werden. Das andere Herz, das neue Herz, wird ein fleischernes Herz sein; ein Herz aus Fleisch und Blut, ein lebendiges Herz. Ein lebendiger Gott hat dieses Herz eingepflanzt. An diesem lebendigen Gott wird dieses andere Herz hängen.

Gott beschneidet die Herzen

Israel soll sich am Herzen beschneiden, es soll sein Herz beschneiden, um – wie oben dargelegt – die innere Zustimmung zu dem äußeren Bundeszeichen zu geben. Doch die Mahnungen haben nur wenig oder gar nicht genutzt. Der nationale Untergang und das Exil blieb dem Volk nicht erspart.

"Wenn auch deine Versprengten am Ende des Himmels wären, so wird dich doch der Herr, dein Gott, von dannen sammeln und dich von dannen holen ..." (Dtn 30,4). Das 30. Kapitel des Deuternomiums versucht, Hoffnung zu stiften auf eine Sammlung Israels durch Jahwe. Das Volk, daß dann versammelt wird, wird beschnittene Herzen haben, denn Jahwe selbst wird dafür sorgen:

> "Und *der Herr*, dein Gott, *wird dein Herz* und das Herz deiner Nachkommen *beschneiden*, daß du den Herrn, deinen Gott, liebest *von ganzem Herzen* und von ganzer Seele um deines Lebens willen" (Dtn 30,6).

Wenn der Herr das Herz beschneidet, wird die Liebe zu Gott von ganzem Herzen wie selbstverständlich folgen. Doch diese Beschneidung des Herzens – wie auch die Sammlung der Versprengten – erfolgt nicht bedingungslos. Zuerst muß Israel sich wieder zu Jahwe bekehren; und zwar mit ganzem Herzen (Dtn 30,2-6).

---

12 Jer 24,7: "Und ich will ihnen ein Herz geben, das sie erkennen läßt, daß ich der Herr bin. Sie werden mein Volk sein und ich werde ihr Gott sein; denn sie werden sich von ganzem Herzen zu mir bekehren." – Jer 31,31 ff: "Siehe, es kommen Tage, spricht der Herr, da schließe ich mit dem Hause Israel und dem Hause Juda einen neuen Bund ... 33b Ich werde mein Gesetz in ihr Inneres legen und es ihnen ins Herz schreiben ..." – Jer 32,39 ff: "Ich werde ihnen ein *anderes Herz* geben und einen anderen Wandel geben, daß sie mich fürchten allezeit ihnen selbst zum Heil und ihren Kindern, die nach ihnen kommen. 40 Und ich werde mit ihnen einen ewigen Bund schließen, daß ich mich nie von ihnen abwenden, sondern ihnen Gutes tun will, und die Furcht vor mir werde ich ihnen *ins Herz* legen, daß sie nicht von mir weichen. 41 Es wird mir eine Lust sein, ihnen Gutes zu tun, und ICH werde sie in dieses Land einpflanzen IN TREUEN, VON GANZEM HERZEN UND VON GANZER SEELE."

Das Herz soll ganz und ungeteilt Gott gehören. Dieser Gedanke findet sich immer wieder innerhalb des Alten Testaments: Die Menschen sollen Gott mit ungeteiltem Herzen dienen (1.Kön 8,61 u.ö.; Jes 38,3), ihm von ganzen Herzen danken (Ps 9,2; 86,12 u.ö.), sich auf ihn von ganzem Herzen zu verlassen (Spr 3,5).[13]

Doch besonders profiliert vom "ganzen Herzen" sprechen die durch die deuternomistische Theologie beeinflußten Überlieferungen. Der Fehler Israels hatte darin bestanden, daß es dem Herrn nicht mit ganzem Herzen gefolgt war. Sein Gericht war zu Recht über Israel gekommen. Umso notwendiger ist es deshalb, jetzt – in der Krise – von ganzem Herzen sich Gott zuzuwenden. "Von ganzem Herzen"[14] – das ist sozusagen die Kernformel, mit der die mannigfaltigen Beziehungen des Menschen zu Gott beschrieben werden.

Gott erquickt und heilt die zerbrochenen Herzen

> "Der Herr baut Jerusalem auf, er sammelt die Versprengten Israels, der da *heilt*, die *gebrochenen* Herzens sind, und ihre Wunden verbindet" (Ps 147,3).

Deutlich läßt das Psalmwort erkennen, daß sich eine Wendung vollzogen hat oder im Vollzug ist. Jerusalem wird wieder aufgebaut, die ins Exil Vertriebenen werden gesammelt. Es ist das Werk Gottes, das sich da vollzieht. Doch wird Israel nicht nur äußerlich wiederhergestellt, auch sein Herz, gebrochen durch die Katastrophe, soll geheilt werden.[15] Gott ist gefragt als Heiler und Tröster.

Das Psalmwort hat seine nächsten Parallelen bei Tritojesaja. Wie sehr Israel

---

13 Weitere Wendungen sind: ... wissen von ganzem Herzen: Jos 23,14; vor dem HERREN mit ganzem Herzen wandeln: 1.Kön 2,4 (öfter in Kön u. Chr); Ps 84,6; sich auf den HERRN verlassen von ganzem Herzen: Spr 3,5.

14 Das Gottesvolk soll...
– den HERRN lieben von ganzem Herzen: Dtn 6,5!, 13,4; 30,6; (Mk 12,28 ff par)
– dem HERRN dienen von ganzem Herzen: Dtn, 10,12; 11,13; 30,2; Jos 22,5 ü.ö.
– sich bekehren von ganzem Herzen: Dtn 30,10; Jer 3,10 u.ö.
– IHN von ganzem Herzen suchen: Ps 119,2.10; Jer 29,13
– SEINE Gunst von ganzem Herzen suchen: Ps 119,58
– rufen von ganzem Herzen: Ps 119,145
– SEIN Gesetz halten von ganzem Herzen: Ps 119,34.69.

15 Von dem Vertrauen, daß Gott Nähe und Fürsorge gerade denen mit gebrochenen oder zerbrochenen Herzen gilt, zeugen auch andere Psalmen. Er – so hoffen die Betenden – "ist nahe bei denen, die zerbrochenen Herzens sind, er hilft denen, die ein zerschlagenes Gemüt haben" (Ps 34,19). – Die Oberflächlichen, sie mögen Gott ihre Opfer darbringen, aber "das Opfer, das Gott gefällt, ist ein zerbrochener Geist" und ein zerschlagenes Herz. Aufgerieben sind Geist und Herz in der Auseinandersetzung mit denen, die sich von Gott abgewandt haben. Sollte er sich da seiner Getreuen nicht annehmen: Ein in der Auseinandersetzung "zerschlagenes Herz wirst du, o Gott, nicht verachten" (Ps 51,59).

der Heilung und des Trostes bedarf, macht der anonyme Prophet der nachexilischen Zeit durch extreme sprachliche Formen deutlich:

> "Denn so spricht der Hohe und Erhabene, der ewig thront und dessen Name ist der 'Heilige': In der Höhe und als Heiliger throne ich und bei den Zerschlagenen und Demütigen, daß ich den Geist der Gebeugten belebe und das Herz der Zerschlagenen erquicke" (Jes 57,15).

Gott ist der Hohe, der Erhabene, der Heilige, er thront! Aber wo thront er? Er thront in der Höhe und auch in der Tiefe! Ein Widerspruch in sich, legt man uns herkömmliches Sprachgefühl zugrunde. Er thront bei den Zerschlagenen und Demütigen! Und indem er thront, heilt er: Er belebt den Geist der Gedemütigten und erquickt das Herz der Zerschlagenen.

Der Prophet versteht sich als Gesandten dieses heilenden Gottes. Seine Botschaft soll die gebrochenen Herzen der Menschen heilen.

> "Der Geist des Herrn ruht auf mir, dieweil der Herr mich gesalbt hat; er hat mich gesandt, den Elenden frohe Botschaft zu bringen, *zu heilen*, die *gebrochenen Herzens* sind, den Gefangenen Befreiung zu verkünden und den Gebundenen Lösung der Bande" (Jes 61,1).

Anders als im Deuternomium, werden hier keine Bedingungen mehr gestellt. Der da ausgesandt wird, die gebrochenen Herzen zu heilen, bringt Frohbotschaft – bedingungslos.

3. Die symbolische Rede vom Herzen bei Matthäus und Markus

3.1 Das Herz Jesu

Jesus, den Christus, bekennen wir als *wahren* Menschen und als *wahren* Gott. Von daher müßte sich eigentlich eine Vielzahl von neutestamentlichen Aussagen über das Herz Jesu finden lassen, hält sich doch das Alte Testament mit seinen bildhaften und symbolischen Aussagen über das Herz des Menschen und auch das Herz Gottes nicht zurück. Und weiter: haben ihn wir nicht in den letzten Jahren als den kennen- und schätzengelernt, dessen Herz besonders für die Außenseiter, die Schwachen und Unterdrückten schlägt, der die Kinder herzt? Da müßte sich doch einiges zu seinem Herzen finden lassen!

Jesus zeigt Gefühl

Vor allem Markus und Johannes wissen durchaus von Gefühls- und Gemütsregungen Jesu zu erzählen, während Matthäus und Lukas hier äußerst zurückhaltend sind:

> Er *erbarmt* sich des Aussätzigen, der zu ihm kommt (Mk 1,41 ohne parr!), und des Volkes ohne Hirten (Mk 6,30 ff parr; Mt 14,14).
>
> Er *gerät in Zorn* und *ist betrübt* wegen der *Erstarrung der Herzen* der Synagogenbesucher (Mk 3,5 ohne parr!).
>
> Er wird *unwillig*, als seine Jünger die Kinder hindern wollen, zu ihm zu kommen (Mk 10,14 ohne parr!). Die Kinder aber *umarmt* er. Er *herzt* sie, wie es in der Luther-Bibel heißt.
>
> Den reichen Jüngling, der zu ihm kommt, *gewinnt er lieb* (Mk 10,21 ohne parr!).
>
> In Gethsemane, in der Nacht vor der Kreuzigung, fängt er an, *zu erschrecken* und heftig *zu zagen*. Er gesteht seinen Jüngern: *"Meine Seele ist zu Tode bekümmert."* (Mk 14, 34; Mt 26,38).

Im Johannesevangelium wird besonders die Liebe Jesu zu seinen Jüngern thematisiert. Typisch für Johannes ist die Figur des Jüngers, den Jesus lieb hatte. Und Johannes erzählt als einziger Evangelist davon, daß "Jesus weinte" (Joh 11,35).

Wer nun erwartet hätte, in den neutestamentlichen Schriften – insbesondere in den Evangelien – eine Vielfalt von Aussagen über das Herz Jesu zu finden, den wird es verwundern, daß nur ein einziges Mal im Neuen Testament vom Herzen Jesu die Rede ist.

"Ich bin ... von Herzen demütig!"

Das 11. Kapitel des Matthäusevangeliums umkreist – beginnend mit der Anfrage Johannes des Täufers – die Problematik: Wer ist Jesus? Welchen Charakter hat seine Sendung? Jesus selbst gibt darauf eine Antwort, indem er mit dem Heilandsruf einen Blick in sein Herz gewährt:

> "Kommet her zu mir alle, die ihr mühselig und beladen seid,
> so will ich euch Ruhe geben.
> Nehmet mein Joch auf euch und lernet von mir,
> *denn ich bin sanftmütig und von Herzen demütig*;
> so werdet ihr Ruhe finden für eure Seelen.
> Denn mein Joch ist sanft und meine Last ist leicht." (Mt 11,28-30).

Er ist sanftmütig und von Herzen *demütig*. In unserem Sprachgebrauch haben die Wörter "Demut", "sich demütigen", "demütig" – gerade wenn sie in Verbindung mit dem Herz gebraucht werden – einen Beigeschmack von Innerlichkeit, von Herzensfrömmigkeit. Daß der biblische Sprachgebrauch sich an dieser Stelle, von unserem unterscheidet, zeigt ein Blick auf alttestamentliche Zusammenhänge:

Hochmütig, stolz sind vor allem die Herrschergestalten des Alten Testaments – man denke an die fremden Herrscher Pharao oder Belsazar, aber auch an die Herrschenden und Mächtigen in Israel. Ihnen wird immer wieder ihr Hochmut und Stolz, sowie ihre Hoffart vorgeworfen, sie werden immer wieder aufgefordert, sich zu demütigen. Denn Ausfluß ihres Hochmuts und Stolzes sind Unterdrückung, Unterjochung und Belastungen, mit denen sie die Geringen, die Schwachen und Armen drangsalieren. Wenn Israel immer wieder betet, Gott möge die Mächtigen demütigen, seien es nun ausländische Potentaten oder die Mächtigen im eigenen Land, so drücken diese Gebete die Hoffnung aus, Unterdrückung und Unterjochung mögen aufhören.

Zu Unterdrückung und Ausbeutung kommt es, weil die hochmütigen und stolzen Machthaber die Gerechtigkeit Gottes und das Recht Gottes, das die Schwachen und Armen schützen soll, nicht anerkennen. Wenn die Mächtigen aufgefordert werden, sich zu demütigen, so ist damit nicht allein ein Akt religiöser Unterwerfung gemeint. Vielmehr sind sie aufgefordert, den Gedemütigten und Niedergedrückten Gerechtigkeit widerfahren zu lassen. Demut beschränkt sich also nicht auf ein inneres Gottesverhältnis oder auf Herzensfrömmigkeit, sie zeigt sich vor allem auch im sozialen Verhalten, in der Ausübung von Recht und Gerechtigkeit.

In besonderer Weise ruft der Prophet Zephanja zur Demut auf: "Suchet den Herr, ihr Demütigen alle im Lande," so fordert er, "die ihr nach seinem Gebote tut; trachtet nach Gerechtigkeit, trachtet nach Demut, vielleicht werdet ihr geborgen am Zornestag des Herrn!" (Zef 2,3). Auffällig an dieser Mahnung ist, daß nicht die Hochmütigen, Stolzen zur Demut aufgerufen werden, sondern die Demütigen im Lande. Sie sollen sich, so scheint es, nicht dazu verleiten lassen, nun ihrerseits das Recht zu brechen und Ungerechtigkeiten zu begehen. Was sich andeutet, ist ein Demuts-Begriff der "Demut als Solidarität der Gedemütigten" (Wengst) versteht.[16]

Ich denke, diese Zusammenhänge werfen ein Licht auf das Jesus-Logion. Wenn Jesus von sich sagt, er sei von Herzen demütig, so kann das zum einen heißen: "Ich unterstelle mich mit meinem ganzen Herzen, mit meiner ganzen Person der Gerechtigkeit und dem Recht Gottes. Von ganzem Herzen – ganz bewußt – unterstelle ich mich in meiner Niedrigkeit dem Willen Gottes." Zum anderen wird man pharaphrasieren dürfen: "Mein Herz schlägt für euch – ihr Mühseligen und Beladenen. Mein Herz ist nicht hochmütig oder stolz. Ich bin von Herzen demütig: genauso niedrig wie ihr. Ich bin mit euch solidarisch."

Versteht man das Logion in dem hier entwickeltem Sinn, dann springen die Bezüge zu dem zitierten Wort Tritojesajas ins Auge: "In der Höhe und als Heiliger throne ich *und bei den Zerschlagenen und Demütigen*, daß ich den Geist der Gebeugten belebe und das Herz der Zerschlagenen erquicke" (Jes

---

16 So K. Wengst, Demut – Solidarität der Gedemütigten, S. 46.

57,15). Der Gott, der den Zerschlagenen und Gebeugten Erquickung verheißt, wird sichtbar in dem, der von sich sagt, er sei demütigen Herzens; die verheißene Solidarität Gottes wird manifest in dem Mann mit dem demütigen Herzen. Die Herzen der Zerschlagenen haben ihr Gegenüber im demütigen Herzen Jesu gefunden.

Was der matthäische Jesus über sein Herz aussagt, ist durchaus im Gesamtzusammenhang des Evangeliums fest verankert:

So wird man als ein Dokument der Herzensdemut Jesu bzw. seiner Solidarität mit den Mühseligen und Beladenen die Seligpreisungen zu verstehen haben, wird doch hier deutlich, für wen das Herz Jesu schlägt.

Ein zweites Dokument stellen sicherlich die Antithesen der Bergpredigt dar. Sie verschärfen das alttestamentliche Gesetz, wie oft genug festgestellt worden ist. Es erhebt sich aber die Frage, wer die Antithesen Jesu als eine Verschärfung verstehen mußte. Als Zumutung, als Verschärfung muß es zunächst für die wirken, die die Macht haben. Für die Gedemütigten stellen sie über weite Strecken einen Fortschritt dar:

Die Ungerechtigkeit wird nicht erst dann offenkundig, wenn einer seinen Bruder tötet, sondern wenn er ihm offen die Verachtung zeigt.

Die Ehefrau des Schwachen ist geschützt, wenn schon der begehrliche Blick des Mächtigen als Ehebruch gilt.

Die Frauen, die insgesamt sozial schwächer gestellt sind als ihre Männer, sind besser geschützt, wenn sie nicht auf Gedeih und Verderb ihren Ehemännern ausgeliefert sind, die nach Lust und Laune den Scheidebrief ausstellen können.

Liest man die Antithesen unter dieser Perspektive, wird schnell deutlich, warum die Mühseligen und Beladenen unter seinem "Joch" Ruhe finden können.

Noch in einem anderen Sinne spricht aus den Antithesen die Herzensdemut Jesu: Wenn das Recht des "Auge für Auge, Zahn um Zahn" überwunden wird, so entspricht das dem Geist Zephanjas, der die Demütigen zur Demut auffordert. "Ich habe euch gesagt, daß ihr dem Bösen widerstehen sollt", so lautet die letzte der Antithesen, "sondern wer dich auf die rechte Backe schlägt, dem biete auch die andere dar." Die eine Ungerechtigkeit soll nicht durch eine andere vergolten werden.

3.2 Jesus und das Herz der Menschen

Jesus durchschaut das Herz der Menschen

Das Markusevangelium sagt an keiner Stelle etwas über das Herz Jesu aus, aber die Macht, die Jesus über die Herzen der Menschen hat, wird grundlegend in Markus 2,1-12 beschrieben.

Leute kommen zu Jesus. Vier von ihnen tragen einen Gelähmten. Sie können nicht zu Jesus gelangen, also bringen sie ihn durch das Dach zu Jesus.[17]

> "Und als er *ihren Glauben sah*, sprach er zu ihnen: 'Mein Sohn, deine Sünden sind dir vergeben!'"

Natürlich kann man sagen: Der Glauben, das Vertrauen dieser Menschen läßt sich an der Anstrengung erkennen, die sie unternahmen, um den Gelähmten Jesus zu Füßen zu legen. Welch stellvertretender Glaube, der solches auf sich nimmt! So betrachtet, hätte Jesus den Glauben dieser Menschen erkannt aufgrund ihres äußerlich wahrnehmbaren Handelns. Doch nimmt eine solche Deutung der folgenden Erzählung nicht die Spitze?

> "Es saßen aber dort etliche der Schriftgelehrten und machten sich *in ihrem Herzen* Gedanken: Was redet dieser so? Er lästert. Wer kann Sünden vergeben außer bei Gott allein? Und alsbald merkte Jesus *in seinem Geiste*, daß sie sich bei sich selbst solche Gedanken machten, und er sprach zu ihnen: Was macht ihr euch da für Gedanken *in eurem Herzen*?"

Deutlich baut Markus einen Kontrast auf zwischen den Herzen der Schriftgelehrten und dem Geist Jesu. Der Geist, in dem Jesus erkennt(!), erkennt die Gedanken, die die Schriftgelehrten in ihrem Herz bewegen: Die Gedanken der Schriftgelehrten wollen Jesus überführen: Sein Wort von der Vergebung der Sünden ist eine Anmaßung, eine Lästerung. Doch gerade diese im Herzen verschlossenen Gedanken überführen die Schriftgelehrten. Denn: Jesus kann in ihr Herz schauen und ihre tiefsten Gedanken erkennen. Sollte er da nicht zuvor den Glauben der Menschen erkannt haben, die zu ihm gekommen sind?

Die Pointe liegt darin, daß eine alttestamentliche symbolische Aussage über Gott auf die Person Jesu übertragen wird: Gott allein vermag in die Herzen der Menschen zu schauen. Am eigenen Leibe, am eigenen Herzen nämlich, haben die Schriftgelehrten erfahren müssen, daß Jesus die Herzen der Menschen durchschaut.

Weil Jesus in die Herzen zu schauen vermag, weiß er um die wahren Beweggründe der Menschen, die zu ihm kommen. Weil er in die Herzen der

---

17 Vgl. zu der Geschichte auch: Das Symbol des Hauses, S. 442 f.

Menschen zu schauen vermag, hat er die Macht, die Sünden der Menschen zu vergeben.

Jesus und die Herzen der Gegner

Basaltherzen: In einem weiteren Streitgespräch muß sich Jesus mit den Herzen seiner Gegner auseinandersetzen (Mk 3,1-6):[18]

In einer Synagoge trifft Jesus auf einen Menschen mit einer verdorrten, ausgetrockneten, nutzlosen Hand. Jesus läßt ihn hervortreten und stellt den Anwesenden die Frage:

> "Ist es erlaubt, am Sabbat Gutes zu tun oder Böses zu tun, ein Menschenleben zu retten oder zu töten?"

Doch seine Gegner bleiben ungerührt, sie schweigen. Eigentlich hätte ihr Herz doch in Mitleid für den Mann mit der vertrockneten Hand erglühen müssen. Doch sie haben ein erstarrtes Herz, ein zu Tuffstein, zu Basalt erstarrtes Herz, wie man wörtlich übersetzen müßte.[19] Aus feuriger, glühender Lava wird erstarrter, harter, kalter Tuffstein, Basalt. So ist es um ihr Herz bestellt. Feurige Liebe kann Herzen durchströmen – wie feurige Lava; glühendes Mitleid kann Herzen erfüllen – wie glühende Lava. Doch Jesus stößt auf kalte Ablehnung; erkaltet wie Tuff sind die Herzen der Synagogenbesucher; erstarrt wie ihr starres Beharren auf den Buchstaben des Gesetzes.

Äußerst heftig reagiert Jesus auf diese Erstarrung des Herzens. Mit Zorn sieht er seine Gegner an. Betrübt ist er angesichts ihrer Gefühlskälte. An kaum einer anderen Stelle wird so lebhaft von den Emotionen Jesu erzählt wie hier. Man fühlt sich lebhaft erinnert an den Zorn Gottes, der entbrennt angesichts der Hartherzigkeit seines Volkes.

Verhärtete Herzen: Ähnlich schroff reagiert Jesus, als er gefragt wird, ob es erlaubt sei, seine Frau zu entlassen (Mk 10,1-12). Zunächst verweist er seine Gegner auf das Gesetz des Mose. "Mose hat erlaubt, einen Scheidebrief zu schreiben", antworten sie ihm. Doch nun müssen sie sich sagen lassen: "Mit Rücksicht auf die *Härte eures Herzens* hat er euch dieses Gebot vorgeschrieben." Eigentlich sollten Mann und Frau *ein* Leib sein, so erklärt Jesus weiter unter Berufung auf Genesis 2,24. Aus zweien soll eine Einheit werden. Aber wie kann aus zwei Menschen eine Einheit werden, wenn das Herz des einen verhärtet ist. Da können die Herzen nicht zusammenwachsen, da kann keine gemeinsame Identität ausgebildet werden.

---

18 Vgl. Das Symbol der Hand, S. 178 ff.

19 Das Verb πορο͂υν = erstarren leitet sich ab von π͂ωρος = Tuff, zu Basalt erkaltete Lava.

Jesus und die Herzen der Jünger

Doch nicht nur die Gegner Jesu leiden an einer Erstarrung des Herzens, Markus weiß auch von den erstarrten Herzen der Jünger zu berichten. Drückt sich die Erstarrung der Herzen der einen aus in Lieb- und Mitleidlosigkeit, so ist von den erstarrten Herzen der anderen im Zusammenhang von fehlendem Glauben und von mangelnder Einsicht und Erkenntnis die Rede.

Erstarrte Herzen ohne Einsicht

Markus 4,10 ff: Die Jünger fragen Jesus nach dem Sinn der Gleichnisse. Da verheißt ihnen Jesus: "Euch ist das Geheimnis des Reiches Gottes gegeben, jenen aber, die draußen sind, wird alles in Gleichnissen zuteil, auf daß sie mit Augen sehen und nicht erkennen, damit sie mit Ohren hören und nicht einsehen (συνιέναι), damit sie nicht erst umkehren und ihnen vergeben werde." Markus verkehrt hier den Sinn der Gleichnisrede, nämlich zu verdeutlichen und zu erklären, indem er unter Aufnahme von Jesaja 6,9 f eine Verstockungstheorie entwickelt: Denen draußen wird die Erkenntnis und die Einsicht in Bezug auf das Gottesreich verwehrt bleiben. Umso mehr muß es verwundern, wenn in den folgenden Erzählungen die Jünger sich durch Uneinsichtigkeit auszeichnen.

   Markus 4,40: "Habt ihr noch keinen Glauben?", müssen sie sich auf dem See fragen lassen, als Jesus den Sturm stillte.

   Markus 6,37: "Sollen wir hingehen und Brot kaufen ...?", fragen die Jünger verwundert, als Jesus sie auffordert: "Gebt ihr ihnen – den 5000 – zu essen."

   Markus 6,51: Als sie mitten auf dem See die Gegenwart des fern geglaubten Jesus erfahren, wird von ihnen gesagt: "Da erstaunten sie bei sich selbst im höchsten Maß; denn sie waren nicht zur Einsicht gekommen bei den Broten, sondern *ihr Herz war erstarrt.*"

   Markus 7,18: "Auch ihr seid so uneinsichtig!" So werden sie von Jesus gescholten, weil sie ein Bildwort, mit dem er sie über Reinheit und Unreinheit belehrt, nicht verstehen.

   Markus 8,4: "Woher könnte jemand diese hier in der Wüste mit Brot sättigen?" So fragen sie bei der Speisung der 4000, nachdem sie bei der Speisung der 5000 mitgeholfen haben, das Brot zu verteilen.

   Markus 8,17: Als Jesus sie vor "dem Sauerteig der Pharisäer und dem Sauerteig des Herodes" warnt (Mk 8,14-21), verstehen sie wiederum das Bild nicht. Sie denken an das fehlende Brot und müssen sich fragen lassen: "Was macht ihr euch Gedanken darüber, daß ihr kein Brot habt? Versteht ihr noch nicht und begreift ihr nicht? *Ist euer Herz erstarrt*?"

Bis auf zwei Ausnahmen – Markus 4,10 ff und 7,14 ff – sind es Situationen der Not (Mk 4,35 ff; 6,45 ff) bzw. des Mangels (Mk 6,30 ff; 8,4.17), in denen ihr mangelnder Glaube bzw. ihre Uneinsichtigkeit zutage tritt. Eigentlich hätten sie doch lernen müssen, Jesus Vertrauen entgegenzubringen. Doch jedes Mal lassen sie sich aufs neue von den widrigen Umständen überwältigen.

Zweimal führt Markus die Uneinsichtigkeit der Jünger darauf zurück, daß ihre Herzen erstarrt sind (Mk 6,52; 8,17). Bezeichnenderweise spricht Markus hier nicht nominal von der "Erstarrtheit des Herzens" – wie in 3,5 – sondern partizipial von "erstarrten Herzen" der Jünger. Erneute Seenot, erneuter Nahrungsmangel lähmen ihre Herzen immer wieder aufs neue. Angst, Mißtrauen und Furcht lassen immer wieder die Herzen erstarren. Auch hier ist es hilfreich, noch einmal vom wörtlichen Sinn des Wortes πῶρος (Tuffgestein, Basalt) auszugehen: Lava erstarrt zu hartem Gestein, wenn sie ihre feurige Kraft verloren hat. So wohnt nicht feuriger Mut in den Herzen der Jünger, sondern Furcht und Angst haben sie ergriffen und erstarren lassen. Die erstarrten Herzen sind der Grund dafür, daß die Jünger keine Einsicht zeigen können. Markus benutzt an den entsprechenden Stellen Wörter vom Stamm "συνιέναι" (Mk 4,12; 6,52; 7,14.18; 8,17.21; 12,33). In übertragener Bedeutung läßt sich "συνιέναι" mit "wahrnehmen, verstehen, erkennen, einsichtig sein" übersetzen; wörtlich bedeutet es "zusammenbringen". Und es zeigt sich, daß es den Jüngern durchweg nicht gelingt, ihre jeweiligen Negativerfahrungen mit der schon erfahrenen Wirklichkeit Jesu "zusammenzubringen".

Schon *einmal* (Mk 4,35 ff), haben sie erlebt, daß Jesus sie über die Abgründe des Meeres und durch widrige Winde geführt hat. Als sie wieder in Seenot geraten (Mk 6,45 ff), ist ihnen aber die Einsicht verwehrt, woher ihnen Hilfe kommt. Sie halten Jesus, als sie seine rettende Gegenwart erfahren, für ein Gespenst und erstaunen im höchsten Maße. Schon *zweimal* (Mk 6,30 ff; 8,1 ff), haben sie erlebt, daß er Situationen des Mangels durch Fülle überwindet, doch als sie ihr Brot vergessen haben (Mk 8,14 ff), können sie nicht einsehen, erkennen sie nicht, daß sie doch *das* Brot bei sich im Schiff haben.

Ihre zurückliegenden Erfahrungen mit Jesus "bringen sie nicht zusammen"mit ihren Erfahrungen der Not und des Mangels und müssen sich deshalb fragen lassen: "Erinnert ihr euch nicht?" (Mk 8,18). Wenn Markus also von der Uneinsichtigkeit der Jünger spricht, so meint er nicht mangelndes intellektuelles Vermögen oder kognitive Erkenntnis. Die Erkenntnis oder Einsicht, die er meint, kommt aus dem Herzen. Sie ist "beherzte" Einsicht, denn sie erfordert Mut. Sie erfordert den Mut gegen die widrigen äußeren Umstände, Jesus zu vertrauen und Hilfe bei ihm zu suchen. Wenn das Herz erstarrt ist, kann es zu dieser Einsicht nicht kommen.

Markus erzählt zwar seine Geschichten als Geschichten der Vergangenheit. Doch er spricht sie hinein in die Gegenwart seiner Leser. Wenn Jesus seine Jünger immer wieder erinnert und belehrt, so erinnert und belehrt Markus damit seine Leser. Er will sie zu der Einsicht führen, woher sie Hilfe erwarten sollen; er will sie zu der Erkenntnis führen, worauf sie ihr Vertrauen setzen sollen. Markus erzählt vom irdischen Jesus, doch die Erzählungen vom Schiff und vom Brot sind getragen vom Glauben an den Auferweckten. Es sind Erzählungen gegen die erstarrten Herzen der Christen. Die Erinnerung soll ihre Herzen wieder in Bewegung bringen, Mut soll in ihre Herzen einziehen können.

Aus ganzem Herzen und aus ganzer Einsicht: Als Jesus von einem Schriftgelehrten gefragt wird, welches das erste Gebot unter allen sei, antwortet Jesus: "Höre, Israel, der Herr, unser Gott ist allein Herr; und du sollst den Herrn, deinen Gott, lieben aus deinem ganzen Herzen und aus deiner ganzen Seele und aus deinem ganzen Denken und aus deiner ganzen Kraft. Das zweite ist dies: Du sollst deinen Nächsten lieben wie dich selbst" (Mk 12,29 ff).

Im ersten Teil seiner Antwort nimmt er Dtn 6,4 auf: "Und du sollst den Herrn, deinen Gott, lieben von ganzem Herzen, von ganzer Seele, und mit aller deiner Kraft." Er erweitert das Zitat um das Glied "aus deinem ganzen Denken."

Der Schriftgelehrte wiederum gesteht zwar Jesus zu: "Trefflich, Meister, nach der Wahrheit hast du gesagt." Aber er verändert nun seinerseits die Antwort Jesu, indem er eine Liebe zu Gott fordert "aus ganzem Herzen und aus ganzer Einsicht und aus ganzer Kraft." Hier zeigt sich noch einmal, wie hoch Markus die Einsicht (Synesis) einschätzt. Von ganzem Herzen soll der Mensch Gott lieben, also mit seiner ganzen Person, ungeteilten Herzens. Darin stimmen Jesus und der Schriftgelehrte überein. Wenn der Schriftgelehrte die Einsicht aber für wichtiger hält als das Denken, so drückt er damit aus: nicht sachlich richtiges Denken treibt die Liebe zu Gott an, sondern eine tiefere Einsicht, tieferes Verstehen. Es soll sich nicht gefangennehmen lassen durch die Strukturen der Welt. Trotz dieser Strukturen, über sie hinaus gilt es Gott zu lieben. Welterfahrung und Liebe zu Gott müssen mutig "zusammengebracht" werden.

FAZIT

Wenn die Bibel vom Herzen des Menschen spricht, dann kann man davon ausgehen: hier wird nicht verniedlicht, hier wird nicht verkitscht; vielmehr: Jetzt geht es ums Ganze, jetzt steht die Identität des Menschen auf dem Spiel.

Im Gegensatz zu den anderen Symbolen, die dem Bereich des menschlichen Körpers entnommen sind, handelt es sich beim Herzen um ein inneres Organ des Menschen, um *das* Innenorgan. Dementsprechend geht es bei der biblischen

Rede vom Herzen um die innersten Angelegenheiten, die den Menschen betreffen können, um sein Verhältnis zu sich selbst, zu seinen Mitmenschen, zu Gott, zum Christus. Der Mensch im Kern seiner Existenz ist gemeint, wenn in der Bibel vom menschlichen Herzen gesprochen wird.

Wenn sich die Evangelien mit Aussagen über das Herz Jesu fast völlig zurückhalten, so hat das gute Gründe. Was ihn bewegt, ist der Geist (!), den er bei der Taufe empfängt. Das Herz, das personhafte Zentrum des Menschen, treibt den Menschen um. Der Geist Gottes treibt den Christus an.

Es scheint der Grundsatz zu gelten: Jesus schaut in das Herz der Menschen; sein Geist erkennt das Herz der Menschen (Mk 2,1-12). Aber keiner kann in das Herz Jesu schauen; es sei denn, er "öffnet es" und gewährt durch eine Selbstaussage Einblick in sein Herz. Als Indiz für die Stichhaltigkeit dieser These mag gelten, daß Matthäus und Lukas alle Gemütsregungen, von denen Markus zu berichten weiß, "unterschlagen" (s.o.). Beinahe hat es den Anschein, als wollten sie den Weg zu einer Herz-Jesu-Mystik bewußt verstellen.

Der Geist Gottes ist es, der Jesus antreibt. Ist denn dann überhaupt noch Menschliches an ihm, wenn der Geist und nicht das Herz das Zentrum seiner Person ausmacht? Diese Frage hat wohl auch Matthäus beschäftigt. Denn obwohl auch er die markinische Aussage über das Gefühlsleben zumeist übergeht, läßt er uns ins Herz Jesu blicken. In seiner Selbstaussage gibt Jesus seine innere Zustimmung zu seiner Sendung. "Der Geist Gottes ruht auf mir, zu heilen die gebrochenen Herzen," sagt Jesaja 61. "Dem stimme ich zu," so könnte man in Anlehnung an Matthäus 11,29 paraphrasierend fortfahren, "ich bin von Herzen demütig, den gebrochenen Herzen solidarisch. Ich unterwerfe mich, mit dem Zentrum meiner Person dem Willen Gottes."

KONSEQUENZEN ZU DEN KAPITELN 5 – 12

Mit dem, was ihn umgibt, macht der Mensch Erfahrungen. Womit sonst? In den Kapiteln 1 bis 4 waren es Erfahrungen mit der Natur, die in den Menschen arbeiteten und Deutungen seiner Existenz hervorbrachten. Nicht die Natur an sich ging in die Erkenntnisprozesse ein, sondern jene Naturerscheinungen, die des Menschen Lebensraums bestimmten und erfüllten. In den Kapitel 5 – 12, deren Fazit jetzt gezogen werden soll, ist der Mensch Gegenstand der Erfahrungen – ganz konkret, ganz real. Vielfältig sind diese Erfahrungen, denn der Mensch besteht aus vielen Körperteilen und Wahrnehmungsorganen. Jeder Generation steht eine zweifache Quelle zur Verfügung, aus der sie schöpft: die Erfahrungen der vorhergehenden Generationen und die eigenen Erfahrungen in oft veränderten geschichtlichen Situationen. Die Erfahrungen werden in Sprache gefaßt; aber diese Sprache bildet nicht einfach beschreibend ab, was erlebt wurde. Sie *deutet* – tiefgründig oft – in anthropologischer und theologischer Hinsicht. Wir nennen diese Sprache symbolisch. Das symbolische Sprachspiel vermag Überliefertes und Gegenwärtiges immer wieder zu einem neuen Ganzen durch Kombination und Selektion der Elemente zusammenzufügen. Damit ist nicht der unüberschaubaren Uferlosigkeit das Wort geredet. In den Kapiteln über Hand, Fuß, Auge, Ohr usw. wurde herausgearbeitet, daß die symbolische Vielfalt im Grunde aus wenigen Vergleichen, Bildmotiven, insbesondere der Psalmen und der beiden großen Prophetenbücher Jeremia und Jesaja erwachsen ist.

Wenn auf diesen Seiten der Versuch gemacht wird, anthropologische, theologische und christologische Konsequenzen zu beschreiben, dann ist nicht beabsichtigt, eine Art Evangelienharmonie zu zelebrieren. Es geht um systematische Grundlinien, die gerade die Originalität einzelner biblischer Schriftsteller respektieren – auch ihre symbolische Originalität. Die symbolische Originalität der Evangelien beispielsweise besteht darin, daß sie ein Symbol dominieren lassen bzw. das dominante Symbol in unverwechselbarer Weise mit Zweitsymbolen oder Drittsymbolen kombinieren.

Die systematische Zusammenschau geht, bei aller überraschenden Originalität der einzelnen Verfasser, davon aus, daß die Anthropologie, die Christologie und die Theologie der biblischen Überlieferungen konsensfähig waren und sind.

Anthropologische Konsequenzen

Hand und Fuß, Auge und Ohr, Mund, Herz sowie Rücken und Angesicht des Menschen zeichnen sich – wie in den entsprechenden Kapiteln entfaltet wurde – durch zwei Grundzüge aus:

Die Wirkungen, die von ihnen ausgehen, sind *ambivalent*. Menschen bewirken mit ihnen Gutes *und* Böses – zunächst ganz real. Was die einen aktiv *bewirken*, *widerfährt* den anderen in positiver oder negativer Weise. Sehr schnell haben Menschen gelernt, Gutes und Böses, Negatives und Positives symbolisch mit Fuß, Hand, Auge, Ohr usw. zu beschreiben und zu werten.

Die Organe und ihre Fähigkeiten sind *defizitär*. Wirklich erstaunlich ist, wie innerhalb der biblischen Überlieferung mit untrüglichem Realismus dem anthropologischen Rätsel auf den Grund gegangen wird: Der Mensch kann bewirken, und er muß erleiden – aber immer wieder erweisen sich "seine Werkzeuge" als unfähig im tieferen Sinn. Seine Bewegungs-, seine Handlungs-, seine Seh- und seine Hörfähigkeit sind oft "ohne Herz und Verstand". Die Erfahrung des Mangels läßt zugleich das Bedürfnis nach Behebung des Mangels entstehen.

Theologische Konsequenzen

Man könnte nun die Erwartung hegen, daß die biblischen Menschen ihre Erfahrungen mit allem, was den Menschen ausmacht, auf Gott übertragen haben. Manche biblischen Aussagen machen den Eindruck, als würde ganz naiv – in einem einfachen Analogieschluß – von Gottes Rücken, von Gottes Angesicht, seinem Auge, seinem Ohr usw. geredet. Mit hoher Wahrscheinlichkeit sind die ältesten Gottesaussagen auch so geworden: Erwachsen in der Lebenswelt von Nomaden und verflochten in geschichtliche Situationen wurde auf Gottes Verhalten geschlossen.

Wirklich sensationell scheinen mir zwei Beobachtungen zu sein:

Die scheinbar ungebrochene Analogie zwischen menschlichem und göttlichem Verhalten kehrt sich – im Verlauf eines längeren theologischen Erkenntnis- und Denkprozesses – zu einem kritischen Korrektiv des göttlichen Wirkens gegenüber dem menschlichen Wirken um. Negative Wirkungen und defizitäre Fähigkeiten werden nicht von Gott ausgesagt. Gottes 'Füße', Gottes 'Hände', Gottes 'Auge', Gottes 'Ohr' usw. sind *anders* als die der Menschen; Gottes 'Gehen', Gottes 'Handeln', Gottes 'Sehen', Gottes 'Hören' usw. steht menschlichem Tun oft konträr entgegen.

So unbefangen symbolisch von Gottes Körperteilen und Wahrnehmungsorganen gesprochen wird, *eine* Hemmschwelle wird nie überschritten: Es wird nicht von seinem *Leib* und nicht von seinem *Blut* gesprochen – weder real noch symbolisch. Die Körper*teile* dienen als Symbole, um in Vergleichen zu umschreiben, 'wie' Gott ist. Nie wird daraus der Schluß gezogen, er habe einen Körper, er bestehe aus Leib und Blut. Damit ist – im Gegensatz zu anderen Religionen – jede Vermenschlichung Gottes ausgeschlossen. Anthropomorphe Redewendungen erweisen sich bei näherem Hinsehen sehr schnell als Teil einer symbolischen Rede von Gott. Die symbolische Rede von Gott läßt keine Identität zwischen Gott und Mensch zu; sie bleibt auf der Bild- bzw. Symbolebene. Von ihrem Wesen her ist diese Rede eine *offene* Rede, die nicht endgültig festlegt und einengt. Sie hat die Möglichkeit, sich ihrem Gegenstand immer wieder zu *nähern*.

Die symbolische Rede unterscheidet sich nicht nur von einer anthropomorphen, sondern auch von jeder *mythologischen* Rede. Die Mythologien des Alten Orients konnten ohne Bedenken ihre Götter in Bildwerken darstellen, sei es in menschlicher, sei es in tierischer Gestalt. Den Abbildungen eignet Körperlichkeit. Die Götter waren präsent in geschöpflicher Gestalt. Gerade dagegen hat sich der Jahwe-Glaube schärfstens verwahrt. Jahwes Füße, Hände, Augen, Ohren usw. sind nicht abbildbar; alles, was der Mensch mit seinen Händen gestaltet – und sei es künstlerisch noch so wertvoll) – bleibt "tot" – ohne Geh-, ohne Handlungs-, ohne Seh-, ohne Hör- und ohne Redefähigkeit. Der Mensch ist niemals Schöpfer, der der toten Materie Leben einhauchen könnte. Das einzige Abbild Jahwes bleibt der lebendige Mensch, aber der Mensch als Geschöpf. Der Vorgang ist nicht umkehrbar: Gott schafft Menschen, aber der Mensch schafft nicht Gott – nach biblischem Verständnis!

Christologische Konsequenzen

Jesus Christus hat ein Angesicht, er hat einen Rücken; er hat Hände und Füße, er hat Augen und Ohren; er hat einen Mund. Er hat aber auch – was von Gott nicht ausgesagt wird – einen Körper von Fleisch und Blut. Er kann etwas bewirken und etwas erleiden. Die Gewichtung seines Wirkens und Leidens ist allerdings, nach Darstellung der Evangelien, anders als bei den Menschen, denen er begegnet. Sowohl bei Matthäus als auch bei Lukas wird in einem Summarium sein aktives Wirken auf den Punkt gebracht: "Gehet hin und berichtet dem Johannes (sc. dem Täufer), was ihr hört und seht: Blinde werden sehend und Lahme gehen, Aussätzige werden rein und Taube hören, Tote werden auferweckt und Armen wird die frohe Botschaft gebracht" (Mt 11,1-5; vgl. Lk 7,18-23). Zu jedem Aspekt dieses Summariums haben die Evangelisten eine oder mehrere Symbolgeschichten überliefert. Bei näherem Hinsehen zeigt sich, daß in ihnen Situationen des Mangels behoben werden. "Defizite" werden in Ganzheit verwandelt. Dieses schöpferische Tun, das im Alten Testament von Gott erwartet wurde, wird jetzt Jesus zugeschrieben. Wie von Gott gehen von ihm nur *heilvolle* Wirkungen aus.

Alle Evangelisten haben ausführliche Entfaltungen von der Passion Jesu. Sie stimmen darin überein, daß Jesus alle Negativwirkungen erleidet, die *unheilvoll* von menschlichen "Organen" ausgehen können. Sein ganzer Leib leidet, sein Blut wird vergossen. Es verwundert von daher nicht, daß Evangelisten, insbesondere Matthäus, in Anlehnung an die Gottesknechtlieder des Deuterojesaja das Leiden fast eines jeden Teils dieses Körpers darstellen: ins Angesicht speien, den Rücken schlagen, Hände und Füße binden bzw. durchbohren ...

Die eigentliche christologische Sensation ist, daß der Leib und das Blut, die das Alte Testament als symbolische Rede von Gott nicht verwendet, durch Jesus zu Symbolen werden, die seinen Tod überdauern.

Gelegentlich wird in der Literatur vom "Ursymbol" des Kreuzes gesprochen. Das scheint mir eine sehr verkürzte Redeweise zu sein. Wenn dieser Begriff überhaupt tauglich sein sollte, dann trifft er sehr vielmehr auf "Leib und Blut" Jesu zu. Die gesamte Passionsüberlieferung im weitesten Sinn umkreist erklärend, entfaltend und vertiefend all das, was mit "dem Leib und dem Blut" Jesu geschieht. Im engeren Sinn befassen sich die Abendmahlstexte mit dem Abschnitt zwischen der Henkersmahlzeit Jesu und seinem gewaltsamen Tod. Fast alle neutestamentlichen Schriftsteller lassen, sofern sie darauf Bezug nehmen, Jesus selbst zu Wort kommen. Das ist auch erforderlich. Durch seine Worte werden sein realer Leib und sein reales Blut zu Symbolen, weil er selbst sagt, was sie *bedeuten*.

Es ist wahr: Die Synoptiker, Johannes oder Paulus unterscheiden sich nicht unerheblich voneinander, wenn sie *ihre* Deutung von Leib und Blut Jesu entfalten. Es liegt im Wesen symbolischer Rede, daß sie aufgrund ihrer Offenheit solche unterschiedlichen Verstehens- und Deutemöglichkeiten zuläßt. Ohne auch nur annähernd die Abendmahlsdiskussion der letzten Jahrzehnte würdigen oder aufarbeiten zu können, sei darauf verwiesen, daß symbolisch "bearbeitete" Erzählungen oft an Erzähltraditionen anknüpfen und eine Fülle von bildhaften Redewendungen und alttestamentlichen Motiven sowie Metaphern in sich anhäufen und miteinander verknüpfen.[20]

---

20 Sehr gut läßt sich die sog. Pfingsterzählung (Apg 2) heranziehen, in der um das Symbol des Feuers herum eine Erzählung gelegt wird. Sie knüpft "historisch (!)" an an die Festtradition eines jüdischen Erntedank- und Wallfahrtsfestes und erhält zugleich ganz und gar eschatologischen Charakter. Alttestamentliche Motive werden aufgegriffen und zugleich mit den Stilmitteln der Analogie, des Kontrastes oder der Überhöhung eingearbeitet.

Um die Symbole "Leib und Blut" Christi wird eine Passionserzählung gelegt, die "geschichtlich" anknüpft an die Tradition des Passahfestes, das gefeiert wurde zur Erinnerung an das "Urdatum" Israels, den Auszug aus Ägypten. Was den einen Erinnerung ist, gerät der kleinen Gemeinschaft Jesu mit seinen Jüngern zum eschatologischen Fest (Stilmittel des Kontrastes!). Das Passahfest wird gefeiert mit dem Ausblick "auf das nächste Jahr". Ein nächstes Jahr wird es für Jesus und seine Jünger nicht geben. Es ist das *letzte Mal*, daß "er das Gewächs des Weinstocks mit ihnen trinkt", real und konkret, "zum Anfassen"! Erst im Reich Gottes wird es eine Mahlgemeinschaft von neuer Qualität geben. Dem *letzten Mahl* Jesu wird ein Ende gesetzt durch das reale Geschehen der Hinrichtung am Kreuz, an dem der Leib Jesu getötet und sein Blut vergossen wird. Längst, nachdem die Plätze am Tisch des letzten Mahls und der Standort am Hinrichtungsplatz verlassen sind, wird das reale Ereignis zur symbolischen Wirklichkeit, die die Jünger Jesu, ja, die Glaubenden überhaupt, erfaßt und dazu treibt, seine *Bedeutung* zu verkündigen. Die Verkündigung geschieht in Worten und einfachen Zeichenhandlungen, wie sie aus der prophetischen Literatur (z.B. bei Jeremia) bekannt waren. Gemeinsames Brot-"brechen" oder Herumgehenlassen des Kelches und gemeinsames "Daraus-Trinken" werden zu Zeichen, die auf die Symbole des Leibes und Blutes Jesu hinweisen und andeuten, was diese Symbole "verkörpern"!

Es fällt auf, daß die neutestamentlichen "Hermeneuten" von Anfang an über die Bedeutung des Blutes mehr zu sagen wußten als über die des Leibes. Kein Wunder! Für das "Blut" gab es im Alten Testament mehr Anknüpfungspunkte: das Schlachten der Opfertiere und das Besprengen des Volkes mit diesem Blut beim Bundesschlußfest etc. Der neue Bund wird nicht mit dem Blut eines Opfertieres, sondern dem eines Menschen besiegelt (Stilmittel der Überhöhung!).

Der Leib und das Blut Jesu wurden zum ekklesiologischen Symbol schlechthin. Jesus mußte zu einem Menschen "aus Fleisch und Blut" werden, damit "Leib und Blut" zum theologischen Symbol werden konnten. Eine solche Rede läßt jeden Anthropomorphismus hinter sich, muß ihn hinter sich lassen. Das Symbol von "Leib und Blut" Christi eröffnet die Möglichkeit zu erkennen, was LEBEN im wahrsten Sinn des Wortes ist: Aus welchen Quellen es sich speist, was am Leben erhält, was Leben ermöglicht. Das Doppelsymbol von Leib und Blut ist abgeleitet aus einem realen Geschehen um die Person Jesu. Es muß aber auch eine neue Sicht der Realität eröffnen, soll es nicht sterben oder zum Mythos und Ritual verkommen: Die Passion all derer, die an ihrem Leib das unheilvolle Handeln anderer erfahren, die Kreuze all derer, die unter ihren Lasten zusammenzubrechen drohen, die todbringenden Bedrohungen und die

Finsterniserfahrungen eines jeden Menschen müssen im Zusammenhang mit der "Leibhaftigkeit Jesu" gesehen werden.

Daß ein solcher Zusammenhang schon in der frühesten Urchristenheit gedacht wurde, zeigen Beispiele aus den Briefen des Apostels Paulus.

Eine individuelle Deutung des Symbols liegt z.B. im 2.Korinther 4,10 vor: "Wir tragen das Sterben Christi an unserem Leib ...", d.h. wir tragen an unserem *Leib* (wir machen sichtbar), was mit dem *Leib* Christi geschah: Der Apostel erfährt täglich "Tod" in Gestalt von Bedrängnis, Anzweiflung, Verfolgung oder Niederlagen; er erfährt "Leben", das an den Gemeinden bewirkt wird.

Eine kollektive Deutung des Symbols findet sich ebenfalls bei Paulus in 1.Korinther 12,12 ff: Die Gemeinde ist der eine Leib Christi mit vielen Gliedern. Nicht nebeneinander und gegeneinander sollen die Gemeindeglieder mit ihren verschiedenen Gaben agieren – das wäre schizophren. Wenn Christus alle Glieder bzw. Organe seines Leibes in den Dienst des Heils gestellt hat, dann sollen es auch die Gemeindeglieder tun.

So wird das Doppelsymbol vom "Leib und Blut" Jesu zum Garanten dafür, daß immer neue "leibhafte" Realisationen des Glaubens sprechend und handelnd gewirkt werden.

Exkurs 3: Anthropomorphe und symbolische Rede

Die hermeneutischen Bemühungen um die biblische Überlieferung, insbesondere die des Alten Testaments, haben sich, übrigens schon vor Entstehung der Kirche (wie Philo von Alexandrien beweist), in besonderer Weise den sog. anthropomorphen Redeweisen von Gott zugewandt. Gemeint sind Erzählungen, in denen Gott sich scheinbar wie ein Mensch verhält: Er zeigt leidenschaftliche Regungen, redet, handelt, bewegt sich; ja, er scheint Organe zu haben wie ein Mensch. Nicht anders verhält es sich mit Erscheinungsgeschichten vom Auferstandenen, in denen er einen Berg besteigt, in einem Garten umherwandelt, einen Weg zurücklegt, Mahlzeiten bereitet oder verzehrt, sich berühren läßt.

Die Ziele der Erschließung solcher Texte sind unterschiedlich, läßt man die exegetischen Bemühungen Revue passieren. Man kann die Texte als kindlich, als naiv betrachten und ihre Entstehung einer frühen Phase zuordnen, die mit der frühkindlichen Entwicklungsstufe zu vergleichen ist. So wie manche die Wiederentdeckung des Kindes fordern, so kann auch die hermeneutische Forderung nach Wiederentdeckung dieser Kindlichkeit und Naivität gefordert werden, weil ihr Ursprünglichkeit und Wahrheit eignet. Man kann auch argumentieren, daß solche kindlichen Entwicklungsstufen verlassen werden müssen zugunsten einer Phase des Erwachsenseins. Naive Gottesvorstellungen wären dann abzulösen durch einen reflektierten oder "vergeistigten" Gottesbegriff. Anthropomorphismen sind folglich Relikte aus dem Umfeld des Alten Orients, die in die Rumpelkammer der Geschichte gehören.

Untersucht man die biblische Überlieferung, dann kann kam zu ganz anderen Schlußfolgerungen gelangen. Die sog. Anthropomorphismen erweisen sich dann als bewußt gewählte Literaturform, sei es als narrative, sei es als poetische Entfaltung theologischer bzw. anthropologischer Sachverhalte. Sie stehen in ihrer Qualität und ihrem geistigen Niveau anderen, abstrakteren oder argumentativen Entfaltungsformen in nichts nach. Um es an Beispielen zu verdeutlichen: Der Jahwist ist nicht "weniger wert" als die Priesterschrift; die johanneischen Erzählungen nicht naiver als die Argumente in den Briefen des Paulus. Am allerwenigsten ist das Altersargument schlüssig. Poetisches und Narratives sind häufig die später entstandenen und damit jüngeren Kreationen des Geistes.

Es ist hilfreich, statt von anthropomorphen von symbolischen Ausdrucksformen zu sprechen. Eine symbolisch orientierte Hermeneutik sieht in den Anthropomorphismen keinen peinlichen Unglücksfall. Sie fragt danach, was sie meinen und in welchem sinnhaften Gesamtzusammenhang sie stehen. Gerade das oft unwahrscheinlich Anmutende, manchmal grotesk Erscheinende ist Signal, das uns herausfordert, nach dem symbolischen Gehalt und damit nach jenen Wahrheiten unseres Lebens zu suchen, die sich nicht in der Wiedergabe platter Realitäten erschöpfen.

Nicht ohne Grund ergibt sich dieser Exkurs im Anschluß an die Behandlung jener Symbole, die aus der Beobachtung des Menschen mit allen Organen und Körperteilen gewonnen wurde: den eigenen und denen der anderen. Das sich aufdrängende Fazit dieser Kapitel ist: Die symbolische These für die Erschließung bestimmter narrativer oder poetischer Redeformen ist nicht nur hilfreicher, sondern die einzig angemessene. Gegenüber allen Vermenschlichungen Gottes gibt es so etwas wie ein "innerbiblisches Tabu". Nie und nirgends wird gesagt, Gott habe einen Leib; nie und nirgends wird er als abbildbares Wesen beschrieben. Das ist kein Zufall, das ist ein bewußter theologischer Akt! Der Gott des Alten Testaments ist ein anderer als die auf Erden wandelnden Göttergestalten der Antike.[21]

Aber wie anders sollte über diesen Gott geredet werden als symbolisch? Wie anders als in immer neuen Anläufen und letztlich nie ganz erschöpfend? Diese Aussage begnügt sich allerdings nicht mit der Feststellung, daß wir in unserem Reden von Gott immer nur auf unsere unzulänglichen Bilder angewiesen sind. Symbolische Rede in der biblischen Überlieferung ist eine Rede über Relationen, und zwar in anthropologischer wie in "theologischer" Hinsicht. Symbolisch werden die Beziehungen des einzelnen zu sich selbst, des einzelnen zu einem Du, des einzelnen zu einer Gemeinschaft thematisiert. Symbolisch werden aber auch die Relationen des Menschen zu Gott beschrieben. *Diese* symbolische Redeweise birgt in sich drei Möglichkeiten:

Die Möglichkeit der Analogie: Was auch immer von Gott ausgesagt wird, eine Eigenschaft, ein Verhalten, ein Handeln, eine Rede, sie können sein "wie ...". Nun greift der Mensch zu Bildern, die ihm zur Verfügung stehen und angemessen erscheinen. Allerdings: Jede Analogie kommt an ihre Grenzen. Auch die Summe aller Vergleiche faßt nicht das, was beschrieben werden soll. Dazu kommt die menschliche Erfahrung, daß alle Vergleiche "irgendwo hinken".

---

21 Diese Beobachtung hinsichtlich der Gottesaussagen sollte natürlich auch Anwendung finden auf Geschichten über den Auferstandenen. Es sind in Erzählungen gegossene *Erscheinungen* (Visionen) voll symbolischer Dichte. Der Auferstandene ist ein ganz anderer als ein wiederbelebter Leichnam.

Die Möglichkeit der Unterscheidung: Was auch immer von Gott ausgesagt wird, es ist zugleich anders als menschliches Verhalten, Handeln, Reden, als menschliche Eigenschaften. Das Wort, das aus seinem Mund kommt, die Tat, die durch seine Hand bewirkt wird, der Blick aus seinem Auge – um nur einige Beispiele zu nennen – sind von anderer Wirk-Mächtigkeit als die von Menschen. Sie unterscheiden sich voneinander wie die des Schöpfer vom Geschöpf.

Die Möglichkeit des Konträren: Was auch immer von Gott gesagt wird, es kann menschlichem Tun und Trachten entgegenstehen. Was Menschen mit ihren Füßen und Händen, mit ihrem Herzen und ihrem Mund usw. anrichten, kann den Widerspruch Gottes erfahren.

Über die Qualität dieser Relationen kann es auch zu veränderten, zu neuen Einsichten kommen. Die gesamte biblische Überlieferung legt Zeugnis ab von solchen Lernprozessen – hoffentlich auch die christliche Wirkungsgeschichte!

Kehren wir zurück zur Ausgangsfrage: anthropomorphe oder symbolische Rede? Was in der biblischen Überlieferung, insbesondere im Alten Testament, als "anthropomorphe" Redeweise erscheint, wird im Neuen Testament wahrhaft menschlich durch Jesus Christus. Er *hat* Hände, Füße, Augen, Mund usw. und einen *Leib*. Gerade diese Menschwerdung Gottes kann wiederum nur symbolisch ausgesagt werden. Deshalb ist in die Kette der symbolisch zu beschreibenden Relationen auch die Beziehung Jesu Christi zu Gott und die Beziehung der Menschen zu Jesus Christus aufzunehmen.

Die dritte Kategorie

Symbole, die sowohl dem Bereich der Natur als auch dem Bereich der Kultur entnommen wurden

Es gibt Phänomene, die sowohl dem Bereich der Natur als auch dem Bereich der Kultur zuzuordnen sind. Sie spielen eine Art Zwischenrolle. Der Mensch findet sie vor oder sie widerfahren ihm – ganz wie die Ereignisse der Natur. Zugleich können sie Produkt seines Erfindungsgeistes sein und von ihm schöpferisch genutzt werden. Das Feuer und der Weg gehören dazu. Wege können von der Natur vorgegeben sein, Wege können von Menschen gebahnt werden; Wege kann man geführt werden, Wege kann man gezielt gehen. Feuer kann eine Macht sein, die den Menschen überfällt, Feuer kann "Instrument" sein, das der Mensch nutzt, zähmt und bändigt. Dieses Ineinander von "extra nos", von "intra nos" und "per nos" wird eine Rolle spielen, wenn diese Phänomene symbolisch gebraucht werden. Sie werden das bestimmen, wofür sie als Symbol stehen.

Kapitel 13:

Das Symbol des Weges

1. Was geschieht auf dem Weg?

Der "Weg" ist durch kein Äquivalent zu ersetzen

Es gibt eine fast unerschöpfliche Vielfalt von Wegen, auf denen sich Menschen von einem Ort zum anderen bewegen können: zu Fuß, auf Skiern, im Schlitten, zu Pferd, auf dem Rad oder unter Zuhilfenahme fremder Kraft im Auto, im Schiff, in der Eisenbahn, im Flugzeug. Dieser Umstand schlägt sich in einer Vielzahl von sprachlichen Äquivalenten zu dem Wort "Weg" nieder. Betrachtet man sie genauer, dann stellen sie sich als spezialisierte Wege für unterschiedliche Arten der Fortbewegung heraus. Das Wort "Weg" ist der Oberbegriff und zugleich unersetzlich: Er kann nicht ausgetauscht werden etwa durch Trasse, Loipe oder Schiene. Wege unterscheiden sich durch ihre Länge und Dauer, durch ihre Ausdehnung (breit oder schmal) und ihre Beschaffenheit (holprig, eben oder gerade und gewunden usw.). Ihre Qualität wird bestimmt durch die Umgebung, durch die sie führen (schattig oder baumlos, Häusermeere oder Wiesen und Wälder), und nicht zuletzt durch die, die sich darauf bewegen: Auf der schönsten Straße kann man todtraurig seinen Weg gehen ...

Die übertragene Bedeutung: der Lebensweg

Zu der Vielfalt von realen Wegen kommt eine Fülle von Sprachbildern bei fast jedem Menschen, wenn er das Wort "Weg" auch nur hört. Wer mag wohl zum ersten Mal vom "Lebensweg" gesprochen und damit "Weg" im übertragenen Sinn gebraucht haben? Auch das Leben hat, wie jeder Weg, einen Anfang – die

Geburt – und ein Ende – den Tod ... Dem widerspricht nicht, wenn Psychologen sich darüber Gedanken machen, ob es nicht auch einen pränatalen Vorlauf gibt, der den eigentlichen Lebensweg bestimmt; wenn Philosophen oder Gläubige sich mit einer postmortalen Existenz, einem Nachgang zu diesem Lebensweg, auseinandersetzen. Es ist nicht die Regel, sondern die Ausnahme, wenn uns Lebenswege bekannt werden, deren Anfänge im Dunkel liegen und deren Ende in Anonymität versinken. Die entscheidende Frage ist, ob Menschen auf dem Weg ihres Lebens ein erstrebenswertes Ziel haben – irgendwohin oder nirgendwohin? Nur in den seltensten Fällen ist das physische Ende identisch mit dem Ziel.

Weg – Aspekte

Ein Lebens-Weg hat oft viele Aspekte. Manche Menschen gewichten ihn als Berufs-Weg oder als Weg mit dem Lebenspartner, je nachdem, was ihnen mehr bedeutet. Sie werden aber auch Weg-Strecken unterscheiden: als Kind, als Jugendlicher, als Erwachsener, als Greis. Entscheidend ist, was unter-wegs auf all diesen Wegen geschieht, widerfährt oder be-wegt wird. Unterwegs sammeln Menschen ihre Erfahrungen, sie bringen sie in Sprache und teilen sie mit.

Man kann einen Lebensweg oder einen Teil dieses Weges als Leidensweg erfahren; vielleicht unverschuldet, allein oder in einer Gemeinschaft. Völker, die unter Diktaturen leben müssen, verfolgt, gefoltert oder weggeschleppt, werden das so sehen.

Wird ein Mensch Irr-Wege gehen, weil er es nicht besser wußte, einiges nicht genau bedachte oder sich "verrannte"? Ganze Staaten und Völker können sich auf Wege des Wahnsinns (Rassenhaß, Antisemitismus, Kriegslüsternheit) verirren.

Mancher Gang wird im Leben als Um-Weg empfunden, den man in Kauf nehmen mußte, im Nachhinein aber als sinnvoll empfand.

Auf Nebenwegen kann man sich verzetteln, gewiß! Manche aber mögen sich als fruchtbar erweisen, weil sie abseits ausgetretener Pfade der Gewohnheit liegen.

Wer wünschte einem Menschen, daß er auf Ab-Wege gerät, wo er Ab-wegiges tut, z.B. sich selbst zerstört oder anderen schadet?

Mancher möchte sich im Leben den Rück-Weg offenhalten, aber ist das sinnvoll? Lots Weib wurde einst geboten, sich nicht mehr umzuwenden – es gab kein Zurück. Manches Leben erfordert aber geradezu eine Kehrtwendung, eine Umkehr auf dem eingeschlagenen Weg.

Der Heim-Weg kann zum Weg in die Geborgenheit, zum Weg aus der Fremde und Entfremdung werden, so wie ihn der Verlorene Sohn in der Bibel gegangen ist.

Manche Lebenssituationen werden erlebt als Aus-weg-losigkeit, als Situationen, in denen keine Lösung in Sicht ist. Man steht mit dem Rücken an der Wand und weiß nicht weiter. Manches Gelände ist un-weg-sam, unzugänglich, nicht begehbar. Manche Menschenseele gleicht einem solchen Gelände. Man findet keinen Zugang, kann es nicht betreten. Am Weg-Rand blüht manche Blume, an der man achtlos vorübergeht. Manche Menschen geraten an den Weg-Rand, führen eine Randexistenz. Der Blinde von Jericho war von der Menschenmenge abgedrängt worden an den Weg-Rand, während alle versuchten, hinter Jesus herzurennen. Wie viele solcher Randexistenzen leben in unserer Gesellschaft?

Wege trennen sich im Leben, wenn ein bestimmter Punkt erreicht ist. Man steht am Scheide-Weg und muß sich entscheiden zwischen

dem Weg der Wahrheit	und	dem Weg der Lüge
dem Weg der Barmherzigkeit	und	dem Weg der Härte (Hart-herzigkeit)
dem Weg der Gerechtigkeit	und	dem Weg der Ungerechtigkeit
dem ehrlichen/geraden Weg	und	dem krummen Weg ("krumme Touren")
dem schmalen/mühsamen Weg	und	dem breiten/leichteren Weg
dem WEG DES LEBENS	und	dem WEG DES TODES

Der eine ist leben-schaffend und -fördernd, der andere leben-verweigernd und tödlich für die physische und psychische Existenz von Menschen.

Wege gehen nicht nur auseinander. An Weg-Kreuzungen treffen sie aufeinander, überschneiden sich. Wie geht es weiter? Ob der Kreuz-Weg ein Weg des Lebens oder ein Weg des Todes wird, hat sich in Jesus Christus entschieden. Kreuz-Wege in Kirchen oder Wallfahrtsorten wollen in ihrer Weise an diesen Weg erinnern.

Unter-wegs im Leben können Begegnungen stattfinden mit anderen Menschen. Sie heißen Weg-Bereiter, weil sie etwas anbahnen, Zugänge schaffen. Sie dienen denen, die nach ihnen kommen. Johannes der Täufer wird Weg-Bereiter Jesu genannt. Weg-Genossen kämpfen für eine gemeinsame Sache, sind einem Programm verpflichtet. Parteigenossen verstehen sich oft als Weg-Genossen, Weg-Gefährten sind eher jene, die mit anderen (etwa einem Lebenspartner) das Leben teilen und in schwierigen Situationen auf diesem Weg bleiben und zum anderen "stehen". Ein Weg-Begleiter geht ein Stück des Weges mit einem anderen, zeigt die Richtung, gibt gute Ratschläge und – verabschiedet sich wieder. Wege-Lagerer sind jene, die auf der Lauer liegen, anderen den "Weg abschneiden", Schmarotzer ... Räuber, wie jene, in deren Hände ein Mensch auf dem Weg zwischen Jerusalem und Jericho fiel.

Unter-wegs braucht man Weg-Weiser, die die Richtung anzeigen, Weg-marken, die den Weg kennzeichnen und begrenzen. Weg-Weisung ist Unter-richtung und Belehrung darüber, wohin der Weg gehen soll. Die 10 Gebote können als Weg-Weisung verstanden werden. Weg-Zehrung ist jene Nahrung, die bei Kräften hält, um einen Weg durchzuhalten. Es ist ein altertümlicher Begriff für das Abendmahl (die Eucharistie).

Auf dem Weg können Tätigkeiten ausgeübt werden: Ich selbst kann einen eigenen Weg einschlagen, vom vorgegebenen Weg abweichen, auf halbem Weg stehenbleiben, auf dem Weg liegenbleiben oder aufstehen und mich auf den Weg machen, mir den Weg freiräumen. Was ich anderen "an"tue, kann sein: ihm Steine in den Weg legen, den Weg abschneiden, den Weg freimachen, Hinder-nisse aus dem Weg räumen oder überhaupt auf den Weg bringen.

2. Wege sind nötig

Von eigenen Erfahrungen ausgehend läßt sich rückschließen, daß Menschen seit Urzeiten auf Wege angewiesen waren so wie auf das Licht oder die Nahrung.[1]

Vom-Wege-abkommen und Sich-verirren bedeutete den sicheren Tod in unermeßlichen Wäldern, unwirtlichen Gebirgen, unbekannten Meeren und endlosen Wüsten. Sagen, Märchen und Legenden erzählen von unvorhergese-henen Rettungen aus der Aus-weg-losigkeit.

Wege als Natur- und Kulturphänomen

Wege müssen – das sagt schon unsere Sprache – gesucht werden. Nur wer sucht, findet. Menschen früherer Zeiten entdeckten, daß die Natur ihnen oft entgegenkam: Flüsse wurden zu Wasserwegen, die Furten zu Flußübergängen, Gesteinsformationen zu Gebirgspfaden. In der Steppe und Wüste konnten wilde Tiere zu einer Art Weg-Bereiter zu Wasserstellen werden.

Wege müssen aber auch – auch das zeigt sich in unserer Sprache – gebahnt werden. Der Natur wurde sehr bald in der Geschichte nachgeholfen durch Kunstfertigkeit, dann durch Technik. Vorgegebene Wege wurden ausgebaut und gesichert. Der Neuzeit blieb es weitgehend vorbehalten, der Natur Verkehrs-

---

1 Vgl. Das Kontrastsymbol Licht und Finsternis, S. 51 f: Licht braucht der Mensch! Vgl. Das Kontrastsymbol Fülle und Mangel, S. 23 f: Fülle *braucht* der Mensch nicht, nur Nahrung bzw. Weg-Zehrung; Fülle wird geschenkt!

adern aufzuzwingen über alle natürlichen Hindernisse hinweg und die Zerstörung der Umwelt in Kauf nehmend.

Der Weg kann eine Entdeckung, ein Geschenk sein. Er kann aber auch ein Produkt menschlicher Kunst und ein Instrumentarium menschlicher Zielstrebigkeit sein. Das Weg-Symbol kommt sowohl aus der Natur als auch aus der Kultur.[2]

Wege – ein Symbol des Individuums und der Gemeinschaft

Gemeinschaften konnten sich von ihrem Verhältnis zu den Wegen her definieren. Seevölker waren am wagemutigsten. Sie brachen auf zu fremden Ufern und bestanden auf unberechenbarer See Abenteuer, die noch lange in ihren Erzählungen fortlebten. Seßhafte Völker wurden oft von denen überrannt, denen sie im Weg waren. Sie konnten leicht ziellos werden durch Überfluß und geistige Stagnation. Ihre Wege erschöpften sich oft in Kriegen, die sie hinaustrugen zu anderen Gemeinschaften. Andere machten sich in großen Bewegungen auf und versandeten im Strom der Geschichte.

Der Weg des einzelnen ist eingebettet in die Wege der Gemeinschaft. Er *kann*, aber er muß sich nicht mit diesen Wegen identifizieren. Er kann in Widerspruch zu ihnen geraten. Die Übereinstimmung oder Nicht-Übereinstimmung kann zur Schicksalsfrage auf seinem Lebens-Weg werden. Prophetengestalten des Alten Testaments oder Regimegegner von Diktatoren haben das erfahren. Den je eigenen Weg suchen, finden und gehen, bedeutet den *Ursprung* des gewählten Wegs kennen und erkennen und sich für ein Ziel entscheiden. "Weg" so verstanden bedeutet für den einzelnen: Sinn suchen, Sinn finden und Sinnvolles gestalten.

Das Weg-Symbol beschreibt existentielle Sachverhalte in bezug auf den einzelnen *und* die Gemeinschaft.

3. Wege Israels

ISRAELS Existenz geht zurück auf wandernde und umherziehende Nomadenstämme. Von anderen Völkern unterschieden sie sich dadurch, daß sie sich als wanderndes und geführtes Volk – im positiven wie im negativen Sinn –

---

2 Vgl. zu dieser Unterscheidung die Symbole der Kategorie A (Symbole aus dem Bereich der Natur), der Kategorie B (Symbole des menschlichen Körpers) und der Kategorie D (Symbole aus dem Bereich kultureller Schöpfungen)!

begriffen und ihre Wege-Erfahrungen deuteten. Die Deutung hat unverwechselbare Züge, weil sie im Lichte ihres Jahweglaubens erfolgte.

Die wissenschaftliche Beschäftigung mit der Geschichte Israels und mit den
Überlieferungen des Alten Testaments hat eine Reihe von Fragen aufgeworfen:
Wie wurde aus einzelnen umherziehenden Stämmen ein Ganzes? Waren die
Stämme aus Chaldäa, die mit dem Namen Abrahams verbunden sind, mit jenen
aus Ägypten kommenden, die mit dem Namen des Mose verbunden sind,
verwandt? Führten sie ursprünglich eine voneinander unabhängige Existenz?
Kamen sie gleichzeitig oder nebeneinander oder nacheinander in das Land
Kanaan? Wie entstanden die Traditionen dieser Stämme? Wie verlief der Weg
über einzelne Sagen und Sagenkränze zu Traditionsketten über die Herausführung aus Ägypten, die Hineinführung ins Land u.a.m.? Wie kam es zur
Entstehung von Quellenschriften (J, E, P und Dtr.)? Diese Fragen wurden mit
unterschiedlichen Hypothesen beantwortet. Konsens scheint heute darin zu
bestehen, daß der Weg der Geschichte Israels und der Weg der Überlieferungen
so ineinanderliegen, daß sie nicht zu trennen sind. Allenfalls erfahren wir, wie
spätere Generationen gemeint haben, daß es gewesen ist. Die rückblickende
Schau ist jedoch immer eine interessengeleitete Sicht, die ihren Ausgangspunkt
in Fragestellungen ihrer jeweiligen Gegenwart nimmt. Die hermeneutische
Erschließung auf Grund von Symbolen orientiert sich am Endstadium der
Überlieferung. Sie ist sich in diesem Punkt mit G. von Rad einig, der sich schon
1938 gegen eine hermeneutische Vernachlässigung der Komposition gewandt
hat, in der die Einheiten jetzt ihren Platz gefunden haben.[3]

Trotz seiner Widersprüche, seiner Sprünge, Ungereimtheiten und sprachlich
nicht immer gelungener Verknüpfungen ist der heute vorliegende Zustand der
Überlieferung ein sinnvolles Ganzes, in dem Symbole eine integrative Rolle
spielen. Sie bieten sich zugleich für eine erneute Sinnentnahme für die Gegenwart an.

Im Zusammenhang dieses Kapitels wird nicht nur die Frage nach dem Wege-
Symbol als Deutekategorie eine Rolle spielen. Es wird auch gefragt werden
nach dem Ort, der Funktion und Intention einzelner Wege-Geschichten. Schon
der oberflächliche Blick in eine Konkordanz zeigt, daß der Weg, das Ziehen und
Wandern und das Führen auf den/dem Weg mit erstaunlicher Häufigkeit vorkommen. Wird der Weg zum hermeneutischen Schlüssel für die Geschichte
Israels, dann müssen sich mit seiner Hilfe vielfältige Überlieferungen zugleich
bündeln und interpretativ entfalten lassen.

---

3 Vgl. W. H. Schmidt, Exodus, Sinai und Mose, Darmstadt 1983, S. 11 f.

3.1 Der Weg von Ur in Chaldäa ins verheißene Land

Abrahams Aufbruch

"Und Abraham machte sich auf ..." und "Abraham zog hinweg ...". Das ist der rote Faden, der sich durch die Überlieferung zieht, die mit Genesis 12 beginnt und mit Genesis 25 (Abrahams Tod) bzw. Genesis 50 (Josephs Tod) endet. Der Weg, auf den sich Abraham macht, wird als sachlich notwendig dargestellt. Er wird nicht hinterfragt. Es gibt kein Zögern beim Aufbruch: "Ziehe hinweg" (Gen 12,1), und: "Und er zog hinweg"(Gen 12,4).

Hätte Abraham mit seiner Familie an Ort und Stelle verharrt, wäre sie be-weg-ungslos sitzengeblieben, sie wäre höchstwahrscheinlich im Dunkel der Geschichte verschwunden. Die Loslösung von der Sippe und der Aufbruch hat sie ins Licht der Geschichte treten lassen, und zwar dadurch, daß Sprache gefunden wurde, um dies zu beschreiben und zu deuten. Am Anfang dieses Weges stehen eine Berufung (Gen 12,1), die eigentlich nur ein knapper Ruf ist, und wenig später (Gen 15,1-6) eine Schau von symbolischem Charakter. Sie zeigt nicht den Weg auf, den Abraham gehen soll, sondern was sich ereignen wird, wenn der Weg zum Ziel gekommen ist: Zahlreich werden die Nachkommen Abrahams im Land sein; so zahlreich wie die Sterne am Himmel.

Dieser Weg führt, wie die folgenden Kapitel zeigen, nicht direkt und geradlinig in das verheißene Land. Die Reiseroute Abrahams wirkt wie ein planloses Hin- und Herziehen. Viele Generationen später wird dieser Umstand seinen Niederschlag finden in dem Grundbekenntnis Israels: "Ein umherirrender Aramäer war mein Vater ..." (Dtn 26,5). Nicht alle Wege sind, diese Erfahrung scheint sich darin auszudrücken, gerade und dennoch bleibt das Ziel richtig.

Hindernisse tun sich auf, die die Erreichung des Weg-Ziels in Frage stellen. Abraham und Sarah bleiben kinderlos bis ins hohe Alter (vgl. Gen 18). Was nützt das Land, das "Gott dem Abraham zeigen wollte", wenn niemand da ist, der es erben kann? Alle "illegitimen Lösungen" (ein Sohn, Ismael, von der Magd Hagar, vgl. Gen 16) sind kein Aus-weg, nur ein menschlicher Notbehelf in diesem Dilemma.

Wer die Namen der einzelnen Weg-Stationen Abrahams liest, wird mit Erstaunen feststellen, daß er keineswegs nur am Rande des verheißenen Landes entlangwanderte. Er war in Hebron, in Bethel, in Sichem. Er war angekommen, aber nicht ans Ziel gelangt. Er bleibt ein Fremdling und das Land ein Gastland für ihn: "Jakob blieb in dem Land, wo sein Vater als Fremdling geweilt hatte" (Gen 37). Er war ein angesehener Fremdling, dem alle Ehren eines Gastes zuteil wurden, wie die Begegnung mit dem Priester Melchisedek von Salem zeigt

(Gen 14). Seinen Fuß hat er ins Land gesetzt, aber eine Bleibe konnte er zu seinen Lebzeiten dort nicht finden. Nur seine Begräbnisstätte konnte er sein eigen nennen (vgl. Gen 23 zu Sarahs Tod und Gen 25 zu Abrahams Tod); auch sie fiel ihm nicht zu; er mußte sie käuflich erwerben. Umständlich werden die Kaufverhandlungen geschildert. Das war nicht das, was ihm verheißen war.

So bleibt bei diesem Weg eine merkwürdige Differenz zwischen Utopie und Realität, zwischen Verheißung und Erfüllung, zwischen realer Ankunft und Zum-Ziel-Gelangen.

Der Weg Abrahams ließ keine Rückkehr zu; keine prinzipielle, nur eine vorübergehende. Isaaks und Jakobs Frauen, Rebekka bzw. Lea und Rahel, werden aus Abrahams Heimat geholt (vgl. Gen 24 und 29). Abrahams Weg ist ein Weg, dessen Ursprung nicht geleugnet oder gar verabscheut wird. Im Gegenteil! Die Erzväter holen ihre Frauen von dort, um die Nachkommenschaft zu sichern und um ihre Identität zu wahren, die sie bei Heiraten mit Kanaanäerinnen zu verlieren fürchteten (vgl. Gen 24,3). Der Weg bleibt ganz auf das Wohin ausgerichtet.

Jahwe erscheint auf diesem Weg als einer, der das Zeichen zum Aufbruch setzt und das Ziel niemals vergißt. Er ist wegweisend; ganz gewiß führend und leitend, aber nur an bestimmten Weg-stationen tritt er in Erscheinung, bringt sich in Erinnerung. Besonders deutlich wird dies bei der nächtliche Vision von der Himmelsrampe, die dem Jakob bei seinem unsicheren Weg in die Heimat seines Großvaters zuteil wird (vgl. Gen 28,10 ff).

Abraham und die Erzväter haben im verheißenen Land gewissermaßen Wegmarken gesetzt: Altäre und sog. Malsteine.

3.2 Der Weg hinein nach Ägypten – der Weg heraus aus Ägypten
Die Flucht Israels und die Führung des Mose

Auch für diesen Weg ist das Verbum "ziehen" charakteristisch. Stämme wollten aus dem Land Ägypten ziehen, der Pharao wollte sie nicht ziehen lassen; endlich gelang es ihnen, aus dem Lande zu ziehen, danach zogen sie in die Wüste und in der Wüste umher. Aus rein historischer Sicht handelt es sich um eine Gruppe von Stämmen, die eine eigenständige Existenz führten und nichts mit den Stämmen aus Chaldäa zu tun hatten. In der heutigen Gestalt der Überlieferung sind die Wege der Stammesgruppen miteinander verknüpft, u.a. durch die Verheißung Jahwes in Genesis 15,wo Jahwe dem Abraham sagt, daß erst die vierte Generation in das verheißene Land zurückkehren wird (vgl. Gen

15,16) und durch die Überlieferung von Joseph, der als Sohn Jakobs eingeführt, nach Ägypten gebracht wird (vgl. Gen 37 ff).

Der Weg nach Ägypten war ein Weg, auf dem sich bestimmte Menschen bewegten: Gescheiterte, Abhängige, Flüchtlinge. Aus außerbiblischen Quellen kennen wir sie als "habiru", die im reichen Ägypten Asyl suchten. Als Sklaven wurden sie zwangsverpflichtet und zum Bau der Städte Pitom und Ramses herangezogen. Immerhin ist Joseph in der Josephslegende ein von seinen Brüdern Verstoßener, im Stich Gelassener. Von einer vorbeiziehenden Karawane (Ismaeliten oder Midianiter) wird er am Weg aufgelesen und auf den Weg nach Ägypten gebracht und als Sklave verkauft. Offenbar hatten die Sklaven bzw. Asylanten eine höhere Wachstumsrate als die Ägypter. Von daher wird verständlich, daß nach Exodus 1 der Pharao eine zwangsweise Geburtenkontrolle durch Kindestötung einführte. Vermutlich hat sich aus dem bunten Vielerlei der Abhängigen eine Gruppe durch ihre Klage und ihren Widerstand herausgeschält. In der Überlieferung werden sie selbstverständlich schon als Israeliten bezeichnet.

Der Weg, den sie einschlagen wollen, ist umstritten und muß erstritten werden. Der geplante Auszug wird zum Machtkampf zwischen dem Pharao und den "Israeliten" und letztlich verstanden als Kampf zwischen einem uneinsichtigen weltlichen Machthaber, der auf Unterdrückung aus ist, und dem befreienden Gott "Israels". So wird der Weg aus Ägypten heraus zu einer Flucht aus der Unfreiheit in die Freiheit. Auf diesem Weg gibt es *kein* Zurück! Auch solche Wege gibt es, wie die menschliche Erfahrung lehrt. Wenn die "Israeliten" später jammern und zu den "Fleischtöpfen" Ägyptens zurück wollen, dann wollen sie eine unmögliche Möglichkeit ergreifen: Luxus gegen Sklaverei! Den Weg in die Freiheit aufs Spiel setzen? Auch in der Exodusüberlieferung zeigt sich, daß der Ausbruch noch nicht ans Ziel führt. Was auf Ägypten folgt, ist ein "Weg der Mühsal" (Ex 18,8) durch die Wüste und ihre vielfältigen Mangelsituationen.

Eingebettet in den Weg des Volkes ist der Weg des Mose. Er hat eine Vorgeschichte – eine doppelte: erst die Errettung des Kindes in einer Mini-Arche, während um es herum eine Vernichtungsaktion gegen alle männlichen Hebräerkinder läuft; dann erfolgt, gewissermaßen proleptisch, den großen Exodus vorwegnehmend, eine Flucht des Mose (eine gelungen Flucht!) nach Midian. Seine Situation wird als die des Fremdlings und Gastes (vgl. Ex 2,22) bezeichnet – so wie die des Abraham!

Betrachtet man den Weg des Mose für sich, so fällt auf, daß es ein Weg von Berg zu Berg ist: vom Berg Sinai, an dessen Fuß seine Berufung erfolgt, zum Berg Nebo, wo er stirbt (Ex 3 – Dtn 34). Viele Generationen haben sein Bild geprägt; in ihm immer wieder anderes gesehen und hervorgehoben. Aber der

Pentateuch als Ganzes hat dieses Vielerlei durch die Symbole Weg und Berg verknüpft. Was dazwischen liegt, sind immer neue Wege hinauf und hinab zum "heiligen" Sinai, wobei die Frage erlaubt ist, ob dieser Berg in mancher Detailüberlieferung nicht eher dem späteren Heiligtum auf dem Zion gleicht oder gar einem jüdischen Gebetshaus im Exil.

Es berührt seltsam, daß auch Mose nicht in das verheißene Land gelangt. War es bei Abraham die Dialektik zwischen Angekommensein und doch nicht Ans-Ziel-Gelangtsein (Dagewesensein und doch nicht Dahingehören), die in der Überlieferung dargestellt ist, so ist es in der Exodusüberlieferung eine andere Nuance, die reflektiert wird. Mose darf vor seinem Tod vom Nebo aus einen Blick in das Land tun. Er sieht gewissermaßen den gesamten Entwurf vor sich. Auch hier ist die Differenz zwischen Utopie und Realität (zwar nicht mehr in Ägypten, aber doch noch in der Wüste) mit Händen zu greifen. So wird es sein; das hält Gott bereit; aber es *ist* noch nicht da.

Auf den Symbolcharakter der Geschichte von Mose Tod und seinem Grab, das nie gefunden wurde, ist schon hingewiesen worden. "Niemand kennt sein Grab bis auf den heutigen Tag" (Dtn 34,6). Es blieb nicht in der Wüste zurück. Soll es bedeuten: Abraham und sein Grab waren Platzhalter im Land der Verheißung? Mose ist überall und sein Grab nirgendwo? Ist Mose überall, auf welchen Wegen auch immer das Volk gehen muß, und zwar durch das, was aufs engste mit seiner Person verbunden ist? Durch seine Gebote? Sie braucht das Volk, damit es "die Wege des Herrn" gehen kann.

Es ist nicht einfach, Gottes Tun in dieser Wege-Überlieferung zu beschreiben. Es scheint sich auf zwei Beziehungsebenen zu vollziehen: Auf der Ebene Gott-Volk erscheint Jahwe fast wie ein Heerführer. Er erkämpft für sein Volk den Auszug und Durchzug durchs Rote Meer; er geht vor seinem Volk her, in einer Wolkensäule des Tages und in einer Feuersäule des Nachts.[4] Er macht Rast mit seinem Volk und ist dann im "Zelt der Begegnung" zu sprechen. Er verwandelt Mangel-Situationen auf dem Weg in Situationen der Fülle. Wenn die Kräfte das Volk verlassen, trägt er es sogar durch die Wüste (Dtn 1,31).

Auf der Ebene Gott-Mose spielt sich die Beziehung in immer neuen Begegnungen ab, zu denen Mose auf den Berg steigt "und von Angesicht zu Angesicht" mit Gott redet – allein und stellvertretend für das Volk.

---

4 Vgl. die Überlieferungen in Ex 13 und 14 sowie Ps 78,14!

3.3 Am Ziel angelangt: richtige und falsche Wege gehen

Die Landnahme

Der Weg ins Land hinein hat sich – historisch betrachtet – sicher unterschiedlich vollzogen. Ein Teil der Stämme konnte wahrscheinlich lautlos auf dem Weg des Weidewechsels ins Kulturland einsickern und sich dort niederlassen. Ein anderer Teil der Stämme mußte sich den Weg erkämpfen; das wird deutlich an der bekannten Eroberung Jerichos (Jos 6; vgl. Jos 8: Eroberung Ais). Im Land selbst fanden sich die Wege zweier Gruppen; nennen wir ihn den Weg Abrahams und den Weg des Mose, die zusammenmündeten. Die heutige Gestalt der Überlieferung sieht in dieser Entwicklung eine Weg-Abfolge, die chronologisch aufeinander folgte.

Was die Stammesgruppen vorangetrieben hat auf ihren Wegen, war eine Vision; eine Utopie von einem Land, in dem "Milch und Honig fließt". Die deutende Überlieferung sieht hier nicht nur menschliches Wünschen und Hoffen, sondern Jahwes Verheißung an sein Volk. Es muß für viele Generationen Israels sehr beschwerlich gewesen sein, mit der Differenz zwischen dem Ziel der Hoffnung und der Realität fertigzuwerden. Das Land lag nicht jungfräulich unberührt vor den Stämmen, nur darauf wartend, daß sie sich liebend mit ihm vereinigten. Andere waren vorher da und hatten es besessen. Und als die Stämme im Land waren, verstanden sie sich nicht als Einheit. Nur wenn sie von außen bedroht wurden, fand sich ein Heerbann unter charismatischen Führern zusammen; keineswegs alle Stämme leisteten diesen Führern Folge (vgl. die Darstellung im Buch der Richter). Hier sei auf zwei Wege-Geschichten verwiesen, die für die Geschichtsschau Israels nicht unerheblich sind. Numeri 13 und 14 berichtet von der Aussendung der Kundschafter; sie werden von der Wüste aus auf den Weg geschickt in das Land, und sie durchziehen das Land auf genau beschriebenen Wegen. Sie kehren zurück und bringen als Zeichen einen Rebstock mit einer Weintraube, Granatäpfel und Feigen – ein fruchtbares Land! Sie erstatten Bericht – er ist niederschmetternd. Mit Ausnahme Kalebs raten sie davon ab, gegen diese Völker und ihre großen und befestigten Städte anzutreten. Es kommt zu einem Aufruhr des Volkes. In welcher Relation stand der "Weg der Mühsal", den sie hinter sich hatten, zu dem, was die Kundschafter auf ihren Wegen herausgefunden hatten? Und in welcher Relation standen diese beiden Wege zum verheißenen Ziel? Es sei vermerkt, daß die Zweifler und Realisten unter den Kundschaftern durch einen plötzlichen Tod zum Schweigen gebracht werden.

1.Samuel 9 – 10,16 gehört in den Zusammenhang von der Entstehung des Königtums in Israel. Es war umstritten. Beschritt man durch seine Einführung einen Irrweg und wurde wie die Heiden mit ihren Stadtkönigen, vergessend, daß Jahwe der König seines Volkes war? Oder war es Jahwes Wille, sich einen von ihm erwählten Hirten seines Volkes zu suchen? Diese Streitfrage ist an den unterschiedlichen Überlieferungen über die Entstehung des Königtums abzulesen. In 1.Samuel 9 – 10,16 liegt eine "wunderbare Wege-Geschichte" vor, die im Nachhinein diese Etappe der Geschichte Israels legitimiert. Saul, der erste König Israels, wird von seinem Vater auf den Weg geschickt, um seine verlorengegangenen Eselinnen zu suchen. Er macht sich auf den Weg, kehrt zurück und erfährt, daß die Eselinnen gefunden sind. Gesucht hat Saul die Eselinnen seines Vaters und nicht gefunden. Stattdessen hat er auf wunderbare Weise sein zukünftiges Königreich umschritten!

Nachdem die Stämme Israels so lange Wege zurückgelegt hatten, das Land durchschritten und umschritten war, waren eigentlich keine Wege mehr zu gehen. Aber gerade jetzt, in dieser Zeit und im Blick auf diese Zeit wurde wie nie zuvor von Wegen gesprochen. Es sind Wege von anderer Qualität. Die "Wege des Herrn" und die "Wege des Volkes" gehen immer wieder auseinander. Von Anfang an bestand die Versuchung, den "Weg der anderen Götter" zu gehen. David wird das Wort in den Mund gelegt: "Ich hielt mich an den Weg des Herrn und fiel nicht frevelnd ab von meinem Gott" (2.Sam 22,22; vgl. Ps 18). Zwischen zwei Wegen muß sich das Volk entscheiden: dem guten und geraden Weg (1.Sam 12,23: Samuel will ihn dem Volk weisen) und den bösen Wegen. Die "bösen Wege" scheinen überwogen zu haben, denn in 2.Könige 17,13 f wird das Urteil gefällt, immer wieder habe der Herr durch alle (!) Propheten und Seher warnen lassen "kehret um von euren bösen Wegen ... aber sie gehorchten nicht ...". Der "Weg" ist nicht nur Leitlinie und Motiv für eine bestimmte Geschichtsbetrachtung, sondern Symbol für bestimmte Verhaltensmuster. Die Könige Israels werden danach beurteilt, welchen Weg sie in ihrer Politik und Moral gingen. Sowohl Jesaja als auch Jeremia bedienen sich des Weg-Symbols in ihrer Gerichtspredigt.

Jesaja 30: Als im syrisch-ephraimitischen Krieg Juda einen Bündnisplan mit Ägypten erwägt ("nach Ägypten !!! hinuntergehen ... und Zuflucht suchen im Schatten Ägyptens ...", V 2), wird dem Volk Heuchelei vorgeworfen, weil es die Seher dazu verleiten will, vom *Weg* abzuweichen, vom Pfad abzubiegen und vom Heiligen Israels zu schweigen (V 11). Ja, es wird ihnen gesagt, daß sie sich auf *krumme* Pfade (einer zweifelhaften Bündnispolitik) vertrösten (V 12).

Jeremia geht davon aus, daß das Volk in der Vorzeit ein besonders intimes und intaktes Verhältnis zu seinem Gott hatte. Deshalb fordert er im Namen des Herrn: "Tretet an die Wege und sehet, forschet nach den Pfaden der Vorzeit, welches *der Weg des Heils* sei; den *geht* !"(6,16). Jetzt aber geht das Volk einen Weg, daß er ihm *Steine in den Weg legen muß* (6,21). *Gestrauchelt* sind sie auf ihren *Wegen*, den Pfaden der Vorzeit. Deshalb muß er ihnen sagen: *Kehret um* ...! (18,11 und 15). Der Weg, den sie jetzt gehen, wird ihnen zum *schlüpfrigen Pfad* (23,12). Angesichts der Bedrohung durch die Großmacht Babyloniens legt ihnen Gott "*den Weg des Lebens* und *den Weg des Todes* vor" (21,8).

3.4 Ein Weg, den Israel nicht gehen wollte
Das Exil

Gute und böse Wege sind Wege der Moral bzw. des angemessenen und unangemessenen Verhaltens. Bei Leben und Tod geht es um die Existenz. Weil sie Jahwes Weg nicht gehen wollten, mußten die Israeliten – zumindestens ein Teil von ihnen – Wege gehen, die sie nicht gehen wollten. Sie waren aus Ägypten, der Unfreiheit geführt worden, sie führten ein Leben ohne ihren Gott und werden jetzt zwangsweise weg-geführt in die Verbannung, in die Unfreiheit. Dieses Ereignis scheint das einschneidendste in Israels Geschichte gewesen zu sein, wenn man bedenkt, daß der größere Teil der heute vorliegenden Überlieferungen entweder am Vorabend dieser Katastrophe, während dieser Zeit oder danach seine Endgestalt gefunden hat. Die "Weg-führung" erfolgt etappenweise: Erst fällt das Nordreich durch die Assyrer (2.Kön 17), dann das Südreich (2.Kön 23 und 25).

Zwei Könige bekommen in diesem Geschehenszusammenhang exemplarische Bedeutung mit ihrem "Weg-Verhalten".

Als im Zusammenhang mit der Eroberung des Nordreiches durch die Assyrer auch Jerusalem, die Hauptstadt des Südreichs, bedroht wird, bleibt König *Hiskia* standhaft auf dem eingeschlagenen Weg, den Gott ihm durch Jesaja mitteilen läßt (keine Kapitulationsverhandlung!). Stehenbleiben auf einem Weg, nicht mehr weitergehen, ist etwas anderes als mit Standhaftigkeit auf einem bestimmten Weg bleiben! Weil Hiskia standhaft bleibt, muß der Assyrerkönig "auf dem Weg zurückkehren, den er gekommen ist" (2.Kön 19,28 und 32). Zedekia, der letzte König von Juda, macht bei der Belagerung Jerusalems durch die Babylonier einen militärisch und politisch aberwitzigen Ausfall aus der Stadt und nimmt fliehend "seinen Weg in die Jordansteppe" (2.Kön 25,4). Er kann nicht entrinnen, wird zurückgeführt und geblendet ... Er hatte zu jenen Königen gehört, die taten, was dem Herrn mißfiel – war blind gewesen für den Weg des Herrn (vgl. 2.Kön 24,18 f).

Nachdem zwangsweise der Weg ins Exil beschritten werden mußte, richtete sich alle Sehnsucht auf den Weg zurück. Deuterojesaja wurde zum Hoffnungspropheten und wurde nicht müde, diese Rückkehr zu fordern. Er bedient sich dabei des Weg-Symbols. Die Mangelsituation des Exils wird verglichen mit der Wüstenzeit; Anzeichen, die auf eine Veränderung der politischen Großwetterlage hindeuten, lassen ihn rufen: "Horch, es ruft: In der Wüste bahnt den Weg des Herrn; macht in der Steppe eine grade Straße unserm Gott!" (Jes 40,3).

Zur Aufforderung gesellt sich die tröstliche Zusage: "Siehe, nun schaffe ich Neues; schon sproßt es, gewahrt ihr es nicht? Ja, ich lege durch die Wüste einen Weg und Ströme durch die Einöde" (Jes 43,19).

Durch die Gunst politischer Umstände ist einem Teil der Exilierten eine Rückkehr gelungen. Sie mußten ihren Schicksalsweg mit dem Schicksalsweg derer verbinden, die zurückgeblieben waren. Damit entstand ein grundsätzliches Problem, dessen Tragweite im Blick auf das Neue Testament nicht unterschätzt werden darf. Nicht mehr die Frage, ob das Volk als Ganzes "den Weg des Herrn" geht, steht im Vordergrund, sondern die Frage, ob innerhalb der Gemeinschaft, deren geschichtliche Wege auseinandergegangen waren, es solche gibt, die den "Weg des Herrn gehen" und solche, die ihn nicht gehen. Die Klage Tritojesajas "O daß du dich annähmst derer, die deiner Wege gedenken!", sagt alles. Ja, kann es nicht sein, daß man auch in der Fremde, in der erzwungenen oder freiwillig gewählten Diaspora, "die Wege des Herrn gehen" kann? Und andernteils: Kommt es nicht vor, daß Menschen im "Weinberg des Herrn" leben und dennoch "die Wege des Herrn verlassen"??? Der Weg des Herrn ist nicht mehr identisch mit dem Weg ins (verheißene) Land! Worauf wird sich aber dann die Hoffnung richten?

4. Mein Weg und dein Weg, o Herr!

Die Entwicklung, die zur Klage Tritojesajas führte, bedeutet eine konsequente Individualisierung des Weg-Symbols. Was ist mein Weg – mein Lebens-weg? Was ist sein Sinn und wie kann er sinnvoll werden?

Die Frage nach dem Sinn eines Lebensweges wird im Hiobbuch gestellt. Hiob, ein frommer Mann, ist "den Weg des Herrn" gegangen, aber er hat ihn unbegreifliche Leidens-wege gehen lassen. Deshalb tritt er in einen Rechtsstreit mit seinem Gott ein, in dem er "meine Wege ihm ins Angesicht dartun" will (Hiob 13,15). Er schreit hinaus, daß Gott "seinen Weg verbaut hat und er nicht weiter kann" (Hiob 19,8). Daß Gott denen, die auf bösen Wegen gehen, "Steine in den

Weg legt", war bekannt. Was aber, wenn dies einem Gerechten widerfährt? Das ist die extremste Tiefenerfahrung, die einem Menschen widerfahren kann.

In den Psalmen wird intensiv dem Problem nachgegangen, wie ein Mensch den richtigen Weg finden kann. Ein Blick in die Konkordanz zeigt, daß das Weg-Symbol in ihnen eine bedeutende Rolle spielt. Diese Rolle hat eine beachtliche Wirkungsgeschichte im Neuen Testament entfaltet.

Zunächst spricht sich das bekannte Vertrauen aus, daß Gott die, die den Weg nicht finden – welche Not auch immer sie überkommt – den richtigen Weg führt (vgl. den gesamten Psalm 107, besonders V 7). Deshalb korrespondiert diesem Vertrauen die Aufforderung "Befiehl dem Herrn deine Wege, er wird's wohl machen" (Ps 37,5).

Bekannt ist auch die Unterscheidung zwischen den zwei Wegen: Da sind die schlimmen und krummen Wege, die die Gottlosen gehen (Ps 36,5 und Ps 125,5). Es kann sogar der wenig fromme Wunsch geäußert werden, daß der Weg der Feinde, die dem Frommen eine Grube gegraben haben, finster und schlüpfrig sein soll. Da ist der Weg des Herrn, der lang und breit in dem 176 Verse umfassenden Psalm 119 entfaltet wird. Der Weg des Gottlosen unterscheidet sich vom Weg des Frommen wie der Weg der Lüge vom Weg der Wahrheit (vgl. Ps 119,30.128).

Dann jedoch fällt eine Anhäufung von Bitten auf, der eine Kette von Gewißheitsaussagen entsprechen. Sie sollen – ohne Anspruch auf Vollständigkeit – nebeneinandergestellt werden:

Psalm 25,4	Zeige mir, o Herr, deine Wege	Psalm 25,8	Darum weist er Irrenden den Weg
Psalm 27,11	Lehre mich, o Herr, deinen Weg	Psalm 25,9	Ihm zeigt er den Weg, den er wählen soll
Psalm 143,8	Tue mir kund den Weg, den ich gehen soll	Psalm 16,11	Du weisest mir den Weg des Lebens: Fülle der Freuden vor deinem Angesicht und Wohnen in deiner Rechten ewiglich
Psalm 119,33	Zeige mir, Herr, den Weg deiner Satzungen		

Ein Weg muß gezeigt, gewiesen, gelehrt oder kundgetan werden. Offenbar ist der Mensch von sich aus nicht imstande, diese Unterweisung und Belehrung zu erlangen. Gott selbst muß ihn lehren. Seine "Belehrung" und "Unterrichtung" ist "Licht" (Erleuchtung?): "Dein *Wort* ist meines Fußes *Leuchte* und ein *Licht* auf meinem Wege" (Ps 119,105). Dieses Licht und dieses Leuchten führt den Weg der Erkenntnis: "... er lasse sein Angesicht bei uns leuchten, daß man auf Erden deinen Weg *erkenne* ..." (Ps 67,2 f).

Faßt man den alttestamentlichen Wege-Befund zusammen, dann ergeben sich folgende Problemkreise:

Die Differenz zwischen Verheißung eines Ziels und der Realität hat Stämme Israels immer wieder auf Wege getrieben, die sie dem Ziel näherbringen sollten. Das Erreichte ging so schnell verloren, daß die investierten Mühen und Entbehrungen kaum gerechtfertigt waren. Es gibt zwei mögliche Fragen zu diesem Sachverhalt:

a) Ist das Verheißene falsch verstanden bzw. banalisiert worden? Leichtfertig mit einer soziologischen und politischen Größe in eins gesetzt worden? Soll dies das "Land des Herrn" sein?

b) Muß nicht zwangsläufig eine neue anspornende Differenz zwischen Zielvorgabe und Realität verkündet werden, die Menschen motiviert und auf den Weg bringt?

Wenn der Weg eine Angelegenheit des Unterweisens und Erkennens ist, dann muß er auch unterschieden werden können von anderen. Die Fragen in diesem Zusammenhang müssen lauten:

a) Wer ist legitimiert, diesen Weg aufzuzeigen und warum?

b) Wie ist er inhaltlich gefüllt? Was bedeutet im Neuen Testament "Weg des Lebens" oder "Weg des Heils"?

5. Der Weg – Leitfaden für das Evangelium und die Apostelgeschichte des Lukas

Mehr als jeder Evangelist zeigt Lukas ein auffallendes Weg-Interesse. Er unterscheidet sich dadurch von Matthäus, der sein Evangelium bewußt durch das Kontrastsymbol Höhe-Tiefe/Berg-Tal gestaltet. Das Weg-Interesse wird besonders deutlich in Weg-Geschichten, die dem lukanischen Sondergut zuzurechnen sind, sich also nur bei ihm finden. Der Wortbestand um ἡ ὁδός (zusammen mit ὁδεύειν, ὁδοπορεῖν, ὁδηγός) und alle Tätigkeiten, die mit dem Weg zusammenhängen (aufstehen und gehen, ziehen, senden), verdoppelt sich durch das Vorkommen in der Apostelgeschichte, die eine eigenständige Schöpfung des Lukas und somit ohne Parallelen ist. Auf den ersten Blick scheint das Evangelium den Weg Jesu nachzuzeichnen, die Apostelgeschichte den Weg der Apostel bzw. der Urgemeinde. H. Conzelmann (Die Mitte der Zeit, S. 140, Anm. 5) hat durch seine Untersuchung nachgewiesen, daß hinter diesem zweiteiligen Werk eine heilsgeschichtliche Geschichtsschau zu erkennen ist, die sich in einem Dreierschritt vollzieht: Die Zeit der Prophetie (von der Schöpfung bis zu

Johannes dem Täufer) – die Zeit Jesu (= die Mitte der Zeit) – die Zeit der Kirche (Ausgießung des Geistes bis zur Wiederkunft Jesu). Unter dem Blickwinkel dieser Geschichtskonzeption – also interessengeleitet – schreibt Lukas, "wie es gewesen ist". Er ordnet übernommene Traditionen neu, setzt an-dere Akzente; er entwickelt die Überlieferung kreativ weiter, auch dort, wo er keine Vorlagen hat. *Einem* gebildeten Heiden will er sagen, was das alles bedeutet, damit er zu einer tieferen Erkenntnis darüber gelangt, worin er schon unterwiesen ist. Es ist anzunehmen, daß er es nicht nur diesem einen, sondern allen gebildeten Heiden sagen will; und es ist anzunehmen, daß das Evangelium von Jesus Christus generell Erkenntnis bewirken will und schon bewirkt hat.

5.1 Der christliche Glaube ist "Weg"

Die meisten deutschen Bibelübersetzungen verdecken den Umstand, daß Lukas in seiner Apostelgeschichte den christlichen Glauben bzw. die christliche Lehre einfach "den Weg" nennt. Das wird deutlich in Apostelgeschichte 19,9: Einige in Ephesus schmähen "den Weg", den Paulus in der Synagoge verkündete, so daß er in den Lehrsaal des Tyrannus auswich. In derselben Stadt entsteht eine Aufgeregtheit wegen "des Weges" durch den Silberschmied Demetrius; wegen des Erfolges der Pauluspredigt fürchtet er um seinen Devotionalienhandel (Apg 19,23). Zweimal läßt Lukas den Paulus von seiner "Bekehrung" in je einer Rede erzählen: In Jerusalem, wo er den Juden in hebräischer Sprache sagt, er habe "den Weg" einst bis auf den Tod verfolgt (Apg 22,4), und in Caesarea vor dem Statthalter, wo er sich damit verteidigt, daß er gemäß "dem Weg", den die Juden eine Sekte nennen, dem Gott seiner Väter diene (Apg 24,14, vgl. V 24). Wer sich der christlichen Gemeinde anschließt und sich taufen läßt, erhält "Wege-Unterweisung". Mitgeteilt wird dies über den aus Alexandrien gebürti-gen Juden Apollos. Er hatte Unterricht ("Katechese") im "Weg des Herrn" er-halten, aber nur die Johannestaufe empfangen. Das Ehepaar Aquila und Priscil-la läßt ihm daraufhin eine noch gründlichere Auslegung des "Weges Gottes" zuteil werden (Apg 18,24 ff). Inhaltlich wird der Weg als "Weg des Friedens" (Lk 1,79 unter Aufnahme eines Jesajazitats), als "Weg des Lebens" (Apg 2,28 unter Aufnahme eines Psalmzitats) und als "Weg des Heils" (Apg 16,17) charakterisiert.

Die Christen insgesamt werden bezeichnet als "die des Weges" (Apg 9,2). Ist damit gemeint, daß sie einem bestimmten Weg angehören? Einen bestimmten Weg gewählt haben? Oder, daß sie eine Existenzweise des "Unterwegsseins" leben? Wahrscheinlich beides. Genaueres läßt sich nach Untersuchung einiger Wege-Geschichten ausmachen.

5.2 Das Evangelium von Jesus Christus auf Reisen

Sowohl das Evangelium als auch die Apostelgeschichte sind durch Itinerare geprägt. Sie erschließen sich durch den Vergleich mit dem Markusevangelium. Während Markus nur eine Zweiteilung kennt, hat Lukas in seinem Evangelium eine Dreiteilung: Im ersten Teil (Lk 3,1-9,50) wird von dem Weg Jesu durch Galiläa und Judäa berichtet, im zweiten Teil (9,51-19,27) vom Weg Jesu nach Jerusalem und im dritten Teil (19,28-24,53) vom Aufenthalt in Jerusalem. Besonderes Gewicht erhält der zweite Teil; er wird in der Forschung "Reisebericht des Lukas" genannt, weil die kurze Darstellung der Reise nach Jerusalem in Markus 10 zu einem umfassenden Hauptteil ausgebaut ist. Unbeschadet dieses Reiseduktus hat Lukas spezielle Wege-Geschichten (alle Sondergut!) geschaffen und an bestimmten Stellen in seinem Evangelium plaziert.

In der Apostelgeschichte ist der Reisende par excellence Paulus. Er, nicht die anderen aus dem Zwölferkreis, hat umfangreiche Missionsreisen durchgeführt, die alle nach dem gleichen Muster ablaufen: Paulus wendet sich in jeder fremden Stadt zunächst an die Juden in der Synagoge und verkündet ihnen aufgrund einer Predigt zum Alten Testament Jesus als den Christus. Wenn es früher oder später zum Widerspruch gegen *diesen* Weg Gottes kommt, setzt ein Zustrom von heidnischen Hörern ein. Paulus wendet sich dann von den Juden ab und den Heiden zu. Seine letzte Reise tritt Paulus als Gefangener an; sie führt von Jerusalem nach Rom (Apg 21,18-28) und damit in das Zentrum der damaligen Welt. Besondere Bedeutung im Rahmen des letzten Reiseberichts erhält die Seereise, der Seesturm und der Schiffbruch des Paulus (Apg 27).[5]

Auch innerhalb der Apostelgeschichte gibt es noch einmal spezielle Wege-Geschichten, über deren Funktion und Intention zu handeln sein wird.

5.3 Be-weg-ung schon am Anfang

Es darf unter diesen Umständen nicht verwundern, daß Lukas sowohl sein Evangelium als auch die Apostelgeschichte mit Erzählungen über rege Besuchstätigkeiten beginnt: Gabriel wird auf den Weg zu Maria gesandt, um den "Besuch des Aufgangs aus der Höhe" anzukündigen. Maria und Joseph müssen sich auf Reisen begeben, um in die "richtige" Geburtsstadt (Bethlehem statt Jerusalem) zu gelangen. Die Verbindung zwischen Elisabeth, der Mutter des Wegbereiters Johannes, und Maria, der Mutter Jesu, wird durch einen Besuch hergestellt.

---

5 Vgl. Das Symbol des Schiffes, S. 551 ff.

Der Beginn der ersten Gemeinde in Jerusalem ereignet sich auf einem Wallfahrtsfest, zu dem sich Juden aus aller Herren Länder zu Besuch auf den Weg nach Jerusalem gemacht hatten.

5.4 Wege-Geschichten bei Lukas

Sowohl in seinem Evangelium als auch in seiner Apostelgeschichte erzählt Lukas von Wegen, auf denen sich Bedeutsames ereignet. Sie haben einen anderen Stellenwert als Verkehrswege, die auf der Landkarte verzeichnet sind und zwei Orte miteinander verbinden oder irgendwann einmal miteinander verbunden haben. Insgesamt sechs Wegegeschichten sollen nacheinander entfaltet werden:

1. Auf dem Weg von Jerusalem nach Emmaus (Lk 24,13-35.52)
2. Auf dem Weg von Jerusalem nach Gaza (Apg 8,26-40)
3. Auf dem Weg von Jerusalem nach Damaskus (Apg 9,1-19)
4. Auf dem Weg von Caesarea nach Joppe (Apg 10,1-48)
5. Auf dem Weg von Jerusalem nach Jericho (Lk 10,25-37)
6. Auf dem Weg von einem Grenzdorf zwischen Galiläa und Samaria nach Jerusalem (Lk 17,11-19)

Auf dem Weg von Jerusalem nach Emmaus (Lk 24,13-35.52)

Drei Menschen sind auf diesem Weg unterwegs: zwei Jünger (nur einer von ihnen wird mit Namen genannt: Kleopas) und Jesus, der Auferstandene.[6]

Am ersten Tag der Woche ("Ostermorgen" als neuer Tag gegenüber dem Sabbat der Juden), drei Tage nach der Kreuzigung Jesu, machen sich zwei, nicht weiter bekannte, Jünger auf den Weg von Jerusalem nach Emmaus. Jerusalem ist der Ort des Kreuzigungsgeschehens. Emmaus kommt in der gesamten Bibel nicht mehr vor; historisch-geografisch ist der Ort nicht lokalisierbar. Eine Begründung für diesen Gang wird nicht angegeben. Die beiden Jünger erhalten

---

6 Hinweise zur Wortwahl:

V 32: Wie er mit uns auf dem Weg (ἐν τῇ ὁδῷ) geredet hat.

V 35: Sie erzählten das auf dem Weg (τὰ ἐν τῇ ὁδῷ) Geschehene. Gekoppelt ist mit dem Substantiv ὁδός das Verb "πορεύεσθαι" = sich auf den Weg machen, dahingehen.

V 13: Sie (die Jünger) machen sich auf den Weg (nach Emmaus).

V 15: Jesus geht mit ihnen dahin.

V 28: Sie näherten sich dem Dorf, wohin sie gingen und: Er nahm sich vor, weiterzugehen.

Zu beachten ist ferner:

V 33: ἀναστάντες = sie standen auf (um zurückzukehren).

Weg-Begleitung. Der Betreffende stellt sich nicht vor. Er geht ein Stück Wegs mit ihnen, verweilt einige Zeit bei ihnen und – verschwindet. Die beiden Jünger erheben sich und gehen den Weg zurück und erzählen, was ihnen auf dem Weg widerfahren ist.

Scheinbar chronologisch ist der Ablauf zu verstehen, den Lukas schildert: Früh am Morgen des ersten Tages der Woche machen sich drei Frauen zum Grab Jesu auf und finden den Leib Jesu nicht. Zwei Männer in blitzenden Gewändern erläutern ihnen, was das zu bedeuten hat: Jesus ist nicht hier, er ist auferweckt worden! Im Verlauf desselben Tages machen sich die beiden schon erwähnten Jünger auf den Weg nach Emmaus, gegen Abend kehren sie dort mit ihrem Weg-Begleiter ein. Noch in der gleichen Nacht erfolgt die Rückkehr der beiden Jünger nach Jerusalem.

Zu Beginn des Weges sind "ihre Augen gehalten" (V 16). "Sie *erkennen ihn nicht*" (V 16); m.a.W. sie erkennen nicht den, der sich zu ihnen gesellt, sie ein Stück weit begleitet und mit ihnen in Emmaus einkehrt (Lukas, der Erzähler, weiß natürlich, um wen es sich handelt!). Im Gegenteil: Sie sind ratlos und ohne jede Erkenntnis. Jesus spricht sie an und sagt (wörtlich!): "Was sind das für Worte, die ihr hin und her werft, während ihr euch *im Kreise dreht*?". Ihre Antwort ist so, daß er sie darüber hinaus wegen ihres "trägen und unverständigen Herzens" schilt (V 25). Am Ende des Weges "*wurden ihnen die Augen geöffnet, und sie erkannten ihn*" (V 31). In der Zusammenfassung, am Ende der Geschichte wird berichtet, wie sie in Jerusalem von dem Weg-Geschehen erzählen und wie er von ihnen *erkannt* worden war (V 35). Der Weg von Jerusalem nach Emmaus ist ein *Weg vom Nichterkennen zum Erkennen*. Der Erkenntnisvorgang berührt tiefe emotionale Schichten und betrifft die gesamte Existenz der Erkennenden. Der Zustand des Nichterkennens ist zugleich ein Zustand der Trauer (V 17 "traurigen" Blicks blieben sie stehen!) und des Stillstands. Von dem Gespräch unterwegs sagen die Jünger im Nachhinein: "Brannte nicht unser Herz ...?" (V 32) – "Waren wir nicht zutiefst berührt?" würden wir vielleicht sagen. Daß ihre Rückkehr eine freudige ist, wird hier nicht ausdrücklich erwähnt, wohl aber in der Zusammenfassung der beiden lukanischen Erscheinungsgeschichten samt Himmelfahrtserzählung, in V 62 des gleichen Kapitels. Die Erkenntnis der Jünger wird durch zwei Dinge bewirkt:

a) durch die Auslegung der alttestamentlichen Überlieferung (V 25-27). Jesus eröffnet ihnen die Schriften (von Mose über die Propheten, sofern sie von ihm, dem Gesalbten, handeln), bevor ihnen die Augen geöffnet werden! Er betreibt eine "christologische Hermeneutik" (V 27: διηρμήνευσεν). Er macht den Jüngern klar, daß alles so geschehen mußte, weil es dem göttlichen Plan entspricht.

b) durch den Akt des Brotbrechens und die Mahlgemeinschaft (V 30). Diese sym-bolische Handlung des Brotbrechens und Dankgebets löst die Erinnerung an die Mahlgemeinschaften zu Lebzeiten Jesu aus und stellt zugleich die Kontinuität zwischen dem irdischen und dem auferstandenen Jesu her. Die beiden Vorgänge, Auslegung der Überlieferung und Mahlgemeinschaft, sind die Grundelemente des urchristlichen Gottesdienstes. Die beiden erkennenden Jünger auf dem Weg nach Emmaus stehen exemplarisch für den Erkenntnisvorgang in der urchristlichen Gemeinde und für die Weitergabe dieser Erkenntnis. Dieser Vorgang hat einen Erzählstrom in Gang gesetzt, der von Jahrzehnt zu Jahrzehnt zunahm. In besonderer Weise läßt sich das an den Erscheinungsgeschichten am Ende der Evangelien beobachten. Markus, der älteste Evangelist läßt sein Evangelium abrupt, mit der Flucht der Frauen vom leeren Grab, enden und dem Vermerk "sie sagten niemandem etwas". Matthäus hat bereits eine Christuserscheinung (die allerdings nichts anderes als die Engelerscheinung sagt) und eine Inthronisationsszene des Auferstandenen auf einem Berg in Galiläa. Lukas hat bereits zwei, vom Textbestand her, sehr umfangreiche Erscheinungsgeschichten. Eine davon ist unsere Wege-Geschichte! Nimmt man das Johannesevangelium hinzu, so kommt man auf fünf Erscheinungsgeschichten. Keine gleicht der anderen, was Personen und Umstände anlangt! Jeder der ihnen zu Grunde liegenden nachösterlichen Erkenntnis hat besonderen Charakter und antwortet auf Fragen der jeweiligen Gemeindegegenwart.

Auf welche Fragen antwortet der Erzählstrang der Erscheinungsgeschichte bei Lukas? Unter anderem auf die Frage, wie Christen – sollte die Wiederkunft Christi noch länger ausbleiben – ihren Weg bis zum "Abend der Welt" (vgl. Lk 24,29 mit wahrscheinlich eschatologischer Bedeutungsvariante von "Abend") durchstehen können. Lukas antwortet in den Erscheinungsgeschichten mit dem Hinweis, daß Jesus "ὄντως" unter ihnen gegenwärtig ist (vgl. 24,34). "ὄντως" ist nicht dasselbe wie "leibhaftig". Es heißt wesenhaft, wahrhaftig, seinsmäßig. In diesem Sinne ist er gegenwärtig, wenn zwei Dinge geschehen: Auslegung der Überlieferung und Mahlgemeinschaft.

Auf dem Weg von Jerusalem nach Gaza (Apg 8,26-40)

Auf diesem Weg sind zwei Menschen unterwegs: Philippus und "ein" Äthiopier; zunächst jeder für sich, dann wird der eine dem anderen zugeführt.[7]

---

7 Hinweise zur Wortwahl:
V 26: Steh auf und geh (ἀνάστηθι καὶ πορεύου) auf den Weg (ἐπὶ τὴν ὁδόν), der hinabführt von Jerusalem nach Gaza.
V 27: Und er stand auf und ging (καὶ ἀναστὰς ἐπορεύθη).

Der Äthiopier wird als prominent charakterisiert. Er ist Finanzminister der äthiopischen Kandake (Herrschertitel) und Eunuch. Es scheint nicht ungewöhnlich gewesen zu sein, daß Herrscher ihre Bediensteten durch den Akt der Entmännlichung abhängig machten. Er hat schon einen Weg hinter sich: eine Wallfahrt nach Jerusalem. Er ist auf dem Heimweg und befindet sich auf der Straße von Jerusalem nach Gaza, der wahrscheinlich letzten Station vor der Wüstenstrecke nach Ägypten. Die Straße ist einsam und dieser Mensch allein. Philippus hält sich in Samarien auf und erhält den Befehl: "Steh auf und mach dich auf den Weg ...!" Und er stand auf und machte sich auf den Weg, der ihn auf "wunderbare Weise" zum Äthiopier führt. Er begleitet den Äthiopier ein Stück weit auf seinem Weg. Danach zieht dieser verändert (fröhlich) weiter.

Zu Beginn des Weges sitzt ein Mensch in seinem Reisewagen und liest. Er wird gefragt: "Erkennst du, was du liest?" (Der V 30 ist ein Wortspiel: ἆρά γε γινώσκεις ἃ ἀναγινώσκεις;).

Wie kann er verstehen! Er hat niemanden, "der ihn auf den Weg führt" (V 31), d.h. er hat niemanden, der ihn anleitet. Philippus übernimmt diese Funktion und interpretiert die gelesene Stelle aus der Buchrolle des Propheten Jesaja. Es ist ein Ausschnitt aus einem der Knecht-Gottes-Lieder (Jes 53). Am Ende des Weges kommen sie beide – welch eine wunderbare Fügung – an ein Wasser (Wasser an einer Wüstenstraße?!). Der Äthiopier läßt sich taufen. Wenn man bedenkt, daß im urchristlichen Sprachgebrauch für Taufe der t.t. "Erleuchtung" (φωτισμός) üblich war, dann läßt sich nicht abweisen, daß der Weg von Jerusalem nach Gaza ebenfalls ein Weg *vom Nichterkennen zum Erkennen* war. Auslegung der alttestamentlichen Überlieferung und Symbolakt des Tauchbads bewirken den Erkenntnisvorgang. O. Cullmann hat im übrigen darauf hingewiesen[8], daß sich in Apostelgeschichte 8 Bruchstücke des urchristlichen Taufverfahrens erkennen lassen: Unterweisen – Taufbegehren – Frage nach einem Hinderungsgrund – Tauchbad. Nachdem er ein Stück weit Wegbegleitung erfahren hat, kann der Äthiopier den langen Weg durch die Wüste, die vor ihm liegt, allein weiterziehen. Er ist ein Wissender und ein Veränderter. Die gewonnene Einsicht macht ihn fröhlich, wie ausdrücklich gesagt wird.

Warum sind es *diese* Personen und keine anderen, die hier zueinander geführt werden?

V 35: Als sie auf dem Weg dahinzogen (ὡς ἐπορεύοντο κατὰ τὴν ὁδόν).

V 39: Er zog seinen Weg fröhlich (ἐπορεύετο γὰρ τὴν ὁδὸν αὐτοῦ χαίρων).

Zu beachten ist die Frage in V 31: Wie kann ich ..., wenn mich keiner auf den Weg führt? (μή τις ὁδηγήσει;).

8 Die Tauflehre des Neuen Testaments, S. 65 ff.

a) Philippus gehört ebenso wie Stephanus zum Führungsgremium des sog. Siebenerkreises. Er konkurriert mit dem Führungsgremium des Zwölferkreises. In Apostelgeschichte 6 wird von Spannungen zwischen zwei Gemeindegruppen berichtet, den ehemaligen palästinensischen und den ehemaligen hellenistischen Juden, die in die Urgemeinde integriert werden mußten. Vieles deutet darauf hin, daß es zu einem (kooperativen?) Nebeneinander von beiden Gruppen und Führungsgremien kam. Lukas allerdings erweckt in seiner redaktionellen Überarbeitung dieser Überlieferung den Eindruck, als wäre es zu einer Arbeitsteilung (Predigt und Tischdienst), zur Schaffung eines Amtes der Apostel und der Diakone, mit deutlicher Über- und Unterordnung gekommen. Unsere Wege-Geschichte in Apostelgeschichte 8 zeigt jedoch, daß Philippus predigt, missioniert und tauft wie die Apostel selbst.

b) Die zweite Person wird als "ein" Äthiopier, "ein" Eunuch bezeichnet – ohne Namensnennung. Das deutet darauf hin, daß dieser eine exemplarisch für eine ganze Gruppe von Menschen steht. Es gibt viele Theorien, wie er religiös einzuordnen ist. Lukas gibt jedoch genügend Hinweise, wie *er* ihn eingeordnet wissen will: Er kommt aus einem heidnischen Land, hat eine Wallfahrt nach Jerusalem gemacht und eine Schriftrolle des Propheten Jesaja erworben. In der jüdischen Diaspora gab es einen Personenkreis, der in der Apostelgeschichte mit dem t.t. "Gottesfürchtige" bezeichnet wird. Das waren Sympathisanten der Synagoge, ohne eigentlich Proselyten zu sein und den Übertritt (mit Beschneidung etc.) zu vollziehen. Der Glaube an den einen Gott und die hohe ethische Lebens"praxis" hat für sie den jüdischen Glauben anziehend gemacht. Nun kann man im Blick auf Apostelgeschichte 8 einige begründbare Vermutungen anstellen: Daß ein Sympathisant des Judentums das Bedürfnis hat, den Ursprungsort bzw. das religiöse Zentrum dieses Glaubens kennenzulernen, dürfte nicht ungewöhnlich sein. Daß diese Wallfahrt für den Äthiopier u.U. enttäuschend war, dürfte nicht abwegig sein; wahrscheinlich ist er gar nicht über den Vorhof des Tempels hinausgekommen: Er war Heide (noch dazu mit dunkler Hautfarbe) und eigentlich – wegen seines Eunuchentums – kein richtiger Mann im Sinne des jüdischen Gesetzes. Wie sollte an ihm, selbst wenn er hätte zum Judentum übertreten wollen, eine Beschneidung vollzogen werden?

Über die Stellung von Apostelgeschichte 8 in der Abfolge der Missions-"erfolge" der Urgemeinde wird noch zu handeln sein.

Die Geschichte des Weges von Jerusalem nach Gaza ist, wie die anderen Wege-Geschichten des lukanischen Werkes, Teil seiner Geschichts-Schau. Nachdem die "Mitte der Zeit" – die Zeit Jesu – überschritten ist, beginnt jetzt die Zeit des Geistes. Lukas ist der einzige Evangelist, der von einer Ausgießung des Geistes erzählt (nur ihm verdanken wir unser heutiges Pfingstfest!). Der Heilige Geist *führt* Menschen und *lenkt* das Geschehen nach einem göttlichen Plan. Alles *mußte* und *muß so* geschehen, weil Gott es so will. Es darf deshalb nicht verwundern, wenn in unserer Wege-Geschichte der Geist dem Philippus bedeutet, sich auf den Weg nach Gaza zu begeben, wenn er ihn an den Wagen des Äthiopiers heranführt und es dort wunderbarer Weise zu einer Begegnung kommt. Ebensowenig darf es überraschen, daß dieser Geist am Ende des Weges Philippus, als er nicht mehr benötigt wird, entschwinden läßt, ihn "entrückt" (vgl. Apg 8,25.29 und 39).

Auf dem Weg von Jerusalem nach Damaskus (Apg 9,1-19)

Der Betroffene selbst, Paulus, hat das Geschehen in wenigen dürren Worten dargestellt: "Denn ich habe es (sc. das Evangelium) nicht von einem Menschen empfangen noch gelernt, sondern durch eine Offenbarung Jesu Christi" (Gal 1,12). In 1.Korinther 15,1 ff stellt er diese Offenbarung in eine – gleichberechtigte! – Reihe mit den Erscheinungen der anderen Apostel und Brüder, die Jesus noch zu Lebzeiten gekannt haben. Damit ist auch seine Gleichwertigkeit als Apostel erwiesen! Welche Schwierigkeiten hat dieser Paulus mit seinem besonderen biografischen und theologischen Weg seiner Kirche von Anbeginn bereitet! Lukas hat sich nun der Christusoffenbarung des Paulus angenommen und sie zu einer Wege-Geschichte ausgebaut.[9]

Zunächst wirkt das Ganze wie eine alttestamentliche Berufungsgeschichte (V 1-6a). Paulus hat eine Vision und eine Audition; er *sieht* und hört etwas. Die Erscheinung gibt sich zu erkennen: "Ich bin Jesus, den du verfolgst" (vgl. damit die alttestamentlichen Theophanien: "Ich bin der Gott Abrahams ..."). Der Angesprochene stürzt zu Boden. Bliebe Lukas auf dieser Linie, dann müßte jetzt sofort – ähnlich wie bei Prophetenberufungen – eine Beauftragung erfolgen, nämlich ein auserwähltes Werkzeug zu sein, um den Namen des Herrn vor Heiden und Könige und die Söhne Israels zu tragen (vgl. V 15).

Nach dem Geschichtsbild des Lukas ginge das zu schnell! Denn: Die Ge-

---

9 Hinweise zum Wortbestand:

V 3: Als er dahinzog, näherte er sich Damaskus (ἐν δὲ τῷ πορεύεσδαι ... ἔγγιξεν)

V 6: Steh auf und geh in die Stadt!

V 7: Die Wegbegleiter (ἄνδρες οἱ συνοδεύοντες) sehen und hören nichts.

V 8: Und Saulus wurde von der Erde aufgerichtet (so wie Jesus vom Tod aufgerichtet wurde!): ἠγήρθη.

V 11: Steh auf und geh in die (sog.) Gerade Gasse (Befehl an Ananias)!

V 17: Jesus, der dir auf dem *Weg* erschienen ist, den du gekommen bist (ὁ ὀφθείς σοι ἐν τῇ ὁδῷ ᾗ ἤρχου)

Besonders zu beachten ist die häufige Koppelung von "aufstehen" und "auf den Weg machen"!

meinde muß Kunde erhalten von dem, was geschehen ist. Und: Kann es jetzt im Zeitalter des Geistes und der Kirche noch eine unmittelbare Christusbegegnung geben? Da muß auf jeden Fall noch der Geist wirken! Und schließlich: Wo bleibt der Taufunterricht? Jetzt macht Lukas aus der Berufungsgeschichte eine Erkenntnisgeschichte. Nachdem der Auferstandene Paulus den Weg verlegt hat, auf dem er bisher ging (Verfolgung der christlichen Gemeinde), nachdem die Erscheinung des Auferstandenen ihn zu Boden geworfen hat (zu Fall gebracht?), muß er aufgerichtet und geführt werden (vgl. V 8).

Zu Beginn der Wege-Geschichte sind zwar die Augen des Paulus (physisch) geöffnet, aber er *sieht nichts* (trotz Vision!). Nachdem sein Weg ihn von Jerusalem in die sog. Gerade Gasse von Damaskus geführt hat ("Gerade" = richtig? Nicht nur Straßenbezeichnung, sondern symbolische Benennung?), *fällt es ihm wie Schuppen von den Augen* (V 19). Er ist sehend geworden (im geistigen Sinn) und kann aufstehen!

Der Geist muß Regie führen, damit zwei Menschen, Paulus und das Gemeindeglied Ananias, zueinander geführt werden. In der Vision, die Paulus hat, wird ihm gesagt, wohin er gehen und wo er warten soll. Gleichzeitig hat das Gemeindeglied Ananias eine Erscheinung, durch die ihm der Befehl übermittelt wird, den Paulus im Haus des Gemeindegliedes Judas aufzusuchen. Dieser Befehl wird nicht sofort ausgeführt (was von Prophetenbeauftragungen her auch bekannt ist), weil Ananias die Fragen und Zweifel – gewissermaßen stellvertretend für die Gemeinde – vorbringt, die die Vergangenheit des Paulus betreffen. Dennoch werden beide auf wunderbare Weise zusammengeführt. Paulus ist durch ein dreitägiges Fasten (als Taufvorbereitung?) auf die Begegnung vorbereitet. Ananias nennt seinen Auftraggeber ("Der Herr, der dir auf dem Weg erschienen ist" V 17), legt Paulus die Hände auf, redet ihn als Bruder an. Nachdem es ihm "wie Schuppen von den Augen gefallen ist", läßt Paulus sich taufen.

Paulus muß erst einen kleinen Weg gehen (vom Fall vor der Stadt zum Aufgerichtetwerden durch die Taufe in der Stadt), um später den großen Weg (Missionsreisen und dann nach Rom) gehen zu können. Dieser Vorbereitungsweg ist allerdings ein "gerader" Weg, im Gegensatz zu dem "krummen" Weg, den er als Verfolger der Gemeinde beschritten hatte. Interessant ist vielleicht noch, daß in Apostelgeschichte 9 nicht Paulus, sondern das Gemeindeglied Ananias erfährt, worin die Berufung des Paulus besteht (V 15)! Für Lukas ist dies unerläßlich, denn er zeichnet die Zustände der Urgemeinde idealtypisch – nichts von Spannungen und Streit ist zu hören. Während Paulus in seinen (vom Entstehungszeitpunkt her viel älteren) Briefen bewegte Klage über die Judaisten und die Kephasleute, überhaupt über jene Beschwerden aus Jerusalem gegen seine Art der Verkündigung und seine Person, führt, will Lukas sagen: Es hatte alles seine Richtigkeit mit Paulus. Alles hat sich in der Gemeinde und nach der Ordnung der Gemeinde vollzogen!

Auf dem Weg zwischen Caesarea und Joppe (Apg 10,1-48)

Drei Wege-Geschichten läßt Lukas in seiner Apostelgeschichte unmittelbar aufeinanderfolgen: in Apostelgeschichte, Kap.8, Kap. 9 und Kap. 10. Die dritte, um die es hier gehen soll, fällt aus dem bisherigen Rahmen. Sie beginnt nicht in Jerusalem, sondern in Caesarea bei dem heidnischen Hauptmann Kornelius, führt nach Joppe und wieder zurück nach Caesarea. Sie ist besonders umfangreich (48 Verse); schon dies deutet darauf hin, daß Lukas in ihr ein besonders diffiziles Problem der Urgemeinde verhandelt. In dieser Geschichte muß nicht ein zukünftiges Gemeindeglied "auf den Weg gebracht werden" und zur Erkenntnis kommen, sondern Petrus höchstpersönlich – eine Autorität der Kirche und eine Führungsgestalt! Lukas geht dabei mit hoher sprachlicher Kunst zu Werke und überläßt kaum ein Wort dem Zufall.[10]

Diese Geschichte ist, vertieft man sich erst einmal in sie, voller Situationskomik und Petrus wird mit viel Ironie bedacht.

Es fällt auf, wie häufig im Zusammenhang mit Petrus die Verben "schicken" und "kommen lassen" (πέμπω – μεταπέμπω) im Text auftauchen. Kornelius läßt seine Untergebenen diesen Auftrag ausführen und Petrus beinahe herbeizitieren. Als Petrus ankommt, sagt ihm der Hauptmann souverän: "Du hast gut daran getan zu kommen!" (V 33), um dann fortzufahren: "Wir sind

---

10 Hinweise auf sprachliche Besonderheiten:

V 3: Kornelius sieht in einer Vision, wie ein Engel zu ihm kommt.

V 5: Er sagt dem Kornelius, daß er nach Petrus schicken und ihn kommen lassen soll.

V 8: Kornelius *entsendet* (ἀπέστειλεν) seine Untergebenen (wie Apostel!).

V 9: Während sie auf dem *Weg* sind, geschieht etwas mit Petrus.

V 11: Zu Petrus steigt etwas vom Himmel herab (καταβαῖνον σκεῦος).

V 17: Die Abgesandten des Kornelius treten in das Tor des Hauses, in dem Petrus zu Gast ist.

V 20: Petrus wird aufgefordert, aufzustehen und hinabzusteigen zu seinen Besuchern, sich mit ihnen auf *den Weg* zu machen, denn ich (Gott) habe sie *gesandt*!

V 22: Die Abgesandten teilen mit, daß Kornelius die Weisung bekommen hat, ihn (Petrus) kommen zu lassen.

V 23: Am nächsten Tag macht sich Petrus auf und geht mit ihnen *hinaus* ... (ἐξῆλθεν).

V 24 und V 25: Petrus geht hinein nach Caesarea; er geht hinein in das Haus des Kornelius (εἰσῆλθεν).

V 29: Petrus sagt, er sei ohne Widerrede gekommen, nachdem man nach ihm habe schicken lassen, um zu kommen.

V 32: Kornelius erzählt den Engelbefehl, der ihm den Auftrag gab, nach Petrus schicken zu lassen.

V 33: Kornelius hat nach ihm geschickt und Petrus hat gut daran getan zu kommen.

hier, um zu hören, was dir befohlen worden ist" (ebenfalls V 33). Hier ist er, der Heide, derjenige, der das Sagen hat. Petrus selbst hebt das Ungewöhnliche der Situation hervor: "Ihr wißt, daß es ungehörig ist für einen Juden, mit einem Heiden zu verkehren oder zu ihm hinzugehen ...!" Kein sehr freundlicher Gruß für jemand, der als Gast in ein Haus einkehrt!

Es klingt schon fast wie ein Verhör, wenn Petrus nachfragt: "Auf Grund welchen Wortes (auf Grund welchen Logos!) habt ihr mich kommen lassen?" Das muß schon ein besonderer Logos sein (V 28)! Kornelius sagt es ihm, indem er von seiner Vision und dem Auftrag des Engels erzählt. Wie ist es möglich, fragt sich der Leser der Apostelgeschichte, daß ein Apostel nicht von sich aus hingeht zu den Menschen, um ihnen zu predigen und das Heil zu verkündigen? Ein derartiges Verhalten wäre für Paulus oder Philippus undenkbar gewesen! Aber *dieser* Apostel muß geholt werden ...! Ganz anders wird das Entsenden der Korneliusleute zu Petrus bezeichnet. Für ihr Tun und ihren Auftrag wird ein Verbum gewählt, das zum gleichen Wortstamm gehört wie das Wort "Apostel" (vgl. die Verse 8,17,20 und 36!). Die heidnischen Soldaten sind "Gesandte". Der Geist sagt dies dem Petrus, während er auf dem Hausdach betet, ausdrücklich: "*Ich* (sc. der Geist) habe sie gesandt!" (V 20). Die Sendung der Korneliusleute steht in Analogie zu dem Satz: "Gott hat sein Wort *gesandt* ..." (V 36).

Viel Wunderbares muß in Bewegung gesetzt werden, damit es zur Begegnung zwischen Petrus und Kornelius kommt:

> V 3-6: Kornelius hat eine Vision, in der ein Engel zu ihm kommt. Daß sie zweimal berichtet wird (in der dritten und in der erste Person), zeigt, wie wichtig dieser Umstand für die Erzählung ist.
> V 10-16: Petrus sieht in einem ekstatischen Zustand den "Himmel geöffnet" (t.t. für eine unmittelbare göttliche Legitimation, vgl. Lk 3,21 f: der geöffnete Himmel bei der Taufe Jesu). Ein Tuch mit vier Zipfeln wird vom Himmel herabgelassen und vor ihm ausgebreitet. Die Zahl vier steht oft symbolisch für die vier Himmelsrichtungen, d.h. für den ganzen Kosmos. In der Tat: Was in dem Tuch vom Himmel herabgelassen und dann vor Petrus ausgebreitet wird, sind alle lebenden Kreaturen der Schöpfung (die vierfüßigen und kriechenden Tiere und die Vögel des Himmels), die Gott geschaffen hat. Was Gott geschaffen hat, soll unrein sein? Und was er für rein erklärt hat, will ein Mensch für "gemein" erklären? Scharf wird dem Petrus erklärt, das zu unterlassen (V 15). Die Vision wird dreimal wiederholt.
> V 19-20: Der Geist selbst sagt Petrus, daß er sich von seinem Dach und seiner Verzückung *hinabbegeben* soll, um die *Abgesandten* des Kornelius (die der Geist selbst gesandt hat!) zu empfangen und mit ihnen zu ziehen – ohne Skrupel (es sind ja Heiden!)

Bevor sich Petrus auf den Weg nach Caesarea macht, *versteht er nichts* (vgl. V 17), obwohl die Vision eindeutig und eindringlich war – so eindeutig, daß man sich über die theologische Begriffsstutzigkeit des Petrus nur wundern kann. Er kann aber nicht verstehen, weil sich für ihn "eine Aporie" auftut (V 7: ἐν ἑαυτῷ διηπόρει): Das Gesetz, das er bisher für göttlichen Ursprungs hielt, ist gar nicht göttlich, sondern eine Folge menschlicher Anmaßung? Im Haus des Kornelius angekommen und von diesem unterrichtet über den Logos, den er erhalten hat, *erfaßt er*, was es hinsichtlich einer bestimmten Wahrheit auf sich hat. Diese Wahrheit hätte er wissen können, denn sie ist im Alten Testament mehrfach überliefert:

Deuteronomium 10,17: "Denn der Herr, euer Gott, der die Person nicht ansieht ...". 1.Samuel 16,7 (Davids Wahl zum König): "Denn Gott schaut nicht auf das, worauf der Mensch sieht; der Mensch sieht auf den äußeren Schein, der Herr sieht auf das Herz".

Nachdem er das erfaßt hat, kann Petrus endlich predigen. Seine Predigt enthält eigentlich nur das, was *sie* (sc. die Leute im Haus des Kornelius) *schon wissen* (V 39)! Die Petruspredigt enthält stereotype Züge und ähnelt jener Predigt, die er zu Pfingsten in Jerusalem gehalten hat (Apg 2). Ein besonderer Satz fällt jedoch auf: Petrus zählt sich zu den Zeugen, mit denen der auferstandene Herr gegessen und getrunken, also die Mahlgemeinschaft wieder aufgenommen hat (V 41) – die Mahlgemeinschaft auch mit einem, der seinen Herrn verleugnet hat (vgl. Lk 22,54-62)!!! Wie sollten dann diese Zeugen nicht auch Gemeinschaft mit Heiden haben können? fragt sich der Leser dieser Geschichte.

Nachdem die Hausgemeinschaft des Kornelius die Predigt des Petrus gehört hat, wiederholt sich das Pfingstereignis, m.a.W. das, was Petrus und den Jüngern selbst zuteil geworden war. Was bleibt Petrus anderes als, wie in der Urgemeinde üblich, zu fragen, ob ein Hinderungsgrund vorliegt gegen die Taufe dieses Menschen.

Das ist der Verlauf der Mission nach Lukas: Ein Sympathisant des Judentums wurde getauft (Apg 8), ein Jude (Apg 9) und ein Heide (Apg 10). Allen drei Geschichten voran steht der Bericht von der Missionstätigkeit des Philippus in Samarien (Apg 8,4-13) und der Taufe von Samaritanern. Von Samaritanern? Ohne daß dazu eine exemplarische Wege-Geschichte erzählt wird? Müssen sie nicht auch, wie die anderen, "auf den Weg gebracht werden?" Sie gerade erst recht? Für dieses Problem hat Lukas bereits den Herrn selbst bemüht; es ist schon in zwei exemplarischen Geschichten des Evangeliums beantwortet.

Auf dem Weg von Jerusalem nach Jericho (Lk 10,25-37)

Diese Wege-Geschichte ist eingebaut in ein Streitgespräch zwischen Jesus und einem Gesetzeskundigen, einem, der den "Weg Gottes" sehr wohl kennen müßte. Es ist müßig, darüber nachzudenken, ob diese Begegnung so stattgefunden haben könnte. Überlieferungen dieser Art werden erzählt (die Gattung der Streitgespräche in besonderer Weise), weil sie letztlich strittige Fragen der Gemeinde in immer neuen, sich verändernden Situationen behandeln.[11]

Liest man den Text in seiner Gesamtheit, so erinnert er an eines der üblichen Streitgespräche mit folgender Struktur:

FANGFRAGE des Schriftgelehrten	(V 25): Was muß *ich tun*, damit ich das ewige Leben erwerbe?
GEGENFRAGE Jesu	(V 26): Was steht im Gesetz geschrieben?
ANTWORT des Schriftgelehrten	(V 28): Du sollst den Herrn, deinen Gott ... (Doppelgebot der Liebe)
ERWIDERUNG Jesu	(V 28): *Tu* das, so wirst du leben!

Aber die Geschichte ist noch nicht zu Ende. Der Rahmen des üblichen Streitgesprächs wird gesprengt durch eine erneute Frage des Schriftgelehrten und eine Beispielerzählung, die eine Wege-Geschichte ist und – wen vermag das zu wundern – zum Sondergut des Lukas gehört.

ERNEUTE FRAGE des Schriftgelehrten Beispielerzählung mit	(V 29): Wer ist mein Nächster?
GEGENFRAGE Jesu	(V 30-35): Welcher von diesen dreien (Priester, Levit, Samariter) dünkt dich, sei der Nächste dessen gewesen, der unter die Räuber fiel?
ANTWORT des Schriftgelehrten	(V 37): Der, welche ihm Barmherzigkeit erwiesen hat.
ERWIDERUNG Jesu	(V 37): Mach du dich auf den Weg und *tue* desgleichen!

Es fällt auf, daß die gesamte Erzählung von der Wiederkehr eines bestimmten Verbums bestimmt ist: "tun". Das "Tun" ist strittig. Im ersten Teil des Textes (V 25-28) wird die traditionell jüdische Antwort gegeben: "Gott *und* den Nächsten lieben" und von Jesus gut geheißen. Nun war der Nächste für den

---

11 Hinweise zur Wortwahl:
V 31: Der Priester ging auf jenem Weg hinab; ebenso der Levit. (κατέβαινεν ἐν τῇ ὁδῷ ἐκείνῃ)
V 33: Irgendein Samariter zog auf dem Weg dahin. (Σαμαρίτης δέ τις ὁδεύων)
V 37: Mach dich auf den Weg und tue desgleichen! (πορεύου καὶ σὺ ποίει ὁμοίως).

frommen Juden der Volksgenosse. Dieses Verständnis wird jetzt verändert und überholt. Um es zu entfalten, muß Lukas die herkömmliche literarische Gattung des Streitgesprächs erweitern. Im zweiten Teil des Textes ergibt sich eine bestimmte Struktur von Frage und Antwort:

1a) FRAGE DES SCHRIFTGELEHRRTEN   2a) FRAGE JESU
     Wer ist mein Nächster?   Wer ist der Nächste dessen, der
                                             unter die Räuber fiel?

1b) ANTWORT JESU: 2b) ANTWORT DES
                                             SCHRIFTGELEHRTEN:

     Der, der unter die Räuber fiel!   Der, der die Barmherzigkeit
     (siehe Beispielerzählung)   tut! (und der ist ein Samariter)

Das Wechselspiel von Frage und Antwort zeigt eindeutig, welche Menschen einander zu Nächsten werden können: der, der Hilfe braucht und der, der Hilfe gibt. Die Frage der Volkszugehörigkeit ist ganz irrelevant. Sogar ein als sozial und religiös außenstehender Eingestufter kann zum Nächsten werden.

Betrachten wir die Beispielerzählung, die Wege-Geschichte (V 30-35), für sich: Ausgangspunkt des Weges ist Jerusalem, die "Stadt Gottes", die Stadt des Tempels. Priester und Levit haben ihre gottesdienstlichen Pflichten erfüllt. Der Priester geht auf dem Weg dahin, sieht den Verwundeten – und sieht doch nicht. Er geht nämlich "mit abgewandtem Gesicht vorüber" ($\alpha\nu\tau\iota\pi\alpha\rho\tilde{\eta}\lambda\vartheta\epsilon\nu$ – eine lukanische Sprachschöpfung). Ihm fallen offensichtlich keine Schuppen von den Augen! In gleicher Weise verhält sich der Levit. Erst der Dritte, der Samariter – Außenseiter und Abtrünniger in den Augen des Gottesvolkes – schreitet auf dem Weg dahin, *sieht*, sieht mit be-weg-tem Herzen (er hatte Mitleid), und bewegt sich (er trat herzu) zu dem Verwundeten. In dieser Wege-Geschichte geht es noch nicht um ein Voranschreiten vom Nichterkennen zum Erkennen, sondern um eine harte Alternative: Um das Nichtsehen(wollen) und um das Sehen(können). Das Nichtsehen(wollen) ist identisch mit dem Dahingehen auf immer dem gleichen Weg (vom Tempeldienst nach Hause), auf den "alten ausgetretenen Pfaden", ohne nach rechts und links zu sehen. Dem Samariter kann man dies nicht nachsagen. Er verläßt den Weg, der den anderen zur Gewohnheit geworden ist, und wendet sich einem Menschen zu, der brutal vom Weg abgedrängt worden ist.

Hätten Priester und Levit das ihnen bekannte Doppelgebot der Liebe beachtet, dann hätte bei ihnen auf die Liebe zu Gott (Anbetung im Tempel) die Liebe zum Nächsten folgen müssen. Die Frage ist, wenn der zweite Teil des Doppelgebots der Liebe verweigert wird, ob es dann mit der Erfüllung des ersten Teils noch seine Richtigkeit hat? Und umgekehrt: Der Samariter hat den zweiten Teil des Gebotes beispielhaft erfüllt. Kann es dann mit seiner Gottesliebe und Gottesverehrung so falsch bestellt sein, wie die Juden den Samaritanern unterstellen? Dieser Samariter jedenfalls lädt sich die Last des Verwundeten auf seinen Esel, trägt und erträgt sie ein Stück Weges.

Auf dem Weg von einem Grenzdorf zwischen Galiäa und Samaria nach Jerusalem – Annäherung an ein Dorf (Lk 17,11-19)

Geschieht die berühmte Geschichte "Vom barmherzigen Samariter", die im vorherigen Abschnitt behandelt wurde, auf dem Weg von Jerusalem nach Jericho, so geschieht diese aus Lukas 17,11-19 auf dem Weg Jesu *nach* Jerusalem. Dieser Weg führt ihn "auf der Mitte zwischen" Samarien *und* Galiäa (V 11) hindurch. Lukas hat, darauf wurde schon hingewiesen, den Weg Jesu nach Jerusalem zu einem eigenständigen zweiten Teil seines Evangeliums ausgebaut. Sein – des Lukas – Reisebericht beginnt mit 9,51 ff: Jesus und seine Jünger versuchen in einem Samariterdorf Unterkunft zu finden. Sie werden nicht aufgenommen, "weil sein Angesicht nach Jerusalem gerichtet war". Da sich die Samaritaner an ihrem Heiligtum auf dem Garizim orientierten, standen sie dem Jerusalemer Heiligtum sehr reserviert gegenüber und wahrscheinlich allen, die dorthin pilgerten, oder von denen sie meinten, daß sie dorthin zur Anbetung pilgerten. Während die Jünger gerne das gesamte Dorf vom Feuer des Gerichts verzehrt gesehen hätten, verweigert Jesus scharf eine solche Pauschalvernichtung. Der Reisebericht des Lukas endet mit 19,27 ff vor dem Einzug Jesu nach Jerusalem.[12]

Jesus ist auf dem Weg nach Jerusalem, nicht um dort anzubeten, sondern um zu leiden. Das macht die Begegnung mit zehn Leidenden besonders bedeutsam. Auf diesem Weg *geht* er *hinein* in dieses nicht näher bezeichnete Dorf. Er tut etwas, was dem Petrus – wir erinnern uns an Apostelgeschichte 10 – sehr schwer fiel: Hineingehen nach Caesarea und Hineingehen in das Haus eines

---

12 Hinweise zur Wortwahl:

V 11: Jesus ist unterwegs (ἐν τῷ πορεύεσθαι) nach Jerusalem und geht in der Mitte zwischen Samaria und Galiäa (διήρχετο διὰ μέσον) hindurch.

V 12: Jesus geht hinein (εἰσερχομένου) in irgendein Dorf und es kommt auf diesem Gang zu einer Begegnung (ἀπήντησαν).

V 14: Jesus fordert die zehn Männer, denen er begegnet auf, sich auf den Weg zu machen (πορευθέντες) und sich den Priestern zu zeigen. Während sie sich diesem Befehl unterordnen und hingehen, werden sie rein.

V 15: Einer von ihnen wendet sich um und geht zurück (ὑπέστρεψεν).

V 18: Jesus fragt, ob die neun nicht auch als "Umkehrende" gefunden wurden.

V 18: Zu dem einen – dem Samariter – sagt er: Steh auf und mach dich auf den Weg (ὑποστρέψαντες).

"unreinen" Heiden. *Alle* zehn Aussätzigen "stehen *fern*", während er sich *nähert*. Historisch gesehen ist es sicher so, daß Aussätzige sich außerhalb menschlicher Siedlungen aufhalten mußten und sich gesunden Menschen nicht nähern durften. Hier kann – im Blick auf das Ende der Geschichte – noch ein anderer Ton mitschwingen: Sie sind alle – Juden wie Samariter – fern vom Heil. Da ist kein Unterschied! Während sie dahingehen, vollzieht sich der Prozeß der *Heilung*. Heilung wird hier als "Reinigung" bezeichnet; nicht nur weil der Aussatz eine ausgesprochen unappetitliche Krankheit ist, sondern weil diejenigen, zu denen die Aussätzigen geschickt werden, die Priester, über rituelle bzw. religiöse Unreinheit befinden. Sie entscheiden, wer sich Gott nähern darf und wer nicht.

Auf diesem Weg der (physischen) Heilung und der beabsichtigten Erlangung kultischer Reinheit kehrt *einer* (nur einer!) um, "macht eine Kehrtwendung" und geht den Weg zurück. Er preist Gott und dankt Jesus. Um dieses Weges willen wird die ganze Geschichte erzählt (V 15: ὑπέστρεψεν und V 18: ὑποστρέψαντες). Über den Weg der übrigen neun Geheilten gibt es nichts zu berichten. Ihr Weg – wo endet er? Sie wurden *nicht* als Umkehrende *gefunden* – sind sie verloren? Das läßt die Frage Jesu offen. Der eine aber sucht den, dem er seine Heilung verdankt, und er findet den Ursprung seines *Heils* (vgl. V 19). Der Ursprung des Heils liegt nicht in Jerusalem und nicht auf dem Garizim. Es liegt in der Person Jesu. Damit wird der Streit zwischen Juden und Samaritanern um den richtigen Ort der Anbetung gegenstandslos. Zu *ihm* muß der Weg führen und nirgendwohin sonst, das ist die Botschaft des Lukas.

Ein Gedanke verdient in dieser wie in anderen Heilungsgeschichten ein kurzes Verweilen: Bei dem "einen" in unserer Geschichte fallen Heilung und Heilerlangen zusammen, Reinheit und Rettung. Die anderen neun wurden geheilt, aber erlangten sie das Heil?

Der eine aus unserer Geschichte hat gelitten, er wurde geheilt und fand Heilung. Er kann *aufstehen* (dieselbe Vokabel wie für die Auferstehung Jesu!) und seinen *Weg gehen*.

Es ist kaum zu übersehen, daß die beiden Wege-Geschichten in Lukas 10 und 17 in einer inneren Korrespondenz zueinander stehen. In beiden Fällen handelt es sich um einen Samariter. Dem einen wird geholfen, der andere hilft. In beiden Fällen wissen Samariter es besser und machen es besser als die Angehörigen des Gottesvolkes. *Woher* das Heil kommt und *wohin* (zum Nächsten) es zu bringen ist, das machen zwei kleine Wege deutlich, auf denen sie gehen.

Faßt man den Weg-Befund bei Lukas zusammen, dann läßt sich folgendes feststellen:

Über die Gestalten auf den lukanischen Wegen läßt sich in der Regel historisch-biographisch nichts ausmachen. Die Emmausjünger heißen "zwei von ihnen"; "ein" Äthiopier läßt sich taufen; "einer" von Zehnen findet das Heil; "ein" Priester, "ein" Levit und "ein" Samariter zeigen ein bestimmtes Verhalten. Es sind jedoch nicht irgendwelche, sondern immer wieder vorkommende Gestalten. Obwohl das Geschilderte größtenteils historisch nicht nachweisbar ist, ist es dennoch geschehen. Es ist vielen Menschen geschehen! Ihre Erfahrungen hat Lukas in seinen Wege-Gestalten verdichtet dargestellt und exemplarisch anschaulich gemacht. Die Emmausjünger waren nicht die einzigen, vielen sind die Augen aufgegangen über die Bedeutung von Kreuz und Tod Jesu. Mancher kam aus dem Umfeld der Sympathisanten des Judentums zum Christentum. Mancher Samariter (mancher religiöse Außenseiter) sah über den Ursprung des Heils und über den Weg, der zum ewigen Leben zu gehen war, klarer als diejenigen, die es nur zu wissen meinten. Die Urgemeinde kannte auch manchen Verfolger, der sich zum Anhänger wandelte. Paulus ist nur der prominenteste unter ihnen. Mancher ehemalige Jude, "Gläubige aus der Beschneidung", hatte Probleme damit, daß die von ihm für heilig gehaltenen Gesetze über kultische Reinheit abgetan waren und sich als menschliche, nicht göttliche Gesetze erwiesen. Petrus war nur der bekannteste unter ihnen. Bewegend ist allenfalls die Erfahrung, daß es in der Gemeinschaft derer, die auf dem neuen Weg waren, keinen Erkenntnisvorsprung der einen vor den anderen gibt. Paulus und Petrus mußten genauso wie alle neu hinzukommenden Gemeindeglieder auf den Weg des Erkennens gebracht werden. Fast alle Gestalten der lukanischen Wegegeschichten verbindet der Umstand, daß sie aufgefordert werden "aufzustehen" und sich auf den Weg zu machen. Es ist faszinierend, daß für das Aufstehen all derer, die sich auf den Weg machen, das gleiche Wort gebraucht wird wie für die Auferstehung Jesu.

In den lukanischen Wege-Geschichten spielen sich Dialoge ab oder sie sind in Dialoge eingebettet (wie in Lk 10): der Dialog zwischen Jesus und den Emmausjüngern, der Dialog Jesu mit dem Schriftgelehrten, der Dialog zwischen Petrus und Kornelius, der Dialog Jesu mit dem geheilten Samariter usw. Wer sie aufmerksam liest, wird erkennen, daß sie um Fragen kreisen, die in der Gemeinde strittig waren und z.T. heute noch sind. Warum mußte das Geschick Jesu am Kreuze enden? Wer ist der Nächste? Was wollen die Propheten sagen und wie sind sie zu verstehen? Wer gehört zum Reich Gottes? In diesen, von Lukas literarisch in Szene gesetzten Dialogen spiegelt sich nichts anderes als der unerhört lebendige und kreative Umgang der urchristlichen Gemeinde mit der Überlieferung. Intensives Fragen ließ sie Antworten finden. Manche Antwort mag in einer schlichten Weisung bestanden haben, manche aber auch in der Schaffung einer Erzählung.

Eines der größten Probleme für die Urgemeinde war das Ausbleiben der Wiederkunft Christi (Parusieverzögerung). Erst langsam setzte das Begreifen ein, daß noch ein langer Weg vor ihr lag. Die neutestamentlichen Schriftsteller setzten sich auf unterschiedliche Weise damit auseinander. Sie hatten ihre je eigene Art, Erinnerungen an Jesus nicht einfach zu wiederholen, sondern zu verändern. Lukas ist der erste, der sie in eine heilsgeschichtliche Konzeption einordnet. Die Geschichte Gottes mit den Menschen wird zum Weg, der mit der Schöpfung beginnt, auf "die Mitte der Zeit" zueilt und von da aus weiter auf die endgültige Begegnung mit Christus zuläuft. Jetzt konnte die Gemeinschaft derer, die durch den Namen Jesu miteinander verbunden waren, ihre Zukunft als Wegstrecke vor sich sehen. Um sie durchstehen zu können, brauchten sie Wege-Geschichten – genau wie das Volk des alten Bundes. Gerade in den aussichtslosesten Situationen seiner Geschichte hat Israel Hoffnung geschöpft aus der Erinnerung an den Auszug aus Ägypten. Wege-Geschichten wollen Mut machen. Sie sind in besonderer Weise gemeinschaftsbildend. Wo es nichts zu erinnern gibt oder Erinnerungen in Vergessenheit geraten, zerfallen Hoffnungen und damit Gemeinschaften.

Natürlich könnte man das Weg-Interesse des Lukas zusätzlich mit der Situation im römischen Weltreich erklären. Vielfältig waren die Heilsangebote – vom Supermarkt der Religionen würde man heute sprechen. Da waren: Kaiserkult, Mysterienkulte, faszinierende Importe aus den Provinzen, die gerade wegen ihrer Fremdartigkeit anzogen, und – last not least – die alten Götter, von denen mancher mehr restaurativ ausgerichtete Kaiser meinte, sie seien die Garanten für die staatserhaltenden Tugenden. Ganz zu schweigen sei hier von den philosophischen Richtungen bis hin zur Skepsis, die jede Erkenntnismöglichkeit ausschloß. Je größer die Vielfalt, desto mehr ermangelt es oft der großen Perspektiven. Die Frage "Welcher Weg ist es denn?" wollte nicht ruhen. Es gab unzählige Antworten auf sie. Orientiert an dieser Situation und seinen Adressaten will Lukas sagen: *Das* ist der Weg!

Sowohl in den Anfängen des Evangeliums wie auch der Apostelgeschichte hat Lukas seine theologischen "Weg-Signale" gesetzt:

Innerhalb des Lobgesangs des Zacharias (Lk 1,67-79), der als Antwort auf die Ankündigung der Geburt des Weg-Bereiters gedacht ist, knüpft er an die Prophetie des Jesaja an (V 79):

> "Aufstrahlen wird der Aufgang aus der Höhe, zu *leuchten* denen, die in Finsternis und Todesschatten sitzen (!), zu *leiten* unsere Füße auf den Weg des Friedens."[13]

---

13 Wahrscheinlich eine Kombination aus verschiedenen Jesajastellen, u.a. Jes 9,2 und 52,7.

Innerhalb der Petruspredigt (Apg 2,14 ff), die ja Antwort auf das Erscheinen der Feuerzungen ist, läßt Lukas den Petrus ausführlich einen der bekanntesten Wege-Psalmen (Ps 16,25 – 28) zitieren, u.a. mit dem Vers:

> "Du hast mir die *Wege des Lebens* kundgetan; du wirst mich erfüllen mit Freude vor deinem Angesicht."

KONSEQUENZEN

Das Symbol "Weg" dient in der biblischen Überlieferung der Beschreibung von Prozessen. Darunter werden in diesem Zusammenhang Entwicklungen und Veränderungen verstanden, die sich von evolutionären Vorgängen unterscheiden, bei denen sich Zustände von Stufe zu Stufe organisch entfalten oder gar von Fortschritt zu Fortschritt schreiten. Kontinuität und Kontingenz bestimmen in gleicher Weise biblische Wege. Es ist etwas in Be-weg-ung: Es gibt ein Voraus und Voran, aber auch ein Zurück und eine Wende.

Anthropologische Konsequenzen

Den alttestamentlichen Wege-Überlieferungen und der lukanischen Wege-Konzeption ist gemeinsam, daß das Symbol des Weges zwei Funktionen erfüllt:

Es dient der Beschreibung und Deutung geschichtlicher Prozesse und wird damit zum Mittel retrospektiver Geschichtsschau. Wem diese Vision zurück zuteil wird, der ist überzeugt: Das war *der* Weg bzw. das waren *die* Wege. Das ist alles andere als der Versuch, historische Fakten objektiv und distanziert zu sammeln und zu sichten. Indem ein "roter Faden" in der Vergangenheit entdeckt wird, ist zugleich Orientierung für die Gegenwart gefunden. Wer auf diese Weise Sinn sucht, Sinn entdeckt und dem Geschehenen Sinn entnimmt, geht zwangsläufig mit den Fakten "großzügig", "nachlässig" oder "schöpferisch" um. Die Beurteilungen werden unterschiedlich ausfallen. Die Reduktion zum Typischen (oft auch dem Idealtypischen) steht im Vordergrund.

Es dient der Beschreibung und Deutung von Erkenntnis- bzw. Lernprozessen, zu denen der einzelne kommt und durch ihn die Gemeinschaft. Schon das Erfassen und die Darstellung eines geschichtlichen Ablaufs unter bestimmten Leitgedanken ist ein Erkenntnisereignis ersten Ranges. Im Alten Testament bleiben die Erkenntnisvorgänge anonymer – Namen etwa der Redaktoren sind nicht bekannt; sie scheinen eher das Ergebnis kollektiven Nachdenkens zu sein. Lukas hat dagegen großen Wert auf die Erkenntnisvorgänge von einzelnen Gestalten und Typen gelegt.

Was die Wege von Geschehenem und die Wege des Erkennens miteinander
verbindet, ist ihre Beziehung zu Gott. Was "seinen Gang gegangen ist" (die
Phänomene dessen, was zurückliegt), muß gewissermaßen vor Gott vorüberziehen und sich seinem Urteil aussetzen. Wer Geschichte so betrachtet, hat
seinen eigenen Lebensweg schon in Beziehung gesetzt und sich kundtun
lassen, was "der Weg des Herrn" ist.

Theologische Konsequenzen

In der Beschreibung der Beziehung Gottes zu den menschlichen Wegen besteht
der eigentliche Unterschied zwischen dem Alten Testament und Lukas. Der
Unterschied wurde vorbereitet durch eine Veränderung des alttestamentlichen
Wege-Verständnisses.

In den Überlieferungen von Abraham und dem Aufbruch seiner Familie und
in den Überlieferungen von Mose und dem Auszug der Israeliten wird Gott
gesehen als einer, der den Weg zeigt, das Ziel vorgibt; als einer, der vorangeht
und mitgeht und führt. Sein Weg und der Weg seines Volkes liegen ineinander,
sind streckenweise identisch.

Die größte Identitätskrise und die tiefste theologische Irritation dürften in
Israel durch die Schicksalsschläge ausgelöst worden sein, die zur Vernichtung
des Königtums und zur Deportation von Teilen des Volkes ins Exil führten. Zu
diesem Zeitpunkt muß bewußt geworden sein, daß Gottes Wege und die Wege
seines Volkes sowohl in Übereinstimmung als auch in scharfem Widerspruch
zueinander stehen können. Deshalb wurde rückblickend die Königszeit als Zeit
beurteilt, in der Israel seine eigenen Wege ging; als Zeit, in der viele sich nicht
mehr mit Gott identifizierten ("sondern die Wege anderer Götter gingen!");
umgekehrt war aber das Verhalten vieler Kreise des Volkes so, daß Jahwe sich
nicht damit identifizieren konnte.

Nicht genügend wird berücksichtigt, daß das exilische und nachexilische
Volk nur in Teilen existierte (Exilierte und Zurückgebliebene). Mit welchem
Teil sollte Gott ziehen? Mit welchem Weg sich identifizieren? Ist er denn einer,
der hierin und dorthin läuft? Und wie schließlich verhält sich sein Weg zu den
Wegen der Völker auf der ganzen Erde? Es klingt wie eine Antwort auf diese
Frage, wenn Tritojesaja (55,8 und 9) Gott sagen läßt: "Denn meine Gedanken
sind nicht eure Gedanken, und eure Wege sind *nicht* meine Wege, spricht der
Herr, sondern so hoch der Himmel über der Erde ist, soviel sind meine Wege
höher als eure Wege und meine Gedanken höher als eure Gedanken". Gottes
Wege gewinnen Distanz (zu seinem Volk) und Weite (für die Welt außerhalb
Israels).

Lukas geht von vornherein von einer kosmopolitischen Einstellung aus. Israel ist – heilsgeschichtlich gesehen! – ein wichtiger Teil dieser Oekumene, gewiß, aber auch nur ein Teil. Gott ist für Lukas nicht der Gott, der voranzieht oder mitzieht; er ist der Gott, der die Menschen durch seine Boten *besucht* ("heimsucht"), durch seinen Geist führt. "Er ist nicht fern von einem jeden von uns" (Apg 17), läßt er Paulus auf dem Areopag verkündigen. Wer dies, wie Lukas, zum Gegenstand seiner Verkündigung macht, geht implizit davon aus, daß seine Adressaten das Gegenteil denken, nämlich daß Gott fern ist. Gott ist den Menschen nahe, die Menschen aber sind Gott-fern. Wenn er, Gott, schon gekommen ist, dann müssen die Menschen "aufstehen" und ihm entgegengehen.

Christologische Konsequenzen

Jesus Christus ist – nach dem lukanischen Wege-Konzept – der, der einen ganz bestimmten Weg ging und – dem göttlichen Plan folgend – gehen mußte. Es ist der WEG zum LEIDEN ("Er wurde an das Holz gehängt"). Genau dieser Weg wurde aus der prophetischen Überlieferung, insbesondere der Knecht-Gottes-Lieder (vgl. die Jesajastelle, die der Äthiopier auf seinem Weg von Jerusalem nach Gaza liest, Apg 8), hermeneutisch erschlossen und dadurch legitimiert. Auf seinen Wegen, die zuletzt in den Weg seines Leidens einmünden, geht Jesus *zu den Leidenden* hin und nimmt sich ihrer an. Daß Lukas in besonderer Weise Menschen herausstellt, die von anderen zu den "Fernen" (Außenseitern) gezählt wurden, ist bekannt. Mit dem Weg dieses einen hat Gott sich identifiziert. Er hat ihn "aufstehen" lassen und damit einen Weg eröffnet für all jene, die die Ermutigung zum Aufstehen brauchen.

Wenn dies der Weg ist, mit dem Gott sich identifiziert hat, dann ist es nur konsequent, wenn im Johannesevangelium der Christus in einem seiner Ich-Bin-Worte sagt: "Ich bin der Weg und die Wahrheit und das Leben" (14,6). Wenn Gottes Weg zu den Menschen über Jesus Christus läuft, dann kann der Weg der Menschen zu Gott – folgt man dieser Argumentation – nur über Jesus Christus laufen: "Niemand kommt zum Vater außer durch mich" (ebd.).

Was geschieht auf dem Weg von Jerusalem nach Emmaus?
(Lk 24,13-35.52)

¹³Und siehe, zwei von ihnen wanderten ('machten sich auf den Weg') an ebendem Tag nach einem Dort, das von Jerusalem 60 Stadien entfernst ist, namens Emmaus; ¹⁴und sie redeten miteinander über alle diese Ereignisse. ¹⁵Und es begab sich, während sie miteinander redeten und sich besprachen, da nahte sich Jesus selbst und ging mit ihnen.

¹⁶Ihre Augen wurden jedoch gehalten, damit sie ihn *nicht erkannten.*

¹⁷Er sprach aber zu ihnen: Was sind das für Reden, die ihr unterwegs miteinander wechselt (wörtlich: 'die ihr hin und her werft, während ihr im Kreise geht')? Und sie blieben *traurigen* Blicks stehen. ¹⁸Einer aber mit Namen Kleopas antwortete und sprach zu ihm: Bist du der einzige, der in Jerusalem weilt und nicht erfahren hat, was daselbst in diesen Tagen geschehen ist? ¹⁹Und er sagte zu ihnen: Was? Sie antworteten ihm: Das mit Jesus von Nazareth, der ein Prophet war, mächtig in Tat und Wort vor Gott und allem Volk, ²⁰und wie ihn unsre Hohenpriester und unsre Oberen zum Todesurteil ausgeliefert und gekreuzigt haben. ²¹Wir aber hofften, er sei es, der Israel erlösen sollte. Aber bei dem allen ist es schon der dritte Tag, seit dies geschehen ist. ²²Aber auch einige Frauen aus unserer Mitte haben uns in Bestürzung versetzt. Nachdem sie früh am Morgen bei der Gruft gewesen waren ²³und seinen Leib nicht gefunden hatten, kamen sie und sagten, sie hätten gar eine Erscheinung von Engeln gesehen, die sagten, er lebe. ²⁴Und einige der Unsrigen gingen hin zur Gruft und fanden es so, wie es die Frauen gesagt hatten; ihn selbst aber haben sie nicht gesehen.

²⁵Und er sprach zu ihnen: O ihr, die ihr *unverständig* und zu *trägen Herzens* seid, um zu glauben an alles, was die Propheten geredet haben! ²⁶Mußte nicht Christus dies leiden und in seine Herrlichkeit eingehen?

²⁷Und er begann bei Mose und bei allen Propheten und legte ihnen in allen Schriften aus, was über ihn handelte.

²⁸Und sie näherten sich dem Dorf, wohin sie wanderten (*'auf dem Wege waren'*), und er stellte sich, als wolle er weitergehen. ²⁹Und sie nötigten ihn und sagten: Bleibe bei uns, denn es will Abend werden, und der Tag hat sich geneigt! Und er ging hinein, um bei ihnen zu bleiben.

³⁰Und es begab sich, als er mit ihnen zu Tische saß, nahm er das Brot, sprach das Dankgebet darüber, *brach es und gab es ihnen.*

³¹Da wurden ihnen die *Augen aufgetan*, und sie *erkannten* ihn;

und er entschwand ihren Blicken. ³²Und sie sagten zueinander: *Brannte nicht unser Herz in uns,* wie er *auf dem Weg* mit uns redete, wie er uns die Schriften erschloß? ³³Und sie standen in ebender Stunde auf und kehrten nach Jerusalem zurück und fanden die Elf und ihre Genossen versammelt, ³⁴die sagten: Der Herr ist wirklich auferweckt worden und dem Simon erschienen. ³⁵Und sie selbst erzählten, *was auf dem Weg* geschehen und wie er von ihnen beim Brechen des Brotes *erkannt* worden war ... ⁵²... und kehrten mit großer *Freude* nach Jerusalem zurück.

Was geschieht auf dem Weg von Jerusalem nach Gaza?
(Apg 8,26-39)

26Ein Engel des Herrn aber redete zu Philippus und sprach: Mache dich auf und geh (*'steh auf und mache dich auf den Weg'*) gegen Mittag auf die Straße (auf den Weg), die von Jerusalem nach Gaza führt; die ist einsam. 27Und er machte sich auf und ging hin *(er stand auf und machte sich auf den Weg).*

Und siehe, da war ein Äthiopier, ein Hofbeamter, ein Machthaber der Kandace, der Königin der Äthiopier, der ihre ganze Schatzkammer verwaltete; er war nach Jerusalem gekommen, um anzubeten. 28Er befand sich nun auf dem Rückweg und saß auf seinem Wagen und las den Propheten Jesaja. 29Der Geist aber sprach zu Philippus: Geh hinzu und halte dich in der Nähe des Wagens! 30Da lief Philippus hinzu und hörte ihn den Propheten Jesaja lesen.

> Und er sagte: Verstehst (*'erkennst'*) du auch, was du liest? 31Er aber sagte: Wie sollte ich es denn können, wenn mich niemand anleitet (wenn mich niemand *den Weg* führt)?

Und er bat Philippus, aufzusteigen und sich zu ihm zu setzen. 32Der Inhalt der Schriftstelle aber, die er las, war der:

"Wie ein Schaf ward er zu Schlachtung geführt, und wie ein Lamm, das vor seinem Scherer verstummt, so tut er seinen Mund nicht auf. 33In seiner Erniedrigung ward sein Gericht aufgehoben. Wer wird seine Nachkommenschaft aufzählen? Denn hinweggenommen von der Erde wird sein Leben" (Jes 53,7.8).

34Der Hofbeamte aber wandte sich an Philippus und sagte: Ich bitte dich, *von wem* sagt dies der Prophet, von sich selbst oder einem anderen? 35Da tat Philippus seinen Mund auf und begann mit dieser Schriftstelle und verkündigte ihm das Evangelium von Jesus. 36Als sie aber des Wegs weitergezogen (*'am Weg entlang gingen'*), kamen sie an ein Wasser. Und der Hofbeamte sagte: Siehe, hier ist Wasser; was hindert mich, getauft zu werden?

> 38Und er ließ den Wagen anhalten, und sie stiegen beide in das Wasser hinab, Philippus und der Hofbeamte, und er taufte ihn.

39Als sie aber aus dem Wasser *heraufgestiegen* waren, entrückte der Geist des Herrn den Philippus, und der Hofbeamte sah ihn nicht mehr; denn *er zog freudig seines Wegs.*

Was geschieht auf dem Weg von Jerusalem nach Damaskus?
(Apg 9,1-19)

[1]Saulus aber schnaubte noch (immer) Drohung und Mord wider die Jünger des Herrn, ging zum Hohenpriester [2]und erbat sich von ihm Briefe nach Damaskus an die Synagogen, um, wenn er einige Anhänger der (neuen) Glaubensrichtung (*'einige, die auf dem Weg waren'*) fände, Männer sowohl als Frauen, sie gefesselt nach Jerusalem zu führen. [3]Während er aber dahinzog, geschah es, daß er in die Nähe von Damaskus kam, und plötzlich umstrahlte ihn ein Licht vom Himmel her, [4]und *er stürzte zu Boden* und hörte eine Stimme, die zu ihm sprach: Saul, Saul, was verfolgst du mich? [5]Da fragte er: *Wer bist du, Herr?* Der aber (sprach): *Ich bin Jesus, den du verfolgst.* [6]*Doch steh auf und geh* in die Stadt hinein, und es wird gesagt werden, was du tun sollst. [7]Die Männer aber, die mit ihm reisten, standen sprachlos da, weil sie zwar die Stimme hörten, aber niemand sahen. [8]Da stand Saulus vom Boden auf;

> obgleich jedoch seine Augen geöffnet waren, *sah er nichts*. Sie leiteten ihn aber an der Hand und führten ihn nach Damaskus hinein. [9]Und er konnte drei Tage nicht sehen und aß nicht und trank nicht.

[10]Es war aber in Damaskus ein Jünger mit Namen Ananias; zu dem sprach der Herr *in einem Gesicht:* Ananias! Er antwortete: Siehe, hier bin ich, Herr! [11]Der Herr aber sprach zu ihm: Mache dich auf (*'steh auf'*) und geh in die Gasse (*'Mach dich auf den Weg'*), welche die gerade heißt, und frage im Haus des Judas nach einem Mann aus Tarsus mit Namen Saulus. Denn siehe, er betet, [12]und er hat einen Mann mit Namen Ananias *gesehen*, der hereinkam und ihm die Hände auferlegte, damit er wieder *sehend* würde. [13]Ananias aber antwortete: Herr, ich habe von vielen über diesen Mann gehört, wieviel Böses er deinen Heiligen in Jerusalem zugefügt hat. [14]... Und hier hat er Vollmacht von den Hohenpriestern, alle, die deinen Namen anrufen, zu fesseln. [15]Aber der Herr sprach zu ihm: Geh hin (*'mach dich auf den Weg'*), denn dieser ist mir ein auserwähltes Werkzeug, um meinen Namen vor Heiden und Könige und die Söhne Israels zu tragen. [16]Denn ich werde ihm zeigen, wieviel er um meines Namens willen leiden muß. [17]Da ging Ananias hin und trat in das Haus. Und er legte ihm die Hände auf und sprach: Bruder Saul, der Herr, *welcher dir erschienen ist auf dem Wege,* den du herkamst, Jesus, hat mich gesandt, damit du wieder *sehend* und mit Heiligem Geist erfüllt werdest.

> [18]Und alsbald *fiel es ihm wie Schuppen von den Augen,* und er wurde wieder *sehend*

und stand auf und ließ sich taufen. [19]Und er nahm Speise zu sich und *kam wieder zu Kräften.*

Was geschieht auf dem Weg von Jerusalem nach Jericho?
(Lk 10,25-37)

Fangfrage	²⁵Und siehe, ein Gesetzkundiger trat auf, ihn zu versuchen, und sagte: Meister, *was muß ich tun*, damit ich das ewige Leben ererbe?
Gegenfrage Jesu	²⁶Er aber sprach zu ihm: Was steht im Gesetz geschrieben? Wie liest du?
Antwort des Gesetzes- kundigen	²⁷Darauf antwortete er und sagte: Du sollst den Herrn, deinen Gott, lie- ben aus deinem ganzen Herzen und mit deinem ganzen Denken" und "Deinen Nächsten wie dich selbst" (Dtn 6,5 und Lev 19,18).
Antwort Jesu	²⁸Da sprach er zu ihm: Du hast recht geantwortet; *tue das, so wirst du leben!*
Erneute Frage	²⁹Der aber wollte sich rechtfertigen und sagte zu Jesus: UND WER IST MEIN NÄCHSTER?
Antwort Jesu	³⁰Jesus erwiderte und sprach

Ein Mensch ging von Jerusalem nach Jericho hinab und fiel Räubern in die Hände; die zogen ihn aus und schlugen ihn und gingen davon und ließen ihn halbtot liegen. ³¹Zufällig aber ging ein Priester jene Straße hinab; und er sah ihn und ging vorüber (wörtlich: *'mit abgewandtem Gesicht ging er vorüber'*). ³²Ebenso kam ein Levit an den Ort, sah ihn und ging vorüber. ³³Ein Samariter aber, der unterwegs war (*'auf dem Weg war'*), kam in seine Nähe, und als er ihn sah, hatte er Erbarmen mit ihm ³⁴und trat hinzu, verband seine Wunden, indem er Öl und Wein darauf goß, hob ihn auf sein Tier, brachte ihn in eine Herberge und pflegte ihn. ³⁵Und am folgenden Tage nahm er zwei Denare heraus, gab sie dem Wirt und sagte: Pflege ihn! Und was du mehr aufwenden wirst, will ich dir bezahlen, wenn ich wiederkomme!

Gegenfrage Jesu	³⁶WELCHER VON DIESEN DREIEN, dünkt dich, SEI DER NÄCH- STE DESSEN GEWESEN, DER DEN RÄUBERN IN DIE HÄNDE GEFAL- LEN WAR?
Antwort des Gesetzes- kundigen	³⁷Er aber sagte: Der, welcher ihm die Barmherzigkeit erwiesen hat.
Schlußfolge- rung durch Jesus	Da sprach Jesus zu ihm: Geh auch du hin (*'mach auch du dich auf den Weg'*), tue desgleichen!

Kapitel 14:

Das Symbol des Feuers

Feuer und Weg haben in der Realität nichts gemein. Symbolisch gesehen verbindet sie der Umstand, daß sie einer gemeinsamen Symbol-Kategorie zuzuordnen sind.

Natürliche Wege und Pfade haben Menschen vorgefunden und genutzt, um sich auf ihnen fortzubewegen. Mit voranschreitender kultureller Entwicklung wurden Wege von Menschenhand gebahnt und ausgebaut. Mobilität und Horizonterweiterung waren die Folge.

Dem Phänomen feuerspeiender Berge und einschlagender Blitze begegneten Menschen unvermittelt und in der Frühzeit sicher nicht begreifend, was da ausbrach oder über sie hereinbrach. Zugleich war das Feuer ein Instrument von unerhörter kulturhistorischer Bedeutung. Es wurde ein Instrument in der Hand des Menschen, mit dem er – wie mit allen Kulturphänomenen – zum Guten wie zum Bösen wirken konnte.

Ein Symbol, das sowohl der einen wie der anderen Kategorie zuzuordnen ist, verfügt über vielfältige und sehr differenzierte Aussagemöglichkeiten.

1. Das Feuer – Naturphänomen und Kulturerrungenschaft

Unter Rückgriff auf den Apostel Paulus könnte man sagen: "Anders ist der Glanz der Sonne, anders der Glanz des Mondes, anders der Glanz der Sterne ..." (1.Kor 15,41) und *anders der Glanz des Feuers*. Feuer hat, wie der Prophet Hesekiel in einer Vision erfährt, "strahlenden Glanz" (Ez 1,13), aber auf Grund weiterer Eigenschaften, wie Hitze, Glut oder Rauch, ist es ein Licht besonderer Art. Auf "feuerspezifische" Eigenschaften nimmt die Bibel besonders häufig

Bezug; sie sind Ausgangspunkt übertragener Redeweisen. Ein entscheidender Sachverhalt wird beim Propheten Jesaja genannt: Unter bestimmten Bedingungen wird Licht zu Feuer.

"Unter seiner (sc. Gottes) Herrlichkeit entbrennt ein Brand wie Brand des Feuers. Und das Licht Israels wird zum Feuer werden, und sein Heiliger zur Flamme." (Jes 10,16b und 17). Eine der wichtigsten Fragen dieses Kapitels wird sein: Was veranlaßt diese Veränderung und unter welchen Bedingungen findet sie statt?

1.1 Feuer – ein Naturphänomen

Feuer kann sich ereignen. Durch Blitzschlag oder übermäßige Sonneneinwirkung können Wald- oder Steppenbrände entstehen und sich durch die Landschaft fressen, funkensprühend wie ein Ungeheuer, alles verzehrend wie ein Moloch. Selbst in heutiger Zeit erfahren Löschmannschaften, die bei solchen Naturkatastrophen eingesetzt werden, trotz modernster Technik, eine kaum zu bändigende Übermacht, der sie ohnmächtig gegenüberstehen. Vulkane können mit Urgewalt ausbrechen, Feuer und Asche regnen lassen und alles, was da lebt, unter glühender Lava begraben. Jedermann, der nur halbwegs in der Geschichte bewandert ist, weiß vom Schicksal der Stadt Pompeji, die im Jahre 79 n.Chr. einem Ausbruch des Vesuv zum Opfer fiel. Das pulsierende Leben erstarb und erstarrte unter der Glut einer sechs Meter hohen Aschen- und Bimssteinschicht. Die Erstarrung war zugleich Konservierung für die Nachwelt. Nie hätten wir so viel über das tägliche Leben aus dieser Zeit erfahren, wäre dies nicht geschehen. Menschen haben von jeher ein solches Ereignis als göttliches Gericht und als Strafe für ihr Tun empfunden. Auch das Alte Testament kennt das Feuer als Naturphänomen und Katastrophenmacht. Es überliefert uns die Vernichtung von Sodom und Gomorrha durch Feuer und Schwefel. So wurden diese beiden Städte nicht unter dem Schutt der Jahrhunderte bedeckt und dann ausgegraben. Sie leben fort in einer symbolischen Geschichte, die uns in Genesis 18 und 19 erzählt wird. Ein Sprachrelikt aus ihr ist unserer Umgangssprache als Bildwort geläufig: "Dort geht es zu wie in Sodom und Gomorrha!" Wir meinen damit Zustände, die so pervers sind, daß ein vernichtendes Strafgericht wohl angebracht ist.

1.2 Feuer – eine Kulturerrungenschaft

Die Entdeckung, daß man "Feuer entzünden" und seine Kraft nutzen kann, kann in ihrer Bedeutung nicht hoch genug eingeschätzt werden. Sie mußte, davon war man in vielen Religionen überzeugt, göttlichen Ursprungs sein. Auch der Bibel ist ein solcher Gedanke nicht fern. Ein Engel berührt – so eine bekannte Geschichte aus dem Buch der Richter – mit einem Stab den Felsen, Feuer schlägt heraus und verzehrt die Mahlzeit, die Gideon dem "Besucher" bereitet hat (Ri 6, insb. V 19 ff).

Als der Mensch begann, das Feuer, das er entfachen konnte, planvoll für seine Zwecke zu nutzen, war das der Anfang der Kultur. Fortan standen Wärme und Hitze zur Verfügung gegen die Kälte der Nacht und den Frost im Winter, Hitze zum Kochen, Glut zum Schmelzen und Schmieden, Energie zum Antrieb von Maschinen. Ohne Feuer gäbe es nichts von dem, was wir heute Zivilisation nennen.

In der Hand des Menschen wurde die unbändige Gewalt der Flammen dienstbar als produktive Kraft. Aber nicht nur das! *Durch die Hand* des Menschen kann Feuer zugleich vernichtende, furchtbare und todbringende Zerstörung bewirken. Von ihr zeugen Menschen, die auf den Scheiterhaufen der Ketzer- und Hexengerichte des Mittelalters qualvoll starben; von ihr zeugen Bücher, Schriften und Flugblätter, die, weil den Herrschenden gefährlich, auf öffentlichen Plätzen verbrannt wurden und verkohlten; von ihr zeugen Städte, Felder und Wälder, die von Phosphor und Napalm zerbombt wurden. Die Flammenspur menschlicher Grausamkeit reicht bis zu den Verbrennungsöfen von Auschwitz und anderer Vernichtungslager. Der Mensch hat es in seine Hand genommen, das Feuer! Aber es hat auch ihn immer wieder in der Hand.

Unsere Sprache zeigt die Ambivalenz des Feuers an: als vernichtende Gewalt *und* schöpferische Kraft, als Katastrophe *und* als produktiver Antrieb.

FEUER IST WIE
glühender Aschenregen,
der vom Himmel fällt
und Leben erstarren läßt.

FEUER IST WIE
die Brandfackel des Krieges,
die aus kleinlichem Machthunger
und unersättlicher Profitgier
unter die Menschen geworfen wird.

FEUER IST WIE
eine Flammenspur der Gewalt,
mit der Menschen andere
Menschen und ihre Lebensmöglichkeiten
zerstören.

FEUER IST WIE
wohltuende Wärme,
die erstarrten Glieder auftauen läßt
und erregte Gedanken beruhigt.

FEUER IST WIE
ein zündender Funke,
der Menschen auf neue Ideen bringt
und sie ermutigt, Widerstand zu leisten.

FEUER IST WIE
der Flächenbrand
einer Bewegung, die sich nicht
aufhalten, austreten oder
auslöschen läßt.

FEUER IST WIE   FEUER IST WIE
ein Schmelzofen,   ein Schmelzofen,
an dem Menschen ihre Arbeitskraft   in dem kostbares Metall geläutert
verzehren und Opfer   und nützliches Material haltbar
der Ausbeutung werden.   gemacht werden.

Es ist unschwer zu erkennen, daß sich diese Negativ- und Positiv-Reihe fortsetzen ließe. Eine weitere, sehr wichtige Frage dieses Kapitels wird sein, wovon
es abhängt, welche Wirkungsmacht das Feuer entfaltet.

1.3 Das Feuer als Bild für menschliche Leidenschaft

Gibt es menschliche Gefühle, die entfacht werden können wie das Feuer, und
dann andere Menschen in ihren Bann zu ziehen versuchen? Gibt es Gefühle, die
auflodern und dann unter Umständen außer Kontrolle geraten, so daß sie
Schmerz verursachen und zerstörend wirken?

Natürlich! Alles, was aus Leidenschaft geboren wird, und alles, was mit
Leidenschaft getan wird, hat die Macht und die Kraft, die Gewalt und die Wirkung des Feuers. Unsere Sprache verrät, in welcher Weise "Feuer" zum Bild
wird für diesen menschlichen Gefühlssturm.

"Glühender" Haß kann Menschen verzehren und diejenigen einholen, die er
verfolgt. Zorn kann "auflodern" und einen Menschen außer sich geraten lassen
wie ein nicht einzudämmendes Feuer. Er vernichtet diejenigen, die er trifft. Die
leidenschaftliche Macht dieses Zorns wird im Alten Testament unübertroffen
beschrieben:

"*Denn Feuer lodert auf in meinem Zorn und brennt bis in die Tiefen der
Unterwelt*" (Dtn 32,22). Leidenschaftlicher Eifer für eine Sache kann wie ein
verzehrendes Feuer sein für den, der sein Ziel verfolgt. Propheten wußten um
diesen inneren Feuerbrand: "Im Feuer meines Zorns rede ich" bzw. "Im Feuer
meines Eifers rede ich" (vgl. Ez 36,5 und 38,19). "Es" brannte in ihnen und gab
ihnen die Kraft zu reden und durchzuhalten. Wehe aber, wenn aus diesem Feuer
ein fanatisches Eifern wird! Paulus hat mit eben diesem blinden Wüten vor
seiner Christusoffenbarung die Gemeinde seines Herrn verfolgt (vgl. Apg 9). Er
hatte es nötig, daß das Feuer seines glühenden Hasses gebändigt wurde durch
das Licht der Erkenntnis.

Der eigentliche Brandherd *dieses* Feuers, von dem hier die Rede ist, liegt im
Menschen selbst. Aus ihm geht hervor, was anderen Schmerz zufügen kann, der
– so sagt unsere Umgangssprache – "brennt wie Feuer". Mehr als jeder physische Schmerz "brennen" Kränkungen, "brennen" Ungerechtigkeiten in der

Seele eines Menschen. *"Ein Bösewicht gräbt Gruben des Unheils und auf seinen Lippen ist's wie brennendes Feuer"* (Spr 16,27). So "verzehrt" (!) das Feuer der Leidenschaft Täter und Opfer.

So wie das Feuer in ständiger Veränderung ist, lodernd, flackernd oder glimmend, so schillernd ist Leidenschaft in ihrer Qualität und in ihrer Zielrichtung. Neben dem Zorn gibt es die Liebesleidenschaft, die verzehren kann. Wer wüßte das nicht! (Vgl. JesSir 9,8). Erfüllt von "brennender" Liebe, sagt unsere Umgangssprache zu dieser Erfahrung. Neben der Liebe gibt es den Geist, der sich entzünden kann. Ein "feuriger" Geist kann Menschen mitreißen, begeistern. Eine "flammende" Rede kann Zuhörer aufrütteln und zu Taten anfeuern, auch dann wenn ihr Mut oder ihre Hoffnung nur noch wie ein "glimmender" Funke waren, der jeden Augenblick erlöschen konnte wie Feuer, das keine Nahrung mehr erhält.

Unsere Sprache bringt durch die Genitivverbindungen, die mit dem Wort "Feuer" eingegangen werden können, zum Ausdruck, wie wechselhaft "das Spiel mit dem Feuer" sein kann – vom Negativen bis hin zum Positiven.

DAS FEUER DER LEIDENSCHAFT kann sein:

EIN FEUER des unerschrockenen Mutes	EIN FEUER des vernichtenden Zorns
EIN FEUER der unauslöschlichen Hoffnung	EIN FEUER des glühenden Hasses
EIN FEUER der brennenden Liebe	EIN FEUER des blindwütigen Fanatismus
EIN FEUER des Widerstandes gegen alle Unterdrücker	EIN FEUER der rücksichtslosen Zerstörungswut

Die Macht der vielen Feuer, die Menschen anfachen, hängt ab von der Art des Feuers, das in ihnen brennt und nach außen drängt.

In der Feuerhölle von Extremsituationen erweist es sich allerdings auch, aus "welchem Holz ein Mensch geschnitzt ist". Schmilzt er hin wie Wachs im Feuer? Die Frevler müssen vor Gottes Angesicht in dieser Weise vergehen, meint Psalm 68 (vgl. V 3). Wird er sein wie ein abgehauener Dornbusch, der im Feuer auflodert und rasch zu nutzloser Asche wird? Der Prophet Jesaja spricht von Völkern, die es nicht anders verdienen, als daß man sie zu Kalk verbrennt wie abgehauene Dornen, die im Feuer auflodern (Jes 33,12). Oder ist er wie Silber und Gold, das dem Feuer widersteht, ja, sogar geläutert aus ihm hervorgeht? "Denn du hast uns geprüft, o Gott, hast uns geläutert, wie man Silber läutert" (Ps 66,10).

Es ist der Zeitpunkt gekommen, um sich Gedanken darüber zu machen, in welcher Relation menschliches Feuer zu göttlichem Feuer steht. Das Alte Testament spricht in vielfältiger Weise von "Gottes Feuer".

1.4 Das Feuer als Symbol der Rede von Gott

Psalmen sind, wie so oft, eine Fundgrube symbolischer Rede über Menschliches und Göttliches.

> "Da wankte und schwankte die Erde, und die Grundfesten der Erde erbebten; sie wankten, denn er war zornentbrannt. Rauch stieg auf in seiner Nase, verzehrendes Feuer ging aus seinem Munde, glühende Kohlen sprühten aus ihm" (Ps 18,8.9).

Ein Gott – zornentbrannt und wie ein verzehrendes Feuer – paßt das nicht zu bestimmten Klischeevorstellungen vom alttestamentlichen Gott? Zu einem Gott, dessen Feuer Vernichtung um sich her verbreitet? Zu einem Gott, der sich in auflodernder Leidenschaft hinreißen läßt, wie Menschen, deren Zügellosigkeit keine Grenzen kennt? Zu einem Gott, der dann Städte in Schutt und Asche legt, Widersacher im ewigen Feuer schmoren läßt und Leben mit Stumpf und Stil ausrottet?

Dem Alten Testament wird damit unterstellt, es habe ein Gottesbild, das ohne weiteres auch die Negativseite des Feuers repräsentiert; ein Gottesbild, das eine bruchlose Analogie zum Terror menschlicher Rachegefühle zeigt.

Keine Frage: Die brennende Fackel, die den Weg weist, die aufzüngelnden Flammen des leicht brennbaren Dornbuschs, der feuerspeiende Berg und andere Feuererscheinungen werden für die großen "Theologen" der Bibel zu Bildern, um von Gott zu reden. Die Propheten Jeremia und Jesaja sind hier ebenso zu nennen wie die Verfasser der Priesterschrift und des deuteronomistischen Geschichtswerks.

Gottes Eifer ist	WIE FEUER
Gottes Herrlichkeit ist	WIE FEUER
Gottes Geist ist	WIE FEUER
Gottes Liebe ist	WIE FEUER
Gottes Fürsorge ist	WIE FEUER
Gottes Zorn ist	WIE FEUER

Auch diese Reihe ließe sich fortsetzen. Sie zeigt: Gott *ist* nicht Feuer, er ist "wie

Feuer". Eine solche Rede macht den Versuch, sich einer Rede von Gott zu nähern, ohne definitiv festzulegen. Es bleibt die zweifelnde Überlegung: Wie können so vielfältige, ja, disparate "Leidenschaften" mit *einem* Bild, dem Feuer, verglichen werden? Ist denn symbolische Rede, wenn schon nicht definitiv, so doch völlig beliebig?

Die symbolische Rede von Gottes Feuer ist in auffälliger Weise mit dem "Berg" Sinai oder Horeb oder Zion verbunden; und wenn nicht mit dem realen Berg, so doch mit der Motivwelt, die zu diesem Berg gehört. Die Herrlichkeit des Herrn ist so überwältigend, daß sie "anzusehen ist wie Feuer" (Ex 24,17). Eine solche Feuer-Herrlichkeit schafft Abstand von den Menschen. Von der Feuer-Heiligkeit Gottes spricht Jesaja bei der Schilderung seiner Berufung im Tempel auf dem Zionsberg (Jes 6,1 ff). Mit glühenden Kohlen müssen die Lippen des Propheten gereinigt werden, damit er zum Reden befähigt wird.

Eine solche Feuer-Heiligkeit markiert den Unterschied zwischen Gott und Mensch. Der brennende Dornbusch des priesterschriftlichen Überlieferungsstranges steht auf einem heiligen Ort, den Mose nur betreten kann, wenn er sich seiner Schuhe entledigt. Dieser Gott ist ein Gott, der im Zorn aufflammt gegen den Unterdrücker Pharao, der demütigt, versklavt und ausbeutet. Gegenüber solchem menschlichem Tun gibt es keine Lauheit, keine Gefühlskälte, keine lauwarme Neutralität. In diesem Punkt scheint es so etwas wie ein gesamtbiblisches Einverständnis zu geben.

> "Denn jeder Schuh, der mit Gedröhn einherschreitet, und der Mantel, der im Blut geschleift ist, der wird verbrannt, ein Fraß des Feuers" (Jes 9,5).

Das wohltuende Licht Gottes, das den Elenden, die im Finstern wohnen, scheint, wird unversehens zum auflodernden Feuer, das sich menschlichem Vernichtungswillen entgegenstellt.

Das Bild vom tätigen Vulkan mag Pate gestanden haben für das theologische Bild vom lichterloh brennenden Berg im Deuteronomium, insbesondere in Deuteronomium 4,5 und 9. Das Buch beginnt mit einem Rückblick auf die Wüstenwanderung und den Aufenthalt am "Berg Gottes" – aus der Sicht einer späteren Generation. Erfahrungen, erwachsen aus Ereignissen ihrer Gegenwart, werden zurückprojiziert. Ein solcher Rückblick ist immer selektiv, aber auch instruktiv. Am Fuße des Horeb-Berges stehend wird Israel geschildert und "der Berg brannte lichterloh bis in den Himmel hinein" (Dtn 4,11). Immer wieder ist davon die Rede, daß Gott aus dem Feuer geredet hat – er, der Israel aus dem Schmelzofen (!) Ägypten herausgeführt hat (vgl. 4,20 und dazu 5,22 ff und 9,10). Es ist die Grundüberzeugung des Deuteronomiums, daß Israel schon (!) in der Wüste ein widerspenstiges Volk war, ungehorsam und immer zum Abfall bereit (vgl. Dtn 4,1 ff). Diese Widerspenstigkeit und dieser Ungehorsam werden zum "Spiel mit dem Feuer". Man kann sich daran die Finger verbrennen! Der Gott, der aus dem Feuer geredet hat, wird zum verzehrenden Feuer. Deshalb sagen die Israeliten – aus der Sicht des Deuteronomiums – ganz folgerichtig:

> "Denn dieses große Feuer wird uns verzehren; wenn wir noch länger die Stimme des Herrn, unseres Gottes, hören, müssen wir sterben. Denn wo wäre ein sterblicher Mensch, der wie wir die Stimme des lebendigen Gottes aus dem Feuer hätte reden hören und am Leben geblieben wäre?" (Dtn 5,25.26).

Die Vermutung ist nicht von der Hand zu weisen, daß im Bild des Feuers von Gottes Heiligkeit gesprochen wird. Sie steht auf dem Spiel, wenn Israel ihn verläßt, anderen Göttern nachläuft *und* in seinem Namen (!) Ungerechtigkeiten verübt:

> "Suchet den Herrn, auf daß ihr lebet, daß er nicht ein Feuer sende wider das Haus Joseph, es zu verzehren mit unauslöschlicher Glut, die ihr das Recht verkehrt in Wermut und die Gerechtigkeit zu Boden werft" (Am 5,6.7).

Wer im Namen dieses Gottes spricht, kann nicht anders, als sich mit "Feuereifer" seiner Gerechtigkeit für die Unterdrückten zu verpflichten! Von Mose, den Propheten und von Jesus wird immer wieder gesagt: "Der Eifer um dein Haus hat mich gefressen!"

Wenn aber Gottes eigenes Volk sich von IHM abkehrt? Wenn es "Frevel gepflügt, Unheil geerntet, die Frucht der Lüge gegessen hat" (Hos 10,13)? Dann verhält es sich wie ein ungezogenes Kind, das dem, der es liebt, ins Gesicht schlägt (vgl. Hos 11,4). Ein solches Volk wird – innerweltlich gesehen – mit seinen eigenen Waffen geschlagen: mit Feuer und Schwert. Das Verhalten seines Gottes aber ist gegenläufig. Sein aufglühender Zorn, der den Ungehorsamen eigentlich Gericht bringen müßte, verwandelt sich in brennendes Mitleid mit den Gestraften:

> "Mein Herz kehrt sich um in mir, all mein Mitleid ist entbrannt. Ich will meinen glühenden Zorn nicht vollstrecken, will Ephraim nicht wieder verderben. Denn Gott bin ich, und nicht ein Mensch, heilig in deiner Mitte, doch nicht ein Vertilger!" (Hos 11,8c-10).

Die Rede von Gott in Verbindung mit "Feuer" ist symbolische Rede. Sie geht – gerade im Deuteronomium – einher mit der Betonung des Bilderverbots. Keine Bildsäule, kein Bild von Mann oder Frau oder einem Tier sollen die Israeliten machen. Zu dem Verbot kommt die Warnung vor göttlicher Verehrung der Himmelskörper Sonne, Mond und Sterne (Dtn 4, insb. ab V 19). Symbolische Rede von Gott ist weit entfernt von anthropomorpher Rede. Es ist aber Rede, derer sich Menschen bedienen, weil sie anders nicht von ihm reden können.

Eine solche Redeweise ist uns und unseren Erfahrungen näher als wir

denken. Nur der unachtsame Umgang mit der Bildhaftigkeit unserer Umgangssprache, läßt uns das immer wieder übersehen. Worte, die wir aussprechen,
können auf andere Menschen wirken wie "brennender" Schmerz, der seine Nar-
ben hinterläßt. Worte, die wir bei uns behalten, können in unseren Gewissen
zum schwelenden Brand werden. Der Prophet Jeremia hat genau diesen dialektischen Sachverhalt ausgesprochen, wenn er im Namen Gottes redet, der wie
Feuer ist.

> "Ich mache (sc. spricht Gott) meine Worte in deinem Mund zu Feuer, dieses Volk
> zu Brennholz; es wird sie verzehren" (Jer 5,14).

Und die Alternative:

> "Sage ich mir aber: 'Ich will nicht mehr reden in seinem Namen', dann wird es in
> meinem Herzen wie brennendes Feuer sein" (Jer 20,9).

Es gibt drei Symbolgeschichten vom Feuer in der Bibel. An ihnen zeigt sich,
wie wenig bestimmte Fragestellungen naturwissenschaftlicher oder historisie-
render Art geeignet sind, ihren Sinn zu erfassen und ihnen Sinn abzugewinnen.
Es handelt sich

um die Symbolgeschichte vom brennenden Dornbusch (in zwei Fassungen),
um die Symbolgeschichte von den drei Männern im Feuerofen,
um die Symbolgeschichte von den Feuerzungen auf dem Haupt der Jünger.

2. Die Symbolgeschichte vom brennenden Dornbusch

Wer diesen Dornbusch kennenlernen möchte, muß sich entführen lassen an
einen öden Ort, wo niemand Feuer vermutet: in die Wüste Midians, wo ein
Mensch einsam in der Steppe umherzieht, mit nichts um sich als den Tieren
seiner Herde. Eines Tages gerät er über den Rand der Steppe hinaus – er überschreitet die ihm bisher gesetzten Grenzen! – an den Fuß eines Berges. Was sich
dort abspielt, mag den einen mirakulöser Feuerzauber aus grauer Vorzeit sein,
den anderen ein Feuerzeichen, mit dem ein Signal gesetzt und ein Weg gewiesen wird.

Ich spreche von Mose und dem, was ihm am Fuß jenes Berges widerfuhr. Wer
auch immer uns diese Geschichte überliefert und ausgestaltet hat – er hat sie an
den Beginn des öffentlichen Auftretens des Mose verlegt. Es ist eine *symbolische Vision*, in der das *Feuer* eine entscheidende Rolle spielt.

Vorbereitet wird die "Feuer-Vision" durch Vorgeschichten über die Geburt
des Kindes Mose in der Sklaverei, seine Errettung trotz staatlicher Geburten-

kontrolle und gezielter Kindestötung und über die Flucht des jungen Mannes Mose nach Midian. Er hat dort Asyl gefunden, sogar eingeheiratet – die Tochter eines Priesters. Er lebt dennoch als Fremder unter Fremden – wo ist da Perspektive? Wird er ewig Schafe hüten?

Mose erfährt seine Berufung – nichts Atypisches in der biblischen Überlieferung. Propheten wurden berufen, Jesus wurde berufen. Aber symbolische Signale machen *diese* Berufung unverwechselbar. Es genügt eben nicht, einmal eine biblische Berufung zur Kenntnis genommen zu haben, um zu wissen, wie das "läuft" mit Gott und den Menschen.

2.1 Der brennende Dornbusch – eine symbolische Vision wie der Jahwist sie sieht

Die Einleitung (Ex 3,1-4a)

Umständlich, zögernd wird die Geschichte eröffnet. Erst einmal werden die verschiedenen Arten des Sehens entfaltet:

Da sieht Mose zunächst "von ferne". Zwischen ihm und dem Dornbusch liegt Distanz. Dornen sind ein Gewächs der Wüste; wertloses Gestrüpp, das man am besten verbrannte. Na und?! Den Propheten Jesaja hat dieses Gewächs und das, was man normalerweise mit ihm machte, zu einem Vergleich veranlaßt: "Völker können sein wie abgehauene Dornen im lodernden Feuer" (Jes 33,12). Keine schmeichelhafte Perspektive, aber einleuchtend!

Mose sieht hin und erkennt – gewissermaßen auf den zweiten Blick – daß der Dornbusch doch etwas anderes als ein gewöhnlicher Dornbusch ist. Das "siehe" im Text soll hier gedeutet sein als "Achtung"; hier ist mehr als du mit dem bloßen Auge siehst. Der Dornbusch *brennt*, aber er *verbrennt nicht*. Letzteres wäre das Natürliche gewesen. Feuer verbrennt Brennbares, vor allem, wenn die Flammen hoch auflodern. Es bliebe eine Frage der Zeit, bis das Holz aufgezehrt ist und zerfällt; eine Frage der Zeit, bis nur noch glimmende Glut unter dem Aschenhaufen zu finden ist.

Jetzt beschließt Mose hinzugehen und "in Erfahrung zu bringen", warum das alles anders und nicht so wie üblich ist. Er wird etwas über sich und Gott erfahren, wenn er die Weise des distanzierten Sehens überwindet.

Und nun heißt es: Gott *sieht*, daß Mose hinübergeht, um zu *sehen*; er, Mose, schreitet gewissermaßen von einer Form des Sehens zur anderen. Aber bevor er zu dieser Form des Sehens gelangt, wird er von Jahwe gesehen. Nur wer zuvor erkannt worden ist, kann erkennen – ein alter biblischer Grundsatz!

Die Berufung (Ex 3,4b. 6. 9)

Aus drei Elementen besteht die Berufung: Aus dem Anruf Jahwes und der Antwort des Gerufenen (V 4b) – aus der Selbstvorstellung des Rufenden (V 6) und aus der Begründung der Berufung (V 9). Daß man nicht einfach in die Wüste ruft, ohne sich vorzustellen, ist ein Gebot der Höflichkeit. Jahwe genügt ihm und sagt: "Ich bin der Gott *deines* Vaters, der Gott Abrahams, Isaaks und Jakobs" – gewissermaßen der Familie bekannt. An dieser Vorstellungsformel erkennt man den jahwistischen Ursprung dieses "Dornbusch-Strangs". Sie ist die Erkennungsmelodie, mit der Jahwe sich in den Erzvätergeschichten des Buches Genesis immer wieder vorstellt, wenn er eine Begegnung mit ihnen herbeiführt. Hier hat sie eine besondere Funktion: Es muß klargestellt werden, daß der Gott der Abrahamstämme, die aus Chaldäa kamen, und der Gott der Mosestämme, die aus Ägypten kamen, derselbe ist. Die Begründung für die Berufung ist, daß das Schreien der unterdrückten Israeliten zu Jahwe gedrungen ist und daß ER *gesehen* hat, wie hart sie unterdrückt werden. Es ist auch wieder eine besondere Art des Sehens – eine, bei der sich im Herzen etwas bewegt und in Handlung umgesetzt wird.

Die Sendung (Ex 3,10)

Knapp und lapidar erfolgt sie. "Wohlan" könnte salopper übersetzt werden mit: "Auf geht's!" – "Ich will dich senden."

Der Asylant im fremden Land – frei zwar, aber ohne Aufgabe – wird zu seinen Landsleuten nach Ägypten geschickt, in ein Land, in dem sie einst vor einer Hungersnot Zuflucht gesucht haben und freundlich aufgenommen wurden, ein Land, das ihnen jetzt zum Verhängnis geworden ist. Vorbei ist das planlose Umherziehen für Mose, jetzt ist ein Weg gewiesen, eine klare Aufgabe gezeigt.

Das Feuerzeichen könnte bedeuten: Da ist Not in Ägypten; "es brennt"; dein Auftrag, Mose, ist "brandeilig". "Zum Schmelzofen ist Ägypten" für Israel geworden, wie es im deuteronomistischen Geschichtswerk gesagt wird (Dtn 4,20; 5,22 ff und 9,10). Jeder weitere Tag der Sklaverei für deine Landsleute ist ein Tag zuviel. Wie nutzloses Gesindel wird dein Volk verheizt (vgl. Ex 7,5).

So gesehen könnte die Geschichte eine innerweltliche Geschichte sein – ein Stoff für Romane oder Novellen, die auch ihre Art des symbolischen Redens haben.

Es gibt sicherlich innerbiblische Berufungen, denen sofort Folge geleistet wird. Aber genauso gehört es zum Typischen biblischer Berufungsgeschichten, daß der Berufene sich weigert. "Ich bin zu jung", sagt der Prophet Jeremia. Das besondere in Exodus 3 ist, daß Mose sich hartnäckig weigert. Gerade um diese Weigerung, um die Schwierigkeit des Auftrags, um das Unzumutbare des Geforderten herum ist die Geschichte entstanden – jedenfalls in ihrer jahwistischen Fassung. In immer neuen Einwänden setzt Mose Widerstand gegen seine Berufung.

Erster Einwand (Ex 3,11)

Für diesen ersten Einwand des Mose wird man erst sensibel, wenn man das vorausgegangene Wortspiel noch im Ohr hat. Auf den ersten Anruf antwortet Mose: HIER BIN ICH!
Darauf erfolgt Jahwes Vorstellung: ICH BIN DER GOTT deines Vaters ...
Und jetzt, nachdem Jahwes Ansinnen bewußt wird, fragt Mose erschrocken zurück: WER BIN ICH, daß ich ...?

Ja, wer bin ich denn, könnte man paraphrasierend fortfahren, daß ich zum Pharao gehen und die Israeliten herausführen sollte? Es ist, als wäre dies heute gesprochen! Wer bin ich denn schon als einzelner, so würde vielleicht der Mensch des 20. Jahrhunderts fragen, ohne Macht, ohne Einfluß, ohne Lobby? Was kann ich ausrichten gegen einen Staatsapparat, gegen einen Diktator? Dann komme ich ja selbst ins Gefängnis, ins KZ ...! Weit reicht der Arm aller Mächtigen! Angst, Feigheit, Opportunismus werden übermächtig. Der Einwand könnte auch heißen: Was bin ich schon im Vergleich zu Gott? Mag ER doch alles wenden!

Auf den ersten Einwand hin gibt Gott eine Verheißung. Es ist dieselbe, damals und heute: Ich bin bei dir! Es ist dieselbe Verheißung, die über der Ankündigung der Geburt Jesu im Matthäusevangelium steht: Er wird Immanuel heißen, d.h. 'Gott ist mit uns' (Mt 1,23). Es ist ebendieselbe, die Jesus seinen Jüngern auf ihren Weg in die Welt mitgibt: Ich bin bei euch bis an das Ende dieses Äons! (Mt 28,20).

Zweiter Einwand (Ex 4,1)

Nun versucht Mose es mit einem zweiten Einwand: Ja, wenn aber die Israeliten mir nicht glauben ...? Wenn sie meine Legitimation, meine Glaubwürdigkeit anzweifeln? Wenn sie genausoviel Angst haben wie ihr vermeintlicher Retter und mißtrauisch sind ...? O Gott, o Gott ...! Wie viele Wenn und Aber gibt es da, als ob ein solcher Auftrag einfach wäre; als ob Gott versprochen hätte, daß alles ganz glatt geht! Auf diesen zweiten Einwand hin gibt Jahwe zwei Zeichen zu seiner Verheißung hinzu (das tut er nicht immer!). Aber eigentlich sind diese

Zeichen "bildlich gesprochene Argumente oder argumentative Zeichen", wobei das Symbol der "Hand" eine entscheidende Rolle spielt.[1]

Das doppelte Zeichen wird eingeleitet durch eine Frage: Was hast du in der Hand? Vordergründig gesehen hat Mose einen Hirtenstab in der Hand. Er ist ja überrascht worden beim Umherführen seiner Herde. Was aber hat er in der Hand in Anbetracht des Auftrags, der ihm erteilt worden ist? Was hat ein Mensch schon in der Hand gegenüber der Machtfülle einer Großmacht, einem mächtigen Staatsapparat?

Zwei einfache Handlungen soll Mose ausführen, um aus ihnen zu lernen:

"Wirf den Stab weg!"

Den Stab, das Symbol seiner Hirtentätigkeit, das Symbol seiner Führung und Leitung soll er wegwerfen. Aus dem Stab wird eine Schlange, vor der Mose entsetzt flieht.[2]

Vom "Gift der im Staub kriechenden Schlange" ist im Alten Testament öfter die Rede (Dtn 32,24; Jer 8,17; Am 5,19). Dieses gefährliche Tier gehörte zum Wüstenalltag der Israeliten. In der Paradieserzählung (Gen 3) ist es endgültig zum Sinnbild für das Gift geworden, das in Gedanken und Herzen der Menschen einträufelt und ihm tödlichen Schaden zufügt. Die Führung will Mose nicht übernehmen über sein Volk, das in Ägypten wie eine Herde ohne Hirten ist? Weigern will er sich, Verantwortung zu übernehmen? Das läßt sich nicht ungeschehen machen! Was er hier wegwirft, wird sich gegen ihn wenden.

"Steck doch deine Hand in den Busen!"

An der Brust war wahrscheinlich die Öffnung im Hirtengewand, in die Mose seine Hand schieben konnte. Versteck doch deine Hand unter deinem Gewand, in deinem Hemd, so wie kleine ängstliche Mädchen ihre Hände unter der Schürze verstecken! Als die Hand wieder zum Vorschein kommt, ist sie mit Aussatz bedeckt. Kann man in einer Situation, in der ein ganzes Volk der Sklaverei ausgeliefert ist, "die Hände in der Tasche vergraben" oder "hinter dem Rücken verschränken"? Kann man sich hinausreden und sagen: "Mir sind die Hände gebunden!"? Auf keinen Fall! Wenn Mose jetzt nicht hilft und die Israeliten ihrer Misere überläßt, wird er noch lange nicht "nichtschuldig" sein. Seine Hände sind befleckt – durch Nichtstun.

Das sind die beiden Lehren, die Mose auf seinen zweiten Einwand hin lernen

---

1 Vgl. das Symbol der Hand mit ausführlicher Exegese zu dieser Stelle, S. 171.

2 Es scheint mir zu weit hergeholt, bei der Schlange an den alttestamentlichen Chaosdrachen zu denken, wie Drewermann es tut (vgl. Drewermann II, S. 388); von seinem Symbolbegriff her wird diese Assoziation wiederum verständlich. Symbolisches ist für ihn Mythisches!

soll. Den zweiten Einwand könnte man etwas umformulieren und dem bisherigen Wortspiel angleichen: ... wenn sie fragen,

OB ICH BIN ...?

Der dritte Einwand (Ex 4,10)

Dramatisch eilt die symbolische Vision (nach J) dem Höhepunkt zu, indem Mose seinen dritten Einwand formuliert:

ICH BIN NICHT redegewandt, sondern von schwerer Zunge, schwerfälligem Mund. Er ist all das nicht, was er da symbolisch – als brennenden Dornbusch – vor sich sieht. Er ist bestimmt nicht "Feuer und Flamme" für den Auftrag Jahwes. Es fehlt ihm einfach alles, was ihn zu diesem Auftrag befähigen könnte: Die Glut im Herzen für sein Volk, der (Feuer)-Eifer für die Aufgabe. Die Not seines Volkes brennt ihm nicht im Gewissen. Ihm muß wahrhaftig "ein Feuer (unter dem Hintern) angezündet werden"! Dann würde ihm das zu Gebote stehen, was er am dringendsten benötigt: die Gabe der *feurigen* Rede, die Mut macht und anfeuert. Gegenüber der Erkenntnis und dem Eingeständnis, was er *nicht* ist, bleiben die vorausgegangenen Einwände fast kognitive Spiegelfechtereien.

Jetzt begegnet Jahwe diesem Gestammel mit scharfen Fragen, die erst recht in Frage stellen. Sie gleichen jenen Fragekatalogen, denen sich Hiob (38-41) konfrontiert sieht. Hiob wird, nachdem er seine Klagen und Fragen ausgebreitet hat, vor Gott zum Examen zitiert: Gürte doch wie ein Mann deine Lenden! Ich will dich fragen, und du lehre mich! Und es geht los: Wo warst du ...? Wer hat ...? Worauf sind ...? Hast du ...? Bist du ...? Es ist einleuchtend, wenn Exegeten sagen, diese Fragekataloge stammten eigentlich aus den ägyptischen Beamtenexamina. Nun, die Berufung des Mose ist älter als die Leiden des Hiob. Der zeitliche Abstand zwischen der Entstehung beider Erzählungen ist vielleicht nicht mehr ganz so groß. Wie ein Examinierter wirkt Mose dennoch: Wer eigentlich, so könnte man Gott sprechen lassen, hat dem Menschen den Mund geschaffen? Wer, mein Lieber, macht ihn stumm, taub, sehend oder blind? Vielleicht überlegst du dir das einmal! Im jahwistischen Erzählzusammenhang gibt Gott selbst die Antwort:

BIN NICHT ICH ES, DER HERR?

Und dann die lapidare Feststellung: Ich will mit deinem Munde sein!

Sie klingt wie das brüske amerikanische "Shut up!" Folgt man dem jahwistischen Erzählzusammenhang, so verschlägt es, wie in allen derartigen Examina vor Gott, dem Mose die Rede. Auf dem Höhepunkt klingt die Geschichte aus.

Der brennende Dornbusch – eine symbolische Vision! Was erfährt ein Mensch durch sie über sich und über Gott?

Er erfährt, WAS ER IST und WAS ER NICHT IST.

Er ist wie ein Dornbusch, stachelig und schwer zu handhaben; widerborstig, uneinsichtig und schwerfällig in den Reaktionen.

Er ist wie ein Dornbusch, trocken und dürr, wertloses Brennholz, von dem nur Asche bleibt.

Er ist ein unwürdiges Werkzeug, so wie ein Dornbusch der unnützeste unter allen Bäumen ist.

Er ist nicht das, was er vor sich sieht: ein Dornbusch, in dem das Feuer aufflammt, die Flammen herausschlagen. Nichts brennt in ihm, nichts will sich von selbst ent-"zünden".

Seine Nichtigkeit wird ihm angesagt.

Aber, o Wunder, dasselbe Zeichen kann Ermutigung sein: Er wird nicht verbrennen wie nutzlose Materie. Leidenschaftlicher Eifer wird in ihm aufflammen. Er wird sich unter seinem Auftrag verzehren, aber nicht aufgezehrt werden. Er kann dem Pharao ins Angesicht hinein widerstehen, weil er feuer-fest, feuerbeständig geworden ist. Er wird leiden an seinen eigenen Leidensgenossen, aber widerstandsfähig im Ertragen sein. Eine solche neue Kreatur kann er nur werden, wenn er sich anstecken läßt von der Leidenschaft Gottes, die aufflammt in Liebe zu den Unterdrückten und aufflammt im Zorn gegen die Unterdrücker. Gottes schöpferische Macht entzündet das Feuer im Menschen und macht ihn zu einer brennenden Fackel. Im Verhör vor Gott ist Mose verstummt, aber er verschwindet nicht aus der Geschichte. Er geht hin und tut, was ihm gesagt wurde. Demonstrativ wirft er dem Pharao seinen Stab vor die Füße (Ex 7). Er besteht seine "*Feuer*probe"!

2.2 Der brennende Dornbusch – eine symbolische Vision wie sie die Priesterschrift sieht

Mit der Unbekümmertheit der jahwistischen Erzählung ist es in dieser Fassung zu Ende. Gott und Mensch begegnen sich nicht wie zwei Wanderer in der Wüste, die miteinander reden. Gott selbst steigt nicht einfach herab von der Höhe seines Berges und präsentiert sich in einem Dornbusch. Es ist sein Stellvertreter, sein Bote, der dem Mose aus der Flamme des Dornbuschs anschaut. Dennoch soll die Einleitung (Ex 3,1-4a) so bleiben, wie wir sie in der Überlieferung vorfinden. Sie ist quellenmäßig schwer zu entflechten. Es wird ohnehin schnell deutlich, daß in dieser Quelle vieles anders läuft und das Symbol des Feuers andere Bedeutungsinhalte bekommt.

Gottes heiliger Ort (Ex 3,5.6b.7.8)

Mose nähert sich, um den in Flammen stehenden Dornbusch zu betrachten. Aber er wird angewiesen: "Tritt nicht heran!" Da, wo er steht, ist nicht gewöhnliche Wüste, da ist heilige "Stätte". *Abstand* ist zu halten zwischen Gott und dem Menschen. Die Annäherung an diesen heiligen Ort hat nach einem bestimmten Ritual zu erfolgen: Der Mensch zieht seine Schuhe aus: mit bloßen und nackten Füßen steht er vor seinem heiligen Gott. Er verhüllt sein Angesicht in Ehrfurcht. Wer so von Gott denkt und redet, geht davon aus, daß niemals jemand Gottes Angesicht gesehen hat. Wer so schreibt, der Verfasser der Priesterschrift, hat bereits die Wirklichkeit des Tempels und des Zionsberges vor Augen, das ist ein heiliger Ort, auf dem Gott Wohnung genommen hat. Der Berg Sinai bzw. Horeb in der Wüste erhält jene Züge, die dem Tempelberg und seinem Kult eigen sind. Es sind Züge, die aus einer späten Zeit der geschichtlichen und religiösen Entwicklung Israels kommen. Sie sind auch nicht originär, sondern angereichert mit religiösem Gut aus den Religionen der Umwelt.[3]

Die Herrlichkeit des Herrn ist so überwältigend, daß sie "anzusehen ist wie Feuer" (Ex 24,17). In diesem Feuer kann der Mensch sich die Finger verbrennen; vor dem "Heilig, heilig, heilig ist der Herr Zebaoth" muß er in seiner Unreinheit vergehen (vgl. Jes 6,1 ff). Den Abstand, den diese "Feuer-Heiligkeit" schafft, kann der Mensch von sich aus nicht überwinden (wie ein neugieriger Schafhirte!); Gott tut es, nicht nur um sein Volk aus der Gewalt Ägyptens zu erretten, sondern vielmehr, um es in ein herrliches Land, "wo Milch und Honig fließt", zu führen. Es ist genau angegeben, dieses Gebiet: sein Umfang und die Zahl der Völker, denen es gehörte: Es ist leicht auszurechnen, daß sie mit "Feuer und Schwert" besiegt wurden, um Israel Platz zu machen.

Die Offenbarung Gottes (Ex 3,14 und 15b)

Der Gott der symbolischen Vision, wie sie die Priesterschrift sieht, ist keiner, der sich höflich vorstellt "Ich bin der Gott deines Vaters ...". Es ist für Mose der

---

3 Hier möchte ich Drewermann widersprechen, der das ehrfurchtsvolle Ritual des Mose der älteren Quelle zuschreibt (II., S. 384 ff). Kein Wunder: Er hält das allgemein Religiöse für das Ursprüngliche. Hier sollte man im Zusammenhang mit dem Alten Testament vorsichtig sein. Was andere Religionen auch oder ähnlich haben, ist in Israel meist in einer späten, synkretistischen Phase aufgenommen worden.

"Unbekannte Gott", um dessen Namen er erst bitten muß. Seine Erkennungsmelodie ist eine andere. Nicht die Formel taucht auf "Ich bin der Gott deiner Väter Abraham, Isaak und Jakob", sondern "Ich bin, der ich bin", lautet die Satzbezeichnung. Viel ist über diese singuläre Gottesbezeichnung gerätselt worden. Sieht man sie im Zusammenhang mit dem Symbol des Feuers bzw. des brennenden Dornbuschs, dann ist dieses Sein Gottes wie das Feuer, das immer brennt und brennen wird, ohne zu erlöschen oder sich zu verzehren. "Ich bin, der ich sein werde", ist eine angemessen Übersetzung.

Die Beauftragung des Mose (Ex 3,16-22)

Sie zielt nicht vorrangig darauf, zu den Israeliten zu gehen, sondern zum König von Ägypten. Mose muß auch nicht allein gehen; die Ältesten (als ob es diese Institution schon gegeben hätte!) werden ihn wie selbstverständlich begleiten und auf ihn hören. Der Widerstand wird nicht von den eigenen Leidensgenossen kommen; er kommt vom Pharao, und sein Widerstand wird zu brechen sein. Dessen Selbstherrlichkeit und Gottes Herrlichkeit werden sich messen und Gottes Herrlichkeit wird menschliche Selbstherrlichkeit bezwingen wie ein verzehrendes Feuer.

Nicht zwei Zeichen, sondern viele Wundertaten (Ex 4,9)

Der Stab des Mose ist nicht mehr der Hirten- und Führungsstab. Er ist ein Wunderinstrument, das die Ägypter das Fürchten lehren soll. Reicht ein Wunder nicht, dann wird ein zweites geschehen, ein drittes und viertes. Ein Beispiel wird gegeben: Mose soll Wasser des Nil auf trockene Erde gießen; es wird in Blut verwandelt. Ein Drohwunder für die, die es mit Gottes Herrlichkeit aufnehmen.

Der Zorn Gottes über den Ungehorsam (Ex 4,13-17)

Erst als Mose hört, welcher Art die "Zeichen" sein sollen, die er ausführen wird, weigert er sich. Er muß ja Gericht ankündigen und vollziehen. Seine Antwort ist offener Ungehorsam: "Herr, sende doch, wen du willst!" Das erregt Gottes Zorn bis zur Weißglut: Ungehorsam beim eigenen Volk und Machtanmaßung bei anderen Völkern. Wie Feuer sprüht seine Rede auf Mose: Wo soll das Problem sein? Es gibt für jeden Priester einen Leviten, der ihm zur Hand geht, der ihn vertritt, seine "rechte Hand" gewissermaßen. Da ist ja der Levit Aaron! Er wird stellvertretend für ihn reden. Vielleicht ist hier an ein hierarchisches System der Stellenvertretung gedacht: Aaron ist Stellvertreter des Mose, so wie Mose Gottes Stellvertreter ist.

Der in Flammen stehende Dornbusch – das ist Gott der Herr, der wie ein verzehrendes Feuer ist. Der Macht dieses Feuers kann nichts und niemand widerstehen. Im Gegenteil: Menschlicher Ungehorsam als auch menschliche Machtanmaßung sind "wie Öl, das in dieses Feuer gegossen wird". Wehe dem, der ein Spiel mit *diesem* Feuer treibt! Seine Lohe steigt auf zum übermächtigen Brand. Und der Gesandte? Er scheint mir weniger eine Kreatur zu sein, die Gott neu schafft, indem er ein Feuer anzündet; eher ein Medium, durch das hindurch Gott wirkt. Ein Wort an den Propheten Jeremia kann im Blick auf Mose abgewandelt werden (vgl. Jer 5,14):

> "Ich mache meine Worte in deinem Mund zu Feuer;
> und die Macht des Pharao zu Brennholz;
> es wird sie verzehren."

Dieses "Feuer-Wort" wird ein vernichtendes Urteil über jede angemaßte Macht sprechen; es wird Produkte des Größenwahnsinns zu Schutt und Asche machen.

FAZIT

Ein Symbol – zwei Geschichten! Wie kommt das zustande?

Das Abbrennen von Dornengestrüpp war etwas, was ein Israelit, dem die Wüste so nahe war, vor Augen hatte oder haben konnte. Es gehörte zu seiner Realität. Dieser Anblick konnte zum inneren Bild werden, das sich ihm einprägte und in ihm arbeitete, auch wenn er den Schauplatz längst verlassen hatte. Die Vorstellung von brennenden Dornbüschen beginnt ihr Eigenleben und wird zum Gleichnis für andere – für das, was in der menschlichen Wirklichkeit geschieht, beginnt sich in bildhafter Sprache auszudrücken.

Da kann "Unrecht brennen wie Feuer, Dornen und Disteln verzehren, und das Dickicht des Waldes anzünden, daß es emporgewirbelt wie Säulen von Rauch!" – so der Prophet Jesaja (9,18). Wessen Unrecht ist so überwältigend, daß es zum Himmel steigt? Das ist abhängig von der geschichtlichen Situation! Es kann das Unrecht des eigenen Volkes sein (so Jesaja) oder das Unrecht eines fremden Volkes (etwa Ägyptens oder einer noch späteren Großmacht, unter der Israel zu leiden hatte).

Da kann ein einzelner Mensch, der sich vor eine große Aufgabe gestellt sieht, sich fühlen wie ein dürrer Dornbusch – unfähig zu tun, was von ihm erwartet wird. Er kann aber auch über sich hinauswachsen, so wie das Feuer aus dem Dornbusch herausschlägt, ohne ihn zu verzehren. Das Feuer wird zum Symbol, das menschliches Geschehen beschreibt. In Israel wurde aber niemals Anthropologisches gedacht, ohne es zugleich theologisch zu reflektieren.

Gott kann derjenige werden, der in einem Menschen feurigen Mut und feurige Rede entzünden kann. Er ist das, was er schon immer war; der Schöpfer, der aus seinem unwürdigen Geschöpf eine neue Kreatur macht. Auf diesen Aspekt hat sich der Jahwist konzentriert. Da kann Gott in seiner Herrlichkeit zum übermächtigen Feuer werden, gegen das keine Macht der Welt ankommt. Sein Feuer ist anders als jedes menschliche Feuer. Es brennt und verlöscht nicht. Es lodert hell auf, wenn Menschen versuchen, ihre Flächenbrände zu verbreiten und ihre Kriegsfackeln auf die Erde zu werfen.

Auf diesen Aspekt hat sich die Priesterschrift konzentriert.

Die Kontrahenten sind unterschiedlich: Gott und der Mensch Mose; Gott und der mächtige Pharao.

Das Symbol ist offen für verschiedene Betrachtungsweisen und verschiedene Erzählungen. Zwei haben wir kennengelernt. Natürlich ist es nicht zufällig, welche Geschichte zu welcher Zeit erzählt wird. Vielleicht gehört die eine Geschichte in eine Zeit, in der es Propheten im eigenen Volk schwer hatten, weil niemand auf sie hören wollte, weil sie in ihrem Auftrag verzweifelten; weil sie Angst hatten, daß ihnen das mutige Wort im Mund verdorren würde. Vielleicht gehört die andere Geschichte in eine Zeit, in der das ganze Volk unter der Übermacht einer Großmacht litt, die Gott nicht fürchtete, vielleicht noch höhnisch fragte: Wo ist nun euer Gott? Ist er so klein wie euer Land?

3. Die Symbolgeschichte von den drei Männern im Feuerofen – Gott bewahrt im Feuer

Die jüdischen Märtyrer nach Daniel 3

Diese Symbolgeschichte ist als literarische Gattung eine Legende und vergleichbar mit der Legende von "Daniel in der Löwengrube" (vgl. Dan 6). Im Mittelpunkt von Legenden stehen "Helden", vorbildliche Gestalten! Legenden wollen nicht erzählen, was war oder geschehen ist, sondern wie es im Idealfall hätte sein müssen oder in vergleichbaren Situationen sein könnte. Die Gestalten in Daniel 3 und 6 sind heldenhafte Märtyrer, die sich in wunderbarer Weise bewährt haben und auf wunderbare Weise von Gott bewahrt wurden.

Legenden kennen positive und negative Helden. Die Negativ-Gestalt in Daniel 3 ist Nebukadnezar samt seinen Ratgebern. Er läßt in der Ebene bei Dura in der Provinz Babylonien, ein goldenes Standbild aufrichten. Offensichtlich war dergleichen bisher noch nicht üblich, deshalb muß dieses Standbild eingeweiht werden. Alles, was Rang und Namen hat im Staate, soll sich vor diesem

Bild aufstellen und ihm Verehrung zollen. Auch die Regie für diesen Vorgang steht fest: Auf ein Musiksignal hin sollen alle Anwesenden niederfallen und dieses Standbild anbeten. Wer sich widersetzt, wird mit dem Tode durch Feuer bestraft. Staat und Religion bilden eine Einheit und stützen sich gegenseitig. Die Legende verlegt ihre Gestalten und das Umfeld, in dem sie agieren, in die Zeit des babylonischen Exils. Dennoch spiegelt sich die Gegenwart ihrer Entstehungszeit wieder. Sie wird ja auch für gegenwärtige und nicht vergangene Zeiten erzählt. Man vermutet[4] als "Gegenwart" die Zeit des Antiochos IV. Epiphanes, der Jerusalem besetzte und den Tempel schändete, in dem er dort ein Standbild des Zeus Olympios aufstellen ließ und dessen Verehrung befahl. Aber auch eine spätere Generation, etwa jene, die die Einführung des römischen Kaiserkultes erlebte, konnte sich mit den Glaubens- und Gewissensnöten identifizieren, die allen jenen zugemutet wurden, die den "allein wahren Gott" verehrten (erst die Juden, dann die Christen). Während der König zunächst vom Erzähler noch geschont wird, treten Berater des babylonischen Sicherheitsdienstes auf, um die drei jüdischen Männer im Staatsdienst zu denunzieren; sie verweigern nämlich die Anbetung jenes Standbildes. Als sie dem König ins Angesicht hinein widerstehen, verändert sich das Gesicht des Despoten (3,19) – wie zu allen Zeiten, wenn einem Herrscher mit unumschränkter Macht diese Macht bestritten wird! Gewalt, Haß und doch Angst sind das Dreigestirn des Nebukadnezar. Damit das Wunder umso größer hervortreten kann, arbeitet die Legende mit dem Mittel der Steigerung: Siebenmal stärker als sonst wird jetzt der Ofen geheizt, in dem die drei Männer den Tod finden sollen (3,19); die drei Juden werden durch starke Männer gefesselt (V 20). In voller Kleidung (sie brennt besser!) werden sie zum Ofen gebracht (V 21). Mitten ins Feuer fallen die drei Männer (Flucht ist ausgeschlossen). Die Handlanger, die an diesem "Krematorium" Dienst tun, werden ein Opfer der übergroßen Hitze (V 22). Wer erschrickt nicht schon an dieser Stelle? Die Legende muß uns Heutigen wie eine Vorwegnahme des Holocaust des jüdischen Volkes erscheinen, eine Vision der brennenden Öfen aller KZ's, sei es in Auschwitz, in Majdanek und anderswo.

Die dunkle Kontrastfigur unserer Legende ist unberechenbar wie alle Diktatoren. Erst ist er voller Zorn, weil er die drei Männer nicht "gleichschalten" kann; dann steigert sich sein Fanatismus, weil ihm jemand zu widersprechen gewagt hat; dann ist er entsetzt und voller Angst, weil die "todsichere" Bestrafung nicht zur Vernichtung geführt hat und dann der Umschwung: Er macht die Sache der drei Männer zu seiner Sache – aber wie (s.u.)!

---

4 Vgl. O. Kaiser, Einleitung S. 281 ff.

Ganz anders präsentieren sich die drei Männer: ruhig, ihrer selbst sicher, überlegen. Der König hatte gefragt: "Wer ist der Gott, der euch aus meiner ⟵ Hand retten könnte?" (V 15). Das ist die theologische Grundfrage in Daniel 3. Wer ist der Gott, der aus Menschenhand – und sei sie noch so grausam – retten kann? Der König soll ihn kennenlernen! Die drei Männer werden es erfahren! Allen, die in eine derartige Situation geraten, soll es gesagt sein. Dementsprechend erwidern die drei Männer: "Wir haben es nicht nötig (!!!), dir darauf eine Antwort zu geben!" (V 16). Sie tun es dennoch: Wenn es geschieht, daß wir in den Feuerofen geworfen werden, dann gibt es zwei Möglichkeiten: a) Gott vermag uns aus dem brennenden Feuerofen zu retten und damit aus deiner Hand, oder: b) Wenn er es nicht tut (nämlich uns zu retten – womit man in der Realität auch rechnen muß!), dann werden wir dennoch das Standbild nicht anbeten.

Und dann läßt die Legende ein unglaubliches Wunder geschehen. Wer unter den Millionen Juden von Auschwitz, Majdanek und anderen Konzentrationslagern hätte sich das nicht gewünscht: Unversehrt bleiben in diesem Feuer? Aber wie hatten die drei Männer so überlegen gesagt? Gott *kann* bewahren! Wenn er es nicht tut, dann bleiben wir dennoch standhaft. Wenn das nicht wahrer Glaube ist! Da gibt es kein opportunistisches Spekulieren auf ein Wunder. Die Männer argumentieren auch nicht konditional, etwa: *Wenn* wir standhaft bleiben, *dann* wird Gott uns retten ...

Man könnte einwenden, ein derartiges Wunder komme eben in der Wirklichkeit nicht vor. Aber hier geht es eben nicht um tatsächlich "geschehen" oder "nicht geschehen", sondern um eine Wahrheit, die nicht um Fakten, sondern um Erfahrung kreist. Wessen wird der König gewahr, als er durch die Öffnung des Feuerofens schaut?

Er sieht Männer frei umherschreiten; es gibt eine menschliche Würde und Freiheit, die kein Mensch in Fesseln legen kann.

Er sieht Männer unversehrt; kein Haar ist ihnen versengt, kein Brandgeruch haftet an ihnen. Das Feuer der Vernichtung vermag ihnen nichts anzuhaben; allenfalls kann sich der König die Hände an diesen Männern verbrennen. Auch ohne ein spektakuläres Wunder der Errettung sind sie dem, der auf Vernichtung aus ist, weit überlegen.

Er sieht eine vierte Gestalt. Viel wurde gerätselt, ob es sich um einen Schutzengel handelt. Wer das Alte Testament kennt, wird in ihr Gott selbst sehen, der ja "im Feuer ist" und "aus dem Feuer redet". Er ist im Feuer, so wie seine Macht auch in die Tiefe reicht. Das Feuer, von Menschenhand geschürt, ist Gottes Feuer geworden. Aus heutiger Sicht könnte man auch sagen: ein verzehrendes Feuer für alle, die die Opfer vergessen und die Untat verdrängen wollen.

Die Legende beschäftigt sich mit der Psyche von Menschen, der Struktur ihrer Gefühlswelt.

Hat Nebukadnezar sich eigentlich geändert in dieser Geschichte? Zunächst hat er seine Gunst von den drei Männern abgewandt, dann aber ihnen wieder zugewandt; sein Haß-Potential richtet sich nun gegen andere. Geblieben sind seine Großmäuligkeit (V 29: "So erlasse ich nun den Befehl ..."), seine menschenvernichtende Machtausübung. Wo ist der Unterschied, ob Menschen verbrannt oder in Stücke gehauen werden? Diese Methoden sind verwerflich, ganz gleich, unter welchem Vorzeichen sie geschehen. Psychisch gesehen bleibt er der Fanatiker. Wie oft werden areligiöse zu religiösen Fanatikern! Hat sich für die drei Männer etwas geändert? Oh ja, ein Wunder ist geschehen! Aber ihre psychische Unbeugsamkeit ist die gleiche geblieben, vorher wie nachher. Die einzige "Variable" ist Gott. Er hat das Feuer in seiner Qualität verwandelt. Aus Menschen-Feuer ist SEIN Feuer geworden.

4. Die Symbolgeschichte vom züngelnden Feuer auf menschlichen Köpfen – eine symbolische Vision wie Lukas sie sieht (Apg 2)

> "Ich bin gekommen, ein Feuer anzuzünden auf Erden;
> Was wollte ich lieber, als daß es schon brennte",

sagt Jesus Christus (Lk 12,49). Wie wird es sein, dieses Feuer, von dem im Lukasevangelium die Rede ist? Mit dem Tode Jesu ist es doch erloschen, in sich zusammengesunken wie die Hoffnung der Jünger, die auf dem Aschenhaufen ihrer Träume und Erwartungen sitzen und sich nicht unter die Menschen wagen! Gott selbst muß dieses Feuer wieder entfachen – davon ist Lukas überzeugt. Ein Wunder muß geschehen. In einer Symbolgeschichte hat er dieses Wunder erzählend entfaltet. Er webt seine Geschichte aus verschiedenen literarischen Mustern:

> aus Motiven des Alten Testaments
> aus Schriftzitaten des Alten Testaments
> aus Erzählüberlieferungen des Alten Testaments,
> zu denen er eine Kontrastgeschichte schreibt.

Die feurige Erscheinung und das Erstaunen oder: das Wunder und die Verwunderung (V 1-12)

Eine faszinierende Vision hat der Evangelist: Ein (neues) Feuer wird entzündet; es flammt auf; in ständig verändernder Bewegung züngeln die Flammen.

Flammenzungen sind zu unterscheiden. Das wird ihm zum Bild für menschliche Zungen, mit denen Menschen reden und ihre Gedanken in Worte umsetzen. Da muß der Geist wie Feuer aufsprühen, damit neue Gedanken entstehen und andere Worte als bisher hervorkommen.

Lukas bindet dieses Geschehen zeitlich und örtlich ein und an. Am Pfingstfest war es, einem der jüdischen Erntedankfeste. In Jerusalem, der Tempelstadt, war es. Wenn möglich, unternahmen Juden und Sympathisanten dorthin aus gegebenem Anlaß eine Wallfahrt. Wer nur historisierend denkt, freut sich: so könnte es, nein, so ist (!) es gewesen! Wir hätten dann einen Bericht (!) vor uns, der uns mitteilt, daß aus dem jüdischen Erntedankfest ein christliches Fest von der Ausgießung des Heiligen Geistes wurde und daß an diesem und keinem anderen Tag die Kirche gegründet wurde – basta! Wo bleibt da die Kraft der symbolischen Vision, die Lukas vor uns erstehen läßt?

Groß ist die versammelte Menschenmenge – *klein* die Jüngerschar, deren Glaube schon wie ein glimmender Docht erloschen ist. Offen sind die Stadttore, durch die Menschen strömen; verschlossen die Türen des Hauses, in dem die Jünger sich zusammengefunden haben. Inwiefern so viele Menschen in einer so großen Stadt mitbekommen, was in einer so kleinen Gruppe in einem Haus geschieht, wird nicht erklärt, es ist auch nicht das Thema des Lukas. Er möchte darstellen, was an und in Menschen entsteht und was dadurch bewirkt wird. Es entsteht ein Feuer besonderer Art. Und Feuer läßt sich nicht einsperren. Wenn die Flamme einmal auflodert, läßt sie sich nicht mehr ersticken. Das Feuer "bricht aus"!

Die Verse 4 und 6 beschreiben, was da ausbricht:

V 4: Die Jünger reden in *anderen Zungen*; "in anderen" kann nur bedeuten: anders als bisher; sie reden anders, als es ihnen nach dem Tode Jesu möglich war.

V 6: Sie reden in *unseren Zungen*, sagen die Zuhörer; das kann nur heißen: in einer Sprache, die wir verstehen, obwohl wir doch ein Vielvölkergemisch sind, aus aller Herren Länder kommen. Das ist ein doppeltes Wunder: Den Redenden und den Zuhörenden ist eine neue Fähigkeit zugewachsen. Ohne Fremdsprachenkenntnisse sich verständlich machen und ohne Fremdsprachenkenntnisse verstehen können – gibt es das? Unser Begriff "Völkerverständigung" beruht genau auf diesem Sachverhalt.

Sinngemäß würde uns Lukas sagen, daß es hier um einen neuen *Typ* des Redens und des Verstehens geht. Sein *Antityp* ist das, was die tägliche Erfahrung ausmacht: Es gibt viele Völker und viele Sprachen. In jeder Gemeinschaft gibt es unzählige Menschen, die "eine verschiedene Sprache sprechen", selbst wenn die Vokabeln die gleichen sind. Das gegenseitige Sichverstehen bleibt aus. Es ist unmöglich, unter diesen Umständen etwas Gemeinsames zu schaffen. Genau diese immer wieder gemachte Erfahrung schildert das Alte Testament in der mit Lukas kontrastierenden Symbolgeschichte vom Turmbau (Gen 11). Als die Menschen daran gingen, sich zu "verewigen" (sich ein Denkmal bauen!) und ihren Sinn auf Gottes Höhe (durch den Turm, dessen Spitze bis in den Himmel reicht) zu errichten, "sein zu wollen wie Gott", zerbricht dieses Vorhaben. Das "hochgesteckte", ja hybride Ziel einigt nicht, sondern macht uneins. Die Menschen gehen getrennte Wege. Aber ursprünglich war es nicht so. Es gab "einerlei Volk" und "einerlei Sprachen". Die Pfingstgeschichte liest sich wie die Umkehrung der Turmbaugeschichte. Der Zustand der zerbrochenen Gemeinschaft wird aufgehoben, der Ursprungszustand wieder hergestellt. Wodurch kann ein solches Wunder geschehen? Es bedarf einer theologischen Erklärung! Sie wird in der Rede des Petrus gegeben.

Ein feuriger Geist entflammt zu feuriger Rede (V 14-36)

Lukas läßt Petrus hervortreten. Entflammt durch den Geist sprüht eine feurige Rede hervor. Sehr lang ist die erklärende Predigt des Petrus; deshalb tut man gut daran, sie in zwei Teile zu gliedern.

Erster Teil der Predigt: Feuer ist Mißdeutungen ausgesetzt. Petrus tritt ihnen entgegen und sagt: Hier handelt es sich nicht um das Strohfeuer oberflächlicher Begeisterung, das aufflammt und wieder in sich zusammensackt. Es ist auch nicht der Schein-Mut von Betrunkenen, die sich stark fühlen, solange der Alkohol wirkt, aber schlagartig ernüchtert werden, wenn die Realität sie einholt. Es ist ganz anders!

Jetzt ist es unerläßlich, auf den Anfang der lukanischen Geschichte zurückzukommen. "Als der Tag ... endlich da war" – ein datierbarer Tag? Kaum! Viele Propheten haben ihn erwartet, den *Tag des Herrn*. Es war ein Tag des Zorns und des Gerichts, ja, sogar der Zerstörung und Rache über die Gottlosigkeit der Menschen.

Tritojesaja hat ihn als einen furchtbaren Tag geschildert; einen Tag, an dem das Feuer seine vernichtende Kraft erweist. Auffallend sind die Ähnlichkeiten zwischen der Feuervision des dritten Jesaja und der des Lukas.

Jesaja 66,15 ff:

V 15: Denn siehe, der Herr wird mit dem Feuer kommen und wie Sturmwind seine Wagen, daß er auslasse in Glut seinen Zorn und sein Schelten in Feuerflammen.

V 16: Ja, mit Feuer ... geht der Herr ins Gericht mit allem Fleisch.

V 18: Ich kenne ihre Werke und ihre Gedanken, und ich komme, zu versammeln *die Völker aller Zungen*, und sie werden kommen und meine Herrlichkeit sehen.

V 19: Ich werde ein *Zeichen* an ihnen tun und aus ihnen Entronnene an die Völker senden, ... die keine Kunde von mir gehört und meine Herrlichkeit niemals gesehen, und sie werden meine Herrlichkeit unter den Völkern verkündigen.

V 22 Denn wie der neue Himmel und die neue Erde, die ich schaffen will, vor mir bestehen werden, spricht der Herr, so wird euer Geschlecht und euer Name bestehen bleiben.

Nun liegt aber Lukas daran, aufzuzeigen, daß das Feuer, das Jesus Christus entzündet hat und das in seinem Namen weiterentzündet werden soll, anders wirkt, als es diese Tradition ausweist. Nicht Jesaja 66,15 ff läßt er deshalb den Petrus zitieren, sondern eine Vision vom Tag des Herrn aus Joel 2. Auch bei ihm ist dies ein großer Tag mit Feuer und Rauchqualm, aber seine Wirkungen sind positiv und schöpferisch. Söhne *und* Töchter, Junge *und* Alte, Knechte *und* Mägde werden verändert werden und neue Fähigkeiten gewinnen.

Kein von Menschenhand entzündetes Feuer kann das bewirken. Es ist Gottes Feuer. Um das deutlich zu machen, hat Lukas in seiner symbolischen Vision etwas anderes gesehen, als wir sehen würden, wenn wir Feuer betrachten. Wir kennen Feuerbrände, die von der Erde aufsteigen, deren Flammen emporzüngeln. Lukas sieht ein Feuer, das von oben, von Gottes Herrlichkeit her, kommt. Seine Feuerzungen reichen herab bis zu den Menschen und erreichen sie. Gottes feuriger Geist entzündet Geist und Herz der Menschen. Niemals mehr kann dieses von Gott ausgehende Feuer menschlichen Zornesgluten und vernichtender Rache zum Verwechseln ähnlich sein. Nachdem Jesus "in der Mitte der Zeit" sein Feuer entzündet hat, hat es begonnen, anders zu brennen.[5]

Zweiter Teil der Predigt: Verwandelt ist der "Tag des Herrn", verwandelt ist das Feuer, verwandelt die Menschen. Verwandelt, weil bei Jesus Christus eine Verwandlung stattgefunden hat. Das legt Petrus nun im zweiten Teil seiner Predigt durch eine ausführliche Exegese zu Psalm 16,8-11 dar. Der Psalm arbeitet mit dem Kontrastsymbol der Höhe und Tiefe. Er spricht die Hoffnung aus, daß die Seele des Beters nicht im Totenreich, der tiefsten Tiefe, die denkbar ist, gelassen wird. Christus, so argumentiert Petrus, ist nicht in der Tiefe

---

5 Daß die Feuerflammen in der Apostelgeschichte von oben kommen und in unsere Welt "hinein züngeln", korrespondiert mit der Vorstellung vom "Ausgießen des Geistes aufs trockene Land" (vgl. Jes 44,3).

gescheitert – er wurde nicht im Tode belassen. Seine Tiefe wurde in Höhe verwandelt. Er wurde zur Rechten Gottes erhöht.

Durch und durch symbolisch ist auch diese Redeweise, wie aus den lukanischen Formulierungen hervorgeht. Wenn David diesen Psalm gesprochen hat – und davon geht Lukas gemäß der Überlieferung aus – dann ist er in bezug auf dessen Person nicht "realistisch" zu verstehen: David ist ja gestorben und begraben worden. Sein Grab ist zu besichtigen. Um so überwältigender ist das Christusgeschehen: Obwohl durch Wunder und Zeichen ausgewiesen, wurde er von Gesetzesbrechern ans Kreuz genagelt und ist zu Tode gekommen; dort in der Todestiefe blieb er nicht festgenagelt. Diese Rede bricht aus Petrus heraus, und sie wird – davon ist Lukas überzeugt – wie ein Flächenbrand sein, der sich nicht mehr eindämmen läßt. Er macht den Weg frei für das Leben und nicht für das Vernichtungsgericht.

Die Stichflamme im menschlichen Herzen (V 37-41)

Grell ist die scharfe Stichflamme, die aus der Dunkelheit hervorschießt – wie ein blankes Schwert, wie der gleißende Blitz. Sie lassen uns erschrecken. "Ein Stich ging ihnen durchs Herz" heißt es von den Hörern des Petrus. Ein Stich schmerzt. Schmerzhaft erkennen sie, wer sie sind und was sie getan haben. "Der Tag des Herrn" ist nicht der Katastrophentag, sondern der Tag der Wahrheit und der Klarheit in einem jeden Menschen. Vielleicht muß dieser Stich erst in einen Menschen hineinfahren, damit Gottes feuriger Geist "zünden" kann.

So ist Gottes Geist kein laues Lüftchen, sondern ein heißer Wind; kein kümmerliches Flämmchen, sondern ein lohender Brand. Der Gott, der sich Mose im brennenden Dornbusch zeigt und seine Flammen nach den Jüngern ausstreckt, gießt seinen Geist, seinen feurigen Eifer, in die Herzen von Menschen. Leben in diesem Geist wird es nicht geben, ohne daß man sich bisweilen Finger und Zunge verbrennt. Hitzige Debatten – mögen sie noch so verpönt sein – mögen ein Zeichen sein, daß die Flamme noch nicht erloschen ist in uns. Die Gluthitze von Anfechtung und Widerstand – mögen sie in unserer Gesellschaft noch so selten sein – kann dieses Feuer Gottes nicht überwältigen.[6]

Gottes Geist hat viele Flammen (V 42-47; vgl. auch V 15)

Es bleibt die Frage, ob Lukas nicht noch ein letztes Feuer-Motiv aus dem Alten Testament in seiner Symbolgeschichte verwendet.

---

6 Zu den Überlegungen des letzten Absatzes wurde ich angeregt durch Ulf Schlüter, Dortmund/Villigst.

Ein Feuer mag mit einer einzigen Flamme beginnen. Seine Eigentümlichkeit besteht darin, daß es sich rasch zu einem Brandherd entwickelt mit unzähligen Flammen, die emporzüngeln. Niemand vermag mehr auszumachen, welche die erste war. So schildert Lukas auch die Entstehung der Urgemeinde. Einer tritt hervor, Petrus, und gibt mit seiner feurigen Rede die Initialzündung. von dem einen werden viele mitgerissen, so daß eine geistbewegte Gemeinde entsteht. Lukas kann auf diese Weise die Vorstellung von herausragenden Geistträgern sehr wohl verbinden mit der Vorstellung von der Gemeinde, die vom Geist getragen wird.

Wäre Petrus allein geblieben, so wäre es ihm ergangen wie Mose, der sich in einer bewegenden Szene vor Gott beklagt, daß er unerträgliche Last tragen muß: auf seinem Rücken die Last durch die Unterdrückung des Pharao, vor seiner Brust die Last eines ungehorsamen Volkes.[7] In der erwähnten Szene lodert Gottes Zorn auf über das Volk Israel, das gerade befreit, von der Gier nach den Konsumgütern Ägyptens beherrscht wird. Er verwandelt sich in ein produktive Kraft, in dem er auf die siebzig Ältesten herabfährt. Der feurige Geist, der auf Mose lag, wird auf sie verteilt, damit "sie mit ihm die Last des Volkes tragen und er sie nicht allein zu tragen hat" (zum Ganzen vgl. Num 11, bes. ab V. 10 ff). Mose gebietet dem nicht Einhalt, sondern sagt:

> "Wollte Gott, daß alle im Volk des Herrn Propheten wären, daß der Herr seinen Geist auf sie legte!" (Num 11,29b).

Dieser Wunsch des Mose ist "in den letzten Tagen" in Erfüllung gegangen; "Gottes Geist wird über alles Fleisch ausgegossen" (Apg 2,17 mit Zitat aus Joel 2). Das Feuer vom Himmel verteilt sich auf die vielen und sie teilen untereinander das Brot und alles, was sie besitzen. Aus den brennenden Herzen steigen Frohlocken und Gebete empor. Möglicherweise hat Lukas eine Entsprechung gesehen zwischen dem Brandherd, der von oben züngelnd seine Flammen auf den Häuptern der Jünger erscheinen ließ und dem Brandherd von unten, aus dem die Flammen der "Be"-geisterung nach oben stieg.

Konflikte gab es im Volk Israel, Konflikte gab es bald in der Urgemeinde. Aber wie Feuer sich in vielen Flamme teilt, so teilte sich der Geist Gottes vielen mit und verteilte so die Lasten, die zu tragen waren. Petrus war eingebunden in den Kreis der "Zwölf". Und zu dem Zwölferkreis der Apostel trat der "Siebenerkreis" der hellenistischen Evangelisten – jeder dieser Kreise ein loderndes Feuer, das viele erfaßte und begeisterte.

---

7 Vgl. dazu Das Symbol des Rückens, S. 251 f.

KONSEQUENZEN

Das Feuer – ein Phänomen, das sowohl aus dem Bereich der Natur als auch aus dem Bereich der Kultur kommt! Feuer – das ist eine Kraft, die zum Guten und zum Bösen wirken kann. Feuer – das ist ein Phänomen, dem der Mensch passiv ausgeliefert sein, und eine Kraft, die er aktiv gestalten kann. Eine Kraft mit ambivalenten Wirkungen!

Anthropologische Konsequenzen

Der biblische Durchgang hat bestätigt, was schon bei der Untersuchung der bildlichen Redewendungen unserer Umgangssprache zu Tage trat. Feuer – das ist ein Symbol, das viele Aspekte menschlichen Fühlens und menschlicher Leidenschaft zu beschreiben vermag. Es liegt in der Natur des Feuers, daß es sehr schnell umschlagen kann von gebändigter Kraft, die der Mensch beherrschen und schöpferisch einsetzen kann, zu zerstörerischer Gewalt, die unaufhaltsam um sich greift und außer Kontrolle gerät. Wohltuende Wärme und versengende Glut können ineinander übergehen. So ist es auch mit den leidenschaftlichen Gefühlen der Menschen. Verzehrender Eifer für eine "gute Sache" und eifernder Fanatismus, brennende Liebe und glühender Zorn liegen dicht beieinander.

Theologische Konsequenzen

Als Symbol vermag das Feuer die vielen Aspekte menschlichen Fühlens und menschlicher Leidenschaft unter dem Blickwinkel der Gottesfrage zu beleuchten. Versucht man, den theologischen Umgang mit dem Symbol zu systematisieren, dann scheint es drei Möglichkeiten zu geben:

a) Die Möglichkeit der Analogie: Gott ist *wie* Feuer, das ... Noch genauer: Gottes Eifer, Gottes Herrlichkeit, Gottes Liebe ... sind wie ... Jede Analogie kommt an ihre Grenze dort, wo Gott mit solchen Analogien vermenschlicht wird. Vermenschlicht ist er dann, wenn er Züge eines rachsüchtigen Machthabers erhält, der mit Feuer und Schwert unter den Menschen erscheint.

b) Die Möglichkeit des "ganz Anderen": Gottes Feuer ist *anders* als jedes menschliche Feuer. Es kann Menschen verwandeln, eine neue Kreatur schaffen; "unbrauchbare Werkzeuge" zu großen Aufgaben befähigen; verängstigte mutlose Menschen zu mutigen Zeugen machen. Anders ist der Schöpfer als das Geschöpf!

c) Die Möglichkeit des Konträren: Sein Feuereifer zur Rettung Unterdrückter steht dem Vernichtungs"feuer" menschlichen Größenwahnsinns entgegen. Gottes brennende Liebe und verzehrender Haß der Menschen untereinander sind wie "Feuer und Wasser"!

Pneumatologische Konsequenzen

Das Symbol des Feuers ist in besonderer Weise mit dem Heiligen Geist verknüpft und beschreibt sein Wirken im Menschen und durch den Menschen. Dieser Geist Gottes kommt über die Menschen wie die Macht des Feuers und wirkt in ihnen wie eine schöpferische Kraft. Er wirkt aber auch durch sie wie eine Flamme und vermag Realisationen des Geistes Gottes (bzw. des Geistes Jesu) hervorzubringen. Dieser Zusammenhang ist schon im Alten Testament angelegt, wo in Numeri 11 etwas ungelenk zwar, aber schon recht eindrücklich, Gottes aufloderndes Zornesfeuer (über diejenigen Israeliten, die sich nach dem Überfluß Ägyptens zurücksehnen und ihre Unfreiheit in Kauf nehmen würden) und Gottes brennendes Erbarmen (mit der Last, die Mose an Israel zu tragen hat), der auf Mose ruhende Geist Gottes und die Geistbegabung der 70 Ältesten thematisiert werden. Im Neuen Testament wird noch viel deutlicher der Geist, den "Jesus angezündet hat", zum Feuersturm, der über die Jünger kommt, und zugleich zur Flamme, die in ihnen brennt und durch sie wirkt. Im Symbol des Feuers wird die Relation von göttlichem und menschlichem Geist, von menschlichem Eigenanteil und göttlichem Fremdanteil beschreiben.

Exkurs 4: Bildhafte, metaphorische und symbolische Rede

Viele der Texte, die in den vorausgegangenen Kapiteln interpretiert wurden, werden in ihrem Symbolcharakter bestritten, manche Symbole als solche nicht anerkannt. Ein solches in Abredestellen kann von sehr unterschiedlichen Positionen her erfolgen.

Nach wie vor wird ein großer Teil der biblischen Überlieferung "historisch" gelesen. Man versteht sie als eine Sammlung von Geschichten, die tatsächlich geschehen sind und wenn auch nicht "ganz so wörtlich", dann wenigstens "im Kern". Daß Geschichten mit verkündigendem Charakter das Produkt eines kreativen und glaubenden Geistes sein können, ist nach wie vor für viele Menschen ein schwer erträglicher Gedanke. Die protestierende Einrede kann durch fundamentalistische Kreise erfolgen, für die die Dignität vieler Geschichten am Faktischen hängt. Daß auch solche Gläubigen genötigt sind, den garstigen Graben der Geschichte zu überspringen und daß sie sich bei diesem Tun auch einer Art Hermeneutik bedienen, sei nur ganz nebenbei erwähnt. Meist ist es eine mehr oder weniger unreflektierte Allegorese, die dann angewandt wird. Der protestierende Einwurf kann aber auch, erstaunlich genug, aus der Position der historisch-kritischen Exegese erfolgen. Sie ist einst mit der Frage nach Historizität oder Nichthistorizität an die biblischen Texte herangetreten. Mag sie auch die Quantitäten hinsichtlich des Faktischen anders gewichten als der nichtwissenschaftlich orientierte Fromme, es bleibt die gleiche Herangehensweise an die Überlieferung. Selbst an jenen Stellen, deren verkündigender Charakter nicht zu bestreiten ist, erlebt man eine standhafte Weigerung, sich einer symbolischen Deutung zu öffnen. Dank ihres wissenschaftlichen Anspruchs meint historisch-kritische Forschung, auch genauestens über das Weltbild und Weltverstehen der Verfasser biblischer Geschichten Bescheid zu wissen. In der Auseinandersetzung um Wundergeschichten wird dies besonders deutlich. Die Geschichte von der Tochter des Jairus und ihrer Erweckung oder die Geschichte von Lazarus in seinem Grab sind Geschichten von "real toten" Menschen und die Evangelisten haben einen Christus verkündigen wollen, der eben auch dieses kann: Tote zum Leben erwecken. Wird hier nicht etwas verwechselt? Die eigenen Prämissen und die Intentionen der biblischen Erzähler? Wie dem auch sei, der Einwand gegen eine symbolische Hermeneutik ist sowohl von fundamentalistischer wie von historisch-kritischer Seite abwertend: Eine "nur" symbolische Deutung wird zugunsten einer höher zu bewertenden "wörtlichen" Verstehensweise abgewehrt. Eine "nur" symbolische Auslegung wird zugunsten einer höher zu bewertenden "wissenschaftlich fundierten" Auslegung belächelt.

Welch ein Symbolbegriff liegt hier zugrunde? Einer symbolischen Sichtweise eignet, das ist doch wohl gemeint, ein geringeres Maß an Wirklichkeit.

Vielen der bislang erschlossenen Texte wird der Symbolcharakter aus ganz anderen Gründen bestritten. Sie seien "nur" bildlich, nur gleichnishaft oder nur metaphorisch zu verstehen, keineswegs aber symbolisch. Literaturwissenshaftler erheben zudem den Vorwurf der Ungenauigkeit im Umgang mit den literarischen Formen. Symbolisch ist etwas "ganz anderes", wird eingewandt. Zweierlei kann es sein: ein Zeichen, das voll einer numinosen Qualität ist und nur seinen Platz im Umgang mit dem Heiligen hat. Oder aber: Es muß so repräsentativ sein, daß es über unsere Welt hinausweist in die Transzendenz; es muß aber zugleich auch göttliches Sein abbilden und widerspiegeln. Dieses "nur" macht fast rat- und hilflos, weil dahinter – aus welcher Richtung auch immer es kommt – der versteckte Vorwurf des Defizitären herauszuhören ist. Dennoch soll der Versuch einer Antwort gewagt sein, der zugleich das in diesen Kapiteln entwickelte Symbolverständnis weiter abklären soll.

Das Verstehen biblischer Überlieferung wurde wesentlich bereichert durch die Beobachtungen und Erkenntnisse der redaktionsgeschichtlichen Forschung. An vielen Stellen dieser Untersuchung wird an sie angeknüpft. Die Redaktoren der umfangreichen Bücher des Alten Testaments oder die Evangelisten des Neuen Testaments waren nicht nur Sammler und Tradenten von umlaufenden mündlichen Überlieferungen. Sie haben diese Überlieferungen sehr überlegt gesichtet und geordnet; ja, dies ist das eigentlich überraschende: unter ein Leitmotiv oder einen Leitgedanken gestellt, dem u.U. auch Submotive zugeordnet werden. Vorgefundenes wurde oft im Sinne des Leitmotivs geändert. Hier sei an die beiden eindrücklichsten Beispiele erinnert: Das Evangelium des Matthäus, das vom Leitmotiv des Berges her durchgängig gestaltet ist, und im Gegenüber zum Motiv der Tiefe reflektiert wird. Es ist mit Händen zu greifen, daß es sich in keinem Fall um geografische Berge handelt, sondern um einen Gedanken, der dazu dient, eine bestimmte Wahrheit akzentuiert herauszustellen. Das Evangelium des Lukas samt der Apostelgeschichte sind konzipiert unter dem Leitmotiv des Weges, das sowohl Geschichtsabläufe als auch Erkenntnisprozesse strukturiert. Die Leitmotive haben Vorgefundenes nicht nur akzentuiert, sondern auch Innovationen hervorgebracht. Aus den Leitgedanken heraus wurden sprachschöpferisch beispielsweise Tiefen- und

Höhengeschichten oder Wegegeschichten entwickelt. Aber auch dies ist möglich: Die gleiche Geschichte wird neu erzählt, das gleiche Symbol verwandt, aber dennoch in veränderter Bedeutung; so beim Symbol "Feuer". Dies alles sind kreative Schöpfungen des menschlichen Geistes. Allerdings würde nicht ein einziger Verfasser biblischer Geschichten behaupten, dies sei aus seinem Eigensten heraus geschehen. Solche Entdeckungen und Schöpfungen werden immer als solche verstanden, die Menschen "widerfahren" sind.

Ist dieses innerbiblische Geschehen erst einmal erkannt, dann wird die literaturwissenschaftliche Unterscheidung zwischen Bildwort, Metapher und Symbol zur zweitrangigen Frage. So trennscharf der Unterschied zwischen mythologischer und symbolischer Rede ist, so fließend sind die Übergänge der literarischen Formen. Es ist Tatsache, daß Bildworte oder Metaphern Stützfunktion für das Symbol haben. Sie werden ihm dienstbar gemacht.

Nun zum entscheidenden Punkt: Wann wird das Leitmotiv zum Symbol? Wo ist die bildhafte Ebene verlassen zugunsten einer symbolischen Ebene? Meines Erachtens ist dies dann der Fall, wenn folgende Fäden zusammengeführt und miteinander verknotet werden: Aus einem realen Phänomen wird ein "Bild", das dazu dient, einen anthropologischen Sachverhalt auszusagen. Das gleiche "Bild", das eine menschliche Erfahrung beschreibt, dient dazu, eine theologische Aussage zumachen. Wenn ein und dasselbe "Bild" die Frage nach dem Menschen mit der Frage nach Gott (nach dem Christus, dem Heiligen Geist) verknüpft, liegt ein Symbol vor. Es beschreibt Erfahrungswirklichkeit und stellt Erfahrungen unter die deutende und wertende Gotteswirklichkeit. Diese Gotteswirklichkeit kann sein "wie" eine menschliche Erfahrung; sie kann sich unterscheiden von gemachten menschlichen Erfahrungen; sie kann im Widerspruch zu ihnen stehen.

Diesen Ausführungen ist noch ein weiterer Punkt hinzuzufügen, der zeigt, daß die biblische Überlieferung nicht nur ein anderes Geschichtsverständnis als das des historischen Positivismus des vergangenen Jahrhunderts hat, sondern auch ein anderes Wirklichkeitsverständnis als das des platonischen Dualismus. Die biblischen Symbole werden gewonnen aus Beobachtungen und Begegnungen der Realität; gemeint ist hier die Objektrealität, die Außenwelt, die uns umgibt. Was nicht in dieser Realität vorgekommen ist, kann nicht zum Symbol werden, genausowenig wie etwas geträumt werden kann, was nicht erlebt wurde. Die Realitätsbilder stehen aber im Symbolzusammenhang für eine andere, eine Erfahrungswirklichkeit, die das Individuum oder eine Gemeinschaft erleben. Auch diese, gerade diese Erfahrungswirklichkeit bedarf der deutenden Bewältigung, in dem sie sich der Wirklichkeit Gottes aussetzt. Vermerkt sei noch: Wenn dieser Prozeß – von einer Wirklichkeit zur anderen – durchlaufen ist, dann kann sich – möglicherweise – auch eine neue Sicht der Objektrealität ergeben, die "Weltsicht" sich verändern. Diese Betrachtungsweise hätte den Vorteil, daß die Wirklichkeit immer wieder zu einer Ganzheit sich verbindet. Wer sich des Arguments bedient, eine "nur" symbolische Betrachtungsweise werde den biblischen Texten nicht gerecht oder biblische Geschichten seien "nur" bildhaft zu verstehen, hat – weder im einen noch im anderen Fall – den Dualismus überwunden. Im ersten Fall trachtet man danach, das "Leibhafte", das "Konkrete" und das "Reale" zu betonen gegenüber einem weltflüchtigen Platonismus, der die göttliche Welt der Ideen (und die Symbole sind Repräsentanten dieses Göttlichen) höher wertet und danach trachtet, ihrer teilhaftig zu werden. Verständlich ist dies auf dem Hintergrund der Wirkungsgeschichte des Platonismus in der Geschichte der Kirche. Im zweiten Fall sieht man in biblischen Geschichten nur etwas Vorläufiges, eben nur Bilder, die auf das Eigentliche, die Symbole mit ihrer numinosen oder göttlichen Dignität verweisen.

Eine alttestamentliche Symbolgeschichte vom Feuer (Ex 3 und 4)

Der brennende Dornbusch – eine symbolische Vision, wie sie der Jahwist sieht

Einleitung (Ex 3,1-4a)

Mose aber hütete die Schafe seines Schwiegervaters Jethro, des Priesters der Midianiter. Einst trieb er die Schafe über die Steppe hinaus und kam an den Gottesberg, den Horeb. Und der Engel des Herrn erschien ihm in einer Feuerflamme, die aus dem Dornbusch hervorschlug. Und als er *hinsah, siehe,* da brannte der Busch im Feuer, aber der Busch wurde nicht verzehrt. Da dachte Mose: Ich will doch hinübergehen und diese wunderbare Erscheinung ansehen, warum der Dornbusch nicht *verbrennt.* Und der Herr *sah,* daß er herüberkam, um *nachzusehen.*

Rufen und sich vorstellen
(Ex 3,4b und 6)

(Und Gott rief ihm aus dem Dornbusch zu:)
Mose! Mose!
(Dann sprach er)
Ich bin der Gott
deines Vaters, der Gott Abrahams,
der Gott Isaaks und der Gott Jakobs.

Die Antwort des Mose
(Ex 3,4b)

(Er anwortete:)
Hier b i n i c h!

Begründen und senden
(Ex 3,9 und 10)

Nun ist das Schreien der Israeliten zu mir
gedrungen; ich habe auch gesehen, wie hart die
Ägypter sie bedrücken.
Wohlan, so will ich dich denn zum Pharao
senden, daß du mein Volk, die Israeliten, aus
Ägypten führst!

Die Weigerung

Erster Einwand des Mose
(Ex 3,11)

W e r b i n i c h,
daß ich zum Pharao gehen und die Israeliten
aus Ägypten führen sollte?

Die Verheißung Jahwes
(Ex 3,12 und 15)

I c h werde m i t d i r sein! So sollst du zu
den Israeliten sagen: Jahwe, der Gott eurer
Väger, der Gott Abrahams, der Gott Isaaks
und der Gott Jakobs hat mich zu euch gesandt.

Zweiter Einwand
(Ex 4,1)

Wenn aber die Israeliten mir nicht glauben und
nicht auf mich hören wollen, sondern sagen:
'Der Herr ist dir nicht erschienen ...!'?

Zwei Zeichen

a) "Wirf den Stab weg!" (Ex 4,2-5)
Der weggeworfene Hirtenstab wird zur
Schlange.

b) "Steck doch deine Hand in den Busen!"
(Ex 4,6-8)
Die versteckte Hand wird aussätzig.

Dritter Einwand des Mose
(Ex 4,10)

Ach, Herr, i c h b i n k e i n beredter Mann. Ich
war es von jeher nicht und bin es auch jetzt
nicht, seitdem du mit deinem Knecht redest,
sondern schwerfällig ist mein Mund und meine
Zunge.

Die Infragestellung durch Jahwe
(Ex 4,11-12)

Wer hat dem Menschen den Mund geschaffen?
Oder wer macht ihn stumm oder taub oder
sehend oder blind?
B i n n i c h t i c h e s, der Herr?
So geh nun hin:
Ich will mit deinem Mund sein
und dich lehren, was du sagen sollst!

(Und Mose findet keine Worte mehr.)

Der brennende Dornbusch – eine symbolische Vision, wie sie die Priesterschrift sieht

Einleitung (Ex 3,1-4a)

Mose aber hütete die Schafe seines Schwiegervaters Jethro, des Priesters der Midianiter. Einst trieb er die Schafe über die Steppe hinaus und kam an den Gottesberg, den Horeb. Und der Engel des Herrn erschien ihm in einer Feuerflamme, die aus dem Dornbusch hervorschlug. Und als er hinsah, siehe, da brannte der Busch im Feuer, aber der Busch wurde nicht verzehrt. Da dachte Mose: Ich will doch hinübergehen und diese wunderbare Erscheinung ansehen, warum der Dornbusch nicht *ver*brennt. Und der Herr sah, daß er herüberlam, um nachzusehen.

Gottes heiliger Ort (Ex 3,5.7.8)

(Da sprach er)
Tritt nicht heran!
Ziehe die Schuhe von den Füßen;
denn die Stätte, darauf du stehst,
ist heiliges Land!
(Und der Herr sprach)
Ich habe das Elend meines Volkes in Ägypten wohl gesehen, und ihr Schreien über ihre Treiber habe ich gehört; ja, ich kenne ihre Leiden. Darum bin ich *herniedergestiegen*, sie aus der Gewalt der Ägypter zu erretten und sie aus jenem Land hinauszuführen in ein schönes, weites Land, in ein Land, wo Milch und Honig fließt, in das Gebiet der Kanaaniter, Hethiter, Amoriter, Pheresiter, Hewiter und Jebusiter.

Die Ehrfurcht des Mose (Ex 3,6b)

Da verhüllte Mose sein Antlitz; denn er fürchtete sich, Gott anzuschauen.

Die Nachfrage des Mose (Ex 3,13)

(Da sprach Mose zu Gott)
Siehe, wenn ich nun zu den Israeliten komme und ihnen sage: 'Der Gott eurer Väter hat mich zu euch gesandt' und wenn sie mich fragen: 'Welches ist sein Name?' – was soll ich antworten?

*Gottes Offenbarung
(Ex 4,14 und 15b)*

(Und Gott sprach zu Mose)
ICH BIN, DER ICH BIN, so sollst du zu den Israeliten sagen: Der "ICH BIN" hat mich zu euch gesandt. Das ist mein Name ewiglich, und so will ich angerufen sein von Geschlecht zu Geschlecht.

Die Beauftragung des Mose (Ex 3,16 bis 22)

Gehe und versammle die Ältesten Israels und sprich zu ihnen: Jahwe, der Gott eurer Väter, ist mir erschienen ... und hat gesagt: Ich habe achtgehabt auf euch und auf das, was euch in Ägypten widerfahren ist. Da beschloß ich, euch aus Ägypten herauszuführen in das Land der Kanaaniter, Hethiter, Amoriter, Pheresiter, Hewiter und Jebusiter, in ein Land, wo Milch und Honig fließen. Und sie werden auf dich hören. Du aber sollst mit den Ältesten Israels zum *König* von *Ägypten* hineingehen, und ihr sollt zu ihm sagen: Der Herr, der Gott der Hebräer, ist uns begegnet. So laß uns nun drei Tagereisen weit in die Wüste ziehen, daß wir dem Herrn, unserm Gott, opfern. Aber ich weiß, daß euch der König von Ägypten nicht wird ziehen lassen, es sei denn, er werde gezwungen. Darum werde ich meine Hand ausstrecken und Ägypten mit allen Wundertaten schlagen, die ich darin tun werde. Danach wird er euch ziehen lassen ...

Wunderzeichen (Ex 4,9)

Wenn die Ägpter nicht hören wollen, dann wird Wasser aus dem Nil zu Blut werden.

Der Widerwillen des Mose (Ex 4,13)

Ach Herr, sende doch, wen du senden willst!

Der Zorn Gottes (Ex 4,14-17)

Da ward der Herrn zornig über Mose und sprach: Ist denn nicht dein Bruder Aaron da, der Levit? Ich weiß, daß er beredt ist. Sieh, schon ist er im Begriffe, dir entgegenzugehen, und wenn er dich sieht, wird er sich von Herzen freuen. Rede also mit ihm, und lege ihm die Worte in den Mund; ich aber will mit deinem und mit seinem Mund sein und euch lehren, was ihr tun sollt. Er soll für dich zum Volk reden und dein Mund sein, und du sollst ihm an Gottes Statt sein. Und diesen Stab nimm zur Hand, damit sollst du die Zeichen tun.

Eine neutestamentliche Symbolgeschichte vom Feuer

Züngelnde Feuerflammen auf menschlichen Köpfen – eine symbolische Vision,
wie Lukas sie beschreibt (Apg 2)

Ein Feuer bricht aus (Apg 2,1-4)

Und als der Tag des Pfingstfestes endlich da war, waren sie alle an einem Ort beisammen.
Und plötzlich entstand vom Himmel her ein Brausen, wie wenn ein gewaltiger Wind
daherführt, und erfüllte das ganze Haus, worin sie saßen. Und es erschienen ihnen *Zungen*,
die sich zerteilten, wie von *Feuer*, und es setzte sich auf jeden unter ihnen. Und sie wurden
alle mit dem heilen *Geist* erfüllt und fingen an, in *anderen Zungen* zu reden, wie der Geist
ihnen gab auszusprechen.

Das Erstaunen (Apg 2,5-12)

In Jerusalem aber wohnten Juden, gottesfürchtige Männer aus jedem Volk unter dem
Himmel. Als aber dieses Getöse sich erhob, lief die Menge zusammen, und sie wurde
verwirrt; denn jeder hörte sie *in seiner eigenen Sprache reden*. Es erstaunten aber alle,
verwunderten sich und sagten: Siehe, sind nicht alle, die hier reden, Galiläer? Und wie hören
wird, jeder in *seiner eigenen Sprache*, in der er geboren ist: Parther und Meder und Elamiter
und die, welche Mesopotamien, Judäa und Kappadozien, Pontus und Asia, Phrygien und
Pamphylien, Ägypten und die Gebiete Libyens bei Cyrene bewohnen, und die hier weilenden
Juden und Judengenossen, Kreter und Araber – wir hören sie *in unseren Zungen* von den
großen Taten Gottes reden. Sie erstaunten aber alle und waren ratlos und sagten einer zum
anderen: Was soll das bedeuten? Andere aber spotteten und sagten: Sie sind voll süßen
Weins!

Ein feuriger Geist entflammt zu feuriger Rede (Apg 2,14-36)

Da trat Petrus mit den Elfen auf, erhob seine Stimme und redete sie an: Ihr jüdischen Männer
und ihr alle, die ihr Jerusalem bewohnt! Das sei euch kundgetan – und hört auf meine
Stimme! – denn nicht sind diese, wie ihr annehmt, betrunken (Es ist ja erst die dritte Stunde
des Tages!), sondern hier erfüllt sich, was durch den Propheten Joel gesprochen worden ist:

> "Und es wird geschehen in den letzten Tagen" – spricht Gott – "da werde ich ausgießen von meinem Geist über alles Fleisch, und eure Söhne und eure Töchter werden weissagen, und eure Jünglinge werden Gesichte sehen, und eure Greise werden Träume träumen. Ja, auch über meine Knechte und über meine Mägde werde ich in jenen Tagen von meinem Geist ausgießen", und sie werden weissagen. "Und ich werde Wunder tun oben am Himmel und Zeichen unten auf der Erde, Blut und Feuer und Rauchqualm. Die Sonne wird sich in Finsternis wandeln und der Mond in Blut, ehe der große und herrliche Tag des Herrn kommt. Und es wird geschehen: Jeder, der den Namen des Herrn anruft, wird *gerettet* werden."

Ihr israelitischen Männer, höret diese Worte: Jesus, den Nazoräer, einen Mann, der von Gott vor euch beglaubigt worden ist durch machtvolle Tagen und Wunder und Zeichen, die Gott durch ihn in eurer Mitte getan hat, wie ihr selbst wißt, diesen, der nach Gottes festgesetztem Ratschluß und Vorsatz dahingegeben worden war, habt ihr durch die Hand der Gesetzlosen (ans Kreuz) annageln und töten lassen. Und ihn hat Gott auferweckt, indem er die Wehen des Todes löste, wie es denn nicht möglich war, daß er von ihm festgehalten würde.

Denn David sagt mit Bezug auf ihn:

> "Ich sah den Herrn allezeit vor mir, denn er ist zu meiner Rechten, daß ich nicht wanke.
> Deshalb freut sich mein Herz und meine *Zunge* frohlockte; zudem wird aber auch mein Fleisch auf Hoffnung hin wohnen; denn du wirst meine Seele nicht dem Totenreich lassen und nicht zugeben, daß dein Heiliger die Verwesung sieht.
> Du hast mir die Wege des Lebens kundgetan;
> du wirst mich erfüllen mit Freude vor deinem Angesicht."

So möge nun das ganze Haus Israel mit Gewißheit erkennen, daß Gott ihn zum Herrn und Christus gemacht hat, diesen Jesus, den ihr gekreuzigt habt.

Die Stichflamme im menschlichen Herzen (Apg 2,37 f)

Als sie das hörten, ging ihnen *ein Stich durchs Herz,* und sie sagten zu Petrus und den übrigen Aposteln: Was sollen wir tun, ihr Brüder? Petrus aber sagte zu ihnen: Tut Buße, und jeder von euch lasse sich taufen auf den Namen Jesu Christi zur Vergebung eurer Sünden, so werdet ihr die Gabe des Heiligen Geistes empfangen.

Die vierte Kategorie

Symbole, die dem Bereich der Kultur entnommen wurden

Was bleibt noch? Alles, was zu Kultur und Zivilisation des Menschen gehört! Es ist vielerlei: Was er schafft, was er benutzt, was er braucht zum täglichen Leben. Weil der Mensch es hervorbringt, bestimmt der Mensch die Qualität dieser Produkte, ihre Funktion, die Zielsetzung. Und er tut es sehr unterschiedlich – zum Schaden oder zum Nutzen. Das alles bestimmt auch den Symbolcharakter dieser "Hervorbringungen". Keines der anderen Symbole zeigt so viele Zwiespältigkeiten, so viele Ambivalenzen wie die in den folgenden Kapiteln exemplarisch dargestellten Symbole. Sie sind mehr als alle anderen Symbole von der Vergänglichkeit bedroht.

Kapitel 15:

Das Symbol des Brunnens

1. Der bedrohte Brunnen – die versiegende Quelle

Man wagt es kaum, dem "Brunnen" ein Kapitel zu widmen. Als reales Phänomen unserer Lebenswelt ist er in unserer Zeit vom Aussterben bedroht. Die Quelle, auf der er steht und die er schützt, bringt oft nicht mehr Leben, sondern Tod. Als Symbol wird er – dieser Vorgang geht Hand in Hand mit dem ersten – aus unserem Bewußtsein und unserer Sprache verdrängt – abgedrängt aus dem Alltäglichen in den Bereich der Träume und Sehnsüchte. Vielleicht wird ihm auch dort bald das Daseinsrecht verwehrt?

Verdrängt aus der Lebenswelt

Der "Brunnen vor dem Tore", der Brunnen in der Dorf- oder Stadtmitte, der Brunnen an oder in jedem Anwesen, seien es Bauernhof oder Haus, ist längst nicht mehr. Er entschwindet mehr und mehr aus der empirischen Wirklichkeit und damit aus dem Auge, das sie wahrnimmt. So wie viele Bäche zubetoniert und in den Untergrund verlegt wurden, so sind Brunnen beseitigt oder zugeschüttet, nicht mehr zugänglich oder ihrer Quelle beraubt. Sie sind kein lebensnotwendiger Gebrauchsgegenstand mehr in der Welt der Überzivilisation und des High Tech. Wasser kommt durch Rohre und Wasserhähne, durch Brausen und Schläuche. Mühsam wird es in Kläranlagen gereinigt.

Geblieben sind Brunnen ab und an als Erbstücke der Geschichte. Sofern der Mensch sich noch nicht an ihnen vergriffen hat, wurden sie als erhaltenswerte Bauwerke wiederentdeckt und restauriert. Grauenhaft aber ist oft die Brühe in ihnen, die sich Wasser nennt, voller Unrat das Becken, in dem es steht.

Gelegentlich werden Brunnen neu geschaffen als Zierde und von Künstlerhand, um Anlagen und Plätze zu verschönern, um Betonwüsten und Wohnsilos wieder bewohnbarer und lebenswerter zu machen.

Es ist keine Frage: Weit entfernt ist diese Lebenswirklichkeit von jener in anderen Teilen der Erde, wo Brunnen für unzählige Menschen mehr zum Überleben beitragen würden als kostspielige Staudammprojekte.

Verwiesen in die poetische Sprache

Lebendiger ist der Brunnen in der Sprachüberlieferung, vor allem in der Poetik von Märchen, von Gedichten, von Liedern. Zu bedenken bleibt: Wenn die Brunnen als Phänomen unserer realen Wirklichkeit an Bedeutung verlieren, dann ist auch die Brunnensymbolik der Poesie vom Nichtverstehen bedroht. Sie wird zu einem Bereich, der nur wenigen Menschen auf Anhieb zugänglich ist, ja, mühsam erst wieder erschlossen werden muß. Wird die Brunnensymbolik zur Idylle von Schöngeistern?

Dünn ist das Rinnsal der Bildworte um den Brunnen in unserer Umgangssprache – was die Quantität ihres Vorkommens betrifft. Diese Umgangssprache schöpft aus den verschiedenen Gestalten, die Brunnen haben können; sie erwächst aus den Charakteristika, die einen Brunnen ausmachen.

Dicht ist jedoch die Symbolik des Brunnens. Sie rührt an die Tiefen der Existenz. Von daher bezieht sie ihre Qualität.

Unsere Umgangssprache rührt an die Tiefe des Brunnens

Wer Brunnen sagt, kann an den Springbrunnen denken, dessen Wasser aus der Tiefe aufsteigend, in Fontänen nach oben sprudelt, wieder herabsprüht, über Steine oder Schalen quillt, als könne er nie aufhören. Er vermittelt so den Eindruck nie versiegender Fülle und Frische.

Wer Brunnen sagt, kann an Brunnentröge denken, die von einer immer fließenden Wasserquelle gespeist werden. Sie laden ein, verschwitzte Hände und einen durstigen Mund zu kühlen, Schmutz abzuspülen und Frische in sich hineinzutrinken.

Wer Brunnen sagt, kann an runde Steineinfassungen denken, auf deren Rand man sitzt und hinabblickt auf den Wasserspiegel. Wer das kostbare Naß für sich haben möchte, muß es aus der Tiefe schöpfen, vielleicht sogar hinabsteigen und von dort heraufholen.

Nur noch wenige Brunnen gibt es, vor deren Wasser nicht gewarnt wird. Frische, Reinheit und Kühle sind ihnen kaum noch eigen. Unsere Sprache zeigt, daß dies einmal ganz anders war. Die symbolische Brunnensprache deckt – ist sie einmal zum Leben erweckt – eine Sehnsucht auf nach etwas, was war, nicht mehr ist, aber wieder sein sollte.

Brunnen und Wasser gehören zusammen; sei es, daß der Brunnen es in seiner Tiefe birgt, sei es, daß er es aus der Tiefe aufsteigen läßt, sei es, daß wir uns in die Tiefe bemühen müssen, um zu schöpfen, was er zu schenken hat. Das Wasser des Brunnens ist Quellwasser im wörtlichen wie im übertragenen Sinn. Die reale Quelle läßt frisches, lebendiges, nicht abgestandenes, totes Wasser aus der Tiefe der Erde hervorsprudeln. "Quelle" steht aber auch bildlich gesprochen für Ursprung. Wenn Menschen "ad fontes" gerufen werden, dann sollen sie zu den Ursprüngen zurückkehren und dort nach Sinn suchen. Unsere Sprache kennt Gesundbrunnen, Jungbrunnen, Heilbrunnen. Quellwasser enthalten oft wertvolle Mineralien, denen man Heilkraft zuschrieb. "Brunnenkuren" wurden empfohlen zur Wiederherstellung der Gesundheit. Hinter diesem Tun steckt eine viel ältere Sehnsucht, eine Hoffnung auf mehr als physische Genesung. Hinter dem "Jungbrunnen" und dem "Gesundbrunnen" verbirgt sich die Sehnsucht nach ewiger Jugend, nach ewiger Gesundheit, ja, nach ewigem Leben überhaupt. Die poetische Wortbildung "Lebensborn" macht dies deutlich, trotz ihres fatalen Mißbrauchs im Dritten Reich. Dort diente sie als Bezeichnung für jene Institution, in der Männer und Frauen mit sog. germanischen Rassemerkmalen zur Zeugung und Zucht "erbgesunden Nachwuchses" zusammengeführt wurden. Das ist im Rahmen der dahinterstehenden Ideologie konsequent, wenn man bedenkt, daß der Traum vom tausendjährigen Reich auf jenem Zauberbrunnen der unerschöpflichen Rasse beruhte.

Dem Brunnen, seinem Quell-Wasser und seiner Tiefe korrespondieren der Durst des Menschen, das Trinken und Tränken von Tieren. Hunger kann der Mensch über längere Zeit hin aushalten, Durst nicht. Er wird unerträglich in der Wüste, unerträglich im Gefängnis, unerträglich im Krankenhaus, bei großer Anstrengung und bei menschenunwürdiger Folter. Durst ist wie ein Brand, der "gelöscht" werden muß. Ein verdurstender Mensch trinkt in großen Zügen, als ob er das lebensnotwendige Wasser in unauslotbare Tiefen verschwinden lassen könnte.

Durst ist ein reales und physisches Bedürfnis des Menschen; Durst ist symbolisch ein seelisches und geistiges Bedürfnis des Menschen. Brunnen und Durst stehen symbolisch für die unauslöschliche Sehnsucht nach Ursprung und Tiefe, nach Fülle und Dauer, nach unverfälschter Reinheit.

"Brunnenvergiftung" galt als furchtbares Verbrechen. Wer es beging, machte aus lebensspendendem Wasser ein tödliches Gift. Wer dem anderen Brunnenvergiftung vorwirft, bezichtigt ihn, die wichtigste Quelle des menschlichen

Zusammenlebens zu zerstören: das Vertrauen. Wer in feindseliger Absicht "Brunnen zuschüttet", schneidet andere von der Wasserquelle ab; sie ist oft Lebensquelle. Ist es denkbar, daß Menschen auch in sich selber "Tiefen verschütten", die sie notwendig brauchen, wenn sie nicht Schaden nehmen wollen?

2. Brunnen an den Wegstationen Israels

Brunnen gehören in das Umfeld der Kontrastsymbole FÜLLE und MANGEL, WASSER und DÜRRE, WEIDE (AUE) und WÜSTE.

Kommen die großen Kontrastsymbole aus dem Bereich der Natur, so sind die Brunnen Ausdruck kulturellen Schaffens des Menschen. Bezeichnenderweise befinden sich viele der biblischen Brunnen im "Osten".

Auf der Schwelle zwischen Kulturland und Wüste mußten die Brunnen oft tief, sehr tief gegraben werden, bis man an Grundwasser gelangte. Waren die Bemühungen erfolgreich, dann hatte man eine Quelle frischen Wassers, von der man hoffte, daß sie nicht versiegen würde.

An den Brunnen fanden Begegnungen statt zwischen Wandernden und Seßhaften, zwischen Einheimischen und Fremden, zwischen Männern und Frauen. Erzählungen über Begegnungen am Brunnen sind gesättigt mit Lebenserfahrungen und voller Erkenntnisse, die aus diesen Erfahrungen für das Leben gezogen wurden. Durch die Sprache der Erzähler werden sie zu Begegnungen mit Tiefendimension. Das Alte Testament kennt Brunnengeschichten. Es sind erstaunlich oft Liebesgeschichten, aber nicht nur. Sie wirken wie Märchen, sind aber nicht "märchenhaft unwahr". An ihnen zeigt sich, daß menschliches Leben nicht nur in Dokumentationen und Reportagen eingefangen wird. Zwei Brunnengeschichten der Väterüberlieferung sollen betrachtet werden.

2.1 Eine Reise von Brunnen zu Brunnen

Eine alttestamentliche Liebesgeschichte
von Isaak und Rebekka (Gen 24)

Nach dem ersten Anschein geht es in diesem Kapitel um ganz reale Brunnen, die für umherziehende Nomaden von lebensnotwendiger Bedeutung waren. In der endlosen Wüste, bei stechender Sonne und heißen Winden mußte man lange suchen, bis man eine Quelle gefunden hatte. Man mußte *tief* graben und das Gefundene sichern. Die wenigen Brunnen waren bekannt, oft haben sie im Alten Testament sogar Namen. Hirten strebten mit ihren Herden dorthin.

Es gab, wie es überliefert ist (vgl. Gen 26,24-26), Streit unter den Hirten: Wer durfte zuerst und wie lange? Feindliche Stämme schütteten intakte Brunnen zu, schnitten den Gegner ab von der Wasserquelle und damit von der Lebensquelle. Für Menschen, die sich in Städten angesiedelt hatten, waren die "Brunnen vor dem Tor" nicht weniger lebenswichtig. In der Stadt Haran in Mesopotamien – Abraham kam von dort – gab es zum Beispiel einen solchen Brunnen. Nach des Tages Hitze ging man dort hinaus mit Schöpfgefäßen, um sich zu holen, was man brauchte. Meistens waren es Frauen, denen diese Aufgabe zufiel. Man traf sich. Man traf sich untereinander. Es kam aber auch zu Begegnungen mit Fremden, für die der Brunnen erste Anlaufstelle war, bevor sie in die Stadt hineingingen.

Wir erfahren es aus Geschichten der Bibel. Wir erfahren dies unter anderem auch, und wir erfahren *mehr*, weil die Erzähler dieser Geschichten *mehr* wollten. Sie wollten nicht nur Realität wiedergeben. Sie wollten noch eine ganz andere Dimension ergründen: die Dimension der Erfahrungen, die Menschen gemacht haben, und die Dimension der Erkenntnisse, die sie aus diesen Erfahrungen gezogen haben. Das leitende Interesse bei der Beschäftigung mit diesen Geschichten soll sein: Laßt uns ihre Erfahrungen mit unseren Erfahrungen vergleichen! Vielleicht sind sie gar nicht so fern voneinander? Vielleicht sind uns ihre Erkenntnisse dienlich, um zu eigenen Erkenntnissen über uns und Gott zu kommen?

Brunnen haben Charakteristika, die dazu dienten, menschliche Erfahrungen zur Sprache zu bringen. Wer sich in der biblischen Überlieferung auf Spurensuche begibt, merkt schnell: Hier wird nicht nur über Brunnen aus ferner Zeit erzählt, die längst nicht mehr existieren, sondern über Menschen. Ihre Schicksale werden an Brunnen verlegt und mit Brunnen in Verbindung gebracht. Auf einmal werden diese Menschen ganz nah.

Die klassische Exegese unserer Kommentare neigt dazu, die Bibel mit den Augen des Analytikers zu lesen. Sie legt die Texte gewissermaßen unter das Mikroskop und zerlegt sie in ihre Teile. Sie überlegt und forscht, welche dieser kleinsten Teile historisch wahrscheinlich sind und welche nicht. Die symbolische Exegese geht davon aus, daß irgendwann einmal aus diesen vielen Einzelteilen ein Ganzes geschaffen wurde und als Ganzes auf uns gekommen ist. Sie ist nicht vorrangig an der Frage interessiert. Was ist historisch? Sondern: Was macht Sinn? Sie geht davon aus, daß es in den Kapiteln und Büchern einen "roten Faden" gibt; daß Verknüpfungen geschaffen wurden, bis ein Erzählnetz gewoben war. Bei diesem erzählenden Gestalten spielen SYMBOLE eine nicht wegzudenkende Rolle. Und siehe da, in Gen 24 ist das ganz genauso! In orientalischer Breite wird dort – über 67 Verse hinweg – eine Geschichte erzählt. Auf einmal entdeckt man, daß *zwei Brunnen* eine entscheidende Rolle spielen, ja, die ganze Erzählung von daher ihren Sinn erhält.

Das Problem (V 1-9): Die richtige Frau finden

Die richtige Frau zu finden, den richtigen Mann zu finden – wer hätte das Problem nicht! Es läßt sich in dieser Geschichte präzisieren: Wie finde ich als Fremder unter den Einheimischen die Richtige? Wie finde ich sie unter Andersgläubigen? Wie kann eine Frau gefunden werden, die auch die Zustimmung, das Einverständnis von Vater und Mutter, findet? Um es kurz zu machen: Wie kann man es fügen, daß Abraham für seinen Sohn Isaak eine Frau findet? Oder muß man auf eine Fügung warten? Das war eine Frage, die nicht nur existentiell wichtig war, sondern auch theologisch brisant.

Mit Verheißungen war Abraham einst auf den Weg geschickt worden.

Die eine versprach ihm Nachkommen "so zahlreich wie die Sterne am Himmel" (Gen 15,4 f). Lange genug hatte es gedauert, bis auch nur *ein* Stern am Himmel Abrahams und Sarahs erschienen war. Bis ins hohe Alter hinein blieb ihnen der Nachkomme versagt. In orientalischer Übertreibung wird erzählt, Sarah sei sogar schon über das Klimakterium hinaus gewesen, als sie endlich doch schwanger und Isaak geboren wurde. Trotz aller Verheißungen sah sich Abraham genötigt, nach allen Regeln menschlicher Vorsicht Vorsorge zu treffen, damit sich nicht etwa bei seinem Sohn dieses unendliche Warten auf einen Nachkommen wiederholte, ja, vielleicht erst die Voraussetzungen für ein solches Warten gar nicht da waren. Wer die Geschichte in Genesis 24 geduldig durchschritten hat, wird entdeckt haben, daß dabei nicht nur die Erzväter, nicht nur die Männer wichtig waren, sondern auch die Erzmütter, die Frauen. Welch ein Teufel mag uns geritten haben, daß diese Frauen derartig vergessen wurden und ein Schattendasein in der Geschichte führen mußten?

Die andere Verheißung versprach anstelle des zu verlassenden Landes Mesopotamien "ein Land, das ich dir zeigen werde" (Gen 12,1). Nun aber war Abraham schon hochbetagt. Sarah, seine Frau, war bereits gestorben. Begraben konnte er sie in einer Grabhöhle auf dem Grundstück Machpela – dem heutigen Hebron gegenüber – mitten unter den Kanaanäern. Dieses Grundstück hatte Abraham durch einen ordnungsgemäßen Kaufvertrag erwerben können (vgl. Gen 23,19 f). Es waren die einzigen Quadratmeter, die ihm als Fremdem in diesem Land je gehört haben! Und jetzt der Beginn unserer Erzählung: Da ist ein Witwer, vielleicht schon gebrechlich, vielleicht schon auf dem Sterbebett! Wo sind die Enkel, wo das Stück Grund und Boden?

Dennoch: Eine Rückkehr auf dem Weg, den Gott ihn geschickt hatte, war undenkbar. Es gibt Wege, auf denen es kein Zurück mehr gibt – die Bibel schildert uns einige. Für Abraham gab es kein Zurück mehr. Auf keinen Fall sollte sein Sohn auf diesem Weg zurück. Da sei Gott vor! Aber eine vorübergehende Rückkehr? Eine Art Kurzbesuch in der alten Heimat, um für den Sohn eine Frau zu holen? Das ja! Ein Bote – der älteste Knecht im Hause – sollte sich auf die SUCHE machen, um zu FINDEN. Das will uns der Erzähler im folgenden präsentieren: eine Geschichte des SUCHENS und FINDENS. Einen Engel wird der Herr vor ihm hersenden – eine FÜHRUNGSGESCHICHTE erwartet uns. Einen Eid muß er leisten, damit alles so ausgeführt wird, wie Abraham es auch vor seinem Gott verantworten kann; einen Eid, bei dem er "die Hand unter Abrahams Hüfte legt". Das ist ein Euphemismus. Er muß seine Hand unter das Zeugungsorgan Abrahams legen; das war ein uraltes Ritual; hier aber ist es nicht ohne symbolische Pointe. Man kann, schon von der Einleitung her, die Geschichte ganz anders lesen, nämlich historisierend, und zu dem Schluß kommen: Da wird über den Kopf der Beteiligten hinweg eine Ehe arrangiert. Man könnte sagen: Da wird einer losgeschickt, dessen Kamele mit dem Einkaufspreis für eine Frau beladen sind. Man könnte sagen: Da wird aller Wert auf die Erhaltung einer Großfamilie gelegt, auch auf die Gefahr hin, daß Vetter und Kusine miteinander verbunden werden. Man könnte sagen: Die Geschlechtsgemeinschaft der Ehe mit dem Ziel "Erzeugung von Nachkommen" stehe im Vordergrund. Der Erzähler – dessen bin ich sicher – hat es ganz und gar nicht so gesehen. Er ist im Begriff, von einer Reise zu erzählen, auf der Fügungen und Führungen stattfinden, die man im Rückblick nur als Wunder bezeichnen kann. Menschliche Klugheit und Sichverlassen auf Gott sind hier ineinander verwoben. Und die soziale Gemeinschaft "Mann-Frau" wird eben nicht ohne Liebe gesehen. Der Erzähler ist im Begriff, uns eine Liebesgeschichte zu erzählen. Ich wüßte auch nicht, welches Recht wir hätten zu einem Negativurteil über diese Zeit, wo doch in unserer Zeit Sexualität zum Triebphänomen geworden ist und praktiziert wird ohne einen Gedanken an Liebe?

Die Hinreise (V 10-27)

Die Hinreise findet rasch und schnell statt; ein einziger Vers wird darauf verwendet. Der Abgesandte Abrahams ist an die QUELLE gelangt im doppelten Sinn:

    ganz real – die geschilderte Wasserquelle für Mensch und Tier befindet sich vor der Stadt Nahors;

    symbolisch – es ist die Quelle, an der der Bote nach der Frau für Isaak suchen muß.

Die Frauen kommen abends, nach der Hitze des Tages, mit ihren Schöpfgefäßen vor die Stadt. Der Fremde kann sie beobachten. Aber welche kommt in Betracht? Wird aus einer SUCHE ein FINDEN? Wird er – der Bote – seinen Auftrag glücklich ausführen können? Da helfen nur zwei Dinge: Gebet und handfeste Probe für die Frau! (V 11 ff) – eine Brunnenprobe, eine Probe, die mehr ergründen will als äußere Vorzüge.

Es gibt verschiedene Brunnen; es gibt auch Zisternen. Fangen wir bei den Zisternen an. Aus ihnen kommt kein frisches Wasser. Es sind Behälter, die mit Wasser aufgefüllt werden – für alle Fälle. Sie enthalten "stehendes", oft fauliges Wasser. Zisternen sind manchmal ausgetrocknet und dann nichts weiter als ein tiefes Loch, eine Grube, in die man fallen kann. In die Zisterne warf man Menschen, deren man sich entledigen wollte: Joseph wurde dies von seinen Brüdern angetan; Jeremia, den unbequemen Mahner, wollte man "im Abgrund verschwinden lassen". Mit "Zisterne" konnte man angstmachende, bedrohliche, ja todbringende Tiefe verbinden. Es gibt auch eine andere Tiefe, die positive. Wir sprechen von der Tiefendimension des Lebens. Paulus spricht von der Tiefe des Reichtums und der Erkenntnis Gottes. Brunnen bergen in ihrer Tiefe Positives: die sprudelnde Quelle, das frische Wasser, das reine Wasser, das klare Wasser – so klar, daß Menschen sich darin spiegeln können. Es gibt verschiedene Brunnen, auch in Israel; solche, in die man sein Schöpfgefäß hinabläßt, und solche, in die man hinabsteigt. Die Frauen aus der mesopotamischen Stadt müssen hinabsteigen – auch das Mädchen Rebekka; Rebekka, bei der äußerlich alles stimmt: "Sie war sehr schön von Ansehen, eine Jungfrau; noch kein Mann hatte sie berührt" (V 16). Hat sie auch Tiefe? Das muß die Probe erbringen!

Rebekka steigt hinab in den Brunnen, und aus seiner Tiefe bringt sie einen randvoll gefüllten Krug. Auf die Bitte des Fremden gibt sie von der Fülle weiter, bis der Knecht seinen Durst gestillt hat. Freiwillig – so hat er es sich in seinem Inneren vorgestellt – bietet sie an, auch seine Kamele zu tränken. Wieder und wieder steigt sie in die Tiefe des Brunnens, und schöpft und schöpft, bis die Kamele satt zu trinken haben. Die Probe ist bestanden: Dieses Mädchen ist freundlich gegen Fremde, fürsorglich gegen Tiere; sie ist nicht geizig; nichts ist ihr zu viel. Damit ist für den Boten Abrahams der Auftrag noch nicht erledigt. "Er schaute verwundert dem Geschehen zu und *schwieg* stille, um zu erkennen, ob der Herr seine Reise habe gelingen lassen oder nicht" (V 21). Die Probe war letztlich eine ganz weltliche Probe, eine Initiative, die sich der Knecht ausgedacht hat. Aber ob das auch im Einklang mit Gottes Gedenken steht? Man spürt förmlich, wie dieser Mensch in sich hineinhorcht, um das zu erkennen. Wortlos schmückt er das Mädchen wie eine Braut: zwei Spangen für die Arme – aus

Gold, zehn Lot schwer (1 Lot = 16 Gramm) – und ein gewichtiger Verlobungs-ring, nicht für den Finger, sondern für die Nase! Jetzt noch die bange Frage: "Wessen Tochter bist du?" Er erfährt, was er vorher nicht wußte, aber erhoffte. Nur der Erzähler hatte es uns schon verraten: Dieses Mädchen ist aus der Fami-lie Abrahams. Wenn am Anfang, vor der Probe, ein Bittgebet gestanden hat, so jetzt ein Dankgebet. Wenn am Anfang gebetet wurde, "Gott möge den Auftrag *glücken* (!) lassen", so wird jetzt gedankt, "daß Gott wahrhaftig den Weg zum Haus des Bruders meines Herrn *geführt hat*". Ein glücklicher Zufall? Mehr als das! Eine Führung! Hat Gott den Abraham einst herausgeführt, so hat er jetzt dessen Beauftragten zurückgeführt, um die geeignete Ehefrau und die Mutter zukünftiger Geschlechter zu holen. Er wird sie dorthin führen, wohin er Abra-ham geführt hat. Dieser erste Brunnen auf der Reise hat also alles bereit ge-halten, was erhofft und erbetet worden ist.

Der Aufenthalt (V 28-54a)

Eigentlich ist alles schon entschieden – am Brunnen. Aber Abrahams Knecht kommt natürlich nicht ohne einen Aufenthalt im Haus der Verwandtschaft davon. Nachdem Rebekka gesagt hat, zu welcher Familie sie gehört (V 25), spricht sie keine direkte Einladung aus, eher eine Ermutigung: "Wir haben Stroh und Futter die Fülle und auch Platz zum Übernachten" (ebd.). Rebekka geht nach Hause und erzählt der Mutter, was ihr widerfahren ist. Auch Laban, ihr Bruder, sieht den Brautschmuck und lauscht der Erzählung seiner Schwe-ster. Dieser schlaue Fuchs wird uns noch einmal begegnen. Er wittert offen-sichtlich die Chance, seine Schwester günstig unter die Haube zu bringen. Er geht hinaus zum Brunnen und bittet herein ins Haus. Den ihm Fremden redet er mit "Gesegneter des Herrn" an. Bewußt oder unbewußt? Soll es heißen, hier bringt jemand den Segen ins Haus, mit dem einst Abraham auf den Weg geschickt worden war? Nun verläuft alles nach Sitte und Ordnung: Die Tiere werden abgezäumt, sie werden gefüttert; Wasser für die Menschen bereitge-stellt zum Füßewaschen, man setzt sich zum Essen. Man setzt sich, aber der Gast ist nicht bereit, sofort zu essen. Erst hat er sich seines Auftrags zu ent-ledigen. Und jetzt kommt eine Erzähltechnik ins Spiel: Alles, was vorher gewissermaßen objektiv, aus der Distanz und in der dritten Person erzählt wurde, kommt jetzt noch einmal aus dem Mund des Hauptakteurs als Ich-Erzählung – wortwörtlich. Das ist wichtig: die wunderbare Führung; das muß zweimal zu Gehör gebracht werden. Der Ich-Erzählung wird lediglich die Frage hinzugefügt, ob man bereit sei, "dem Herrn Huld und Treue zu erweisen" (ob Gott oder Abraham gemeint ist, bleibt offen!). Was sollen sie noch sagen, die da sitzen? "Das ist vom Herrn gefügt!" (V 50). Jetzt werden die Gastgeschenke (offensichtlich – und nicht der Kaufpreis!) an Rebekka, an die Mutter, an den Bruder verteilt. Dann erst wird gegessen, und zwar die Männer unter sich. Man ist sich einig geworden. Wer jedoch denkt, Rebekka sei einfach verhökert worden, irrt sich. Sie wird am nächsten Morgen herbeigeholt und ausdrücklich gefragt: "Willst du ...?" "Ja, ich will ..." sagt sie. Es klingt wie eine Trauformel.

Die Rückreise (V 54b-61)

Die tatsächliche Dauer des Aufenthalts (eine Nacht!) steht im umgekehrten Verhältnis zur Ausführlichkeit, mit der über ihn erzählt wird. So rasch wie er nach Syrien gelangt war, so rasch will der Beauftragte aufbrechen und zurückkehren. Keine Wartezeit, keine Reisevorbereitungen, keine Aussteuer! Auch Rebekka setzt sich über die Meinung ihrer Familie hinweg. Man könnte fast meinen, sie zieht ohne Wenn und Aber wie einst Abraham – was sie natürlich auszeichnen würde.

Wer noch immer denken sollte, die Gemeinschaft zwischen Mann und Frau sei nur als Wirtschaftsgemeinschaft gesehen oder als Geschlechtsgemeinschaft zur Erzeugung von Nachwuchs, irrt noch einmal. Ohne Liebe läuft hier nichts! Daß uns gerade von Isaak und Rebekka, von Jakob und Rahel, von Mose und Zippora Liebesgeschichten überliefert sind – wunderbare und tragische – sollte schon nachdenklich machen. *Diese* Liebesgeschichten sind Brunnengeschichten und es bewahrheitet sich der Satz: "Tief wie in einen Brunnen fällt die Liebe in die Herzen der Menschen". Auch wir sind noch nicht zu Ende. Die Geschichte hat ihren zweiten Höhepunkt – wiederum an einem Brunnen.

Die Begegnung (V 62-67)

Aus entgegengesetzter Richtung gehen zwei Menschen auf diesen zweiten Brunnen zu: ein Mann und eine Frau. Der Mann ist Isaak. In der Abendkühle geht er in Stück Wegs hinaus in die Steppe des Südlands, "um nachzusinnen" (V 63). Sein Ziel ist ein Brunnen, der sogar einen Namen hat: Lahai-Roi. Ohne es zu wissen, geht er seiner Braut entgegen. Denn, als er seine Augen aufhebt, sieht er die heranziehende Kamelkarawane. Auch in der entgegengesetzten Richtung hebt jemand die Augen auf: Rebekka. Ohne es zu wissen, war sie geradewegs ihrem Bräutigam entgegengezogen. Bemerkenswert sind zwei sprachliche Kleinigkeiten: Das Geradewegsaufeinanderzugehen zweier Menschen, ohne daß sie es zunächst wissen. Soll hier gesagt werden: Die beiden sind füreinander bestimmt? Und das fast gleichzeitige Aufheben der Augen.

Die Blicke müssen sich begegnen. Der Ausdruck "jemand hob seine Augen auf und sah" hat mit Erkennen zu tun. Beide erkennen sich gegenseitig? Ein drittes und letztes Mal wird alles erzählt, was geschehen ist (V 66). Der Abgesandte Abrahams erzählt es jetzt dem Isaak. Isaak nimmt Rebekka in sein Zelt, macht sie zu seiner Frau und "gewinnt sie lieb". Interessant ist dieses "liebgewinnen"; es umschreibt eine Form der Liebe, die wächst und wächst – immer tiefer wird. Man könnte fast denken: *Jetzt* beginnt Isaak hinabzusteigen in die Tiefe des Brunnens. Die kleine Notiz am Ende der Geschichte spricht Bände: Jetzt gelingt es Isaak, sich nach dem Tod seiner Mutter Sarah zu trösten: wachsende Liebe – wachsender Trost; den Tod zurücklassen – das Leben gewinnen.

So spannt sich der Erzählbogen von Brunnen zu Brunnen. Es ist keine Frage, daß sich ähnliche Motive auch in Märchen finden. Damit ist noch nicht viel gewonnen. Entscheidend ist, daß solche Geschichten eine je eigene Sinnspitze haben. Die biblischen Geschichten sagen so gut wie nie etwas *ohne* theologische Komponente.

Für *diese* Brunnengeschichte scheint mir das konfliktlose Ineinander charakteristisch zu sein: Da werden Entscheidungen über zwei Menschen gefällt, indem eine Ehe "angebahnt" wird durch andere. Zugleich wird aber durch beide selbst die Entscheidung (nach)vollzogen. Rebekka erscheint dabei fast die Aktivere zu sein. Sie gewinnt durch ihr freundlich-resolutes Verhalten den Abgesandten Abrahams für sich. Sie wird gefragt, ob sie aus ihrer Heimat wegziehen und zu dem für sie bestimmten Mann ziehen will. Sie stimmt zu. Sie setzt sich in Bezug auf Wartezeit und Abreisetermin über die Familie hinweg. Sie erspäht den Mann am Brunnen und ergreift sofort die erforderliche Maßnahme: Die jungfräuliche Braut verschleiert sich. Isaak ist in der gesamten Geschichte vollkommen stumm. Man könnte fast auf die Idee kommen, er müsse sich erst von einer starken Mutterbindung lösen. In der Geschichte gibt es keinen Widerspruch zwischen Fremdbestimmung und Eigenbestimmung. Die Liebe, die zwischen beide gefallen ist, läßt ihn gar nicht erst aufkommen. Solche Erfahrungen sind vielleicht nicht die Regel – die nächste Liebesgeschichte zeigt es – aber sie kommen vor. Das ist mehr als ein Glücksfall – das ist göttliche Führung.

Der Brunnen, Lahai-Roi, an dem sich Isaak und Rebekka begegnen, hat eine Vorgeschichte. Schon einmal, in Genesis 16, wird er erwähnt, und zwar namentlich. Dieses Kapitel der Bibel erzählt die Geschichte einer Notlösung. Abraham und Sarah versuchen, ihrer Kinderlosigkeit abzuhelfen und zugleich der Verheißung Gottes ein wenig nachzuhelfen.

Ihre Erfüllung ließ ja unendlich auf sich warten. Sarah gibt Abraham ihre Magd Hagar als Nebenfrau. Das war nicht unüblich. Lebendgeborene Kinder gehörten der Hauptfrau – eine frühe Form der Leihmutterschaft. Von vornherein wird erwähnt, daß Hagar Ägypterin (nicht Israelitin) ist. Sie wird schwanger, birst vor Stolz, blickt auf ihre unfruchtbare Herrin herab. Sarah ist verletzt, sie beschwert sich bei Abraham, der sich nach Männerart aus der Sache heraushält. Sarah behandelt die schwangere Magd sehr hart, so daß Hagar flieht – hinaus in die Wüste bis zu einer Wasserquelle. Dort entdeckt sie ein "Engel", spricht sie mit Namen an und fragt: WOHER kommst du, WOHIN gehst du? (Als ob er das nicht wüßte!). Der Weg weiter in die Wüste würde zu nichts führen; Hagar muß den Weg zurück! Dennoch erhält sie einen Trost (Gott hat gesehen, wie sie gelitten hat) und eine Verheißung (sie wird einen Sohn "Ismael" gebären). Nach dieser *Begegnung* gibt sie der Quelle einen Namen: Lahai-Roi; sie kommentiert den Namen: HIER HABE ICH DEM NACHGESCHAUT, DER MICH ERSCHAUT HAT.

So wie Mose und Elia dem Herrn nachschauen dürfen, so schaut auch Hagar dem nach, der sie zuvor gesehen bzw. erkannt hat. Schon durch seinen Namen ist also Lahai-Roi ein Ort der Begegnung und des wechselseitigen Erkennens. Freilich besteht zwischen Genesis 16 und 24 ein Verhältnis des Kontrastes und Überhöhung. Hagar war die ungeliebte Frau, ihr Sohn nicht der Vater zukünftiger Geschlechter Israels. Der Brunnen war ein Ort der Vertreibung und Flucht. Jetzt, eine Generation später, ist er Ort einer wunderbaren Zusammenführung. Rebekka ist die von ihrem Mann geliebte Frau. Sie wird den Träger der Verheißung gebären.

2.2 Ein verschlossener Brunnen wird geöffnet

Eine schicksalhafte Begegnung zweier Menschen:
Jakob und Rahel (Gen 28 - 35)

Auch dieser Brunnen ist zunächst ein ganz realer Brunnen. Er liegt im Osten; entweder am Ostrand des Kulturlandes oder östlich des Kulturlandes. Die Herden verschiedener Besitzer werden an ihn herangeführt und dort regelmäßig gegen Abend getränkt. Dieser Brunnen wurde mit einem schweren Stein verschlossen gehalten. Nur gemeinsam konnten ihn alle Hirten abheben. Man war gezwungen, aufeinander zu warten. Gerecht wurde dann das Wasser unter die Herden verteilt. Um diesen Brunnen wurde eine Geschichte gesponnen – eine symbolische. Es ist auch eine Liebesgeschichte – eine tragische diesmal. Ein Mann und eine Frau begegnen sich dort: Jakob, einer der Erzväter, und Rahel, eine der Erzmütter.

Das Problem (Gen 28,1-8)

Das Problem wird in diesem Fall schon im vorausliegenden Kapitel von der resoluten Rebekka artikuliert: "Mir ist das Leben verleidet ob der Hethiterinnen; wenn Jakob auch ein solches Weib nimmt, eine von den Töchtern der Hethiter, eine Einheimische, was soll mir das Leben?" (Gen 27,46). Isaak handelt wie sein Vater Abraham, nur beauftragt er nicht einen Boten, sondern seinen Sohn selbst. Er soll aus dem Land der Väter eine passende Frau holen. Was er für passend hält, sagt er wesentlich konkreter als einst Abraham: Es soll ein Mädchen aus der Familie Rebekkas, seiner eigenen Frau, es soll eine der Töchter Labans sein. Da ist er wieder: der Bruder seiner Frau, sein Schwager; ein Onkel seines Sohnes. Jakob soll sich also eine Kusine holen.

Der Anfang eines schwierigen Weges (Gen 28,10-22)
Gott erscheint in der Nacht – in Jakob wird es hell

Jakob, der Listige, Jakob, der seinen Bruder Esau um das Erstgeburtsrecht und den Segen des Vaters gebracht hat, muß sich selbst auf den Weg machen. *Diese* Hinreise läßt sich nicht in einem Vers erzählen. Schon jetzt deutet sich an: Das wird ein schwerer Weg werden, von dem so schnell keine Rückkehr zu erwarten ist wie bei dem Boten seines Großvaters Abraham. Da bedarf es einer besonderen Ermutigung, einer besonderen Verheißung gleich zu Beginn des Weges. In BETHEL übernachtet Jakob, "als die Sonne untergegangen war". In dieser Nacht geht gewissermaßen Gottes Licht auf: Jakob hat eine Vision. Er sieht eine Leiter, deren Spitze den Himmel berührt. Es kann auch eine Art Rampe sein, wie sie von den Göttertempeln bekannt ist. Engel gehen auf und nieder, bis auf einmal ER selbst, der Herr, am Fuße der Treppe, direkt vor Jakob steht. Er stellt sich vor, er wiederholt die alte Verheißung: Land und Nachkommen. Aber dann bekommt die Verheißung eine persönliche Zuspitzung: Der Herr will Jakob behüten und zurückbringen! Das genau ist es, was Jakob braucht: das Versprechen, daß er zurückkommt. Auch die Hörer und Leser dieser Geschichte sollen es wissen: Er wird zurückkommen, denn es wird ein langer Aufenthalt werden. Visionen haben mit Erleuchtung, mit Erkenntnis zu tun. Wem sie zuteil werden, in dem wird es hell, Jakob erkennt, daß der Herr an dieser Stätte ist. Jakob legt ein Gelübde ab. Wenn er wohlbehalten zurückkommt, wenn er Brot zu essen, wenn er Kleider anzuziehen hat, dann ... Noch ein kleiner Zug, der im weiteren eine Rolle spielen wird, sei benannt: Jakob richtet einen sogenannten Malstein auf. Dazu bedarf es fast übermenschlicher Kräfte! Wird er alles, was ihm bevorsteht, aus eigener Kraft meistern und zwingen? Welche Lasten wird er tragen müssen?

Die Ankunft am Brunnen (Gen 29,1-11)
Der Brunnen wird geöffnet

Jakob kommt bei einem Brunnen an, der oben schon geschildert wurde: ein Brunnen mitten auf dem Feld, Sammelpunkt für Hirten und Herden – ein verschlossener Brunnen, ein Brunnen mit einem großen Stein.

Es gibt auch hier wunderbare Zusammentreffen, man fühlt sich an Rebekkas Brunnen erinnert. Da kommen Leute aus Haran, die Laban kennen, den Onkel Jakobs. Noch wunderbarer: Da kommt sogar Rahel, die Tochter Labans. Sie erscheint erheblich emanzipierter als ihre zukünftige Schwiegermutter Rebekka. Sie – als Frau – ist Anführerin einer Schafherde! Jakob möchte nun unbedingt, daß Rahel eine Möglichkeit erhält, ihre Schafe zu tränken. Eine solche Bevorzugung lehnen die Hirten ab. Man muß warten, bis alle versammelt sind.

Als Jakob Rahel sieht, wachsen ihm wieder übermenschliche Kräfte zu. Alleine wälzt er den Stein von der Öffnung des Brunnens und tränkt für Rahel die Schafe. Er, der Mann, dient der Frau! Und dann: Über dem geöffneten Brunnen küßt er Rahel und weint vor Glück!

Nun müssen die weltlichen Dinge geregelt werden. Jakob hatte sich in eindeutiger Weise Rahel genähert ohne väterliche Erlaubnis. Rahel sagt jetzt ihrem Vater Laban Bescheid. Auch Jakob wird ins Haus geholt, aber nichts von "Du Gesegneter des Herrn!" wie bei dem Boten Abrahams, sondern ganz nüchtern: "Du bist von meinem Bein und Fleisch!" Das ist die im Alten Testament übliche Verwandtschaftsformel, mit der die Familienzugehörigkeit bestätigt wird. Ob alles, was noch kommen wird, mit einer Führung Jahwes zu tun hat ...? Das muß sich erst zeigen. Außerdem scheint Jakob nicht so vermögend zu sein, wie Abraham es war. Von Gastgeschenken ist nicht die Rede. Umsonst aber ist eine Tochter Labans nicht zu haben.

Der unvorhergesehene Aufenthalt (Gen 29-31)
Konflikte über Konflikte

Es wird ein langer Aufenthalt werden. Zwanzig Jahre sollte er dauern. Ein schicksalhafter Aufenthalt! Einen Brunnen hatte Jakob geöffnet. Was würde er alles bereithalten?

Jakob begibt sich in ein Dienstverhältnis zu Laban. Der Neffe wird abhängig vom Onkel. Umsonst soll er nicht arbeiten, nein, aber Laban verstand es, Nutzen aus der Abhängigkeit des Neffen zu ziehen. Jakob will sieben Jahre um Rahel dienen, die er liebt. Die Sache hat mehrere Haken. Zwei Töchter hat Laban. Beide will er versorgt wissen. Vor allem die ältere, Lea. Jakob hat sich ausgerechnet in die jüngere verliebt! Kein Wunder, denn Lea hat "matte Augen"

(Gen 29,17), und Rahel "war schön von Gestalt und schön von Angesicht" (ebd.). Sie hatte Jakob lieb (V 18). Um sie dient er sieben Jahre, und "sie kamen ihm vor wie ein paar Tage, so lieb hatte er sie" (V 20). Nach Ablauf der vereinbarten Zeit arrangiert Laban das Hochzeitsmahl und in der Nacht vollzieht sich das Drama, das fast zur Tragödie geraten wird. Lea, wahrscheinlich verschleiert, wird dem Jakob untergeschoben. Vom Betrug einmal abgesehen, hat das Ganze eine pikante Note. Jakob, der seinen blinden Vater arglistig getäuscht und ihm den Segen abgeluchst hatte, Jakob, der seinen Bruder um die Erbfolge gebracht hatte, wird nun so plump, so arglistig getäuscht! Zwar bekommt er nach der abgelaufenen Festwoche ganz formlos Rahel als Zweitfrau, aber er muß noch einmal sieben Jahre um sie dienen. Auch das tut er, denn "er hatte Rahel lieber als Lea" (28,30). Aber was spielt sich da ab zwischen diesen beiden Frauen, zwischen der ungeliebten Lea, die dem Mann Jakob aufgedrängt und untergeschoben worden war, und Rahel, der schönen und geliebten? Noch schlimmer: zwischen Lea, der fruchtbaren, die einen Sohn nach dem anderen gebärt, und Rahel, der zunächst unfruchtbar bleibenden? Abgebrüht wird nicht erzählt, was da an Konflikten vor sich geht. Von Schwangerschaft zu Schwangerschaft hofft Lea, "nun wird mich mein Mann liebhaben" (29,32 ff). Und daneben Rahel, neiderfüllt, eifersüchtig, bricht mit Jakob einen Streit vom Zaun: "Schaffe mir Kinder, wo nicht, so sterbe ich!" (30,1). Sie kann es nicht mehr ertragen ...!

Sie greift zu der schon einmal praktizierten Notlösung. Sie gibt Jakob ihre Magd Bilha. Zwei Söhne läßt sie von ihr austragen; sie gehören von Rechts wegen ihr, aber löst das ihr Problem? Lea hat eine Gebärpause. Hat sie keine Chance mehr? Sie greift zur gleichen Notlösung. Ihre Magd Silpa trägt zwei Söhne aus.

Das alles zieht sich hin. Leas ältester Sohn wächst heran, begreift offensichtlich, was da vor sich geht. Er bringt seiner Mutter vom Feld Liebesäpfel mit — eine die Gebärfähigkeit fördernde Frucht. Liebesäpfel für Lea, die Rahel unbedingt in ihren Besitz bringen will. Sie handelt um sie wie einst ihr Mann Jakob für ein Linsengericht um den Segen Isaaks. Die beiden stehen sich in nichts nach. Da muß nicht nur erotische Anziehungskraft, da muß auch eine Seelenverwandtschaft bestanden haben! Die Liebesäpfel werden an Rahel abgetreten, und Lea erkauft sich so einige Nächte mit Jakob. Sie wird noch einmal schwanger und bringt einen fünften und sechsten Sohn zur Welt. Und wieder flammt Hoffnung in ihr auf: "Nun endlich wird mein Mann bei mir Wohnung nehmen, denn ich habe ihm sechs Söhne geboren!" (30,20). Um das Maß vollzumachen, bringt sie als siebtes Kind noch eine Tochter zur Welt. Da endlich, als scheinbar nichts mehr geht (man denke an die Langwierigkeit von

Hormonbehandlungen bei unfruchtbaren Frauen!), wird Rahel schwanger, und sie bekommt ihren ersten Sohn: Joseph.

Jetzt endlich ist Jakobs Bleiben in Mesopotamien nicht mehr länger.

Mit List und Geschick hat sich Jakob ein Vermögen geschaffen. Durch gezielte Selektion und Züchtung sind seine Herden gewachsen. Er nimmt die Trennung und Rückkehr in Angriff, erst heimlich und dann ein gentleman agreement mit Laban und seinem Clan treffend. Rahel unterstützt ihn nach Kräften und mit listigen Einfällen.

Die Rückkehr (Gen 32,22-32)

Gott holt Jakob in der Nacht ein – Jakob kommt mit dem Leben, aber nicht unverletzt davon.

Am Beginn der Hinreise stand eine Vision, ein Traum in Bethel, die ihm verheißen, daß er behütet sein und wieder zurückkehren würde. Auf dem Rückweg, bevor er ganz zu Hause, bevor er am Ausgangspunkt angelangt ist, hat Jakob wieder eine Gottesbegegnung. Hin- und Rückreise sind also durch den Erzähler durch solche Gottesbegegnungen "gerahmt".

Eine letzte (wirklich die letzte?) Probe steht Jakob bevor: Die Begegnung mit seinem Bruder Esau, den er so betrogen hatte. Würde er ihm freundlich oder feindlich begegnen?

Er wagt einen nächtlichen Übergang über die Furt am Jabbok. Das war gefährlich mit der großen Herde, mit den Frauen und Kindern, mit dem ganzen Hab und Gut. Als verantwortlicher "Hirte seiner Herde" beaufsichtigt er den Übergang. Er geht voraus – bildet die Vorhut – er geht am Zug entlang, er gibt acht, daß auch die letzten über den Fluß kommen – er bildet die Nachhut. Nur so ist das folgende zu verstehen.

Es geschieht bei Nacht wie in Bethel. "Gott wohnt in einem Licht, da niemand zukommen kann". Und wenn er sich zeigt, dann läßt er sein Licht aufstrahlen in dieser Finsternis. Es geschieht in einem Augenblick des Lebens-Übergangs.

Die Gottesbegegnung, die jetzt erzählt wird, ist eher ein Überfall von hinten auf den, der als Letzter und Verantwortlicher für seine Familie den Jabbok überschreiten will. Jakob, der Kraftmensch, kämpft um sein Leben und läßt sich nicht überwältigen. Da wird sein Hüftgelenk beschädigt. Er wird in seinem weiteren Leben keine weiten Wege mehr gehen können: Er hinkt. Bis in die Morgenröte hinein dauert der Kampf. Noch weiß Jakob nicht, mit wem er kämpft. Er wird es erfahren.

Es kommt zur Identifikation und zu einer neuen Identität. Jakob wird gefragt, wie er heißt. Er bekommt einen neuen Namen. Israel wird er von nun an heißen. Mit Gott und den Menschen hat er gestritten und "obsiegt". Die Gegenfrage Jakobs "Wie heißt DU?" wird nicht direkt beantwortet. "Warum fragst du?" Ich denke, das soll heißen: Weißt du es etwa nicht? Am Morgen wird er es wissen. Auch in Bethel war es so. Ohne es zu wissen, ist Gott vor ihm gestanden. Am Morgen nach dieser Erscheinung sagt er: "Der Herr ist an dieser Stätte, und ich wußte es nicht!", um dann fortzufahren: "Hier ist die Pforte des Himmels". Auch in Pniel weiß er es zunächst nicht, um dann am Morgen zu sagen: "Ich habe Gott von Angesicht zu Angesicht geschaut".

Das ist nicht ohne existentielle Bedeutung für ihn. Wenn es in Bethel für ihn hell wurde, so geht auch in Pniel für ihn die Sonne auf. Er ist am Leben geblieben. Er hatte und hat zu essen, er hatte und hat Kleider anzuziehen. Er ist zurückgekehrt. Er, der dazu neigte, mit List das Leben zu seinen Gunsten zu entscheiden, er, der dazu neigte, die Konflikte seines Lebens mit Kraftakten zu entscheiden, hatte ein Übermaß an Geduld aufbringen müssen, um endlich wieder zurückkommen zu können.

Nicht zu bestreiten ist, daß in dieser Jakobsüberlieferung das Märchenmotiv mitschwingt vom Helden, der auszog, sein Glück zu suchen. Aber was sagt das schon? Der Held der Märchen ist allzuoft komische Figur, seine Abenteuer haben Züge des Komischen. Hier ist nichts komisch. Wer ab und an lächeln muß bei dieser Geschichte, der tut es, weil er entdeckt: So sind die Menschen. So bin ich, so sind Menschen um mich herum. Erfahrungsgesättigt ist diese wie andere Geschichten. Aber keine beschränkt sich darauf, Beziehungen unter Menschen zu beschreiben. Jede reflektiert auch die Beziehung des Menschen zu Gott.

Probe um Probe hat Jakob bestehen müssen. Viel war aus der Tiefe des Brunnens hervorgegangen, nachdem er ihn geöffnet hatte. Wenn er das vorher geahnt hätte! Wie gut, daß man nicht alles im Voraus weiß, was das Leben bereithält! War es einst Rebekka, die die Brunnenprobe bestehen mußte, so ist es jetzt der Mann Jakob.

Noch nicht ganz ist Jakob zurück; noch nicht ist er zum Ziel gelangt. Wenn er in Pniel eine bleibende äußere Verletzung davongetragen hat, dann ist das nur ein sichtbares Zeichen dessen, was ihn jetzt tief innerlich treffen wird. Auf dem Weg zwischen Bethel und Ephrat (= Bethlehem) kommt Rahel in die Wehen. Die von Jakob über alles geliebte Frau stirbt bei der Geburt ihres zweiten Kindes. Noch in der Todesstunde nennt sie ihren zweiten Sohn Ben-Oni, Sohn des Schmerzes. Jakob wird diesen Namen später abändern in Ben-Jamin, Sohn des Glücks bzw. Sohn des Segens. Was soll man dazu noch sagen?

Dieser Brunnen hat eine *Nachgeschichte*, eine Nachgeschichte im Neuen Testament. Es ist nicht sicher, aber wahrscheinlich, daß der Brunnen, den Jakob für Rahel öffnete, geographisch identisch ist mit jenem Brunnen aus Johannes 4. Vom Namen her ist er identisch. Er wird "Jakobs Brunnen" genannt.

Lange Zeit war ich der Überzeugung, daß in der Bibel das Symbol der TIEFE nur negativ besetzt ist: Tiefe als Abgrund, angstmachend und bedrohlich, tödlich. Deshalb heißt es ja im Psalm: "Aus der Tiefe rufe ich, Herr, zu dir!" (vgl. Ps 130). *Diese* Tiefe muß im Zusammenhang mit dem Symbol der HÖHE gesehen werden, deshalb die Frage: "Ich hebe meine Augen auf zu den Bergen, woher kommt mir Hilfe?" (vgl. Ps 121). Diese Tiefe ist negativ besetzt und hat im Hebräischen ein eigenes Wort bzw. ein eigenes Wortfeld reserviert. Aber schon im Deutschen hat "Tiefe" eine doppelte Bedeutung: im Sinne von "abgrundtief" (negativ) und "tiefgründig" (positiv) im Sinne von Tiefendimension. Diese positive Bedeutung ist biblisch gesehen mit Wasserquelle und Brunnen gekoppelt. In der Tiefe des Meeres ist der Tod, in der Tiefe des Brunnens ist die lebensspendende Quelle.

3. Der Brunnen des Heils im Neuen Testament

Wasser, Quelle und Brunnen sind reale Phänomene, die Israel umgeben. Es sind Phänomene, die diese Menschen vor Augen hatten, mit denen sie täglich umgingen. Wasser, Quelle und Brunnen haben ihnen, ihren Tieren und ihren Feldern physisches Leben und Wachstum ermöglicht.

Das ist jedoch nicht alles. Neben dieser Realität gibt es noch eine andere Dimension von Wirklichkeit, die auf Erfahrungen beruht. Sie prägen Seele und Geist von Menschen. Um sie zu beschreiben und zu deuten, bedient man sich bildhafter Redeweise. Die Quelle frischen Wassers im Brunnen braucht der Mensch zum physischen Überleben. Die Quelle in der Tiefe des Brunnens wird zum Bild, um nach der "Quelle des Lebens" zu fragen. Wer danach fragt, kommt sehr schnell zu der Überlegung, daß "der Mensch nicht vom Brot allein lebt", auch nicht vom Wasser allein, um Hunger und Durst zu stillen. "Hungern und dürsten" kann der Mensch nach Gerechtigkeit, so wie es in einer Seligpreisung der Bergpredigt zum Ausdruck kommt: "Selig sind, die hungern und dürsten nach Gerechtigkeit ..." (Mt 5,6). Hungern und dürsten kann er nach Frieden, nach Erlösung und anderem mehr, das seinem Leben Sinn gibt.

3.1 Göttliche Quelle und menschlicher Durst

Psalmen sind oft ein Reservoir für symbolisches Reden von Gott und den Menschen. Ganz reale Phänomene werden zu Bildern für existentielle und

theologische Sachverhalte. Psalmmotive spielen deshalb eine nicht zu überse-
hende Rolle bei der Ausgestaltung von Symbolgeschichten – im Neuen Testament ganz besonders. Für das Symbolfeld "Wasser, Quelle, Brunnen" sowie
"Durst und Trinken" sind vier Psalmen entscheidend wichtig: Psalm 65 und 36
sowie 63 und 42.

Psalm 65 ist ein Dankpsalm, der jenen bekannten Vers enthält:

> "Mit dem Gottesquell, der Wasser die Fülle hat, bereitest du ihr Korn"
> (V 10b; Luther: "Gottes Brünnlein" haben Wasser die Fülle).

Ausführlicher ist die Bilderwelt des 36. Psalms, insbesondere die Verse 6 bis
11. Er soll hier in paraphrasierender Exegese vorgestellt werden.

Unerschöpflich wie ein Brunnen sind die Güte und Treue Gottes (vgl. V 6);
Menschen und Tiere hilft er wie das Wasser aus der Quelle (vgl. V 7). An der
Fülle seines Hauses können Menschen *leben* (vgl. V 9), und mit dem *Strom*
seiner Wonnen *tränkt* er sie (wie die Menschen ihre Herden am Brunnen!). Bei
Gott ist die *Quelle des Lebens* (V 10). Von daher wird die Bitte verständlich:
Erhalte deine Gnade und Treue denen, die dich kennen ... (V 11). Wer möchte
nicht aus der Tiefe und Unerschöpflichkeit einer solchen Quelle leben? Eigentlich müßte es Sehnsucht und Bestreben eines jeden Menschen sein, hinabzusteigen zu dieser Quelle wie in einen Brunnen, um zu immer tieferer Erkenntnis zu gelangen und seinen Durst nach Leben im eigentlichen Sinn zu gelangen!

Die Psalmen 63 und 42 sprechen von diesem Durst des Menschen, von seiner
unstillbaren Sehnsucht. Ganzheitlich beherrschen sie den Menschen. Sein Leib
schmachtet nach Gott wie dürres, lechzendes Land ohne Wasser; seine Seele
dürstet auf ihrer Suche nach ihm (63,2). Ja, wie der Hirsch an versiegenden
Bächen lechzt, so lechzt die Seele des Menschen nach Gott (42,2). Ist er ihm
nahe, dann mit überquellendem Herzen (42,5). Die Quelle des Lebens und der
Durst nach dieser Quelle korrespondieren einander.

Erst nach der Ausleuchtung des alttestamentlichen Hintergrunds kann man
sich der bedeutsamsten Brunnengeschichte des Neuen Testaments nähern.[1]

3.2 Aus dem Brunnen kommt das Wasser des Lebens.

Eine Geschichte von der Tiefe der Erkenntnis (Joh 4,1-42)

Der Brunnen im vierten Kapitel des Johannesevangeliums ist anthropologisch
und theologisch bedeutsam. Alles, was aus dem Alten Testament von Brunnen

---

1 Vgl. E. Drewermann, Tiefenpsychologie und Exegese, Bd. II, S. 686 ff.

bekannt ist, trifft auch für diesen Brunnen zu, und noch mehr! Es ist in Rechnung zu stellen, daß die alttestamentliche Brunnenüberlieferung gewissermaßen als assoziatives Potential ganz oder teilweise bereitlag, wenn die Christen der frühen Kirche eine Geschichte wie die in Johannes 4 hörten oder lasen.

Der reale Brunnen wird zum symbolischen Brunnen
Die Reise durch Samarien: Der Ort ist nicht zufällig (V 1-15)

Jesus ist unterwegs von Judäa nach Galiläa. Samaria ist Durchgangsstation von einem Landesteil zum anderen. Dennoch wird Jesus sich dort aufhalten. Samaria ist eine Art Tabuzone zwischen den beiden Landesteilen. Es gab Berührungsängste, es gab Feindseligkeit unter den Menschen. Feindseligkeit, weil man im Süden Samaria zu jenem Teil des Nordreichs rechnete, das sich nach dem Tod Salomos politisch und religiös selbständig machte. Jerusalem mit seinem Heiligtum war nicht mehr der Ort, an dem man sich ausrichtete; Berührungsängste, weil in der Zeit der Fremdherrschaft viele der zurückgebliebenen, nicht deportierten Juden sich assimilierten und Mischehen mit nichtjüdischen Frauen bzw. Männern schlossen. Ein solcher Synkretismus machte unrein, und wer sich mit diesen Menschen einließ, besudelte sich. Uralt waren Feindseligkeit und Berührungsängste. Die Menschen aller Landesteile hatten sie längst internalisiert. Immerhin gab es etwas, was den Menschen, die sich im Verlauf der Geschichte auseinandergelebt hatten, gemeinsam war: ein winziges Stück Tradition gewissermaßen; ein kleines Stück Land, das einst dem gemeinsamen Erzvater Jakob gehört hatte und das er seinem Sohn weitergegeben hatte. Konnte es vielleicht etwas Neues geben, das die beiden Menschengruppen wieder verbinden konnte?

Die Begegnung vor der Stadt: Aus der Tiefe des Brunnens kommen lebendiges Wasser und ewiges Leben (V 6-15)

Auf diesem kleinen Grundstück des Ahnherrn lag ein Brunnen – ein Brunnen "vor der Stadt". Brunnen waren ein Ort der Rast nach ermüdender Flucht oder anstrengender Wanderung – ein Labsal inmitten der Steppen- und Wüstenlandschaft. Dort konnten Tier und Mensch ihren Durst stillen. Wie einst der Abgesandte Abrahams, wie einst Jakob vor der Stadt Haran in Mesopotamien, wie einst Mose in Midian mag sich Jesus diesem Brunnen genähert haben. Er tut es ohne Berührungsängste und setzt sich auf den Brunnenrand. Alle theologischen Anschuldigungen über die kultische Unreinheit der Samaritaner durch jüdische Schriftgelehrte fallen als üble Brunnenvergiftung in sich zusammen.

Die Frage ist: Wie wird es Jesus ergehen? Denn der aufmerksame Leser des Johannesevangeliums hat den Satz aus dem Prolog im Ohr: "Er kam in das Seine, und die Seinen nahmen ihn nicht auf" (Joh 1,11). Die Seinen aus dem Landesteil Judäa. Wie werden es die Leute aus Samaria halten? Jesus ist ein Fremder, vielleicht ein Feind in diesem Teil des dreigeteilten Landes?

Brunnen waren ein Ort der Begegnung, insbesondere zwischen Männern und Frauen. An einem Brunnen begegnete Rebekka dem Abgesandten Abrahams, Rahel dem Jakob, Zippora, die midianitische Priestertochter, dem Mose. Keine Begegnung ohne Gespräche! So auch hier: Ein Mann aus Nazareth – eine Frau aus Sychar. Zwischen beiden findet ein Dialog statt, der an vielen Stellen unverständlich wirkt, ja einer Sachlogik zu entbehren scheint.

Der Dialog über das lebendige Wasser

Der Dialog ist zunächst bestimmt von zwei Fragen der Frau (V 9 und V 11) und den damit korrespondierenden Antworten Jesu (V 10 und 13). Eine verwunderte *Frage* der Frau ("Warum?" bzw. "Wieso?") eröffnet den Dialog. Wie kommt es – ich paraphrasiere – daß du, ein Mann und Jude dazu, mich, eine Frau und Samariterin dazu, bittest, dir Wasser zu geben? In der Zeit des Spätjudentums war mit unbefangenen Begegnungen und Gesprächen zwischen Mann und Frau, wie etwa in der Zeit der Erzväter, nicht mehr zu rechnen; mit einem Umgang zwischen Juden und Samaritern schon gar nicht, wie wir aus vielen anderen Beispielen des Neuen Testaments wissen. Wasser aus einem samaritanischen Gefäß war verunreinigt! Die *Antwort* Jesu ist erstaunlich genug und beruht auf einem Wortspiel: Eigentlich müßte es umgekehrt sein; *du* müßtest *mich* bitten (wenn, ja, wenn du wüßtest, wer ich bin!), dir "lebendiges Wasser" zu geben. In der Antwort Jesu wird mit Hilfe des Wortspiels die Realebene hin zur Symbolebene beschritten. "Lebendiges Wasser" ist frisches sprudelndes Wasser (im Gegensatz zum abgestandenen, fauligen bzw. toten Wasser), das aus einem konkreten Brunnen heraufgeholt wird, "Wasser des Lebens" ermöglicht wahrhaftes Leben in der Tiefe und aus der Tiefe.

Die Frau ist in Gedanken noch immer bei dem ganz konkreten Brunnen. Sie weiß nichts von der Quelle des Lebens und vom Brunnen des Heils. Von daher ist ihre zweite *Frage* zu verstehen: Woher soll – ich paraphrasiere wieder – dieses sog. "lebendige Wasser" kommen? Du hast ja nicht einmal ein Schöpfgerät! Die Frage zeigt es ganz deutlich: Die Frau weiß nichts davon, daß "bei Gott die Quelle des Lebens ist" (Ps 36,10) und daß ihr Jesus möglicherweise *diese* Quelle erschließen möchte. Immerhin weiß sie, daß der BRUNNEN TIEF ist; sie denkt aber augenscheinlich an eine Tiefe, die in Metern zu messen ist, nicht an unerschöpfliche Tiefe des Reichtums Gottes. Spöttisch, ironisch dürfte die Zusatzfrage gemeint sein: Bist du etwa größer als unser Vater Jakob, der uns diesen Brunnen hinterlassen hat? Ihm, seinen Söhnen und seinem Vieh war er schließlich gut genug, um daraus zu trinken und den (physischen) Durst zu löschen. Damit ist das Stichwort für die *Antwort* Jesu gegeben: DURST! Auch für dieses menschliche Grundbedürfnis gibt es eine Real- und eine Symbolebene; letztere ist nicht weniger wahr als die erstere. Wer von dem Wasser des Jakobbrunnens vor den Toren der Stadt Sychar trinkt, *das ich ihm zu geben habe,* dessen Durst wird auf alle Zeiten gestillt; ja, er wird selbst zum unerschöpflichen Brunnen, aus dem er "ewiges" Leben spenden kann. Man sollte denken, die Frau habe verstanden, aber nein, sie bleibt beim Banalen. Natürlich wünscht sie sich dieses Wasser, aber es ist für sie ein "Mirakel"-wasser, das ihr den ständigen Gang zum Brunnen vor der Stadt erspart; ein Wasser mit Langzeitwirkung, ein wunderbarer "Durstlöscher".

Der unstillbare Durst nach dem Leben (V 16-18)

Der Dialog über das lebendige Wasser enthält zwei Fragen, zwei Antworten und – zwei Mißverständnisse. Er nimmt jetzt eine abrupte Wende. Die folgende Diskussion scheint, wie auch Drewermann herausstellt (s.o.), nichts mit dem Dialog über das lebendige Wasser und dem Durststillen zu tun zu haben.

Jesus fordert die Frau auf, ihren Mann herbeizuholen. Und sie muß eingestehen: Ich *habe keinen* ...! Nichts weiter! Aber was steht hinter diesem Satz? Was mag da in der Tiefe ihrer Seele vor sich gehen? Es bedarf für den kundigen Leser des Evangeliums keiner großen Erklärungen mehr, um zu verstehen. Wie oft wurde im Alten Testament die Liebe zwischen Mann und Frau in Brunnengeschichten thematisiert! Der "Durst", das Verlangen nach Liebe, ist bei der Samaritanerin ungestillt. Sie hat keinen Mann! Jesus sagt ihr (woher er dieses geheimnisvolle Wissen hat, bleibt, wie so oft im Johannesevangelium, unbeantwortet) auf den Kopf zu, daß sie schon fünf Männer "durchgebracht" hat und ihr "Derzeitiger" auch nicht ihr Mann ist. Es ist uns jetzt gestattet, auf der Symbolebene zu bleiben und zu sagen: Jesus schaut hinein in die Frau und hinab bis auf den Grund ihrer Seele wie in einen tiefen Brunnen und bringt ihren eigentlichen Durst an den Tag. *Er* hat sie und ihre Sehnsucht *erkannt,* aber sie?

Die bisher unerfüllte Sehnsucht nach dem Heil(V 19-26)

Die Frau fühlt sich durchschaut und billigt Jesus prophetische Qualitäten zu. Das liefert ihr zugleich das Stichwort für eine religiöse Diskussion, die auf den ersten Blick mit dem vorausgegangenen Gespräch nichts zu tun hat. Es geht um die alte Streitfrage, ob der Berg Zion oder der Berg Garizim der richtige Ort für die Anbetung Gottes sei. Sie denkt hier, wie es die theologische Tradition vorgibt, ganz vordergründig, als ob die wahre Anbetung von einem Ort abhinge! Nein, antwortet ihr Jesus sinngemäß, die Zeit wird kommen und ist schon gekommen für eine Anbetung Gottes im Geist und in der Wahrheit (V 23). Nun ist aber im Johannesevangelium die Wahrheit aufs engste mit der Person Jesu verknüpft: Er ist der Weg und die Wahrheit (Joh 14,6). Über seine Person wird die Verbindung zum Vater hergestellt, und der Geist, der kommen wird, wird die Menschen in dieser Wahrheit leiten; auf *diesem* Weg, der über die Person Jesu führt und nicht über einen (geographischen!) Berg oder eine Stätte. Die samaritanische Frau antwortet – dogmatisch korrekt (ähnlich wie Maria in Johannes 11 dogmatisch korrekt auf die Frage nach der Auferstehung antwortet): Ich weiß, daß ein Messias kommt. Aber das dogmatisch Korrekte geht an der Wahrheit vorbei, weil der Christus vor ihr steht. Die Rede Jesu hätte für sich sprechen müssen, aber die Frau hat sie in ihrer Tiefe nicht erkannt. Sie hat Kenntnisse über den Messias, gewiß, aber ist daraus schon *Erkenntnis* geworden? Erkennt sie den, der sie zuvor erkannt hat?

Weggehen und fragen (V 27-30)

Bestätigt wird diese Schlußfolgerung durch das Verhalten der Frau. Sie "bleibt" nicht, sie geht in die Stadt. Sie sagt den Leuten: Kommt, da ist ein Mensch, der mir gesagt hat, was ich getan habe. Er hat – gewissermaßen – meine Existenz aufgedeckt. Sollte er etwa – das ist eine zweifelnde Frage! – der erwartete Christus sein? Sie bekennt ihn nicht, sie fragt nur.

Zurückgekehrt und mißverstehen (V 31-38)

Es folgt in der Brunnengeschichte eine Art Exkurs. Die Mißverständnisse der Frau (das reale, das mirakulöse und das dogmatische) werden einerseits ins Groteske gesteigert durch ein Mißverständnis der Jünger, andererseits auch entschärft. Die Jünger kehren vom Einkauf zurück, legen dem Meister Essen vor und fordern ihn auf: Iß! Sie meinen konkrete Nahrung, physischen Hunger und ebenso reale Stillung des Hungers. Jesus aber redet *symbolisch* von Speise und *symbolisch* vom Essen. Die Jünger tun sich aber ebenso schwer wie die Frau, das zu begreifen. Jesus lebt davon, daß er den Willen des Vaters tut. *Diese* lebensnotwendige Speise konnten die Jünger nicht herbeischaffen. Sie wird ihnen von IHM gegeben. Nicht *sie* geben *ihm* zu essen, sondern umgekehrt: *Er* gibt ihnen die wahre Speise! Mit der Speise verhält es sich wie mit dem Wasser. Die samaritanische Frau kann dem durstigen Mann aus Nazareth nur das reale Wasser aus dem Brunnen geben; es müßte umgekehrt sein: Sie müßte *ihn* um "lebendiges Wasser" bitten, so wie die Jünger um die "lebendige Speise" bitten müßten. Es ist kein Grund, den Stab über der Frau zu brechen. Die Jünger sind in ihrem Erkennen oft nicht weiter als diese Frau.[2]

Kommen und Glauben (V 39-41)

Es folgt der letzte Akt der Brunnengeschichte. Die Frau verbreitet in der Stadt, was sie erlebt hat. Viele glauben um ihrer Rede willen (an die prophetische Gabe Jesu?). Ihre Rede enthielt aber kein Zeugnis zu dem Christus, sondern zu der erstaunlichen Fähigkeit Jesu, ihr etwas über ihr bisheriges Leben sagen zu können. Sie kehrt nicht zum Brunnen zurück! Andere *suchen* den Brunnen *auf* und kommen zu einer *eigenständigen* Einsicht. Der Mann am Brunnen ist in *Wahrheit* (!) der Heiland der Welt, der aus dem Brunnen des Heils schöpft. Die zweifelnde Frage der Frau wird durch die Samariter beantwortet.

Exkurs: Auseinandersetzung mit E. Drewermann

Was ist nun die Zielrichtung dieser symbolischen Geschichte vom Brunnen? Darüber gehen die Meinungen auseinander. Da E. Drewermann zu ihr eine ausführliche Exegese vorgelegt hat, legt es sich nahe, am konkreten Fallbeispiel eine Auseinandersetzung mit ihm zu führen. Dabei sei ausdrücklich betont, daß seine tiefenpsychologische Deutung außerordentlich bereichernd und anregend ist.

Was ist die Zielrichtung der symbolischen Geschichte vom Brunnen in Johannes 4? In ihr verschränken sich anthropologisch-existentielle und theologische Aussagen – wie fast immer bei biblischen Symbolgeschichten. Über das WIE gehen die Meinungen auseinander. Ist es eine Geschichte, in der eine Frau zur Selbsterkenntnis kommt und zugleich, weil sie zur Selbsterkenntnis gelangt, zur Gotteserkenntnis? Oder ist es eine Geschichte, in der beides auseinanderfällt?

Rekapitulieren wir kurz! Es ist ein Vorgang von symbolischer Bedeutung, der sich da am Brunnen abspielt.

Ein Mensch – eine Frau – wird durchschaut. Jesus schaut bis in die Tiefe ihrer Existenz hinab (vgl. V 39: "Er hat mir alles gesagt, was ich getan habe ...") und hält ihr das, was sie

---

2 Die Verse 35 und 38 können unberücksichtigt bleiben. Vielleicht ist der Hinweis auf den realen Zustand der Felder und auf die reale Ernte ein Hinweis auf den Missions-"erfolg" der Gemeinde. Sie "erntet", wo sie nicht gesät hat. Der Ursprung dessen, was sich da tut, liegt nicht bei ihnen. Das ist gut zu wissen.

bisher getan hat, wie einen Spiegel vor (vgl. V 17 f). Er sieht ihre vordergründigen und tieferliegenden Bedürfnisse ("Durst"!). Sie ist von ihm erkannt worden.

Die Konsequenz wäre, daß sie ihrerseits zu einem Erkennen kommt, das in die Tiefe geht. Die Qualität ihres Erkennens muß der Qualität des Zuvorerkanntwordenseins entsprechen. Sie braucht die richtige Quelle, das richtige Wasser, den eigentlichen Brunnen, und nicht das, was da vor ihr hinplätschert am Rande der Stadt Sychar. Sie müssen göttliche Qualität haben, nur dann sind sie tiefgegründet, unerschöpflich. In der Quelle und im Brunnen, die sie braucht, müssen FÜLLE, TIEFE und DAUER ("ewig") wohnen.

Es fällt auf, daß die Symbolgeschichte in Johannes 4 eine doppelte Klimax hat. Die erste liegt am Ende des in drei Phasen verlaufenden Dialogs mit der Frau (V 25 f): Jesus gibt sich als der Christus zu erkennen. Und sie? Sie geht weg in die Stadt! Die zweite Klimax liegt in V 42: Die Samaritaner bekennen Jesus als Heiland der Welt.

JUDE ist Jesus zunächst für die Frau und damit ein Fremder, der ihr gegenüber ein "befremdliches", d.h. nicht übliches, Verhalten an den Tag legt.

PROPHET wird er für die Frau, nachdem er ihr auf den Kopf zusagt, wie ihr bisheriges Leben verlaufen ist und welcher Art ihr Durst ist. Seine prophetische Gabe besteht für die Frau in seinem "wunderbaren", "geheimnisvollen" Sehvermögen; eine Gabe, die nicht unbedingt zu den Charakteristika alttestamentlicher Propheten gehört.

CHRISTUS ist er für die Frau bereits nicht mehr. Sie bezweifelt nicht, daß ein MESSIAS kommen wird, den man Christus nennt, aber sie identifiziert ihn nicht mit dem vor ihr stehenden Mann. Im Gegenteil! Sie fordert *andere* auf, an den Brunnen zu kommen, einen MENSCHEN zu sehen und zu prüfen, "ob dieser *etwa* der Christus ist" (V 29).

HEILAND DER WELT wird er für die Samaritaner, die sich auf den Weg zum Brunnen machen. Genauer gesagt: Sie spalten sich. Die einen bleiben, wo sie sind, und schenken der Frau Glauben; nicht etwa, weil sie bezeugt hat 'Dieser ist der Christus', sondern weil 'er ihr gesagt hat, was sie getan hat' – solche Menschen mit derartiger Fähigkeit soll es geben!!! Die anderen Samaritaner machen sich auf und gehen "zum Brunnen des Heils". Sie distanzieren sich von der Frau ("Wir glauben nicht mehr um deiner Rede willen" V 42); sie haben *selbst* gehört und *erkannt*, daß er der Heiland der Welt ist. Zu dieser Erkenntnis und zu diesem Bekenntnis hat sich die Frau *nicht* durchringen können.

Ob die Frau "zu sich selbst gefunden hat", wie E. Drewermann meint, mag dahingestellt bleiben. Die "Tiefe der Erkenntnis" erreicht sie nicht. Sie sagt ja lediglich: Da ist ein MENSCH, der mir gesagt hat ... Die Samariter sagen: Wir haben *selbst* gehört und *wissen* ... Eine der Grundthesen Drewermanns, daß Selbsterkenntnis in eins fällt mit Gotteserkenntnis, scheint sich zumindestens – vorsichtig formuliert – an dieser Geschichte nicht zu bewahrheiten. Wenn überhaupt, dann wird an der "Heldin der Geschichte" die Differenz zwischen Erkanntwordensein und Erkennen, zwischen Selbsterkenntnis und Christuserkenntnis aufgezeigt, die es zu überwinden gilt. Die Frau, die weggeht, wird überholt von denen, die hingehen.

Die beiden alttestamentlichen Brunnen waren besondere Brunnen, die sich voneinander unterschieden. Der eine war ein Brunnen, in dessen Tiefe man hinabsteigen mußte. Der andere war ein Brunnen, dessen Verschluß geöffnet wurde. Der Jakobsbrunnen vor der Stadt Sychar ist ein Brunnen, an dessen Rand sich die gesamte Szene abspielt (vgl. V 6). Jesus sitzt an diesem Brunnen, an der Grenze zwischen der Quelle des Lebens und denen, die vorangetrieben werden vom Lebensdurst. Wie einst Jakob den Brunnen geöffnet hat, so öffnet

Jesus die Tiefen einer menschlichen Seele; er steigt hinab in ihre Abgründe. Ist die Frau auch bereit, in die Tiefen der Erkenntnis hinabzusteigen? Ist sie bereit, aus den Tiefen jener Quelle zu schöpfen, zu der Jesus Zugang hat?

Sie kommt – symbolisch gesehen – nicht über die Umgrenzung dieses Brunnens hinaus. Deshalb kann sie die Grenze, die die Tiefe der Gotteserkenntnis von der Selbsterkenntnis trennt, nicht überschreiten.

3.3 Aus der Quelle des Lebens trinken – zur Quelle des Lebens werden

Symbolisch gesehen ist es nicht unerheblich, daß im johanneischen Kontext die alten "Berge", der Zion und der Garizim, abgelöst werden durch den Brunnen, in dessen "Tiefe" man (erkenntnismäßig) hinabtauchen muß, um an die "Quelle des Lebens" zu kommen. Die alte Kontroverse zwischen den Juden und Samaritanern ist abgelöst durch die Alternative: Geist der Wahrheit und Geist der Unwahrheit (vgl. Joh 14,17 und 16,13). Es geht um die Auseinandersetzung zwischen Christentum und Judentum; sie durchzieht das ganze Johannesevangelium. Deshalb ist auch Johannes 4 ein durch und durch theologischer und christologischer Text. Er enthält eine anthropologisch-existentielle Komponente, der tiefenpsychologische Erkenntnisse und Deutungen zuläßt, aber sich nicht darin erschöpft.

Sachlogisch gesehen wäre es gut vorstellbar, daß sich an die Symbolgeschichte von Johannes 4 ein ICH – BIN – WORT anschließen könnte, etwa "Ich bin das Wasser des Lebens". Es scheint mir unerläßlich, Johannes 4 im Zusammenhang mit den Worten Jesu in Johannes 7 zu lesen: "Wenn jemand dürstet, der komme zu mir und trinke! Wer an mich glaubt, aus dessen Leib werden Ströme lebendigen Wassers fließen" (V 37b f). Der Prophet Sacharja hat für den Tag des Herrn vorausgesagt, daß von Jerusalem lebendiges Wasser ausgehen wird (Sach 14,8). Jetzt aber ist der Ort abgelöst durch den Christus, der von dort (am Laubhüttenfest) aus spricht. ER schöpft das Wasser aus Gott, der die Quelle (der Ursprung) des Lebens ist, und gibt es denen, die nach Heil dürsten. Was er gibt, ermöglicht es den Empfangenden, selbst das lebendige Wasser zu spenden.

Genau dieser Zusammenhang wird von Jesus gegenüber der samaritanischen Frau angesprochen: "Wer aber von dem Wasser trinkt, das ich ihm geben werde, wird in ihm zu einer Quelle von Wasser werden, das sprudelt, um ewiges Leben zu *spenden*" (Joh 4,14).

Der Vorschlag, an ein ICH-BIN-WORT zum Wasser des Lebens zu denken, wird gestützt durch den Umstand, daß zwischen Johannes 4 (Brunnengeschichte) und Johannes 7 (Worte Jesu am Laubhüttenfest) Kapitel 6 liegt, wo im An-schluß an die Speisungsgeschichte ICH-BIN-WORTE über das Brot des Le-bens überliefert sind: "Ich bin das Brot des Lebens; wer zu mir kommt, wird nicht hungern ..." (V 35) und "Ich bin das lebendige Brot, das aus dem Himmel herabgekommen ist. Wenn jemand von diesem Brot ißt, wird er in Ewigkeit leben" (V 51).

Folgt man diesen Überlegungen, so wäre zu fragen, warum in der Brunnen-geschichte von Johannes 4 die Samaritaner zum HEILAND DER WELT nicht durch die Worte der Frau kommen. Sie müßte doch eigentlich so wie jene symbolische Wasserquelle sprudeln, von der Jesus spricht. Die Samaritaner aber gehen selbst zur Quelle, um aus der Tiefe der Erkenntnis zu schöpfen.

Aus dem Brunnen kommt das Wasser des Lebens
Eine Geschichte von der Tiefe der Erkenntnis (Joh 4,1-42)

Die Reise durch Samaria: Der Ort ist nicht zufällig (V 1 bis 5)

[1]Als nun Jesus aber erfuhr, daß die Pharisäer gehört hatten, er mache und taufe mehr Jünger als Johannes- [2]jedoch taufte Jesus nicht selbst, sondern seine Jünger - [3]verließ er Judäa und zog wieder nach Galiläa. [4]Er mußte aber durch *Samaria* reisen. [5]Er kam nun in die Nähe einer Stadt Samariens namens Sychar, nicht weit von dem Grundstück, das *Jakob* seinem Sohn Joseph gegeben hatte.

Die Begegnung vor der Stadt: Aus der Tiefe des Brunnens kommen lebendiges Wasser und ewiges Leben (V 6 - 15)

[6]Dort aber war der BRUNNEN Jakobs. Jesus nun von der Reise müde geworden, setzte sich an den BRUNNEN; es war um die sechste Stunde.
[7]Da kommt eine Frau aus Samarien, um WASSER zu schöpfen:

Der Dialog über das lebendige Wasser

V 7:   *Jesus*
     Jesus sagt zu ihr: Gib mir zu trinken! V 8: Seine Jünger waren nämlich in die Stadt gegangen, um Speise zu kaufen.

V 9:   *Frau*
     Die samaritanische Frau nun sagt zu ihm: *Warum* begehrst du, der du ein Jude bist, von mir, die ich eine samaritanische Frau bin, zu trinken? *(Juden verkehren nämlich nicht mit Samaritanern).*

V 10:   *Jesus*
     Jesus antwortete und sprach zu ihr: Kenntest du die Gabe Gottes und wüßtest du, *wer* der ist, der zu dir sagt 'Gib mir zu trinken!', so hättest du ihn gebeten, und er hätte dir lebendiges Wasser gegeben.

V 11:   *Frau*
     Sie sagt zu ihm: Herr, du hast kein Schöpfgefäß, und der BRUNNEN IST TIEF; *woher* hast du nun das LEBENDIGES WASSER? V 12 Bist du etwa größer als unser Vater Jakob, der uns den BRUNNEN gegeben hat - und er hat daraus getrunken und seine Söhne und sein Vieh?

V 13:   *Jesus*
     Jesus antwortete und sprach zu ihr: Jeder, der von *diesem* Wasser trinkt, wird wieder dürsten; wer aber von dem WASSER trinkt, das *ich* ihm geben werde, wird *in ihm* zu einer QUELLE von WASSER werden, das SPRUDELT, um EWIGES LEBEN zu spenden.

V 15:   *Frau*
     Die Frau sagt zu ihm:Herr, GIB MIR DIESES WASSER, damit ich nicht dürste und nicht hierherkommen muß, um zu schöpfen!

Der unstillbare Durst nach dem Leben (V 16 - 18)

[16]Er sagt zu ihr: Geh hin, rufe deinen Mann und komm hierher! [17]Die Frau antwortete und sagte: Ich habe keinen Mann! Jesus sagt zu ihr: Mit Recht, sagst du: 'Ich habe keinen Mann!'; [18]denn fünf Männer hast du gehabt, und der, den du jetzt hast, ist nicht dein Mann! Da hast du die Wahrheit gesagt.

Die bisher unerfüllte Sehnsucht nach dem Heil (V 19 - 26)

[19]Die Frau sagt zu ihm: Herr, ich sehe, daß du ein PROPHET bist. [20]Unsere Väter haben auf diesem Berg angebetet, und *ihr* sagt, in Jerusalem sei der Ort, wo man anbeten muß. [21]Jesus sagt zu ihr: Weib, glaube mir, die Stunde kommt, wo ihr *weder* auf diesem Berg *noch* in Jerusalem den Vater anbeten werdet. [22]Ihr betet an, was ihr nicht kennt; wir beten an, was wir kennen; denn das Heil kommt von den Juden. [23]Aber die Stunde kommt und ist jetzt da, wo die *wahren* Anbeter den Vater IN GEIST UND WAHRHEIT anbeten. [25]Die Frau sagt zu ihm: Ich weiß, daß der MESSIAS kommt, der der CHRISTUS genannt wird; wenn dieser kommt, wird er uns alles kundmachen. [26]Jesus sagt zu ihr:
ICH BIN'S, DER ICH MIT DIR REDE.

Weggehen und fragen (V 27 - 30)

[27]Und währenddem kamen seine Jünger und wunderten sich, daß er mit einer Frau (sic!) redete. Doch sagte keiner: Was hast du im Sinn? Oder: Was redest du mit ihr? [28]Die Frau nun ließ ihren Wasserkrug stehen und ging weg in die Stadt und sagte zu den Leuten: [29]Kommt und seht einen MENSCHEN, der MIR alles gesagt hat, was ICH GETAN HABE. Sollte dieser etwa gar der CHRISTUS sein??? [30]Sie gingen zur Stadt hinaus und machten sich auf den Weg zu ihm.

Zurückgekehrt und mißverstehen (V 31 - 38)

[31]Inzwischen baten ihn die Jünger: Rabbi, iß! [32]Er aber sprach zu ihnen: Ich habe eine SPEISE zu essen, die ihr nicht kennt. [33]Die Jünger sagten zueinander: Es hat ihm doch niemand zu essen gebracht? [34]Jesus sagt zu ihnen: MEINE SPEISE ist, daß ich den WILLEN dessen tue, der mich gesandt hat, und sein Werk vollende. [35]Sagt ihr nicht: Es sind noch vier Monate, dann kommt die Ernte? Siehe, ich sage euch: Erhebet eure Augen und betrachtet die Felder: SIE SIND SCHON WEISS ZUR ERNTE. [36]Der, welcher erntet, empfängt Lohn und sammelt Frucht, für's EWIGE LEBEN, damit sich zugleich der freue, welcher sät, und der, welcher erntet. [37]Hier nämlich ist das Wort wahr: Ein anderer ist's, der sät, und ein ander, der erntet. [38]Ich habe euch ausgesandt, zu ernten, was ihr nicht erarbeitet habt; andere haben gearbeitet, und ihr seid in ihre Arbeit eingetreten.

Kommen und glauben (V 39 - 42)

[39]Aus jener Stadt aber glaubten viele von den Samaritern an ihn um des Wortes der Frau willen, die bezeugte: Er hat mir alles gesagt, was ich getan habe. [40]Als nun die Samariter zu ihm kamen, baten sie ihn, bei ihnen zu bleiben; und er blieb zwei Tage dort. [41]Und noch viel mehr glaubten um seines Wortes willen [42]und sagten zu der Frau: Wir glauben nicht mehr um deiner Rede willen; denn wir haben *selbst* gehört und wir *wissen*, daß dieser in Wahrheit der HEILAND der Welt ist.

Kapitel 16:

Das Symbol des Hauses

1. Menschsein und Haus

Peter Biehl hat in seinem Buch "Symbole geben zu lernen"[1] ein Kapitel dem Symbol "Haus" gewidmet (S. 73 ff). In einem einleitenden Abschnitt "Anthropologische und theologische Reflexionen zu 'Haus' und 'wohnen'" finden sich Sätze, die für seinen Umgang mit Symbolen bezeichnend sind. Bei den Sätzen handelt es sich um Zitate; einmal von Antoine de Saint-Exupéry (aus seinem Roman "Stadt in der Wüste"): "Vor allem bin ich einer, der wohnt"; zum anderen von M. Heidegger (aus einem Vortrag "Bauen, Wohnen, Denken"): "Mensch sein heißt: als Sterblicher auf der Erde sein, heißt: wohnen".

Es soll unerörtert bleiben, ob die genannten Autoren intentional wirklich das gemeint haben, was ihnen hier zugeschrieben wird. Es wird unterstellt, daß das Symbol "Haus" automatisch und ausschließlich mit der Erfahrung von "Wohnen" und "Geborgensein" gekoppelt ist. Es wird auch suggeriert, daß die Urerfahrung des Wohnens und Geborgenseins das Sein des Menschen bestimmt, beginnend mit der pränatalen Höhlenerfahrung im Mutterleib und endend in der Schaffung des Totenraums für die postmortale Existenz (vgl. S. 83 f).

Dieser Analyse wird im folgenden nachdrücklich widersprochen. Der Widerspruch erfolgt aufgrund einer anderen Einschätzung der realen Haus"phänomene" und aufgrund einer anderen Einschätzung menschlicher Erfahrung mit dem Haus, die sich in unserer Sprache mit und um das Haus niederschlagen. Daß sich daraus auch andere Schlußfolgerungen aus der biblischen Überlieferung

---

1 Peter Biehl unter Mitarbeit von Ute Hinze und Rudolf Timmeus, Symbole geben zu lernen. Einführung in die Symboldidaktik anhand der Symbole Hand, Haus und Weg, Neukirchen 1989.

und deren Korrelation zur menschlichen Daseinserfahrung hinsichtlich des Hauses ergeben, sei vorab nur erwähnt.

Keine Häuser (mehr) haben – die Erfahrung der Unbehaustheit

Wer menschliche Existenz weltweit betrachtet – man kann sich dabei getrost auf die Geschichte der letzten 50 Jahre beschränken – wird im Ernst nicht behaupten, sie sei dadurch charakterisiert, "daß der Mensch wohnt". Das Leben Unzähliger war und ist bestimmt davon, daß sie ihre Häuser und Wohnungen verlassen mußten und in die Flucht getrieben wurden. Sie zogen dahin auf den Landstraßen dieser Welt mit nichts in der Hand oder mit dem wenigen, das sie tragen konnten. Das Leben ebenso Unzähliger ist bestimmt dadurch, daß ihnen ihr angestammtes Land nicht mehr "Haus" sein konnte. Sie haben das Risiko gefährlicher Fahrten auf dem Meer oder gar des Schiffbruchs (boat people!) auf sich genommen, um ihr Leben zu retten. Ganz zu schweigen von jenen Menschen, deren Häuser durch Kriege oder Naturkatastrophen zerstört wurden, ohne daß der Rest der Menschheit ihnen zu helfen imstande war und ist. Sie fanden und finden sich auf den Trümmern ihrer vier Wände wieder und alle Geborgenheit ist im ganz realen Sinn "in Schutt und Asche gesunken". Wo ist für uns eine Bleibe? Wo ist für uns eine Herberge? muß ihr tägliches Fragen sein. Ihre Erfahrungen und die ihrer Kinder ist die der Un-be-haustheit und die der Obdach-losigkeit.

In unwohnlichen Häusern leben müssen – die Erfahrung der Entfremdung

Man braucht nicht an die Chlochards unter den Seinebrücken von Paris zu denken, um die These vom "Menschen, der wohnt", kritisch zu hinterfragen. Sie sind gewissermaßen die professionellen Nichtseßhaften, die ihre Lebensweise z.T. bewußt so wollen. Unser Land und unsere Städte quellen über von Asylanten, die bei uns neue Existenzmöglichkeiten suchen. Sie sind nicht willkommen. Türen schließen sich vor ihnen; wohnen in Menschenwürde und Geborgenheit bleibt ihnen verwehrt. Sie leben allenfalls in "Unterkünften". Das sind im günstigsten Fall Baracken oder Kasernen, im weniger günstigen Fall eilig aufgestellte Zelte, Container u.a.m., in denen sie, notdürftig untergebracht, aufeinandersitzen und warten ... Unsere Sprache kennt Äquivalente für Haus; eben "Baracke", "Unterkunft" etc., die auf solche "Nichthäuser" aufmerksam machen.

In den Favellas von Brasilien, in den Townships von Südafrika und in den Slums vieler anderer Großstädte leben Menschen in Wellblechhütten und Bretterbuden, die ihnen nur scheinbar "ein Dach über dem Kopf" geben, denn es sind Dächer, die sie kaum schützen vor den Unbilden der Witterung. Ihr Leben erstarrt in Schmutz und Armut, weil sich die Kloaken zwischen den schmalen Gassen dieser Behausungen ansammeln, weil sauberes Trinkwasser fehlt und Nahrung oft von den Müllbergen gesammelt wird. An der Skyline der Großstädte, aus denen sie ausgegrenzt sind, erkennen sie die Häuser der Reichen, ihre Luxusbauten, ihre Paläste. Ihre Eltern und Großeltern, ihre Kinder und Kindeskinder werden nie erfahren, was es heißt "zu wohnen". Ihre deprimierende Erfahrung kann ergänzt werden durch die ohnmächtige Wut der Menschen, die im erzwungenen Sozialismus östlicher Länder ihre immer mehr zerfallenden Häuser mit den Prestigebauten der Parteizentralen und den Komfortwohnungen ihrer Spitzenfunktionäre vergleichen.

Bliebe zu ergänzen, daß auch in den Großstädten der Industrienationen die grauen Betonwüsten der Satellitenstädte zu finden sind mit Häuser"blocks" und Wohn"silos" (!). Sollten sie etwa Gefühle der Geborgenheit auslösen? Kaum! Es sind eher die Gefühle der Platzangst oder der tristen Öde.

Erfahrungen, wie sie oben geschildert wurden, können unmöglich ein positiv zu bewertender Bestandteil des Menschseins sein. Sie tragen im Gegenteil dazu bei, Menschen von sich selbst und anderen zu entfremden. Was diese Menschen verbindet, ist ihre *Sehnsucht* nach dem, was sie entweder verloren oder nie besessen haben. Wenn ihr Elend sie noch nicht demoralisiert hat, dann wird es ihr *Ziel* sein, eine *Bleibe* zu finden, aus der sie niemand vertreibt, einen *Wohnort*, der nicht auf der Schattenseite des Lebens liegt; m.a.W. einen Zustand, der sich von ihrem bisherigen radikal unterscheidet.

Was Menschen aus Häusern machen – was Häuser aus Menschen machen

Die geschilderten Sehnsüchte bedeuten nicht, daß ein Haus an sich schon ein Wert ist. Nicht nur die sorgfältige Beobachtung der empirischen Realität lehrt uns das, sondern auch das sorgsame Hinhören auf unsere Sprache. Zusammengesetzte Substantive mit "-haus" zeigen, wie ambivalent das Haus ist.

Einige Beispiele mögen dies verdeutlichen.

Das Zuchthaus ist eine Zwangsanstalt, nicht für Freie, sondern Unfreie. Das Leichenschauhaus ist nicht für die Entschlafenen, die eines natürlichen Todes gestorben sind, sondern für jene, die durch Verbrechen zu Tode gekommen sind. Ein Bürohaus dient der Arbeit, nicht dem Vergnügen. Das Freudenhaus ist für den professionellen Sex und nicht für die Liebe vorgesehen. Man könnte diese Negativreihe noch fortsetzen. Sie zeigt, in wie viele Teilbereiche unser Leben aufgesplittet ist. Diese Häuser dienen einem bestimmten Zweck. Sie laden nicht zum Bleiben ein, manche werden nur einmal im Leben bzw. im Tode betreten. Menschen haben entschieden, wofür diese Häuser "benutzt" werden. Das ist mehr als ein zweckrationaler Vorgang. Denn bei näherem Hinsehen zeigt sich, daß solche Häuser auch aus den Menschen etwas machen, die sich darin aufhalten: Zuhälter und Dirnen, Bürohengste und Bittsteller, Gefängniswärter und Sträflinge usw.

Gerade diese Erfahrung, daß Häuser aus Menschen etwas machen, wird Anlaß zu bildhafter Redeweise. Ganz normale Häuser oder solche, die für einen positiven Zweck bestimmt waren, können werden "wie" ... In einer Schule, die auf das Leben vorbereiten soll, kann es zu gehen "wie in einem Zuchthaus". Die Universität kann zum Parkhaus werden, in dem Studierende ohne Studienplatz im gewünschten Fach Warteschleifen drehen oder erst ein "Park"studium absolvieren. In einer Villa kann ein Stil "wie in einem Freudenhaus" herrschen.

Auch an einer positiven Reihe von zusammengesetzten "-haus"-Begriffen kann man entlanggehen. Ein Gasthaus ist dazu gedacht, daß Gäste empfangen, bedient, bewirtet, ja, verwöhnt werden und willkommen sind. Das Elternhaus ist nicht nur Wohnstätte der biologischen Erzeuger, sondern das Haus, aus dem ich komme, das Haus, dem ich Wesentliches verdanke, das Haus, das mich geprägt hat. Das Wohn- oder Privathaus ist das Haus, das diesen Namen verdient, behaglich und "wohnlich", schützend vor den Zudringlichkeiten und Anforderungen der Welt um mich herum. Und wer träumte nicht schließlich von einem "Gartenhaus im Grünen", jenem Häuschen umgeben von einem Stück Natur, in das viele Menschen fliehen, die des Alltags überdrüssig sind?

Schon im Begriff, diese positive Häuser-Reihen fortzusetzen, stutzt man. Ist die Wirklichkeit nicht komplexer? Sind die Erfahrungen mit ihr nicht verwikkelter? Es gibt Elternhäuser, die es zwar faktisch sind, aber diesen Namen nicht verdienen; Elternhäuser, in denen Kinder in die Welt gesetzt werden, die aber nicht imstande waren, ihnen das zu vermitteln, was sie ihnen schuldig gewesen wären. Ein Haus von Eltern, aber kein "Elternhaus"! Es gibt Wohnhäuser, die zwar bauliche alle Voraussetzungen erfüllen, in denen aber Menschen nicht "beieinander wohnen" können. Und das Gasthaus? Gibt es nicht jenes, das sich zwar als solches deklariert, aber nicht Haus der Gastfreundlichkeit, sondern von Nepp und Profit ist? Nicht Haus des Gastes, sondern Haus der Ungastlichkeit müßte man sagen.

Wovon Häuser leben – wovon Häuser zerstört werden

Häuser bestehen aus Mauern, aus Steinen, aus Holz oder Metall. Der Stoff, aus dem sie gemacht werden, ist tote Materie. "Lebendige Häuser" werden sie erst durch die, die sie mit Leben erfüllen. Die entscheidende Frage ist, welche Art von Leben hier gemeint ist. Unsere Umgangssprache macht auf einen sehr bedeutsamen Unterschied aufmerksam. Zusammengesetzte Substantive ("...-haus") zeigen Häuser an, die einem bestimmten Zweck dienen oder eine Aufgabe haben. Sie haben allerdings auch die Tendenz – wie gezeigt wurde -, sich Menschen dienstbar zu machen oder – noch schlimmer – in bestimmter Weise funktionieren zu lassen. Häuser mit Genitivverbindungen zeigen an, mit welchem Sinn oder welcher Sinnlosigkeit sie erfüllt sein können. Sie zeigen, was Menschen "bewegt", die sie bewohnen. Ihren Wert oder Unwert erhalten sie durch das, was in ihnen "gelebt" wird. Es gibt das "Haus der Freude" (zu unterscheiden vom "Freudenhaus"!), das "Haus der Liebe" (nicht zu verwechseln mit dem "Liebesnest"!), das "Haus der Eintracht" oder das "Haus der Gerechtigkeit", um nur einige Beispiele zu nennen. Kontrastreich wie das menschliche Leben ist das Innenleben der Häuser. Es gibt das "Haus der Trauer", das "Haus der Zwietracht", das "Haus der Ungerechtigkeit", das "Haus des Hasses" oder das "Haus der Einsamkeit". Auch hier kann man es bei Beispielen belassen. Daß dies bereits symbolische Häuer sind, zeigt sich in bildhaften Redeweisen: "Das ist ein Haus, in dem Gerechtigkeit *wohnt*" oder: "Das ist ein Haus, in dem die Einsamkeit *haust*" oder "Das ist ein Haus, in das die Trauer *eingekehrt* ist".

Ist es ein Wunder, wenn menschliche Hoffnung immer wieder darauf gerichtet ist, daß Zweckrationalität, bloße Funktionstüchtigkeit und Entfremdung, aber auch die ständige Infragestellung des Sinnhaften durch die Sinnlosigkeit überwunden werden? Hoffnungen und Sehnsüchte manifestieren sich in Träumen und Utopien. Da gibt es den Traum vom individuellen Glück: das "Häuschen im Grünen", das Häuschen ganz für mich und für meine Familie. Der Garten ist der letzte Rest des Paradieses in unseren Gedanken, das *kleine Haus* ein Zipfel an Geborgenheit für den einzelnen. Da gibt es die Utopie vom "Menschenhaus", in dem Menschen unter einem Dach vereint sind; in dem es viele Wohnungen gibt und alle Platz haben, so daß keiner dem anderen das Existenzrecht bestreitet. Beseitigt sind die eingezogenen Trennwände und Mauern, hinter denen verschanzt Menschen ihre Kalten Kriege und andere Feindseligkeiten austragen. Es ist das *große Haus*, in dem Gemeinschaft möglich wird.

Reale Häuer sind das Produkt gesellschaftlicher Praxis und sozialer Verhältnisse. Ihre sichtbare *äußere* Ausstattung kann das beeinflussen, was im *Inneren* vor sich geht. Diese Abhängigkeit ist jedoch nicht zwangsläufig. Auch eine Zelle im Zuchthaus kann zum Raum der Freude werden, eine Notunterkunft zum Haus, in dem Frieden und Eintracht wohnen. Der Palast kann zum Haus werden, in dem man sich bis aufs Messer bekämpft, die Villa zum Haus, in dem Leiden und Trauer einkehren. Gerade solche komplexen oder dialektischen Ereignisse und die damit gemachten Erfahrungen können Gegenstand symbolischer Geschichten sein. Bevor wir uns solchen Symbolgeschichten zuwenden, müssen das Haus und seine symbolträchtigen Teile genauer betrachtet werden.

Die symbolische Rede vom Haus und seinen Teilen

Für reale Häuser ist es nicht unerheblich, wo sie ihren Standort haben: erhöht und deutlich sichtbar, zentral und in der Mitte einer Siedlung oder am Rande, evtl. außerhalb der Ansiedlung; verborgen, versteckt und gemieden. In symbolischen Geschichten werden Häuser an Orte verlagert, die etwas andeuten oder aussagen. "Die Stadt bzw. das Haus auf dem Berge" (vgl. Mt 5,14) sagt etwas über den Zustand und den Auftrag derer, die es bewohnen. "Das Haus bei den Gräbern und Grüften" (vgl. Mk 5,3) schafft den äußeren Rahmen, um über den inneren Zustand eines Menschen zu erzählen, der dort zu leben gezwungen ist.

DAS FUNDAMENT, auf dem ein solides Haus steht, ist entscheidend. Trägt es, oder gibt es nach? Symbolgeschichten können von Häusern erzählen, die auf festem Felsengrund stehen; sie sind "gegründet" auf einer festen Basis. Sie können auch von Häuern erzählen, die auf Sand oder morastigem Grund gebaut sind. Äußerlich sieht man ihnen nicht an, worauf sie in Wahrheit stehen. Symbolische Häuer und ihre Fundamente können etwas sagen über den Zustand ihrer Menschen und die Fundamente ihres Lebens, die sie gewählt haben.

DIE MAUERN UND STEINE sind es, die den umbauten Raum bilden. Risse in der Mauer zeigen an, daß es mit einem Mauerwerk zu Ende geht, daß es "baufällig" ist. Risse in der Mauer – Risse in der Gemeinschaft? Oder: Spalten und Durchlässe in der Betonwand, die Menschen gespalten hat und nicht hindurchließ? Mit Steinen wird Raum umbaut, umschlossen und ummauert, der Schutz bietet, Geborgenheit. Es gibt "Wände bzw. Mauern", die einmauern und einschließen. Wer sich dort einigelt, lebt wie in einem (inneren!) Schneckenhaus, aus dem er nicht herausfindet. Was alles verbirgt sich an existentiellen Erfahrungen hinter solchem symbolischen Reden!

DAS DACH macht Mauern erst erkennbar zum Haus. "Wenigstens ein Dach über dem Kopf!" ist ein Wunsch vieler, die nicht wissen wohin. Ein Dach schützt wenigstens vor dem, was nicht beeinflußbar ist: vor Regen und Hitze. Unter einem bloßen Dach kann man nicht wohnen, nur sich unterstellen! Das Dach über einem Haus ist wie der Hut auf dem Kopf eines Menschen oder die Decke, mit der er sich schützt. Menschen, deren "Dach abgedeckt wird", stehen im Freien; sie haben aber auch freien Blick in den Himmel über sich. "Unter mein Dach eingehen" heißt, den eigenen Intimraum betreten. Jemand "unter sein Dach eingehen lassen", heißt, ihm den eigenen Intimraum zu öffnen.

DIE TÜR mit Schloß und Riegel macht ein Haus geöffnet oder geschlossen, abweisend oder einladend. Die Türe und ihr Zustand macht darauf aufmerksam, daß es verschiedene Arten des Hinaus- und Hineingehens im Zusammenhang mit einem Haus gibt.

In ein Haus können Massen *hinein*strömen (aus unterschiedlichen Motiven!). Man kann mit anderen feierlich einziehen. Man kann ein Haus aufsuchen, weil man ein Anliegen hat. Man kann *hineinflüchten*, um Schutz und Asyl zu suchen. Man kann gewaltsam eindringen und einbrechen. Natürlich kann man jemanden in ein Haus schicken, jemanden begleiten, jemanden hinbringen.

Auch das *Hinausgehen* hat seine unterschiedlichen Formen. Man kann gezwungenermaßen *aus*wandern ins Exil. Man kann sich *aufmachen* in die Fremde und sich verlieren (Entfremdung). Dieses Hinausgehen erfordert Heimkehr und Rückkehr. Es gibt das notwendige Verlassen und Hintersichlassen von Häusern, zu denen es keine Rückkehr gibt, es sei denn auf Kosten der Freiheit, die man gewonnen hat. Symbolgeschichten setzen ihre Signale, um diesen oder jenen geschilderten Zug bedeutsam zu machen und zu einem Sinnganzen zusammenzufügen.

Selbstverständlich kennt ein Haus auch eine *Außenseite* und eine *Innenseite*. Es gibt die Fassade und das, was hinter der Fassade geschieht. Es gibt jenen Teil, den das Auge sieht, und jenen, der unsichtbar bleibt und nur "mit dem Herzen" gesehen werden kann. Es gibt ein Drinnen und Draußen.

Wenn das Drinnen und das Draußen einander nicht entsprechen, können Symbolgeschichten voll diffiziler Dialektik entstehen. Die Bibel kennt solche Geschichten.

Ein Haus kann "äußerlich" ein Gefängnis sein. Die Apostel machten mit solchen Häusern Bekanntschaft. Paulus und Silas waren hinter Schloß und Riegel eines Kerkers (vgl. Apg 16). Die Frage dieser Geschichte ist, ob es in diesem Gefängnis dunkel oder hell ist, ob dort Gefangene sitzen oder solche, die viel freier sind als die, die sie fesseln, einsperren und foltern. Ein symbolisches Erdbeben (Erschütterung!) offenbart, daß die, die *drinnen* sitzen, "Lobgesänge singen", und der, der *draußen* ist, der Kerkermeister, derjenige ist, der befreit werden muß. Der Herr über Schloß und Riegel eines Gefängnisses muß von Fesseln ganz anderer Art entbunden werden.

Ein Haus kann äußerlich ein ganz normales Haus sein. Für jemanden, der darinnen lebt, kann es zum Gefängnis werden, das er aus eigener Kraft nicht verlassen kann. Was kann ihn frei machen? Unter Abschnitt 3.2 dieses Kapitels werden wir die Geschichte dieses Hauses kennenlernen, in dem das Kind eines heidnischen Hauptmanns "festgenagelt" war. Die Untersuchung wird noch interessanter werden dadurch, daß dieses Haus Teil einer Dreierkonstellation ist: drei Häuser in Kapernaum – drei "bedeutsame" Sachverhalte, die in Beziehung zueinander stehen (vgl. Mt 8,5-13; 9,1-8; 12,9-21).

Die Erfahrungen, die Menschen mit Häusern gemacht haben, gehören nicht zu den ältesten der Menschheitsgeschichte. Erfahrungen in Zelt oder Höhle sind nicht die gleichen; sie lassen sich auch nicht mit vermuteten Erfahrungen in der Höhle des Mutterleibs in eins setzen. Häuser wurden nicht vorgefunden, sondern von Menschenhand geschaffen. Was mit und in ihnen geschieht, trägt menschliche Handschrift. Auch die sogenannten heiligen Räume sind von Menschenhand geschaffen. Ob sie *vor* den Wohnhäusern der Menschen gebaut wurden oder erst das Produkt weiterentwickelter menschlicher Architektur sind, kann ohne umfassende Recherchen unter den verschiedenen Völkern nicht beantwortet werden. Im alten Israel ist der Tempel – im Vergleich zu den anderen Häusern – ein spätes Bauwerk. Das Haus ist ein *Kulturphänomen*, mit dem Menschen Erfahrungen gemacht bzw. geschaffen haben, die es in der Zeit *vor* den Häusern nicht gab. Sie haben sich in inneren Bildern verdichtet, die Menschen mit sich herumtragen, wo auch immer sie sich befinden. Verbale ("Haus!") und mediale (Darstellung von Häusern) Impulse können dieses im Menschen gespeicherte Potential freisetzen. Der Mensch verfügt über die Fähigkeit, "Haus" zum sprachlichen Bild werden zu lassen, mit dessen Hilfe er existentielle *Zustände* beschreiben kann. Das sprachliche Bild vom Haus kann auch erhoffte zukünftige Zustände beschreiben. Das Haus wird Symbol, wenn es dazu dient, diese menschlichen Zustände im Verhältnis zu Gott zu reflektieren und "auszudrücken".

2. *Das Haus in den Überlieferungen Israels*

Wenn Israel Rückschau auf seine Vergangenheit hält, dann erinnert es sich nicht an Häuser, in denen es Schutz suchte und wohnte, sondern an Zelte, die es auf seinen Wanderungen mit sich führte und aufschlug, wenn es Rast machte.

2.1 Das Zelt der Nomaden und das Zelt der Begegnung

Das Zelt ist die Behausung umherziehender Nomaden. Immer auf der Wanderschaft, immer auf der Suche nach Weideflächen für ihr Vieh, haben sie keine Zeit, feste Häuser zu bauen. Wüste und Steppe am Rand des Kulturlandes sind keine Fundgrube für Baumaterialien. Israel hat über Generationen hinweg ein

Nomadendasein geführt und in Zelten gelebt. Sowohl von den Stämmen, die unter Abrahams Führung aus Chaldäa auswanderten, als auch von den Stämmen, die unter Führung des Mose aus Ägypten flohen, wird erzählt, daß sie "ihre Zelte aufschlugen", in Zelten wohnten und "ihre Zelte wieder abbrachen". Die Abrahamstämme zogen in Zick-Zack-Routen am Rande des Kulturlandes entlang und machten nur ab und an Station bei Bethel oder Sichem – aber nur vorübergehend. Es war ja nicht ihr Land, das sie betraten (vgl. Gen 12 und 13). Die "Wohnsituation" im Zelt wird so geschildert, daß Sarah im Zelt als Hausfrau wirkt, während "er" am Eingang des Zeltes sitzt. "Sie" bereitet Wasser zu, damit vorbeikommende Gäste ihre Füße waschen können, sie backt Brot und Kuchen. "Er" schlachtet vor dem Zelt Tiere und bereitet den Braten; er bewirtet die Gäste unter einem Baum vor dem Zelt. "Sie" bleibt im Zelt und lauscht den Gesprächen der Männer. Sehr ausführlich wird uns darüber in Genesis 18 berichtet, als drei Männer zu Abraham und Sarah kommen und die Geburt eines Nachkommen ankündigen. Eine vergleichbare Situationsschilderung liegt uns über Mose vor, der Besuch von seinem Schwiegervater Jethro erhält. Höflich geht er dem Gast entgegen, verneigt sich vor ihm, begrüßt ihn und führt ihn ins Zelt. Von der Ehefrau und den beiden Söhnen, die Jethro zurückbringt, ist alsbald nicht mehr die Rede (Ex 18).

Es verstand sich nicht von selbst, daß diese Nomaden wenigstens nach ihrem Tod eine "Behausung" fanden. Abraham war eine Ausnahme. Ihm gelang der Erwerb eines kleinen Grundstücks mit einer Grabhöhle in der Nähe von Hebron. Mit den ansässigen Hethitern handelte er darüber einen Kaufvertrag aus. Diese wenigen Quadratmeter waren das einzige Stück Erde, das er in dem von Gott verheißenen Land erwerben konnte (Gen 23). Von Mose gibt es keine Grabstätte "bis auf den heutigen Tag"; der Herr selbst begrub ihn im Tale zu Füßen des Berges Nebo (Dtn 34).

Was uns in den Überlieferungen Israels geschildert wird, ist die Situation der *Unbehaustheit* und des Unterwegsseins. Berechtigt ist die Frage, ob diesem Umherwandern nicht noch eine andere Situation vorauslag. In der Tat: Die Abrahamstämme kamen aus Städten (Ur in Chaldäa und Haran; vgl. Gen 11,31 f). Abraham schärft dem Isaak und Isaak dem Jakob ein, auf keinen Fall dorthin zurückzukehren. Im Land Kanaan fanden diese Stämme ebenfalls Städte und Häuser vor, aber sie waren: besetzt! Der Zelterfahrung der Abrahamstämme lag also voraus das Herausgehen aus Häusern sowie der freiwillige Verzicht auf sie und das Nichthineinkönnen in Häuser, die anderen gehörten. Auch die Mosestämme hatten vor ihrer Zelt- und Wanderzeit Häuser in Ägypten. Das wird schon daran deutlich, daß sie beim Passahfest "den Sauerteig aus ihren Häusern entfernen sollen" in Erinnerung an ihre eilige Flucht (vgl. Ex

12,15). Allerdings dürften diese Häuser die Sklavenunterkünfte der Bauarbeiter gewesen sein, denen die Prestigebauten der Pharaonen gegenüberstanden, für die sie schuften mußten. Ihre Erfahrung mit Häusern dürfte die der Entfremdung gewesen sein, die sie in ihrer Not zum Herrn schreien ließ.

Beide Stammesgruppen hatten mit Sicherheit keine positiven Hauserfahrungen oder Geborgenheitsgefühle. Was sie verband, war die Erfahrung des Unterwegsseins in Wüste oder Steppe. Was sie verband, war die *Sehnsucht* (!) nach einer Zeit, da ihr Fuß ruhen konnte, und die Sehnsucht nach einem Ort, wo sie sicher wohnen konnten. *Vorangetrieben* wurden sie durch die Verheißung, daß Gott ihnen ein Land zeigen und sie dorthin führen würde, wo sie keine Zelte mehr benötigten.

Die beide Stammesgruppen verbindende Erfahrung des Unterwegsseins prägte die Gottesvorstellung. Die Menschen zogen umher und ihr Gott war ein "mitziehender Gott", der ihnen des Nachts durch eine Feuersäule und tagsüber durch eine Wolkensäule Orientierung gab. Wenn die Israeliten Rast machten, dann schlug Mose außerhalb des Lagers ein besonderes Zelt auf, das "Zelt der Begegnung". Auch Gott machte dann Rast, und es bot sich die Gelegenheit, ihn zu befragen. Bei der Wanderschaft mitgetragen und bei der Rast abgestellt wurde ein wichtiger Gegenstand, der 2½ Ellen lang, 1½ Ellen hoch und 1½ Ellen breit war: die Lade Gottes. Sie hatte Ringe, die durch die Stangen geschoben wur-den, um den Transport zu erleichtern. Was auch immer in diesem "Reisegepäck" war oder ob überhaupt etwas darin war, es wurde die Vorstellung "transportiert", die Israeliten trügen das Gesetz Gottes immer bei sich; bei jedem Schritt sollten sie dessen eingedenk sein. Bis in die Zeit Davids hinein gab es dieses Zelt und diese Lade, bis sie endlich unter Salomo durch den Tempelbau abgelöst wurden.

2.2 Das Himmelszelt und das Völkerzelt

Als die Zeit der Zelte vorüber und Israel seßhaft geworden war, begann ein neues Verhältnis zu seinen Zelten und Häusern. Es schlägt sich nieder in einem symbolischen Sprachgebrauch. Er ist bei Jesaja zu finden und durchläuft einen beachtlichen Wandel von Proto- zu Deuterojesaja:

> "Schaue auf Zion ... deine Augen werden Jerusalem sehen als sichere *Wohnung*; als Zelt, das *nicht wandert*, dessen Pflöcke *nicht* mehr herausgezogen werden, dessen Stricke *nicht* reißen ...!" (Jes 33,20).

Mit dem Bild des Zeltes wird ein Zustand beschrieben, der sich verändert hat: vom ständigen Wechsel zur Dauerhaftigkeit. Dementsprechend bittet der Beter:

"Laß mich Gast sein in deinem Zelt *immerdar*, laß mich bergen im Schatten deiner Flügel!" (Ps 61,4 ff). Nicht die vorübergehende Nähe während der Dauer einer Nomadenrast wird erbeten, sondern ein immerwährender Zustand der Geborgenheit.

> "Der da thront über dem Kreis der Erde, daß ihre Bewohner wie Heuschrecken sind, der den Himmel ausbreitet wie einen Flor und ihn ausspannt wie ein Zelt zum Wohnen ..." (Jes 40,22).

Als Deuterojesaja dieses Bild vom Himmelszelt prägt, ist Israel (oder Teile des Volkes) nicht mehr im Lande. Warum die Vorstellung von einem so riesigen Zelt? Es kann Israel auch im fernen Lande der Verbannung bedecken, so daß es auch in der Fremde "unter dem Schutz des Höchsten wohnen" kann!

> "Mache weit den Raum deines Zeltes, und spanne aus die Tücher deiner Wohnungen, ohne zu sparen; mache lang deine Stricke und fest deine Pflöcke; denn zur Rechten und zur Linken wirst du dich ausbreiten, und dein Geschlecht wird Nationen beerben und verödete Städte bevölkern" (Jes 54,2 f).

Jetzt ist es das zurückkehrende (dezimierte!) Volk, dem die Möglichkeit vor Augen gestellt wird, ein Riesenzelt über Nationen und Städte spannen zu können. Es ist nicht eindeutig, ob dieser Trost für das gebeugte und ungetröstete Volk im Sinne einer politisch-geografischen Machterweiterung gedacht ist oder im Sinne einer emotionalen Öffnung für die Völkerwelt, die dann zusammen mit dem Volk Israel unter diesem Dach wohnen könnte.

2.3 Die Häuser in Stadt und Land und das Haus Gottes auf dem Zion

Eine grundlegende Veränderung im Blick auf den Gebrauch von Zelt und Haus trat ein, als den Stämmen die Landnahme gelingt, als ein Staatengebilde entsteht, das unter David aus zwei Teilgebieten (Südreich und Nordreich, Juda und Israel) zusammengefügt wird. Darüber hinaus kann David die alte Jebusiterstadt Jerusalem einnehmen. Sie liegt strategisch günstig zwischen der nördlichen und südlichen Landeshälfte, aber auch ein wenig isoliert. Sie war "die Stadt Davids", aber nicht die Stadt des Volkes. Israel hat im Zuge der Seßhaftwerdung eine *Bleibe* gefunden, Häuser der Kanaanäer übernommen und Häuser gebaut. Jetzt war es an der Zeit, auch Gott ein Haus zu bauen, damit er Wohnung nehmen konnte unter seinem Volk. Aber da war ein merkwürdiges Zögern. David gelang es nicht, das Haus Gottes zu bauen. Als Begründung wird in 1.Könige 2 angegeben, daß er ständig mit Kriegen zur Konsolidierung seines Reiches beschäftigt war. Lediglich die Lade Gottes ließ er einholen und in einem kostbar ausgestatteten Zelt niederstellen. War das vielleicht auch ein theologisches Zögern?

Das Haus Jahwes und die heidnische Architektur

Als Salomo an die Ausführung des Tempelbaus ging, entstand die Frage: Nach welchem Vorbild sollte gebaut werden? Die einzigen Vorbilder waren heidnischen Ursprungs! Dementsprechend geriet Salomos Tempel baulich und religiös in große Nähe zu den architektonischen Grundmustern anderer Völker. Das "Heiligtum" war ausgegrenzt und abgegrenzt vom profanen Bereich. Im heiligen Bezirk selbst gab es Unterschiede zwischen den Vorhöfen und den Bereichen, zu denen nur Priester, und dem Allerheiligsten, zu dem nur der Hohepriester Zutritt hatten. Eine Priesterkaste mußte geschaffen werden, ein Kultbetrieb entstand. Hatte Israel bislang "Abraham als den Vater des Glaubens" bekannt, so erstand jetzt ein Konkurrenzzahnherr: Zadok aus dem Geschlecht Levi, dem fortan der professionelle Kultbetrieb vorbehalten blieb.

Das Haus Jahwes und die unsoziale Baumaßnahmen

Niemals ist es belanglos, unter welchen Bedingungen ein Haus erbaut wird. Kleben Blut und Tränen an den Steinen? Wurden die Mauern unter der Knute von Sklaventreibern hochgezogen? Salomo ließ die Arbeiten am Tempel durch ein Heer von Israeliten bewerkstelligen, die zwangsweise zum Frondienst verpflichtet wurden (1.Kön 5,27 ff). Die Zahl 30 000 wird genannt. Natürlich kooperiert Salomon mit dem heidnischen Nachbarkönig Hiram von Tyros, um überhaupt die Ausstattung des Tempels ausführen zu können. Er schließt ein Handelsabkommen über den Import von Zedernstämmen und Zypressenholz. Mit Sicherheit wurden die kostbaren Stämme durch Sklavenarbeit gefällt, bearbeitet und verschifft. Hier zeigen sich eine Sozialstruktur und ein Gesellschaftssystem, die Israel zutiefst fremd waren. Dieser Bruch mit der Überlieferung Israels wird schon bei der Einführung des Königtums deutlich. Sie war, wie die entsprechenden Kapitel des ersten Buches Samuel zeigen (1.Sam 8 ff), umstritten. Es gab eine Richtung, die das Königtum positiv bewertete und entsprechend theologisch legitimierte; es gab eine Richtung, die es negativ bewertete und dafür ebenfalls Jahwes Willen in Anspruch nahm. Die Kritiker des Königtums haben darauf hingewiesen, daß Sklaverei, Frondienst, Militärdienst und hohe Steuern Folgen des Königtums sein würden. Sie haben ihre Bedenken dahingehend präzisiert: "Wir werden sein wie die anderen Völker!" Wie nun, wenn der Erbauer des Hauses Gottes sich allzusehr daran orientierte, wie die anderen Völker es machten? Mußte das nicht Konsequenzen haben im Blick auf die Relation zwischen der Herrschaft des Königs und der Königsherrschaft Jahwes? Und wie, wenn das Schicksal des Hauses Davids damit verknüpft war? Mußte dann nicht auch die Vorstellung von einem speziellen Haus Gottes fallen, wenn das Haus Davids fiel? Schon nach dem Tode Salomos bahnt sich diese Entwicklung an, als das Nordreich sich vom Südreich löste und der politischen Eigenständigkeit die religiöse folgen ließ. "Was haben wir für einen Anteil am Hause Davids?! (1.Kön 12,16)", war die Losung.

Das Haus Jahwes ist nahe, aber sein Thron ist ferne

Gehen wir noch einmal einen Schritt zurück hinter diese "Auflösungserscheinungen"! Eine merkwürdige Entwicklung hat stattgefunden. Gerade jetzt, wo Gott gewissermaßen eine *Bleibe* hatte und unter seinem Volk *wohnen* sollte, war er weniger nah als in der Zeit der Wanderschaft; weniger nah, als er mitzog, voranging und bei jeder Rast anwesend war bzw. präsent wurde. Der Tempel war zwar ein festes Haus, er stand aber nicht mitten unter den Häusern Israels, sondern auf dem Berg Zion. Er blieb immer in gebührender Distanz zum Volk. Wer weiter entfernt wohnte, hatte ihn nicht täglich vor Augen. Er konnte ihn höchstens vor seinem inneren Auge sehen. Man mußte sich aufmachen und zu ihm hin wallfahrten. Es waren nur vorübergehende Augenblicke, in denen man sich im Heiligtum aufhalten konnte. Daraus erwuchs der Wunsch, "im Haus des Herrn immerdar bleiben" zu können. Das Haus Gottes wurde immer mehr Gegenstand der *Sehnsucht* und der *Hoffnung*; erst recht, als Israel im Exil lebte und das Heiligtum nicht nur entweiht und zerstört war, sondern der Ort, auf dem seine Trümmer lagen, in unerreichbarer Ferne für die Verbannten blieb. Die Sehnsucht nach dem, was man nicht hat, kommt in Psalm 84,11 deutlich zum Ausdruck:

> "Ein einziger Tag in deinen Vorhöfen ist besser als tausend draußen, besser an der Schwelle stehen im Hause meines Gottes als in den Zelten des Frevels."

Zugleich wird eine ähnliche Schwelle wie beim Zelt überschritten: die Schwelle vom Realen zum Symbolischen. Als die konkreten Zelte nicht mehr nötig waren, entstand die symbolische Rede vom Himmelszelt. Als das reale Haus Gottes in Trümmern lag, bekommt es überdimensionale Züge:

> "Himmelshöhen gleich baute er sein Heiligtum, fest wie die Erde, die er auf ewig gegründet hat" (Ps 78,69).

2.4 Das Haus Israel und das Haus Davids

In diesem Abschnitt sollen einige Gesichtspunkte betrachtet werden, die die Brücke bilden zu den neutestamentlichen Symbolgeschichten über das Haus.

Es fällt auf, daß in jenen Texten des Alten Testaments, die über den Exodus von Nomadenstämmen und ihrer Landnahme erzählen, vom "Volk" die Rede ist. Nach der Landnahme und Seßhaftwerdung wird eher vom "Haus Israel" gesprochen. Das ist bereits eine übertragene Redeweise, die wir auch in unserer Sprache kennen. Nicht mehr ein Haus aus Stein mit Mauern, Dach und Tür ist gemeint, sondern ein Gebilde, das entweder durch familiäre Bindungen über Generationen hinweg gewachsen ist oder durch eine gemeinsame Sache oder gemeinsame Ziele zusammengehalten wird. Das "Haus Hohenzollern" ist eine Familiendynastie, das "Haus Krupp" ein Wirtschaftsimperium. In der biblischen Überlieferung wird innerhalb des "Hauses Israel" noch einmal differenziert zwischen dem "Haus Juda", dem "Haus Davids", manchmal auch dem "Haus Isai" (Isai ist der Vater Davids).

Die legitimen und illegitimen Erben des Hauses

Zu einem Haus in der oben besprochenen Art gehören bestimmte Menschen; andere wiederum gehören nicht dazu. Es gibt "legitime" Söhne und solche, denen man die Legitimität abspricht (z.B. die Samaritaner!). Nur legitime Söhne sind erbberechtigt. Manchmal, dies aber erst in sehr später Zeit, wird auch der Gedanke laut, daß Söhne *und* Töchter erbberechtigt sind:

> "Und nach diesem wird es geschehen, daß ich meinen Geist ausgieße über alles Fleisch; und eure Söhne und Töchter werden weissagen ... Auch über die Knechte und Mägde will ich in jenen Tagen meinen Geist ausgießen" (Joel 2,28 f).

Es gibt also ein Dazugehören und ein Ausgegrenztsein. Woher leitet sich die Dazugehörigkeit und die Erbberechtigung ab? Von biologisch-physischen Banden der Blutsverwandtschaft oder von einer Sache, der man sich verbunden weiß – etwa dem wahren Gottesdienst für den einen Gott? Diese Frage mußte schon zur Zeit des davidisch-salomonischen Königtums auftauchen, als es zu umfangreichen Eroberungen unter den Nachbarvölkern kam. Edomiter, Moabiter, Ammoniter usf. wurden politisch einverleibt, aber religiös wohl kaum! Sie blieben die illegitimen Bastarde.

Hatten schon die Könige Israels ihre Harems angefüllt mit Frauen aus der Umwelt, so verschärfte sich das Problem des Synkretismus in der exilischen und nachexilischen Zeit. Nicht das ganze Haus Israel wurde nach Babylon deportiert, wahrscheinlich nur die Oberschicht und die theologische Elite. Ein

Teil der Bevölkerung blieb zurück. Mischehen mit heidnischen Partnern wurden geschlossen. Der "religiöse Abfall" lag für die Zurückgebliebenen näher als für die Exilierten, die eher für sich lebten und danach trachteten, ihre Identität zu wahren. Als ein Teil der Deportieren zurückkehrte, mußte die Frage nach der *Reinheit* und der *Unreinheit* des Hauses Israel auftauchen. Woran aber sollten Reinheit und Unreinheit gemessen werden? An Formalkriterien oder an der Reinheit und Unreinheit des Herzens, mit der man Gott diente? Daran, wie es mit dem "Haus des Herzens" aussah?

Das Haus und das Häuslein

Als das "Haus Israel" an die Grenzen seiner Eroberungspolitik kam und selbst zum politischen Opfer der Großmachtpolitik anderer Völker wurde, schrumpfte es zusammen. Das Nordreich fiel, das Südreich Juda konnte sich noch für kurze Zeit halten, ehe es endgültig aufhörte, in politischer Selbständigkeit zu existieren. Diese Situation hat der Prophet Jesaja im Bild vom Haus umschrieben:

> "Und die Tochter Zion ist übriggeblieben wie ein Häuslein im Weinberg, wie eine Nachtwache im Gurkenfeld, wie ein Turm zur Wacht" (Jes 1,8).

Die Frage war, ob in diesem – vom Umfang her – äußerlich so kleinen und unscheinbaren Haus eine große Kraft zum Neuanfang stecken würde? Groß war die Hoffnung der Propheten, daß dieser kleinen Hütte ein "Rest" an Menschen korrespondieren würde, die die Kraft zur Umkehr hatten – nicht nur zur Rückkehr in ein Stück Land, sondern zur Hinwendung zu ihrem Gott, dem sie den Rücken zugekehrt hatten.

Das wahre und das falsche Haus

Die Sehnsüchte der Menschen richteten sich trotz aller politischen Veränderungen auf das bis zum Wurzelstumpf dezimierte Haus Isai bzw. Haus David. Die Zielrichtung dieser Erwartung wurde auf eine schwere Probe gestellt durch den Umstand, daß es dank der Römer um die Zeitenwende herum wieder einen König in Jerusalem gab: Herodes den Großen (37 v. bis 4 n.Chr.). Er war nur ein Vasallenkönig von anderer Gnaden. Was den hoffenden und wartenden Menschen Israels unerträglich schien, war die Tatsache, daß Herodes und seine Familie Idumäer waren, also dem Hause Edom entstammten; sie gehörten zu jenen illegitimen Bastarden, die man nicht zu den Erben des Hauses Israel zählte.

Das *falsche Haus* war an der Regierung, nicht das *wahre Haus* (David)!

Dieser Gegensatz durchzieht die Geburtsgeschichte des Matthäus (vgl. die Kapitel 1 und 2). "Wo ist der König der Juden, der es der Geburt nach ist?" fragten die Sterndeuter aus dem Osten. Herodes konnte es aufgrund seiner Herkunft nicht sein. Der wahre König mußte aus "dem Hause und Geschlecht Davids" kommen. Der Geburtsort des Messias kann daher nicht Jerusalem, sondern muß in Bethlehem, dem Ursprungsort des Hauses Isai (bzw. des Hauses David), sein.[2]

Dem Gegensatz "Falsches Haus – Wahres Haus" korrespondiert noch ein anderer Kontrast. Es gehörte zur Politik des Herodes, den zerstörten Tempel ("das Haus Gottes") wieder aufzubauen und aufs prächtigste auszustatten. Der Kultbetrieb lief, die Opfer wurden dargebracht! Konnte es aber Garant dafür sein, daß dem prachtvollen *Äußeren* dieses *Hauses* das entsprach, was im *Inneren* des *Hauses* geschah? Konnte er Garant für einen gottwohlgefälligen Gottesdienst sein? Kaum!

FAZIT

Häuser sind das Produkt kulturellen Schaffens der Menschen oder das Ergebnis von Begegnungen mit solchen Kulturphänomenen. Symbolisch konnte in Israel vom Haus und den Häusern erst geredet werden, nachdem Häuser in Besitz genommen und bewohnt wurden, nachdem eigenen Häuser gebaut worden waren.

Der Prozeß des Redens über reale Häuser hin zur symbolischen Rede über "das Haus" ist vorangetrieben worden durch Defiziterfahrungen. Es ist zu bedenken, daß der Zustand des Angekommenseins im Lande und der Zustand des Wohnens in Häusern nur wenigen Generationen vergönnt war. Einschneidend war der Verlust von Land, von Tempel und Königtum. Dieses geschichtliche Ereignis bedeutet

– für die Verbannten Erfahrung von FREMDE, von HEIMATLOSIGKEIT, von UNBEHAUSTHEIT. Man wohnte, gewiß! Aber in fremden Häusern! Man lebte von der Erinnerung an das, was man zurückgelassen hatte;
– für die Zurückgebliebenen Erfahrung von ÖDE, VERWÜSTUNG und NOT-UNTERKÜNFTEN.

Man wohnte, gewiß! Aber inmitten von Trümmerhaufen und in Armut. Man lebte von der Erinnerung an das, was einst intakt war.

---

2 Vgl. dazu das Kapitel "Das Symbol des Sterns", S. 127 f.

Das Haus Gottes war für die einen wie die anderen dahin – daran änderte auch nichts der mühsame Bau des zweiten und nichts die protzige Architektur des dritten Tempels. Im übrigen begann die Zeit, wo sich das "wahre Israel" Synagogen schuf – keine "heiligen" Räume, sondern Räume, in denen "man zusammenkam".

Was bedeutet das für die symbolische Rede vom "Haus Gottes" und vom "Haus Israel"?

Der dritte Jesaja bringt beides in überzeugender Weise und in symbolischer Sprache zum Ausdruck:

> "Was wäre das für ein Haus, das ihr mir bauen wolltet, und welches wäre die Stätte meines Wohnens?
> Der Himmel ist die Stätte meines Wohnens und die Erde der Schemel meiner Füße. Hat doch meine Hand dies alles gemacht ..." (Jes 66,1.2).

Die theologischen Einsichten, die hinter diesen Sätzen stehen, sind irreversibel. Niemals kann ein Gebäude, das von Menschenhänden erbaut ist, "Gottes Haus" sein. "Heilige Häuser" sind Sache anderer Religionen, die den Unterschied von Schöpfer und Geschöpf nicht in gleicher Weise wie Israel betonen. Jahwe, der Gott Israels kann – so die Überzeugung des Tritojesaja – nur dort wohnen, wo er, der Schöpfer selbst, tätig war: im bzw. über dem kosmischen Haus aus Himmel und Erde. Wer so wohnt, muß zwangsläufig auch Hausherr sein über alle Menschenkinder, die auf Erden sind.

Und das "wahre Haus Israel"? Es wird eine Gemeinschaft sein, die durch ein bestimmtes Tun miteinander verbunden ist.

> "Deine Söhne werden die Trümmer der Vorzeit wieder bauen, und die Fundamente früherer Geschlechter wirst du aufrichten. Da wirst du genannt werden 'Der Risse-Vermaurer', der Trümmer wieder wohnlich (!) macht" (Jes 58,12).

Wodurch wird diese so beschriebene Qualität des Wohnens (als Wohnlichkeit), des Bauens und Mauerns, des Fundamentelegens gelingen?

> "Ist das nicht ein Fasten (sc. eine Frömmigkeit, ein Gottesdienst) ..., daß du dem Hungrigen dein Brot brichst und Arme, Obdachlose in dein Haus führst ...?" (Jes 58,6 f)

Nur so – ich interpretiere – werden die Risse verheilen, die durch das Volk gehen; nur so wird ein neues Volk "auferbaut" werden; nur so wird ein tragfähiges Fundament entstehen.[3]

---

3 Es sei daran erinnert, daß die Vision vom wiederkommenden Menschensohn nach Mt 25,31 ff an diese Symbolik des Tritojesaja anknüpft. Wer Hungrigen zu essen gibt, wer Durstige tränkt, wer Fremde beherbergt und Gefangene besucht, wird so handeln, als hätte er diese Taten dem Menschensohn selbst erwiesen.

Von Jesus Christus wird, um ihn zu charakterisieren, gesagt:

> "Die Füchse haben Gruben, und die Vögel des Himmels haben Nester, der Sohn des Menschen hat nicht, wo er sein Haupt hinlegen kann" (Mt 8,18-22).

Gewiß wird berichtet, daß Jesus ab und an in Häuser einkehrt und in Häusern verweilt, aber keines ist sein Eigentum im Sinn von persönlichem Besitz.

Das Johannesevangelium sagt es noch zugespitzter:

> "Das Licht scheint in der Finsternis, und die Finsternis hat es nicht angenommen ... Er kam in die Welt, aber die Welt erkannte es (sc. das Licht) nicht. Er kam in das Seine, und die Seinen nahmen ihn nicht auf" (Joh 1,5.10.11).

Aber durch den, der kein Haus hat, entsteht ein neues "Haus" von ganz anderer Art.

Er, den niemand aufnehmen will, bereitet Menschen eine Wohnstatt und eine Gemeinschaft am Tisch des Herrn.

3. Symbolgeschichten vom Haus im Neuen Testament

Unter den vielen Wundergeschichten des Neuen Testaments scheint es auch einige zu geben, die von der (physischen) Heilung von Gelähmten erzählen. Der Umstand, daß diese Heilungen in Verbindung mit einem Haus stehen, mag dem einen als unerheblich, dem anderen als selbstverständlich erscheinen; m.a.W. als Beiwerk oder Lokalkolorit. Wem bewußt geworden ist, daß das "Haus" ein wichtiges Symbol ist, der wird um die Beobachtung nicht herumkommen, daß es ganz verschiedene Häuser sind, in denen diese Heilungen stattfinden. Mit Häusern werden vielfältige Erfahrungen gemacht, und unsere Sprache zeigt, daß diese Erfahrungen sehr differenziert reflektiert werden können. Erfahrung und Sprache sind das Potential, aus denen die Evangelisten schöpfen, um Symbolgeschichten über verschiedene Häuser und verschiedene Arten des Gelähmtseins zu schaffen.

3.1 Ein Haus, das ein Mensch befreit verläßt

Ein Gelähmter erfährt Heilung und Sündenvergebung
(Mk 2,1-12 parr)

Diese Geschichte erschließt sich am besten, wenn man Vers für Vers an ihr entlanggeht.

Zu V 1: Wiederholt wird im Markusevangelium erzählt, daß Jesus und seine

Jünger auf ihrer Wanderschaft durch Galiläa in Kapernaum Station machen. "Sie gehen hinein nach Kapernaum ..." – eine fast stereotype Anmerkung. Jesus lehrt dort – in der Synagoge; er heilt dort Menschen – am Sabbat (Mk 1,21 ff; 3,1 ff). Wenn er das offizielle Lehr*haus* verläßt, begibt er sich in ein anderes Haus, ein *vertrautes Haus*: Es ist das des Simon Petrus und des Andreas (vgl. Mk 1,29 ff und 9,33 ff). In diesem Haus heilt er u.a. die Schwiegermutter des Simon Petrus (vgl. 1,29-30). Fortan ist im Evangelium oft nur von *dem Haus* die Rede (ohne Nennung des Eigentümers); oder davon, daß ER *im Haus* ist. Das legt den Schluß nahe, daß "das Haus" für den Evangelisten der nachösterlichen Zeit mehr als ein Privathaus ist; ja, daß "Haus" bereits als Bild oder Symbol für etwas anderes steht. Es handelt sich um

EIN HAUS, IN DEM JESUS SICH AUFHÄLT, IN DEM JESUS ANZUTREFFEN IST.

Es ist m.a.W. ein Haus, das Bedeutung erhält durch die Gegenwart Jesu.

Zu V 2: Dieses Haus suchen viele auf, um sich dort zu versammeln. "Viele", das ist alles, was Beine hat; Gläubige und Ungläubige, Zweifler und Begeisterte. Es sind so viele, daß der Platz nicht reicht. Das Haus wird eng. Die Menschen drängen sich drinnen und draußen, hinter der Türe und vor der Türe. Es handelt sich um

EIN HAUS, IN DAS VIELE HINEINSTRÖMEN.

Nun heißt es lapidar: "Er verkündigte ihnen das Wort" (Griechisch: den Logos). Als ob jedermann wüßte, was das ist, wenn er "im Haus" "das Wort" sagt!

Zu V 3 und 4: Dieses Haus wird jetzt von Leuten aufgesucht. Die "Leute" werden deutlich von den "vielen" unterschieden. Es wird ein Gelähmter gebracht, der von "Vieren" getragen wird. Es sind also nicht vier Leute, sondern "Leute", wovon vier die Bahre mit dem Kranken tragen. Diese Leute gelangen nicht auf normale Weise ins Haus (durch die Türe!), sondern auf ungewöhnliche Weise. Über das Dach dringen sie ein. Sie *dringen* ein, weil sie ein *dringliches* Anliegen haben. Sie "brechen nicht das Haus ab", wie wir in unserer Umgangssprache sagen, sie *brechen* das Dach *auf*. Es ist in den Evangelien des öfteren davon die Rede, daß sich der Himmel von oben über den Menschen öffnet. Wollen diese Leute das Haus zum Himmel hin öffnen? Auf alle Fälle setzen sie den Gelähmten direkt vor Jesus ab. Sie *legen ihm ein Problem vor die Füße*, an dem sie schwer zu tragen hatten!

Zu V 5: Das Motiv der Leute, die das Haus aufsuchen, ist ein anderes als das der vielen. Das wird deutlich an der Bemerkung: "Als Jesus ihren *Glauben* sah ...".

Es sind Glaubende, Angehörige der Jüngergemeinde. Von daher dürften die "Viere" nicht ohne Bedeutung sein. Normalerweise würden Zwei genügen, um eine Bahre zu tragen. "Vier" steht oft für "aus bzw. in alle vier Himmelsrichtungen". Vielleicht ist es wichtig, daß die Vier aus Ost und West, Nord und Süd kommen? Die Leute, "deren Glauben Jesus sieht", kämen dann symbolisch aus allen Richtungen der Ökumene. Es handelt sich um

> EIN HAUS, IN DEM LEUTE MIT GLAUBEN SICH DIREKTEN ZUGANG ZU JESUS VERSCHAFFEN UND IHM EIN DRINGLICHES PROBLEM VOR DIE FÜSSE LEGEN.

Jetzt soll auf das Ende der Geschichte vorausgegriffen werden.

Zu V 11: "Steh auf, hebe dein Bett auf, und geh in dein Haus (zurück)!", sagt Jesus. Markus schildert uns ein Haus, das jemand anders verläßt, als er hineingekommen ist. Er verläßt es verändert: Er lag danieder und kann jetzt aufgerichtet gehen!

Er mußte von anderen "getragen werden" und ist jetzt fähig, sein Bett selbst zu tragen. Es handelt sich um

> EIN HAUS, DAS EIN MENSCH VERÄNDERT VERLÄSST.

Was ist das für ein Haus, in dem das alles, was bisher dargestellt wurde, bewirkt wird? Um diese Frage endgültig beantworten zu können, muß das Haus gewissermaßen noch einmal betreten und bedacht werden, was in ihm geschehen ist.

Es sei daran erinnert, daß ER (Jesus) "im Haus" ist und "das Wort" sagt. Nachdem ihm der Gelähmte vor die Füße gelegt worden ist, sagt er ein "spezielles Wort": "Deine Sünden sind dir vergeben!" (V 5); er sagt nicht: Du bist geheilt! Jesus reagiert mit diesem konkreten Wort auf das, was ihm da vor die Füße gelegt worden ist. Nachdem er *diesen* Logos gesagt hat, machen sich einige unter den "vielen", z.B. Schriftgelehrte, Gedanken (Logoi)! Markus spielt hier sprachlich mit dem Umstand, daß im Griechischen "Logos" sowohl Gedanke als auch Wort bedeuten kann. Die Schriftgelehrten führen (so wörtlich) in ihrem Herzen einen "Dialog", d.h. sie bewegen Logoi hin und her.

Dieses Logoi sind Fragen:

"Was redet 'dieser' so?" (V 7) und

"Wer kann Sünden vergeben außer Gott allein?" (V 7).

Jesus verwandelt diesen inneren Dialog der Schriftgelehrten, diese geheimen Gedanken, in einen öffentlichen, hörbaren Dialog, bestehend aus zwei Gegenfragen:

"Was macht ihr euch da Gedanken in eurem Herzen?" (V 8) und "Was ist leichter zu dem Gelähmten zu sagen: Deine Sünden sind dir vergeben? Oder zu sagen: Steh auf, hebe dein Bett auf, und geh hinweg?" (V 9).

Das dürften Fragen von der Art sein, die Schriftgelehrte in äußerste Verlegenheit bringen. Was sollen sie antworten? Heilung ist leichter als Sündenvergebung!? Oder: Sündenvergebung ist leichter als Heilung!? Was auch immer sie geantwortet hätten, sie hätten sich blamiert. Häufig wird nach Streitgesprächen in den Evangelien vermerkt, daß die Gegner verstummten. Auch hier schweigt des Sängers (sc. des Evangelisten) Höflichkeit, um zu Wichtigerem überzugehen. Nachdem der Vorgang, die Überführung der Schweigediskussion zur lauten Gegenrede, abgeschlossen ist, sagt Jesus wiederum ein "spezielles" Wort: "Steh auf, hebe dein Bett auf und geh!" (V 11). Er sagt (wörtlich): "Richte dich auf!" (ἔγειρε). Der Gelähmte kann tun, was er vorher nicht konnte: aufstehen, auf eigenen Füßen stehen, sich auf die Beine machen. er kann – nachdem ihm *eine innere Last genommen ist* – eine *äußere Last tragen* (sein Bett), er ist "belastbar" geworden. Ein Blick in die Konkordanz zeigt, daß das Verb (aufrichten" (ἐγείρεσθαι, aktiv und passiv) von Markus fast durchgängig in Heilungsgeschichten gebraucht wird. Einige Beispiele seien angeführt: In Markus 1,29 ff liegt die Schwiegermutter danieder; Jesus ergreift sie bei der Hand und "richtet sie auf". In Markus 5,21 ff wird die Tochter des Synagogenvorstehers Jairus geschildert, die zu Hause in ihrem Bett liegt und sich zu essen weigert. Die Leute sagen "Sie ist gestorben!". Aber Jesus sagt: "Sie schläft!", geht hinein zu ihr, ergreift sie bei der Hand und fordert sie auf: "Steh auf!", und sie stand auf. "Aufgerichtet werden" und "aufstehen" sind dieselben Worte, die Markus auf Jesus Christus selbst anwendet. Er wurde durch Gott aus seinem Grab aufgerichtet und konnte auf(er)stehen. Er, der von Gott aufgerichtet wurde, hat auf seinem Weg Leidende aufgerichtet. Ist es nicht verständlich, wenn die Glaubenden der nachösterlichen Gemeinde sich wünschen, in gleicher Weise handeln zu können? Es ist interessant, daß im deutschen Sprachgebrauch "aufrichten" einen doppelten Sinngehalt hat:

– aufrichten als körperliches "Auf die Beine helfen" für den, der konkret gefallen ist;
– aufrichten als seelisches Beistehen für den, der den Mut verloren hat. "Menschen aufrichten" ist ein heilender Vorgang, der den Menschen ganzheitlich im Blick hat.

Nach diesem erneuten Textdurchgang kann man sagen: Es handelt sich um

EIN HAUS, IN DAS EIN MENSCH DARNIEDERLIEGEND HINEINGETRAGEN WIRD und

EIN HAUS, AUS DEM ER AUFGERICHTET HERAUSGEHEN KANN.

Betrachtet man den Text von Markus 2,1-12 auf herkömmliche Weise und unter literarkritischem Gesichtspunkt, dann handelt es sich um eine Wundergeschichte, in die ein Streitgespräch eingebaut ist. Streitgespräche beschäftigen sich mit Sachverhalten, die *umstritten* sind. *Umstritten* war die Sündenvergebung zwischen Schriftgelehrten und Jesus. "Nur Gott kann Sünden vergeben!", sagen die Gegner Jesu. Sie bestreiten ihm jegliche Vollmacht, etwas zu tun, was Gott vorbehalten ist. Für die christliche Gemeinde war nicht strittig, daß Jesus diese Vollmacht hatte. Aber sie selbst? Es fällt auf, daß Jesus *diesen* Kranken (im Gegensatz zu jenen anderen, die im Markusevangelium aufgerichtet werden) nicht bei der Hand ergreift. Das ist auch nicht nötig, denn die Träger haben ja schon jenen Menschen ergriffen, der lahmgelegt war, und als Problem Jesus vor die Füße gelegt. Es geht darum, daß dieser das Tun derer, die glauben, gutheißt. In Markus 2,1-12 wird legitimiert, was die Gemeinde tut und wodurch sie sich fundamental von der Synagogenpraxis unterscheidet: die Praxis der Sündenvergebung. Es fällt auch auf, daß vom Glauben des Kranken nicht die Rede ist, als er gebracht wird. *Vor* der Sündenvergebung zählt er auch nicht zu den Leuten, die glauben. Das wird erst der Fall sein, als er, befreit von seiner Schuld, gehfähig geworden ist.

Als Fazit aller Überlegungen zu Markus 2,1-12 könnte man formulieren: Das Haus, in dem "das Wort" laut wird, ist längst kein Privathaus mehr. Es ist "das Haus", in dem sich Menschen versammeln, um das Wort Jesu zu hören.

Zu dem Zeitpunkt, zu dem Markus seine Symbolgeschichte verkündet, ist noch keine Trennung erfolgt in zwei sich befehdende Häuser: in die Synagoge und die Kirche. Die Übergänge von den "Vielen", die da zuhören, und den "Leuten", die zum Glauben gekommen sind, sind fließend. Es ist eher die Vorabbildung eines zukünftigen Hauses. Es tritt an die Stelle des alten Lehrhauses, in dem Jesus offensichtlich auch noch gewirkt hat. In ihm wird der Zugang "von oben" und "nach oben" geöffnet.

Was die "Leute des Glaubens" in diesem Haus tun, ist nicht ihr willkürlicher Entschluß. Es ist ein Handeln "vor Jesus".

DAS HAUS STEHT FÜR DIE NEUE GEMEINSCHAFT DER MIT JESUS VERBUNDENEN.

In ihm geht es so zu, wie in den beiden Textdurchgängen oben beschrieben wurde.

3.2 Ein Haus, das einem Menschen zum Gefängnis geworden ist

Das Kind eines heidnischen Hauptmanns wird geheilt (Mt 8,5-11)

Die im vorhergehenden Abschnitt behandelte Geschichte vom Gelähmten, der durch das Dach eines Hauses hinabgelassen wird, hat Parallelen: Lukas 5,17-26 und Matthäus 9,1-18. Umso mehr fällt auf, daß Matthäus dieser Geschichte in Kapitel 8,5-11 eine weitere Lahmenheilung vorausschickt, die keine Parallele im Markusevangelium hat. Was mag ihn zu dieser Doppelung veranlaßt haben? Nur wer beide Geschichten vom Symbol "Haus" her zu erschließen versucht, vermag zu erkennen, daß es sich um zwei verschiedene "Häuser" und um verschiedene Arten des Gelähmtseins handelt.

Ein Haus, aus dem sich jemand herauswagt

Das Haus, mit dem sich der vorhergehende Abschnitt beschäftigt hat, war ein Haus, in das Menschen *hinein*strömten; ein Haus, das von Menschen aufgesucht wurde (Mk 2,1-12 parr). Diesem Haus stellt Matthäus eines voran, aus dem jemand *heraus*geht und sich auf die Suche macht!

Es steht (ebenfalls) in Kapernaum und gehört einem Hauptmann der römischen Besatzungsmacht. In dieser Eigenschaft befehligt er eine Hundertschaft Soldaten. Er ist *Heide*, jemand, der nicht zum "Haus Israel" gehört! Das wird bestätigt durch das Votum Jesu in V 10: "Bei keinem in Israel (!) habe ich solchen Glauben gefunden!". Das Haus eines Heiden ist unrein. Von gesetzestreuen Anhängern des Gottesvolkes ist es zu meiden. Der Hauptmann durchschaut diese Situation ganz genau. Er sagt zu Jesus: "Ich bin nicht *wert*, daß du unter mein Dach eingehst!" (V 8). Wer bestimmt eigentlich seinen Wert? Diejenigen, die exklusive Vorstellungen darüber haben, wer zum Haus Israel gehört und damit Anrecht auf das Heil Gottes hat? Er selbst, der sich nicht für würdig und wert erachtet, des Heils teilhaftig zu werden, und damit mehr Verstand zeigt, als mancher Angehörige des Gottesvolkes? Oder Jesus, der eine ganz neue Botschaft vom Hause Gottes und denen, die darin willkommen sind, verkündet?

Die Situation im Inneren des Hauses

Der Hauptmann, der sein Haus verläßt, um Jesus aufzusuchen, schildert, wie es dort im Inneren aussieht. Sein *Kind*[4] liegt bewegungslos im Haus und kann es

---

4 Entgegen vielen Bibelübersetzungen dürfte παῖς nicht mit "Knecht", sondern mit "Kind" zu übersetzen sein. In dem Bildwort des Hauptmanns über seinen Knecht, dem er Befehle erteilen und von dem er absoluten Gehorsam erwarten kann, wird von δοῦλος gesprochen (V 9).

nicht verlassen. Es ist "gelähmt", daß Haus ist sein Gefängnis. Es ist "paralysiert" (V 6: παραλυτικός) durch die Situation, die ihm aufgezwungen wird. Es sind Folterqualen, die es leiden muß. Das Angebot Jesu "Ich will kommen und es (bzw. ihn, sc. den Sohne) heilen", nimmt der Hauptmann nicht an. Stattdessen bittet er um ein *Wort* – ein Wort (so interpretiere ich), das heilende Wirkung hat. Er und sein Sohn brauchen ein Wort des Heils, das ihnen von anderen verweigert wird. Nur das wird sie aus dem Gefängnis ihres Hauses befreien. Gerade diese, zunächst seltsam anmutende Bitte (warum ein "Wort", wenn Jesus Heilung anbietet?!), wird vom Hauptmann durch einen Vergleich aus seinem Berufsalltag gestützt: "Denn auch ich bin ein Mensch, der unter Vorgesetzten steht, und unter mir habe ich Soldaten; und sage ich zu diesem: Geh! so geht er; und zu einem anderen: Komm! so kommt er; und zu meinem Knecht: Tu das! so tut er's" (V 9). Ist das nur so hingesagt? Oder wird an Jesus eine Erwartung herangetragen? Die Erwartung, daß er seinen Untergebenen (den Jüngern bzw. der Gemeinde) ein vergleichbares Wort der Beauftragung gibt – ein Wort, dem sie dann Gehorsam leisten?

Wem fiele – gesetzt den Fall, die geäußerten Vermutungen sind richtig – nicht ein, daß der heidnische Hauptmann von Kapernaum ein weibliches Pendant hat: die syrophönizische (heidnische!) Frau und ihre Tochter (Mt 15,21-28), die von einem bösen Geist geplagt wird?

Die heidnische Frau hat Jesus "erkannt" (ob man das von allen Angehörigen des Hauses Israel sagen kann???); deshalb spricht sie ihn mit dem Messiastitel "Herr, Sohn Davids!" an. Sie schreit und schreit, bittet und bettelt, wirft sich Jesus zu Füßen. "Er aber antwortete ihr *nicht ein Wort*" (V 23). Schon immer hat dieses Verhalten Jesu irritiert. Er, der barmherzige Sohn Gottes, sollte sich so verhalten haben? Vielleicht hilft der folgende Disput mit den Jüngern und der Vergleich mit der Geschichte vom heidnischen Hauptmann aus Kapernaum auf die Spur. In der Tat: Die christliche Gemeinde hatte *kein* Wort des irdischen Jesus über die Heidenmission. Deshalb sagt Jesus auch: "Ich bin nur gesandt zu den verlorenen Schafen des Hauses Israel" (V 24). Da sie aber faktisch auch den Heiden das Evangelium nicht vorenthalten hat, muß in symbolischen Geschichten dargetan werden, daß sie zu diesem Tun legitimiert ist – durch den Auferstandenen! Matthäus liegt – in seiner historischen Situation und im Blick auf seine Gemeindeklientel – alles daran darzutun, daß die Jüngergemeinde zur Heidenmission buchstäblich gedrängt wurde, inständig gebeten durch die Heiden selbst. Sie haben von sich aus den Herrn gesucht und aufgesucht so wie der heidnische Hauptmann aus Kapernaum und die heidnische Frau aus der Gegend um Tyros und Sidon. Sie haben eine unerläßliche Voraussetzung mitgebracht: ihren Glauben; der Hauptmann einen, wie ihn Jesus "bei keinem in

Israel je gefunden hat"; die Frau einen, der so groß war, daß sie ein Stück des Heils vom Herrn abringen konnte wie die "Hunde, die die Brosamen vom Tisch des Herrn empfangen und davon zehren".

Das Haus und sein Fundament

Wenn in beiden Geschichten, vom bittenden Heiden und von der bittenden Heidin, das erbetene Wort bzw. das zunächst verweigerte Wort von zentraler Bedeutung ist, dann wird man jenes Wort Jesu über bestimmte Häuser sehr aufmerksam lesen. Es ist ein Bildwort und geht praktisch der "Hausgeschichte" in Matthäus 8,5-13 voraus. Es handelt von zwei Häusern (7,24-29). Das eine ist auf den Felsen gebaut. Es fällt nicht ein, weil es das richtige Fundament hat: Es ist fest gegründet. Das andere ist auf Sand gebaut. Platzregen, Wasserströme und Winde bringen es zum Einsturz. Nun werden die beiden Häuser mit ihren unterschiedlichen Fundamenten mit der Klugheit bzw. der Torheit von Menschen in Verbindung gebracht, die sie so oder so erbaut haben.

Ein kluger Mann erbaut sein Haus auf den Felsen. Seine Klugheit besteht darin, daß er "Jesu Worte hört und tut". Ein törichter Mann erbaut sein Haus auf Sand. Seine Torheit besteht darin, daß er "Jesu Worte hört und *nicht* tut". Der *Fall* seines Hauses war groß! (V 27). Vom Fall eines Hauses ist die Rede, bevor Matthäus seine Symbolgeschichte vom Haus erzählt, in dem ein Gelähmter eingeschlossen ist! Ist es der Fall des Hauses Israel? Das dürfte noch zu unpräzise sein. *Gefallen* sind Vorstellungen vom Haus Israel, die so "eng" waren, daß Heiden ausgeschlossen wurden und für sie keine Wohnung in diesem Haus vorgesehen war.

Das Haus, in dem es nur noch den "runden Tisch" gibt

Eine Geschichte, die durch ein Logion eingeleitet wird, wird in der Regel auch durch ein Logion abgeschlossen. In Matthäus 8,11-12 erfolgt ein grundsätzliches Statement. Ohne daß es explizit ausgesprochen ist, wird die Vision eines weiteren Hauses entwickelt, in das Menschen hineinströmen, und zwar "von Morgen und Abend" (sc. von Osten und Westen). Zusammen mit den Vätern des Glaubens, "Abraham, Isaak und Jakob", werden sie dort zu Tische sitzen in einer *gemeinsamen* Runde (die Heiden und Israels Väter). Es ist ein ganz und gar *offenes* Haus. Mauern, die trennen könnten, Mauern, die zum Gefängnis werden könnten, sind weggefallen. Das Dach ist nicht mehr nötig für die, die in so unmittelbarer Nähe Gottes sind. Das Haus besteht nur noch aus der Tischrunde. Das ist die Vision eines zukünftigen Zustandes. Er unterscheidet sich so sehr von allen bisherigen Vorstellungen über Häuser, daß der Begriff nicht mehr verwendet wird. Matthäus spricht nur noch vom "Reich der Himmel". Die Vision ist allerdings auch begleitet von einem harten Gerichtswort über "die Söhne des Reichs, die in die Finsternis gestoßen werden, wo Heulen und Zähneklappern" ist. Seine Härte verleitet zu einer vorschnellen Selektion statt zu einer Interpretation. Vorstellbar ist, daß diesem Wort eine differenzierte Reflexion über das Drinnen und Draußen von Häusern zugrunde liegt.

Es wird polemisiert gegen die Vorstellung vom Haus Israel, dessen Söhne sich als Erben wähnen. Sie glauben sich "drinnen" und verweisen andere (sc. Heiden) nach "draußen". Ihr Haus ist zum Schneckenhaus geworden, das sie mit vornehmen Stolz auf ihrem Rücken tragen; in das sie sich verkriechen, wenn jemand sich ihnen nähert; dort verharren sie eingekapselt, ohne eine, auch nur die kleinste Öffnung zuzulassen. Es wird aufmerksam gemacht auf die Situation im Hause eines Heiden. Sein Sohn und Erbe ist verurteilt, "drinnen" zu bleiben. Sein Haus ist zum Gefängnis geworden, aus dem er ausbrechen muß, um nach "draußen" zum Ursprung des Heils zu gelangen. Es wird der Blick auf ein Haus eröffnet, *in dem* Menschen Platz gefunden haben und zu Söhnen und Erben geworden sind, während sich jene, die sich für die einzig legitimen Erben hielten, "draußen" wiederfinden.

4. Menschen in Häusern und der Mensch als Haus

Die Reihe der symbolischen Haus-Geschichten im Neuen Testament ließe sich noch fortsetzen. Anstelle einer ausführlichen hermeneutischen Erschließung sei auf sie nur verwiesen. Der Verweis verdeutlicht die symbolische Redeweise in argumentativen Zusammenhängen.

4.1 Den Tempel läßt Jesus hinter sich

Symbolische Bedeutung im höchsten Maße kommt der sog. Tempelreinigung (Mt 21,12-17 parr) zu. Das Haus Gottes in Jerusalem ist das Haus, das Herodes aus dem Hause Edom erbaut hat. Es ist, wie vor allem Matthäus in seiner Geburtsgeschichte dargelegt hat, das Haus des falschen Königs: falsch der Herkunft nach (er ist kein Davidide!), falsch nach seiner Frömmigkeit (er hat keine Ahnung von den Traditionen Israels). Nach jüdischen Maßstäben ist es "Unrein", was an der Schilderung eines veräußerlichten Kulturbetriebs deutlich wird. Der Kontrast, der die Geschichte durchzieht ist: Kaufhaus – Bethaus. Der Handel mit Opfertieren hat aus dem "Haus Gottes" ein Kaufhaus gemacht. Es ist aber dazu bestimmt, ein "Bethaus" zu sein. Mit dieser Bestimmung kann Jesus an prophetische Aussagen anknüpfen:

– an Jesaja 56,7 (Tritojesaja) im Kontext des gesamten Kapitels. Heil wird verheißen "dem" Menschen; "wohl dem Menschenkind, das …!" Ausdrücklich wird gesagt, daß sowohl die Beschnittenen (Juden) als auch die Fremdlinge gemeint sind. Sie werden zum heiligen Berg gebracht und sollen sich in Gottes Bethaus erfreuen.

> "Denn mein Haus soll ein Bethaus heißen für *alle Völker*."

– an Jeremia 7,11 im Kontext der großen Tempelrede. Gewarnt wird vor dem Sichverlassen auf täuschende Worte wie diese "Der Tempel des Herrn, der Tempel des Herrn, der Tempel des Herrn ist hier!" Die Schizophrenie, auf die Jeremia zu verweisen scheint, ist die zwischen Menschen, die sich wie ein Gebilde voller Unrat verhalten und gleichzeitig in ein Haus laufen, das "nach SEINEM Namen genannt ist (!)", und behaupten, sie seien dort geborgen. Daran schließt sich die Frage an:

> "Ist denn dieses Haus, das nach meinem Namen genannt ist, in euren Augen eine Räuberhöhle geworden?"

Könnte man – symbolisch formuliert – sagen: Wenn "das Haus des Menschen" nicht in Ordnung ist, kann dann das "Haus Gottes", in dem sich solche Menschen aufhalten, in Ordnung sein?

Die Perikope, die herkömmlicherweise mit "Tempelreinigung" überschrieben wurde, scheint symbolisch im doppelten Sinne zu sein:

– Jesus geht aus diesem Haus hinaus, läßt es hinter sich (V 17),
– Jesus "stößt um", was er vorfindet. Sollte das auf den "großen Fall" hinweisen, den das Haus Israel getan hat?

In einem kurzen Hinweis wird gesagt, daß Blinde und Lahme gebracht und von Jesus geheilt werden – ein symbolischer Akt, der anzeigt, was an die Stelle des Kultbetriebs treten soll?

4.2 Im Haus eines Menschen kehrt Jesus ein

Bedeutsam für die Haus-Symbolik ist die Geschichte des Oberzöllners Zachäus (Lk 19,1-10). Allein dreimal kommt explizit und implizit "das Haus" oder eine mit dem Haus verknüpfte Tätigkeit vor:

V 5: "Heute muß ich in deinem Haus bleiben!" sagt Jesus.

V 7: "Bei einem sündigen Menschen ist er eingekehrt!" sagen "sie".

V 9: "Heute ist diesem Hause Heil geschehen!" sagt Jesus.

Die Szenerie dieser Symbolgeschichte ist so, daß hier ein Haus betreten wird, das bis dahin ein gemiedenes Haus war: gemieden von den Frommen, betreten von Jesus. Es ist jedoch die Frage, ob hier ein Haus aus Stein gemeint ist, in dem Zachäus wohnt; oder ob die Familie des Zachäus gemeint ist (vgl. "Haus Isai" bzw. "Haus David" etc.). Nichts deutet darauf hin. Der sprachliche Wechsel von "Haus" (V 5) zu "Menschen" (V 7) und dann wieder zu "Haus" (V 9), scheint auf eine bereits internalisierte symbolische Redeweise zu deuten: Jesus kehrt bei einem Menschen ein, der "wie ein Haus" gesehen wird. Jesus fordert Einlaß, und es wird ihm Einlaß gewährt. Wenn er einkehrt, zieht die Sünde aus. Hat Zachäus bislang dem Unrecht Wohnrecht bei sich eingeräumt, so ist es jetzt das Heil, das Wohnung genommen hat (und zwar dauerhaft, vgl. V 5: "bleiben").

4.3 Der Mensch ist sein eigenes Gefängnis

Auf die Geschichte von Paulus und Silas im Gefängnis wurde schon hingewiesen (Apg 16,25-34). Auf den ersten Blick wirkt diese Geschichte des Lukas wie eine mirakulöse Wundergeschichte. Da man ohnehin der lukanischen Geschichtsschreibung und ihrem Wahrheitsgehalt wenig traut, könnte man das geschilderte Mirakel als Zugeständnis an hellenistische Denkweise abtun. Nun ist jedoch Lukas ein Meister der Symbolgeschichte.

Ein "großes Erdbeben" erschüttert ein bestimmtes Haus bis in die Grundfesten. Das Haus ist ein Gefängnis, in dem es Gefangene und Gefängnisaufseher gibt. Die Szene ist so arrangiert, weil sich Lukas die Erfahrung zunutze macht, daß es Ereignisse geben kann, die menschliche Existenz "wie ein Erdbeben" bis an die Grundfesten seines Daseins erschüttern kann. Eine solche existentielle Erschütterung kann Türen in Menschen öffnen, die bislang wie in einer Art Blockade geschlossen waren.

Die Türen des Gefängnisses also – so die äußere Szene – springen auf, die Fesseln lösen sich. Die Gefangenen (die äußerlich gefangen Gesetzten!) fliehen nicht, sie bleiben. Sie haben es nicht nötig zu fliehen, denn sie sind in Wahrheit schon frei. Die viel entscheidendere Frage ist, und um ihretwillen wird die Geschichte erzählt, ob bei dem, der ein Gefängnis und seine verschlossenen Tore unter sich hat, Türen aufgehen. Sie gehen auf, denn er will "gerettet werden". Viermal wird in der folgenden Darstellung "Haus" gesagt, wenn geschildert wird, in welcher Weise Heil bei dem Kerkermeister von Philippi einkehrt.

4.4 Der Mensch wird zur Wohnung

Auf dem Hintergrund des symbolischen Umgangs mit dem Haus, insbesondere im Neuen Testament, sind die knappen symbolischen Anklänge in der Briefliteratur erst verständlich. Sie haben sowohl einen individuellen als auch einen Gemeinschaftsaspekt.

Zweiter Brief an die Korinther 12,9:

> "Und er hat zu mir gesagt: Meine Gnade ist genug für dich, denn die Kraft erreicht ihre Vollendung in Schwachheit. So will ich nun am liebsten mich vielmehr der Schwachheit rühmen, damit die Kraft Christi bei mir *Wohnung* nehme".

Der Mensch als Individuum ist "wie ein Haus". Paulus ist gewissermaßen ein Haus. Es ist äußerlich kein Prachtbau, eher eine Bruchbude. Aber in seinem Inneren wohnt wie ein Gast einer bzw. etwas, das diesen recht dürftigen Bau zusammenhält: die Kraft des Christus.

Erster Brief an die Korinther 3,16:

> "Wißt ihr nicht, daß ihr Gottes Tempel seid und daß der Geist Gottes in euch wohnt?"

Nun ist er endlich dahin, der Tempel Gottes in Gestalt eines Gebäudes. Dahin das Gebäude, in das man einzog, um die Nähe Gottes zu erfahren. Gott sucht sich selbst seine Häuser und zieht in ihnen ein. Die neutestamentliche Gemeinde und ihre Menschen sind das Haus, in dem der Geist Gottes Wohnung genommen hat. Nicht Menschen machen ein Haus zum "heiligen Haus", sondern Gott macht Menschen zum Haus, das er durch seine Präsenz heiligt.

Erster Petrusbrief 2,5:

> "Lasset euch selbst wie lebendige Steine aufbauen als ein geistliches Haus zu geistlicher Priesterschaft".

Die Symbolik verschiebt sich hier insofern, als nicht jeder Mensch für sich ein Haus ist, in dem Gottes Geist oder die Kraft Christi "einwohnt". Der einzelne ist sozusagen nur ein "Bruchstück" des Hause; er ist "nur" ein Stein(chen?) im Ganzen – ein lebendiger, gewiß. Aber jeder für sich genommen ist kein vollständiges Haus mehr. Er ist nur ein Teil eines Ganzen und muß sich von daher definieren. Es ist natürlich auch zu fragen, ob ein "lebendiger" Stein nicht eine schiefe Symbolik ist. Es gibt in der Symbolsprache "tote" und "lebendige" Häuser. Dabei ist aber immer klar, daß "tot" und "lebendig" sich von dem her versteht, was in einem Haus vor sich geht. Es gibt Steinmauern, aber auch Menschenansammlungen, die wie eine Mauer stehen, daher "Menschenmauer" – eine Mauer aus Menschen. Aber ein Haus aus Menschensteinen?

Wie auch immer man die Aussage des ersten Petrusbriefes bewerten mag, die Überlieferungen des Alten und Neuen Testaments zeigen eine sehr folgerichtige Entwicklung zu einer Symbolsprache vom Haus. Diese Symbolsprache enthält deutliche Kritik an menschlichen wie an religiösen Häusern. Sie hat Vorstellungen vom "Wohnen Gottes" völlig verändert.

Ist der "Mensch einer, der wohnt"? Definiert er sich nicht eher – folgt man biblischen Überlegungen – von dem her, "was in ihm wohnt"? Bestimmt sich nicht von daher erst seine Beziehung zu gegenwärtigen und zukünftigen Haus-Zuständen?

Ein HAUS, in dem Jesus anwesend ist ...

¹Und als er nach einigen Tagen wieder nach Kapernaum hineingegangen war, hörte man, daß er *im Hause* sei.

Ein HAUS, in das viele strömen ...

²Und es versammelten sich viele, so daß nicht einmal der Platz *vor der Türe* reichte, und er verkündigte ihnen *das Wort*.

Ein HAUS, in dem bestimmte Leute sich direkten Zugang zu Jesus verschaffen und ihm ein dringliches Problem vor die Füße legen ...

³Da kamen Leute und brachten zu ihm einen Gelähmten, der von Vieren getragen wurde. ⁴Und da sie ihn wegen des Volkes nicht zu ihm bringen konnten, deckten sie *das Dach* ab, wo er war, und nachdem sie es weggebrochen hatten, ließen sie das Bett hinab, worauf der Gelähmte lag.

⁵Und als Jesus *ihren* Glauben sah, sprach er zu dem Gelähmten:
"MEIN SOHN, DEINE SÜNDEN SIND DIR VERGEBEN!"

> ⁶Es saßen aber dort etliche Schriftgelehrte und machten sich in ihrem Herzen Gedanken: ⁷*Was redet* dieser so? Er lästert! *Wer* kann Sünden vergeben außer Gott allein?
> ⁸Und alsbald merkte Jesus in seinem Geiste, daß sie sich bei sich selbst solche Gedanken machten, und sprach zu ihnen: Was macht ihr euch da für Gedanken in eurem Herzen?
> ⁹Was ist leichter? Zu dem Gelähmten zu sagen: Deine Sünden sind dir vergeben! Oder zu sagen: Steh auf, hebe dein Bett auf und geh hinweg!?
> ¹⁰Damit ihr aber wißt, daß der Sohn des Menschen Macht hat, auf Erden Sünden zu vergeben –

¹¹sagt er zu dem Gelähmten:
"STEH AUF, HEBE DEIN BETT AUF UND GEH IN DEIN *HAUS*!"

Ein HAUS, das jemand verändert verläßt ...

¹²Und er stand auf und ging vor aller Augen hinaus, so daß sie alle erstaunten, Gott priesen und sagten: Solches haben wir noch nie gesehen!

Markus 2,1-12

Das Haus, das zum Gefängnis geworden ist

> *Matthäus läßt Jesus einleitende Worte sprechen*

Jeder nun, der diese meine Worte hört und sie tut, ist einem klugen Manne zu vergleichen, der sein *Haus* auf den Felsen baute. Und der Platzregen fiel, und die Wasserströme kamen, und die Winde wehten und stießen an jenes *Haus*, und es fiel nicht ein, denn es war auf den Felsen gegründet.

Und jeder, der diese meine Worte hört und sie nicht tut, ist einem törichten Manne zu vergleichen, der sein *Haus* auf den Sand baute. Und der Platzregen fiel, und die Wasserströme kamen, und die Winde wehten und stießen an jenes *Haus*, und es fiel ein ... *und sein Fall war groß.*

(Mt 7,24-27 = Teil der Bergpredigt)

[5]Als er aber nach Kapernaum hineinkam, trat ein Hauptmann zu ihm, bat ihn [6]und sagte: Herr, mein Kind liegt *im Haus* gelähmt darnieder und leidet große Pein.
[7]Er sagte zu ihm: Ich will kommen und es heilen ('therapieren')!
[8]Der Hauptmann aber antwortete und sprach: Herr, ich bin nicht wert, daß du unter *mein Dach* eingehst, sondern

> *sprich durch ein Wort,*

so wird mein Kind geheilt werden.
[9]Denn ich bin ein Mensch, der unter Vorgesetzten steht, und unter mir habe ich Soldaten, und sage ich zu diesem: Geh! so geht er; und zu einem anderen: Komm! so kommt er; und zu meinem Knecht: Tu das! so tut er's.
[10]Als Jesus das hörte, verwunderte er sich und sprach zu denen, die ihm nachfolgten: Wahrlich, ich sage euch: Bei keinem in Israel habe ich so großen Glauben gefunden!

> *Jesus spricht durch ein Wort:*

[11]Ich sage euch aber: Viele werden von Morgen (Osten) und Abend (Westen) kommen und sich mit Abraham und Isaak und Jakob *im* Reich der Himmel *zu Tisch setzen,*
[12]die Söhne des Reiches dagegen werden in die Finsternis, *die draußen* ist, hinausgestoßen werden. Dort wird Heulen und Zähneknirschen sein.
[13]Und Jesus sprach zu dem Hauptmann: Geh hin; dir geschehe, wie du geglaubst hast! Und sein Kind wurde in jener Stunde geheilt.

Matthäus 8,5-13

Kapitel 17:

Das Symbol des Gartens

(Eden – Paradies)

1. Garten, Park, Paradies und Eden

Die menschliche Sehnsucht nach einem Garten

Fast alle kennen Gärten, aber nur wenige besitzen einen Garten. Es entspricht unserer Wirklichkeit, wenn wir sagen: Der Garten ist weniger das, was man hat, sondern das, worauf man seine Sehnsucht richtet. Die dichte Besiedlung unserer Landschaft und die Verstädterung unserer Bevölkerung haben die Garten-"kultur" in den Hintergrund treten lassen. Die Betonwüsten unserer Großstädte mit ihrer Hochhausgigantomanie haben die Sehnsucht nach einem "Garten" nicht ausrotten können, ja sogar jene Bewegung mitverursacht, die diese Anhäufungen aus Stein und Technik wieder begrünen und mit Lebensqualität erfüllen möchte.

Lange Zeit war das eigene Haus im Grünen, der eigene Garten, für viele Menschen das Ziel aller Träume. Unter erheblichen finanziellen Opfern versuchten sie, diese Träume zu realisieren. War die Flucht aus der Stadt gelungen, dann war die Realität nicht so paradiesisch, wie man sich das erhofft hatte. Man fühlte sich abgeschnitten von der Welt oder wenigstens von städtischer Betriebsamkeit, Kultur und Zivilisation.

Die Generationen vor uns haben ihre Sehnsüchte noch anders erfüllt. Der Schrebergarten war das, was man anstrebte, mit preiswerten Mitteln realisieren konnte. Die wenigen Quadratmeter hatte man für sich und die Familie. Liebevoll bearbeitete und verschönerte man jenen Bereich, in dem man sich nach Feierabend und am Wochenende zur Erholung zurückzog. Mag auch ein wenig Kitsch dabeigewesen sein – wer will über diese Menschen und ihren harten Arbeitsalltag urteilen?

War der Schrebergarten nicht zu haben, dann doch wenigstens ein winziger kleiner Vorgarten vor dem Reihenhaus oder der Mietswohnung. Der Vorgarten durfte nicht benutzt, geschweige denn verunreinigt werden. Wer erinnert sich nicht an jene Mini-Flächen, die steinummauert oder mit Eisenstäben (manchmal waren es auch Eisenketten) umgeben, ganze Straßenzüge "verzierten". Das wenige an Garten wurde bis "an die Zähne bewaffnet" und wie eine Burg befestigt.

Nur wenige besaßen und besitzen jene idyllischen Parks mit jahrhundertealten Bäumen, seltenen Pflanzen, riesigen Flächen, die das Auge erfreuen. Schlösser oder Herrenhäuser liegen versteckt in diesen Anlagen. Soviel Schönheit hatten nur die "oberen Schichten". Die Veränderung des sozialen und gesellschaftlichen Bewußtseins hat dazu geführt, daß die Besitzer freiwillig oder unter sanftem Druck ihren Besitz der "Allgemeinheit" zugänglich machen – zu festgelegten Zeiten! Die Schaffung "öffentlicher Anlagen", echter "Volks"parks sollte allen zugänglich machen, was bislang nur wenige besaßen. Aber ist das das gleiche: ein öffentlicher Park und mein privater Garten?

Welcher Garten auch immer gemeint ist – Gärten haben Zäune. Sie werden abgegrenzt von ihrer Umgebung. Sie werden geschützt, und sei es nur durch einen symbolischen Zaun, den jedes Kind mühelos überklettern kann. In Gärten zieht man sich zurück zur Freude und Erholung. Gärten werden gehegt und gepflegt. Verwahrloste Gärten sind ein Widerspruch in sich selbst.

Die Geschichte der Menschheit kennt Gärten der Philosophen, der Dichter, der Visionäre. Dort konnte man lustwandeln und war unter sich. Wir retten die Realität solcher Idyllen auf den bepflanzten Balkon, die Blumenbank am Fenster. Das sind unsere kleinen Paradiese! Der begrenzte, abgeschlossene Bereich "für sich" ist der Garten – nach Möglichkeit individuell gestaltet.

Die Verkitschung des Paradieses

Ganz anders scheint es mit der Bezeichnung "Eden" zu sein. Man hat ihn vermarktet. Hotels, Diskos, Vergnügungsetablissements geben sich diesen Namen. Dem Konsumenten wird vorgegaukelt, dort Freuden zu finden, die den Alltag vergessen lassen. Aber siehe da, bei näherem Hinsehen muß dafür teuer bezahlt werden! Je teurer, desto luxuriöser ist die Ablenkung. Sie zeichnet sich gerade dadurch aus, daß Hingabe und Engagement der Besucher nicht gefordert sind. Es bleibt mehr Leere nach dem Genuß, als man wahrhaben will. Sollte ein Verlangen nach tiefinnerlicher Befriedigung dagewesen sein – es bleibt ungestillt. Es wirkt wie eine Farce, wenn Produkte mit der Bezeichnung "Eden" angeboten und gepriesen werden und suggeriert wird, man werde durch sie schöner und gesünder.

"Eden" und "Paradies" sind für uns gänzlich verschiedene Welten geworden. "Paradiesisches" kommt aus einer anderen Welt. Es ist oft ein Synonym für "himmlisch", "überirdisch". Landschaften, Früchte und Blumen können von paradiesischer Schönheit sein. Man glaubt in ihnen ein Stück Unberührtheit zu erhaschen; man fühlt sich versetzt in eine andere Welt.

2. Der Garten wird Symbol

Im letzten Kapitel des Deuteronomiums wird uns von einem ungewöhnlichen Tod berichtet. Mose wird von Gott aufgefordert, ein letztes Mal auf einen Berg – den Berg Nebo – zu steigen. Ein Blick in das verheißene Land wird ihm gewährt – hineinkommen wird er nicht mehr.

Was Mose sieht, ist wunderbar, fast paradiesisch: fruchtbares Land von der Jordanaue bis in die Talebene von Jericho – "ein Land, wo Milch und Honig fließt". Ein menschliches Auge kann gewiß nicht so weit blicken und so viel nicht erfassen. Der Verfasser des Deuteronomiums (vgl. Dtn 32 und 34) entwirft eine Vision, die er dem sterbenden Mose zuteil werden läßt. Hinter ihm und seinem Volk liegt ein jahrzehntelanges Nomadendasein in der Wüste. Im Osten liegt die fruchtbare Wüste, im Westen zwischen Jordanebene und Meer der Gazastreifen, also wieder Wüste. Dieses Land, so oft verheißen, geglaubt, erhofft – Mose darf es schauen. Nachdem er geschaut hat, stirbt er; Gott selbst beerdigt ihn; nirgendwo ist sein Grab zu finden "bis auf den heutigen Tag". Diese Geschichte ist zugleich eine paradigmatische, eine symbolische Geschichte. Das paradiesische Land, das hier geschildert wird, blieb die meiste Zeit in der Geschichte Israels Gegenstand der Sehnsucht. Um dieses Landes willen nahmen die Israeliten den Auszug aus Chaldäa ins Ungewisse auf sich; ebenso das Asylantendasein in Ägypten und die Wüstenzeit nach dem Auszug. Nur kurze Zeit besaßen die Stämme dieses Land; eigentlich nur in der Königszeit, bis die Assyrer und Babylonier das Gebiet überzogen, besetzten und Teile der Bevölkerung ins Exil deportierten. Wieder kreisten die Gedanken voller Sehnsucht um dieses Land und um die Rückkehr dorthin. Die großen Propheten des Exils legen davon ein beredtes Zeugnis ab.

Tritojesaja sagt zu den Israeliten: "Du wirst ein wohlbewässerter Garten sein" (Jes 58,11; vgl. 61,11), und Hesekiel, zwangsweise in der Fremde lebend, spricht von dem Land als dem Garten Eden. Mit visionärer Kraft sieht er, daß Gott dort seinem Volk einen Garten des Heils einrichten wird (Ez 32). Man beachte: Dieser Garten ist nicht mehr nach allen Seiten hin offen wie das Land etwa zur Zeit Davids und Salomos, als das Gebiet durch Kriege mit umliegenden Völkern erweitert wurde. Es ist ein Gebiet, um das Gott einen schützenden und bewahrenden Zaun legt. Wie ein guter Hirte wird er sein Volk weiden. Die Bedrohung ist jetzt nicht mehr die reale Wüste, sondern die heidnische Umwelt, deren Spott das Volk Gottes ausgesetzt ist. In der Intimität des Garten Gottes sollen sie *erkennen*, daß Gott ihr Herr und sie sein Volk sind.

Ehe die Propheten Jesaja und Hesekiel im fernen Babylon Gottes Land mit einem Garten vergleichen konnten, mußten sie einen Garten kennengelernt haben. Erst wenn Menschen mit ihren Augen einen realen Garten gesehen haben, können sie in ihren Gedanken und in ihrer Psyche ein inneres Bild vom Garten mit sich tragen und ihre Phantasie darum kreisen lassen. Sie werden fähig, eigene und andere Erfahrungen zu verarbeiten, zu deuten und dieses Wissen weiterzugeben. Die Israeliten kannten Gärten, aber nicht jedermann hatte einen. Eigentlich konnte nur einer ihn sich leisten: der König um seinen Palast herum. Er war natürlich umgrenzt und abgegrenzt. Der Zugang zu ihm war bewacht. Von den letzten Königen Judas (Südreich), Manasse und Amon, wird berichtet (2. Kön 21,18 und 26), daß sie im Garten ihres Palastes begraben wurden. Vom allerletzten dieser Könige, von dem unglücklichen Zedekia, wird überliefert, daß er ganz am Schluß der Belagerung durch die Babylonier einen Ausfall aus dem Tor des Palastgartens versuchte (2. Kön 25,4). Er wurde gefangengenommen und ging seines Gartens (und seines Reiches) verlustig! Natürlich gab es auch die Gärten oder Haine der Götzen, aber Heidnisches war in Israel so tabuisiert, daß es kaum die Grundlage bildete für die Entfaltung hochbrisanter theologischer Überzeugungen.

3. Der Garten am Anfang
Die jahwistische Schöpfungsüberlieferung (Gen 2,4b ff)

Selbst in der kurzen Phase ihrer Geschichte, als die Israeliten ihr paradiesisches Land besaßen, machten sie die Erfahrung, daß Ideal und Wirklichkeit weit auseinanderklafften. Die Fruchtbarkeit und Schönheit der Natur gingen nicht einher mit der Gotteserkenntnis bei den Menschen, nicht mit dem Gehorsam gegenüber seinen Geboten; auch nicht mit dem Verstehen der Menschen untereinander und nicht mit der Güte und Fürsorge gegenüber den Nächsten. *Warum* ist das so? Mit dieser, gewiß nicht belanglosen Frage, beschäftigt sich der Jahwist, jener anonyme Mann, dem wir die sogenannte Urgeschichte des Alten Testaments verdanken. Er war ein Sammler von Überlieferungen seines Volkes, aber auch ein ganz eigenständiger theologischer Denker. Was er zu sagen hat, spielt *im* Garten und *außerhalb* des Gartens.

Durchschreiten wir also diesen Garten!

Genesis 2,4b-7: Bevor es den Garten gab

Es gab eine Zeit – so setzt die Schöpfungsüberlieferung bei J ein – *bevor* es einen Garten gab. Bevor es einen Garten gab, war nicht das absolute Nichts – derartig abstrakte Vorstellungen denken nur Philosophen – sondern das, was im Erfahrungshorizont eines Israeliten dem Nichts gleichkommt: die Sandwüste. Das ist unendliche Weite, Sand und Staub, soweit das Auge reicht. Nicht einmal ein Steppenstrauch, nicht einmal Dornen und Disteln und natürlich kein Leben – das ist die Erfahrung, die Israel als ehemaliges Nomadenvolk hinter sich gelassen hat, bevor es ins Land kam. Die Tendenz dieser wenigen Verse in Genesis 2 ist: So war es für uns, so muß es auch ganz am Anfang gewesen sein. So haben wir es erlebt, so muß es auch der erste Mensch erlebt haben.[1]

Was der Nomade in der Wüste als Wunder schlechthin erlebt(e), war das Wasser. Wasser als Regen verwandelt die Wüste in kürzester Zeit und läßt sie erblühen. Wasser als Quelle sichert das Überleben. Aber wie mühsam mußten Nomaden um das Wasser ringen! Tiefe Brunnen mußten gegraben werden, um an Grundwasser zu kommen. Hier sprudelt das Wasser wunderbarerweise, ohne menschliches Zutun aus dem Wüstenboden: sogar ein ganzer Wasserschwall! Aus dem feuchten Sand wird Ackerboden, der sich formen läßt. Gott selbst betätigt sich als Töpfer. Auch diesen Beruf hatten die Israeliten im Kulturland kennengelernt. Jahwe formt den ersten Menschen, so wie ein Töpfer aus feuchter Erde seine Gefäße formt.

Was jetzt geschieht, mutet wie ein Bild aus dem Erste-Hilfe-Kurs an: Der leblose Mensch wird beatmet. Jahwe selbst haucht ihm seinen Odem durch die Nase ein. Der Mensch wird lebendig. Der von Gott bewässerte Ackerboden und sein Geist machen den Menschen lebensfähig. Die Bibel kennt auch den umgekehrten Vorgang: Wenn Jahwe seinen Odem zurückzieht, fällt der Mensch zurück in tote Stofflichkeit, er wird wieder zu Staub (Ps 104,29 f). Wir treffen an dieser Stelle zum ersten Mal auf eine sprachliche Eigenheit des Jahwisten: Er arbeitet mit Etymologien, sprachlichen Anspielungen. *Adam* heißt der erste Mensch, weil er aus der *Adamah*, der Erde, genommen ist.

---

1 Der priesterschriftliche Schöpfungstext hat einen anderen Erfahrungshintergrund: die Wasser-Wüste, wie man sie in den Überschwemmungsgebieten des Euphrat und Tigris kannte. Vgl. das Kapitel "Das Kontrastsymbol Licht und Finsternis", S. 52 ff.

Genesis 2,8-17: In den Garten versetzt

Dieser Mensch wird in den Garten versetzt, dessen Namen *Eden* (Eigenname!) ist. Das ist bereits die nächste sprachliche Anspielung: Der Hebräer muß hier sein Wort für "Wonne" heraushören (עֵדֶן). Liebliche Bäume – gut zu essen, gibt es an diesem Ort der Wonne. Gunkel (Kommentar zur Genesis, S. 7) ist den Ursprüngen dieses Worts im Indogermanischen und Persischen nachgegangen und kam auf die Bedeutungen "Umwallung", "Umzäunung", "Ringmauer", eingeschlossener Raum.

Der Garten Eden hat einen *Mittelpunkt*! Es ist keineswegs der Mensch, sondern ein *Baum*, ein besonderer Baum! Er ist, das wird sofort klargestellt, für den Menschen tabu, weil das, wofür er steht, für den Menschen unerreichbar ist; das weiß der Jahwist aus Erfahrung. Streckt der Mensch die Hände danach aus, wird er zugrunde gehen; es bekommt ihm nicht!

Uralt sind Vorstellungen von einem Riesenbaum bzw. einem Urweltbaum. Seine Wurzeln reichen bis in die Unterwelt, die Zweige bis in den Himmel. Meistens wohnen Völker im Schatten solcher Bäume. Auch Israel kannte solche Visionen, insbesondere der Prophet Hesekiel (Ez 31). Andere Völker sahen in Bäumen den Wohnort ihrer Götter. Letzteres wurde in Israel nie gedacht. Was bedeutet der Baum? Wofür steht er?

Damit stoßen wir bereits auf ein Problem. V 9 nennt zwei Bäume; in V 16 f ist dann nur noch von einem Baum die Rede; der Baum des *Lebens* also und der Baum der *Erkenntnis* des Guten und Bösen. Die historisch-kritische Exegese geht davon aus, daß J zwei Überlieferungen mit zwei verschiedenen Bäumen kannte und beide bei seiner redaktionellen Arbeit kombinierte. Das mag sein! Die Frage ist aber: Was hat er daraus gemacht? Ein Mann dieses Formats klittert nicht einfach zwei Quellen aneinander! Zunächst nennt J beide Bäume, als seien sie identisch oder gleichwertig, dann aber behandelt er sie getrennt: erst den Baum der Erkenntnis, später den Baum des Lebens.[2]

J verfolgt zunächst den Gedankengang mit dem Baum der Erkenntnis. Von ihm werden die beiden Menschen essen. Jahwe kommentiert das: Der Mensch ist geworden wie unsereiner; er *weiß*, was gut und böse ist. Aber damit er nicht auch noch unsterblich wird und nach dem Baum des Lebens greift, wird ihm – gewissermaßen prophylaktisch – der Zugang zu diesem Baum verwehrt.

Die beiden Bäume symbolisieren bei J zwei Sachverhalte, zwei Aspekte, deren Zusammenhang er nachgeht. Wie genau hängen das göttliche Leben und die

---

2 Es versteht sich, daß es die Motive vom Lebensstrauch, vom Lebenswasser und der Zauberfrucht gab und gibt, die *unsterblich* oder *allwissend* machen – beides kommt vor!

Erkenntnis des Göttlichen zusammen? Diese Frage zieht sich wie ein roter Faden durch die Urgeschichte.

Genesis 2,8.10-15: Nun gibt es auch noch einen Garten *in* Eden (Ortsangabe!), an einem Ort, der im Osten liegt. Es gibt zwei Möglichkeiten, diese Angabe zu deuten: Entweder ist der Osten als Ort der aufgehenden Sonne und damit des Lichts und des Lebens gedacht, oder es ist ein Kontrast beabsichtigt. Im Osten Kanaans liegt die "schauerliche" Steppe. Wenn dort, in der Ferne, "jenseits", dieser Ort liegt, dann ist er gewissermaßen eine wunderbare Oase. Nicht eine Quelle entspringt dort, sondern ein Fluß, der sich in vier Arme teilt. Die *Vierzahl* steht für die vier Himmelsrichtungen, für das Weltganze. Hier begegnet uns ein Stück mythischer, vorwissenschaftlicher Geografie, die sich in dieser oder ähnlicher Form bis weit ins Altertum hinein, wenn nicht länger, gehalten hat.

Was wir in Genesis 2,8-17 beobachten, ist ein im Grunde einfacher Vorgang. Ist "Garten" erst einmal Symbol geworden, dann zieht dieses Symbol auch Vorstellungen und Überlieferungen anderer Völker an (auch mythologische!). Die Verquickung bzw. Kombination macht J in diesem Fall Sinn. Die Überlieferung in Genesis 2 und 3 sind geprägt von den Erfahrungen der Menschen Israels; aber J hat sie ausgeweitet auf den Menschen schlechthin; sie sind entstanden auf dem Boden Israels, werden aber jetzt ausgeweitet auf den Erdkreis, die Oikumene.

Genesis 2,18-25: Im Garten ist man unter sich

Dieser Abschnitt wird spannend und mit höchster Kunst erzählt. Die Taktik der Verzögerung erhöht die Spannung, bis die Geschichte ihrem Höhepunkt zueilt. Es gibt allerdings kaum eine biblische Geschichte, die in der jüdischen und christlichen Auslegungsgeschichte so mißinterpretiert wurde.

"Es ist nicht gut, daß der Mensch allein sei" – wie wahr! Der Mensch ist auf Ergänzung und Gemeinschaft angelegt. Gott beschließt, ihm einen "Beistand" zu schaffen, der "ihm entspricht". Er macht einen ersten Versuch. Aus Erde bildet er die Tiere des Feldes und die Vögel des Himmels. Diese Lebewesen führt er – fast wie ein Zoodirektor in der Manege – dem Menschen vor. Der Mensch gibt ihnen Namen und macht damit von der ihm verliehenen *Sprache* Gebrauch. In manchen Kommentaren ist von der Naivität des J die Rede. Das Gegenteil ist der Fall. Was hier geschieht, ist von höchster philosophischer Brisanz. J beantwortet – fast wie nebenbei – ein Problem, um das sich Philosophen und Theologen im sog. Realienstreit generationenlang gestritten haben. Was war zuerst, die Universalia oder die Res? Erst die Idee, der Begriff von den

Dingen (Universalia), dann ihre konkrete Gestalt? Oder erst die Dinge und dann ihre Bezeichnung? J denkt echt hebräisch: Erst waren die konkreten Lebewesen da, und dann erfolgte ihre Bezeichnung durch den Menschen. Der Mensch wird zum ersten Mal schöpferisch tätig durch einen *geistigen* Akt. Gott dagegen war durch einen *handwerklichen* Akt (Töpfer!) tätig geworden. Unter den Tieren ist kein geeigneter *Partner* für den Menschen zu finden. Sicher ist es kein Zufall, daß Gott zwar die Tiere wie die Menschen aus Erde macht, aber von einem Anhauch durch den göttlichen Odem ist nicht die Rede.

Nun greift Gott zu einem anderen Mittel. Adam wird gewissermaßen narkotisiert. Ein "Tiefschlaf" überfällt ihn, so daß das, was folgt, in ein Geheimnis gehüllt bleibt. Das Geschehen im Garten ist nicht der einzige Zusammenhang, in dem der Tiefschlaf eine Rolle spielt. In scheinbar profanem, aber erhellendem Kontext wird er noch einmal erwähnt:

David schleicht sich des Nachts mit einem Begleiter in die Wagenburg Sauls. Saul schläft, merkt nicht die Bedrohung. David entschließt sich zu einer Zeichenhandlung: Er nimmt das Schwert und den Wasserkrug mit, die neben dem Lager Sauls sind, ohne den König anzutasten. Saul ist gerettet, niemand merkt etwas, weil ein Tiefschlaf über alle Lagerinsassen gefallen war (1.Sam 26).

Dem Adam wird ebenfalls etwas genommen – ein Teil von ihm, ohne daß er zu Schaden kommt; ohne daß das weggenommene Teil ein Defizit hinterläßt. In seiner Würde als Mensch bleibt er unangetastet.[3]

Jahwe selbst erscheint wie ein Brautführer, der dem Menschen die Frau zuführt.

Jetzt bricht der Mensch in Entzücken aus, aber in einer sprachlichen Form, die den Israeliten vertraut ist. *"Diese da!"* (dreimal im Urtext!) – und nicht die anderen – ist nun endlich das, was ihm entspricht. Die Begrüßung erfolgt mit einer Formel, wie sie für Gleichgestellte angewandt wurde.

Das zeigt 2. Samuel 5: David wurde in Etappen König von Gesamt-Israel: erst über das Südreich (Juda), dann über das Nordreich (Israel) und schließlich durch die Eroberung der ehemaligen Jebusiterstadt Jerusalem. Die Abgesandten des Nordreiches bitten David, ihr König zu werden mit der Begründung: "Wir sind dein Gebein und Fleisch!" – d.h. wir sind Gleichgestellte:

Alles, aber auch alles, deutet innerhalb des Gartens auf Gleichstellung von Mann und Frau: die Art ihrer Erschaffung, die Art der Begrüßung, die Steigerung der Erzählung. Wie um das zu unterstreichen, greift der Jahwist wieder zu

---

3 Die entnommene Rippe dürfte ein euphemistischer Ausdruck für das männliche Geschlechtsorgan sein. Die Frau ist also vom Mann genommen, nicht von der Erde!

einer Etymologie: "Männin" soll die Frau heißen (von אִשָּׁה = der Mann mit weiblicher Endung).

Der abschließende Satz dieser Erzähleinheit beginnt mit *"Darum"*. *Darum* wird ein Mann Vater und Mutter verlassen und seiner Frau anhängen ..." Das "Darum" kennzeichnet an dieser und anderen Stellen die literarische Gattung der Erzählung. Menschen stellen Fragen: *Warum* ist etwas so oder so? Die Sage antwortet: *Darum*, weil ... Die biblischen Sagen verzichten so gut wie nie auf einen theologischen Aspekt. Deshalb haben sie gegenüber "weltlichen" Sagen ihre ganz besondere Eigenart.[4]

Warum ist die Bindung zwischen Mann und Frau stärker als die zwischen Sohn und Eltern? *Darum*, weil sie ursprünglich eins waren! *Darum*, weil Gott es so gemacht hat!

Die Intention der Aussage widerspricht ganz nebenbei dem altisraelitischen Recht. Die Frau verließ das Elternhaus und folgte dem Mann! Aber – so darf man den Jahwisten interpretieren – die Urerfahrung, die sich immer wieder wiederholt, ist das Ursprünglichere: der Drang des Mannes zur Frau. Diese kollektive Urerfahrung läßt sich mit den Liebesgeschichten der Erzväter oder Leit-Gestalten wie Mose belegen. Jakob verliebt sich in Rahel, Mose in Zippora usf. Ganz zu schweigen von David, der vor nichts zurückschreckte, um die Frau zu erringen, die er begehrte. Die Urerfahrung ist ursprünglicher als jede Rechtssatzung, die von Menschen geschaffen wurde und in irgendeiner historischen Stunde entstanden ist.

Genesis 3,1-7: Auseinandersetzungen im Garten

Von der literarischen Gattung her gesehen, könnte man diese Erzähleinheit als Fabel von der redenden Schlange bezeichnen. Sie ist zu vergleichen mit der Fabel von der redenden Eselin (Num 22) oder der Fabel von den redenden Bäumen (Ri 7). Die Schlange ist eine literarische Schöpfung, eine Kunstfigur. Warum sie gewählt wurde, ist leicht zu verstehen vom Erfahrungshintergrund der Israeliten her.

Schlangen und Skorpione sind gefürchtete Wüstentiere. Sie sind tödlich für den Menschen durch ihren giftigen Biß oder Stich. Weil die Schlangen schleichen oder kriechen, kann der Mensch sie nicht hören; weil sie sich farblich ihrer Umgebung anpassen können, kann er sie schwer erkennen. Sie sind überraschend in ihren Reaktionen: schläfrig und doch plötzlich zuschlagend.[5]

---

4 Vgl. G. von Rad, Kommentar zum Ersten Buch Mose, S. 22 ff.
5 Die Schlange als gefährliches Wüstentier hat nichts mit dem Chaosdrachen des Meeres zu tun!!

Der *Dialog* zwischen Schlange und Weib ist eine sprachliche Meisterleistung und zeigt, wie listig Verführung und Versuchung zu Werke gehen. Die Schlange eröffnet den Dialog und fragt: "Sollte Gott gesagt haben, ihr dürft von *keinem* Baum des Gartens essen ...?" Das klingt anteilnehmend, ist aber eine glatte Verdrehung und muß provozieren. In der Tat, die Frau setzt sich zur Wehr, verteidigt Gott, stellt richtig und schießt übereifrig übers Ziel hinaus: Nur von dem einen Baum habe Gott gesagt, daß sie davon nicht essen dürften, ihn nicht einmal *berühren* dürften.

Jetzt fragt die Schlange nicht mehr scheinheilig, sondern behauptet: *mitnichten* (sprachlich sehr scharf)! Mitnichten werdet ihr sterben; im Gegenteil, die Augen werden euch aufgehen und ihr werdet sein wie Gott. Indirekt unterstellt sie Jahwe das Motiv des Götterneids; er will niemanden neben sich haben, der so wissend ist wie er. Gleichzeitig ist die Aussage der Schlange hochphilosophisch: Erkennen bzw. wissen bringt nicht den Tod! Wie wahr! Dagegen läßt sich nichts sagen! Wenn aber dabei die Menschen sein wollen wie Gott, dann ist ihnen das noch nie gut bekommen. Hier vermengt die Schlange geschickt zwei Dinge: das Erkennen an sich und das Erkennen, das es Gott gleich tun will. Dieser raffinierten Argumentation ist die Frau nicht gewachsen; sie wird überrumpelt. Wie Gift tröpfeln die verführerischen Gedanken in den Menschen.

Die Erzählung eilt dem Höhepunkt zu, jener wortlosen Szene, in der die Frau überlegend vor dem Baum steht: Er ist köstlich zur Speise (materieller Anreiz) – eine Augenweide (ästhetischer Reiz) – begehrenswert fürs Klugwerden (intellektueller Anreiz); das ist die durchschlagendste Versuchung! Sie nimmt und ißt und gibt weiter, und "er" ißt. Verführt werden und Verführen gehen ineinander über! "Da gingen beiden die Augen auf." Das ist der t.t. für Erkennen.[6]

Die Menschen erkennen, aber nicht das, was sie erwartet hatten, nämlich alles, so wie Gott. Sie nehmen nur in bezug auf sich etwas wahr: ihre Nacktheit. Die "Nacktheit" dürfte mehrdeutig sein:

(1) kulturhistorisch gesehen waren die ersten Menschen nackt – (2) psychologisch gesehen erfahren Mann und Frau erotisches Erwachen, sexuelles Erkennen – (3) theologisch gesehen macht der Erzähler darauf aufmerksam, daß die Menschen vor Gott "nackt und bloß" sind. In diesem Zusammenhang würde sehr gut Hesekiels Vergleich Jerusalems mit einem Findelkind passen, das Jahwe nackt und in seinem Blute zappelnd in der Wüste fand (Ez 16).[7]

Notdürftig bedecken sich die Menschen mit Feigenblättern; für ihr Leben

---

6 Vgl. dazu die Emmausgeschichte in Lk 24,16 und 31: Ihre Augen wurden gehalten – ihre Augen wurden aufgetan.

7 Vgl. das Kapitel "Die Symbole Kleid, Mantel, Gewand", S. 526 ff.

außerhalb des Gartens muß Jahwe sie einkleiden. Damit ist wieder ein Schritt im Garten getan. Emanzipiert haben sich die Menschen vom Verbot Gottes, aber der erste Schritt in die Emanzipation ist begleitet von der Erkenntnis eigener Nacktheit – eine ernüchternde Bilanz! Zugleich wird erzählerisch der Spannungsbogen zwischen der zweiten und dritten Erzähleinheit geschlossen: Sie waren nackt und schämten sich nicht (Gen 2,25) – sie erkannten, daß sie nackt waren und schämten sich (Gen 3,8).[8]

Genesis 3,8-20: Rechenschaft und Abrechnung

Der vorletzte Erzählabschnitt aus dem Garten beginnt mit einem Bild: Jahwe lustwandelt im Garten; vielleicht steckt dahinter die Vorstellung, daß sein Haus oder Palast in diesem Garten liegt, ähnlich wie der Palast des Königs in seinem Palastgarten. Es wirkt sehr anthropomorph, hat aber tiefere Bedeutung: Im Garten sind sich Gott und Mensch sehr nahe. Umstritten ist, ob Jahwes Gartenspaziergang in der Abendkühle (so Luther und Zürcher) oder im kühlen Morgenwind stattfindet (Gunkel, Kommentar z.St.). Im zweiten Fall könnte man sich vorstellen, daß das liebende Paar des Nachts zusammenbleibt, bis "der Tag weht und die Schatten fliehen". Der Mann und seine Frau halten sich jedenfalls unter den Bäumen verborgen. Zur Scham voreinander kommt die Angst vor Gott.

Jetzt wird das Verborgene und Verheimlichte an den Tag gebracht: Gott schreitet zum Verhör, das aus vier Fragen besteht: *Wo* bist du? – *Wer* hat dir gesagt ...? *Hast* du etwa vom Baum gegessen? – *Was* hast du getan?

Typisch ist, daß der Mensch nicht zu seiner Schuld steht, sondern sie abschiebt. "Nicht ich, sondern das Weib" ..., sagt der Mann. "Nicht ich, sondern die Schlange" ..., sagt die Frau. Der Mann geht noch weiter. Er schiebt Gott selbst die Schuld zu, denn er sagt: "Das Weib, das *Du* mir gegeben hast ..." (und das er doch vorher so freudig begrüßt hatte!).

Typisch ist auch, daß es so etwas wie Schuldsolidarität nicht gibt. Der Mensch verrät seine Frau, läßt sie fallen. Die Gemeinschaft mit Gott ist gebrochen, aber auch die der Menschen untereinander.

Die beiden typischen Merkmale menschlichen Verhaltens machen das Anlie-

---

8 Vielleicht sollte man an dieser Stelle, die Versuchung Jesu durch den Satan mitbedenken, wie sie im Matthäusevangelium – ebenfalls als Dialog – durchgestaltet ist; sie verläuft in drei Etappen:
a) Jesus in der Wüste – vierzigtägiges Fasten – er leidet Hunger; Verlockung durch Brot.
b) Jesus in höchster Gefahr – auf der Zinne des Tempels; Verlockung durch himmlische Hilfe.
c) Jesus auf einem hohen Berg – alle Reiche der Welt zu seinen Füßen; Verlockung durch die Macht (die freilich teuer erkauft werden muß).

gen des Jahwisten in der ganzen Urgeschichte deutlich. Die Schuld am Bösen trifft den Menschen allein.

Die Verfluchungen des Menschen erfolgen in umgekehrter Reihenfolge wie das Verhör. Sie beginnen mit der *Schlange*. Zoologisch wird sie zu ihrer Eigentümlichkeit verurteilt: auf dem Bauch kriechen und Staub fressen; ökologisch bleibt die Feindschaft zwischen Schlange und Mensch; die Schlange schnappt nach dem Menschen; der Mensch tritt nach der Schlange. Die Verfluchungen arbeiten durchgängig mit dem biblischen Sagenmotiv. Warum zeigt die Schlange dieses oder jenes Verhalten? Die Antwort lautet: Darum, weil sie ...

Möglich wäre bei der Verfluchung der Schlange auch eine unmittelbare symbolische Deutung, wobei die Schlange für "Verführung" steht. Ein Kriecher und Heuchler ist der Verführer; kriecherisch und heuchlerisch die Versuchung. Es gibt einen immerwährenden Kampf zwischen der Verführbarkeit auf der einen und der Widerstandsfähigkeit des Menschen auf der anderen Seite. Vom "Dreck" (Staub) lebt die Verführung.

Der *Frau* werden Beschwerden während der Schwangerschaft, Schmerzen bei der Geburt vorhergesagt (Warum die Frau ...? Darum, weil sie ...!). Sie wird verflucht zum Verlangen nach dem Mann, der ihr Herr sein wird. Es zeugt von viel Lebensweisheit, wenn der Jahwist auf die Umkehrung der Verhältnisse aufmerksam macht. Zuerst war es der Mann, der voller Verlangen nach der Frau geschildert wird. Um sich mit ihr zu vereinigen, verläßt er Vater und Mutter. Jetzt ist die Frau voller Verlangen – und sie handelt sich Unterordnung ein. Man beachte aber, daß diese Unterordnung als Fluch geschildert wird, nicht als von Gott gewollter Tatbestand! Der Fluch über den Mann ist am ausführlichsten gestaltet – entgegen allen Kommentaren, die sie sich am ausführlichsten mit der Verführbarkeit der Frau beschäftigen.[9]

Der *Mann* wird als Ackerbauer angesprochen. Es wird ihm vorhergesagt, daß die Bearbeitung des Ackerbodens mit Mühsal und Schweiß verbunden sein wird und daß er sein täglich Brot sauer erarbeiten muß. Auch bei dieser Erzähleinheit findet eine wohlüberlegte Rückkoppelung an den Anfang statt. Aus Ackererde ist der Mensch geworden, zur Erde wird er wieder werden. In der Darstellung des Jahwisten schlägt sich eine realistische Erfahrung nieder. Über mehrere Generationen hinweg war das "paradiesische Land" Gegenstand der Sehnsucht für Israel – solange es ein Volk von Nomaden war. In der kurzen Phase seiner Geschichte, als es das Land besaß, ging ihm auf, daß die Vision von einem fruchtbaren Garten *eine* Sache ist, die Pflege und Erhaltung eines Gartens eine *andere* Sache.

---

9 Vgl. etwa: G. von Rad, Kommentar zum Ersten Buch Mose, z. St.!

Die Frau erhält jetzt – noch im Garten – einen neuen Namen. Sie ist nicht mehr die "Männin", sondern heißt jetzt Chawwa (= Eva), "die Mutter aller Lebenden". Göttliches, ewiges Leben, Unsterblichkeit konnten die Menschen nicht gewinnen, aber physisches Leben können sie weitergeben. Immerhin erhalten die Frauen in Israel eine besondere Funktion dadurch, daß sie die (männlichen!) Verheißungsträger gebären. Wehe allerdings auch der Frau, die unfruchtbar bleibt! Noch heute ist Jude nur der, der von einer jüdischen Mutter geboren wurde.

Genesis 3,21-24: Vor dem Garten

Für das Leben außerhalb des Gartens wird der Mensch trotz allen Ungehorsams sorgfältig ausgestattet mit Fellkleidern. Auch hier liegt eine kulturgeschichtliche Reminiszenz vor.

Was den geistig-moralischen Habitus anlangt, sagt Gott – fast ironisch: Der Mensch ist geworden wie unsereiner; er weiß, was gut und böse ist. *Diesen* Aspekt des (einen) Baumes hat der Mensch tatsächlich erworben. Allerdings scheint sich die Bedeutung gewandelt zu haben. Die Aneinanderkettung von Gegensätzen bedeutet im Hebräischen immer eine Ganzheit: Gut *und Böse* = alles; Himmel *und* Erde = Kosmos. Der Mensch ist aber nicht allwissend geworden. Aber er ist *fähig* zu unterscheiden, was gut und böse ist. Außerhalb des Gartens *muß* er sogar ständig unterscheiden. "Es ist dir gesagt, o Mensch, was gut ist und der Herr von dir fordert: nichts als Recht üben, die Güte lieben und demütig wandeln vor deinem Gott" (Mi 6,8). Der andere Teil des Baumes bleibt dem Menschen verwehrt, die Unsterblichkeit. Ähnlich wie in der Turmbaugeschichte ergreift Gott eine prophylaktische Maßnahme, um dem Menschen den Griff zum Baum des Lebens zu verwehren. Das verlorene Paradies wird von einem Engel bewacht so wie das Heiligtum im Tempel von Cherubim "beschirmt" wird. Wird das für immer und ewig so sein? Diese Frage beantwortet erst das Neue Testament.

Nachdem der Garten des Jahwisten durchschritten ist, dürfte erkennbar sein, daß diese Schöpfungsgeschichte ganz anders als die priesterschriftliche in Genesis 1,1 ff ist. Der Denkansatz des Jahwisten ist durch und durch erfahrungsbezogen. Er stellt Fragen, die sich aus anthropologischen Fragen ergeben, und sucht Antworten zu geben. In sprachlicher Hinsicht ist er nicht lehrhaft, sondern narrativ. Anschaulich und bildhaft und von großer Gattungsvielfalt sind seine Erzähleinheiten. Mythologische Rudimente, Fabeln, Märchenmotive und Sagenstoffe vermag er in sein Gesamtkonzept, dessen Klammer das Symbol "Garten" ist, zu integrieren. Möglich wurde diese Klammer erst, nachdem in seinem Volk gewußt wurde, was ein Garten ist. Wenn erst gegen Ende der Königszeit und gegen Ende der Eigenstaatlichkeit Israels der Königsgarten erwähnt wird, darf zumindest in Erwägung gezogen werden, daß das Gesamtwerk des Jahwisten zeitlich sehr viel später entstanden ist, als bislang angenommen wurde.

4. Der Garten von Mann und Frau
Das Hohelied

Interessant ist, daß es innerhalb des Alten Testaments ein "Buch der Gärten" gibt, das Hohelied der Liebe. Es ist ein Produkt erotischer Poesie ohne theologischen Hintergedanken.[10] Ganz bestimmte Aspekte des "Ur-Gartens" aus der jahwistischen Urgeschichte lassen sich durch die Gärten des Hohenliedes vertiefen und ergänzen, ohne daß eine tiefenpsychologische Auslegung angewandt wird.

Vier Gärten werden im Hohenlied erwähnt:

Die Geliebte ist in ihrer Reinheit und Unberührtheit wie ein verschlossener Garten, in den der Geliebte eindringt, um die "Freuden der Wonne" zu genießen (Hld 4,12 ff)..

Der Geliebte geht vor der Vereinigung mit der Geliebten in seinen Balsamgarten und pflückt dort den Balsam – für sich allein (Hld 5,1).

Die Geliebte geht vor der Vereinigung mit dem Geliebten hinab in ihren Nußgarten, um nachzusehen, wie es steht (Hld 6,11).

Gemeinsam gehen sie in die Weinberge (einer Form des Gartens), um sich zu vereinigen (Hld 7,11 ff).

Es scheint so, als ob jeder der beiden, der Mann für sich und die Frau für sich, eine schützenswerte Tabuzone um sich haben; jedes Individuum seine Intimsphäre. Wenn sie sich vereinigen, suchen sie gemeinsam einen weiteren Garten auf – wiederum eine geschützte Zone für ihre Zweisamkeit. Dort wird das geschehen, was auch in bezug auf Adam und Eva überliefert ist (Gen 4,1): Adam "erkannte sein Weib Eva"; er ergreift sie in Liebe, wird mit ihr vertraut.

---

10 Als Entstehungszeit nimmt man heute das 4./3. Jh.v.Chr. an. Der Text ist schwierig, korrupt, oft mit singulären Ausdrücken durchsetzt. Wenn Abhängigkeiten vorliegen, dann höchstens von Motiven der sog. Heiligen Hochzeiten aus den Mysterienkulten.

5. Der zukünftige Garten
Die Visionen vom Garten des Heils bei Hesekiel (Ez 34 und 36)

Hesekiel hat mehrere Gartenvisionen konzipiert, nur zwei sollen ausführlicher besprochen werden.[11]

Vor seinem inneren Auge sieht Hesekiel einen zukünftigen Garten, den Gott seinem Volk bereiten wird. Er erhofft ihn und verkündet ihn seinen Mitverbannten in der Fremde Babylons als Trost. Die Vision ist zunächst eine Abrechnung mit den schlechten Hirten Israels. Sie haben nur für sich selbst – das ist der Vorwurf des Propheten – und nicht für das Weiden der Schafe gesorgt, also ihre Fürsorgepflicht gegenüber dem Volk vernachlässigt (Ez 34,2 ff). Ihre Sorge hätte es sein müssen, "das Schwache zu stärken, das Kranke zu heilen, das Gebrochene zu verbinden". Vor allem aber haben sie es versäumt, "das Versprengte heimzuholen und das Verirrte zu suchen". Das erinnert stark an das Gleichnis vom verlorenen Schaf im Neuen Testament (vgl. Lk 15). Gott selbst will der gute Hirte sein, der die Schafe des Hauses Israel aus den Völkern herausführen und aus den Ländern sammeln will, um sie auf guter Weide zu weiden (Ez 34,13 und 14; vgl. dazu Ps 23). Mit der Heimführung und Sammlung Israels aus der Verbannung ist auch eine Trennung zwischen den Schafen und Böcken verbunden (vgl. die Endzeitrede Jesu in Mt 25). Die Böcke sind die Besatzer im Lande Israel, die nicht nur die beste Weide abgeweidet haben, sondern auch noch das übriggebliebene Weideland zerstampft und zertreten haben. Den "mageren Schafen" des Hauses Israel wird der "gute Hirte" Recht schaffen gegenüber den fetten Schafen, die sich an Gottes Weideland bereichert haben (Ez 34,17 ff).

Hesekiel nennt diesen zukünftigen Garten den *Garten des Heils*. Er wird entstehen, wenn Gott seinen *Friedensbund* mit seinem ungehorsamen Volk geschlossen hat. Der Garten ist ein Wunder; er entsteht durch Verwandlung der Wüste. "Wüste" ist hier nicht die reale Wüste, durch die die Nomadenstämme einst wanderten, sondern die *Wüstenei*, zu der das Land durch die Kriegs- und Eroberungszüge geworden war. Vertrieben werden die "wilden Tiere" aus dem Garten, d.h. diejenigen, die "wie die *Wilden* im Land hausten". Gott wird Herbst- und Frühjahrsregen senden; es sind, wie Hesekiel selbst sagt, *Wasser*

---

11 Die Vision des riesigen Buchsbaums auf dem Libanon, der schöner ist als alle Bäume des Gartens Eden richtet sich gegen die Großmacht Ägypten und sagt den Fall dieses Baums, dessen "Wipfel bis in die Wolken reicht" vorher (Ez 31). Das Bild vom Gottesgarten auf dem Berg Zion ist besonders interessant. Es handelt von einem König, der zunächst unsträflich wandelt, bis Unrecht an ihm erfunden wurde. Da verstieß ihn Gott aus dem Heiligtum des Gottesberges – der schützende Cherub "vertrieb ihn aus der Mitte hinweg" (Ez 28). Hier erkennt man Anklänge an die Vertreibung aus dem Paradies (Gen 3).

des Segens, die Gott auf die hoffnungslosen Menschen sendet. Dieser Garten wird ein geschützter Bereich sein, wo das Gottesvolk sicher ist vor den "Schmähungen der Heiden"; es soll ein Bereich sein, in dem sie *erkennen*, "daß es ihr Gott und sie sein Volk sind" (vgl. dazu Joh 10: Der Hirte, der seine Schafe kennt, und die Schafe, die ihren Herrn erkennen).

Der Garten ist zur theologischen Chiffre für das wechselseitige Erkennen von Gott und Volk geworden. Im Garten wird Nähe Gottes erfahren; im Garten wird eine gestörte Beziehung wieder in eine intakte Beziehung verwandelt. Unverkennbar ist der "Garten" Symbol für die Beschreibung einer exklusiven Gottesbeziehung.

Symbolisch gesehen ist der Garten auch hier Gegenstand einer Sehnsucht. Sie richtet sich aber nicht auf etwas vor aller Zeit Liegendes, das man verloren hat, sondern auf etwas Zukünftiges, das Gott schaffen wird. Ganz sicher sind mit dem Zukünftigen auch konkrete Erwartungen hinsichtlich des davidischen Königtums verbunden.[12]

Die Frage ist, ob diese Vision nicht auch Züge enthält, die weit über konkrete politische Erwartungen und konkretisierbare Politik hinausgehen.

Nachdem in Hesekiel 34 der neue Garten hinreichend geschildert ist, entwirft Hesekiel eine weitere Vision von den Geschöpfen *im* Garten. In Hesekiel 36 benutzt der Prophet noch einmal das Symbol des Gartens, um den Wiederaufbau des *verwüsteten* Landes und die Rückkehr der Exilierten anzukündigen. "Wie der Garten Eden" (V 35) wird das Land sein. Jetzt allerdings dient das Symbol dazu, um einen anderen Zusammenhang zu entfalten.

Als Israel noch im verheißenen Land lebte – also vor seiner Verbannung – war es *unrein* geworden durch seinen Wandel (Ez 36,17). Daraufhin hat Gott die Angehörigen des Volkes unter die Völker versprengt und über die Länder verstreut. Nicht nur das; die Heiden zeigten mit dem Finger auf sie und spotteten: "Diese sind Jahwes Volk, und aus seinem Land haben sie ausziehen müssen" (V 20). So haben sie erst recht Schande über Jahwe gebracht und seinen *heiligen* Namen *entweiht*. Die Rückführung des unrein gewordenen Hauses Israel aus den unreinen Völkern und den unheiligen Ländern ist ein Akt, durch den Jahwe seine Heiligkeit an seinem Volk und vor den Augen der anderen Völker erweist.

Im Land, das wie der Garten Eden sein wird, werden erneuerte Menschen wohnen, gereinigt von ihren Verschuldungen. Die Schilderung des Reinigungsvorgangs erinnert in vielem an die Entstehung des Menschen im Garten des Jahwisten (Gen 2,4 ff). Das Wasser, das einst benötigt wurde, um aus dem

---

12 Vgl. 34,23: Ein Hirte, mein Knecht David, wird das Volk weiden ...

Wüstensand feuchten Ackerboden zu machen, damit "der" Mensch modelliert werden konnte, ist jetzt Wasser, das der Reinigung des Volkes dient. Aus dem alten Menschen wird das Herz herausgenommen; das steinerne wird durch ein fleischernes ersetzt. Hat Gott einst den Menschen durch seinen Odem beatmet, so legt er jetzt seinen Geist in das Innere des Menschen. Die auf diese Weise neu geschaffenen Menschen werden sich vermehren und die Städte des Gottesgartens bevölkern. Der Garten steht jetzt symbolisch für einen von Gott geheiligten Bereich. Was außerhalb des Gartens liegt, ist profan, "heidnisch". Im Garten wird Gott durch sein verwandeltes Volk erkannt; außerhalb des Gartens soll von den noch übriggebliebenen heidnischen Völkern erkannt werden, daß Jahwe der ist, der die Verwandlung des Landes bewirkt hat. Die *Mitte* dieses Gartens ist Gottes Heiligtum – das wieder aufgebaute Heiligtum.

6. Der Garten der Auferstehung

Was geschieht im Garten des Johannesevangeliums?

"In einem Garten ging die Welt verloren, in einem Garten wurde sie erlöst", sagte Blaise Pascal, der große Augustinverehrer des 17. Jahrhunderts, der sich mit Freunden in das Kloster Port Royal zurückzog, um dem Katholizismus der Gegenreformation zu entgehen. Er hat einen innerbiblischen Zusammenhang entdeckt, der manchem Exegeten, der nur historisch-kritisch fragt, entgangen ist. Nicht nur am Anfang, in der Urgeschichte (beim Schöpfungsgeschehen), spielt das Symbol des Gartens eine Rolle, sondern auch am Ende, zumindest eines Evangeliums, bei der Wiedergewinnung des dem Menschen verlorengegangenen ewigen Lebens.

Der Garten des Leidens wird zur Durchgangsstation
Der erste Garten (Joh 18,1-12)

In der christlichen Kunst begegnet Gethsemane immer wieder als Gartenlandschaft. Wer mag zum ersten Mal das angsterfüllte, fast verzweifelte Gebet Jesu, bei dem ihm der Schweiß wie Blutstropfen zu Boden fiel, so gedacht und dargestellt haben? Und vor allem warum? Gethsemane ist ein Ort der Synoptiker, insbesondere aber des Evangelisten Matthäus (26,30-46). Er wird dort ausdrücklich als Landgut bezeichnet. Bei Matthäus, dem Evangelisten der Berge, geht Jesus zunächst auf den *Ölberg* und sagt den Jüngern, daß er noch in dieser Nacht für alle ein Stein des Anstoßes werden wird. Dann geht er *hinab* nach Gethsemane. Aus der *Tiefe* läßt er – tiefbekümmert und verzagt – sein Gebet aufsteigen, Gott möge den Kelch des Leidens an ihm vorübergehen lassen. Dreimal betet er so, dreimal bittet er seine Jünger zu wachen, und dreimal findet er die Jünger schlafend vor. Und dann bricht die Stunde an, in der der Verräter kommt – es kommt die Stunde der Auslieferung. Dies alles geschieht bei Matthäus in einem Landgut, nicht in einem Garten! Im ganzen Neuen Testament kommt ein Garten nicht mehr vor – mit Ausnahme der Überlieferung vom Leiden und der Auferstehung nach Johannes.

Johannes 18,1-12 schildert uns, daß Jesus einen Bach überquert, den Bach Kidron. Er betritt "einen" Garten. Judas Ischarioth kennt diesen Ort. Jesus, "der alles wußte, was über ihn kommen würde, ging hinaus ..." Was ist aus Gethsemane geworden? "Irgendein Garten"! (ohne Namen – ein Garten statt eines Landgutes!). Was geschieht in diesem Garten? Gar nichts! Jesus geht hinein und wieder heraus. Wer ist dieser Jesus? Nicht der, der im Gebet verzweifelt fragt, ob er den Kelch trinken muß, sondern der, der alles schon weiß und vor dem die Häscher ehrfurchtsvoll zurückweichen! Vor diesem Garten steht zwar nicht ein Cherub, nicht ein flammendes Schwert, wohl aber Petrus, der mit einem Schwert dem Knecht Malchus ein Ohr abschlägt. Jesus weist ihn hoheitsvoll zurecht: "Soll ich etwa nicht den Kelch, den der Vater mir gegeben hat, trinken?" (V 11). Diese Rede ist das einzige, was an den Leidensort Gethsemane der Synoptiker erinnert.

Das paßt sehr gut zur Theologie des Johannesevangeliums. Der Ort des Leidens wird zur Durchgangsstation, die der Christus hoheitsvoll durchschreitet. Das entscheidende geschieht im nächsten Garten.

Im Garten wird der Auferstandene erkannt
Der zweite Garten (Joh 19,41-42 und 20,1.11-18)

Nicht auf dem *Berg* Golgatha (wie bei den Synoptikern), sondern "am Ort des Gartens" wird Jesus gekreuzigt. Im Garten wird er begraben; in einer noch unberührten Gruft wird er beigesetzt wie die Könige Israels in Gräbern ihres Palastgartens. Kein gewöhnlicher Mensch hat dort zuvor gelegen. Wie das Heiligtum in Jerusalem von zwei Cheruben, so wird die Grabstätte von zwei Engeln bewacht. In diesen Garten, an diese Gruft war Maria Magdalena gekommen, um zu trauern.[13]

---

13 Der Text des Johannesevangeliums ist an dieser Stelle nicht in Ordnung. Die Verse 1 und 11 bis 18 gehören zusammen. Sie bilden eine Einheit um die "Frau" Maria Magdalena. Im Kontrast dazu steht die Überlieferung vom "Mann" Thomas (20,19-29). Wiederum für sich zu sehen ist die Symbolgeschichte der beiden Konkurrenten Petrus und Johannes (20,2-10), die in die Symbolgeschichte von Maria Magdalena eingeschoben ist.

Und siehe da, in *diesem* Garten geschieht etwas! Voller Spannung wird es erzählt. Der Erzähler bedient sich des Mittels der Steigerung und vieler symbolischer Signale, bis es zum Höhepunkt kommt. Da sind zunächst die verschiedenen Stufen des *Sehens* in dieser Geschichte zu beachten:

(1) *V 1:* Maria Magdalena sieht "von außen" und aus der Distanz den von der Gruft entfernten Stein.

(2) *V 12:* Maria Magdalena *sieht* bei einem spähenden Blick in die Gruft zwei Engel an der Stelle, wo der Leichnam gelegen hat. Sie sieht, sagt aber: *Ich weiß nicht, wo ER ist* ... Die Bedeutung der Engel geht ihr nicht auf.

(3) *V 14:* Maria Magdalena *sah* Jesus dastehen, aber sie *wußte nicht, wer* er ist. Sie hält ihn für den Gärtner.

(4) *V 18:* Am Ende der Geschichte berichtet Maria Magdalena den anderen: Ich *habe* den Herrn *gesehen.* Jetzt *weiß* sie, *wer* er ist: der HERR; jetzt *weiß* sie, *wo* er ist: beim Vater – zurückgekehrt zu dem, von dem er kam (vgl. Joh 1 – Prolog).

Wer wissend sieht, der *erkennt.* Es fällt auf, daß von einer Stufe des Sehens zur anderen davon die Rede ist, daß Maria Magdalena sich *umwendet:*

Zwischen (2) und (3) in V 14: Sie *wandte sich um,* und zwar von den Engeln, deren Bedeutung sie nicht erkennt, zu Jesus, den sie mit dem Gärtner verwechselt.

Zwischen (3) und (4) in V 16: Sie *wendet sich um,* nachdem sie angesprochen worden ist.

Es kann sich kaum um ein reales Umwenden handeln; Maria Magdalena müßte mittlerweile mit dem Rücken zu Jesus stehen! Es geht um eine innere Wende, um ein symbolisches Sich-Wenden. Ihre Trauer und ihre Ratlosigkeit werden *gewendet.* Das Erkennen erfolgt – nach gut biblischer Tradition – nachdem sie zuvor erkannt worden und bei ihrem Namen gerufen worden ist. "Maria!" – "Rabbuni!" Welch ein feiner Unterschied! Maria Magdalena sagt nicht "Rabbi", sondern "Rabbuni" – *mein Herr!*[14]

So wird auch dieser Garten zu einem Garten des Erkennens, zu einem Garten der Begegnung. Es ist ein Ort, in dem Nähe erfahren wird; Nähe mit dem, der von Gott gesandt ist. Auch Verwandlung findet statt; nicht von der Freude und Wonne zur Ernüchterung und Schulderkenntnis wie in Genesis 2,4 ff, sondern von der Trauer zur Freude, vom Tod zum Leben. Der Garten wird Ausgangs-

---

14 Zum wechselseitigen Erkennen vgl. "Das Symbol des Feuers" – Die Geschichte vom brennenden Dornbusch und das Erkennen des Mose, S. 369.

punkt für die Rückkehr zu Gott und zum göttlichen Leben. Die gestörte Gemeinschaft mit Gott wird wiederhergestellt.

Es bleibt die Frage, ob der Befehl Jesu an Maria Magdalena "Rühre mich nicht an!" in einem inhaltlichen Zusammenhang mit der jahwistischen Urgeschichte steht. Dort sagt Eva zur Schlange, Gott habe verboten, den Baum des Lebens auch nur zu berühren. Verschiedene Möglichkeiten der Deutung bieten sich an:

(a) Würde Maria Magdalena den Herrn jetzt berühren, dann hielte sie nur einen wiederbelebten Leichnam in Händen; wirklich auferstanden ist er erst, wenn er zum Vater zurückgekehrt ist, von dem er gekommen ist.

(b) Die Gemeinschaft zwischen Jesus und der Frau ist exemplarisch wiederhergestellt; es fehlt noch die wiederhergestellte Einheit zwischen Jesus und dem Vater. Das entspräche der zerstörten Gemeinschaft zwischen Mann und Frau, zwischen Gott und Mensch in der Urgeschichte.

(c) Maria Magdalena kann den Herrn nicht festhalten, nicht für sich behalten. Er muß zu *seinen* Vater zurück, damit er der Vater *aller* wird; er muß zurück zu *seinem* Gott und dem Gott *aller* (vgl. V 17). Dem entspräche auch, daß Jesus Maria Magdalena zurückschickt in die Gemeinschaft der Brüder und Schwestern, von der sie sich in ihrer Trauer gelöst hatte.

Betrachtet man das Johannesevangelium für sich, so könnte man sagen: Dieser Evangelist hat eine Leidens- und Auferstehungsüberlieferung, in der Jesus, der Christus, von Garten zu Garten schreitet. Immer aber bleibt er, auch als Leidender, der Hoheitsvolle. In eigentümlicher johanneischer Dialektik *ist* der Gekreuzigte der Erhöhte.

Gesamtbiblisch gesehen steht das Symbol "Garten" für einen schützenswerten Sachverhalt. Er hat immer eine Mitte; das Symbol in der Mitte kann wechseln: Baum – Heiligtum – königliches Grab. Wo sind unter uns schon die Orte, wo "Mitte" erfahren wird? In jedem Falle ist es die Fülle des göttlichen Lebens, die dem Menschen bereitet wird; sie unterscheidet sich vom Mangel ebenso wie von der Verschwendung und dem Überfluß. Der Mensch muß erkennen; er kann erkennen, weil Gott ihm dieses Erkennen möglich macht.

Wer aber öffnet das Tor zu diesem Garten?

Exkurs 5: Mythologische und symbolische Rede

Es fällt auf, daß in einem beachtlichen Teil der Literatur die Begrifflichkeit "mythisch-symbolisch", evtl. auch "mythisch-symbolisch-märchenhaft" verwandt wird, als ob es sich dabei um Synonyme, ja geradezu austauschbare Begriffe handelte. Erst bei näherer Analyse zeigt sich, daß sich hinter dieser Redeweise ein Programm verbirgt: Mythen, Symbole, Märchen kommen aus den "Uranfängen der Menschheit". Wer sie entdeckt, hält gewissermaßen das "Urgestein der Menschheit" in Händen. Dieses Urgestein ist so alt und ehrwürdig, daß gelegentlich die These aufgestellt wird, es reiche bis in die vorsprachliche Zeit der Menschheit zurück. Der Verlauf der Geschichte ist durch den zunehmenden Verlust dieser Bilder, Symbole, Mythen usf. charakterisiert. Ziel muß sein, dieses Urgestein wiederzuentdecken, wiederzugewinnen. Ganz abgesehen davon, daß ich es für pure Spekulation halte, über Phasen der Geschichte in vorsprachlicher Zeit nachzudenken, so liegt solchen Thesen ein bestimmtes Geschichtsbild zugrunde: Das Alte ist das Ursprüngliche, das Wahre, das Reine, das Unverfälschte. Schon die Apologeten der frühen Kirche haben die Geschichte als Verfallsgeschichte interpretiert und unendlich viel Mühe darauf verwandt zu "beweisen", daß die biblischen "Offenbarungen" alt seien, viel älter als die griechischen Göttermythen!

Kann eine solche Argumentation und ein solches Geschichtsbild durch die biblische Überlieferung bestätigt werden? Keineswegs! Um es vorab zu sagen: Hinsichtlich der biblischen Überlieferung sind mythologische und symbolische Rede *trennscharf* zu unterscheiden. Und das aus verschiedenen Gründen:

Mythen erzählen sehr oft vom Werden der Welt, von der Erschaffung der Menschen. Zweifelsohne zählen für Symbolansätze, wie sie oben charakterisiert wurden, biblische Geschichten, etwa vom Garten Eden, zu Sprachschöpfungen, die ihre Existenz einem uralten Mythos verdanken oder zumindest sehr alte mythische Elemente enthalten.

Es ist zunächst zu bedenken, daß Geschichten, die von "Uranfängen" erzählen, keineswegs uralt sind. Sie zeichnen ja nicht eine Geschichte dessen nach, was gewesen ist, sondern versprachlichen allenfalls Vorstellungen darüber, wie es gewesen sein könnte – gewissermaßen in retrospektiver visionärer Schau. Die Schöpfungsgeschichte, die Paradieserzählung, ja, die gesamte Urgeschichte des Jahwisten ist im hellen Licht der Geschichte entstanden, nach bisherigen Hypothesen der alttestamentlichen Forschung auf dem Höhepunkt der Staatsbildung und kurz vor dem Auseinanderbrechen des Gebildes Gesamtisrael in zwei Teilstaaten. Möglicherweise gibt eine symbolische Betrachtungsweise der Erzählungen Anlaß zu einer noch späteren Datierung.[15]

Die urtümlich anmutende Rede vom Spiel Jahwes mit dem Leviathan entstammt dem Hiobbuch, das der nachgewiesenermaßen sehr spät entstandenen Weisheitsliteratur zuzuordnen ist. Über das nicht gerade hohe Alter der priesterschriftlichen Schöpfungsüberlieferung bedarf es keines weiteren Wortes. Und wenn Mose bei seiner Berufung die Schuhe ausziehen soll, weil der Ort, auf dem er steht, heilig ist, dann spricht hier nicht uraltes Menschheitsverhalten gegenüber dem Numinosen, auch nicht der uralte Brauch, heilige Bezirke abzugrenzen. Hier spricht priesterschriftliches Denken, dessen Geschichten höchstens in die Zeit des babylonischen Exils zurückgehen, eine Zeit, in der es längst kein Heiligtum für Israel

---

15 Dies zu prüfen, wäre Sache der alttestamentlichen Wissenschaft; vgl. dazu die Kapitel "Das Symbol des Gartens" und "Das Symbol des Angesichts", S. 466 und 277 f.

mehr gab. Die Reihe der Beispiele ließe sich beliebig fortsetzen. Es sind Erfahrungen der
jeweiligen Gegenwart, die Fragen aufbrechen und solche Geschichten entstehen lassen. Es
sind bedrängende Erfahrungen, Verlusterfahrungen, die zweifeln lassen: So kann es doch
nicht intendiert sein?! Sollte das Leben nur Mühe und Plage, Dornen und Disteln sein?
Warum der Schmerz bei der Entstehung neuen Lebens? Warum die Störungen in der
Beziehung Mann-Frau? Oder gar: Verlust des Landes, Vertreibung Israels aus seinem "Paradies"? Oder man denke an die Menschen der Exilszeit! "Chaos" haben sie erfahren, Fin-
sternismächten waren sie ausgesetzt; kein Heiligtum mehr, nur noch die Einhaltung des Sabbats blieb als Zeichen, durch das sie ihrem Gott dienten. Ist es da nicht verständlich, wenn
man sich den Kosmos wünschte als eine Ordnung, die durch den Siebentagesrhythmus strukturiert ist, auf dessen Höhepunkt Gott ruhte und den Menschen Ruhe bescherte? Und schließlich: Nur wer die Übermacht des Bösen erfahren hat, wünscht sich, Jahwe möge mit diesem
Ungeheuer spielen wie mit einem Schoßhündchen! Geschichten über die Uranfänge erweisen sich als Geschichten, die eine zur Frage gewordene Gegenwart erklären wollen; in Wahrheit sind es nicht einmal retrospektive Visionen, es sind Utopien von einem zukünftigen Zustand, der herbeigesehnt wird.

Vermutlich enthalten die alttestamentlichen Überlieferungen gelegentlich Anleihen aus
den Mythen anderer Völker. Die Übernahmen erfolgten vor allem in jener Zeit, als Israel Gelegenheit hatte, sie kennenzulernen und wahrzunehmen. Das geschah bekanntermaßen nicht
unbedingt in der frühesten Phase seiner Geschichte.

Entscheidend ist nicht, daß solche mythologischen Rudimente vorhanden und auszumachen sind. Entscheidend ist, wie, insbesondere das Alte Testament, mit ihnen umgegangen
worden ist! Längst ist entdeckt, daß so etwas wie ein innerbiblischer Entmythologisierungs-
prozeß stattgefunden hat. Das bekannteste Beispiel ist, um nur eines zu nennen, die priesterschriftliche Urgeschichte. Es ist keine Frage, daß hier Anklänge an den babylonischen Tia-
mat-Mythos vorliegen; ja, daß die Verfasser von Genesis 1 die babylonische Version der
Weltentstehung gekannt haben. Sie haben sich aber von ihr nicht abhängig gemacht, sondern
geradezu eine Anti-Geschichte entworfen. Was im gesamten alten Orient göttliche Dignität
hatte, die Himmelskörper, vor allem die Sterne, werden zu "Lampen" degradiert, die Gott am
Firmament aufhängt, damit sie ihre Funktionen erfüllen können. Sie werden so in ihre Geschöpflichkeit verwiesen. An die Stelle eines mythologischen Entwurfs wird eine symbolische Deutung der Welt gesetzt, der bestimmt ist von dem Kontrastsymbol "Licht und
Finsternis".

Die Leitfragen an einen solchen symbolischen Entwurf müssen doch immer sein: Aufgrund welcher Erfahrungen und Fragestellungen ist er entstanden? Welche Antworten versucht er zu geben? Natürlich sind sie in gleicher Weise an den mythologischen Entwurf zu
stellen. Das eigentlich Spannende aber ist doch der Vergleich der Antworten!

Die Prämisse mancher Symboluntersuchungen, die von einem Ur-Depositum ursprünglich allen Menschen, Völkern und Religionen gemeinsamer Symbole ausgeht, hat noch eine
weitere Folge, die man geradezu als hermeneutische Unsitte bezeichnen kann. Verschieden-
artigen Symbolen wird immer wieder "im weitesten Sinn" die gleiche Bedeutung unterstellt.
Hier werden offensichtlich Theorien der Symbolbildung aus der Psychoanalyse übernommen, insbesondere aus der Traumdeutung. S. Freud kann sagen: "Alle in die Länge reichen-
den Objekte, Stöcke, Baumstämme, Schirme, alle länglichen und scharfen Waffen: Messer,
Dolche, Piken wollen das männliche Glied vertreten ... Dosen, Schachteln, Kästen, Schränke,

Öfen entsprechen dem Frauenleib, aber auch Höhlen, Schiffe und alle Arten von Gefäßen (Ges. Werke II, S. 358 ff)." Nun ist hier nicht der Ort, sich umfassend mit der Hermeneutik der Traumdeutung der Freud'schen und anderer psychoanalytischen Schulen auseinanderzusetzen. Der Umgang mit der biblischen Überlieferung hat mir bislang gezeigt, daß dort jedes Symbol mit Bedacht gewählt ist, ja, bis in die sprachlichen Nuancen hinein nichts, aber auch gar nichts nur dahergesagt ist. Jedes Symbol und seine sprachliche Einkleidung will in seiner Intention und Bedeutung genau bedacht sein. Das Symbol des Gartens und das Symbol des Weinbergs sind nicht identisch. Die Gartengeschichten und die Weinberggeschichten tragen in sich ganz unterschiedliche Sinngehalte. Haus, Hütte, Zelt, Höhle, Mutterschoß, Friedhof als umschlossener Raum "meinen im Grunde *nicht* dasselbe"! Wer dies behauptet, opfert biblische Originalität (sehr wahrscheinlich auch die Originalität anderer Religionen) mit ihrer unendlichen menschlichen Erfahrungsbreite und ihrem immer neuen Ringen um die Gottesfrage zugunsten einer alles uniformierenden Mythos-Symboltheorie.

Genesis 2,4b-7

Zur Zeit, da Gott, der Herr, Erde und Himmel machte – noch gab es aber kein Gesträuch des Feldes auf Erden und noch wuchs kein Kraut auf dem Felde; denn Gott, der Herr, hatte es noch nicht regnen lassen auf Erden, und es war kein Mensch da, den Boden zu bebauen; ein Wasserschwall aber brach hervor aus der Erde und tränkte alles Land – da bildete Gott, der Herr, den Menschen aus Erde vom Ackerboden und hauchte ihm Lebensodem in die Nase; so ward der Mensch ein lebendiges Wesen.

Genesis 2,8-17

Dann pflanzte Gott, der Herr, einen G a r t e n in Eden gegen Osten und setzte den Menschen darein, den er gebildet hatte. Und Gott der Herr ließ allerlei Bäume aus der Erde wachsen, lieblich anzusehen und gut zu essen, und den Baum des Lebens m i t t e n im Garten, und den Baum der Erkenntnis des Guten und Bösen. Es entspringt aber ein Strom in Eden, den Garten zu bewässern; von da aus teilt er sich in vier Arme: der erste heißt Pison; das ist der, welcher das ganze Land Hawila umfließt, wo das Gold ist; und das Gold jenes Landes ist köstlich. Da findet man auch das Bdellionharz und den Edelstein Soham. Der zweite Fluß heißt Gidon; das ist der, welcher das ganze Land Kusch umfließt. Der dritte Fluß heißt Hiddekel (d.h. Tigris); das ist der, welcher östlich von Assur fließt. Der vierte Fluß ist der Euphrat. Und Gott, der Herr, nahm den Menschen und setzte ihn in den Garten Eden, daß er ihn bebaue und bewahre. Und Gott, der Herr, gebot dem Menschen und sprach: Von allen Bäumen im Garten darfst du essen: nur von dem Baum der Erkenntnis des Guten und Bösen, von dem darfst du nicht essen; denn sobald du davon ißt, mußt du sterben!

Genesis 2,18-25

Und Gott der Herr sprach: Es ist nicht gut, daß der Mensch allein sei. Ich will ihm eine Hilfe schaffen, die zu ihm paßt. Da bildete Gott, der Herr, aus Erde alle Tiere des Feldes und alle Vögel des Himmels und brachte sie zum Menschen, um zu sehen, wie er sie nennen würde; und ganz wie der Mensch sie nennen würde, so sollten sie heißen. Und der Mensch gab allem Vieh und allen Vögeln des Himmels und allen Tieren des Feldes Namen; aber für den Menschen fand er keine Hilfe, die zu ihm paßte. Da ließ Gott, der Herr, einen Tiefschlaf auf den Menschen fallen, so daß er einschlief. Und er nahm eine von seinen Rippen heraus und schloß die Stelle zu mit Fleisch. Und Gott, der Herr, baute ein Weib aus der Rippe, die er vom Menschen genommen hatte, und führte sie dem Menschen zu. Da sprach der Mensch: Diese da ist nun endlich Bein von meinem Bein und Fleisch von meinem Fleisch! Diese da soll Männin heißen, denn vom Mann ist sie genommen. Darum verläßt der Mann Vater und Mutter und hängt seinem Weib an, und sie werden e i n L e i b. Und die beiden, der Mensch und sein Weib, waren nackt und schämten sich nicht.

Genesis 3,1-7
Die Schlange aber war listiger als
alle Tiere des Feldes, die Gott, der Herr,
gemacht hatte, und sie sprach zum Weibe: Gott
hat wohl gar gesagt: Ihr dürft von keinem Baum des
Gartens essen!? Da sprach das Weib zur Schlange: Wir
dürfen essen von den Früchten der Bäume im Garten; nur
von den Früchten des Baumes m i t t e n im Garten hat Gott
gesagt: Esset nicht davon; rühret sie auch nicht an, daß ihr nicht
sterbt! Da sprach die Schlange zum Weibe: Mitnichten werdet ihr
sterben; sondern Gott weiß, daß, sobald ihr davon eßt, euch die Augen aufgehen werden und ihr wie Gott sein und wissen werdet, was gut
und böse ist. Und das Weib sah, daß von dem Baume gut zu essen wäre
und daß er lieblich anzusehen sei und begehrenswert, weil er klug macht,
und sie nahm von seiner Frucht und aß und gab auch ihrem Mann neben ihr,
und er aß. Da gingen den beiden die A u g e n a u f, und sie wurden gewahr,
daß sie n a c k t waren; und sie hefteten Feigenblätter zusammen und machten
sich Schurze.

Genesis 3,8-20
Als sie nun hörten, wie Gott, der Herr, in der Abendkühle im Garten wandelte,
verbarg sich der Mensch mit seinem Weibe vor dem Angesicht Gottes, des Herrn,
unter den Bäumen im Garten. Und Gott, der Herr, rief den M e n s c h e n und
sprach zu ihm: WO bist du? Er sprach: Ich hörte dich im Garten; da fürchtete ich
mich, weil ich nackt bin, und verbarg mich. Und er sprach: WER hat dir gesagt, daß
du nackt bist? Hast du etwa von dem Baum gegessen, von dem ich dir zu essen verboten habe? Der Mensch sprach: Das W e i b , das Du mir zugesellt hast, das hat
mir von dem Baume gegeben; da habe ich gegessen. Da sprach Gott, der Herr, zum
Weibe: WAS hast du getan? Das Weib antwortete: Die *Schlange* hat mich verführt;
da habe ich gegessen. Da sprach Gott, der Herr, zur *Schlange:* Weil du das getan
hast, bist du verflucht vor allem Vieh und vor allen Tieren des Feldes. Auf deinem
Bauche sollst du kriechen und Staub fressen dein Leben lang. Und ich will
Feindschaft setzen zwischen dir und dem Weibe und zwischen deinem Nachwuchs und ihrem Nachwuchs; er wird dir nach dem Kopfe treten, und du wirst
ihm nach der Ferse schnappen. Und zum Weibe sprach er: Ich will dir viel Beschwerden machen in deiner Schwangerschaft; mit Schmerzen sollst du Kinder gebären! Nach deinem Manne sollst zu verlangen; er aber soll dein Herr
sein! Und zum Menschen sprach er: Weil du auf deines Weibes Stimme gehört hast und von dem Baume gegessen hast, von dem ich dir gebot: du
sollst nicht davon essen, so ist um deinetwillen der Erdboden verflucht.
Mit Mühsal sollst du dich von ihm nähren dein Leben lang. Dornen
und Disteln soll er dir tragen und das Kraut des Feldes sollst du
essen. Im Schweiße deines Angesichts sollst du dein Brot essen,
bis du wieder zur Erde kehrst, von der du genommen bist;
denn Erde bist du, und zur Erde mußt du zurück. Und der
Mensch nannte sein Weib Eva; denn sie wurde die
Mutter aller Lebenden.

Genesis 3,21-24
Und Gott,
der Herr, machte
den Menschen und
seinem Weibe Röcke
von Fell und legte sie
ihnen um. Und Gott, der
Herr, sprach: Der Mensch
ist geworden wie unsereiner,
daß er weiß, was gut und böse ist.
Nun aber,daß er nur nicht seine Hand
ausstrecke und auch von dem Baum des
Lebens breche und ewig lebe! So schickte ihn
Gott, der Herr, fort aus dem Garten Eden, daß
er den Erdboden bebaue, von dem er genommen
war. Und er vertrieb den Menschen und ließ östlich
vom Garten Eden die Cherube sich lagern und die Flamme des
zuckenden Schwertes, denWeg zum Baum des Lebens zu bewachen.

Jesus schreitet von Garten zu Garten
Die Passions- und Auferstehungsüberlieferung nach Johannes (18,1-11; 19,41-42 und 20,1.11-18)

Nachdem Jesus
dies gesprochen hatte,
ging er mit seinen Jüngern hinaus
auf die andere Seite des Baches Kidron,
wo ein G a r t e n war, und *in diesen trat er* mit
seinen Jüngern *ein.* Aber auch Judas, der ihn verraten
wollte, wußte den Ort; denn Jesus war dort oft mit seinen
Jüngern zusammen. Als nun Judas die Kohorte und von den
Hohenpriestern und den Pharisäern Diener bekommen hatte,
kam er dorthin mit Fackeln und Laternen und Waffen. *Da ging
Jesus,* der alles wußte, was über ihn kommen würde, *hinaus* und
sagte zu ihnen: Wen sucht ihr? Sie antworteten: Jesus, den Naza-
räer. Er sagte zu ihnen: ICH BIN'S! ... Als er nun zu ihnen sagte: Ich bin's, wichen sie zurück und fielen zu Boden ... Simon Petrus nun, der ein Schwert hatte, zog es und schlug
nach dem Knecht des Hohenpriesters und hieb ihm das
rechte Ohr ab. Der Knecht aber hieß Malchus. Da
sprach Jesus zu Petrus: Stecke dein Schwert
in die Scheide! Soll ich den Kelch,
den mir der Vater gegeben hat,
nicht trinken?

Es war aber an dem Ort,
wo man ihn gekreuzigt hatte, ein G a r t e n
und in dem G a r t e n eine neue Gruft, in die noch nie
jemand gelegt worden war. Dahin legten sie nun Jesus ...

Am ersten Tag der Woche aber kommt Maria aus Magdala früh, als
es noch dunkel war, zur Gruft und sieht den Stein der Gruft weggenommen.
Maria aber stand außen bei der Gruft und w e i n t e . Wie sie nun w e i n t e ,
beugte sie sich in die Gruft hinein; *da sieht sie* zwei Engel in weißen Kleidern
dasitzen, den einen beim Haupte und den anderen bei den Füßen, da, wo der Leib Jesu
gelegen hatte. Und die sagten zu ihr: W e i b , w a s w e i n s t d u ? Sie sagt zu ihnen:
Sie haben meinen Herren weggenommen, und *ich weiß nicht,* wo sie ihn hingelegt haben.
Und sie dies gesagt hatte,

w a n d t e s i e s i c h u m .
Und *sie sah* Jesus dastehen und *wußte nicht,* daß es Jesus war. Jesus sagt zu ihr: W e i b ,
w a s w e i n s t d u ? Wen suchst du? Jene, in der Meinung, es sei der Gärtner, sagt zu ihm:
Herr, hast du ihn weggetragen, so sage mir, wo du ihn hingelegt hast, und ich will ihn holen.
Jesus sagte zu ihr: MARIA! da

w e n d e t s i c h d i e s e um
und sagt zu ihm auf hebräisch: RABBUNI! (d.h. mein Meister)

Jesus sagt zu ihr: Rühre mich nicht an; denn ich bin noch nicht zum Vater
aufgefahren. Geh aber zu meinen Brüdern und sage ihnen: ich fahre auf zu
meinem Vater und eurem Vater und zu meinem Gott und eurem Gott.

Maria aus Magdala geht und verkündigt den Jüngern,
daß *sie den Herrn gesehen*
und daß er dies zu ihr gesagt habe.

Kapitel 18:

Die Symbole Weinberg und Weinstock

Man könnte vermuten, daß der Weinberg nur eine besondere Variante einer Pflanzung ist und der Unterschied zwischen "Garten" und "Weinberg" nicht allzu groß. Schon die oberflächliche Sichtung einiger biblischer Stellen zum Stichwort "Weinberg" zeigen, daß mit diesem Symbol ganz andere Sachverhalte zum Ausdruck gebracht werden. Deshalb soll ihm im Anschluß an das Symbol Garten ein eigenes Kapitel gewidmet sein.

1. Der Wein – ein edler Tropfen

In unserer Wirklichkeit sind Weinberg und Weinstock wenig verankert. Wir kennen in erster Linie das vermarktete Produkt: den Wein und die Weintrauben. Die Früchte sind auch in unseren Breiten zu den selbstverständlichen Konsumgütern geworden, die fast zu jeder Jahreszeit zu kaufen sind – herangeschafft als Importartikel und "auf den Markt geworfen". Aber der Weinstock? Wie viele Kinder wissen schon, an welcher Art von "Baum" die Trauben wachsen? Nur in ganz bestimmten, regional begrenzten Weinanbaugebieten ist dies bekannt. In guten Hanglagen sind Anbau, Bearbeitung und Ernte auf den Weinbergen ein hartes Brot. Im Herbst werden die Weinberge für Touristen und Wochenendspaziergänger gesperrt, weil sie "verwüsten", abreißen und wegwerfen, was da nach mühsamer Arbeit und nicht immer günstigen Wetterbedingungen gewachsen ist. Was aber wird erst aus dem "edlen Rebensaft" durch Weinskandale? Verfälschte, gepanschte, durch chemische Zusätze lebensgefährliche Produkte, mit denen man schnell Gewinn zu machen hoffe. Wer mag zuerst entdeckt haben, daß der Saft der Trauben berauscht macht? Früher gehörte der Weinkonsum zu den besonders herausgehobenen Gelegenheiten, heute sind der Alkoholkonsum und seine Gefahren ein gesellschaftliches Problem geworden. Dennoch ist das Bewußtsein nicht verlorengegangen, daß der Wein im Gegensatz zu anderen Alkoholika mehr zur gepflegten Geselligkeit und Gastlichkeit gehört. Für einen "edlen Tropfen" ist man bereit, etwas anzulegen. Alte Weine erzielen auf Auktionen viele Tausende von Dollar oder D-Mark.

2. Weinberge pflanzen

Die Erfahrung der Israeliten mit Weinbergen, Weinreben, Trauben und Wein war ambivalent. Zwei Überlieferungen mögen das verdeutlichen.

Die Sehnsucht nach dem Land der Weintrauben
Die Überlieferung von der Aussendung der Kundschafter (Num 13,18 ff)

Das Land Kanaan war Gegenstand der Sehnsucht für die in der Wüste umherziehenden Nomadenstämme und ihr entbehrungsreiches Leben. Zur physischen Entbehrung kam die Enttäuschung darüber, daß das von Gott verheißene Land nicht frei war und für das Volk Israel bereitlag. Es mußte erst kriegerisch erobert werden unter Aufbietung aller militärischen Taktik und Logistik, deren diese Nomaden fähig waren. Dazu gehörte die Auskundschaftung des Landes: ob das Volk, das da wohnte, militärisch schwach oder stark, ob es von der Population her groß oder klein war; wie die Bodenbeschaffenheit war, ertragreich oder dürftig; wie die Städte waren, offene Orte oder befestigt. Auf all das sollten die von Mose aus allen Stämmen ausgesandten Kundschafter achten. Und sie sollten von den Früchten des Landes "Exemplare" mitbringen. Es ist, wie ausdrücklich vermerkt wird, die Zeit der Traubenernte.

Die Kundschafter kehren zurück; es war ihnen offenbar gelungen, heimlich einen Rebstock mit einer Weintraube abzuschneiden. Zu zweit (!) trugen sie ihn an einer Stange zurück zu den in der Wüste wartenden Stämmen. Daß sie auch Granatäpfel und Feigen hatten, wird nur nebenbei erwähnt. Da war das Staunen groß! "Korn und Wein" charakterisieren das äußere Bild des Landes und sind Zeichen seiner Fülle (vgl. auch Ps 4,8). Rückblickend – als die Israeliten das Land nicht mehr besaßen (Exilszeit) – "unter dem Druck von Unglück und Gram" (vgl. Ps 107,33 ff) wurde das Land zum Land des Segens, "in dem sie Felder besäten und *Weinberge pflanzten*". Einen Weinberg im Land zu besitzen, war gut. Auch der kleine Mann konnte in einen solchen kostbaren Besitz gelangen. Dementsprechend wurde er als "Erbe der Väter" gehütet und gegenüber Besitzansprüchen des Königs verteidigt (vgl. die Geschichte von Naboths Weinberg in 1.Kön 21).

Wie gefährlich ist der Wein?
Die Überlieferung von Noahs Trunkenheit (Gen 9)

Es fällt auf, daß die stereotype Charakterisierung des Landes die ist, "wo Milch und Honig fließt", insbesondere im Buch Exodus (vgl. 3,8 uvam.) zu finden ist. Waren Milch und Honig ungefährlicher als der Wein? Verführte der Alkohol zu unangemessenem, heidnischem Verhalten? Das würde die Überlieferung von Noah im priesterschriftlichen Teil der Urgeschichte erklären. Als Überlebender der Sintflut gilt er als der erste, der Weinreben pflanzte (Gen 9,20). Zugleich wird er als Stammvater von Sem, Ham und Japhet bezeichnet, von denen aus die ganze Erde sich bevölkerte. Daß Wein berauscht, wird exemplarisch an Noah als sehr alte Menschheitserfahrung in der Urgeschichte geschildert. Nackt lag er in seiner Trunkenheit in seinem Zelt. Ham (der Vater Kanaans) sieht es und teilt es den Brüdern mit – schadenfroh? Umständlich wird geschildert, wie die beiden anderen, Sem und Japhet, ein Gewand nehmen und rückwärts (!) in das Zelt gehen, um die Blöße ihres Vaters zu bedecken. Hier sind zwei Motive miteinander verknüpft: das Motiv von dem wohlgeratenen und dem ungeratenen Sohn und die Vorstellung, daß "nackt sein" soviel ist wie "hilflos, ausgeliefert und angreifbar" sein. Die gesamte Komposition trägt Züge der Gattung "biblische Sage"; sie fragt danach: *Warum* sind die Kanaanäer, die Einwohner des Landes, in dem Korn und Wein wachsen, nicht Herren, sondern Knechte, also unselbständig – ohne politische Souveränität? *Darum*, weil sie die Gaben des Landes nutzen, um andere hilflos zu machen.

Denn eigentlich sollte doch der "Wein das Herz des Menschen erfreuen" (Ps 104,15) ... aber – leider – "herrlich funkelt er im Becher, glatt und angenehm geht er ein, hinterher aber beißt er wie eine Schlange" (Spr 23,31 f).

Eine mit der Noah-Überlieferung vergleichbare Geschichte liegt in Genesis 19 vor. Sie ist als Sage konzipiert, die nach der Entstehung des Stammes der Ammoniter und Moabiter fragt. *Warum* sind sie so, wie sie sind? *Darum*, weil sie im Vollrausch und durch Inzest entstanden sind! So gehässig kann man nur über feindliche Stämme erzählen! Die Töchter Lots standen nach dem Strafgericht über Sodom und Gomorrha (das gar nichts genutzt hat!!!) ohne Mann da. Um nicht ohne Nachkommen zu bleiben, machten sie ihren Vater trunken, der sie wiederum ahnungslos schwängert. Der sinnlos betrunkene Ahnherr – die Beiwohnung von Vater und Töchtern wie bei den Tieren – ja, welch eine Erbmasse muß da vorliegen!

Die vielen abfälligen Äußerungen über die Weinsäufer, die verheerende Wirkung des Weins, die Folgen der Trunkenheit, zeigen, daß hier ganz bestimmte Erfahrungen den Hintergrund für gleichnishafte Redeweise und Symbolbildung bilden. Die Symbolbildung erfolgt in zwei Richtungen: einmal ist der Weinberg Gegenstand der Reflexion, zum anderen der Weinstock.

3. Das Symbol des Weinbergs

Das Weinberglied nach Jesaja 5

Dem Weinberg sind drei Gleichnisse gewidmet: im Alten Testament bei Jesaja, im Neuen Testament bei Matthäus.

Das alttestamentliche Gleichnis wird von Jesaja als Lied dargeboten – so gekonnt wie von einem gesellschaftskritischen Liedermacher der Gegenwart (Jes 5). Er besingt einen Freund und das, was dieser mit seinem Weinberg machte: den Boden umgraben, Steine auslesen, einen Zaun herumlegen, einen Turm in der Mitte aufrichten, eine Kelter anlegen. Er hat die berechtigte Hoffnung, edle Trauben zu ernten, aber – wider alle Erwartung – erntet er herbe Frucht. Nun wird das Publikum aufgefordert, zwischen ihm – dem Propheten – und seinem besungenen Weinberg zu richten. Er hat die Absicht, einem derartig enttäuschenden Weinberg den Garaus zu machen: den Zaun einzureißen, die Pflanzen nicht zu beschneiden und den Boden nicht zu hacken. Er soll in Wüste mit Dornen und Disteln zurückverwandelt werden. Alsbald folgt die Deutung dieses gleichnishaften Liedes. Der Weinberg ist das Haus Israel, Gottes Lieblingspflanzung. Mit Recht hatte Gott auf "Guttat" gehofft, und siehe da: "Bluttat"; auf "Rechtsspruch", und siehe da: "Rechtsbruch".

Mit dem Weinberg Naboths war einst Unrecht geschehen. Hier geschieht *im* Weinberg, im Haus Israel, eine Umkehrung, eine *Ver*kehrung dessen, was sein sollte. Was Jesaja mit dem Weinbergbild anprangert, ist die Unrechtsstruktur in der Gesamtgesellschaft dieses Gottesvolkes.

Die Weinberggleichnisse nach Matthäus (Mt 20 und 21)

Matthäus ist derjenige unter den Evangelisten, der die Weinberglinie weiterverfolgt. Besonders eng sind die Anklänge an Jesaja 5 im Gleichnis von den bösen Winzern in Matthäus 21,33-46. Nicht ein Freund, sondern ein Hausherr, legt einen Weinberg an: Er zieht einen Zaun, gräbt eine Kelter und baut einen Turm. Es war sicherlich auch konkret üblich, das zu tun. Wer jedoch in den Überlieferungen lebt, wie das bei Matthäus sicherlich der Fall ist, der hat im Ohr, was

Jesaja über seinen Weinberg sagt, ohne wörtlich zu zitieren: *Dieser* Weinberg wird verpachtet. Der eigentliche Besitzer ist außer Landes; die Verantwortung tragen die Winzer. Der Weinbergbesitzer will – ähnlich dem in Jesaja 5 – seine Früchte in Empfang nehmen. Sie werden ihm verweigert. Er schickt "Knechte"; sie werden geschlagen, getötet, gesteinigt. Zuletzt schickt er seinen Sohn. In ihm sehen sie erst recht eine Bedrohung: *der* Erbe, der *das* Erbe antreten will. Es ist die gleiche stereotype Anklage gegen die religiöse Führungsschicht des Volkes ("Hohepriester") wie sie auch in der Rede des Stephanus zu finden ist (vgl. insb. Apg 7,52: "Welchen Propheten haben eure Väter nicht verfolgt?"). Es geschieht fast (?) das gleiche wie im Weinberglied. Dem üblen Tun wird ein Ende bereitet, die Winzer zur Rechenschaft gezogen, der Weinberg an ein anderes Volk gegeben, das "Weinberg-Früchte" bringt. Einiges hat sich im Bedeutungsgehalt dennoch geändert. Bei Jesaja ist es der Weinberg, dem der Garaus gemacht wird, das Land und das Haus Israel aufgrund der sich ankündigenden Veränderung der politischen Großwetterlage. Bei Matthäus ist der Weinberg eine Sache, die die verantwortlichen religiösen Führer nicht in Besitz, sondern nur "in Pacht" haben. Der Weinberg bleibt erhalten.Er wird nur anderen anvertraut: dem neuen Volk Gottes, das dem Erben sich verpflichtet weiß. Der Schritt zum Symbol "Weinberg" ist vollzogen. Es ist das Reich Gottes, das unabhängig von konkreten politischen Besitzverhältnissen eine Realität ist.

Das Negativgleichnis ("Böse" Winzer) hat ein positives Pendant. Es entfaltet, wie es im "Weinberg des Reiches Gottes" zugeht, wie seine Verhältnisse sind. Die Arbeiter im Weinberg (Mt 20,1-16) sind bereits die Angehörigen des neuen Gottesvolkes; ihnen werden die Leviten gelesen. Sie beginnen nicht gleichzeitig mit ihrer Arbeit; sie werden nacheinander "gedungen", zur Arbeit im Reich Gottes verpflichtet. So pflegt es in der Missionssituation zu sein. Es gibt die, die von Anfang an dabei waren, und diejenigen, die "5 vor 12", aber nicht zu spät, kommen. Im Reich Gottes gibt es die Altgedienten und die Spätberufenen. Sie bekommen alle den *Höchstlohn*, den der Weinbergbesitzer (hier allegorisch gedeutet als Gott der Herr) zu vergeben hat: seine Güte; sie läßt sich nicht quantifizieren.[1]

Das Gleichnis wendet sich gegen Sonderansprüche, gegen falsche Erwartungen, gegen Anmaßung im Reich Gottes. Gottes Güte ist Fülle. Sie ist genug für

---

1 Immer wieder gibt es in der Gegenwart Versuche, aus dem Gleichnis Konsequenzen hinsichtlich der konkreten Mitarbeitervergütung in der Kirche zu sehen. Wer das tut, bleibt in der Bildhälfte des Gleichnisses stecken; er gelangt nicht zur theologischen Bedeutungshälfte. Als ob es hier um Geld und Gehälter ginge!

alle. Dieses Gleichnis rückt in die Nähe des Wunders von der Speisung der 5000. Sie alle werden gesättigt von Gottes Fülle; ja, es bleibt noch genug übrig. Gottes Güte läßt sich nicht vermarkten; er schenkt sie, aber verrechnet sie nicht gegen menschliche Leistung.

Die Gemeinsamkeiten zwischen dem "Garten" und dem "Weinberg" sind nur formaler Art. Ein Zaun ist vorhanden. Beide sind ein begrenzter und geschützter Bereich, Garten und Weinberg sind ein wertvoller Besitz, der besonderer Pflege bedarf und sich grundsätzlich von der Wüste oder einer Wüstenei unterscheidet. Wonne und Freude bereiten der Garten und der Weinberg. Aber die entscheidenden Punkte, für die der Garten steht, fehlen beim Weinberg: die besondere Nähe zweier Menschen, die besondere Nähe zwischen Gott und den Menschen, das wechselseitige Erkennen. Der Weinberg steht für die Beschreibung bestimmter Verhaltensstrukturen. Mit ihm wird die Außenseite einer intakten oder nicht intakten Bundesbeziehung, ein dem Reich Gottes entsprechendes oder nicht entsprechendes Verhalten beschreiben. Der Weinberg ist theologisch gesehen ambivalent.

4. Das Symbol des Weinstocks

Das Volk Israel und der König Israels als mißratene Weinstöcke

Neben dem Symbol des Gartens gibt es die symbolische Reflexion über den Baum, neben dem Symbol des Weinbergs die symbolische Reflexion über den Weinstock. Auch hier werden ganz eigene Akzente gesetzt.

Ein einfacher Vergleich macht dies deutlich. Die Frau im Hause, die gute Ehefrau, wird mit einem fruchtbaren Weinstock verglichen, ihre Kinder mit jungen Ölbäumen (Ps 128,3). Wie auch immer man aus heutiger Sicht zu diesem Bild von der Frau stehen mag, Fruchtbarkeit, Blühen und Gedeihen sind das Charakteristikum des Weinstocks (und der Ölbäume!). Sehr schnell wird aus dem alltäglichen ein theologischer Vergleich. Das Volk Israel ist ein aus Ägypten importierter Weinstock. Gott selbst hat ihn ausgegraben und verpflanzt, und er wurde zum Riesengewächs: Er schlug Wurzeln, erfüllte das ganze Land, die Berge wurden von seinem Schatten bedeckt und von seinen Zweigen die Zedern! Bis an das Meer und bis an den Strom (welchen?) breitete er seine Triebe aus (Ps 80,9-15).

Liest man die prophetischen Stellen zum Weinstock, dann macht Israel eine schlechte Figur.

In Hosea 10,1 ff wird das Symbol von Israel als dem üppigen (weit ausgebreiteten) Weinstock, der köstliche Frucht trägt, wieder aufgegriffen. Aber welch eine Fruchtbarkeit ist das? Je fruchtbarer der Weinstock, je köstlicher die Früchte, um so mehr Altäre und Malsteine baute dieses Volk. Mit der Etablierung im Land ging die Übernahme der (Fruchtbarkeits-) Götter einher. Aus der Sicht des Propheten verliefen Wachstum und Gottlosigkeit (oder religiöser Synkretismus) parallel.

In Hesekiel 17,1 ff wird das Symbol des Weinstocks auf den letzten König Judas, Zedekia, übertragen. Er wird zum "Sprößling des Landes", zum Weinstock – nicht von Gottes Gnaden, sondern von der Gnade der jeweiligen Großmacht abhängig. Zwar auf gutem Boden gepflanzt, reichlich mit Wasser versorgt mit guten Trieben und der Möglichkeit, Frucht zu bringen, streckt er dennoch Wurzeln und Ranken nach der jeweiligen Großmacht, erst Babylonien, dann Ägypten, aus. Er "hängt sein Mäntelchen nach dem Wind" – je nach politischer Situation. Gott wird diesen Baum dürr machen, stattdessen ein Reis brechen und einen *neuen Baum* grünen lassen (keinen Weinstock, sondern eine Zeder).

In Sacharja 8,11 ff wird die Hoffnung ausgesprochen, daß wenigstens dem Rest des Volkes ein fruchtbarer Weinstock erblühen möge, der Frucht bringt.

"Israel als Weinstock" hat es fertiggebracht, immer wieder seinen Ursprung zu vergessen (von Gott gepflanzt) und die falschen Früchte zu bringen. Der Weinstock als Symbol für ein Volk ist im AT negativ besetzt.

Der wahre Weinstock und seine Reben

Auf diesem Negativhintergrund kann das Symbol des Weinstocks im Johannesevangelium um so positiver hervortreten (Joh 15). *"Ich bin der wahre Weinstock"* sagt der Christus in einer von mehreren Ich-bin-Reden. Im Mittelpunkt jeder dieser Reden steht ein Symbol. Jedes Symbol umschreibt einen oder mehrere, aber ganz bestimmte Aspekte seiner Bedeutung und seines Erlösungsauftrags. Auch beim Weinstock-Symbol sind es ganz bestimmte Aspekte, die erst auf dem Hintergrund des alttestamentlichen Weinstock-Symbols und seiner negativen Wertigkeit ganz verständlich werden.

(a) Er, der Christus, ist der *wahre* Weinstock; das muß betont werden, weil sich sowohl das alte Gottesvolk als auch sein letzter König als unbrauchbarer oder falscher Weinstock erwiesen haben.

(b) *Mein* Vater ist der Weingärtner; er, der Christus, weiß um seinen Ursprung; er weiß, wer ihn gepflanzt hat und wer ihn bewahrt. Diese symbolische Ich-bin-Rede steht im Zusammenhang mit dem Gesamtkonzept des Johannesevangeliums. Ausgegangen vom Vater, Licht vom Licht (Joh 1 – Prolog) kehrt er zurück zu ihm (Joh 20: Der Auferstandene sagt es Maria Magdalena). Er hat teil an der Göttlichkeit des Vaters.

(c) *Ich* bin der Weinstock, *ihr* seid die Triebe (Schosse). Als guter Weinstock muß er gedeihen und wachsen. Die, die den Christus angenommen haben, sind Triebe an diesem Weinstock. Die Weinstock-Rede des Offenbarers hat ein Leit-Verbum: *bleiben*; nur wer in ihm bleibt, kann bestehen. Das war gerade das Verhängnis des alten Weinstocks, daß er sich von seinem Ursprung abgewandt *und* sich anderen Göttern oder anderen Mächten zugewandt hat.

(d) Wer in mir bleibt und ich in ihm, der trägt viel *Frucht*. Die Symbolrede wird konkretisiert; "in ihm bleiben", heißt "seine Worte bewahren". Dann kommt es zu einer analogen Teilhabe am Göttlichen: So wie der Sohn teilhat an der Macht des Vaters, so werden die Triebe teilhaben an der göttlichen Kraft des Sohnes – und Frucht bringen, also Wirkung zeigen. Wer diese Frucht nicht zu erbringen mag, wird aus dem Weinstock ausgeschnitten und weggeworfen – so wie es im Winzeralltag immer wieder geschieht.

Die altkirchliche und mittelalterliche Kunst waren gute Interpreten der johanneischen Symbolrede. Weitverbreitet ist das Motiv vom Kreuz, das zum Baum oder Weinstock stilisiert ist. Aus dem dürren Kreuzesstamm wird ein sprießender, grünender, fruchttragender Weinstock.[2]

Problemanzeige: Die Frage liegt nahe, ob Weinberg, Weinstock und Wein für unsere heutige Wirklichkeit noch tragfähige Symbole sind.

(a) Weinberge und Weinstöcke hatten für Israel und seiner Sehnsucht nach dem verheißenen Land einen anderen Stellenwert als für viele Länder und Regionen dieser Welt. Nur für einen Teil der Menschen haben diese Symbole einen konkreten Erfahrungshintergrund – also ein kulturell bedingtes und überholtes Symbol?

(b) Insbesondere das Symbol vom Weinstock wird als Kontrastsymbol "altes Gottesvolk – neues Gottesvolk" gebraucht. Besteht die Gefahr einer Polemik, die den Prozeß der Aufarbeitung christlichen Antijudaismus hindert?

(c) Denkbar ist natürlich, daß wir einen neuen Zugang zu den Elementen "Brot und Wein" finden. Der "gefährliche" Wein – geheiligt im Passahmahl, im Abendmahl, in der Eucharistiefeier?"[3]

2　Das Motiv wurde wieder aufgegriffen im Hungertuch aus Haiti.
3　Vgl. den Exkurs "Überholte Symbole", S. 558 ff.

Kapitel 19:

Das Symbol des Brotes

1. Das Brot als Teil eines kulturellen Umfeldes

Bei den Vorüberlegungen zu diesem Symbol stand mir ein Fernsehbild vor Augen, das die Rettungsaktion vietnamesischer boat people einfing. Kinder und Erwachsene erhielten, nachdem man ihr Boot versenkt hatte, auf dem Rettungsschiff Tee und Brotschnitten. Der Kommentar des Sprechers: Diese Menschen essen zum ersten Mal in ihrem Leben Brot! Ein kurzes Stutzen meinerseits und dann die Erkenntnis: Ja, natürlich! Das Hauptnahrungsmittel dieser Menschen ist Reis. Sie kommen aus einer Lebenswirklichkeit, in der "Brot" niemals zum Symbol werden kann. Es fehlt der Lebenshintergrund, es muß auch die Sprache fehlen, um mit Hilfe von "Brot" diese Wirklichkeit zu deuten. Andere Wirklichkeiten – andere Erfahrungen – andere Sprache!

Brot als Grundnahrungsmittel

In unseren Breitengraden gehört Brot zu den Grundnahrungsmitteln. Nicht gelegentlich, sondern regelmäßig nehmen wir es zu uns. Wir brauchen unser "täglich Brot"; ja, wir brauchen es mehrmals täglich. Noch sind wir gewohnt, unsere Mahlzeiten als Mittag'brot', als Vesper'brot' oder als Abend'brot' zu bezeichnen. Schon dieser Sprachgebrauch zeigt, daß "Brot" für jene Nahrung steht, die wir täglich zum Überleben brauchen. Er zeigt auch, daß sich der Tagesablauf orientiert an den Brot'zeiten'. Wenn sich die tägliche Ernährung auf Brot stützt, dann wird sein Fehlen als Entzug, als bitterste Not empfunden. Der Angstschrei jeder Mutter in Kriegszeiten artikuliert sich als "Kein Brot für die Kinder" zu haben. Tief ist in unserem Bewußtsein das Angewiesensein auf dieses Nahrungsmittel "Brot" verwurzelt. Es läßt "Brot" zu etwas Heiligem, Verehrungswürdigen werden. "Brot wirft man nicht weg", "das ist Sünde", sind Sätze, die nicht nur zum Standardrepertoire derer gehören, die Kriegszeiten erlebt haben. In vielen Bauernfamilien hat sich der Brauch der Vorfahren, die im Schweiße ihres Angesichts selbst Getreide anbauten, ernteten und ihr Brot herstellten, erhalten, auf jeden Brotlaib, bevor er angeschnitten wurde, das Kreuzeszeichen zu machen.

Brot als Hinweis auf eine Ganzheit

Schon dieser Akt und das altmodische Wort Brot*laib* zeigen, daß Brot ursprünglich immer als ein Ganzes gedacht wurde, an dem eine Tischgemeinschaft von Menschen teilhatte: früher durch Brotbrechen, heute durch Aufschneiden. Dieser Zusammenhang von "rundem" Brotlaib" und Tischrunde ist zwangsläufig im Zeitalter der Fertigpackungen mit Schnittbrot verlorengegangen. Die Idylle zeigt freilich auch ihre Ambivalenz. "Nur ein Stück Brot", "nur ein Bissen Brot!" sagen Bettler und Bettlerinnen in vielen Märchen oder alten Legenden. Diese Bitte zusammen mit flehentlich ausgestreckten Händen bedeutet mit anderen Worten: Teilt mir etwas mit von dem, was *ihr* habt und *ich nicht*! Teilt mir von dem mit, was ihr mehr habt als ich! Auf symbolische Weise wird hier die ungleiche Verteilung in unserer Welt deutlich: Die einen haben das Brot und verfügen darüber, die anderen müssen es erbetteln.

Mit diesem Sachverhalt der Ungleichheit hängt es zusammen, daß es für uns real und symbolisch nicht unerheblich ist, welches Brot wir essen können. "Frischgebackenes Brot" ist ein Genuß so wie das frische Wasser. Wer "altbackenes Brot" essen muß, kann es sich nicht leisten, so häufig zu backen oder täglich zum Bäcker zu gehen. Er muß Vorratswirtschaft treiben; er muß versuchen zu "überwintern". Menschen, die verschimmeltes Brot aus Mülltonnen fischen, leben an der Armutsgrenze oder darunter.

"Das ist ein hartes Brot" verallgemeinert einen realen Sachverhalt zu existentieller Redeweise und meint eine schwierige Lage, durch die man sich "hindurchbeißen" (!) muß. Das Hinübergleiten von der Beschreibung realen Brotes zu bildhafter Redeweise, bei der "Brot" dazu dient, eine andere Wirklichkeit zu beschreiben, ist auch an anderen umgangssprachlichen Wendungen zu beobachten. Es gibt verschiedene Brotsorten: kräftiges Schwarzbrot und feines Weißbrot. Nicht alle können sich das teurere Gebäck aus Weizenmehl leisten. Dieser Sachverhalt dient dazu, hinsichtlich der Art und Qualität allsonntäglicher Predigten zu sagen: Man kann nicht immer von Weißbrot leben, 'man braucht hie und da kräftiges, nahrhaftes Schwarzbrot' und meint damit:

Man kann nicht ständig hochintellektuelle und anspruchsvolle Predigten hören; man braucht – um sich 'geistig' ernähren zu können – handfeste, elementare Ansprache. Oder: Butter verfeinert den Genuß von Brot. Sie gibt ihm das gewisse Etwas. Wer sich "die Butter nicht vom Brot kratzen läßt", läßt sich das nicht nehmen, was einen Menschen für eine bestimmte Position auszeichnet. Wer Brot "in Fülle" hat, braucht nicht zu hungern. Wer fast ausschließlich von den raffinierten Genüssen des "Belags" lebt, überschreitet die Schwelle von der Fülle zum Überfluß. Der alles überdeckende Belag läßt oft vergessen, daß Brot die Grundlage für die "Auflage" ist.

Alle diese Vergleiche und bildhaften Redewendungen zeigen, daß Brot für mehr steht als das Produkt, das aus der Band des Bäckers, der Hausfrau oder des Hausmannes hervorgeht.

Brot teilen oder zuteilen?

Die Qualität dessen, was ich jemandem zuteile oder mit ihm teile, wird – zunächst sprachlich – durch das charakterisiert, was mit dem Brot kombiniert wird. Wem "Wasser und (trocken) Brot" verordnet wird, dem wird Bestrafung verordnet. Es ist das Existenzminimum, das ein Dahinvegetieren ermöglicht. Es ist nichts, das sättigen oder zum Übermut verleiten könnte. "Brot und Salz" sind symbolischer Willkommensgruß, den Nachbarn einem Neuzugezogenem darbieten. Gewünscht wird dem Neuling, daß ihm die sichere Lebensgrundlage nicht entzogen werden möge *und* daß es nicht an "Würze" fehlen möge. Nichts wäre schlimmer als salzlose Fadheit! "Brot und Wein" teilt man in froher Runde. Der Wein löst die Zunge und macht – in Maßen getrunken – beschwingt. "Brot und Spiele" sind die Waffe von Machthabern, um müßige Menschen bei der Stange zu halten. Sie wissen, daß hungrige Mägen zum Aufruhr neigen. Ein satter Bauch macht träge, und Spiele lenken ab, betören die Sinne und vernebeln das Denken. Das Volk ist "ruhiggestellt"! Wer "in Arbeit und Brot" ist, braucht nicht um Almosen zu betteln. Er kann von seiner ehrlichen Hände Arbeit leben. Dem Zusammenhang von "Arbeit und Brot" nachzugehen, lohnt sich. Denn unsere Sprache zeigt auf, wie abhängig der Mensch ist und wie sehr "Brot" für Nahrung im Allgemeinen und für Lebensqualität im besonderen steht.

Brot ist das Ergebnis harter Arbeit, zu der die Bearbeitung des Ackers und die Verarbeitung des Getreides gehören. Hart ist diese Arbeit, weil sie "im Schweiße des Angesichts" geschieht auch dort, wo Maschinen eingesetzt werden können; hart ist sie, weil sie voller Risiken steckt. Wer nicht im Besitz von Feldern ist, muß seine Arbeitskraft verdingen, um "Brot" erwerben zu können.

Brot steht für das Lebensnotwendige und den Lebensunterhalt. Wer etwas zum "Broterwerb" tut, tut es zum Lebensunterhalt, aber nicht aus Lust. Wenn ich mit einer Tätigkeit "meine Brötchen verdienen muß", dann meine ich einen Beruf, der mein Einkommen sichert. Mein "eigentliches Leben" mag dann aus ganz anderen Interessen und Tätigkeiten bestehen. Wer eine "brot-lose Kunst" ausübt, kann Werke von Ewigkeitswert schaffen, aber nicht davon leben. Aus der Zeit des Frühkapitalismus stammt die Zuordnung von Arbeits"kräften" und "Brotherren". Die "Herren" saßen an der Quelle, verfügten über die Ressourcen, bestimmten die Arbeitsbedingungen und bestimmten die Zuteilung der "Brotmenge". Die anderen waren nur anonyme "Kräfte", die nichts als ihre Arbeitskraft hatten, angewiesen auf das, was man ihnen zubilligte. Der Brot"herr" konnte "den Brotkorb höherhängen", ganz wie er wollte. Heute hat sich bezeichnenderweise der Brotherr zum Brötchengeber gewandelt.

Brot und Hunger

Dem Erwerb und dem Verzehr von Brot korrespondiert ein menschliches Grundbedürfnis: der Hunger. Das physische Verlangen ist darauf gerichtet, daß "Hunger gestillt" und "Durst gelöscht" werden. Allein die beiden Verben, die mit Hunger und Durst verbunden werden, sind bezeichnend genug. Der Hunger meldet sich mit laut knurrendem Magen. Er läßt aber auch Menschen in lautem Protest aufmurren, wenn niemand ihren Hunger zu beseitigen vermag. Durst dagegen ist wie ein Brand, der menschlichen Lebensgeist herunterbrennen und so ermatten läßt, daß er nicht mehr aufbegehren kann.

Das Verlangen des Menschen äußert sich keineswegs nur als "Hunger nach" real physischer Nahrung oder als "Durst nach" real physischem Getränk. Wir sprechen vom Hunger nach Gerechtigkeit oder nach Frieden. Das sind Güter, die der Mensch braucht *wie* das tägliche Brot. Ebenso kann ein Mensch dürsten nach Trost, den er braucht *wie* Regen oder Tau, die auf sein Gemüt fallen. In klassischer Weise hat der Prophet Amos dieses ganzheitliche menschliche Verlangen formuliert:

> "Siehe, es kommen Tage, spricht Gott der Herr, da sende ich einen Hunger ins Land, nicht Hunger nach Brot und nicht Durst nach Wasser, sondern das Wort des Herrn zu hören" (Am 8,11).

Der Prophet, der den Überfluß der Reichen geißelt und sich zum Anwalt der Armen macht, weiß genau, daß die Armen mehr brauchen als Brot und Spiele; er weiß, daß die Übersatten, die das Wort des Herrn täglich mit Füßen treten, die Erfahrung dieses ganz anderen Hungers machen müssen.

Die biblische Überlieferung wird nicht müde, immer wieder zu betonen, daß der Mensch nicht aus physischen Bedürfnissen besteht, sondern auch aus dem Hunger der Seele oder des Geistes. Der Evangelist Matthäus hat dies in einem ebenfalls klassischen Satz formuliert, der sogar in unsere Umgangssprache eingegangen ist:

> "Nicht vom Brot allein wird der Mensch leben, sondern von jedem Wort, das aus dem Munde Gottes hervorgeht" (Mt 4,4).

Ist es nicht interessant, wie unsere Sprache Worte setzt? Der Hunger will gestillt, der Durst gelöscht, die Seele aber gesättigt werden! Sie kann natürlich auch im Überfluß ersticken. Brisant ist die Diskrepanz zwischen sattem Bauch und hungriger Seele. Brisant ist, wenn Überfluß und Mangel so ungleich verteilt sind. Sachverhalte dieser Art können zum Gegenstand von Symbolgeschichten werden.

Verhältnismäßig selten sind in unserer Umgangssprache Genitivverbindungen, wie sie die poetische Sprache, vor allem aber die Sprache der biblischen Überlieferung kennt: das Brot der Trauer, das Brot der Freude, das Brot der Einsicht. Nichtsdestoweniger zeigen diese Wortverbindungen auf symbolische Weise psychologische Sachverhalte an: Was die Seele "schlucken" muß in bestimmten Situationen und was sie "genießen" darf, wenn es ihr zuteil wird.

2. Die Stütze des Brotes

Worauf stützen sich Menschen, wenn ihr Wohlstand gefährdet ist? Sein "Leben bei Wasser und Brot fristen müssen", ist nach unserem Empfinden und in unserem Sprachgebrauch Strafe. "Bei Wasser und Brot" heißt für uns oft soviel wie: Kerker, Gefängnis, Straflager, Dunkelhaft. In der Tat hat der Strafvollzug über viele Jahrhunderte hinweg mit Entzug operiert. Aber dennoch: Wasser und Brot reichen zum Überleben. Was aber, wenn die Mangelsituation so extrem ist, daß auch Brot und Wasser rar werden? Wenn sie rationiert werden müssen? Dann wird aus dem Mangel bitterste Not, an der Menschen zugrunde gehen.

Bei der Beschäftigung mit dem Kontrastsymbol "Mangel und Fülle" wurde sehr schnell deutlich, daß auch dem Brot ein Kapitel unter jenen Symbolen gewidmet werden müßte, die aus kulturellen Phänomenen abgeleitet wurden. Es sei hier noch einmal an die erstaunliche Beobachtung erinnert: Ersterfahrungen mit Mangel und Fülle wurden im Zusammenhang mit der Natur gemacht: die wasser- und weglose Wüste wurde als Mangel, die bewässerte grüne Aue als Fülle empfunden. In dem Augenblick, als diese Phänomene zu Symbolen wurden, dienten sie der Deutung ganz anderer Erfahrungen: Erfahrungen von Mangelsituationen und Hoffnungen auf Wiederherstellung von Fülle in der Geschichte eines Volkes. Da wurde "Wüste" zur Verwüstung und Entvölkerung; da wurde "Aue" zum Hoffnungsziel in Richtung auf ein wiederaufgebautes Land und eine gerechtere Gesellschaft. Wo hat nun, in diesen Zusammenhängen, das Brot seinen Ort? Es fiel mir bei der ersten Spurensuche auf, daß sich im Alten Testament ein t.t. häufte, der mit "Stütze des Brotes" übersetzt wird. Er kommt fast immer zusammen mit der "Stütze des Wassers" vor, häufig aber im negativen Zusammenhang, als Katastrophe: Wenn die Stütze zerbrochen wird ...! Was verbirgt sich dahinter? Ein solches Sprachsignal ist so wichtig, daß ihm nachzugehen ist! Schon jetzt sei angekündigt, daß sich erstaunliche Konsequenzen für die Interpretation von Psalm 23 und der neutestamentlichen Speisungsgeschichten ergeben werden.

2.1 Auf der Grenze vom Mangel zur bitteren Not ...

Auf Anhieb einfach scheint die Frage nach der Bedeutung der "Stütze des Brotes" beantwortbar zu sein. Der 105. Psalm gibt einen geschichtlichen Rückblick auf das Handeln Gottes an den Vätern. Er gibt auch eine Erklärung für die Asylsuche hebräischer Stämme in Ägypten (V 16 ff): Eine Hungersnot im Lande bewirkte, daß "jegliche Stütze an Brot zerbrach". Brot ist wie ein Stecken, auf den man sich stützt, um aufrecht stehen und gehen zu können. Wem dieser Stecken weggenommen wird, der bricht kraftlos zusammen, ist ausgeliefert. Die Wahrheit ist, daß Notleidende, denen die Grundnahrung zum Überleben fehlt, leichte Beute für Sklavenhalter sind im alten wie im modernen Sinn. Diesen Zusammenhang sieht der Psalm ganz deutlich: Joseph wurde als Sklave verkauft (V 17).

Bevor wir uns einer ausführlichen Symbolgeschichte zur "Stütze des Brotes" zuwenden, sollte eine anschauliche Beschreibung dessen, was "das Zerbrechen der Stütze des Brotes" bedeutet, in die Überlegungen einbezogen werden. Im 26. Kapitel des 3. Buches Mose wird Israel vor Augen geführt, welche Konsequenzen es hat, wenn es seinem Gott die Treue aufkündigt. Der entscheidende Satz ist in V 13 zu finden:

> "Ich bin der Herr, euer Gott, der euch aus dem Lande Ägypten herausgeführt hat, damit ihr dort nicht Sklaven wäret. Und ich zerbrach die Hölzer eures Jochs und ließ euch aufrecht einhergehen!"

Wenn diese Befreiungstat vergessen werden sollte, dann wird das in die Katastrophe führen, und zwar in die politische Katastrophe, die sich offensichtlich für die oder den Verfasser dieses Kapitels schon am Horizont abzeichnet. Einhandeln wird sich das Volk erneute Unfreiheit mit allen Konsequenzen. Es wird wieder "Wüste" entstehen in Gestalt von Verwüstung der Städte, die "zu Schutthaufen werden" (vgl. V 31); es wird "Öde" entstehen in Form von Dezimierung der Bevölkerung ("Eure Zahl wird sich mindern", vgl. V 22) und die Leichen der Menschen werden gehäuft auf die Leichen ihrer Götter (vgl. V 30). Tot werden die Idole sein, denen sie nachgelaufen sind. Die Bitternis dieses Geschehens besteht darin, daß diese Idole Berge von Toten nach sich ziehen. Wer sieht hier nicht Zusammenhänge zu den geschichtlichen Ereignissen unserer Gegenwart? Und schließlich: Der "Wohlstand, auf den sie stolz sind" (V 19), wird zerbrochen. Wie wird das aussehen? Es wird in düsteren Farben geschildert: Zehn Frauen werden das Brot in einem einzigen Ofen backen (V 26)! Zehn Frauen – das sind zehn Familien! Sie werden das Wenige abgewogen zurückbringen – also auf das Gramm genau rationiert und "ihr werdet euch nicht satt essen können"!

Wer "Fülle" hat, wird gesättigt – an Leib und Seele. Wer Überfluß hat, überfrißt sich leicht und macht sich zum Sklaven seiner Gier. Wer Mangel leidet, erfährt, was das Allernotwendigste zum Überleben ist. Wer weniger als das hat, ist der Not und dem Hunger ausgeliefert. Er hat nichts mehr, worauf er seinen entkräfteten Körper stützen kann – er verliert den äußeren und inneren Halt. Verhungernden entgleitet leicht die Menschenwürde! Sie sind verführbar.

2.2 Eine Symbolgeschichte über die Stütze des Brotes, die zerbrochen wird (Ez 4)

Die Symbolgeschichte, von der hier die Rede sein soll, ist eine Vision – ein einfacher Vorgang eigentlich, der Anlaß wird für ein inneres Bild, das in der Vorstellung des Propheten entsteht; ein Bild, mit dem er seine Botschaft transportiert. Es ist eine furchtbare Vision, die ihm am Vorabend der nationalen Katastrophe Israels und seiner Hauptstadt heimsucht. Am Ende wird nicht nur der Verlust des Landes stehen, das Gott verheißen hat, auch die "Tochter Zion" und das Heiligtum werden nicht mehr sein. Ausgeträumt ist dann der Traum vom "fruchtbaren Garten Eden", weil die Vertreibung weiter Bevölkerungsteile ins Exil eine Rückkehr sehr in Frage stellt.

Die Belagerung

In früheren Zeiten war es beliebt, wenn "Knaben" als Spielzeug Burgen und ganze Heere von Zinnsoldaten bekamen. Sie konnten am Modell kriegerische Situationen durchspielen. Daran denkt man unwillkürlich, wenn man liest, was dem Propheten zugemutet wird.

Ein Modell der Stadt Jerusalem soll er herstellen; nicht aus Pappmaché, sondern eingeritzt in einen Ziegelstein. Und dann soll er eine Belagerungssituation "spielen", eine perfekte Blockade mit Belagerungswall, aufgeschüttetem Damm, mit Heerlager und Sturmböcken. Wenn das geschafft ist, soll er zwischen sich und die Stadt eine "eiserne Mauer" stellen. Jetzt ist die Stadt "zeichenhaft" (und doch bald sehr real!) völlig abgeschottet, ein "eiserner Vorhang" ist herabgelassen. Sie können nicht zueinander: Der Prophet mit den Exilierten, die schon im fernen Babylonien weilen, und die letzten des Volkes Gottes, die die "heilige Stadt" verteidigen. Warum nur wurde diese Geschichte nicht entdeckt, als einer Millionenstadt mitten in Europa Gleiches widerfuhr? Jetzt wendet sich das Ganze. Es ist kein Spiel mehr, der Prophet wird geradezu körperlich in eine Symbolhandlung einbezogen; das körperliche Leiden ist aber nichts anderes als Ausdruck dessen, woran sein Geist und seine Seele leiden.

"Du, lege dich auf deine linke Seite!" wird der Prophet aufgefordert. Aufgelegt wird ihm die Last der Schuld Israels, des nördlichen Landesteils. 190 Tage soll er so – linkslastig – liegen. Jeder Tag soll für ein Jahr der Schuld dieses Landes zählen.

"Wenn du diese Tage vollendet hast, so lege dich auf deine rechte Seite" wird ihm gesagt. Aufgelegt wird ihm jetzt die Last der Schuld Judas, des südlichen Landesteils. 40 Tage soll er so – rechtslastig – liegen. Jeder Tag soll für ein Jahr der Schuld dieses Landes stehen.

Die Belagerung der Nord- und Südhälfte Israels wird so "durchgespielt". Zum Opfer gefallen ist zuerst das Nordreich den Assyrern, dann das Südreich den Babyloniern. Bleibt nur noch die in der Mitte liegende Hauptstadt Jerusalem. Jetzt wird der Prophet mit Stricken gebunden. Kein Handlungsspielraum bleibt mehr. Weder nach rechts noch nach links kann er sich wenden, so die aussichtslose Lage dieser Stadt darstellend. Sie fiel als letzte Bastion den Feinden in die Hände.

Die Symbolgeschichte ist noch nicht zu Ende. Das bisherige war Einleitung und Hintergrund für die folgende Symbolhandlung, um derentwillen wir uns in diese Kapitel ihr widmen. Die Verse 9 bis 17 machen erst deutlich, was die Bedrängnis der Belagerung für die Bevölkerung bedeuten, deren Überleben in Frage gestellt ist und die erfährt, wie ihr die "Stütze des Brotes und die Stütze des Wassers" langsam zerbricht.

Ein Brot soll Hesekiel backen aus einem Gemisch von Weizen und Gerste, aus Bohnen und Linsen, Hirse und Spelt; wahrhaftig kein Ökobrot aus gesunden Ballaststoffen, sondern ein Kriegsbrot, ein Belagerungsbrot, für das man alles Backbare zusammenkratzt. Er muß dieses Brot des Mangels essen, solange er in dieser eingeschränkten Position "lagern(!)" muß, und zwar streng rationiert, nicht mehr als 20 Lot pro Tag. In gleicher Weise wird ihm das Wasser rationiert: 1/6 Hin pro Tag.

Um das Maß vollzumachen: Da auch das Brennmaterial in der Belagerungssituation knapp wird, soll er seine Brotfladen auf Menschenkot backen "vor den Augen der Bewohner" (vor den realen oder denen seiner Modellstadt?). Auch das ist ein Zeichen: Die Israeliten werden ihr Brot unter den "unreinen" Heiden essen. Mit Händen und Füßen wehrt sich Hesekiel gegen diese Zumutung, und es wird ihm zugestanden, daß er dieses seltsame Mischbrot auf Kuhmist backen darf.

In wörtlicher Rede werden jetzt die entscheidenden Sätze gesprochen:

"Siehe, ich will in Jerusalem die Stütze des Brotes zerbrechen -
sie sollen ihr Brot abgewogen essen und in Bekümmernis,
und ihr Wasser abgemessen trinken und mit Entsetzen ..."

Beides zusammen, die Rationierung des immer knapper werdenden Brotes und die des Wassers, werden als "Mangel" bezeichnet. Das wird die Belagerten zerbrechen und dahinschwinden lassen. Die geschilderte "Mangel"-Situation ist eine konkrete politische Bedrohung. Das geht aus dem Gesamtzusammenhang des Hesekielbuches ebenso wie aus der "Logik" der Symbolgeschichte seines 4. Kapitels hervor. Dieses Verständnis wird aber auch bestätigt durch Jesaja (Protojesaja), der die politische Katastrophe des Südreichs und Jerusalems mit fast gleichen Worten ankündigt (Jes 3,1):

"Siehe, der Herr, der Gott der Heerscharen,
wird hinwegnehmen aus Jerusalem und Juda Stütze und Stab,
jede Stütze an Brot und jede Stütze an Wasser ...",

weil Jerusalem stürzt und Juda fällt (vgl. V 8).

Die "Mangel"-Situation zeigt Auswirkungen, die an die "seelische Substanz" gehen. Deshalb spricht Hesekiel von "Bekümmernis und Entsetzen" und Jesaja vom "Brot der Not und dem Wasser der Drangsal" (30,20).

Weder Jesaja noch Hesekiel belassen es, wenn sie die Ursachen der Mangel-Situation und Defizit-Erfahrung benennen, bei "politischer Unterdrückung". Sie fragen nach den tieferen Ursachen und werfen die Schuldfrage Israels auf (vgl. sowohl Jes 3,9 und Ez 4,4.5.6.17).

Die vernachlässigte Hirtenaufgabe

Nun gibt es nuancenreiche Unterschiede in der Beschreibung der Mangelsituation zwischen beiden Propheten.

Jesaja sieht das Zerbrechen der Stütze an Brot und Wasser parallel einhergehen mit einem Verlust an Führung im Volk und mit dem Zerfall des Zusammenlebens in der Gesellschaft. "Knaben werden dem Volk als Fürsten gegeben und Spitzbuben werden regieren" (Jes 3,4). Verzweifelt wird nach Führungspersönlichkeiten gesucht werden, aber niemand möchte die undankbare Aufgabe eines "Wundarztes", der nur noch verbinden kann, was zerstört ist, übernehmen. Alle Gruppierungen des Volkes werden aufeinander losgehen: der Freund auf den Freund, die Jungen auf die Alten, die Verachteten auf die Geehrten (3,5). Die vermeintlichen Führer führen nicht, sondern verführen; sie wissen keinen Ausweg, sie verwirren den Weg eher, als daß sie ihn zeigen (vgl. V 12).

Hesekiel markiert die Zusammenhänge pointierter. Wenn "Stütze und Stab dahinschwinden", dann hat das nur eine Ursache: Das Volk hat keine zuverlässigen "Hirten". Es besteht ein großer Spannungsbogen zwischen Hesekiel 4, dem Kapitel über das Brot der Bedrängnis und das Wasser des Entsetzens, und Hesekiel 34, dem großen Hirtenkapitel. Hier wird der Boden bereitet für die neutestamentliche "Speisungssymbolik". Deshalb soll noch ein Blick auf das Hirtenkapitel geworfen werden. Es baut auf Kontrast: Mißstand auf der einen, Heilszustand auf der anderen Seite.

Der Mißstand besteht im Versagen der "Stützen der Gesellschaft". Die "Hirten des Volkes", m.a.W. die Könige Israels, haben ihre Aufgabe nicht wahrgenommen. "Sie haben sich selbst geweidet" (V 2), statt sich um die ihnen anvertrauten "Schafe" zu sorgen. "Sich selbst weiden" wird interpretiert; es bedeutet: Sie haben "sich gestützt" auf ihr Wohlbefinden, ihren Luxus, ihre eigennützigen Interessen (V 3: "Die Milch genießen, sich mit Wolle bekleiden, das Gemästete schlachten ..."), die Bedürfnisse des Volkes aber mißachten sie, als da sind: "Das Schwache nicht stärken, das Kranke nicht heilen, das Gebrochene nicht verbinden; das Versprengte nicht heimholen, das Verirrte nicht suchen und das Kräftige auch noch niedertreten" (V 4). Das alles wird "der gute Hirte" anders machen (vgl. das Gleichnis vom verlorenen Schaf, Lk 15)!

Der Heilszustand wird darin bestehen, daß Gott selbst der "Hirte seines Volkes" sein will; er wird nach seiner Herde fragen und nach ihnen sehen. Er wird "sammeln", er wird auf "gute Weide" führen (zweimal genannt!); er selbst wird Recht sprechen zwischen den fetten Böcken, die die mageren und schwachen Schafe mit der Schulter rücksichtslos auf die Seite gedrängt haben (34,11 ff). Es wird "Wasser des Segens" geben und den "Garten des Heils". Niemand soll mehr vom Hunger dahingerafft werden, weil – so könnte man jetzt von Hesekiel 4 her interpretieren – die "Stütze des Brotes und die Stütze des Wassers" zerbrochen ist.

Der wahre Hirte führt vom Mangel zur Fülle (Ps 23)

Nun ist schon mit Händen zu greifen, wie die Symbolik sowohl von Hesekiel 4 als auch von Hesekiel 34 in Psalm 23 zusammenschießt; wie "Stecken *und* Stab" und "der Hirte, der weidet" eine Verbindung eingehen zum Anti-Mangel-Psalm, der gegen den Mißstand anbetet und voller Hoffnung auf den Heilszustand sich in Gewißheit "hineinbetet".

Der Herr, gezeichnet mit dem Symbol des Hirten, tut all das nicht, was die Verantwortlichen des Volkes getan haben – unter Mißachtung ihrer mit dem Symbol "Hirten" umschriebenen Aufgabe. ER "weidet nicht sich" und denkt nicht an seinen Wohlstand – er denkt an "mich"! Er tritt nicht mit Füßen und verführt nicht, er führt: ... vom Mangel zur Fülle. "Die grüne Aue" ist Zeichen der Fülle ebenso wie der "gedeckte Tisch" (für ein Stück trockenen Brotes braucht kein Tisch gedeckt zu werden!) und das "voll Einschenken". "Sein Stecken und Stab trösten" ...! Warum diese Doppelung? Aus Freude an poetischer Sprache? Weil der Hirte zwei Gegenstände für seine Tätigkeit braucht? Keineswegs! Aber der Mensch braucht zwei Dinge, auf die er sich stütze kann: frisches Wasser und Brot. Wir haben es mit derselben Doppelung von "Stütze und Stab" wie in Jesaja 3 zu tun. Werden sie zerbrochen, wie im Fall äußerster Bedrängnis "im Angesicht der Feinde", dann schwindet bald alle Hoffnung aufs Überleben; die Chance, aufrecht stehen oder vorwärts gehen zu können, wird immer geringer. Psalm 23 schildert das Gegenteil von Rationierung, es ist genug (!), nicht Überfluß, was dem Beter bereitet wird. Die Quelle des frischen Wassers und der gedeckte Tisch sind sehr kräftige "Stützen", die das Durchhalten "im Angesicht der Feinde" ermöglichen. Nun "hungert und dürstet" der Mensch – wie schon seine Sprache zeigt! – nicht nur nach Eß- und Trinkbarem im physischen Sinn und in konkreter Not und Bedrohung. Er hungert und dürstet auch nach Trost und Aufmunterung im psychischen Sinn, weil die konkrete Not und Bedrohung auch Bekümmernis und Entsetzen im Inneren eines Menschen auslösen. Es wäre fatal, in Psalm 23 nur eine vergeistigte und verinnerlichte Frömmigkeit zu sehen. Stecken und Stab müssen den Körper und die Seele, die physische und psychische Existenz "stützen", sonst sind sie unbrauchbar.

3. Das Brot der Fülle und das Brot der Wegzehrung

Diese Bilder, diese Geschichten des Alten Testaments lagen bereit und warteten darauf, "abgeholt" zu werden. Sie waren das schier unerschöpfliche Reservoir, in dem die Verfasser des Neuen Testaments lebten, aus dem sie schöpften, auf das sie sich stützten, um das Neue zu sagen. Sie zitieren selten, sie verwenden und verändern dabei. Sie stellen gedankliche Verbindungen zwischen bereits Ausgesprochenem her und sind doch alles andere als geistige Diebe oder Abschreiber.

3.1 Die Symbolgeschichte von der Fülle des Brotes
Die Speisung der 5000 nach Mk 6,30-44 parr

Zwei der Synoptiker, Markus und Matthäus, erzählen zweimal, kurz hintereinander, eine sogenannte Speisungsgeschichte bzw. ein sog. Brotvermehrungswunder. Einmal sind es 5000, einmal 4000, die gespeist werden. Wozu? Haben sie, diese beiden Evangelisten, ihre Adressaten für Idioten gehalten, daß man ihnen denselben "theologischen" Sachverhalt zweimal erzählen mußte? Kaum! Oder sind wir es, die die Evangelisten manchmal für etwas "schlichte" Sammler und Überlieferer halten, die "Aufgefundenes" oder "Umlaufendes" einfach weitergeben – nach dem Motto: lieber zu viel als zu wenig! Seit wir durch die redaktionsgeschichtliche Forschung Einblick in die Werkstatt der Evangelisten gewonnen haben, ist der Respekt vor der Eigenständigkeit und vor der Überlegtheit dieser Männer gewachsen.

Zwei solcher Geschichten hintereinander machen nur Sinn, wenn sie verschiedene Intentionen verfolgen und Antwort auf verschiedene Probleme geben. Die Frage wäre auch noch zu untersuchen, warum Lukas auf dieses Hintereinander zweier Brotgeschichten verzichtet. Hat sich das Problem für ihn erledigt? Oder geht er es ganz anders an? Immerhin sei daran erinnert, daß Markus und Matthäus – ganz ähnlich wie bei den Speisungswundern – zwei Tiefengeschichten fast unmittelbar hintereinander erzählen: Die Geschichte vom Seesturm und vom Seewandel.

Wenden wir uns zunächst der Speisung der 5000 zu! Der einleitende Satz zwingt uns, den Kontext zu berücksichtigen, in den diese Symbolgeschichte vom Brot eingebettet ist. Nicht die Jünger, sondern die "Apostel" kamen zurück, bevor das Folgende geschehen kann. Unverkennbar hat Markus schon die nachösterliche Situation vor Augen, in der die Nachfolger Jesu landauf, landab umherziehen und missionarisch tätig sind. Sie tun es aufgrund eines Sendungsauftrags Jesu (Mk 6,7-13). Die Parallelüberlieferung bei Matthäus betont ausdrücklich, daß sie "nach dem Willen Jesu" nicht zu den Heiden, nicht zu den Samaritanern sollen, sondern nur zu den "verlorenen Schafen des Hauses Israel". Zwischen der Aussendung (V 7-13) und der Rückkehr (V 30) wird uns ein Kontrast-Gastmahl zur Speisung Jesu vorgeführt: das Gastmahl des Herodes (V 14-29) anläßlich seines Geburtstags zusammen mit Würdenträgern,

Kriegsoberen und Vornehmen des Landes. Nichts fehlt bei diesem Gastmahl des Überflusses! "Überfluß" ist – wir erinnern uns an das Hirtenkapitel von Hesekiel – das Kennzeichen der "falschen Hirten"; und das ist Herodes par excellence! "Falsch" ist er aufgrund seiner Herkunft (er ist kein Davidide!), "falsch" ist seine Frömmigkeit, weil er – wie sein Vorfahre Herodes der Große – nicht mit den Traditionen der Väter vertraut ist.

Er setzt dem Ganzen die Krone auf, indem er während *dieses* Gastmahls Johannes den Täufer enthaupten läßt. Damit gehört er zu jenen, von denen gesagt wird: "Jerusalem, Jerusalem, das die Propheten tötet ..." (vgl. Mt 23,37 sowie das Gleichnis von den bösen Weingärtnern, Mt 21,33-46). Der "kundige" Leser des Evangeliums weiß natürlich, daß nicht nur diejenigen, die der Herr des Weinbergs entsendet, sondern auch der Erbe des Weinbergs selbst getötet werden wird.

Die Apostel also kehren von ihrer Missionsaufgabe zurück – so beginnt die Speisungsgeschichte. Damit ist schon der Horizont für das folgende eröffnet. Jetzt bekommt die Geschichte ihren Ort. Jesus fordert dazu auf, sich zurückzuziehen, zu ruhen, zu essen. Der Ort? Dreimal wird er "öde" genannt. Das signalisiert "Wüstensituation" – unfruchtbare Situation! Da ist die Aufforderung Jesu: "Kommt abseits an einen öden Ort!" (V 31). Dann der Vollzug: "Sie fuhren mit dem Schiff an einen öden Ort" (V 32) und schließlich die Feststellung und Bestätigung der Jünger (abgesehen vom einleitenden Satz in V 30 werden sie im weiteren Verlauf der Geschichte wieder "Jünger" genannt!). Das Ganze ist um so seltsamer, als Jesus und die Jünger mit dem Schiff (!) in die "Wüste", in die "Öde" fahren. Solche scheinbare Ungereimtheit ist schon deutliches Signal, daß hier nicht ein 'Bericht' über 'Reales' vorliegt, sondern Erzählung, die auf symbolisches Geschehen verweist: auf Wüste, Öde, Mangel! In der Tat: Die politische Situation ist mangel-haft; die religiöse Orientierung ist mangel-haft! Die vorausgegangene Geschichte vom Gastmahl des Herodes macht es deutlich. Langsam dämmert einem, was diese seltsame "Schiff-Fahrt" in die Wüste soll. Das Volk ist schon da, als Jesus ankommt! (Daß das Volk schneller rennen kann, als das Schiff fährt, ist wirklich grotesk). Symbolisch gesehen ist es ganz logisch, daß das Volk schon da ist, wenn der Erlöser ankommt.[1]

Er kommt an, "sah viel Volk, und er fühlte Erbarmen mit ihnen, denn sie waren *wie Schafe, die keinen Hirten haben*, und er fing an, sie vieles zu lehren" (V 34). Nach dieser Einleitung ahnt man schon, was kommen wird: ER selbst wird sich als der gute Hirte erweisen, der in dieser "Wüsten"-Situation, in

---

1 Vgl. "Das Symbol des Schiffes", S. 548 f.

dieser Situation von Öde und Mangel, das tun wird, was in Psalm 23 Gott, der gute Hirte, tut: auf grüner Aue weiden, zum frischen Wasser führen, den Tisch decken. So haben wir eine Symbolgeschichte vor uns, die aus einem Psalm-Motiv heraus entwickelt wurde, und zugleich eine neue Bedeutungsvariante erhält. Das eigentliche "Brot" ist sein Wort, das er lehrt und das die Menschen brauchen wie "täglich Brot". Denn zu Recht heißt es: "Der Mensch lebt nicht vom Brot allein, sondern von einem jeglichen Wort, das aus dem Munde Gottes kommt" (vgl. Mt 4,4). Jesus bereitet mitten im Mangel Fülle; er nimmt die zukünftige göttliche Fülle exemplarisch vorweg. In der weglosen Wüste wird er "Wege des Lebens" aufzeigen, indem er den Menschen Orientierung gibt (vgl. Ps 16).

Die Jünger erkennen die Mangelsituation und deuten sie – vordergründig! Es fehlt etwas zu essen. Sie schlagen vor (unglaublich!), die Menschen loszuschicken, damit sie sich selbst versorgen! In den Dörfern ringsumher (man ist doch in der Wüste oder nicht?) sollen sie – trotz der fortgeschrittenen Stunde! – einkaufen gehen. Jetzt kommt es zu Rede und Gegenrede zwischen Jesus und den Jüngern. Ein solches Hin und Her zeigt immer an, daß etwas strittig ist! Jesus fordert sie auf: "Gebt *ihr* ihnen zu essen!" (V 37). Die Antwort der Jünger zeigt ihre, im Markusevangelium stereotype, "Blindheit".

"Für 200 Denare sollen wir hingehen und Brot kaufen?" (V 37) Jesus fragt zurück nach der Zahl der Brote. Es sind fünf und dazu zwei Fische. Jetzt sollten sie es begriffen haben! Dieses Minimum steht zur Verfügung. Wer soll da satt werden? Fängt Jesus jetzt etwa an, zu rationieren wie bei der Belagerung Jerusalems? Der ganze Disput verschärft nur noch einmal die Mangelsituation. Er steigert die Spannung, bereitet die Umkehrung der Mangel-Situation vor.

Und tatsächlich: Der Ort, von dem dreimal gesagt worden ist, er sei "öde", wird zum Ort des "grünen Grases" (V 39), zum Ort der "grünen Aue", auf der der Herr "seine Schafe zu weiden gedenkt. Die Menschen lagern sich, aber auf ausdrückliche Anordnung Jesu "συμπόσια συμπόσια", nach "Symposien" also – wir kennen den Begriff als Fremdwort: Wer an einem Symposion teilnimmt, sitzt mit anderen an einem Tisch und spricht mit ihnen. Sie sollen sich also in Gemeinschaften nach einer bestimmten Ordnung lagern, damit ihnen der "Tisch gedeckt werden" kann. Jesus spricht das Dankgebet über Broten und Fischen und gibt sie den Jüngern, die sie weitergeben, und zwar so, daß sie die Menschen bei Tisch "bedienen"! Das, in der Tat, ist die Aufgabe der Apostel Jesu Christi: Sie geben weiter, was ER ihnen gibt; sie brauchen ja keine Zauberkünstler zu sein! Sie leben von seiner Fülle. Und: Sie haben den Menschen zu dienen und nicht mit leeren Händen wegzuschicken. Ob ihnen jetzt die Augen aufgehen? Keineswegs! Noch im gleichen Kapitel muß festgestellt werden, "daß sie nicht zur Einsicht gekommen waren" (vgl. V 52 und 8,14 ff). Was Wunder auch – hat es doch mancher professionelle Diener Jesu Christi bis heute nicht begriffen! In Markus 6,42 aßen die Menschen – und wurden alle satt; es bleibt sogar noch reichlich über – wieder ein Zeichen der Fülle. Man erwartet eigentlich – vom alttestamentlichen Hintergrund her – daß die Menschen sich an Brot und frischem Wasser laben. Statt des Wassers werden "Fische" gereicht. Stehen sie dafür, daß hier (mitten in der Wüste?) frisches Wasser ist, in dem sich sogar Fische tummeln können?

Die Symbolgeschichte vom Brot hat nicht nur ihren Ort; sie hat auch ihren symbolischen Zeitpunkt. Die Jünger nennen ihn, freilich ohne den tieferen Sinn dessen zu erfassen, was sie da sagen: "Der Ort ist öde und die Stunde 'viel'" (V 35). Von den zur Verfügung stehenden Stunden des Tages sind schon viele Stunden abgelaufen. Es ist vielleicht schon "fünf vor zwölf"? Die Jünger meinen – in ihrer Beschränktheit – die Essens- und die Einkaufszeit. Ihr Glaube ist aber oft eher Unglaube, und deshalb haben sie Schwierigkeiten, die "Zeichen der Zeit" zu erkennen. Gemeint ist offensichtlich: Es ist hohe Zeit! Das Ende ist nahe. Bald ist die Zeit abgelaufen. Die Stunde, die "viel" ist, erinnert an den Satz der Emmausgeschichte: "Herr, es will 'Abend' werden und der 'Tag' hat sich geneigt!" (vgl. Lk 24,29). Es bleibt nicht mehr viel Zeit, um den Apostelauftrag zu erfüllen.

Es bleiben von diesem Mahl zwölf Körbe übrig; genau so viele, wie es Apostel gibt! Es sind Riesenkörbe (κόφινοι), die auf dem Rücken getragen werden. Sie waren normalerweise für das Saatgut vorgesehen. Sie haben also noch genug zu verteilen – aus dieser Fülle. Sie haben allerdings auch noch viel zu säen – sprich: zu verkünden. Daß diese Deutung zulässig ist, zeigt das Gleichnis in Markus 4,1-20. Gewiß geht nur ein Teil des "Saatguts" auf, aber was aufgeht, geht mit so überschwenglicher Frucht auf, daß man nur wieder Zeichen göttlicher Fülle darin sehen kann.

Wenn sie es doch endlich begreifen wollten, die Jünger Jesu,
daß sie auch in Situationen der Wüste, der Öde, des Mangels,
ganz konkret: in der Dürre des Mißerfolgs,
wenn niemand sie hören will und ihnen das Wort im Halse steckenbleibt,
aus der göttlichen Fülle leben;
wenn sie es doch begreifen wollten;
daß sie nicht mit leeren Händen vor den Menschen stehen,
sondern mit dem, was sie aus der Hand Jesu bekommen.

Sie hätten es begreifen müssen, weil Zeiten der Erfolglosigkeit, der "scheinbaren" Erfolglosigkeit, die Kirche immer wieder heimsuchen. Sie hätten es um so mehr begreifen müssen, weil auch Situationen eintreten können, wie sie im Anschluß an die sogenannte Brotvermehrung geschildert werden: "Der Wind steht ihnen entgegen"; es ist "Nacht". Die tödliche Bedrohung, die Verfolgung bleibt ihnen so wenig erspart wie Johannes dem Täufer. Auch da ist Jesus bei ihnen, aber sie "erkennen ihn nicht", halten ihn für ein Gespenst, weil "sie nicht zur Einsicht gekommen waren bei den Broten".

Noch ein letztes: Zwölf Körbe sind es; zwölf Apostel sind es! In der zweiten Symbolgeschichte vom Brot (Speisung der 4000) sind es sieben Körbe, die übrigbleiben. Nicht solche Riesenkörbe, nein – es wird ausdrücklich ein anderes Wort gewählt – es sind kleine Handkörbe! Wer dächte bei der Zwölf-Zahl und bei der Sieben-Zahl nicht an die beiden Gruppierungen in der Apostelgeschichte des Lukas! Die Zwölf waren zuständig für die Gemeindeglieder, die aus dem Judentum kamen; die Sieben für die aus dem Hellenismus kommenden Gemeindeglieder (Apg 6). Die Apostel und die Evangelisten tun das Gleiche: Sie predigen, bekehren, taufen. Die Zwölf müssen erst sehr mühsam von der Richtigkeit der Heidenmission überzeugt werden. Lukas braucht keine zwei Speisungsgeschichten; keine für die Zwölf, keine für die Sieben. Er hat für die Missionsproblematik seine Apostelgeschichte!

3.2 Die Symbolgeschichte von der Wegzehrung

Die Speisung der 4000 nach Markus 8,1-10 sowie 11-21 parr

Wie schon erwähnt, erzählt Markus zwei Kapitel später wieder – so scheint es – eine Speisungsgeschichte. Bei Matthäus ist es nur *ein* Kapitel, das dazwischenliegt. Das macht nur dann Sinn, wenn jede Geschichte für sich steht und ihre ganz spezifische Sinnspitze hat.

Auch diese Geschichte ist in einen Kontext eingebettet, der mit dazu beiträgt, ihren Symbolgehalt zu erschließen. Der "Brot"-Geschichte geht bei Markus und Matthäus die Geschichte von der syrophönizischen – heidnischen! – Frau voraus. Sie rennt hinter Jesus her und bittet und bettelt darum, er möge aus ihrer Tochter den "unreinen Dämon" austreiben; er sei hier interpretiert als "Ungeist, der ihre Tochter zur unreinen Person macht".[2]

Sie erfährt von Jesus eine schroffe, demütigende Zurückweisung; nach Matthäus sagte er "kein Wort" zu ihr! Der Christus dieser Geschichte wird überzeugt mit dem Argument, daß schließlich auch die "Hunde" (Schimpfwort für die Heiden!) von den "Brosamen" leben, die vom Tisch der Kinder fallen. Die

---

2 Vgl. zur Exegese dieses Textes, S. 218 f.

Kinder sind hier die Erben, die "Kinder Abrahams", die Angehörigen des Gottesvolkes; die Hunde die Heiden. Auch für die Heiden müssen noch "Brosamen" übrigbleiben! Damit ist eines der vielen Signale zur Heidenmission gegeben. Markus schließt noch eine sogenannte Taubenheilung an (7,31-37), einen Menschen, "der taub war und kaum reden konnte". Ihm werden das Ohr geöffnet und das Band der Zunge gelöst. Er kann hören (worauf wohl!) und kann sprechen.[3]

Bei Matthäus sind es im allgemeinen Kranke, die Jesus "auf dem Berg zu Füßen" gelegt werden. Die Liste der Kranken gleicht sehr jenen Menschen, "nach denen der Hirte sehen sollte", wie Hesekiel meint.

Nach dieser gestaffelten Hinführung wird diese zweite Brotgeschichte eröffnet. Schon die ersten drei Verse zeigen, daß hier eine andere Situation geschildert wird als bei der Speisung der 5000. Seit drei Tagen harren Menschen in der Wüste bei Jesus aus. Er möchte sie nicht nüchtern (!) nach Hause schicken, denn einige kommen von weit (!) her. Wenn sie von weit her kommen, haben sie auch einen weiten Rückweg vor sich. Das Ganze klingt wie ein Vorbereitungsfasten, bei dem die Nähe Jesu gesucht wird. Jesus selbst ging vor seinem ersten öffentlichen Auftreten in die Wüste und fastete 40 Tage und 40 Nächte (vgl. Mt 4,1-11 parr). Paulus bereitet sich durch ein dreitägiges Fasten auf seine Taufe, sein Auftreten als "Bekehrter" in der christlichen Gemeinde (Apg 9) und letztendlich auf seine Aufgabe als "Heidenmissionar" vor.

Noch viel enger scheint mir die Beziehung zu jener symbolischen Wüstenwallfahrt des Elia, wo ihm wie durch ein Wunder ein Stück geröstetes Brot und ein Krug Wasser zuteil werden (1.Kön 19). Elia hat ständige Auseinandersetzungen mit Isebel, der heidnischen, fremden Königin Israels hinter sich; er hat den Kampf mit den Baalspriestern durchgestanden. Er hat überlebt; jetzt macht er sich auf, um Gott am Berg Horeb zu schauen. Der Weg führt durch die Wüste. Schon nach einem Tag wirft er sich auf die Erde unter einen Ginsterstrauch und wünscht sich, zu Tode erschöpft, den Tod. Während er in Schlaf sinkt, stellt ihm ein Engel ein geröstetes Brot und einen Krug Wasser hin – "Stütze und Stab" zum Überleben! Weit ist der vor ihm liegende Weg – 40 Tage und 40 Nächte! Der Engel sagt ihm ausdrücklich: "Steh auf und iß!, sonst ist der Weg zu weit für dich!". Bekannt ist, daß Elia, am Ziel angekommen, Gott zwar nicht von Angesicht zu Angesicht schauen darf, aber seine Nähe dadurch erfährt, daß Gott an ihm vorübergeht "wie im Flüstern eines leisen Wehens". Der Prophet darf ihm nachschauen. Für unseren Zusammenhang scheint mir besonders eindrucksvoll, daß Elia, nachdem er Gott sein Leid geklagt hat, postwendend

---

3 Vgl. zur Exegese dieser Heilung "Das Symbol des Ohres": S. 219 f.

den weiten Weg zurückgeschickt wird, um einen neuen Auftrag zu übernehmen: "Auf, ziehe wieder deines Wegs aus der Wüste ..." (1.Kön 19,15).

Kehren wir zur neutestamentlichen Geschichte zurück! Da haben Menschen die Nähe Jesu gesucht – nicht er ist bei ihnen angekommen, wie in der ersten Speisungsgeschichte! Einige von ihnen sind von weither gekommen: Sie haben Jesus in der Wüste aufgesucht! Seit drei Tagen sind sie nüchtern geblieben. Würde sie Jesus so zurückschicken, dann würden sie unterwegs – weil der Weg zu lang ist! – erliegen. Die Jünger sind, wie so oft bei Markus, ratlos. In dieser Geschichte fragen sie: "Woher (!) soll jemand diese Menschen in der Wüste mit Brot sättigen?" Ist es zu glauben? Sie fragen "Woher ...?" nachdem die vielen Menschen genau wußten, wohin sie gehen mußten und wer der war, den sie sehen wollten!

Sieben Brote stehen diesmal zur Verfügung und ein paar kleine Fische. In dieser Geschichte bleibt die Wüste Wüste, keine Tischgruppen werden angeordnet. Jesus läßt die Menschen auf der Erde lagern. Sie dürfen sich fallenlassen, so wie sich einst Elia erschöpft unter seinen Ginsterbusch fallenließ. Sie essen, sie werden satt, und sie "heben auf, was an Brocken übrigblieb". Sieben Brote waren es, sieben "Handkörbe voll" bleiben übrig. Das sind keine Riesenkörbe wie in Markus 6, sondern kleine "Henkelmänner". Sieben solcher kleinen Körbe – das ist nicht überschwengliche Fülle, das ist eiserne Ration![4]

Diese Menschen, die Jesus von sich aus aufgesucht haben – es wird immer wieder betont, daß die Heiden von sich aus gekommen sind, um missioniert zu werden! – werden auf eine Durststrecke vorbereitet, bei der es aufs Überleben und Durchhalten ankommt. Der Weg, der vor ihnen liegt, ist "weit", führt er doch über Israels Grenzen hinaus! Es bedarf einer besonderen Wegzehrung zum Durchhalten. Worauf haben sich diese Menschen durch ihr Fasten vorbereitet? Wofür werden sie ausgestattet? Es handelt sich um die Vorbereitung von Menschen (Heiden?) zur Heidenmission. Wer hätte da nicht auch noch die "Brosamen" der syrophönizischen Frau im Ohr? Die Elemente der Symbolgeschichte haben unter der Hand ihre Bedeutung geändert. Die Wüste ist nicht der Ort, der gebraucht wird, um den Mangel der Menschen aufzuzeigen; es ist der Ort der Nähe Gottes bzw. der Nähe mit Jesus. Brot und Fische sind nicht Zeichen der göttlichen Fülle. Sie sind Zeichen dafür, mit wie wenig ein Mensch auskommen kann, wenn Gott ihn am Leben hält. So wenig wie bei Elia auf den langen Anmarschweg Rücksicht genommen wird, so wenig bei den Menschen, die zu Jesus gekommen sind. Heiden, denen "Ohr und Mund geöffnet wurden",

---

4 Schließlich standen in Mk 8 mehr Brote (nämlich 7) als in Mk 6 (nämlich 5) zur Verfügung; es wurden aber weniger Menschen ("nur" 4000) satt!

wurden selbst sofort wieder zu Missionaren. Auch ihnen drohen Gefahren. Vor ihnen warnt Jesus. Die Symbolgeschichte vom Brot wird jetzt überführt in ein metaphorisches Wort vom Sauerteig der Pharisäer und des Herodes.

So wie Elia den Weg zurück durch die Wüste und dann zu neuen Kontrahenten gehen mußte, um "für den Herrn zu eifern", so folgt auch auf diese Speisungsgeschichte die Auseinandersetzung. Sie gliedert sich in zwei Abschnitte:

In den Versen 11 bis 13 suchen die "Pharisäer" mit Jesus zu verhandeln, um ihm ein "Zeichen vom Himmel" abzuhandeln. Wenn es sich bei der vorangegangenen Symbolgeschichte um ein spektakuläres Brotvermehrungswunder handelte, wäre diese Forderung ganz und gar unverständlich. Nein, solcher Art sind die Wunder Jesu eben nicht, wie sie von dieser Art von Menschen erwartet werden.

In den Versen 14 bis 21 geht es um eine – das spürt man – erregte Auseinandersetzung mit den Jüngern. Er ist mit ihnen im Schiff unterwegs, und sie hatten vergessen, "Brot mitzunehmen". Schon wieder? fragt man sich, nachdem sie schon zweimal, in Markus 6 und Markus 8, keine Brot-Vorsorge getroffen hatten! Sofort wird man stutzig, denn es heißt: Sie hatten nur *ein* Brot bei sich im Schiff. Ja, in der Tat, das Brot des Lebens ist doch bei ihnen! Und jetzt, wie aus heiterem Himmel, warnt Jesus vor dem Sauerteig der Pharisäer und des Herodes.

Wieder einmal verstehen die Jünger nicht. Das sogenannte Jüngerunverständnis bei Markus nimmt kein Ende. "Verstehet ihr noch nicht?" "Begreift ihr nicht?" "Ist euer Herz verhärtet?" "Erinnert ihr euch nicht ...?" Es ist, als ob Jesus nicht aufhören könnte, kopfschüttelnd immer wieder zu fragen. Was machen diese Zwölf sich Gedanken über Brot, nachdem sie doch die Erfahrung gemacht haben, daß Jesus den Mangel in Fülle verwandeln kann; nachdem sie gesehen haben, daß Jesus auch um Brot für die Wegzehrung nicht verlegen ist. Sie sollten sich Gedanken darüber machen, wer dieses "Brot" verderben kann! Das Brot der Wüste war, wie aus der Exodustradition bekannt ist, ungesäuertes Brot. Sauerteig hat die Eigenschaft, den ganzen Teig zu durchsäuern. Es gehört zu den Vorbereitungen des Passahfestes, den Sauerteig aus dem ganzen Haus zu entfernen. Verunreinigt Sauerteig? Es wäre besonders pikant, wenn ausgerechnet denen, die auf der Einhaltung von Reinheitsgeboten bestehen, vorgeworfen würde, sie "versäuerten" (um nicht zu sagen "versauen") das Brot des Lebens! Es sei dabei die Frage erlaubt, ob es sich wirklich um die historischen Pharisäer, jene Gruppierung zu Lebzeiten Jesu, handelt oder um Fromme, die "wie die Pharisäer" sind. Wie dem auch sei, müssen nicht bestimmte Personenkreise vollkommen allergisch gegen die Heidenmission polemisieren, die uns im

Grunde genommen in verschlüsselter Form in der zweiten Speisungsgeschichte dargestellt wird? Nicht zu vergessen: Gerade die zweite Symbolgeschichte vom Brot in Markus 8 betont die Siebenzahl: Sieben Brote – sieben Handkörbe! Wem drängt sich da nicht wieder der aus dem Hellenismus kommende Siebenerkreis aus der Apostelgeschichte des Lukas auf?

Zwei Symbolgeschichten vom Brot, zwei unterschiedliche Sinnspitzen! "Brot" steht für etwas anderes: für das Brot des Lebens und das lebendige Brot. Von diesem Brot hängt das wahre Leben ab. Jede der beiden Geschichten lebt von symbolischen Vorgaben des Alten Testaments. Wie mit ihnen umgegangen wird, paßt in "kein Schema" (etwa von "Verheißung und Erfüllung"). Menschliche Wirklichkeit und ihre Relation zu Gott ist so vielfältig wie die Symbolik, die sie zu deuten versucht. Erst wer endgültig Ja sagen kann zu einem symbolischen Verständnis der synoptischen Geschichten, wird sich nicht stoßen an der Symbolik des Johannesevangeliums. Es nimmt nur einen Faden wieder auf und führt ihn, gewiß mit neuen Akzenten, weiter.

4. Brot in Fülle – das Symbol des Brotes im Johannesevangelium

Zwei Überlieferungskomplexe sind es, in denen das Johannesevangelium sich auseinandersetzt mit dem Symbol des Brotes: zum einen überliefert auch Johannes die Speisung der 5000, wenngleich in einer ganz spezifischen Form, und deutet sie durch die sich anschließende Rede Jesu vom Brot des Lebens (Joh 6). Zum anderen wird das Brot-Motiv noch einmal aufgenommen in der johanneischen Version vom überreichen Fischfang (Joh 21,1-4).

4.1 Brot in Fülle und das Brot des Lebens

Das Symbol des Brotes in Johannes 6

Wer die johanneische Speisungsgeschichte mit der markinischen Fassung vergleicht, der wird auf eine Reihe von *Gemeinsamkeiten* stoßen.

Hier wie dort wird die Geschichte in der Nähe des Sees lokalisiert; hier wie dort zeigen die Jünger sich ratlos, als es gilt, das Volk mit Brot zu versorgen; ins Gras lagert sich die Menge – in beiden Versionen; 5000 Männer werden gezählt, die an dem Mahl teilnehmen; fünf Brote und zwei Fische stehen am Anfang zu Verfügung, zwölf Körbe mit Broten sind am Ende übrig – bei Johannes wie bei Markus.

Gewichtiger sind jedoch die *Unterschiede*, an denen erkennbar wird, wie Johannes seine Geschichte verstanden wissen will:

Auf einem Berg sitzt Jesus mit seinen Jüngern (V 3). Von dort aus – von oben – sieht er viel Volk kommen (V 5). Jesus spricht direkt das Problem an: Wo sollen wir Brot kaufen, damit diese essen können? Von einer Predigt Jesu ist nicht die Rede. Mit seiner Frage will er Philippus "auf die Probe stellen", während er – Jesus – genau weiß, was er tun will (V 6).

Von vornherein ist in der johanneischen Überlieferung alles auf die Versorgung des Volkes mit Brot zugespitzt; ein souveräner Jesus, der gleichsam auf dem Berg thront, nimmt dieses Problem in Angriff.

Diese Linie wird im Fortgang der Erzählung weiter ausgezogen: Jesus *selbst* teilt nach dem Dankgebet Brot und Fische aus (V 11). *Er* gibt ausdrücklich die Anweisung, die übriggebliebenen Brocken einzusammeln (V 12).

Demgegenüber ist die Beteiligung der Jünger am Geschehen weitestgehend zurückgenommen:

Philippus wird auf die Probe gestellt (V 5). Er resigniert, als er über-schlägt, wieviel Brot wohl auf den Einzelnen käme, würde man es von den vorhandenen 200 Denare kaufen (V 7). Nicht einmal das Brot und die Fische kommen von den Jüngern: Andreas entdeckt *ein Kind*!, das fünf Gerstenbrote und zwei zubereitete Fische bei sich hat. Doch auch er stellt resigniert fest: "Was ist das unter so viele?" Aufgabe der Jünger ist es nicht, das Brot zu verteilen (so Mk 6,41), sondern die Brocken einzusammeln, die übriggeblieben sind (V 12).

Deutlicher noch als bei Markus ist die Fülle betont, die durch Jesus geschenkt wird. Das "Zeichen" (V 14) gerät fast zur Demonstration:

Gerstenbrote – das Brot der Armen – hat das Kind bei sich. Doch von diesem Brot und von den Fischen können alle nehmen, *so viel* sie wollen (V 11). Die von dem Brot essen, werden nicht einfach satt, sie werden vom Brot "erfüllt", wie es im Griechischen heißt (ἐνεπλήσθησαν, V 12). Zwölf Körbe bleiben von den fünf Gerstenbroten übrig; ausdrücklich wird dieser Gegensatz gegen Ende der Erzählung noch einmal konstatiert (V 13).

Johannes liegt daran, die Größe der Machttat Jesu, das Gewicht des "Zeichens" auf das Äußerste zu steigern. Bei Jesus – diesen Eindruck kann man bei seiner Version gewinnen – gibt es Brot in Hülle und Fülle. Zwangsläufig muß sich die Frage aufdrängen, wer derjenige ist, der es auf diese Weise vermag, das Volk zu sättigen, zu "erfüllen". Das Volk, das zu ihm geströmt kam, weil es die "Zeichen" gesehen hatte, die er an den Kranken tat, erlebt nun ein viel größeres "Zeichen", und es zieht aus diesem "Zeichen" seine Schlußfolgerungen:

Die Leute scheinen sich an eine alte Verheißung des Mose zu erinnern: "Einen Propheten wie mich wird der Herr, dein Gott, erstehen lassen aus der

Mitte deiner Brüder – auf den sollt ihr hören!" (Dtn 18,15) – "Dies ist in Wahrheit der Prophet, der in die Welt kommen soll!" So reagieren die Menschen auf das Zeichen, das sie gesehen haben (Joh 6,14). Daß damit noch nicht die richtige Kategorie gefunden ist, um das "Zeichen" und damit die Person Jesu zu deuten, wird in der Brot-rede deutlich werden. Und wenn die Menschen innerhalb der Erzählung noch Jesus zum König erheben wollen, so wird dieses Ansinnen durch Jesus selbst abgewehrt: Er zieht sich allein auf den Berg zurück.

Die Speisungsgeschichte des Johannes weist über sich hinaus. Trotz ihrer Massivität ist sie lediglich das Präludium für die sich anschließende Brotrede.

"Ich bin das Brot des Lebens ..."

Die Brotrede ist gegliedert in vier Gesprächsgänge mit dem Volk (V 25-27; 28-29; 30-33; 34-40) und zwei Gesprächsgänge mit den Juden (V 41-51; 52-59). Die Rede ruft Reaktionen im Jüngerkreis hervor, die abschließend in zwei Abschnitten (V 60-65; 66-71) überliefert werden.

Jesus ist das Brot, das der Welt Leben gibt (V 25-40)

Hungrige Menschen, die gesättigt worden sind, werden ihren Wohltäter suchen und ihn bitten, ihnen mehr zu geben. So erzählt es auch das Johannesevangelium: Das Volk, das von den Broten gegessen hat, sucht Jesus, bis es ihn wieder gefunden hat (V 22-24). Jesus weiß, warum die Menschen ihm gefolgt sind: "Ihr sucht mich nicht, weil ihr Zeichen gesehen, sondern weil ihr von den Broten gegessen habt und satt geworden seid." Das Geschehen am See, so einmalig es gewesen sein mag, wird durch Jesus selbst relativiert. Sicher die Menschen sind physisch gesättigt worden. Doch trotz der wundersamen Vermehrung des Brotes war es gewöhnliches Brot – insofern als die, die davon gegessen haben, wieder hungrig geworden sind.

Jesus gibt dem Gespräch eine Wendung mit dem Hinweis: "Mühet euch nicht um die Speise, die vergeht, sondern um die Speise, die ins ewige Leben bleibt, welche der Sohn des Menschen euch geben wird; denn diesen hat Gott, der Vater, beglaubigt" (V 27). Um es in heutiger Sprache auszudrücken: Auch der Nährwert des Brotes vom See reicht nur aus, um das physische Leben zu erhalten. Es gibt aber eine Speise, deren Nährwert unvergänglich ist, die ewiges Leben stiftet.

Das Volk begehrt darauf ein weiteres Zeichen, das es ihm ermöglicht, Jesus zu glauben: "Unsere Väter haben in der Wüste Manna gegessen, wie geschrieben steht: Brot aus dem Himmel gab er ihnen zu essen." Jesus greift die Vorstellung auf, korrigiert sie unterschwellig aber in mehrfacher Hinsicht: "Wahrlich, wahrlich ich sage euch: Nicht Mose hat euch das Brot aus dem Himmel gegeben, sondern mein Vater gibt euch das wahre Brot aus dem Himmel. Denn das Brot Gottes ist das, welches aus dem Himmel herabkommt und der Welt Leben gibt."

Das Brot der Väter in der Wüste mag vom Himmel gefallen sein, so ist es überliefert in Exodus 16,4. 13-14; damit ist es aber noch längst nicht das *wahre* Brot aus dem Himmel, das wahre Brot, das Gott der Welt geben will. Das Brot der Väter fiel vom Himmel, so könnte man paraphrasieren. Das wahre Brot kommt *aus* dem Himmel.

Ein weiterer Kontrast scheint beabsichtigt. Das Brot der Väter speiste *Israel* in der Wüste, das Brot Gottes aber gibt *der Welt* Leben. Es ist ein anderes Brot als das Brot der Wüste; denn es soll der Welt, allen Menschen, Leben bringen.

Jesus hat seinen Gesprächspartnern den Mund wässrig gemacht; kein Wunder also, daß sie den Wunsch äußern: "Herr, gib uns allezeit dieses Brot!" Jetzt gibt sich Jesus zu erkennen: "Ich bin das Brot des Lebens! Wer zu mir kommt, wird nicht hungern, und wer an mich glaubt, wird nimmermehr dürsten!"

Die bisherigen Gedankengänge sind in dieser Selbstaussage zugespitzt:

Daß er über das Brot in Fülle verfügt, weist darauf, daß er selbst das Brot des Lebens ist.

Er selbst ist die unvergängliche Speise, die den Nährwert für das ewige Leben hat.

Er selbst ist das Brot, das aus dem Himmel gekommen ist, um der Welt das Leben zu geben.

Mit diesem Spitzensatz geht der johanneische Jesus weit über die Speisungserzählung hinaus. Er selbst in seiner ganzen Person, in seinem ganzen Wirken gibt der Welt das Leben. Er selbst wird zum *Brot für die Welt*. Damit ist er mehr als der Prophet, der in die Welt kommen soll (V 14). Sein Anspruch ist aber auch viel universaler und umfassender, als die Menschen am See meinten, die ihn zum König machen wollten (V 15). "Prophet" und "König", beides wären Ämter, die auf das Judentum bezogen blieben. Der johanneische Jesus versteht sein Wirken in Bezug auf die ganze Menschheit, er ist das Brot, das der Welt zum Leben verhilft.

Sein Fleisch ist das wahre, lebendige Brot (V 41-59)

Seine Selbstaussage und der darin erhobene Anspruch muß Anstoß erregen; und so überrascht es auch kaum, daß es nun zu neuen Gesprächsgängen kommt.

Gesprächspartner sind nun nicht mehr die Menschen allgemein, die ihn gesucht haben; die Juden, so heißt es nun, murrten über ihn.

Sie mißverstehen die Symbolhaftigkeit der Rede. Sie nehmen die Rede wörtlich und vergleichen sie mit dem, was sie über Jesus wissen: Wie kann er sagen, er sei das Brot, das aus dem Himmel herabgekommen ist, wo sie doch über seine Geschichte Bescheid wissen. Sie kennen die Eltern, Vater und Mutter (V 41-42).

Jesus geht auf ihre Einwände nicht ein. Es sind vorgeschobene Einwände, so jedenfalls scheint er sie zu verstehen. In Wirklichkeit stoßen sie sich an seinem Universalitätsanspruch. Auf diesen Stein des Anstoßes geht Jesus ein. "Murret nicht untereinander!" sagt er ihnen. "Niemand kann zu mir kommen, es ziehe ihn denn der Vater, der mich gesandt hat; und ich werde ihn auferwecken am jüngsten Tage" (V 43-44). Die Universalität seines Anspruchs wird begründet aus dem Heilswillen des Vaters; der Vater zieht die Menschen zu Jesus; er zieht die, welche er will, zum Brot des Lebens. Allerdings, die, die er zieht, können Heiden wie Juden sein, so wird man zwischen den Zeilen lesen dürfen.

Jesus bleibt aber bei der Entkräftigung dieses unausgesprochenen, geheimen Einwandes nicht stehen. Er thematisiert noch einmal die Speisung Israels durch das Manna, um den Kontrast zwischen dem Manna und dem Brot des Lebens – sprich seiner Person und seinem Wirken – zu verdeutlichen:

> "Wahrlich, wahrlich, ich sage euch: Wer glaubt, hat ewiges Leben. ICH BIN DAS BROT DES LEBENS. Eure Väter haben in der Wüste das Manna gegessen und sind gestorben; dies (dagegen) ist das Brot, das aus dem Himmel herabkommt, damit man davon ißt und nicht stirbt."

Die Väter haben das Manna gegessen – und sie sind trotzdem gestorben; das Brot des Lebens hat eine andere Qualität: Wer von diesem Brot ißt, wird *nicht sterben*!

Der Gedankengang wird nun weiter vorangetrieben, indem das Brot gleichgesetzt wird mit dem Fleisch Jesu:

> "Aber das Brot, das ich geben werde, ist zugleich mein Fleisch, das ich geben werde für das Leben der Welt" (V 51).

Unverkennbar wird hier auf den Kreuzestod Jesu angespielt. War vorher allgemein auf die universale Heilsbedeutung des "Brotes" hingewiesen worden, so wird nun darauf angespielt, worin diese Heilsbedeutung liegt: Jesus wird sein Fleisch geben für das Leben der Welt.

Auch dieser Satz ruft den Widerspruch der Gesprächspartner hervor; sie bleiben im Rahmen der Metaphorik: Hatte Jesus zuvor davon gesprochen, daß man das lebendige Brot essen müsse, so denken sie weiter und beziehen das Essen nun auf das Fleisch: "Wie kann dieser uns sein Fleisch zu essen geben?" (V 52).

Jesus geht auf den Einwand ein, was er nun sagt, verschärft allerdings das bisher Gesagte:

> "Wahrlich, wahrlich, ich sage euch. Wenn ihr nicht das Fleisch des Sohnes des Menschen eßt und sein Blut trinkt, habt ihr kein Leben in euch. Wer mein Fleisch ißt und mein Blut trinkt, hat ewiges Leben, und ich werde ihn auferwecken am jüngsten Tage. Denn mein Fleisch ist wahre Speise, und mein Blut ist wahrer Trank. Wer mein Fleisch ißt und mein Blut trinkt, bleibt in mir und ich in ihm. Wie mich der lebendige Vater gesandt hat und ich lebe, weil der Vater lebt, wird auch der, welcher mich ißt, leben, weil ich lebe" (V 53-57).

In der Tat geht es darum, sein Fleisch zu essen und sein Blut zu trinken. Die anderen haben durchaus in der richtigen Richtung weitergedacht, sie sind aber wiederum bei einem wörtlichen Verständnis stehengeblieben, und dieses muß dazu führen, daß sie "Kannibalismus" assoziieren. – Viele der Jünger sagen im Anschluß an die Rede: "Diese Rede ist hart, wer kann sie anhören?" Die Härte der Bilder, die hier aufeinanderprallen, wird bis heute nachempfunden. Nimmt man sie wörtlich, wird der Gedankengang absurd.

Um der Bildsprache ihre Härte zu nehmen, stand die Auslegung immer wieder in der Versuchung, sie durch den Hinweis auf die Abendmahlslehre zu mildern. Das Fleisch, das Jesu zu essen, das Blut, das er zu trinken auffordert, wurde immer wieder bezogen auf die Elemente des Abendmahls. Dieser Interpretationsansatz stößt aber auf die unübersehbare Schwierigkeit, daß das Johannesevangelium keine Überlieferung von der Einsetzung des Abendmahls kennt.

Wenn die Jünger die Rede als "hart" empfunden, so ist das von Johannes beabsichtigt, die Rede soll als hart empfunden werden. Daß es zu Scheidungen im Jüngerkreis kommt, ist beabsichtigt. Nun kann man sich an zweierlei stoßen: Zum einen an der Härte der Bildersprache, zum anderen an dem inneren Kern der Aussage.

Sein Fleisch essen heißt: An die Heilsbedeutung seines Todes glauben

Es lohnt, noch einmal einen Durchgang durch die Rede zu unternehmen und dabei einen Gedanken einzubeziehen, der bisher ausgeblendet worden war.

Immer wieder setzt Jesus sich im Verlauf des Gesprächs mit dem Glauben seiner Gesprächspartner auseinander; immer wieder fordert er sie auf, zu glauben.[5]

---

5 "Darin besteht das Werk Gottes, daß *ihr* an den (den Sohn des Menschen) glaubt, den jener (Gott) gesandt hat" (V 29).
"... wer an mich glaubt, wird nimmermehr dürsten. Aber ich habe euch gesagt, daß ihr mich gesehen habt und doch nicht glaubt" (V 35f).

Wenn Jesus nun dazu auffordert, sein Fleisch zu essen und sein Blut zu trinken, so ist das zu interpretieren auf dem Hintergrund der Ermutigung zum Glauben; daß er – der Erlöser – sterben wird, daß er bereit ist, den Tod auf sich zu nehmen, ja, daß gerade in seinem Kreuzestod Heil liegen wird, das gilt es zu glauben. Das ist der inhaltliche Kerngedanke. Und der ist hart. Mit Unverständnis reagieren die Jünger der synoptischen Evangelien auf die Leidensankündigungen Jesu. Ähnliche Reaktionen ruft hier die Brotrede Jesu hervor. Daß in seinem Fleisch und in seinem Blut Heil liegen soll, dieser Gedanke ist für viele der Jünger unerträglich; sie wenden sich von Jesus ab, weil sie eben das nicht glauben können. Sie sind nicht bereit, sein Fleisch zu essen, sein Blut zu trinken, wie man in Aufnahme der johanneischen Bildsprache sagen müßte.

In unserer Umgangssprache reden wir von harten Brocken, an denen wir uns die Zähne ausbeißen, von Brocken, die uns schwer im Magen liegen, die wir nur verdauen können. Bildlich sprechen wir dann von Gedanken, mit denen wir uns auseinandersetzen müssen, die zu akzeptieren, uns schwer fällt.

"Das Wort ward Fleisch!" Dieser Gedanke aus dem Prolog des Evangeliums wird aufgegriffen und der Metaphorik des Brotes korreliert. Daß das Fleisch des Erlösers vergänglich ist, ja mehr noch, daß er bereit ist, sein Fleisch hinzugeben, dieser Gedanke ist hartes Brot, das es zu essen gilt.

Aber die Metaphorik der Speise und das Essen greift weiter. Sie leistet auf der anderen Seite etwas, was nur ihr zu eigen ist. Wer Speise zu sich nimmt, nimmt etwas Äußeres in sich auf. Im Gegenzug durchdringt die Speise aber denjenigen, der sie aufgenommen hat. Sie durchdringt ihn, kräftigt ihn, stärkt ihn. Speise und Gespeister, das Brot und der, den es speist, das Fleisch und der, der es ißt, werden zu einer Einheit: Genau auf diese Qualität der Speise, zielt Johannes mit dem Satz ab: "Wer mein Fleisch ißt und mein Blut trinkt, bleibt in mir und ich in ihm." Die kognitive Anerkenntnis der Aussagen Jesu mag hartes Brot sein. Wer sich trotzdem auf sie einläßt, wer bereit ist, "sein Fleisch zu essen und sein Blut zu trinken", wird eine neue Qualität des Lebens erfahren; er wird zu einer Einheit mit dem Brot des Lebens verschmelzen. Und diese Einheit umfaßt mehr als nur die Anerkenntnis eines "harten" Glaubenssatzes. Ewiges Leben stiftet er in denen, die ihn aufnehmen.

"Denn das ist der Wille des Vaters, daß jeder der den Sohn sieht und an ihn glaubt, ewiges Leben habe" (V 40).

"Wer glaubt, hat ewiges Leben" (V 47).

4.2 Für Brot und Zubrot ist gesorgt (Joh 21,1-14)

Das Johannesevangelium kennt wie das Lukasevangelium eine Überlieferung vom überreichen Fischfang.[6] Johannes 21,1-14 wird im Zusammenhang mit dem Symbol des Brotes besprochen und nicht in dem Kapitel zum Symbol des Schiffes, weil hier die Metaphorik der Speise, insbesondere des Brotes, im Vordergrund steht, obgleich zunächst eine Begebenheit im Schiff und um das Schiff erzählt wird.[7]

Am See Tiberias sind sieben Jünger beisammen. Petrus voran beschließen sie, fischen zu geben.

Der aufmerksame Leser des Evangeliums wird hier schon das erste Mal stolpern. Was haben die Jünger hier am See zu suchen? Der Auferstandene hatte sie doch ausgesendet, den heiligen Geist hatte er ihnen verliehen (Joh 20,21-23)! Wieso finden sie sich dann hier am See ein, in ihrer alten Heimat? Wieso kommen sie dem Auftrag Jesu nicht nach, sondern arbeiten in ihrem alten Beruf?

Die Jünger gehen fischen, doch ohne Erfolg. Ohne Fang kehren sie an das Ufer zurück, wo Jesus – der Auferstandene – sie erwartet, den sie allerdings nicht erkennen. "Kinder," fragt er sie, "ihr habt wohl nichts zum Brote zu essen?" "Nein", lautet ihre Antwort.

Das Zubrot fehlt ihnen: der Fisch, der das Brot erst schmackhaft macht. Brot und Fisch, beide zusammen ergeben erst die vollständige Mahlzeit!

Der Mann am Ufer sagt ihnen nun, wie sie es richtig machen sollen: "Werfet das Netz auf der *rechten* Seite des Schiffes aus, so werdet ihr finden!" (Was sie finden werden, bleibt zunächst offen.) Als sie den Rat befolgen, bleibt der Erfolg nicht aus: Vor der Menge der Fische vermögen sie das Netz nicht mehr zu ziehen. Der Jünger, den Jesus liebhatte, erkennt nun – an der Fülle – wer der Mann am Ufer ist. Zu Petrus sagt er: "Es ist der Herr!", woraufhin Petrus sich bekleidet (!) und in den See stürzt.[8] Die übrigen Jünger schleppen nun das Netz mit den Fischen an Land und sehen ein Kohlenfeuer am Boden und *einen* Fisch darauf liegen und Brot.

Während sie sich also noch abmühen mit dem Netz, ist am Ufer ein Mahl für sie bereitet. Dieses Überraschungsmoment ist im Urtext dadurch verstärkt, daß der Verfasser zwei unterschiedliche Begriffe für "Fisch" gewählt hat. Im Netz

---

6 Zu Lk 5,1-11 vgl. "Das Symbol des Schiffes", S. 549 ff.

7 Das 21. Kapitel gilt allgemein als Nachtrag, der von einem anderen Verfasser stammt als das übrige Evangelium.

8 Mit diesem merkwürdigen Verhalten wird wohl auf die Verleugnung (18,15 ff, 25 ff) angespielt und die folgende Szene vorbereitet (21,15-19).

haben die Jünger ἰχθύες lebende Fische, auf dem Feuer liegt ὀψάριον, schon zubereiteter Fisch, so müßte man wohl übersetzen, um den Gegensatz zwischen beiden Begriffen zu beschreiben. Auf dem Feuer neben dem Brot liegt das, wonach Jesus gefragt hat: der zubereitete Fisch als Zubrot. Ein zubereiteter Fisch und das Brot, eine vollständige Mahlzeit, erwartet sie.

Mit diesem Stilmittel wird nun im Fortgang der Erzählung weiterhin gespielt:

Sie werden aber nicht sofort zu dieser Mahlzeit eingeladen, sondern zunächst auf die Fische verweisen, die sie gefangen haben. "Bringet von den Fischen, die ihr jetzt gefangen habt", fordert Jesus die Jünger auf. – Sonderbar ist, daß er hier von ὀψάρια, von den zubereiteten Fischen, spricht. Die Jünger ziehen das Netz an Land, sie öffnen es und finden 153 große lebendige Fische (ἰχθύες). Und das Netz zerreißt nicht, obwohl es so viele waren.

Noch einmal: die Jünger finden einen Fisch als Zubrot an Land, sie werden aufgefordert, den gefangenen Fisch als Zubrot herbeizuholen, sie finden aber lebende Fische. Wenn so mit Worten gespielt wird, muß das einen Sinn haben, auch wenn sich dieser zunächst nur schwer erkennen läßt.

Doch seltsam geht die Geschichte zunächst einmal weiter. Die Fische, die die Jünger gefunden und gefangen haben, spielen im Fortlauf der Erzählung keine Rolle mehr, sie werden für die Mahlzeit nicht gebraucht! "Kommt, frühstückt", lädt Jesus sie ein, und er "nimmt das Brot und gibt es ihnen und ebenso den (zubereiteten) Fisch".

Immer schon haben Exegeten sich bemüht, hinter das Rätsel der 153 Fische zu kommen. Sie waren Anlaß zu mancherlei Theorie auf der Grundlage der Zahlensymbolik. Viel spannender erscheint mir jedoch die Frage, welcher Sinn hinter dem Wortspiel zu suchen ist! Denn hier liegt sicherlich der Schlüssel zum Verständnis dieser Geschichte.

Geht man noch einmal zum Anfang der Erzählung zurück, so scheint das Evangelium eine Gemeindesituation vorauszusetzen, in der die Jüngerschaft ihre Aussendung wenig ernst nimmt. Die Jünger bewegen sich in bekannten Bahnen. Durch die Auferweckung Jesu scheint sich für sie nichts geändert zu haben. Man ist wieder im alten Beruf, man kümmert sich darum, sich das tägliche "Zubrot" zu verdienen. Ich denke, diese Situation dürfte auch in Gemeinden unserer Tage nicht allzu unbekannt sein, wo wir auch immer wieder in Gefahr stehen, uns durch den Alltagstrott gefangennehmen zu lassen, wo allerlei Alltägliches uns ablenkt und das "Eigentliche" oft zu kurz kommt. Eine solche oder ähnliche Situation mag der Evangelist wohl vor Augen gehabt haben. In eine solche Situation hinein nun tritt der Auferstandene, um die Jünger zu stärken, sie zuzurüsten, sie auf ihre eigentliche Aufgabe zu verweisen.

Als er sie nach dem Zubrot fragt (V 5), nimmt er zunächst einmal ihr Anliegen auf. Er hilft ihnen über ihren Mißerfolg hinweg, indem er sie noch einmal auf den See hinaussendet.

Doch dann kommt die Überraschung: Nicht das Zubrot, das sie suchen, finden sie auf dem See, sondern lebende, große Fische. Die Mahlzeit – bestehend aus Brot und Zubrot – hält der Auferstandene schon für sie bereit. Um Zubrot zu finden, waren sie ausgefahren, darum hatten sie sich gesorgt. Nun müssen sie feststellen: Für ihr leibliches Wohl ist schon gesorgt!

Als Signale wirken die Dinge, die sie am Ufer vorfinden, als sie zurückkommen:

Ein Feuer brennt am Ufer, feurig sollen sie ihrer Aufgabe nachkommen!

Mit Brot wartet der auf sie, der das Brot des Lebens ist und den sie verkündigen sollen! Es ist frisches, geröstetes Brot, das für sie bereitgestellt ist; solches Brot kräftigte einst Elia in der Wüste und stärkte ihn für neue Aufgaben! (1.Kön 19,1-9).

Gerösteter Fisch wartet auf sie als Zubrot. Im Kontrast dazu stehen die lebenden Fische, die sie an Land ziehen, als sie auf die Anweisung Jesu hin das Netz auf der "richtigen" Seite auswerfen. Sie sollen sie auf ihre eigentliche Aufgabe verweisen. In Zukunft werden sie Menschen finden!

Brot als Symbol der Fülle
Die Speisung der 5000 (Mk 6,30-44.52)

30 Und die Apostel kamen wieder bei Jesus zusammen
und berichteten ihm alles,
was sie getan und was sie gelehrt hatten.

31 Da sagte er zu ihnen:
"Kommet ihr allein

> abseits an einen
> öden [wüsten] Ort

und ruhet ein wenig!"
Denn es waren viele, die ab und zu gingen,
und sie hatten nicht einmal Zeit zu essen.

32 Und sie fuhren mit dem Schiff

> abseits an einen
> öden [wüsten] Ort.

33 Und man sah sie wegfahren, und viele merkten es;
und sie liefen zu Fuß aus den Städten dort zusammen
und kamen ihnen zuvor.

34 Und als er ausstieg, sah er viel Volk,
und er fühlte Erbarmen mit ihnen;
denn sie waren wie Schafe,
die keinen Hirten haben;
und er fing an,
sie vieles zu lehren.

35 Und als die Zeit schon sehr vorgerückt war,
traten seine Jünger zu ihm und sagten:

> "Der Ort
> ist öde [wüst]

und die Zeit schon sehr vorgerückt.

36 Entlasse sie,
damit sie in die Gehöfte und Dörfer ringsumher gehen
und sich etwas zu *essen* kaufen."

37 Er aber antwortete und sprach zu ihnen:
"Gebet ihr ihnen zu *essen!*"
Und sie sagten zu ihm:
"Sollen wir hingehen
und für zweihundert Denare *Brot* kaufen
und ihnen zu essen geben?"

38 Er aber sagte zu ihnen:
"Wieviel *Brote* habt ihr?
Gehet und sehet nach!"
Und als sie es erkundet hatten,
sagten sie:
"*Fünf,* und zwei Fische."

39 Und er befahl ihnen

> *sich nach Tischgesellschaften*
>   ins grüne Gras
>   lagern zu lassen.

40 Und sie setzten sich
in Gruppen zu hundert und zu fünfzig.

41 Da nahm er die fünf *Brote* und die zwei Fische,
blickte zum Himmel auf, sprach das Dankgebet darüber,
brach die *Brote* und gab sie den Jüngern,
damit sie sie ihnen vorlegten,
und die zwei Fische teilte er unter alle.

42 *Und alle aßen und wurden satt.*

43 Und sie hoben an Brocken *zwölf Körbe* voll auf,
und (dazu auch) von den Fischen.

44 Und die die *Brote* gegessen hatten waren fünftausend Mann.

45 Und alsbald nötigte er seine Jünger,
ins Schiff zu steigen und ans jenseitige Ufer nach Bethsaida vorauszufahren,
während er (inzwischen) das Volk entlassen wollte.

(Während der Überfahrt gerät das Schiff der Jünger in Gefahr. Jesus kommt zu ihnen über den See; als er zu ihnen ins Schiff steigt, legt sich der Wind.)

51 Da erstaunten sie bei sich selbst im höchsten Maß;

52 denn sie waren noch nicht zur Einsicht gekommen bei den *Broten,*
sondern ihr Herz war verhärtet.

Brot als Symbol der Wegzehrung
Die Speisung der 4000 (Mk 8,1-9)

A. Der Hinweg

1　In jenen Tagen war wiederum viel Volk da,
　　(einige von ihnen waren von weit gekommen, s. V 3)
　　und sie hatten nichts zu essen;

B. Die Nähe Jesu

　　da rief Jesus seine Jünger zu sich und sprach zu ihnen:
2　Mich jammert das Volk;
　　denn sie verharren schon drei Tage bei mir
　　und haben nichts zu essen.

C. Der Rückweg

3　Und wenn ich sie nüchtern nach Hause entlasse,
　　werden sie unterwegs erliegen;
　　zudem sind einige von ihnen von weit her gekommen.
4　Da antworteten ihm seine Jünger:
　　Woher könnte jemand diese hier in der Wüste mit Brot sättigen?
5　Und er fragte sie:
　　Wieviel Brote habt ihr?
　　Sie aber sagten:
　　Sieben!

　　Die Wegzehrung

6　Da ließ er das Volk sich auf die Erde lagern
　　und nahm die sieben Brote,
　　sprach das Dankgebet darüber,
　　brach sie
　　und gab sie seinen Jüngern,
　　damit sie sie vorlegten.
　　Und sie legten dem Volke vor.
7　Und sie hatten ein paar kleine Fische
　　und er sprach das Dankgebet darüber
　　und hieß auch diese vorlegen.
8　Und sie aßen und wurden satt.
　　Und sie hoben auf,
　　was an Brocken übrigblieb,
　　sieben Handkörbe (voll).

9　Es waren aber etwa viertausend (Menschen);
　　und er entließ sie.

Kapitel 20:

Die Symbole Kleid, Mantel, Gewand

1. Bekleidung als Schutz

Im Verlauf einer jahrtausendealten Kulturgeschichte haben Menschen gelernt, sich – in welcher Form auch immer – zu bedecken oder zu bekleiden. Das Beispiel heute noch lebender Naturvölker oder in Stein geritzter Abbildungen lassen den Schluß zu, daß Menschen sich in sogenannter natürlicher Nacktheit bewegten. Erkennbare Bekleidung war äußerst spärlich und betraf nur bestimmte Körperteile. Das Bedürfnis nach Schutz vor den Unbilden der Witterung und die Notwendigkeit, besonders empfindliche Körperteile vor Verletzungen zu schützen, dürften die Hauptgründe für die Erfindung und Herstellung von Hüllen jeglicher Art gewesen sein. Tiere haben eben "von Natur aus" ein Feder'kleid' oder ein Fell'kleid', das sie ausreichend schützt. Nicht jeder Mensch ist wie Esau, der am ganzen Körper mit dichtem, rötlichem Haar bedeckt war wie mit einem Mantel (vgl. Gen 25,25). Der Schutz, den der Mensch sich schuf, um sich in ihn zu hüllen, hatte verschiedene Formen: Kleid, Mantel oder Gewand (evtl. noch 'Rock'). Kürze oder Länge, Enge oder Weite sowie Form und Farbe konnten variieren. Unsere Umgangssprache zeigt an, daß sich allein schon mit dieser Bezeichnung der Kleidungsstücke verschiedene Vorstellungen verbinden, ja mehr noch: ganz verschiedene Vergleiche angestellt werden und darauf basierend Symbolgeschichten entstehen können.

Nacktheit und Bekleidetsein

Bekleidetsein ist das Gegenteil von Nacktheit. Schon eine zerlumpte Decke oder ein Minimum an Unterwäsche reichen aus, um Menschen als "bekleidet" zu bezeichnen – ganz gleichgültig ob dieses Etwas an Stoff für jede Gelegenheit passend oder gar ausreichend für jede Gesellschaft ist. Bekleidung gibt Menschen nicht schutzlos den neugierigen Blicken anderer preis. Schutzlose Nacktheit macht unsicher und hilflos. Es ist schwer, "entblößt" einem Gegenüber ins Auge zu schauen!

Die Zwangsentkleidung und die körperliche Durchsuchung im Strafvollzug werden als zutiefst entwürdigend empfunden. Schon die Präsentation der Angeklagten ohne Hosenträger in den Prozessen des Volksgerichtshofs während der Zeit der NS-Herrschaft war gezielte Diffamierung. Sie sollte die Widerstandskämpfer des 20. Juli und ihre Motive der Lächerlichkeit und Verachtung des breiten Publikums preisgeben. "Die Hosen herunterlassen müssen" bzw. "fallen lassen müssen", ist eine Waffe, die eingesetzt wird, um anzuzeigen, daß Menschen Macht über andere ausüben.

Die Zurschaustellung von Frauen auf Nacktfotos in einschlägigen Illustrierten wird zu Recht von vielen als sexistisch empfunden. Die Frau wird zur Ware, die feilgeboten wird, und zwar in einer Weise, die "anmachen" soll. Sie wird auf "Körper" reduziert – freigegeben zum alsbaldigen Genuß. Wir kennen die umgangssprachliche Redewendung: "Er" entkleidete "sie" mit seinen Augen bis auf die Haut. Das ist die feinere Art der Gier als jene, die – etwa bei Vergewaltigungen – Frauen die Kleider vom Leib reißt. Unangenehm und "verletzend" ist sie allemal. Das Recht auf Bekleidung ist ein Stück Recht auf ein Tabu, das mir als Mensch zusteht. Ich bin nicht "mit Haut und Haaren" des anderen Eigentum.

Nun gibt es verschiedene Weisen, wie Menschen von diesem Recht Gebrauch machen. Sie "machen etwas her" mit ihren Kleidern. "Kleider machen Leute", sagt ein Sprichwort. Es will sagen: Es gibt Leute, die sich von den Kleidern anderer Leute täuschen lassen. Durch die äußere Hülle der Bekleidung wird etwas vorgetäuscht, was die Träger dieser Hülle weder haben noch sind. Schon eine Wand'verkleidung' verdeckt eine unschöne oder kalte Mauer. Niemand sieht mehr, wenn das Werk vollendet ist, was 'dahinter' steckt. Der Gehrock läßt den Kriminellen als honorige Persönlichkeit, das klassische Kostüm die Scheckbetrügerin als seriöse Geschäftsfrau erscheinen. Wehe, man entdeckt, daß ihr Äußeres mit dem Inneren nicht übereinstimmt!

Die Differenz zwischen Kleid und Person hat noch eine andere Perspektive. Manch einer trägt die Kleider, die man für seine Position angemessen hält; er "staffiert sich aus"! Er selber aber ist ein menschliches "Würstchen", dessen Charakter und Qualifikation im umgekehrten Verhältnis zum Kleideraufwand stehen! Der erbarmungslose Stift des Karikaturisten entkleidet oft solche "Würdenträger" ihrer Anmaßung.

Bevormundete oder Gemaßregelte helfen sich gelegentlich damit, sich ihr

Gegenüber nackt vorzustellen. So ist der Vorgesetzte all des Gehabes entkleidet, das ihm Macht gibt über andere. Die vorgestellte Nacktheit holt herunter vom hohen Roß, macht den Reiter zum ganz gewöhnlichen Menschen. Die Vorstellung von der Nacktheit einer solchen Figur entlarvt, *stellt bloß* – auch in der unter Kleidern verborgenen Häßlichkeit, auch mit den verdeckten Defiziten. Wie heißt es doch in dem Märchen von "des Kaisers neuen Kleidern"? Ein Kind sagt, was kein Erwachsener sich zu sagen traut: "Er hat ja keine Kleider an!" Er ist ganz nackt! Manches Regime hat von dem "Ehrenkleid" der Uniform gesprochen, das die Soldaten tragen. Was aber, wenn die Träger solcher Ehrenkleider hinter der Front äußerst Unehrenhaftes getan haben? Wenn sie das Ehrenkleid nach dem Krieg mit dem 'gewöhnlichen' Kleid vertauschen müssen?

Alle bisherigen Gedankengänge zeigen: Wir befinden uns längst auf der Bild- bzw. Vergleichsebene! "Kleid" drückt etwas aus, das mehr ist als ein Stück Stoff. Be-kleiden, ent-kleiden, ver-kleiden und um-kleiden sprechen eine Dimension von Wirklichkeit an, die mehr als ein mechanischer oder technischer Vorgang ist. Das gleiche gilt für das Entblößen und Bloßstellen.

Den Menschen muß das schon sehr früh bewußt gewesen sein. Sie haben mit ihrer Bekleidung nicht nur einem physischen Bedürfnis Rechnung getragen, sondern auch – durch Farben vor allem – Signale gesetzt.

Das Trauerkleid – in unserem Kulturkreis schwarz – drückt aus, wie der Tod, der ins Leben eingreift, empfunden wird: als Nacht und Finsternis. Das Hochzeitskleid – weiß oder bunt – ist ein Kleid für einen freudigen Anlaß. Das rote Gewand des Richters ist noch heute Erinnerung daran, daß er über Leben und Tod zu entscheiden hatte. Sie kehren nach außen, was im Inneren des Trägers vor sich geht. Wer sich nach außen vernachlässigt, zeigt den desolaten Zustand seiner Seele – ein der Psychotherapie wohlbekanntes Phänomen. Und wenn der Kontakt zu anderen Menschen aufgenommen werden soll: Ein sauberes Kleid (ein teures muß es nicht sein!) ist das mindeste Zeichen an Ehrerbietung. Provokationen und Beleidigungen müssen nicht immer verbal oder mimisch oder gestisch erfolgen. Allein der Anblick meines "Bekleidungszustandes" kann sehr viel sagen. Und viele – vor allem junge Menschen – wollen damit etwas sagen!

Im Schutze des Mantels

Bekleidung ist das Minimum, das der Mensch zur Bedeckung seiner Blöße braucht. Der Mantel wird den Kleidern gewissermaßen hinzugefügt. Wenn ein Mantel "mit nichts darunter" getragen wird, dann gilt das als ungewöhnlich. Bekleidung kennt viele Kleider für viele Anlässe und in vielerlei Funktion. Der

Mantel hat nur eine Aufgabe: Er schützt, er wärmt und umhüllt. Ein Mantel muß weit, unter ihm muß genügend Platz sein.

Der "Schutzmantel" in der (mittelalterlichen) Malerei ist ein beredtes Symbol. Im weiten, schützenden Mantel einer Gestalt können sich viele Menschen bergen. Die Madonna oder Heilige werden so dargestellt, daß in den Falten ihrer Mäntel Menschen Schutz suchen ("Schutzmantelmadonna"!). Im Hirtenmantel suchen die Zuflucht, die sich weiden lassen wollen. Könige, die sich als "Schutzherren" verstanden, ließen sich als solche porträtieren.

Viel drastischer, aber auch technischer ist die übertragene Redeweise in der Moderne. Vieles muß "ummantelt" werden, damit es funktionieren kann.

Der empfindliche Gummischlauch des Fahrrads bedarf dessen genauso wie der Bleikern eines Geschosses. Alle Hohlkörper "tragen Mäntel", Versorgungsleitungen werden in Röhren verlegt, die sie wie ein Mantel schützen. Was für die Technik gilt, muß erst recht für die empfindlichen Hälften des menschlichen Großhirns gelten.

Es gibt Manteltarifverträge und ein Mantelgesetz. Sie bilden den Rahmen und den Überbau über den Detailausführungen so wie der Mantel über den einzelnen Bekleidungsstücken getragen wird.

Wie aber geht die menschliche Seele um mit dem, was die menschliche Psyche hervorbringt? Wir kennen dafür das bezeichnende Wort "bemänteln"! Das Mäntelchen ist ein kleiner, aber auch fadenscheiniger Mantel, mit dem wir versuchen, etwas zuzudecken oder zu beschönigen, was nicht gut ist und das Licht der Öffentlichkeit zu scheuen hat. Das Mäntelchen ist ein lächerliches Etwas, das keineswegs ausreicht, um eine unfeine Angelegenheit wirklich zu vertuschen. "Mit dem Mantel des Schweigens", "mit dem Mantel der Barmherzigkeit bzw. der Nächstenliebe" wird zugedeckt ... Ist das nicht oft ein Verdecken, wenn etwas verschwiegen wird, statt es zur Sprache zu bringen? Und wie ist es mit dem "Den-Mantel-nach-dem-Wind-Hängen"? Sollte der Mantel nicht dazu dienen, daß man dem Wind widerstehen kann?

Mit dem Mantel wird anders umgegangen als mit Kleidern. Der Mantel wird nur bei Bedarf angelegt. Er wird vor allem abgelegt, wenn er hinderlich wird. Der Mantel ist etwas Zusätzliches, das den Kleidern hinzugefügt wird. Er schützt nicht nur vor ganz realer Kälte. Er kennzeichnet und schützt Träger bestimmter Berufe. Es gibt den Königsmantel, den Philosophenmantel. Ein Mensch "bekleidet" ein Amt. Ohne eine Person ist es nichts, das "bloße" Amt. Als Zeichen des Amtes, das er innehat, wird einem Menschen Robe, Ornat oder Mantel umgelegt. Wer diesen Mantel abwirft, entledigt sich der Bürde, die zum Amt gehört. Wer einen solchen Mantel herunterreißt, beraubt der Würde, die mit einem solchen Amt (!) verbunden ist.

Feierlichkeit und Gewand

Der Ausdruck "Gewand" ist vergleichsweise nostalgische Redeweise. Er ist in der poetischen und in der biblischen Sprache überliefert. Was früher auch für die schlichte Bekleidung des einfachen Manne gebraucht wurde, ist heute eher etwas Feierliches. Das Priester'gewand' (sowohl für die Messe als auch für den Alltag) ist etwas Außergewöhnliches, das von den Kleidern normaler Menschen unterscheidet. Das Taufgewand will auf ein "theologisches" Geschehen hinweisen, auf etwas, das "extra nos" geschieht. Wenn wir in der Umgangssprache sagen: "Die Zeitschrift erscheint in neuem Gewand", dann meinen wir in der Regel nicht nur die äußere Aufmachung, sondern auch eine inhaltliche Zielrichtung, die *anders* ist als bisher.

2. Kleider und Bekleidung in der Bibel

Wenn in unserer bildhaften Umgangssprache Kleider, Mäntel und Gewänder "etwas ausdrücken", was den Menschen betrifft, wenn das Äußere etwas über das Innere sagt, dann hat das in der Regel Auswirkungen auf die Beziehungen der Menschen zueinander. Es ist zu vermuten, daß dies auch in der biblischen Überlieferung so ist, mehr noch: Auch die Gottesbeziehung wird – in welcher Weise auch immer – thematisiert.

Bekleidung, Nacktheit und Entblößung

Nahrung und Kleidung gehören – folgt man dem Alten Testament – zu den Grundbedürfnissen, aber auch zu den Grundrechten des Menschen. Daß "Brot" und "Kleider" gewissermaßen das Existenzminimum darstellen, kommt sehr anschaulich in der Geschichte von Jakob zum Ausdruck, der sich auf Geheiß seines Vaters auf den Weg macht, um sich eine Frau aus der in Chaldäa ansässigen Verwandtschaft zu holen. Es ist ein schwerer Weg, der vor ihm liegt, und sein Ende ist nicht abzusehen. Da schwört er – nach der Gottesbegegnung in Bethel –: "Wenn er mir Brot zu essen gibt und Kleider anzuziehen ... so soll der Herr mein Gott sein" (Gen 28,21). Nacktheit und Hunger bedeuten völliges Ausgeliefertsein. Deshalb ist es ein Zeichen absoluter Perversion, wenn den Armen in einer Gesellschaft sogar die Kleider gepfändet werden und die Reichen sich zu allem Überfluß auf solchen Kleidern räkeln. Der Prophet Amos hat solches Tun scharf gegeißelt (Am 2,8). Wie das aus der Sicht des "Elenden" aussieht, kommt am eindrücklichsten in Psalm 22 zum Ausdruck, in dem Psalm, der die Sprachgrundlage für die Ausformulierung der Passionsgeschichte des Matthäus ist. Dort schreit der unverschuldet ins Elend Geratene und unschuldig Verfolgte seine Situation klagend vor Gott hinaus: "Wie ein Wurm ist er und nicht wie ein Mensch" (Ps 22,7). "Der Spott der Leute, die die Lippen verziehen und den Kopf schütteln", wenn sie ihn sehen. Es ist Teil seiner verlorenen Menschenwürde, daß seine Verfolger "seine Kleider unter sich teilen und das Los um sein Gewand werfen" (V 19). Er ist so unbekleidet und nackt, wie er aus dem Mutterschoß gekommen ist (V 10). Wer dächte da nicht zugleich an Hiob, der in Sack und Asche auf den Trümmern seines ehemaligen Wohlstands sitzt, statt mit Kleidern mit Geschwüren bedeckt. Aller Wohltaten ist er entblößt, zurückgeworfen bis an die Grenzen seiner Existenz: Nackt ist er aus dem Mutterschoß gekommen, nackt wird er dahingehen in den Schoß des Todes (Hiob 1,21).

Die bisherigen Beispiele zeigen, daß von physischem Nacktsein und konkreter Bekleidung gesprochen wird. Und doch zeigen die Klagen des Psalmisten ebenso wie die des Hiob, daß das ganze Menschsein von dieser Nacktheit und Entblößung betroffen ist.

Entkleidung und Bloßstellung

Im 2. Buch Samuel wird eine Geschichte erzählt, die sich zur Zeit Davids abspielte. Wer sie liest, wird laut auflachen über ihre Komik. Wer sich vorstellt, ihm widerführe ein Gleiches, wie dort geschildert wird, dessen Gesicht wird alsbald alle Zeichen der Panik zeigen. Die Geschichte (2.Sam 10) geht so: David unterhielt freundschaftliche Beziehungen zu seinen Nachbarn, den Ammonitern. Eines Tages starb Nahas, der König dieses Volkes, und sein Sohn Hanun wurde sein Nachfolger. In bester Absicht tat David, was Sitte und Anstand erforderten: Er entsandte eine Delegation von Männern, die sein Beileid zu diesem Trauerfall aussprechen sollten. Die fürstlichen Berater des neuen Königs witterten Unrat und unterstellten der Abordnung Davids Spionageabsichten ("die Stadt zu erforschen, auszukundschaften und dann zu zerstören!"). Hanun ließ sich aufhetzen und: ... ergriff die Männer, ließ ihnen die Bärte zur Hälfte abschneiden, ebenso die Kleider "bis an das Gesäß" und jagte sie davon. Die Schande für die Trauerabordnung war so groß, daß sie sich nicht zu Hause blicken lassen konnten. David ließ ihnen ausrichten, sie sollten für eine Weile in Jericho bleiben, bis wenigstens ihre Bärte nachgewachsen seien. Wen bringt die Vorstellung dieser Männer in ihrer Minikleidung, entblößt an den Körperteilen, die man am besten bedeckt hält, nicht zum Lachen? Und dennoch: Wer dächte nicht an die Behandlung von angeblichen Agenten, zu der manche Machthaber in den kalten Kriegen der Gegenwart griffen? Die Hosen herunterlassen und die Köpfe kahlscheren! Bloßgestellt wird der vermeintliche Feind und dadurch zum willkommenen Vorwand für einen Angriffskrieg, gleichgültig, ob die Anschuldigung auf Wahrheit beruht oder nicht. So war es auch hier. Der Vorfall wurde von den Ammonitern zum Anlaß genommen, um ein Bündnis mit den Syrern zu schließen und die Israeliten zu überfallen.

Diese Geschichte wurde an dieser Stelle erzählt, weil diese Teil-Entkleidung eine Bloßstellung ist, die mit sexuellem Schamgefühl wenig zu tun hat. Sie rührt an ein Tabu: an die Menschenwürde. In derselben Zeit, über die in dieser Geschichte erzählt wird, entstand – wahrscheinlich eher noch später – die jahwistische Urgeschichte, in der eine Bekleidung in zweifacher Hinsicht geschildert wird. Sie berührt die zwischenmenschliche Beziehung, genauer: das Verhältnis zwischen Mann und Frau (Gen 3,7 und 21). Die Symbolgeschichte, um die es hier geht, spielt im Garten, in einem umzäunten, geschützte Raum, dadurch andeutend, daß es um Nähe geht, um die Nähe von Mann und Frau, um die Nähe von Gott und Mensch. Die Geschichte lebt sprachlich von weiteren Untersymbolen, die dem "Garten" subsumiert werden, u.a. von der "Schlange", dem "Baum" und auch den "Kleidern". Gewiß stecken in der Erzählung von der Nacktheit und der Bekleidung der ersten Menschen auch kulturhistorische Reminiszenzen, aber um ihretwillen wird die Geschichte nicht erzählt; sie ist viel tiefgründiger! Es ist Nacktheit in zweifacher Hinsicht und Bekleidung in zweifacher Art, die geschildert werden.

Alles dreht sich um den Baum in der Mitte: den Baum der Erkenntnis des Guten und Bösen und den Baum des Lebens. Der Jahwist sieht sie in eins. Das ist das ewige Streben des Menschen: alles erkennen wollen und ewiges Leben haben wollen. Aber an diesem Baum, den der Erzähler vor uns hinpflanzt, entzündet sich auch das Urmißverständnis des Menschen: Was kann denn Gegenstand des Erkennens und was kann Leben im wahrsten Sinn des Wortes sein? Verlangend strecken sie die Hand aus nach dem Gegenstand ihres Begehrens und Strebens. "Sie" (Eva) nimmt und gibt, und "er" (Adam) nimmt. Sie genießen beide das Geheimnis, auf dessen Spur sie gekommen sind: daß sie Mann und Frau sind. Alles wollten sie erkennen, aber sie erkennen sich in ihrer Unterschiedenheit als Mann und Frau. Sie erkennen sich in ihrer "Nacktheit" und *bekleiden* sich mit Feigenblättern (erste Bekleidung). In dem Verhör, das Gott mit ihnen anstellt, stellen sie sich in einer erschreckenden Weise bloß. Der Mann beschuldigt die Frau, die Gott ihm gegeben hat, und die Frau schiebt alles auf die Macht der Verführung ("Schlange"). Aber Jahwe entlarvt sie beide, läßt die Entschuldigungen nicht gelten. Im wahrsten Sinn des Wortes *entkleidet* er sie all jener Versuche, mit denen sie ihr Tun zu *bemänteln* versuchen. "Nackt" stehen sie am Ende da, nichts haben sie, womit sie sich *bedecken* können. Gott selber muß ihnen Fellröcke umlegen, damit sie das physische Leben meistern können (zweite Bekleidung). Nacktheit im doppelten Sinn, Bekleidung auf sehr differenzierte Art!

Durch Kleider werden Zeichen gesetzt

Weil Kleider mehr sind als ein Stück Stoff, wird verständlich, daß mit Kleidern Zeichen gesetzt, Rituale entwickelt wurden. Im äußeren Gewand kommt zum Ausdruck, was die Seele im Inneren bewegt.

Als Zeichen der Trauer werden Kleider zerrissen. Der Tod greift zerstörend in das Leben ein, Gemeinschaft zwischen Menschen wird abrupt zerstört. Der scharfe Schmerz über den Verlust zerreißt die Seele. Das bisherige Gewand wird abgelegt, das Trauergewand angelegt (vgl. 2.Sam 12,15 ff). Solange ein Mensch "Leid trägt", trägt er dieses Gewand. Er wäscht sich nicht, er fastet. "Er läßt sich gehen"; er geht in Sack und Asche. Das sind Trauerrituale, die geholfen haben, Trauerarbeit zu leisten und die Seele verarbeiten zu lassen, was ihr widerfahren ist.

Es gibt natürlich eine Trauer, die nicht auf einen Todesfall zurückzuführen ist, aber in der Bildsprache der Trauerrituale beschrieben wird. Wer in die tiefsten Tiefen von Trauer fällt, so daß er "im Schlamm zu versinken meint" (vgl. Ps 69, insbesondere V 15), der ist *wie* einer, der die Seele durch Fasten peinigt; er hat keine Nahrung und keine Sättigung für sie. Er ist *wie* einer, der das Trauergewand zum Kleid nimmt. In der Passionsgeschichte, insbesondere des Matthäus, werden Kleider bzw. Gewänder zerrissen. Es gibt Verkleidungen und Entkleidungen, und es wird zu zeigen sein, was Matthäus damit symbolisch sagen will (s.u. S. 529 ff).

Selbstverständlich kann es auch die Nichtübereinstimmung zwischen äußerem Kleid und innerem Zustand geben. Auch das wird in Symbolgeschichten thematisiert. Das Beispiel der Aussätzigen und ihrer Kleidung, die sie tragen müssen, macht das sehr eindrücklich klar. Nach den Gesetzen des Leviticus (vgl. Lev 13,45 ff) müssen sie in zerrissenen Kleidern umherlaufen, ihre Haare frei flattern lassen, ihren Bart verhüllen und "Unrein, unrein!" rufen. Ihr Aufenthalt ist außerhalb der Wohngemeinschaft. Ihr Makel wird so erkennbar an dem ungepflegten Äußeren, ihre Unreinheit an unreinen Gewändern, die zerstörerische Krankheit an zerrissenen Kleidern. Was in dieser Kleiderordnung zum Ausdruck kommt, betrifft den Körper. Betrifft sie auch die Unreinheit der Seele oder gar die Würde des ganzen Menschen? Jesus hat deutlich gemacht, daß dieser Rückschluß nicht gezogen werden kann (vgl. Mt 8,1 ff und Lk 17,11 ff)!

Trauergewändern, zerrissenen Gewändern, unreinen Kleidern stehen umgekehrt reine, saubere Gewänder gegenüber. In Exodus 19,14 ff wird geschildert, wie die Vorbereitungen auf die Gottesbegegnung mit der Körperreinigung und der Reinheit der Kleider beginnen. Dahinter steht mehr als die etwas banale Vorstellung, vor Gott habe man gefälligst sauber gewaschen zu erscheinen! Es scheint auch noch anderes intendiert als die Reinheitsvorstellungen anderer Religionen. Die Reinigung des Körpers und die Sauberkeit der Kleider bringen zum Ausdruck, was der Mensch von Gott erhofft: "Wasche mich rein von meiner Schuld, reinige mich von meiner Sünde!" und: "... wasche mich, daß ich weißer werde als Schnee!" (Ps 51,4 und 9). Es ist die Hoffnung, daß das Innere dem Äußeren entsprechen möge. Der Mensch kann das Äußere bewerkstelligen, Gott allein kann das Innere von Schmutz befreien.

Dies ist der Punkt, an dem anthropologische und theologische Aussage sich verschränken und eine analoge Schlußfolgerung gezogen wird. Gott selbst ist in Licht gehüllt *wie* in ein *Kleid* (Ps 104,2 und 6). Von daher ist es fast selbstverständlich, daß Jesus bei seiner Verklärung auf dem Berg "verwandelt" wird: "Sein Angesicht leuchtete wie die Sonne, seine *Kleider* aber wurden weiß wie das Licht" (Mt 17,2). Die Boten Gottes sind entsprechend gewandet; so auch der Engel am Grab Jesu, als er den Frauen die Auferstehung Jesu verkündet: "Sein Aussehen aber war wie der Blitz und sein Kleid weiß wie der Schnee" (Mt 28,3).

3. Mantel und Umhüllung in der Bibel

Kleider sind lebensnotwendig für den Menschen – im realen und bildlichen Sinn. Sie haben ihre Anlässe und ihre Zustände. In ihrer symbolischen Bedeutung kehren sie nach außen, was im Innern eines Menschen vorgeht. Aber der Mantel? Er wird über die Kleider gelegt. Er hüllt den Menschen ein, er verdeckt Körperkonturen und Kleider.

Es gibt eindrucksvolle Mantelgeschichten in der Bibel, die in klassischer Weise zum Ausdruck bringen, welcher Art dieses Kleidungsstück ist, wann es umgelegt, wann es abgeworfen wird.

Königsmantel und Prophetenmantel

Die Anfänge des Königtums in Israel waren wechselhaft und tragisch zugleich, weil sie überschattet sind von der Konkurrenz zwischen dem glücklosen Saul und dem aufsteigenden David. Die Dramaturgie der Erzählungen in den Samuelbüchern orientiert sich am symbolischen Leitfaden des Mantels.

Da ist zunächst die dramatische Auseinandersetzung zwischen Saul, dem König, und Samuel, dem Propheten, in deren Verlauf das prophetische Wort fällt: "Gehorsam ist besser als Opfer, Aufmerken besser als das Fett von Widdern!" (2.Sam 15,22b). Saul bereut, gibt zu, daß er in der Frage des Banngebotes dem Volk willfährig gewesen ist, und bittet den Propheten, mit ihm umzukehren, mit ihm zusammen vor das Volk zu treten und Gott anzubeten. Dazu läßt sich der Prophet nicht mißbrauchen; er weigert sich, seinerseits dem König zu willfahren: "Ich kehre nicht mit dir um!", sagt er (1.Sam 15,26). In seiner Verzweiflung packt Saul nach dem Mantel des Propheten, um ihn festzuhalten, aber das Gewand reißt. Saul hält nur einen Zipfel in Händen – ein Akt voller Symbolik, den der Prophet im Weggehen deutet: "Der Herr reißt heute das Königtum über Israel von dir und wird es einem anderen geben!" (V 28). Saul hält, so könnte man paraphrasieren, nur noch einen Stoff-Fetzen in Händen. Auch geht er des Schutzes dieses Propheten verlustig. Unter diesem Vorzeichen steht das ganze Königtum Sauls – bis zum bitteren Ende!

Von David wird in diesem Erzählstrang nur Positives berichtet. Er ist nicht der umherziehende Söldnerführer, sondern der von Gott Auserkorene, der in jeder Hinsicht den Willen Jahwes respektiert und den "Gesalbten des Herrn" nicht anrührt. Das wird bereits in der Erzählung von David und Jonathan deutlich. Jonathan ist der Königssohn und David der rotblonde Jüngling und Hirtenjunge aus Bethlehem. Nach der Erzählstrategie wird der Sohn des depressiven Saul niemals das Königtum erben, während David bereits heimlich gesalbt ist (vgl. 1.Sam 16). Unter dem düsteren politischen Horizont vollzieht sich, so die Schilderung, eine Freundschaftsidylle. Jonathan "gewann David lieb wie sein Leben" und "schloß ihn ins Herz". *Freiwillig* zieht er seinen *Mantel* aus und legt ihn David um, ebenso alles, was ihn zum designierten Nachfolger seines Vaters macht: die Rüstung, den Bogen, das Schwert, den Gürtel (1.Sam 18,1-4). "David hatte Glück in allem, was er tat"; er ist der Erfolgreiche, dem alles zufällt, während sich zugleich das grausame Ende des Saul anbahnt.

Und schließlich eine besonders pikante Mantelgeschichte, die sich zwischen Saul und David abspielt, das Geschehen in der Höhle von Engedi (1.Sam 24). David zog mit seinen Söldnern umher auf den Berghöhen von Engedi. Saul macht sich auf, um ihm nachzustellen, gelangt in die Gegend "östlich von den Steinbockfelsen" und dort zu den Schafhürden. Es gibt da eine Höhle, in der sich David mit seinen Leuten lautlos versteckt hält. Saul tritt ahnungslos in die Höhle, "entblößt sich" und verrichtet seine Notdurft vor den Männern, die ihn beäugen. In jeder Hinsicht ist der König ihnen ausgeliefert. David weigert sich, die Situation auszunutzen. Er schneidet lediglich heimlich einen Zipfel vom Königsmantel ab. Wieder spielt ein Mantelzipfel eine Rolle! Hier aber ist er nicht bedeutungsloser Stoff-Fetzen, sondern Unterpfand jener Königswürde, die David zufallen wird. Zwei Mantelzipfel also, und zwei Bedeutungen!

Und schließlich eine düstere Mantelvision, bevor Saul in seinen letzten Kampf gegen die Philister zieht (1.Sam 28). In seiner Verzweiflung, ja, in seiner Todesangst sucht er nach einer Frau, die Totengeister heraufbeschwören kann. Er sucht erneut den Beistand des Propheten Samuel, der inzwischen in der Totenwelt weilt. *Verkleidet* macht er sich zu jener Frau in Endor auf, die ihm genannt wird, und heimlich das verbotene Handwerk der Totenbeschwörung betreibt. Sie läßt sich durch die Verkleidung nicht täuschen und erkennt den König. Widerwillig beginnt sie die Beschwörung. Sie sieht "einen Geist aus der Erde heraufsteigen" (V 13). "Wie sieht er aus?" fragt Saul. "Es kommt ein alter Mann herauf, *umhüllt mit einem Mantel!*" antwortet die Frau. Ehrfurchtsvoll verneigt sich Saul, unwillig reagiert der Verstorbene: "Warum störst du meine Ruhe ...?" Und Saul breitet seine große Not und seine Angst aus, aber es wird ihm keine andere Antwort als die, die ihm schon der lebende Prophet gegeben hat: "Der Herr hat das Königtum von Saul gerissen" (wie man einen Mantel von den Schultern eines Menschen reißt). Und "Saul fällt entsetzt der ganzen Länge nach zu Boden" (V 20). Die Niederlage im Kampf gegen die Philister ist grausam. Saul stürzt sich, bereits im Unterleib getroffen, in sein eigenes Schwert (vgl. 1.Sam 30).

Der Mantel gilt, das zeigen diese Geschichten, als Zeichen der Königswürde. Ein Mensch wird umhüllt mit dem Königtum wie mit einem Mantel. Der Mantel gilt auch als Zeichen des Prophetenamtes. Elia bestimmt seinen Nachfolger dadurch, daß er seinen Mantel auf Elisa wirft, der gerade mit den Rindern das Feld pflügt. Er verläßt sein Elternhaus und folgt Elia nach (vgl. 1.Kön 19,19-21).

Der Mantel bleibt nicht auf Königtum und Prophetenamt beschränkt. Er wandert sozusagen von der Realebene auf die Bildebene. Vieles kann "wie" mit einem Mantel umhüllen. Hiob sagt von sich: "Ich *kleidete* mich in Gerechtigkeit – sie war mein Kleid – in das Recht *wie* in einen *Mantel*" (Hiob 29,14). Umgekehrt müssen Frevler sich in Schande hüllen *wie* in einen *Mantel* (Ps 109,29). Auch in Eifer kann man sich hüllen wie in einen Mantel (Jes 59,17). Vieles ist denkbar, das wie ein Mantel umhüllt. Von diesem Symbol her fällt auch Licht auf die Geschichte von der Heilung des blinden Bartimäus (Mk 10,46-42). Es ist ja nicht die Geschichte von der Heilung eines physisch Blinden, sondern die Geschichte eines Menschen, der zur Erkenntnis kommt.[1] Er erkennt den vorüberziehenden Jesus als "Sohn David" und bittet ihn um

---

1 Vgl. das Kapitel "Das Symbol des Auges", S. 197.

Hilfe. Und dann der entscheidende Satz: "Der aber *warf seinen Mantel ab*, sprang auf und kam zu Jesus" (noch vor der 'Heilung'!). In einem symbolischen Akt wirft Bartimäus die Blindheit ab, die ihn umhüllt hat *wie* ein *Mantel*! Man könnte sich geradezu vorstellen, daß ihm jetzt Jesus den Mantel der Nachfolge umlegt, so wie einst Elia dem Propheten Elisa, wenn ... ja, wenn Nachfolge Jesu nicht hieße (und das gilt gerade für den Erzählzusammenhang bei Markus) "sein Kreuz auf sich nehmen".

Es ist noch die Frage zu klären, wie sich beim Symbol des Mantels anthropologische und theologische Aussagen verschränken. Das wird an Beispielen prophetischer Symbolsprache geschehen. Es wird sich – ganz nebenbei – auch zeigen, daß die biblische Symbolsprache nicht nur zufällig, sondern ganz gezielt zwischen "Kleid" und "Mantel" unterscheidet.

Der Mantel der Liebe – der Mantel der Gerechtigkeit

Eine Symbolgeschichte, die es verdient, in ihrer ganzen Schönheit wieder entdeckt zu werden, ist die Legende vom Findelkind, die im Buch des Propheten Hesekiel erzählt wird (Ez 16). Das Produkt einer flüchtigen Beziehung war es: die Mutter Hethiterin, der Vater Amoriter. Ausgesetzt wurde dieses Kind, das niemand wollte, "aufs offene Feld geworfen, weil man sein Leben für nichts achtete, am Tage, da es geboren wurde" (V 5). Das ausgesetzte Kind war ein Mädchen. Da lag es nun: Die Nabelschnur war nicht abgeschnitten, der Säugling nicht mit Wasser gewaschen und mit Salz eingerieben, geschweige denn, in Windeln gewickelt (V 4). *Nackt* und *bloß* lag das Kind da, bis Jahwe an ihm vorübergeht. Zweimal geht er vorüber. Das erste Mal: Er sieht das Neugeborene in seinem Blut zappeln und sagt: Bleib leben! (V 6). Das zweite Mal: Da war das Findelkind schon eine Jungfrau mit straffen Brüsten und sprossendem Haar (V 7), aber immer noch *nackt* und *bloß*. Das war schon die Zeit der Liebe zwischen Jahwe und dieser aufblühenden "Jungfrau", und er *deckte* den *Mantel der Liebe* über ihre Blöße und "schloß einen Bund mit ihr"! Spätestens hier wird man erkennen, daß mit dieser Jungfrau etwas anderes gemeint ist, nämlich die mitten in der Wüste liegende Stadt Jerusalem, eine Schöpfung heidnischer Stämme, die erst sehr spät zur Hauptstadt Israel wurde. Aber was geschieht? Die "Jungfrau", an der Jahwe vorüberging, um ihr den Mantel der Liebe umzulegen, wird zur Dirne, die sich jedem Vorübergehenden (!) feilbietet (V 15); ja, in krankhaft nymphomaner Manier wirft sie sich den Söhnen Ägyptens, den Söhnen Assurs, den Krämerseelen der Chaldäer und *vielen* anderen an den Hals. Sie nimmt nicht einmal – wie eine echte Hure – Geld für ihr Tun, sondern überhäuft ihre flüchtigen Liebhaber noch mit Geschenken. Die *Blöße*, die einst

Jahwe mit dem Mantel der Liebe bedeckt hat, hat sie immer wieder aufgedeckt und sich gewissermaßen vor den greulichen Götzen dieser Männerbekanntschaften prostituiert. Jeder Spottversdichter wird sagen: Wie die Mutter so die Tochter (V 44), und ihre größere Schwester ist Samarien (wegen seiner Höhenheiligtümer) und die kleinere Schwester Sodom mit ihren Perversitäten ('Es geht zu wie in Sodom und Gomorrha'!). Was nun?, könnte man fragen. Zerstört ist Jerusalem, verbannt seine Bewohner genau wie die von Juda (Südreich), wie die von Samaria (Nordreich) und die der anliegenden Stämme. Gott, der Herr, wird sie alle zurückführen. Er will seines Bundes gedenken, einen ewigen Bund aufrichten ... nicht weil diese zur Dirne gewordene Jungfrau ihn gehalten hätte. Was erhofft sich der liebende Herr? Daß sie sich schämt ... über ihre *Blöße*, die sie zur Schau gestellt hat. Man fühlt sich bei diesen Bildern in dieser Symbolgeschichte fast in eine moderne Peep-Show versetzt! Hesekiel hat drauf verzichtet, die Bilder von den Kleidern und dem Mantel weiter auszuziehen und auch den Schlußgedanken seines Kapitels mit ihrer Hilfe zu gestalten. Diese Schlußgedanken könnten so aussehen: Einst war die aufblühende Stadt wie eine heranwachsende Jungfrau "in bunten Gewändern und Sandalen aus Seehundsfell, mit Kopfbund und Schleier, mit Geschmeide, Spangen, Kette und Reif" (vgl. V 10 ff). Jetzt – nach Zerstörung und Verbannung – sitzt sie in Sack und Asche auf den Trümmern ihres einstigen Reichtums. Trotz ihrer Lumpenkleider bleibt der Mantel der Liebe, den Gott ihr einst umgelegt hat.

Was der Prophet Hesekiel an symbolischen Gedanken nicht zu Ende geführt hat, findet sich bei Tritojesaja. Er beginnt in der Zeit des Elends, der Unfreiheit, der gebrochenen Herzen; in der Zeit, in der die Stadt Kopfschmuck Asche und Trauerhülle statt Freudenöl getragen wird. Auch er kündigt an, daß Gott einen ewigen Bund schließen will. Damit bricht eine neue Zeit an, in der ER *kleidet mit Gewändern des Heils und mit dem Mantel der Gerechtigkeit* (vgl. Jes 61, besonders ab V 10). Da wird Jerusalem nicht mehr "Verlassene" oder "Einsame" heißen (Jes 62,4 ff). Fast ist man versucht, diese Bilderwelt des Tritojesaja wieder zu ergänzen durch Rückgriff auf Hesekiel. Die von ihren Liebhabern im Stich gelassene Dirne, deren Angesicht durch die fortgesetzte Prostitution zerstört war in seiner Schönheit, wird jetzt wieder "vermählt" sein mit ihrem Gott (vgl. Jes 62,4). Gewand und Mantel sind Symbole des eschatologischen Heils.

4. Der Umgang mit Kleidern bei der Passion Jesu

Nachdem so der symbolische Hintergrund des Alten Testaments abgetastet wurde, sind die Voraussetzungen dafür geschaffen, um zu erkennen, in welch faszinierender Weise Matthäus die Passion Jesu unter dem Gesichtspunkt der Kleider und Mäntel "entrollt".[2]

Folgt man den "Kleidern", den "Gewändern" und dem "Mantel", dann kann man nicht umhin, den kunstvollen Aufbau der Passionsgeschichte nach Matthäus zu bewundern. Zugleich wird man ergriffen von der Dramatik des Geschehens, die sich vor den Augen der Menschen aufbaut. Ob jeder zu erkennen vermag, welche Signale Matthäus gesetzt hat?

Die Darstellung folgt zunächst dem Aufbau der Passion Jesu, wie er auf der Übersicht der Seiten A 20.1 grafisch ins Bild gesetzt ist.

Bei diesen Überlegungen soll außen vor bleiben, daß dem ersten öffentlichen Auftreten Jesu das Auftreten Johannnes des Täufers vorhergeht, der "ein Kleid von Kamelhaaren", ein Wüstenkleid, trug. Interessant ist die Eröffnung allemal und sicher nicht ohne Bedeutung!

Die weißen Kleider

Der Weg Jesu zum Leiden beginnt fast genau in der Mitte des Evangeliums (Mt 16). Dort erfolgt die erste der sogenannten Leidensvorhersagen (V 21-23). Erwartet wurde für den Messias ein anderer Weg: der Weg des Triumphes! Daß Jesus jenen anderen, nicht erwarteten Weg ging, bedurfte einer besonderen Erklärung, einer besonderen "theologischen" Legitimation. Sie erfolgt in der Verklärungsgeschichte (Mt 17,1 ff). Das Geschehen findet "auf einem BERG" statt, auf den sich Jesus mit drei seiner Getreuesten begibt. Daß Gottes Anwesenheit und Nähe mit dem Symbol der Höhe bzw. des Berges verknüpft wird, wurde schon dargelegt.

In dieser Nähe Gottes werden die Kleider Jesu "weiß wie das Licht" (V 2), denn Gott selbst ist in das Licht gehüllt wie in ein Kleid (Ps 104,2 und 6). Dort in der Höhe und im Licht ist seines Bleibens nicht, er muß erst hinab in die Tiefe des Leidens und des Todes. Daß das von Gott selbst gutgeheißen wird – auch von Mose und Elia – macht die Stimme aus der lichten Wolke deutlich: "Dies ist mein lieber Sohn, an dem ich Wohlgefallen gefunden habe; höret auf ihn" (V 5). Die weißen Kleider Jesu sind in dieser Erzählung gewissermaßen der eine

---

2 Schon mehrfach wurde auf die Symbolik des Matthäus hingewiesen. Vgl. das Kapitel "Das Kontrastsymbol der Höhe und Tiefe", S. 98 ff; vgl. das Kapitel "Das Symbol der Hand", S. 181 f oder "Das Symbol des Fußes", S. 160 ff.

Brennpunkt in einer Ellipse. Der zweite wird folgen im weißen Kleid des Engels am Grab. Die Szene am Grab ist eine apokalyptische Szene: Ein großes Erdbeben "geschieht", der Engel kommt herab; sein Aussehen ist wie der Blitz; er thront auf dem Grab. Apokalyptische Szenen sind Gerichtsszenen. Gericht wird gesprochen über den alten Äon. Der Tod Jesus ist das Ende dieses Äons, seine Auferstehung der Beginn des neuen. Wenn das Kleid des Engels "weiß wie der Schnee" ist, dann kann dies auf die Herkunft des Boten und seiner Botschaft deuten: Er kommt aus der Höhe Gottes und aus seinem Licht. Es kann auch auf die Unschuld dessen deuten, der im Grab lag. Diese Bedeutung liegt schon deshalb nahe, weil unmittelbar vor der Engelszene die These vom Leichendiebstahl durch die Jünger dargelegt wird (Mt 27,62-66). "Reingewaschen und weißer als Schnee" ist der zu Tode gebrachte Jesus, um es mit Worten des 51. Psalms auszudrücken (V 9).

Die zerrissenen Kleider

Den weißen Kleidern korrespondieren zerrissene Kleider. Das Zerreißen von Kleidern ist ein Signal für Zerstörung und Trennung. Nach dem Aufriß der Passionsgeschichte des Matthäus wird Jesus gefangengenommen und zuerst dem Hohenrat überstellt. Diese Szene endet damit, daß der Hohepriester Jesus der Gotteslästerung bezichtigt. Er zerreißt seine Kleider (Mt 26,65). Theatralisch wirkt diese Geste. Welcher im Alten Testament bewanderte Leser des Matthäus, hätte hier nicht das Wort des Propheten Joel im Ohr: "Zerreißt (lieber) eure Herzen, nicht eure Kleider!" (Joel 2,13). Auf alle Fälle: Mit diesem Jesus will er nichts zu tun haben. Er trennt sich von ihm. Und Jesus wird des Todes schuldig gesprochen. Dieser Tod wird die Geister scheiden! Auch zu diesem Zerreißen der Kleider gibt es, wie in einer Ellipse einen zweiten Brennpunkt: Nach dem Tod Jesu zerreißt der Vorhang im Tempel von oben bis unten (Mt 27,51). Ausgerechnet dieser Vorhang, der das Volk vom Allerheiligsten trennte, zerreißt! Es war das Privileg des Hohenpriesters, einmal im Jahr durch diesen Vorhang zu schreiten: am Versöhnungsfest, um das Volk mit seinem Gott zu versöhnen. Die grundsätzliche Trennung Gott-Mensch ist jetzt aufgehoben. Der Hohepriester, der zuvor schon seine Kleider zerrissen hatte, ist ohne Funktion!

Die Verkleidung und die Entkleidung Jesu

Unter dem Gesichtspunkt der Kleider- und Mantelsymbol betrachtet, liegt der Höhepunkt der Passion Jesu mitten zwischen den schon benannten Brennpunkten. Es ist jene Szene, die zum Sondergut des Matthäus gehört (Mt 27,27 ff): die

Verkleidung und die daran sich anschließende Entkleidung Jesu. Die Verkleidung Jesu zum König (V 27-31) ist als Verspottungsszene gestaltet. Die Soldaten des Statthalters hängen Jesus einen *roten Mantel* um, flechten ihm eine Krone aus Dornen, setzen sie ihm auf, geben ihm ein (leeres!) Rohr in die rechte Hand, vollziehen die Proskynese und verspotten diese Karikatur eines Königs mit 'Heil dir, König der Juden'! So meinen Menschen mit Jesus umgehen zu können! Soll aber der Leser des Matthäusevangeliums nicht noch etwas anderes sehen? Wiederum (wie schon oft!) bei Tritojesaja gibt es eine Gerichts(!)szene, die in Rede und Gegenrede dargestellt wird (Jes 63,1-6).

Frage:	Antwort:
Wer ist's, der da von Edom herkommt, von Bozra in *hochroten Kleidern*, so prangend in seinem Gewand, einherschreitend in der Fülle seiner Kraft?	Ich bin's, der ich *Heil* verheiße, der ich mächtig bin zu helfen!
Warum ist so *rot* das *Gewand* und deine *Kleider* wie eines Keltertreters?	Ich habe die Kelter allein getreten, und von den Völkern trat mir niemand bei!

Soll der Hörer der Matthäusbotschaft nicht hinter der Spottszene jenen sehen, "der Heil verheißt" und "mächtig ist zu helfen", so wie Jesus es durch das ganze Evangelium des Matthäus hindurch tut? Und schließlich: Die Soldaten behängen Jesus mit diesem Clown-Mantel wie einen Kleiderständer. Wird aber Gott ihn nicht mit seinem Mantel des Heils umhüllen?

Und nun kommt "das Letzte" in der Passion Jesus. Auf die Verkleidung folgt die endgültige Entkleidung. "Nachdem sie ihn aber gekreuzigt hatten, verteilten sie seine Kleider unter sich, indem sie das Los warfen" (Mt 27,35). Längst wurde erkannt, daß hier Jesus das gleiche Schicksal widerfährt wie dem unschuldig Verfolgten in Psalm 22, der da klagt: "... sie durchbohren mir Hände und Füße ... Sie teilen meine Kleider unter sich und werfen das Los um mein Gewand ... aber du Herr, sei nicht fern!" (V 17 und 19). Fast wörtliche Anleihen aus der Überlieferung hat Matthäus bei dieser Entkleidung gemacht, ohne ausdrücklich zu zitieren. Sollte dies bei der Bekleidungsszene (roter Mantel) nicht in gleicher Weise geschehen sein?

Nackt wie er aus seine Mutter Schoß gekommen ist, wird er wieder zurückkehren in den Schoß des Todes. Man kann sich selbst entblößen, man kann andere bloßstellen; dieser Jesus wird dem nackten Tod preisgegeben durch die Menschen. Wird er so entblößt bleiben?

Ein letzter Ausblick sei zum Schluß gestattet. Die Symbolik der Kleider und des Mantels (oder "Rocks") hat ihre christliche Wirkungsgeschichte entfaltet. In einem der bekannteste Abendlieder heißt es im Blick auf den Tod:

Der Leib eilt nun zur Ruhe,
legt ab das *Kleid* und Schuhe,
das Bild der Sterblichkeit;
die *zieh ich aus*, dagegen
wird Christus mir *anlegen*
den *Rock der Ehr' und Herrlichkeit*.
(Aus dem Lied "Nun ruhen alle Wälder ...", Strophe 4, EKG Nr. 361)

Geht man davon aus, daß der "Rock" ein altertümlicher Ausdruck für "Gehrock", also ein Kleidungsstück ist, das über den Kleidern getragen wurde, dann bewegen wir uns in diesem Lied auf einer vergleichbaren Symbolebene wie sie im alt- und neutestamentlichen Zusammenhang entwickelt wurde. Kleider braucht der Mensch im täglichen Leben. Je nach Alter oder Anlaß können sie wechseln. Geburt und Tod aber werden mit dem Zustand der Nacktheit beschrieben. Es gibt viele Situationen im Leben, die diesem Zustand der Nacktheit vergleichbar sind; in ihnen wird der Mensch auf den Anfang oder das Ende seiner Existenz geworfen. *Umhüllt* oder *überkleidet* aber wird er mit jenen Gaben, die von Gott kommen *wie* mit einem Mantel. Der Apostel Paulus hat sich in seinem überaus komplizierten Kapitel über die Auferstehung der Toten (1.Kor 15) der Symbolik von Kleidern und Mantel nicht bedient. Lediglich in dem Verb "tragen" schimmert noch etwas hindurch aus dem Wortfeld dieser Symbolik. "Wir haben", sagt er, "das Bild des Irdischen getragen"; "hernach werden wir das Bild des Himmlischen tragen" (1.Kor 15,45 ff). Welch eine Vorstellung, daß Gott uns auch nach dem Tod umhüllen wird, so wie er das erste Menschenpaar mit Fellkleidern bekleidet hat! Waren es im letzteren Fall die Kleider, die es dem Menschen erlaubten, das harte Alltagsleben als Viehhirten, Ackerbauern oder Jäger zu bestehen – eine funktionale Kleidung also – so wird es jetzt eine Umhüllung sein, die dem Menschen Anteil gibt an der göttlichen Herrlichkeit.

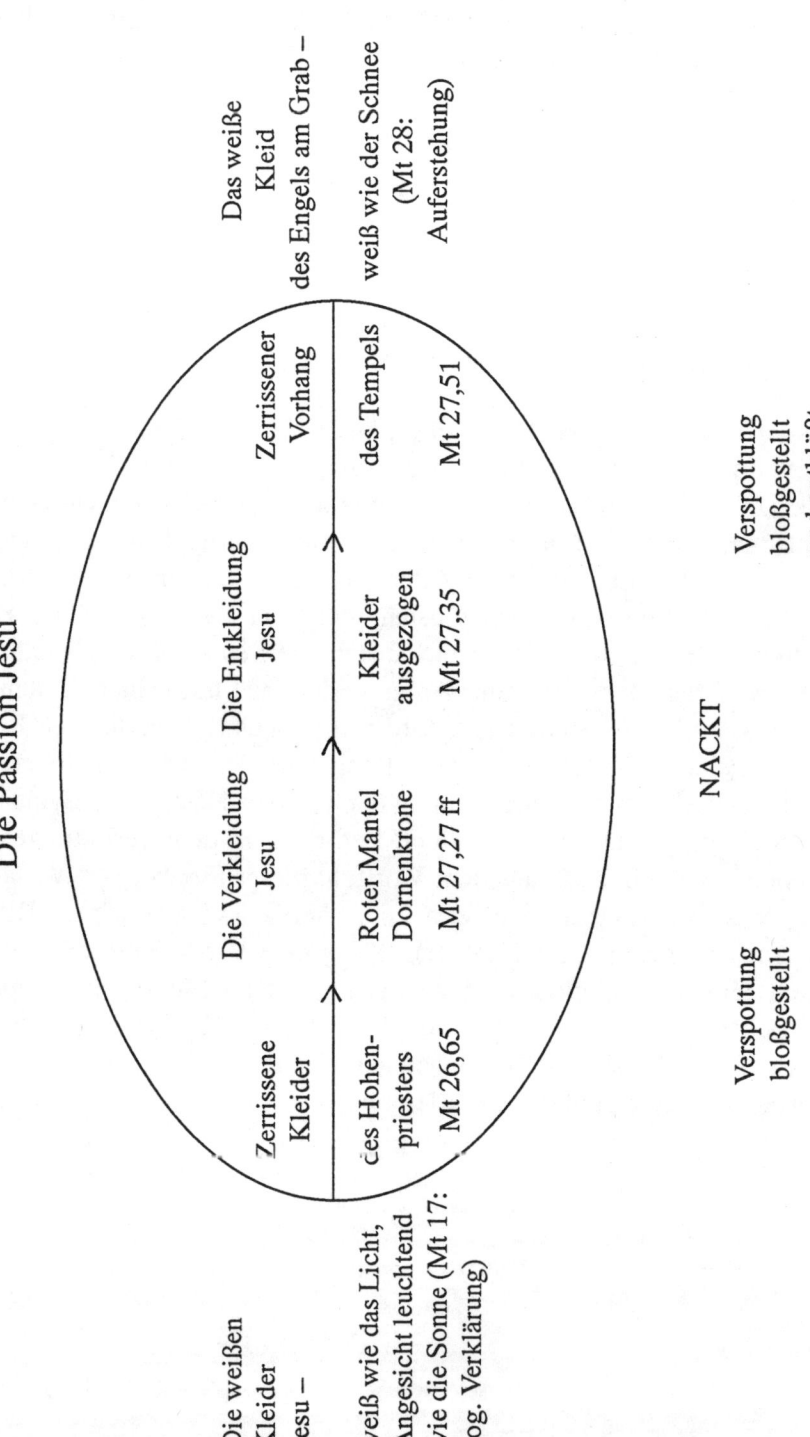

Die Passion Jesu

Die weißen Kleider Jesu –

weiß wie das Licht, Angesicht leuchtend wie die Sonne (Mt 17: sog. Verklärung)

Zerrissene Kleider

Die Verkleidung Jesu

Die Entkleidung Jesu

Zerrissener Vorhang

Das weiße Kleid des Engels am Grab –

weiß wie der Schnee (Mt 28: Auferstehung)

des Hohen- priesters

Mt 26,65

Roter Mantel Dornenkrone

Mt 27,27 ff

Kleider ausgezogen

Mt 27,35

des Tempels

Mt 27,51

NACKT

Verspottung bloßgestellt

Verspottung bloßgestellt und entblößt

Wird Gott ihn auch bloßstellen oder mit Herrlichkeit überkleiden?

Kapitel 21:

Das Symbol des Schiffes

1. Die Werbung mit dem Schiff

Werbestrategen unserer Tage haben längst entdeckt, daß das "Boot" Sympathieträger ist. Die Familie im Ruderboot auf dem Biggesee wirbt für die Lebensqualität eines bestimmten Bundeslandes. Das Segelschiff mit den grünen Segeln hat das Bier aus den grünen Flaschen für Kenner geladen! Und sogar sowjetische U-Boot-Kommandanten tauchen auf – Perestroika über alles -, wenn ein Schluck kühlen, deutschen Pilses einlädt. Wen erstaunt es, wenn Sparkassen mit einem Plakat werben, auf dem die Mannschaft eines Segelschiffes in Reih und Glied auf den Rahen eines Schulschiffes angetreten ist, wo doch auf unserem Zehn-Mark-Schein das Segelschulschiff der Bundeswehr zu sehen ist. Die Werbung unserer Tage kann anknüpfen an eine lange Tradition von Seefahrerromantik, in der das Leben auf dem Schiff bis zum Überdruß verkitscht worden ist. Daß dennoch immer wieder unsere heimlichen Sehnsüchten, wie Abenteuerlust oder Fernweh angesprochen werden, mag mit dem Bild vom Schiff zusammenhängen, das geprägt ist durch unsere Freizeitgesellschaft.

Erfahrungen um das Schiff – heute und damals

An Wochenende und im Urlaub zieht es viele von uns auf die Flüsse, Seen und Meere hinaus: in Badebooten, Kajaks und Kanus; auf Surfbrettern, Jollen und Yachten; mit Außenbordern und Rennbooten. Wir leben in einer Freizeitgesellschaft, die das Boot und das Wasser als Quelle der Entspannung und des Nervenkitzels entdeckt hat. Die einen suchen Ruhe auf dem Wasser, möglichst abseits von jeder Zivilisation, die anderen das Abenteuer. Sie wollen ihre Fähigkeiten austesten, an den Rand der Belastbarkeit gehen.

Die Menschen der Freizeitgesellschaft suchen die Abenteuer auf dem Schiff freiwillig. Sie müßten sich nicht in Gefahr begeben, sie suchen sie dennoch – aus freien Stücken. Ganz anders die Menschen, die von der Schiffahrt leben, von der Antike bis zur Neuzeit: Sie mußten ihren Lebensunterhalt auf dem Schiff verdienen. Sei es durch Fischfang, sei es durch Handelsreisen, sei es als Matrosen auf Kriegsschiffen. Ungezählt sind die gesunkenen Schiffe, ungezählt vor allem auch die Opfer an Menschenleben, die dabei gebracht wurden.

Erscheint uns heute auf der einen Seite die Freizeitschifferei besonders reizvoll, so beschwört der Gedanke an das, was alles an Chemikalien und Giften auf den Meeren verschifft wird, unsere Ängste herauf. Schiffsnamen wie "Amoco Cadiz" oder "Exxon Valdez" sind unlöslich mit der Erinnerung an ölverseuchte Strände und Buchten, an sterbende Meerestiere und Seevögel verbunden.

Wie anders mögen die Menschen früherer Zeiten gedacht haben, denen die einlaufenden Schiffe die lebensnotwendige Nahrung brachten, Fisch oder Getreide aus fruchtbareren Ländern als dem eigenen.

Mögen die Unterschiede zwischen unseren Erfahrungen mit dem Schiff und den Menschen noch so groß sein, erstaunlich ist, daß es eine ungebrochene Erzähltradition gibt, bei der das Schiff im Mittelpunkt steht. Das gilt zuallerst natürlich für literarische Gestalten wie Odysseus, Sindbad, den Seefahrer, Robinson Crusoe. Buchheims Romanerfolg "Das Boot" und seine Verfilmung sind heute Beispiele für diese Gattung.

Die Helden dieser Erzählungen geraten immer wieder in Gefahr, sie überwinden diese Gefahr. Dieses Grundmuster setzt sich fort bis in die Stammtischerzählungen unserer Tage: Selbst das Kegelclubmitglied aus dem Sauerland weiß ganz begeistert zu berichten von den Gefahren und Widrigkeiten, die ihm widerfahren sind auf dem Weg von Cuxhaven nach Helgoland. Situationen auf dem Schiff laden immer wieder ein zu narrativen Entfaltungen: Menschen geraten in Gefahr, in Not; sie verhalten sich in dieser Not – mehr oder minder – heldenhaft; sie überwinden diese Not, sei es aus eigener Kraft oder sei es durch fremde Hilfe. Von überwundenen Notsituationen läßt sich im Nachhinein gut erzählen! Und mag es nur von der Seekrankheit sein, die einen auf der Fahrt von Cuxhaven nach Helgoland überkommen hat!

Sprachliche Bilder

Es sind relativ wenige sprachliche Bilder vom Schiff oder umgangssprachliche Redewendungen vom Boot, die zu uns ins Binnenland durchdrungen sind oder sich hier erhalten haben:

Das wichtigste Bild dürfte wohl die übertragene Rede von den Menschen sein, "die in einem Boot sitzen". Sie sind aufeinander angewiesen. Sie sind voneinander abhängig. So wie Menschen im Schiff durch mancherlei Gefahren bedroht sind, so können es andere menschliche Gemeinschaften sein. Der Zusammenhalt der Mannschaft entscheidet darüber, ob sie glücklich das rettende Ufer erreicht oder, durch Streit und Differenzen entzweit, untergehen muß. Oft sind es Zwangsgemeinschaften, die da zusammengekommen sind. Wenn einer sagt: "Wir sitzen doch im gleichen Boot", dann signalisiert er: Wir sind zum Zusammensein verurteilt, wie Menschen in einem Rettungsboot; wir sind auf Gedeih und Verderb aufeinander angewiesen, ob wir wollen oder nicht!

Zum Bild von denen, die in einem Boot sitzen, kommen sprachliche Varianten: Frühere Generationen von Seefahrern mögen beobachtet haben, daß Ratten einen sicheren Instinkt dafür besitzen, ob ein Schiff sinken werde oder nicht. Wenn heute das Wort fällt von den "Ratten, die das sinkende Schiff verlassen", so ist schnell deutlich: Menschen handeln ehrlos; sie wollen lieber ihr Leben als ihre Ehre retten. Sie stehen nicht dazu, daß eine Gemeinschaft in Not geraten kann. Sie wollen die Konsequenzen, die auf sie zukommen, nicht gemeinsam mit den anderen tragen.

Ist eine Gemeinschaft in Gefahr, heißt es schnell: "Wir sitzen doch alle in einem Boot." Droht dem Schiff – sprich der Gemeinschaft – keine Gefahr, versuchen Menschen, einander "auszubooten". Diejenigen, die darauf beharren, daß das Schiff eigentlich einen anderen Kurs laufen sollte, als es tatsächlich läuft, werden mehr oder weniger geschickt hinauskomplimentiert. "Ausgebootet" haben sie keinen Einfluß mehr auf den Kurs des Schiffes.

Betonen die bisher genannten Bilder vor allem die Angewiesenheit des Menschen auf Gemeinschaft, so heben die Redewendungen, die sich auf den Weg oder Kurs des Schiffes beziehen, eher die Widrigkeiten hervor, die dem einzelnen auf seinem Lebensweg begegnen können.

Mein Leben kann vom Kurs abkommen: eigentlich war er mir vorgegeben. Aber es gab Störungen, Strömungen oder widrige Winde, die mich auf einen anderen Kurs getrieben haben.

Oft müssen wir "gefährliche Klippen umschiffen". Wer will schon gern "zu Grunde gehen" oder "stranden"! "Gestrandete Existenzen" werden zu menschlichen "Wracks".

Menschen können mit ihrer ganzen Existenz "Schiffbruch erleiden". Wir beziehen dieses Bild aber auch auf Pläne oder Unternehmungen, deren Durchführungen – aus welchen Gründen auch immer – gescheitert ist. Oft sind es die nicht vorhersehbaren, die nicht planbaren äußeren Faktoren, die menschliche Planungen zunichte machen, die dazu führen, daß Menschen mit ihren Projekten Schiffbruch erleiden.

Wenn ich "im Kielwasser eines anderen segele", dann nimmt er den Widrigkeiten, die auf mich zukommen könnten, die Kraft. Ich werde es weniger
schwer haben als er.

2. Das Schiff im Alten Testament

Aus der Wüste ist Israel in das Kulturland eingewandert. Seine elementaren
religiösen Erfahrungen hat Israel in der Wüste, am Rande des Kulturlandes und
beim Eindringen in dieses Kulturland gemacht. Die Vätererzählungen, besonders die Moseüberlieferungen und die Landnahmeerzählungen, prägen das
Selbstverständnis Israels.

Bei einem Volk mit nomadischer Vergangenheit verwundert es kaum, daß
ihm die See, das Meer, ein fremdes Lebenselement bleibt, daß sich kein Schiff-
fahrtswesen ausbildet. Und so wird es auch kaum jemanden erstaunen, daß das
Schiff im Alten Testament eine Nebenrolle spielt. Und dennoch: Gerade an den
Überlieferungen, die von Schiffen sprechen, werden entscheidende Entwicklungen im hebräisch-jüdischen Gottesbild deutlich.

2.1 Israel und seine Schiffe

Die Stammessprüche in Genesis 49,13 und Richter 5,17 lassen erkennen, daß
einige der israelitischen Stämme – Sebulon, Dan und Asser – in Kontakt mit
Schiffen gekommen sein könnten.[1] Diese Stämme waren beheimatet in Oberga-
liläa und im Bereich des südlichen Libanon, also in Nachbarschaft zu den phönizischen Küstenstädten Sidon und Tyros, die für ihr Seewesen berühmt waren. Aufgrund der spärlichen Notizen läßt sich nicht erschließen, ob diese
Stämme über eigene Schiffe verfügten – etwa für den Fischfang – oder zu Fron-
arbeiten in den Küstenstädten herangezogen wurden.[2] Wie immer die Erfahrungen der Nordstämme mit Schiffen und Schiffahrt gewesen sein mögen, in der
alttestamentlichen Überlieferung haben sie keinen weiteren Niederschlag gefunden.

---

1 Gen 49,13: "Sebulon wohnt am Ufer, des Meers; er liegt am Gestade der Schiffe und lehnt seinen
Rücken an Sidon."
Ri 5,17: "... warum weilt Dan bei den Schiffen? Asser saß am Gestade des Meeres und blieb gemächlich
an seinen Buchten."
2 Die zweite Möglichkeit erwägt A.H.J. Gunneweg, Geschichte Israels bis Bar Kochba, 1976[2],
S. 35 f.

Die einzige Epoche, in der Israel über eigene seetüchtige Schiffe verfügt hat, scheint die Zeit Salomos gewesen zu sein. Salomo – so berichtet es 1.Könige 9,26 – baute Schiffe. Da aber Israel keine Kenntnisse in der Nautik besaß, mußte er sich der Hilfe seines Freundes Hiram von Tyros bedienen, der ihm Seeleute zur Verfügung stellte, die seine Mannschaften anleiteten. Salomo entschloß sich zu diesem Unternehmen, um seinen Reichtum zu mehren. Die Schiffe brachten ihm 420 Talente Gold aus Ophir, Sandelholz und Edelsteine (1.Kön 9 und 10). Josaphat, ein Nachfolger Salomos auf dem Thron Judas, will es seinem großen Vorfahr gleichtun und läßt Großschiffe bauen. Doch seine Flotte hat kein Glück, schon im Heimathafen geht sie unter (1.Kön 22,49; 2.Chron 20,37).

Obwohl es also sehr wahrscheinlich ist, daß Israel bzw. Juda, von den oben genannten Ausnahmen abgesehen, über keine eigenen Schiffe verfügte, bekommt das Schiff im Alten Testament dennoch symbolische Qualität. Doch sind es Erfahrungen mit den Schiffen fremder Völker und Mächte, die theologisch verarbeitet und gedeutet werden müssen.

2.2 Israel und die Schiffe der Fremdvölker

Das Schiff ist – ähnlich wie das Haus – ein Produkt menschlichen, kulturellen Schaffens. Und wie alles, was der Mensch aus eigener Kraft schafft und produziert, kann es zu einem Statussymbol werden, das menschliche Macht, Stärke und Leistung repräsentiert. Im Bereich der alttestamentlichen – speziell in der prophetischen – Überlieferung repräsentiert das Schiff die Macht und Stärke fremder Völker, die für das eigene Staatswesen zur Bedrohung werden.

Besonders die sogenannten "Tharsisschiffe" wurden zum Sinnbild militärischer und wirtschaftlicher Überlegenheit. Schiffe, die Tharsis im äußersten Westen des Mittelmeeres erreichen konnten, mußten eine gewisse Größe haben, von solider Bauweise sein und von erfahrenen Seeleuten gesteuert werden. Ihren Heimatstädten brachte der Handel über das Meer – so risikoreich er auch war – wirtschaftliche Blüte und militärische Macht.

Vor allem in Situationen der militärischen und politischen Schwäche muß die Macht der Küstenstädte als besonders bedrohlich erschienen sein, müssen die fremden Schiffe Furcht und Schrecken ausgelöst haben. Verständlich erscheint es, daß in alttestamentlichen Kreisen der Wunsch wach wurde, die Bedrohung durch die phönizischen Küstenstädte – insbesondere wohl durch Tyrus und Sidon – möge ein Ende finden:

Jesaja 2,6-22 kündigt den Tag des Herrn an: Über alles Stolze und Erhabene wird er kommen, über alles Ragende und Hohe (V 12), so auch "über alle Tharsisschiffe" (V 16).

Jesaja 23 sagt in einem Fremdvölkerorakel Tyros und Sidon das Gericht an. "Heulet, ihr Tharsisschiffe", heißt es, "denn verwüstet ist eure Feste" (V 2). "Weinet ihr Tharsisschiffe, denn es ist kein Hafen mehr da" (V 10). Übermut und Hoffart wird den Bewohnern der Küstenstädte vorgeworfen. Jahwe selbst hat ihren Untergang beschlossen, "seine Hand hat er ausgereckt über das Meer" (V 11).

Im Buch Hesekiel ist diese Bildsprache noch weiter ausgezogen. In einer Allegorie wird die Stadt Tyros mit einem Tharsisschiff verglichen: "Tyros, du hast gesprochen: ein Prachtschiff bin ich, vollendet schön" (Ez 27,3). Unermeßlichen Reichtum hat Tyros angesammelt. Hochmütig ist Tyros geworden, es dünkt sich einem Gott gleich zu sein (Ez 28,6). Doch der Ostwind zerbricht dieses Schiff mitten im Meer.

Psalm 48 blickt zurück auf eine überstandene militärische Notlage. Könige hatten sich zusammengetan, im den Zion einzunehmen. Doch Gott hat seine Stadt geschützt: Durch den Ostwind hat er die Tharsisschiffe zerschmettert (V 8).

Zweierlei wird an dieser Reihe deutlich: Das Schiff ist zum Sinnbild für die Bedrohung durch fremde Völker geworden, ja, geradezu zum Sinnbild für die feindlichen Städte. Aber die Fremdvölker sind der Macht Jahwes unterworfen. Seine Hand erreicht ihren Machtbereich. Das Meer ist seinem Wirken nicht entzogen, er weiß sein Volk vor den feindlichen Schiffen zu schützen.

Dementsprechend wird die zukünftige Heilszeit dadurch gekennzeichnet sein, daß keine Ruderflotte, kein stolzes Schiff den Zion bedrohen wird. Diese Hoffnung findet sich ausgedrückt in Jesaja 33,21 f.

Geradezu positiv beschreibt Tritojesaja die Rolle der Tharsisschiffe in der Zeit des zukünftigen Heils. Er sieht sie zum Zion kommen, und sie werden die Söhne aus den Fernen heranbringen (Jes 60,9).

2.3 Schiffe in Seenot

Die oben zitierten Überlieferungen beziehen das Meer ausdrücklich in den Machtbereich Jahwes ein und unterstellen die stolzen und bedrohlichen Schiffe der Seevölker seiner Gewalt. Dieser Gedanke wird aufgegriffen und vertieft in zwei Überlieferungen, die Situationen der Seenot thematisieren.

"Die in Schiffen das Meer befuhren ..." (Ps 107)

Die Psalmen beschreiben immer wieder Menschen in Tiefensituationen.[3] Die
Betenden klagen, daß die Flut sie überströmt und zu verschlingen droht (Ps
69,3.16), daß sie sich fühlen wie in Meerestiefen gestoßen (Ps 88,7.8). Die
Einbettung dieser Klagen zeigt, daß hier existielle Notsituationen beschrie-
ben werden. Die Situation des Ertrinkenden wird zum Bild, um die jeweilige
Erfahrung von Ohnmacht und Gefährdung zur Sprache zur bringen.

Von diesen Psalmenmotiven hebt sich der 107. Psalm ab. In den Versen 23-32
ist eine Seenotsituation beschrieben:

Die in Schiffen das Meer befuhren
und Handel trieben auf großen Wassern,

> die dort die Werke des Herrn geschaut
> und seine Wunder in der Tiefe -
> er gebot und ließ aufstehen den Wind,
> und es türmte die Wellen der Sturm;

> > sie fuhren hinauf zum Himmel,
> > hinunter zur Tiefe,
> > daß ihre Seele in Not verzagte;
> > sie tanzten und wankten wie Trunkene,
> > mit all ihrer Weisheit war es zu Ende -

> > > die dann zum Herrn schrieen in ihrer Not

> und die er aus ihrer Drangsal herausführte,
> da er den Sturm zum Säuseln stillte,
> daß die Wellen des Meeres schwiegen;

> > die sich freuten,
> > daß es stille geworden,
> > und die er an das ersehnte Gestade führte:

> > > sie sollen dem Herrn danken für seine Güte,
> > > und für seine Wunder an den Menschenkindern,
> > > sie sollen ihn erheben in der Gemeinde des Volkes
> > > und ihn loben ihm Kreise der Alten.

Der 107. Psalm ist gegliedert in fünf Strophen, wobei die ersten vier weitgehend parallel gebaut sind. Menschen, die in der Wüste in die Irre gegangen sind
(V 4-9), die in Dunkel und Finsternis sitzen, weil sie den Geboten Gottes
trotzen (V 10-16), die krank waren ob ihres sündhaften Wandels, werden zum

---

3 Vgl. "Das Kontrastsymbol Höhe – Tiefe", S. 78 ff.

Lob Gottes aufgefordert (V 17-22), weil er ihnen aus ihrer Drangsal half. Die vierte Strophe unterscheidet sich von den übrigen insofern, als die Notleidenden nicht durch Irrtum oder eigenes Verschulden in die Notlage gerieten.

Ausdrücklich wird betont: Er – Jahwe – gebot und ließ aufstehen den Wind, und es türmte die Wellen der Sturm.

Und entsprechend heißt es später: Er – Jahwe – stillte den Sturm zum Säuseln, daß die Wellen des Meeres schwiegen.

Es scheint fast so, als müßte denen, die da in Schiffen das Meer befahren, besonders eingeschärft werden, mit wem sie es zu tun haben auf dem Meer: Die Werke Jahwes sehen sie, seine Wunder in der Tiefe.

Kaufleute, Händler sind es, die so belehrt werden. Nicht ohne Grund scheint diese Belehrung besonders nötig zu sein. Denn gerade diejenigen, die da als Kaufleute in Schiffen das Meer befahren, werden besonders anfällig dafür gewesen sein, andere Gottheiten als Jahwe auf dem Meer um Hilfe anzurufen. Auf dem Meer – in der Not – ruft jeder der Anwesenden seinen Gott an. Diese Situation ist in der Jona-Erzählung vorausgesetzt, und sogar in Apostelgeschichte 27 muß sich Paulus mit dem kultischen Fasten seiner Mitreisenden auseinandersetzen und erklären, welchem Gott er dient. Warum sollten also gerade diejenigen, denen das Meer fremd ist, die Handel treiben auf Schiffen, auf denen auch Heiden anwesend sind, nicht versucht sein, die Götter ihrer Mitreisenden anzubeten? Können diese Götter nicht das Recht einer längeren Geschichte für sich in Anspruch nehmen? Hatten sie ihre Verehrer nicht oft genug bewahrt?

Die Schiffe, von denen hier die Rede ist, repräsentieren Zwangsgemeinschaften, Menschen, die in einem Boot sitzen, als sie in Not geraten. Die Jahweverehrer unter ihnen sind herausgefordert; die Extremsituation der Seenot gerät zum status confessionis. Ihnen wird eingeschärft: auch hier gilt es, Jahwes Hilfe zu erflehen; denn er und keine andere Gottheit gebietet über Wind und Wellen.

An denjenigen, die zur See fahren, wird exemplarisch aufgezeigt, wie weit der Arm Jahwes reicht. Sie erfahren, daß er aus der Tiefe zu retten vermag.

Grundmotive dieses Psalms finden sich sowohl in der Jona-Erzählung als auch in den neutestamentlichen Erzählungen von der Sturmstillung. Doch finden wir sie dort auf jeweils spezifische Weise verändert.

Jona – Missionar wider Willen

Eine ausführliche alttestamentliche Seefahrterzählung liegt uns im ersten Teil des Jona-Buches vor:

Jona soll nach Ninive gehen, um gegen die Stadt zu predigen. Er weigert sich und glaubt, Jahwe entfliehen zu können. Er flieht in die entgegengesetzte Richtung, er flieht auf das Meer, er flieht über das Meer. Und zwar in einem Schiff mit heidnischer Besatzung.

Jahwe ist Herr über das Meer, er wirft einen Sturm auf das Meer. Das Schiff gerät in eine Notsituation. In seiner Furcht betet jeder zu seinem Gott. Nur Jona nicht, denn er schläft fest unten im Schiffsraum! Hat er denn nicht begriffen, daß sie alle in einem Boot sitzen, daß jeder zu seinem Gott schreien muß, damit das Schiff und alle, die in ihm sind, gerettet werden?

Die Mannschaft wirft das Los, um zu erfahren, durch wen dieses Unglück auf sie gekommen ist. Das Los trifft Jona, und jetzt bekennt er:

> "Ich bin Hebräer und verehre den Herrn, den Gott des Himmels, der das Meer und das Trockne gemacht hat."

Jetzt erst wird ihm bewußt, daß er seinem Gott gar nicht entfliehen kann. Und so bietet er der Mannschaft an:

> "Nehmt mich und werft mich ins Meer, so wird das Meer ruhig werden und von euch lassen! Denn ich weiß, daß dieser gewaltige Sturm um meinetwillen über euch gekommen ist!"

Und nun kommt es zu einer überraschenden Wende:

Jona hatte das Schiff in Not gebracht; er hatte nicht zu seinem Gott gefleht, als alle Heiden zu ihren Göttern schrieen; erst als gar nichts anderes ging, hatte er zugegeben, warum das Schiff in Not geraten war; da sollte man glauben, daß die Mannschaft doch froh sein sollte, ihn loszuwerden, ihn über Bord werfen zu können.

Doch es kommt anders: Jona, der die Heiden in Ninive von der Gnade Gottes ausschließen will, wird von den Heiden im Schiff nachsichtig be-handelt. Sie wollen ihn schonen und versuchen, an Land zu kommen, ohne ihn opfern zu müssen.

Ein zweites überraschendes Element enthält die Erzählung: Erst als es gar nicht mehr anders geht, sind die Schiffsleute bereit, Jona über Bord zu werfen. Doch zuvor beten sie zu Jonas Gott:

> "Ach Herr, laß uns doch nicht umkommen, wenn wir diesen Mann ums Leben bringen, und rechne uns nicht unschuldiges Blut an; denn du, o Herr, hast nach deinem Wohlgefallen getan."

Es kommt, wie Jona vorhergesagt hat: Als er ins Meer geworfen wird, läßt der Sturm nach. Und die Mannschaft erkennt Jahwe als den Herrn über das Meer an: Große Furcht vor dem Herr überkommt sie, sie opfern ihm und legen Gelübde ab.

Die Jona-Erzählung ist eine Geschichte voller Dramatik, sie entbehrt dennoch nicht einer gewissen Komik:

Jona, der sich weigert, die Heiden in Ninive zur Buße aufzufordern, er wird zum Missionar wider Willen auf einem Schiff der Heiden. Als Hebräer sitzt er mit Heiden "in einem Boot". Im Schiff erfährt er, daß die Heiden bereit sind, sein Leben zu schonen; wird er nun den Menschen in Ninive durch seine Buß-predigt zum Leben verhelfen? Wird er begreifen, daß er auch mit den Menschen in Ninive "in einem Boot sitzt", daß sie des Erbarmens Gottes genauso bedürfen wie die Hebräer?

2.4 Jahwes "Kästen"

Das Alte Testament erzählt von zwei "Kästen", die nach menschlichem Ermes-sen eigentlich untergehen müßten. Der eine Kasten ist die sogenannte Arche, der andere das Binsenkörbchen des Mose. Beides sind Notschiffe. Beide müß-ten untergehen, würde sie nicht die Gnade Gottes tragen.

Der große Kasten – die Arche des Noah

Völlig schwimmuntauglich wirkt das Gefährt, das die Menschheit und die Tiere der Erde vor der totalen Vernichtung schützen soll. Der Jahwist schweigt sich über seine Maße aus. Noah erhält die Anweisung: "Gehe in die Arche, du und dein ganzes Haus ..." (Gen 7,1).

In der priesterschriftlichen Version erhält Noah einen Bauplan, nach dem er die Arche anfertigen soll: "Und so sollst du sie machen: 300 Ellen sei die Länge der Arche, 50 Ellen ihre Breite und 30 Ellen ihre Höhe" (Gen 6,15). – Nach unseren Maßen wären das etwa 100 Meter Länge, 17 Meter Breite und 10 Meter Höhe. Sie hätte damit die Größe eines modernen Kreuzfahrtschiffes. Nur hat sie leider nicht die Form. Übersetzt man den hebräischen Terminus תֵּבָה wörtlich, so wäre er mit "Kasten" wiederzugeben. Die Vorstellungen von der Arche, wie wir sie durch Darstellungen aus der bildenden Kunst im Hinterkopf haben, sind geschönt! Die Arche sollte kein Schiff werden, mit einem Haus auf dem Ober-deck. Sie hat eher die Form eines überdimensionalen Griffelkastens! Unmög-lich, könnte man denken, ein solches Gefährt kann doch unmöglich schwim-men! Doch, es kann. Die Priesterschrift scheint es geradezu auf einen Wider-spruch zu allen menschlichen Erfahrungen angelegt zu haben. Daß die Arche die Sintflut übersteht, daß sie menschliches und tier-"liches" Leben in gleicher Weise birgt und vor dem Untergang bewahrt, verdankt sie nicht ihrer äußeren

Form, sondern dem Heilswillen Gottes, der sich im Bundesschluß mit Noah manifestiert (Gen 6,18; 9,8 ff).

Das Kästlein – der Binsenkorb des Mose

Ganz innerweltlich scheint es in der Erzählung von der Geburt und der Errettung des Mose zuzugehen (Ex 2). Es ist eine Geschichte von Frauen, von Frauen, die sich mit List über die Gesetze eines grausamen Pharao hinwegsetzen, um das Leben eines Kindes zu retten. Das verbindet die hebräische Mutter des Kindes und seine Schwester auf der einen Seite mit der Tochter des Pharao auf der anderen Seite. Ein Notbehelf ist das kleine Kästchen aus Rohr, von innen mit Asphalt und Pech verklebt, das das hilflose Kind solange birgt und vor dem Tode bewahrt, bis es gefunden wird.

War durch den großen Kasten das Überleben des irdischen Lebens – der Menschen und der Tiere – sichergestellt worden, so sichert ein schwimmendes Kästlein, ein Binsenkorb, den Bestand des Hauses Israels. Im Hebräischen wird für beide eigentlich seeuntauglichen Gefährte das Wort תֵּבָה gewählt. Mag die Geschichte auch erzählt sein als Geschichte zwischen Menschen, als Geschichte von mutigen Frauen, die sich über die unmenschlichen Anordnungen eines Herrschers hinwegsetzen. Die Geschichte ist dennoch, das wird durch die Anspielung auf die Arche, auf den großen Kasten, deutlich, die Geschichte einer Errettung durch göttliche Fügung. Auf wundersame Weise wird der zukünftige Befreier Israels vor dm Tode bewahrt.

3. Das Schiff als Symbol im Neuen Testament

Spielte das Schiff im Alten Testament eher eine Nebenrolle, so gewinnt es im Neuen Testament deutlich an Gewicht. Die Fahrten Jesu im Schiff werden zum Leitmotiv im ersten Teil des Markusevangeliums, die Seefahrten des Paulus sind in der Apostelgeschichte festgehalten. Darüber hinaus enthält jedes der Evangelien mindestens zwei Erzählungen, die im Schiff lokalisiert werden:

Die Stillung des Sturmes: Mk 4,35-41; Mt 8,23-27; Lk 8,22-25
Der Seewandel Jesu: Mk 6,45-52; Mt 14,22-27; Joh 6,16-21
Überreiche Fischfänge: Lk 5,1-11; Joh 21,1-14
Die Seefahrt des Paulus: Apg 27

Doch nicht nur quantitativ hat sich etwas geändert. Das Schiff hat auch eine neue Qualität gewonnen: Es ist insofern positiv besetzt, als es in den ersten drei

Überlieferungskomplexen Ort der Begegnung zwischen Jesus und seinen Jüngern wird.[4]

Man mag darüber räsonieren, ob sich hinter den Überlieferungen Reminiszenzen aus dem Leben des irdischen Jesus verbergen, Erfahrungen aus Galiläa.
Im Gesamtzusammenhang der Evangelien gewinnen die einzelnen Erzählungen jedenfalls ihr je eigenes Gewicht. Jeder der Evangelisten will mit seinen
"Schiffen" eigenständige Aussagen "transportieren".

3.1 Das Schiff im Markusevangelium

Was bringt das Schiff mit sich?

Günther Bornkamm hat in einer der ersten redaktionsgeschichtlichen Unter-
suchungen zum Matthäusevangelium darauf hingewiesen, daß Matthäus als der
älteste Exeget und als der erste Ausleger des Markusevangeliums, "die Sturmfahrt
der Jünger mit Jesus und die Stillung des Sturmes auf die Nachfolge und damit
auf das Schifflein Kirche deutet."[5] D.h., das Schiff, von dem Matthäus spricht,
ist zu verstehen als ekklesiologisches Symbol. Im Vergleich mit Matthäus
erscheint die markinische Überlieferung stärker daran interessiert, Jesus als den
großen Wundertäter herauszustellen; d.h., Markus wäre stärker an christologischen Fragestellungen interessiert.

Diese Charakterisierung der Markustradition ist sicherlich zutreffend, solange man beide Überlieferungen direkt miteinander vergleicht, ohne zugleich
darauf zu achten, wie Markus sonst das Motiv des Schiffes in seinem Evange-

---

4 Die Erzählungen vom Schiff sind durchweg entfaltet auf dem Hintergrund weiterer Symbole
bzw. Kontrastsymbole: Die Bedrohung durch die Tiefe, der "mangelhafte" Ausgangssituation beim
Fischfang, das Hereinbrechen der Nacht, das Wegemotiv können eine Rolle spielen. Hier wird vor
allem der Frage nachgegangen, was das Symbol des Schiffes über die jeweilige Gemeinschaft aussagt,
die mit dem Schiff fährt.

5 G. Bornkamm, Die Sturmstillung im Matthäus-Evangelium, in: G. Bornkamm (u.a.), Überlieferung und Auslegung im Matthäusevangelium, 1968[5], S. 51. Es waren im wesentlichen fünf Punkte,
die Bornkamm zu seiner Schlußfolgerung führten: a) Indem Matthäus die Erzählung aus dem
markinischen Kontext löst und ihr zwei Worte Jesu über die Nachfolge voranstellt (Mt 8,19-22), wird
die Nachfolge zum Stichwort, von dem her die Geschichte zu verstehen ist. – b) Das Motiv wird noch
einmal aufgenommen, indem Matthäus betont, daß Jesus den Jüngern vorangeht und sie ihm
nachfolgen (Mt 8,23 gegenüber Mk 4,35). – c) Die novellistischen Einzelzüge, die vor allem den ersten
Teil der markinischen Fassung prägen, treten bei Matthäus zurück. – d) Den Hilferuf der Jünger
gestaltet Matthäus ausdrücklich als Stoßgebet: "Herr, rette, wir gegen zugrunde." Ausdrücklich wird
Jesus als *Herr* angesprochen. – e) Matthäus stellt die Reihenfolge von Wundertat und Jüngerschelte
um. Erst werden die Jünger gescholten wegen ihres Kleinglaubens, dann tritt die große Ruhe ein.

lium verwendet. Solange Markus vor allem unter formgeschichtlichen Fragestellungen untersucht wurde, erschien das Schiffsmotiv als redaktioneller Kunstgriff, der dazu diente, die unterschiedlichen Einzelüberlieferungen miteinander zu verbinden. Ein Überblick über die Verwendung des Schiffsmotiv bei Markus, soll erkennen lassen, daß das Schiff bei Markus eine zentralere Bedeutung hat, als gemeinhin angenommen.

Markus 1,14-20: *Alte Schiffe werden zurückgelassen*
Gleich nach seinem ersten Auftreten beruft Jesus die ersten Jünger: Simon und Andreas, die im See ihr Netz auswerfen. Sie lassen ihre Netze liegen und folgen Jesus. Vom Schiff ist zunächst gar nicht die Rede. Dann beruft Jesus Jakobus und Johannes. Sie sind ebenfalls im Schiff, wie es im Stil des Nachtrags heißt. Sie lassen die alten Lebensgemeinschaft – ihren Vater Zebedäus und die Knechte – im Schiff zurück!

Markus 3,7-12: *Ein neues Schiff wird bereitgestellt*
In einem Summar wird von einer großen Volksmenge berichtet, die Jesus bestürmt. Jesus bittet seine Jünger, einen Kahn bereitzustellen, damit er der Menge ausweichen kann. Merkwürdigerweise wird hier noch nicht vermerkt, daß Jesus diesen Kahn wirklich benutzt hat. Erst muß die Mannschaft zusammengestellt werden, so scheint es. Denn bevor das Schifflein zum Einsatz kommt, werden die zwölf Jünger berufen! (Mk 3,13-19)

Markus 4,1: *Das neue Schiff bringt eine neue Verkündigung:*
Noch einmal wird wiederholt, daß sich das Volk bei Jesus versammelt. Nun tritt er ins Schiff, um von hier aus seine Gleichnisrede zu halten. Seinen Jünger legt er diese Gleichnisrede aus, als sie für sich allein sind. Im Schiff?

Markus 4,35-41: *Das Schiff der Christuserkenntnis I:*
Jesus bittet seine Jünger, an das jenseitige Ufer zu fahren. Sie nehmen ihn mit, "wie er im Boot war"! Auf dem See schläft er ein. Ein großer Windsturm erhebt sich, die Wellen schlagen in das Schiff. Die Jünger wecken ihn und bitten ihn um Hilfe. Auf den Befehl Jesu hin verstummen Wind und Meer. Die Jünger werden gescholten: "Warum seid ihr so furchtsam? Habt ihr noch keinen Glauben?" Für die Jünger entsteht die Frage: "Wer ist doch dieser, daß ihm Wind und Wellen gehorchen!"

Markus 5,1 ff: *Das Schiff bringt Heilung und Heil I:*
Das Schiff kommt am jenseitigen Ufer an, in Geresa. Ein Mensch, der vom Dämonen geplagt wird, wird durch Jesus befreit. Als der Geheilte bittet, mit in das Schiff steigen zu dürfen, erhält er die Weisung: "Geh in dein Haus zu den Deinen und berichte, was der Herr dir Großes getan hat und wie er sich deiner erbarmt hat."

Markus 5,21 ff: *Das Schiff bringt Heilung und Heil II:*
Wieder fährt das Schiff an das jenseitige Ufer. Die blutflüssige Frau und die Tochter des Jairus erfahren durch Jesus Erlösung von ihren Leiden.

Markus 6,32 ff: *Das Schiff bringt Heil und Fülle*
Das Schiff fährt abseits an einen öden Ort. Eine Volksmenge hat sich hier versammelt und

wartet auf Jesus. Er nimmt sich der Menge an: Er spricht zu ihnen und speist die 5000 mit fünf Broten und zwei Fischen.

Markus 6,45-52: *Das Schiff der Christuserkenntnis II:*

Jesus *nötigt* seine Jünger, *allein* an das jenseitige Ufer zu fahren. Als auch bei dieser Überfahrt der Sturm dem Schiff zusetzt, kommt er über den See zu seinen Jüngern und will an ihnen vorübergehen. Als sie ihn sehen, halten sie ihn für ein Gespenst und beginnen zu schreien. Er spricht sie an: "Seid getrost, ich bin's, fürchtet euch nicht." Als er zu ihnen ins Schiff steigt, legt sich der Wind. – Die Jünger verstehen immer noch nicht, mit wem sie es zu tun haben; sie erstaunen sie im höchsten Maße.

Markus 6,53: *Das Schiff bringt Heil und Heilung III:*

Als das Schiff das jenseitige Ufer erreicht, wird Jesus wiederum von Menschenmassen erwartet. Das Summar deutet erneut an: wo Jesus aus dem Schiff steigt, erfahren Menschen Heil und Heilung.

Markus 8,10.11-13: *Das Schiff des Heil und der Fülle wird abgewiesen*

Nach der Speisung der 4000 besteigt Jesus mit seinen Jüngern erneut das Schiff, ohne das deutlich würde, woher nun das Schiff kommt. Als Jesus nach Dalmanutha kommt, erwarten ihn diesmal nicht Menschen, die seiner Hilfe bedürfen; die Pharisäer kommen an das Ufer und verlangen ein Zeichen zu sehen. Jesus weist sie ab und besteigt wiederum das Schiff.

Markus 8,14-20: *Das Schiff der Christuserkenntnis III:*

Wiederum sitzen die Jünger mit Jesus im Schiff. Es ist die dritte Überfahrt, auf der die Vorgänge im Schiff geschildert werden. Wiederum erkennen die Jünger nicht, wen sie bei sich haben! Von den anderen beiden Erzählungen unterscheidet sich diese Stelle insofern, als daß hier deutlich die Handschrift des Markus zu erkennen ist. Das Motiv des Jüngerunverständnisses ist wieder aufgenommen, und deutliche Rückbezüge zu den Speisungsgeschichten werden hergestellt.[6]

Folgende Gesichtspunkte scheinen mir für das Verständnis des Schiffsmotives bei Markus wesentlich:

a) Das Schiff ist ein Ort, der ausschließlich Jesus und seine Jüngern vorbehalten ist. Die Jünger werden herausgelöst aus ihrer alten Lebensgemeinschaft. Die Zwölf werden berufen, bevor das Schifflein, von dem schon zuvor die Rede ist, benutzt wird. Ein Außenstehender – der Gerasener – wird abgewiesen, als er in das Schiff einsteigen will. Es ist eine exklusive Gemeinschaft, die sich im Schiff des Markus versammelt.

b) Ein deutlicher Schwerpunkt liegt in der markinischen Überlieferung vom Schiff auf den beiden Rettungserzählungen (4,35 -41; 6,45-52). Auf den Wunsch

---

6 Vgl. "Das Symbol des Herzens", S. 308 ff.

Jesu hin überquert das Schiff am Abend den See (4,35); er ist es, der die Jünger nötigt, über den See ohne ihn nach Bethsaida vorauszufahren (6,45).

In beiden Erzählungen wird deutlich, daß Jesus die, die er berufen hat, nicht in ihrer Not allein läßt:

Vergleicht man die erste Erzählung mit Psalm 107,23-32, so tritt ihr Profil deutlich hervor: Der Sturm und die Wellen werden nicht auf göttliches Wirken zurückgeführt. Sie scheinen eher als lebensbedrohende Mächte, die beinahe dämonischen Charakter haben. Denn wie Dämonen werden sie von Jesus bedroht und zum Verstummen gebracht. Er erweist sich diesen Mächten überlegen. Auf sein Wort tritt eine große Windstille ein. Das Wunder der Tiefe, das Werk des Herrn wird hier durch Jesus vollbracht. Die theologischen Aussagen des 107. Psalms werden durch christologische Aussagen ersetzt.

Auch für das Verständnis der zweiten Erzählung wird man alttestamentliche Motive heranziehen dürfen. Zum einen könnte auf ein Motiv aus Hiob 9,8 zurückgegriffen sein, wo von Gott als dem gesprochen wird, "der einherschreitet auf den Höhen des Meeres". Gewichtiger scheint aber eine Anspielung auf die Mose- bzw. die Eliaüberlieferung zu sein. An beiden zieht Gott vorüber, beide dürfen die Herrlichkeit Gottes "von hinten" schauen (Ex 33,18 ff; 1.Kön 19,11 ff). Die Erfahrung der beiden großen Gestalten des Alten Testaments wird hier gewissermaßen überboten. Jesus geht nicht an den Jünger vorüber. Er spricht ihnen ein Trostwort zu und steigt zu ihnen ins Schiff.

Durch das Motiv des Jüngerunverständnisses, das beide Erzählungen beschließt und das durch die redaktionelle Schöpfung des Markus in 8,14 ff noch einmal verschärft wird, treten die Rettungstaten Jesu als Machttaten besonders hervor, ein hoheitlicher Christus wird hier sichtbar. Die christologische Fragestellung steht bei Markus deutlicher als bei Matthäus im Vordergrund. Aber sie ist mit der dritten Erzählung von der gemeinsamen Überfahrt keineswegs abgeschlossen. Den drei Überfahrten, bei denen das Unverständnis der Jünger gegenüber den Machttaten Jesu zutage tritt, stehen die drei Leidensankündigungen gegenüber, auf die die Jüngerschaft ebenso verständnislos reagiert.

Wenn Matthäus stärker die ekklesiologischen Züge betonen kann, so deshalb, weil sie bei Markus zumindest vorbereitet sind:

c) Die Gemeinschaft, die Jesus in das Schiff geholt hat, wird durch ihn bewahrt und gerettet. Wenn Markus diese beiden Überlieferungen in der ihm vorliegenden Tradition vorgefunden hat, so betont er doch durch seine übrige redaktionelle Arbeit die Exklusivität dieser Gemeinschaft. Die Rettung und Bewahrung, die die Jünger durch Jesus erfahren, tritt neben das Rettungswunder des Alten Testaments, den Durchzug durch das Schilfmeer (Ex 14). Daß er das Schiffsmotiv aufgreift und ausweitet, dürfte keineswegs zufällig sein. Denn das Schiff, so hatte sich oben gezeigt, war nicht durch alttestamentliche Überlieferungen als Symbol der hebräischen Kultgemeinschaft besetzt, im Gegenteil.

d) Vor allem die Überlieferung vom Seewandel Jesu läßt deutlich erkennen, daß Markus in eine Gemeindesituation hineinspricht, in der die Jüngerschaft von ihrem Herrn getrennt ist, ohne ihn "mitten auf dem See". Markus erzählt zwar von der Rettung des Schiffes durch den irdischen Jesus, aber dieser trägt die hoheitlichen Züge des Auferstandenen. Das Trostwort, das den Jüngern im Schiff gesagt wird, gilt den Lesern des Markus in gleicher Weise: "Seid getrost, ich bin's, fürchtet euch nicht." Im Schiff, das ohne seinen Herrn über den See fährt und das widrige Winde in Not bringen, sitzen auch die Leser dieser Geschichte. Mögen sie einsichtiger sein als die Jünger und ihren Retter erkennen! Was in der Geschichte vom Seewandel offen ausgesprochen ist, die Trennung von Jesus und Gemeinde, ist in der Überlieferung von der Sturmstillung durch das Motiv vom Schlafe Jesu nur angedeutet. Liest man beide Geschichten im Vergleich, so signalisiert die erste Geschichte auf dem Hintergrund der zweiten: Er ist bei euch im Schiff, auch wenn ihr es nicht merkt.

e) Auffällig ist, daß – bis auf eine Ausnahme (Mk 8,11-13) – das Schiff immer zu Menschen kommt, die der Hilfe Jesu bedürfen. Das Schiff bringt ihnen denjenigen, der sie von Dämonen und Krankheiten befreit, der sich ihrer annimmt, als sie – einer Herde ohne Hirten gleich – sich in der Wüste versammeln. Markus zieht keine bewußten Parallelen zur alttestamentlichen Überlieferung. Die Häufung des Motivs sticht trotzdem in die Augen.

Zwei Deutungsmöglichkeiten tun sich – denke ich – auf:

Zum einen wäre es denkbar, daß Markus den Lesern seiner Zeit den fern scheinenden Erlöser nahebringen will. Er erzählt in die Gegenwart seiner Leserinnen und Leser hinein. Sie stehen – ähnlich den Menschen, von denen Markus erzählt – wartend da, in der Hoffnung auf das (Wieder-)Kommen ihres Erlösers. Damals ist er mit dem Schiff gekommen – aus der Ferne an das Ufer, wo die Menschen ihn wartend empfingen. Ihnen hat er Hilfe gebracht. Das Warten lohnt sich auch jetzt, wo er wieder fern zu sein scheint, an einen anderen, "jenseitigen" Ufer. Das scheint das markinische Schiffsmotiv zu signalisieren.

Zum anderen kann man sich fragen, ob sich hier nicht die eigene Missionspraxis widerspiegelt. So wie das Schiff Jesu zu den Menschen am See kam, so kommen heute seine Boten zu den Menschen an den Ufern des Mittelmeeres, die, wie die Menschen damals, auf ihr Heil warten. Auffällig ist immerhin, daß der andere größere neutestamentliche Zyklus von Schiffsreisen die (Missions-)Reisen des Paulus umfaßt.

3.2 Schiffe aus dem lukanischen Doppelwerk

Welchen Kurs sollen sie steuern?

Vergleicht man das Lukasevangelium mit dem Markusevangelium, so fällt auf, daß die für Markus typischen Notizen und Erzählungen vom Schiff deutlich zurücktreten. Einen neuen Akzent setzt er durch die Geschichte vom wundersamen Fischfang des Petrus (Lk 5), die das Menschenfischerwort aus Markus 1,17 aufnimmt. Er gibt die Überlieferungen vom Seesturm weiter, es entfallen aber Überlieferungen wie Markus 6,45-52 und Markus 8,14-21.

Dabei hat Lukas nicht etwa grundsätzlich etwas gegen das Schiffssymbol, im Gegenteil, er beherrscht die seemännische Terminologie ausgezeichnet! Er setzt sie aber nicht ein in einem Evangelium, sondern in der Apostelgeschichte. Der Mann der Seereisen ist für ihn nicht Jesus, sondern Paulus.

Zwei Schiffe auf Parallelkurs (Lk 5,1-11)

Auf dem Hintergrund des oben Ausgeführten erhält die Erzählung vom Fischzug des Petrus besonderes Gewicht. Ihre nächste Parallele hat sie in der johanneischen Erzählung vom nachösterlichen Zusammentreffen Jesu mit seinen Jüngern (Joh 21). Beiden Erzählungen gemeinsam ist, daß es nicht um Schiffe geht, die bedroht werden durch die Tiefe, durch Wind und Wellen, sondern um Schiffe, die umsonst ausgefahren und ohne Fang zurückgekehrt sind.

Lukas 5,1-11 gehört zum Sondergut des Lukas. Er nimmt zwei Motive aus dem Markusevangelium auf: die Predigt Jesu vom Schiff aus (Mk 4,1 ff) und das Wort von den Menschenfischern (Mk 1,16-20). Ansonsten geht er mit seiner Erzählung weit über Markus 1,16-20 weit hinaus.

Zwei Schiffe liegen am Ufer, als sich das Volk am Ufer des Sees um Jesus drängt. In *eins* der Schiffe steigt Jesus, in das Schiff des Simon, um dem Volk zu predigen.

Nach der Predigt fordert Jesus den Simon auf, hinauszufahren und die Netze zum Fang auszuwerfen. Simon antwortet ihm: "Meister, wir haben die ganze Nacht hindurch gearbeitet und nichts gefangen; doch auf dein Wort hin will ich die Netze auswerfen."

Der Fang ist übergroß. Die Netze wollen reißen. Die Gefährten im *anderen* Schiff müssen herbeigewunken werden. *Beide* Schiffe werden gefüllt, *beide* Schiffe drohen zu sinken. Jetzt kommt Simon wieder in den Blick, er bekennt: "Geh von mir hinaus, denn ich bin ein sündiger Mensch, o Herr!" Alle werden von Schrecken umfangen, aber Simon Petrus reagiert als erster. Zu ihm sagt Jesus: "Fürchte dich nicht! Von nun an wirst du Menschen fangen."

Die Schiffe werden an Land gebracht. Die Fischer lassen sie zurück, sie folgen Jesus nach.

Man kann sich fragen: Ist es nicht ein reines Stilmittel, daß Lukas hier von zwei Schiffen spricht? Dient das zweite Schiff nicht lediglich dazu, die Größe des Fangs zu unterstreichen?

Deutlich ist zu erkennen, daß Lukas an einer Vorrangstellung des Simon gelegen ist: In sein Schiff steigt Jesus zuerst, er vertraut dem Worte Jesu, er bekennt Jesus als erster als Herrn, ihm gilt das Wort Jesu, das ihn zu einem Menschenfischer macht. Und natürlich wird die überreiche Fülle des Fanges durch die Einführung eines zweiten Schiffes betont. Aber dennoch dürfte es keineswegs nur stilistisch bedeutsam sein, daß Lukas ein zweites Schiff ins Spiel bringt. Wo Christen – dem Worte Christi vertrauend – ihre "Netze" auswerfen, da bleibt der Erfolg nicht aus, ja, der Erfolg ist sogar übergroß. Ein Schiff allein kann mit dem Erfolg gar nicht fertig werden, Hilfe ist notwendig, Helfer müssen hinzukommen.

Immer wieder betont Lukas in den ersten Kapiteln der Apostelgeschichte das Anwachsen der christlichen Gemeinde in Jerusalem (2,41.47; 4,4.32; 5,14). In Apostelgeschichte 6 erzählt er, daß die Zahl der Jünger sich so mehrte, daß es zu Ungerechtigkeiten bei der Versorgung der Witwen der griechisch sprechenden Judenchristen kommt. Die Zwölf schlagen daraufhin vor, daß die Gruppe der hellenistischen Judenchristen sieben Männer bestellt, die die Versorgung ihrer Leute übernimmt, und die Zwölf so entlastet.

Apostelgeschichte 6 stellt die Vorgänge in Jerusalem recht harmonisch dar. Es gibt Probleme, aber schnell kommt es zu einer Lösung. Ob die Streitigkeiten wirklich so schnell beigelegt werden konnten?

Denkbar wäre, daß Lukas mit seiner Erzählung in diese Situation hineinspricht; möglich ist aber auch, daß er hier auf das Verhältnis von Juden- und Heidenchristen anspielt, und die Heidenmission schon durch diese Erzählung zu legitimieren sucht. Wenn man sich vergegenwärtigt, wie weitläufig er sie in Apostelgeschichte 10 begründet, auch hier steht wieder Simon Petrus im Vordergrund, spricht vieles für diese Annahme.

Auf welche konkreten Gruppierungen Lukas auch immer anspielen mag, deutlich sind die Signale, die er setzt: Wenn Christen auf das Wort Jesu hin "zum Fang" ausfahren, reichen zwei Schiffe kaum aus, um den Erfolg zu bewältigen.

Welche Mannschaft bestimmt den Kurs (Apg 27)?

Lukas zeichnet die Missionsreisen des Paulus mit konkreten Ortsangaben sehr genau nach. So ist man geneigt, zumindest in seinen Wegebeschreibungen einen historischen Bericht zu sehen und die Schiffsreisen des Paulus als im Kern zutreffend geschildert anzusehen.

Das gilt insbesondere auch für seine Seenoterzählung in Apostelgeschichte 27. Sie ist die umfangreichste biblische Erzählung zu diesem Thema.[7] Sie besticht durch genaue Ortsangaben. Die präzisen Beschreibungen der Verhältnisse auf einem antiken Schiff drängen den Eindruck auf: Der hier schreibt, gibt genau wieder, was sich zugetragen hat.

Ein römischer Hauptmann namens Julian (V 1 und 3) und seine Soldaten sollen Gefangene – unter ihnen ist Paulus – nach Rom bringen. Dazu chartert der Hauptmann in Myra ein alexandrinisches Schiff.

Die Reise geht nur langsam voran. Der Herbst bricht an, in dem die Seefahrt gefährlich wird, als das Schiff an der Südküste Kretas einen Hafen erreicht, der aber zum Überwintern ungeeignet erscheint. Schiffsherr und Steuermann drängen auf Weiterfahrt, während Paulus seine Mitreisenden warnt:

> "Ihr Männer, ich sehe, daß die Fahrt mit Schädigung und großem Verlust nicht nur für die Ladung und das Schiff, sondern auch für unser Leben vor sich gegen wird!" (V 10)

Der Hauptmann traut den Seeleuten mehr als der Warnung des Paulus, und so beschließt man weiterzusegeln. Das Schiff gerät in einen Sturm und wird weit von seinem Kurs abgetrieben. Eine zweiwöchige Irrfahrt beginnt. Alles seemännische Können schlägt fehl, alle Hoffnung auf Rettung schwindet bei den Menschen auf dem Schiff.

In dieser Situation tritt Paulus auf und spricht den Männern Mut zu:

> "Kein einziges von euch wird das Leben verlieren, nur das Schiff wird verloren sein. In dieser Nacht trat zu mir ein Engel des Gottes, dem ich angehöre ..., und sprach: Fürchte dich nicht, Paulus, du mußt vor den Kaiser treten, und siehe, Gott hat dir alle geschenkt, die mit dir fahren! Darum seid guten Mutes, ihr Männer!" (V 22-24)

---

7 Das Kapitel umfaßt 44 Verse. Es besticht durch genaue Ortsangaben. Teilweise ist es als Wir-Bericht verfaßt, was den Eindruck einer historischen Darstellung noch verstärkt.

Als das Schiff auseinanderzubrechen droht, will die Mannschaft wie die sprich-
wörtlichen Ratten das sinkende Schiff mit dem Rettungsboot verlassen und
Soldaten wie Gefangene ihrem Schicksal überlassen (V 30-32). Wieder ist es
Paulus, der auf die drohende Gefahr aufmerksam macht. Er warnt den Hauptmann
und die Soldaten, die daraufhin die Taue des Rettungsbootes kappen und die
Mannschaft zwingen, an Bord zu bleiben.

Damit ist die Gefahr aber noch nicht vorüber: Die Menschen auf dem Schiff
sind geschwächt, weil sie – wohl in der Hoffnung, die Götter gnädig zu
stimmen – vierzehn Tage lang gefastet haben. Noch einmal versucht Paulus, die
Mannschaft, die Soldaten und seine Mitgefangenen zu ermutigen:

> "Deswegen ermahne ich euch, Speise zu euch zu nehmen, denn diese dient zu
> eurer Rettung; denn keinem von euch wird ein Haar vom Haupte verlorengehen"
> (V 34).

Er läßt es aber nicht bei der Mahnung bewenden; er nimmt sich vielmehr Brot,
dankt Gott vor allen, bricht das Brot und beginnt zu essen. Es ist ein eu-
charistisches Mahl, das er vor den Augen seiner Mitreisenden hält.[8] Und das
Mahl des Paulus überzeugt die anderen: sie werden guten Mutes und essen
ebenfalls. 276 Seelen – so hält der Erzähler ausdrücklich fest – werden so
ermutigt und damit letztendlich gerettet. Denn durch die Speise gestärkt,
überstehen sie alle den Untergang des Schiffes: schwimmend oder sich an
Wrackteilen festklammernd erreichen alle das Land, wie Paulus es vorgesagt
hatte.

Von anderen biblischen Seenoterzählungen unterscheidet sich Apostelgeschichte
27 insofern deutlich, als die Beschreibung der Irrfahrt und des Schiffbruchs
sehr realistisch wirkt. Die Frage, wer den Sturm schickt, wer ihn zu besänftigen
vermag, wird nicht gestellt. Lediglich durch den Engel wird eine Beziehung zu
göttlichen Mächten hergestellt. Ansonsten verbleibt die Erzählung ganz im
Innerweltlichen. Alles Wunderhafte tritt in dieser Erzählung vollkommen zurück. Auffällig ist weiter, daß die Erzählung zunächst vor allem die Geschichte
einer *Irrfahrt* ist (V 14-26) und erst in zweiter Linie die Geschichte eines
Schiffbruchs (V 27-44).

Als weitsichtiger Warner und Mahner wird Paulus in dieser Geschichte gezeichnet; er, der Christ, vermag es, seinen Mitreisenden in den entscheidenden
Situationen Mut zuzusprechen, er bringt ihnen Rettung in ihrer prekären Notlage. Paulus gibt den Mitreisenden die *innere Stärke* über allen soziale und reli-

---

8 Das Brechen des Brotes ist bei Lukas Ausdruck für die eucharistische Mahlgemeinschaft, vgl.
Lk 24,30; Apg 2,42 u.ö.

giöse Unterschiede hinweg. Besonders deutlich wird das an dem eucharistischen Mahl des Paulus; es macht allen Mut, die auf dem Schiff in Not sind.

Der römische Hauptmann erscheint als Garant der *äußeren Ordnung*. Er vertraut dem Paulus mehr und mehr: so hindert er die Mannschaft an der Flucht; er hindert aber auch seine Soldaten daran, die Gefangenen umzubringen, bevor sie das Schiff verlassen, um an Land zu schwimmen. Der Christ Paulus *und* der römische Hauptmann kooperieren, zum Wohle der Menschen auf dem Schiff. Nicht auf eine Bekehrung der Menschen auf dem Schiff läuft die Geschichte hinaus – hier liegt der Skopus der Jona-Erzählung -, sondern auf ihr Überleben, auf ihre physische Rettung. Der Christ und der Römer arbeiten zusammen, um dieses Ziel zu erreichen.

Man wird in dieser Erzählung mehr sehen dürfen als nur einen historischen Bericht über eine Schiffsreise von Cäsarea nach Rom. Das Schiff in Apostelgeschichte 27 ist ein höchst symbolisches Schiff. Das Schiff erleidet zwar "Schiffbruch", vollen Erfolg hat aber Paulus dennoch in seiner Rolle als Warner und Mahner. Ich denke, Lukas gibt in seiner Erzählung zu erkennen, wie er die Rolle der Christen im römischen Staat versteht: Sie sind die Mahner, die das Staatsschiff vor gefährlichen Irrfahrten bewahren helfen; das Christentum will sich positiv in den Staat einbringen, es will die Kraft und die Macht des Kaisers nicht schwächen oder zerstören, im Gegenteil, ihm liegt am Wohl aller Menschen, die zu diesem Staat gehören. So wie Paulus auf dem einen Schiff als Mahner und Bewahrer wirkt, so sollen die Christen im römischen Staat wirken.

Zwei Tendenzen der lukanischen Erzählungen fließen hier zusammen: Zum einen versucht er, das Christentum als für den Bestand des römischen Staates ungefährlich hinzustellen (vgl. das Urteil des Pilatus über Jesus in seiner lukanischen Fassung, Lk 23,1-5.13-25), zum anderen will er antirömischen Einstellungen in der Kirche entgegentreten, um der Kirche eine Lebensmöglichkeit im römischen Imperium zu verschaffen.[9] Apostelgeschichte 27 spielt auf einem alexandrinischen Schiff, sozusagen noch auf neutralem Boden. Fernziel des Lukas scheint es aber zu sein, den Christen einen Platz im römischen Staatsschiff zu sichern.

Auf den ersten Blick erscheint das Ziel des Lukas sehr sympathisch. Die Frage, die sich aber erheben muß, ist die, ob er, um sein Ziel zu erreichen, die Funktion des Staates nicht in unzulässiger Weise idealisiert und die Verfolgungen der Christen durch diesen römischen Staat nicht letztlich bagatellisiert. Friedlich-schiedlich wirkt sein Konzept. Denkt man an die Bedrückungen und Verfolgungen der Christen durch den römischen Staat, so wird man fragen dür-

---

9 Vgl. K. Wengst, Pax romana. Anspruch und Wirklichkeit, 1986, S. 131.

fen, ob der Entwurf des Lukas nicht zu optimistisch ausgefallen ist; zu schön, um wahr zu sein!

FAZIT

In anthropologischer Hinsicht ist das Schiff ein Bild für menschliche Gemeinschaft, oft für menschliche Gemeinschaft in Gefahr.

Woher kommt denen im Schiff Hilfe? Die Evangelien greifen diese Frage auf und präzisieren sie dahingehend: Woher kommt der Gemeinschaft Jesu Hilfe, wenn übermächtig erscheinende Gewalten sie zu zerstören drohen?

Die Seesturm- und Seewandeltraditionen der Evangelien – so unterschiedlich die Akzente im einzelnen gesetzt sein mögen – treffen sich in der Aussage: Die Gemeinschaft der Christen wird durch Not und Gefahr geleitet durch den Herrn dieser Gemeinschaft selbst: durch den Christus.

Aus der Ferne kommt der Christus zu denen, die seine Hilfe brauchen. Anhand der Überlieferungen vom Schiff führt Markus diesen Gedanken in zweifacher Weise durch:

Er kommt zum "Schiff" in Not.

Doch nicht nur die im Schiff können in Not geraten. Auch am Ufer können Menschen sitzen, die in ihrer Heilsbedürftigkeit darauf warten, "abgeholt" zu werden.

Und so wird vor allem durch das im Markusevangelium immer wieder überraschend auftauchende Schiff die Epiphanie des Göttlichen angezeigt.

KONSEQUENZEN ZU DEN KAPITELN 15 – 21

Auf den ersten Blick haben die Symbole, die in diesem Teil unserer Untersuchung der vierten Kategorie zugeordnet werden, nichts Gemeinsames. Daß sie im Entstehungsprozeß dem Bereich der Kultur entnommen wurden, scheint eher eine formale Verbindung zu sein: Wie also sollten sich Konsequenzen ziehen lassen, die vor allem den symbolischen Gehalt von Brunnen, Haus und Garten, von Brot, Wein und Mantel oder vom Schiff treffen?

Anthropologische Konsequenzen

Läßt man die Symbole dieses Teilabschnitts noch einmal Revue passieren, dann ist nicht von der Hand zu weisen, daß es um Dinge geht, die der Mensch zum Leben *braucht*. Gehen wir Schritt für Schritt vor!

Der Mensch braucht Nahrung, um seinen Hunger zu stillen – Brot!

Der Mensch braucht Wasser, um seinen Durst zu löschen – Brunnen und Quellen!

Der Mensch braucht Schutz vor den Unbilden der Witterung – Kleider!

Der Mensch braucht fröhliche Stunden der Erholung – Wein!

Das alles muß er sich mit seiner Hände Arbeit hart erarbeiten. Es entsteht sofort die Frage: Ist das alles, was der Mensch zum Leben braucht? Ist er ganz auf seine physischen Bedürfnisse reduziert? Hat er nicht auch eine Seele? Damit sind wir bei der tieferen Schicht dieser Bedürfnisse. Gibt es nicht den Durst und den Hunger nach dem ganz anderen? Die Sehnsucht nach Umhüllungen, die nicht aus Stoff bestehen, nach einer Freude, die nicht mit Trunkenheit erkauft ist? Bedarf der Mensch nicht in Wahrheit *des* Brotes statt der Brote, *der* Quelle statt vieler Liter Wasser, *des* Mantels statt vieler Bekleidungsstücke, *des* Weins von *dem* Weinstock statt der vielen Weinsorten?

Überlegen wir weiter!

Der Mensch braucht zusammen mit anderen ein Dach über dem Kopf – das Haus!

Der Mensch braucht zusammen mit anderen ein geschütztes Terrain, auf dem er mit Tieren und Pflanzen lebt – den Garten!

Der Mensch braucht auf dem Meer das Schiff, das ihn trägt und ans andere Ufer bringt.

Auch diese Dinge muß er bauen, bearbeiten, hegen und pflegen. Sie zeigen aber auch, daß der Mensch nicht allein, sondern in Gemeinschaft mit anderen lebt. Was aber macht die Gemeinschaft aus? Ist sie lediglich ein Verband von "Werktätigen", ein Produktionskollektiv? Sofort entsteht wiederum die Frage: Ist das

alles? Lebt Gemeinschaft nicht vom Frieden, vom gegenseitigen Einverneh-
men, vom wechselseitigen, liebevollen Erkennen, von der helfenden Zuwendung? Womit wir wieder bei der tieferen Dimension dieser Bedürfnisse wären!

Das anthropologische Problem besteht darin, daß viele Menschen meinen,
die "Realien" genügten zum Leben, für jene andere Wirklichkeiten aber bestehe
kein Bedarf. Das anthropologische Problem besteht aber auch darin, daß viele
Menschen dem Wahn erlegen sind, auch jene andere Wirklichkeit schaffen oder
beschaffen zu können. Sie verkennen, daß das, worauf der Mensch so dringend
angewiesen ist, nur empfangen werden kann. Nur was als Geschenk erkannt ist,
kann die schöpferischen Fähigkeiten des Menschen anregen, an jener Wirklichkeit zu arbeiten, die den Menschen zum Menschen macht.

Christologische Konsequenzen

Es wurde schon darauf hingewiesen, daß in dieser Untersuchung die Symbole
der vierten Kategorie auf keinen Fall vollständig erfaßt sind. Sie sollen auch
nicht in eine Ordnung gepreßt werden. Dennoch fällt auf, daß von ihnen im
Neuen Testament immer im Zusammenhang von *Begegnungen* mit Jesus die
Rede ist:

In der Wüste schenkt er das Brot des Lebens.
Am Brunnen verweist er auf die Quelle des Heils.
Im Haus verkündet er Heil und gewährt Sündenvergebung.
Auf dem Schiff kommt er zu den Menschen und bringt das Wort des fernen
Gottes.
Im Garten zeigt er, wie er die Stätte des Todes verläßt und hinüberschreitet
zur Nähe und Einheit mit dem Vater.
Im Festsaal schenkt er den Becher des Heils ein und läßt seine Jünger da-
raus trinken.

Er kommt und bringt und schenkt. In diesen Begegnungserzählungen wird
immer wieder darauf hingewiesen, was der Mensch in Wahrheit braucht.

Ekklesiologische Konsequenzen

Die Evangelisten des Neuen Testaments haben, sieht man von Lukas einmal ab,
keine ausgeführte Ekklesiologie. Sie zu entwickeln, fiel den späteren Generationen der Kirchengeschichte zu. Eine implizite Ekklesiologie haben jedoch alle Evangelisten. Es sei die These gewagt, daß die Symbole der vierten Kategorie in besonderer Weise zu ekklesiologischen Symbolen geworden sind. Durch
die Begegnungsgeschichten, die die Evangelisten um diese Symbole zentrie-

ren, werden wir in den Entstehungsprozeß ekklesiologischer Symbolik eingeführt.

Das Haus, in dem Jesus sich finden läßt, wird zum Haus der Kirche.

Das Schiff, in das Jesus mit einsteigt, wird zum Schiff der Kirche.

Das Hinabsteigen in das Tauchbad wird zum entscheidenden Initiationsritus
und zum Zugang zur Quelle des Lebens.

Das Brot, das gebrochen und geteilt wird, wird zur Nahrung, die die
Gemeinschaft am Leben erhält.

Der Becher mit Wein zur ständigen Mahnung an die Notwendigkeit des
Bleibens am wahren Weinstock.

Das Taufkleid, das dem Täufling angelegt wird, erinnert an jene Hüllen,
die abgelegt werden müssen, und an jenen Mantel der Gnade, die Gott
Menschen umlegt, so wie er Christus selbst mit Herrlichkeit umkleidet hat.

Wer sich jener Wirklichkeit zuwendet, die mit diesen Symbolen umschrieben
wird, dem öffnen sich die Tore des verlorenen Paradieses, er gewinnt das Leben
und läßt den Tod hinter sich.

Es gehört zu den Merkmalen einer neutestamentlichen Ekklesiologie, daß alles,
was als Geschenk empfangen wurde, zugleich Aufgabe ist.

Das Haus ist bereitet, und Jesus läßt sich in ihm finden. Und dennoch
bleibt die Aufgabe, Häuser aufzusuchen und ihnen das Heil zu bringen.

Das Schiff kommt und bringt Menschen den fernen Gott nahe. Und
dennoch wird das Schiff zugleich zum Vehikel, in dem diese Botschaft in
die entferntesten Winkel der Erde hinausgetragen wird.

Wer eingetaucht ist in das Wasser des Lebens, aus dem sollen Ströme
lebendigen Wassers fließen.

Wem das Brot des Lebens zuteil geworden ist, der vermag es auszuteilen
und "mitzuteilen" – jenes Wort, das wie Brot ist.

Wer die Frucht des Weinstocks genossen hat, verfügt über die Kraft,
"Frucht zu bringen".

Es scheint Sinn zu machen, daß diese ekklesiologischen Symbole so auffallend
häufig dem Bereich der Kultur entnommen sind. Diese Symbole sind am meisten von der Vergänglichkeit bedroht. Was bedeutet das ekklesiologisch? Es
sind vorläufige Symbole, die abgelöst werden vom Endgültigen! Kirche ist das
Vorläufige im Vergleich zum Endgültigen, das uns im Reich Gottes bereitet ist.

Kulturelle Schaffungen des Menschen sind immer vom Mißbrauch bedroht.
Die Symbole, die ihre Entstehung diesem Bereich verdanken, zeigen die Ambivalenz menschlichen Schaffens. Was bedeutet das ekklesiologisch? Kirche

ist nicht bewahrt vor der menschlichen Perversion, die göttliche Heilszeichen in ihr Gegenteil verkehrt. Aus dem "Haus Gottes" können kirchliche Prunkbauten werden. Aus dem bedrohten "Schiff der Kirche" die machtvolle Flottille, die ausläuft, um zwangsweise zu missionieren. Aus dem "Brot des Lebens" können entleerte Worte werden, die in hohlem Pathos auf die Zuhörer niedergehen. Der Mantel des Heils ist vergessen und liturgische Gewänder können Teil eines leblosen und lieblos praktizierten Rituals werden.

Die Gemeinschaft derer, die Christus verkündigen und in Gemeinschaft mit ihm leben, braucht Symbole, um jene Wirklichkeit zu eröffnen, die uns oft verlorengegangen ist. Sie braucht aber auch den rechten Umgang mit diesen Symbolen!

Exkurs 6: Überholte Symbole

Symbole kommen und gehen; Symbole entstehen und vergehen – so liest man. Man liest es in der Literatur, als handle es sich um das Selbstverständlichste der Welt. Ist dieser Vorgang so unberechenbar wie das göttliche Handeln selbst? Oder ist der Vorgang mit allem menschlichen Werden und Vergehen vergleichbar?

Ich muß gestehen, es hat mich schon immer interessiert, nach welchen Gesetzmäßigkeiten dieses Kommen und Gehen, dieses Entstehen und Vergehen erfolgt. Und wenn sich so etwas ausmachen läßt, gilt es unterschiedslos für alle Symbole oder nur für bestimmte? Für die Lernprozesse einer Gemeinde, für den Unterricht der Heranwachsenden kann es ja nicht unerheblich sein, ob die Revitalisierungsversuche für etliche Symbole überhaupt lohnend sind.

Noch längst sind nicht alle Symbole behandelt, die als solche in der biblischen Überlieferung gebraucht werden. Es könnte sich gut ein Abschnitt mit mehreren Kapiteln anschließen, die sich mit solchen Symbolen beschäftigen, die nicht mehr tauglich sind für eine angemessene Rede von Gott und den Menschen und deshalb für die Sprache der Kirche von heute ihren Dienst getan haben. Sie rühren nichts mehr an in den Menschen; sie erhellen nichts mehr. Ansatzweise wurden die Gründe für die Vergänglichkeit von Symbolen schon im letzten Abschnitt deutlich, in dem jene behandelt wurden, die ausschließlich dem kulturellen Umfeld entnommen wurden: Haus, Schiff, Weinberg, Brunnen usf. Wachsende Zivilisation, neue technische Entwicklungen verändern diese Produkte menschlichen Schaffens oder ersetzen sie durch andere. Ob dieser Vorgang gut oder schlecht ist, soll hier zunächst offenbleiben. In dem Kapitel über das "Symbol des Brunnens" wurde besonders deutlich, wie sehr reale Brunnen unablässig aus unserem Gesichtskreis verschwinden und nicht mehr das tägliche Leben bestimmen. Sie sind als Kunstgegenstand geblieben, der nostalgische Erinnerung weckt. Nun können Dinge der Objektwelt, die nach und nach verschwinden, im kollektiven Sprachschatz einer Gemeinschaft weiterleben – oft sogar noch recht lange, aber nicht ewig. Im übrigen setzt die Erhaltung eines solchen Symbols einen nicht unerheblichen Bildungsstand voraus und erhebliche kognitive Bemühungen. Die Unmittelbarkeit des Zugangs zu einem solchen Symbol ist nicht mehr vorhanden. Von daher wird verständlich, wenn ab und an der religionspädagogische Rat erteilt wird, mit Kindern Märchen zu lesen und zu behandeln – offenbar als unerläßliche Voraussetzung des Verstehens für manche biblischen Symbole!

Nun gibt es Symbole, die den Realitäten einer bestimmten Kulturepoche und Zivilisationsstufe entnommen wurden *und* zugleich einer Lebenswirklichkeit entstammen, die durch bestimmte landwirtschaftliche, wirtschaftliche, gesellschaftliche und politische Strukturen bestimmt waren. Diese haben sich verändert, oder es gibt sie nicht mehr. Symbole dieser Herkunft dürften kaum mehr zum Leben zu erwecken sein.

Es ist beinahe mit Händen zu greifen, daß das Symbol des "Hirten" zu ihnen gehört. Ist schon das Landleben an sich einer zunehmenden Verstädterung zum Opfer gefallen, so kennt eine große Mehrheit unserer Kinder weder Bauer noch Sämann. Und erst den Hirten? Er gehört zu den aussterbenden Berufen. Er ist ein Relikt, eine Idylle, da, wo er noch auftaucht. Für die Israeliten konnte der Hirte ein echtes Symbol werden, weil er fest in ihrer Lebenswirklichkeit verankert war. Dieser Beruf wurde zum Symbol, als er dazu diente, die Führer und Könige Israels mit "Hirten" zu vergleichen und zugleich in Gott "den guten Hirten" zu sehen. Der "gute" war zugleich der Antihirt gegenüber den versagenden Führern des Landes. Nun aber ist beides dahin: die Realität des Hirtenberufs und das, wofür er stand, die politische Institution des Königtums. Vollends hat der Hirte seine symbolische Unschuld durch die christliche Wirkungsgeschichte verloren, in der der Pfarrer als "Pastor", als Hirte seiner Gemeinde, verstanden wurde. Wo gibt es noch in unserer kirchlichen und gesellschaftlichen Wirklichkeit Menschen, die sich als "geführte Schafe" verstehen wollen? (Vielleicht *sind* es viele, ohne es zu wissen, aber wollen sie es sein?)

Dieses Urteil der Vergänglichkeit würde insbesondere den so traditionsreichen Psalm 23 treffen, der vielen sehr teuer ist und bei dem es schwerfällt, ein solches Urteil zu akzeptieren. Er gehört zum Überlieferungsschatz christlicher Frömmigkeit, aber es ist doch ernsthaft zu prüfen, ob das Hirtensymbol dieses Psalms nicht schon längst zum Zeichen geworden ist, das einerseits durch das Spracherbe auf uns gekommen ist und zugleich durch die Übereinkunft einer begrenzten Gemeinschaft am Leben erhalten wird. Vielleicht aber ist er auch deshalb noch beliebt, weil er – als relativ spät entstandener Psalm – eine Fülle anderer Bilder enthält (Mangel und Fülle, Weg etc.), die noch immer lebendig sind.

Das Urteil über den Hirten muß in gleicher Weise den "Töpfer" oder den "König" treffen. Sowohl der Beruf als auch die politische Institution sind im Aussterben begriffen. Kann hier nicht Jesus selbst Vorbild im Umgang mit bestimmten Symbolen sein? Dem frommen Juden war es geläufig, von Gott im Symbol des "Herrn" (sc. Zebaoth) oder im Symbol des "Königs" zu sprechen. Er hat diese symbolische Redeweise abgelöst durch das Symbol "Vater" (Abba). Ist es statthaft, diesen Prozeß fortzusetzen? Längst ist es kein Tabu mehr, die Gestalt des "Vaters" zu thematisieren.

So sei nun eine Prognose gewagt. Langlebig werden jene Symbole sein, die fest in einer Realität verankert sind: die Kontrastsymbole von Fülle und Mangel, von Licht und Finsternis, von Höhe und Tiefe, aber auch von Feuer und Weg. Auch der Mensch mit seinen Organen gehört dazu: Hand und Fuß, Herz und Mund, Auge und Ohr, Angesicht und Rücken. Alle anderen? Wer weiß!

Das Schiff im Alten Testament

Gott,
der einherschreitet auf den Höhen des Meeres (Hiob 9,8)
er gebietet und läßt aufstehen den Wind,
und es türmt die Wellen der Sturm,
er stillt den Sturm zum säuseln,
daß die Wellen schweigen.
(nach Ps 107,25.29 ≙ Jona 1,4.15)

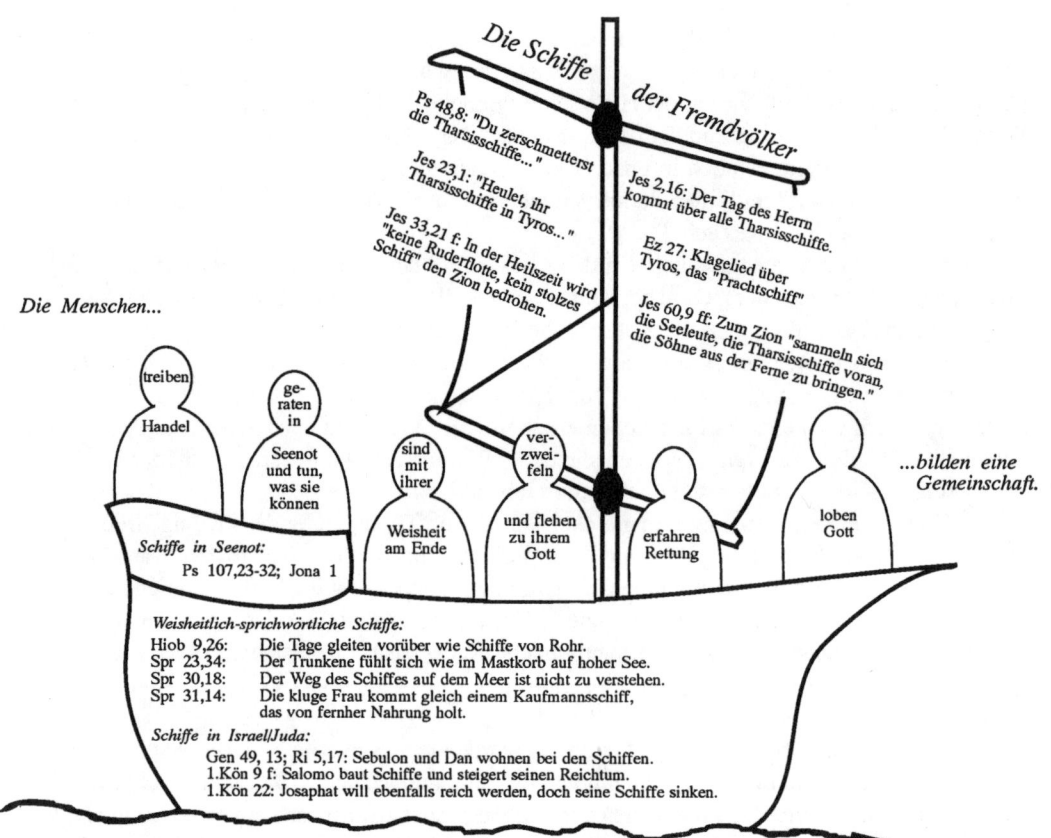

Die Schiffe ... der Fremdvölker

Ps 48,8: "Du zerschmetterst die Tharsisschiffe..."

Jes 23,1: "Heulet, ihr Tharsisschiffe in Tyros..."

Jes 33,21 f: In der Heilszeit wird "keine Ruderflotte, kein stolzes Schiff" den Zion bedrohen.

Jes 2,16: Der Tag des Herrn kommt über alle Tharsisschiffe.

Ez 27: Klagelied über Tyros, das "Prachtschiff"

Jes 60,9 ff: Zum Zion "sammeln sich die Seeleute, die Tharsisschiffe voran, die Söhne aus der Ferne zu bringen."

Die Menschen...

treiben Handel

ge-raten in Seenot und tun, was sie können

sind mit ihrer Weisheit am Ende

ver-zwei-feln und flehen zu ihrem Gott

erfahren Rettung

loben Gott

...bilden eine Gemeinschaft.

Schiffe in Seenot:
Ps 107,23-32; Jona 1

Weisheitlich-sprichwörtliche Schiffe:
Hiob 9,26:   Die Tage gleiten vorüber wie Schiffe von Rohr.
Spr 23,34:   Der Trunkene fühlt sich wie im Mastkorb auf hoher See.
Spr 30,18:   Der Weg des Schiffes auf dem Meer ist nicht zu verstehen.
Spr 31,14:   Die kluge Frau kommt gleich einem Kaufmannsschiff,
             das von ferner Nahrung holt.

Schiffe in Israel/Juda:
Gen 49, 13; Ri 5,17: Sebulon und Dan wohnen bei den Schiffen.
1.Kön 9 f: Salomo baut Schiffe und steigert seinen Reichtum.
1.Kön 22: Josaphat will ebenfalls reich werden, doch seine Schiffe sinken.

Wenn sie zurückblicken auf abgrundtiefe Drangsale ...

Danket dem Herrn, denn er ist freundlich, und seine Güte währet ewig.

So sollen sprechen die Erlösten des Herrn, die er aus Drangsal erlöst hat; die er aus den Ländern gesammelt, vom Aufgang her und vom Niedergang, vom Norden her und vom Meer.

Die irre gingen in der Wüste, der Einöde,
und den Weg zur wohnlichen Stadt nicht fanden;
die hungrig und durstig waren, daß ihre Seele ihnen verzagte;

DIE DANN ZUM HERRN SCHRIEEN IN IHRER *NOT*
UND DIE ER AUS IHRER *DRANGSAL* ERRETTETE;

    AUF DEM RICHTIGEN WEG FÜHRTE;
    DASS SIE ZUR WOHNLICHEN STADT KAMEN:

sie sollen dem Herrn danken für seine Güte
und für seine Wunder an den Menschenkindern,

    daß er die lechzende Seele gesättigt
    und die hungrige Seele gehabt hat.

Die in Dunkel und Finsternis saßen, gebunden in Elend und Eisen ...
deren Herz durch Mühsal gebeugt war,
die strauchelten, ohne daß einer aufhalf;

DIE DANN ZUM HERRN SCHRIEEN IN IHRER *NOT*
UND DENEN ER AUS IHRER *DRANGSAL* HALF;

    DIE ER AUS DUNKEL UND FINSTERNIS HERAUSFÜHRTE
    UND DEREN BANDE ER ZERRISS:

sie sollen dem Herrn danken für seine Güte
und für seine Wunder an den Menschenkindern,

    daß er die ehernen Pforten zerbrochen
    und die eisernen Riegel zerschlagen hat.

Die krank waren ob ihres sündhaften Wandels
und um ihrer Missetat willen geplagt wurden, daß ihnen ekelte ob jeglicher Speise
und sie schon nahe waren den Pforten des Todes;

DIE DANN ZUM HERRN SCHRIEEN IN IHRER *NOT*
UND DENEN ER AUS IHRER *DRANGSAL* HALF;

    DENEN ER SEIN WORT SANDTE, SIE ZU HEILEN,
    DIE ER ERRETTETE AUS IHREM VERDERBEN:

sie sollen dem Herrn danken für seine Güte
und für seine Wunder an den Menschenkindern;

    sie sollen Opfer des Dankes darbringen
    und seine Werke mit Frohlocken erzählen.

A 21.3

Die in Schiffen das *Meer* befuhren
und Handel trieben auf großen Wassern,
die dort die Werke des Herrn geschaut und seine Wunder in der *Tiefe* -

    er gebot und ließ aufstehen den Wind,
    und es türmte die Wellen der Sturm;
    sie fuhren hinauf zum Himmel,
    hinunter zur *Tiefe*,
    daß ihre Seele in Not verzagte;
    sie tanzten und wankten wie Trunkene,
    mit all ihrer Weisheit war es zu Ende -

DIE DANN ZUM HERRN SCHRIEEN IN IHRER *NOT*
UND DIE ER AUS IHRER *DRANGSAL* HERAUSFÜHRTE;
    DA ER DEN STURM ZUM SÄUSELN STILLTE;
    DASS DIE WELLEN DES MEERES SCHWIEGEN;
    DIE SICH FREUTEN, DAß ES STILLE GEWORDEN;
    UND DIE ER AN DAS ERSEHNTE GESTADE FÜHRTE:

sie sollen dem Herrn danken für seine Güte,
und für seine Wunder an den Menschenkindern,
    sollen ihn erheben in der Gemeinde des Volkes
    und ihn loben im Kreise der Alten.

Er machte Ströme zur Wüste und Wasserquellen zu dürrem Land,
fruchtbares Erdreich zur Salzsteppe wegen der Bosheit derer, die darin wohnten.
Er machte die Wüste zum Wasserteich und dürres Erdreich zu Wasserquellen
und ließ die Hungrigen dasselbst wohnen, und sie gründeten eine Wohnstatt.
Sie besäten die Felder und pflanzten Weinberge, die brachten alljährlich Früchte.
Und er segnete sie, daß sie mächtig sich mehrten, und nicht wenig Vieh gab er ihnen.
Aber sie nahmen ab und wurden gebeugt unter dem Druck von Unglück und Gram. Verachtung schüttet er
aus über Edle und läßt sie irre in pfadloser Öde.
Da erhöhte er den Armen aus dem Elend und schuf Geschlechter herdengleich.
Die Gerechten sehen's und freuen sich; alle Bosheit aber verschließt ihr Maul.

Wer ist verständig?

Der behalte dieses und merke auf die Gnadenbeweise des Herrn.

                                                                     Psalm 107

Wenn mein Nächster zum Schiffbrüchigen geworden ist ...
Ein Beispiel aus der Wirkungsgeschichte

Wenn du also siehst, daß einer von den Schiffahrenden durch irgendwelchen vom Teufel herbeigeführten Umstand den Reichtum seines Heiles verliert, schiffbrüchig wird und im Begriff steht zu ertrinken, dann halte dein Fahrzeug an. Auch wenn du selbst es eilig hättest, anderswohin zu fahren: Trage Vorsorge für sein Heil, indem du deine eigenen Dinge vernachlässigst. Der im Begriff steht zu ertrinken, duldet keinen Aufschub, keine Verzögerung. Also stehe ihm schnell zur Seite. Entreiße ihn schleunigst dem Wogensturm, setze alles in Bewegung, um ihn aus der Tiefe des Verderbens herauszuziehen. Mögen dich hundertfältig Geschöpfe nötigen, so soll dir doch nichts notwendiger sein, als das Heil dessen, der im Elend ist. Auch wenn du nur ein wenig zögerst, wirst du ihn der Grimmigkeit des Sturmes ausliefern. Unter solchen Umständen bedürfen wir also der Geschwindigkeit und Eile und angestrengter Geschäftigkeit.

Höre, wie Paulus drängt und viele andere als Helfer aufstellt, wenn er einen Menschen sieht, der unterzugehen droht. Er sagt: "Befestigt die Liebe ihm gegenüber, damit ein solcher nicht durch das Übermaß der Traurigkeit verschlungen werde" (2.Kor 2,8). Darum befiehlt er, ihm schnell die Hand entgegenzustrecken, damit jener nicht vor der Zeit zugrunde gehe, weil wir zögern und es aufschieben. Wir sollen also wahrhaft fürsorglich für unsere Brüder sein. Das ist das Hauptstück unserer Lebensführung, das ist ihr Kennzeichen, daß wir nicht bloß auf unser eigenes Heil schauen, sondern auch jene, die unsere Glieder sind, aufrichten und bessern, wenn sie verkehrt sind. Das ist der größte Beweis des Glaubens. Denn es heißt: "Daran werden alle erkennen, daß ihr meine Jünger seid, wenn ihr einander liebet" (Joh 13,35). Aufrichtige Liebe beweist aber nicht bloße Gemeinschaft des Tisches, noch auch eine kurze etwa schmeichlerische Ansprache, sondern nur das Bestreben, zu tun und zu beobachten, was dem Nächsten nützlich ist: den Gefallenen aufzurichten, dem Darniederliegenden, der um sein eigenes Heil unbekümmert ist, die Hand entgegenzustrecken und den Nutzen des Nächsten vor den eigenen Gütern zu suchen. Das ist gewiß aufrichtige Liebe; denn "die Liebe schaut nicht auf das Ihre", sondern sie blickt auf das, was des Nächsten ist, vor dem Eigenen, damit sie durch das, was dem Nächsten gehört, ihr Eigenes erkenne.

(Johannes Chrysostomus: Homilie auf den Namen Abraham)

Literaturverzeichnis

Ingo Baldermann, Die Bibel - Buch des Lernens, Göttingen 1980.

Ders., Wer hört mein Weinen? Kinder entdecken sich selbst in den Psalmen, Neukirchen-Vluyn 1986, ²1989.

Ders., Ich werde nicht sterben, sondern leben – Psalmen als Gebrauchstexte, Neukirchen-Vluyn 1990.

Georg Baudler, Einführung in symbolisch-erzählende Theologie. Der Messias Jesus als Zentrum der christlichen Glaubenssymbolik, Paderborn/München/Wien/Zürich 1982.

Gaetano Benedetti / Udo Rauchfleisch (Hg.), Welt der Symbole, Göttingen 1988.

Gerhold Becker, Die Ursymbole in den Religionen, Graz/Wien/Köln 1987.

Klaus Berger, Hermeneutik des Neuen Testaments, Gütersloh 1988.

Peter Biehl, Zugänge zu christlichen Grunderfahrungen mit Hilfe elementarer Symbole. Zum Beispiel: Das Symbol des Baumes, in: Der Ev.Erz. 1983, S. 255 ff.

Peter Biehl unter Mitarbeit von Ute Hinze und Rudolf Tammaeus, Symbole geben zu lernen. Einführung in die Symboldidaktik anhand der Symbole Hand, Haus und Weg, Neukirchen-Vluyn 1989.

Peter Biehl, Symbol und Metapher. Auf dem Weg zu einer religionspädagogischen Theorie religiöser Sprache, JRP Bd. 1, 1984 (1985).

Georg Braumann, Das Lukasevangelium. Die redaktionsgeschichtliche Forschung, in: Wege der Forschung Band CCLXXX, Darmstadt 1974.

Donat de Chapeaurouge, Einführung in die Geschichte der christlichen Symbole, Darmstadt ²1987.

Jean Delorme (Hg.), Zeichen und Gleichnisse. Evangelientext und semiotische Forschung, Düsseldorf 1979.

Eugen Drewermann, Tiefenpsychologie und Exegese, Bd. I, Olten ²1985 und Bd. II, Olten ²1986.

Reto Luzius, Fetz, Die Entwicklung der Himmelssymbolik. Ein Beispiel genetischer Semiologie, in: JRP Bd. 2, Neukirchen-Vluyn 1986.

Johannes Fischer, Über die Beziehung von Glaube und Mythos. Gedanken im Anschluß an K. Hübners "Die Wahrheit des Mythos", in: ZThK 1988, Heft 3, S. 303 ff.

Richard Glöckner, Neutestamentliche Wundergeschichten und das Lob der Wundertaten Gottes in den Psalmen. Studien zur sprachlichen und theologischen Verwandtschaft zwischen neutestamentlichen Wundergeschichten und Psalmen, in: Walberberger Studien, Bd. 13, Mainz 1983.

Hubertus Halbfas, Das dritte Auge. Religionsdidaktische Anstöße, Düsseldorf 1982.

Jürgen Heumann, Symbol-Sprache der Religion, Stuttgart/Berlin/Köln/Mainz 1983.

Gertrud Höhler, Die Bäume des Lebens. Baumsymbole in den Kulturen der Menschheit, Stuttgart 1985.

Paul Hoffmann (Hg.), Zur neutestamentlichen Überlieferung von der Auferstehung Jesu, in: Wege der Forschung Bd. 522, Darmstadt 1988.

Kurt Hübner, Die Wahrheit des Mythos, München 1985.

Gerhard Isermann, Revitalisierung der Mythen? Gegen den Mißbrauch alter Geschichten für neue Interessen, in: Vorlagen, Neue Folge 10, Hannover 1990.

Jürgen Janning u.a. (Hg.), Gott im Märchen, Veröffentlichungen der Europäischen Märchengesellschaft Bd. 2, Röth 1982.

Werner Jetter, Symbol und Ritual. Anthropologische Elemente im Gottesdienst, Göttingen ²1986.

Carl Gustav Jung, Von den Wurzeln des Bewußtseins. Studien über den Archetypus, München MCMLIV.

Ders. (hg. nach seinem Tod von Marie-Louise von Franz), Der Mensch und seine Symbole, Sonderausgabe, Olten ³1979.

Hermann Kirchhoff (Hg.), Ursymbole und ihre Bedeutung für die religiöse Erziehung, München 1982.

Martin Krampen (Hg.), Die Welt als Zeichen: Klassiker der modernen Semiotik, Berlin 1981.

Heinrich Krauss/Eva Uthemann, Was Bilder erzählen. Die klassischen Geschichten aus Antike und Christentum, München 1987.

Gerhard Kurz, Metapher, Allegorie, Symbol, Göttingen ²1988.

Susanne Langer, Philosophie auf neuem Wege, Mittenwald 1979.

Manfred Lurker, Wörterbuch biblischer Bilder und Symbole, München ³1987.

Rüdiger Lux, Der Tod des Mose als "bespochene und erzählte Welt". Überlegungen zu einer literaturwissenschaftlichen und theologischen Interpretation von Deuteronomium 32,48-52 und 34, in: ZThK 1987, Heft 4, S. 395 ff.

Louis Martin, Semiotik der Passionsgeschichte. Die Zeichensprache der Ortsangaben und Personennamen, München 1976.

Rudolf Pesch, Das Markusevangelium. Wege der Forschung, Bd. CDXI, Darmstadt 1979.

Paul Ricoeur, Phänomenologie der Schuld II. Symbolik des Bösen, Freiburg/München 1971.

Ders., Die Interpretation. Ein Versuch über Freud, Frankfurt a.M. 1974.

Ders., Erzählung, Metapher und Interpretationstheorie, in: ZThK 1987, Heft 2, S. 232 ff.

Ingried Riedel, Farben in Religion, Gesellschaft, Kunst und Psychotherapie. Reihe: Symbole, Stuttgart ³1984.

Dies., Formen: Kreis, Kreuz, Dreieck, Quadrat, Spirale. Reihe: Symbole, Stuttgart 1985.

Heinrich und Margarethe Schmidt, Die vergessene Bildersprache christlicher Kunst, München ²1982.

Jörg Splett, Freiheitserfahrung. Vergegenwärtigungen christlicher Anthropo-Theologie, Frankfurt 1986.

Anton Steiner und Volker Weymann (Hg.), Die Wunder Jesu. Bibelarbeit in der Gemeinde, Zürich-Köln 1978.

Alex Stock, Umgang mit theologischen Texten, Zürich/Einsiedeln/Köln 1974.

Ders. und Manfred Wichelhaus, Ostern in Bildern, Reden, Riten, Geschichten und Gesängen, Zürich/Einsiedeln/Köln 1979.

Hans Stock, Evangelientexte in elementarer Auslegung, Göttingen 1981.

Wolfgang Teichert, Gärten. Paradiesische Kulturen. Reihe: Symbole, Stuttgart 1986.

Paul Tillich, Symbol und Wirklichkeit, Göttingen ³1986.

Symbol und Symboldidaktik. Ein Diskussionsforum mit H. Halbfas, J. Heumann, Y. Spiegel, J. Scharfenberg und P. Schwarzenau, Warum die Religionspädagogik auf das Symbol als didaktische Kategorie nicht verzichten kann, in: Religion heute 3, 1986.

Rainer Volp, Zeichen. Semiotik in Theologie und Gottesdienst, München und Mainz 1982.

Gertrud und Norbert Weidinger, Gesten, Zeichen und Symbole im Gottesdienst. Handbuch für die Ministranten- und Jugendarbeit, München 1980.

Reinhard Wonneberger und Peter Hecht, Verheißung und Versprechen. Eine theologische und sprachanalytische Klärung, Göttingen 1986.

Dietrich Zilleßen, Symboldidaktik. Herausforderung und Gefährdung gegenwärtiger Religionspädagogik, in: Der Ev.Erz. 1984, S. 626 ff.

Bibelstellenregister

f = fortlaufend
F = Fußnote

Ursula Früchtel · **Leitfaden Religionsunterricht**

Arbeitsbuch zur Didaktik des Religionsunterrichts. 4. Auflage 1987. 181 Seiten, 15 Abb., kartoniert

Der »Leitfaden Religionsunterricht« bietet Lehrern aller Stufen beider Konfessionen den theologischen und didaktischen Gesamtrahmen für das Fach Religion. Biblische, problemorientierte und wirkungsgeschichtliche Themen können den einzelnen Jahrgangsstufen zugeordnet werden. Das Arbeitsbuch ist lehrgangartig nach didaktischen und methodischen Prinzipien gestaltet, wie sie im Unterricht gefordert werden.

Arbeitshilfen für den Unterricht in der Sekundarstufe I:

Ursula Früchtel · **Religion im 5./6. Schuljahr**

120 Stundenentwürfe. 4. Auflage 1989. 352 Seiten, zahlr. Abb., Karten und Grafiken, 80 Seiten Kopiervorlagen für Schülerarbeitsblätter, kartoniert

»Die Anlage des Buches ist schlüssig und praktikabel: Das Buch bietet neun größere Unterrichtseinheiten, die den verschiedenen Unterrichtsansätzen verpflichtet sind. Sechs Kurzeinheiten, die wenige Stunden erfordern, ergänzen das Angebot. Jede Unterrichtseinheit erläutert die unterrichtlichen Intentionen, bietet verläßliche theologisch-didaktische Überlegungen, entfaltet eine Verlaufsplanung mit detaillierten Studenentwürfen und verweist auf bewährte Literatur. Viele Texte, Lieder und Bilder, die sonst gelegentlich nur schwer greifbar sind, werden dem Buch beigegeben.«

ru intern

Ursula Früchtel / Klaus Lorkowski · **Religion im 7./8. Schuljahr**

116 Stundenentwürfe. 3. Auflage 1989. 368 Seiten, zahlr. Abb., 96 Seiten Kopiervorlagen für Schülerarbeitsblätter, kartoniert

Ursula Früchtel / Klaus Lorkowski · **Religion im 9./10. Schuljahr**

127 Stundenentwürfe. 3. Auflage 1991. 560 Seiten, zahlr. einf. Abb., 104 Seiten Kopiervorlagen für Schülerarbeitsblätter, kartoniert

Ursula Früchtel · **Auf dem Weg**

Vollständiger Kurs für zwei Jahre Konfirmandenunterricht. 2. Aufl. 1986. 246 Seiten, 67 Seiten Kopiervorlagen, 61 teilweise vierfarbige Motive auf 32 Folien, kartoniert in Kassette

Dieser Konfirmandenkurs bietet nach einer theologischen und pädagogischen Grundlegung acht detailliert ausgeführte Unterrichtseinheiten mit über sechzig Stundenentwürfen und Vorschlägen für die Gestaltung von Feiern an. Die beiliegenden Medien ermöglichen einen variablen und abwechslungsreichen Unterricht.
Berücksichtigt sind die Richtlinien und Empfehlungen der Landeskirchen für den Konfirmandenunterricht.

Vandenhoeck & Ruprecht · Göttingen und Zürich

Biblisch-theologische Schwerpunkte

Die Reihe gibt elementare Antworten auf wesentliche Fragen des Glaubens. Richtungweisende Texte der Bibel, Bekenntnisse der Kirche und Kerngedanken christlicher Theologie werden für einen größeren Leserkreis erörtert. Bei Subskription der Reihe 10% Ermäßigung

Band 1: Gerald Kruhöffer · **Grundlinien des Glaubens**

Ein biblisch-theologischer Leitfaden. 1989. 326 Seiten, kartoniert

Ein Grundlagenwerk zu zentralen Fragen des christlichen Glaubens: Frage nach Gott; Schöpfung; Sünde und Leid; Jesus von Nazareth; Kreuz und Auferstehung; Heiliger Geist; Kirche; christliche Hoffnung.

Band 2: Gisela Kittel · **Der Name über alle Namen I**

Biblische Theologie/AT. 1989. 227 Seiten mit 3 Abb., kartoniert

Band 3: Gisela Kittel · **Der Name über alle Namen II**

Biblische Theologie/NT. 1990. 243 Seiten, kartoniert

In zwei Bänden führt dieser Gesamtentwurf Biblischer Theologie von den Auszugserfahrungen Israels zu den Ostererfahrungen der Jünger Jesu. Er weist den sachlichen Zusammenhang auf, der zwischen alt- und neutestamentlicher Gottesoffenbarung, zwischen alt- und neutestamentlichem Glauben besteht.

Band 4: Gottfried Voigt · **Gemeinsam glauben, hoffen, lieben**

Paulus an die Korinther I. 1989. 167 Seiten, kartoniert

Band 5: Gottfried Voigt · **Die Kraft des Schwachen**

Paulus an die Korinther II. 1990. 134 Seiten, kartoniert

Eine anschauliche, gemeindenahe Auslegung des Ersten Korintherbriefs, in dem sich Paulus mit den theologischen und ethischen Problemen einer frühchristlichen Gemeinde in einer konfliktreichen Hafenstadt auseinandersetzt.

Band 6: Gottfried Voigt · **Licht – Liebe – Leben**

Das Evangelium nach Johannes. 1991. 296 Seiten, kartoniert

Das Vierte Evangelium hat in seiner Eigenwilligkeit und Tiefgründigkeit die Geister immer wieder angezogen und bewegt. Es hat aber der Forschung auch ständig neue Rätsel aufgegeben und sie – in extremen Fällen – sogar zu der Frage veranlaßt, ob die Kirche in diesem Buch wirklich ein Zeugnis ihres Glaubens sehen kann. Diese Auslegung sieht im Johannesevangelium den Niederschlag gemeindlicher und missionarischer Verkündigung, in der die Christuserfahrung des Augenzeugen meditativ eingebunden ist.

Vandenhoeck & Ruprecht · Göttingen und Zürich